■2025年度中学受験用

栄東中学校A・東大Ⅰ

3年間(＋3年間HP掲載)ス…問

●収録内容一覧

入試問題と解説・解答の収録内容

2024年度　A日程1月10日	算数・社会・理科・国語
2024年度　A日程1月11日	算数・社会・理科・国語(解答のみ)
2024年度 東大特待Ⅰ　4教科型	算数・社会・理科・国語
2024年度 東大特待Ⅰ　算数1教科型	算数① (算数②は東大特待Ⅰ　4教科型の算数と共通)
2023年度　A日程1月10日	算数・社会・理科・国語
2023年度　A日程1月11日	算数・社会・理科・国語(解答のみ)
2023年度 東大特待Ⅰ　4教科型	算数・社会・理科・国語
2023年度 東大特待Ⅰ　算数1教科型	算数① (算数②は東大特待Ⅰ　4教科型の算数と共通)
2022年度　A日程1月10日	算数・社会・理科・国語
2022年度　A日程1月11日	算数・社会・理科・国語(解答のみ)
2022年度 東大特待Ⅰ　4教科型	算数・社会・理科・国語
2022年度 東大特待Ⅰ　算数1教科型	算数② (算数①は東大特待Ⅰ　4教科型の算数と共通)
2021～2019年度(HP掲載) 「カコ過去問」 (ユーザー名) koe (パスワード) w8ga5a1o	問題・解答用紙・解説解答DL ◇著作権の都合により国語と一部の問題を削除しております。 ◇一部解答のみ(解説なし)となります。 ◇9月下旬までに全校アップロード予定です。 ◇掲載期限以降は予告なく削除される場合があります。

～本書ご利用上の注意～　以下の点について，あらかじめご了承ください。

★別冊解答用紙は巻末にございます。本書に収録している試験の実物解答用紙は，弊社サイトの各校商品情報ページより，一部または全部をダウンロードできます。
★編集の都合上，学校実施のすべての試験を掲載していない場合がございます。
★当問題集のバックナンバーは，弊社には在庫がございません(ネット書店などに一部在庫あり)。

※栄東中学校B・東大Ⅱ(B日程・東大Ⅱ収録)は9月末発行予定です。

合格を勝ち取るための
『スーパー過去問』の使い方

本書に掲載されている過去問をご覧になって，「難しそう」と感じたかもしれません。でも，多くの受験生が同じように感じているはずです。なぜなら，中学入試で出題される問題は，小学校で習う内容よりも高度なものが多く，たくさんの知識や解き方のコツを身につけることも必要だからです。ですから，初めて本書に取り組むさいには，点数を気にしすぎないようにしましょう。本番でしっかり点数を取れることが大事なのです。

過去問で重要なのは「まちがえること」です。自分の弱点を知るために，過去問に取り組むのです。当然，まちがえた問題をそのままにしておいては意味がありません。

本書には，長年にわたって中学入試にたずさわっているスタッフによるていねいな解説がついています。まちがえた問題はしっかりと解説を読み，できるようになるまで何度も解き直しをしてください。理解できていないと感じた分野については，参考書や資料集などを活用し，改めて整理しておきましょう。

このページも参考にしてみましょう！

◆どの年度から解こうかな　「入試問題と解説・解答の収録内容一覧」

本書のはじめには収録内容が掲載されていますので，収録年度や収録されている入試回などを確認できます。

※著作権上の都合によって掲載できない問題が収録されている場合は，最新年度の問題の前に，ピンク色の紙を差しこんでご案内しています。

◆学校の情報を知ろう‼「学校紹介ページ」

このページのあとに，各学校の基本情報などを掲載しています。問題を解くのに疲れたら息ぬきに読んで，志望校合格への気持ちを新たにし，再び過去問に挑戦してみるのもよいでしょう。なお，最新の情報につきましては，学校のホームページなどでご確認ください。

◆入試に向けてどんな対策をしよう？「出題傾向＆対策」

「学校紹介ページ」に続いて，「出題傾向＆対策」ページがあります。過去にどのような分野の問題が出題され，どのように対策すればよいかをアドバイスしていますので，参考にしてください。

◇別冊「入試問題解答用紙編」

本書の巻末には，ぬき取って使える別冊の解答用紙が収録してあります。解答用紙が非公表の場合などを除き，（注）が記載されたページの指定倍率にしたがって拡大コピーをとれば，実際の入試問題とほぼ同じ解答欄の大きさで，何度でも過去問に取り組むことができます。このように，入試本番に近い条件で練習できるのも，本書の強みです。また，データが公表されている学校は別冊の１ページ目に過去の「入試結果表」を掲載しています。合格に必要な得点の目安として活用してください。

本書がみなさんの志望校合格の助けとなることを，心より願っています。

株式会社　声の教育社　編集部

栄東中学校

所在地	〒337-0054 埼玉県さいたま市見沼区砂町2-77
電　話	048-667-7700（代）
ホームページ	https://www.sakaehigashi.ed.jp/
交通案内	JR宇都宮線「東大宮駅」西口より徒歩8分

くわしい情報はホームページへ

トピックス

★東大クラスと難関大クラスを設置。進級時に東大クラスへ移る生徒もいる。
★試験回によって異なるが，試験の会場には本校のほかに，埼玉栄中高・栄北高がある（参考：昨年度）。

創立年 平成4年 ｜ 男女共学 ｜ 高校募集あり

応募状況

年度	募集数	応募数	受験数	合格数	倍率
2024	A 1/10 140名	5597名	5522名	3591名	1.5倍
	1/11	2421名	2325名	1221名	1.9倍
	東大特待Ⅰ 30名	④ 1335名	1151名	598名	1.9倍
		(算) 162名	141名	34名	4.1倍
	B 40名	3500名	2008名	870名	2.3倍
	東大Ⅱ 30名	980名	621名	309名	2.0倍
	帰 若干名	21名	17名	8名	2.1倍
2023	A 1/10 140名	5163名	5083名	3486名	1.5倍
	1/11	2706名	2606名	1407名	1.9倍
	東大特待Ⅰ 30名	④ 1449名	1240名	604名	2.1倍
		(算) 150名	126名	32名	3.9倍
	B 40名	3325名	1969名	790名	2.5倍
	東大Ⅱ 30名	978名	597名	297名	2.0倍
	帰 若干名	21名	15名	4名	3.8倍

※「帰」は帰国生入試の合計。

本校の教育理念

・**建学の精神「人間是宝」**：人は誰もが素晴らしい資質を持った，宝の原石であると考えています。その原石を磨き上げて文字通りの「宝」とするためにこそ，本校の教育があります。
・**校訓「今日学べ」**：今日という日は一度だけのものです。1日を充実させることをすべての基本と考え，「今日のことは今日やり，勉強も仕事も明日に残さない」けじめある生活態度を身につけていきます。

入試日程（参考：昨年度）

A日程　1月10日・11日 選択制
［募集人数］難関大クラス100名，東大クラス40名，1年間特待生若干名
［試験教科］4教科型（国語・算数・社会・理科）

東大特待Ⅰ　1月12日
［募集人数］東大特待クラス30名（3年間／1年間特待生含む）
［試験教科］4教科型（国語・算数②・社会・理科）または算数1教科型（算数①・算数②）

B日程　1月16日
［募集人数］難関大クラス40名
［試験教科］4教科型（国語・算数・社会・理科）

東大Ⅱ　1月18日
［募集人数］東大クラス30名（1年間特待生含む）
［試験教科］4教科型（国語・算数・社会・理科）

※他に，2024年1月11日に帰国生入試A日程，1月16日に帰国生入試B日程を実施。

2024年春の主な大学合格実績

＜国公立大学・大学校＞
東京大，京都大，東京工業大，一橋大，東北大，北海道大，筑波大，東京医科歯科大，千葉大，防衛医科大

＜私立大学＞
慶應義塾大，早稲田大，上智大，東京理科大，明治大，青山学院大，立教大，中央大，法政大，学習院大，順天堂大，日本医科大，自治医科大，星薬科大

編集部注―本書の内容は2024年3月現在のものであり，変更されている場合があります。正確な情報は，学校のホームページ等で必ずご確認ください。

算数 出題傾向＆対策

◆基本データ（2024年度Ａ日程１月10日）

試験時間／満点	50分／100点
問　題　構　成	・大問数…５題 計算・応用小問１題（８問） ／応用問題４題 ・小問数…20問
解　答　形　式	解答のみを記入する形式で，単位などは解答用紙にあらかじめ印刷されている。
実際の問題用紙	Ｂ５サイズ，小冊子形式
実際の解答用紙	Ｂ５サイズ

◆出題傾向と内容

▶過去３年の出題率トップ３
１位：角度・面積・長さ15%　２位：辺の比と面積の比・相似９％　３位：場合の数８％
▶今年の出題率トップ３
１位：角度・面積・長さ16%　２位：辺の比と面積の比・相似，調べ・推理・条件の整理10%

１題めの計算・小問集合では，数の性質や割合と比の基本的な問題が出されます。

２題め以降の応用問題では，規則性，平面図形や立体図形，特殊算がよく出題されています。規則性は，数列や図形の組み合わせを利用したものが多く，ほぼ毎年出題されています。平面図形からは，角度・面積・長さ，辺の比と面積の比・相似などが出題されており，立体図形からは，体積・表面積，水の深さと体積，構成・分割などが出題されています。特殊算は，通過算，周期算，消去算，倍数算，濃度，旅人算，植木算などが出題されています。

◆対策～合格点を取るには？～

まず，計算練習を毎日続けて，計算力を身につけましょう。計算をノートにきちんと書き，答え合わせのときに，どんなところでミスしやすいかを発見するようにつとめること。

数の性質，割合と比では，はじめに教科書にある重要事項を整理し，類題を数多くこなして，基本的なパターンを身につけましょう。

図形では，とくに求積問題を重点的に学習しましょう。

特殊算については，参考書などにある「○○算」の基本を学習し，公式をスムーズに活用できるようになってください。

分野＼年度		2024			
		1月10日	1月11日	東大４科	東大算１
計算	四則計算・逆算	◎	◎		
	計算のくふう	○	○		
	単位の計算				
和と差	和差算・分配算				
	消去算			○	
	つるかめ算	○			
	平均とのべ				
	過不足算・差集め算				
	集まり				
	年齢算				
割合と比	割合と比			○	
	正比例と反比例				
	還元算・相当算				
	比の性質				
	倍数算				
	売買損益				
	濃度	○	○		
	仕事算	○		○	
	ニュートン算				
速さ	速さ				
	旅人算	○			
	通過算				
	流水算				
	時計算				
	速さと比		○	○	
図形	角度・面積・長さ	◎	●	○	◎
	辺の比と面積の比・相似	○	◎	◎	
	体積・表面積	○		○	
	水の深さと体積				
	展開図				
	構成・分割	○		◎	
	図形・点の移動		○		
表とグラフ		○	○		
数の性質	約数と倍数				
	N進数				
	約束記号・文字式		○		
	整数・小数・分数の性質	○			
規則性	植木算				
	周期算				
	数列	○	○	○	○
	方陣算				
	図形と規則				
場合の数		○		○	○
調べ・推理・条件の整理		○		◎	◎
その他					

※　○印はその分野の問題が１題，◎印は２題，●印は３題以上出題されたことをしめします。

社会　出題傾向＆対策

◆基本データ（2024年度Ａ日程１月10日）

試験時間／満点	理科と合わせて50分／50点
問題構成	・大問数…２題 ・小問数…20問
解答形式	記号選択と用語記入がほとんどだが，１～２行程度の記述問題も見られる。
実際の問題用紙	Ｂ５サイズ，小冊子形式
実際の解答用紙	Ｂ５サイズ

◆出題傾向と内容

各分野とも，知識事項の暗記だけで対応できる設問は少なく，ほかの分野とのかかわりをふまえたうえでないと答えられないものが多く見られます。また，本校のある埼玉県をテーマにした問題(埼玉古墳群や八幡山古墳，秩父事件，県の人口など)もしばしば顔を見せています。

●地理…日本の国土と地名，雨温図と気候の特ちょう，農林水産業や工業の都道府県別の特ちょう，人口の過密・過疎，循環型社会，地球環境などが出題されています。

●歴史…東大特待入試は史料や年表を読んで，それに関連する問いに答えるという形式が目につきます。年代の並び替えや，出来事の背景や目的を説明する記述問題が，古代から現代までまんべんなく出題されています。

●政治…三権のしくみ，選挙制度，内閣のしくみ，日本国憲法と大日本帝国憲法の比較，地方公共団体と首長，経済活動におけるお金のはたらき，国際連合のしくみや紛争などが出題されています。

分野＼年度			2024			2023		
			1月10日	1月11日	東大4科	1月10日	1月11日	東大4科
日本の地理		地図の見方			○			○
		国土・自然・気候	○	○	○	○	○	○
		資源				○		○
		農林水産業	○	○	○	○	○	○
		工業		○	○	○	○	○
		交通・通信・貿易		○		○		
		人口・生活・文化	○	○	○			○
		各地方の特色				○	○	○
		地理総合		★	★			★
世界の地理								
日本の歴史	時代	原始～古代	○	○	○	○	○	○
		中世～近世	○	○	○	○	○	○
		近代～現代	○	○	○	○	○	○
	テーマ	政治・法律史						
		産業・経済史						
		文化・宗教史						
		外交・戦争史						
		歴史総合			★			★
世界の歴史								
政治		憲法	○	○	○	○	○	○
		国会・内閣・裁判所	○	○	○	○	○	○
		地方自治		○				○
		経済			○	○	○	○
		生活と福祉						○
		国際関係・国際政治	○		○			○
		政治総合			★			★
環境問題			○					
時事問題								
世界遺産								
複数分野総合			★	★		★	★	

※　原始～古代…平安時代以前，中世～近世…鎌倉時代～江戸時代，近代～現代…明治時代以降

※　★印は大問の中心となる分野をしめします。

◆対策～合格点を取るには？～

全分野に共通することとして，形式面では，①基礎的知識としての数字（地理では，国土の面積，歴史では，重要なできごとが起こった年，政治では，重要事項を規定した憲法の条文の番号など）にかかわる問題，②地名，人名，憲法上の用語などを漢字で書く問題，③基本的な資料の空所を補充させる問題などに慣れておくことが必要です。内容面では，基本的事項はもちろんのこと，時事とからめたものや，わが国と諸外国との関係まで視野を広げ，整理しておきましょう。

地理的分野については，ふだんから地図に親しんでおき，学習した地名は必ず地図で確認し，白地図の上におもな平野，山脈，火山帯，川，都市などを書きこめるようにしておきましょう。

歴史的分野については，歴史の流れを大まかにとらえる姿勢が大切です。そのためには，つねに年表を見ながら勉強する態度を，日ごろから身につけておくべきです。重要な事件が起こった年の前後の流れを理解するなど，単純に暗記するだけでなく，くふうして覚えていきましょう。

政治的分野では，日本国憲法が中心になります。主権，戦争の放棄，基本的人権，三権分立などの各事項を教科書で理解するほか，憲法の条文を確認しておくとよいでしょう。

理科 出題傾向＆対策

◆基本データ（2024年度Ａ日程１月10日）

試験時間／満点	社会と合わせて50分／50点
問題構成	・大問数…４題 ・小問数…25問
解答形式	記号選択が大半を占めており，複数選ぶものもある。計算問題もある。
実際の問題用紙	Ｂ５サイズ，小冊子形式
実際の解答用紙	Ｂ５サイズ

◆出題傾向と内容

出題内容を全体的に見ると，基本的なことがらを問うものが各分野からバランスよく出題されています。また，実験・観察をもとにした問題が多いことも注目すべき点です。

●生命…過去には，植物のつくりとはたらき，ヒトのからだのしくみとはたらき（血液，心臓など），動物の分類，こん虫，生物と環境などが出題されています。

●物質…水溶液の性質と中和反応，気体の性質や発生，ものの燃え方，水の状態変化，ものの溶け方，中和のときに発生する熱などが取り上げられています。

●エネルギー…力のつり合い（滑車，てこ，ばね），物体の運動が中心に出されています。また，熱の伝わり方やてこの原理を利用した道具，クレーン車などの身近な話題にからめた問題も見られます。

●地球…太陽の動きと季節，惑星，気圧配置と天候，雲のでき方，地層と岩石，地震，火山などが出題されています。

分野＼年度		2024			2023		
		1月10日	1月11日	東大4科	1月10日	1月11日	東大4科
生命	植物					★	★
	動物	★	★		★		
	人体			★			
	生物と環境		○				
	季節と生物						
	生命総合						
物質	物質のすがた	★			★	○	
	気体の性質						
	水溶液の性質		★				★
	ものの溶け方			★			
	金属の性質						
	ものの燃え方						
	物質総合						
エネルギー	てこ・滑車・輪軸	★		★	★		★
	ばねののび方		★			★	
	ふりこ・物体の運動						
	浮力と密度・圧力		○				
	光の進み方						
	ものの温まり方					★	
	音の伝わり方						
	電気回路						
	磁石・電磁石						
	エネルギー総合						
地球	地球・月・太陽系				★	★	
	星と星座						
	風・雲と天候			★			
	気温・地温・湿度						
	流水のはたらき・地層と岩石		○				
	火山・地震	★	★				★
	地球総合						
実験器具							
観察							
環境問題						○	
時事問題							
複数分野総合							

※　★印は大問の中心となる分野をしめします。

◆対策～合格点を取るには？～

本校の理科は実験・観察をもとにした問題が大部分なので，細かい知識を覚えるよりも，教科書・参考書の内容をしっかり身につけることや，資料（グラフや表，実験や観察の結果）をもとにして考える訓練を積んでおくことが大切です。そのために，次のことを実行してみてはいかがでしょうか。①教科書や標準的な受験参考書を中心とした学習をする。難問はさけて基本的なことがらの理解につとめること。グラフや表の見方に慣れるだけでなく，その意味やそこからわかることなども確認しておく。②学校で行う実験や観察には積極的に参加し，目的，方法，経過，結果，実験器具の使用方法などをノートに整理する。わからないことがあれば，図鑑などで調べる。自分でできる範囲で実験・観察を行うのもよい。③科学ニュースにも目を向ける。新聞や雑誌の記事，テレビのニュース番組や科学番組などをできるだけ関心をもって見るようにして，はば広い知識を身につける。④ある程度の理解が得られたら，標準的でよくまとまったうすめの問題集で確認する。⑤「物質」「エネルギー」からは，濃度や力のつり合いなどの計算問題が出されやすいので，計算ミスをしないように日ごろからよく練習しておく。

国語 出題傾向＆対策

◆基本データ（2024年度Ａ日程１月10日）

試験時間／満点	50分／100点
問題構成	・大問数…４題 　文章読解題２題／知識問題２題 ・小問数…31問
解答形式	記号選択のほかに，適語の記入や書きぬき，文章中のことばを使った記述問題も出されている。
実際の問題用紙	Ｂ５サイズ，小冊子形式
実際の解答用紙	Ｂ４サイズ

◆出題傾向と内容

▶近年の出典情報（著者名）
説明文：山口仲美　市橋伯一　竹内早希子
小　説：こざわたまこ　村上雅郁　宮島未奈

●読解問題…取り上げられる文章は，小説・物語文と論説文・説明文が１題ずつというパターンが定着しています。設問は，正確に読み取る力，すじ道を立てて考える力に重点をおいたものになっており，具体的には，接続語を選ぶもの，指示語の内容をぬき出すもの，本文中の表現を使って記述するもの，要旨を答えるものなどがめだちます。

●知識問題…独立題のほか，読解問題の設問としても出題されます。漢字の書き取り，語句の意味，熟語，慣用句・ことわざ，文の組み立て，品詞・用法などが取り上げられています。

◆対策～合格点を取るには？～

入試で正しい答えを出せるようにするためには，なるべく多くの読解問題にあたり，出題内容や出題形式に慣れることが大切です。問題集に取り組むさいは，指示語の内容や接続語に注意しながら，文章がどのように展開しているかを読み取るように気をつけましょう。また，答え合わせをした後は，漢字やことばの意味を辞書で調べてまとめるのはもちろん，正解した設問でも解説をしっかり読んで解答の道すじを明らかにし，本番で自信を持って答えられるようにしておきましょう。

知識問題については，分野ごとに短期間に集中して覚えるのが効果的です。ただし，漢字は毎日少しずつ学習するとよいでしょう。

分野＼年度			2024			2023		
			1月10日	1月11日	東大4科	1月10日	1月11日	東大4科
読解	文章の種類	説明文・論説文	★	★	★	★	★	★
		小説・物語・伝記	★	★	★	★	★	★
		随筆・紀行・日記						
		会話・戯曲						
		詩						
		短歌・俳句						
	内容の分類	主題・要旨	○	○	○	○	○	○
		内容理解	○	○	○	○	○	○
		文脈・段落構成			○			○
		指示語・接続語	○	○	○		○	
		その他	○	○	○	○	○	○
知識	漢字	漢字の読み						
		漢字の書き取り	★	★	★	★	★	★
		部首・画数・筆順						
	語句	語句の意味				○	○	
		かなづかい						
		熟語		○	○			
		慣用句・ことわざ			○	○		○
	文法	文の組み立て						
		品詞・用法						
		敬語						
	形式・技法							
	文学作品の知識						○	
	その他		★	★			★	★
	知識総合				★	★		
表現	作文							
	短文記述				○			○
	その他							
放送問題								

※　★印は大問の中心となる分野をしめします。

カコを追いかけ
ミライをつかめ
「今の説明、もう一回」を何度でも
web過去問
ストリーミング配信による入試問題の解説動画
もっと古いカコモンないの？
カコ過去問
「さらにカコの」過去問をHPに掲載（DL）
声の教育社
詳しくはこちらから

2024年度　栄東中学校

【算　数】〈Ａ日程１月10日試験〉（50分）〈満点：100点〉

注意　１．コンパス・定規・分度器は使わずに答えてください。
　　　２．円周率は3.14とします。
　　　３．比を答えるときには，最も簡単な整数の比で答えてください。

1　次の $\square$ に入る数を答えなさい。

(1)　$\left(2\frac{1}{2}-1.75\right)\times 3.4\div\left\{\left(1\frac{1}{4}-\frac{1}{5}\right)\times\frac{5}{7}\right\}+\frac{3}{5}=\square$

(2)　$202.4\div\left(50-\square\div\frac{2}{81}\right)+1.2=10$

(3)　$\frac{1}{2\times 3}=\frac{1}{2}-\frac{1}{3}$，$\frac{1}{3\times 4}=\frac{1}{3}-\frac{1}{4}$，……を利用すると，

$$\frac{\square}{440\times 441}+\frac{\square}{441\times 442}+\cdots+\frac{\square}{458\times 459}+\frac{\square}{459\times 460}=\frac{1}{2024}$$

ただし，$\square$ にはすべて同じ数が入ります。

(4)　いくらかの量の10％の食塩水に８％の食塩水200ｇを入れてよく混ぜて9.2％にする予定でしたが，８％の食塩水 $\square$ ｇを入れたため8.4％になりました。

(5)　ある仕事をするのに，赤いロボット１体では24時間かかります。また，紫《むらさき》のロボットは赤いロボットの10倍の仕事ができます。合わせて18体のロボットがこの仕事をしたところ，20分で終わりました。このとき，赤いロボットは $\square$ 体でした。

(6)　右の図１のように三角形ABCの辺AC上に点Dがあり，ABとADの長さは等しく，イの角度はアの角度の２倍で，ウの角度はアの角度の６倍です。このとき，エの角度は $\square$ 度です。

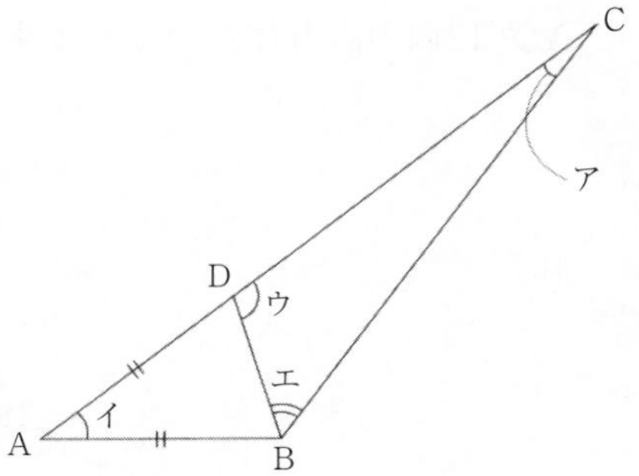

図１

(7)　右の図２のように直角三角形ABCの紙をADを折り目として折り返したところ，点BがAC上の点Eに重なりました。このとき，三角形ABCの面積は $\square$ cm^2 です。

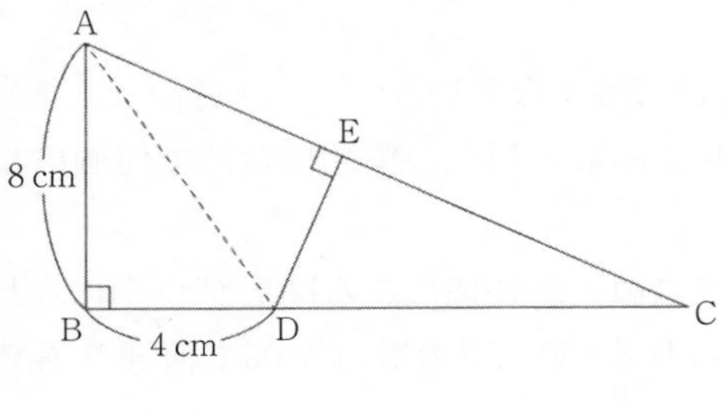

図２

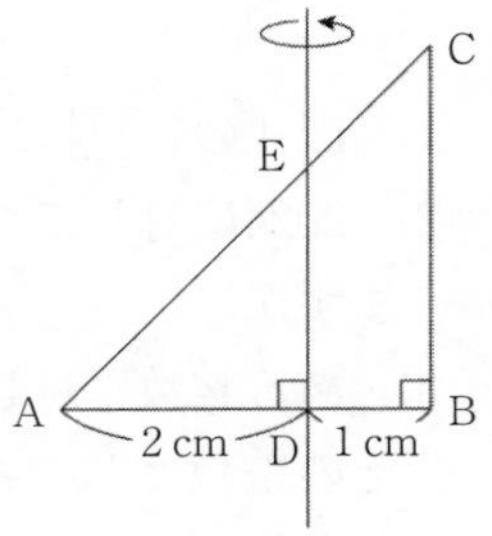

図３

(8)　右の図３のようにAB＝BC＝3 cmの直角二等辺三角形ABCを直線DEを軸《じく》に１回転させたときにできる立体の体積は $\square$ cm^3 です。ただし円周率は3.14とします。必要であれば円すいの体積は「(底面積)

×(高さ)÷3」で求められることを使ってもかまいません。

2　マラソン大会で栄くん，東さん，中さんの３人が同時にスタートして走り出し，栄くん，東さん，中さんの順にゴールしました。図１は３人がスタートしてからの時間と栄くんと東さんの道のりの差，東さんと中さんの道のりの差を表したものです。このとき，次の問いに答えなさい。ただし，３人は一定の速さで走るものとします。

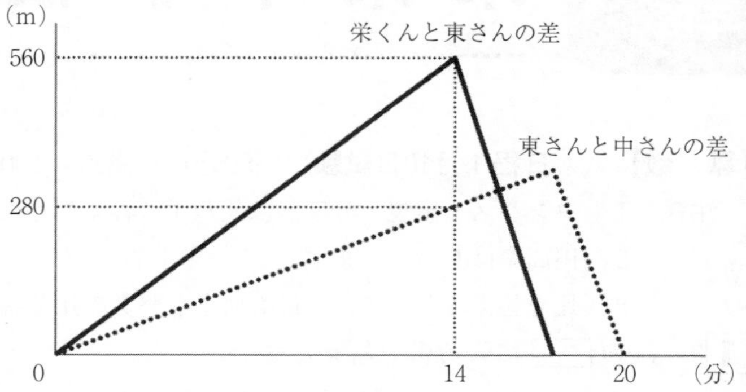

図１

(1)　栄くんと中さんの走る速さの比を最も簡単な整数の比で表しなさい。

(2)　マラソン大会のコースは全長何mありますか。

(3)　東さんがゴールするのはスタートしてから何分何秒後になりますか。

3　１つの整数に対し，ある規則にしたがって約数を配置した図形をつくります。約数を配置した点を頂点と呼ぶことにします。例えば，４に対しては4＝2×2だから，図１のような頂点の個数が３個の直線がつくれます。18に対しては18＝2×3×3だから，図２のような頂点の個数が６個の長方形がつくれます。90に対しては90＝2×3×3×5だから，図３のような頂点の個数が12個の直方体がつくれます。このとき，下の問いに答えなさい。

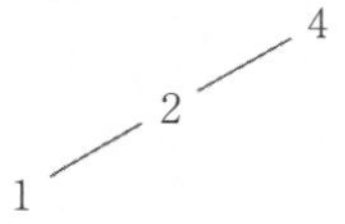

図１

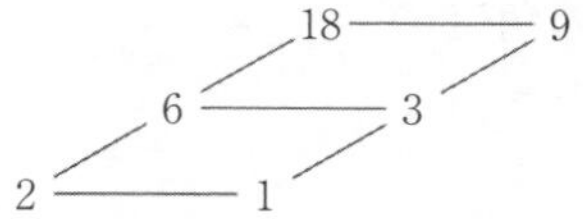

図２

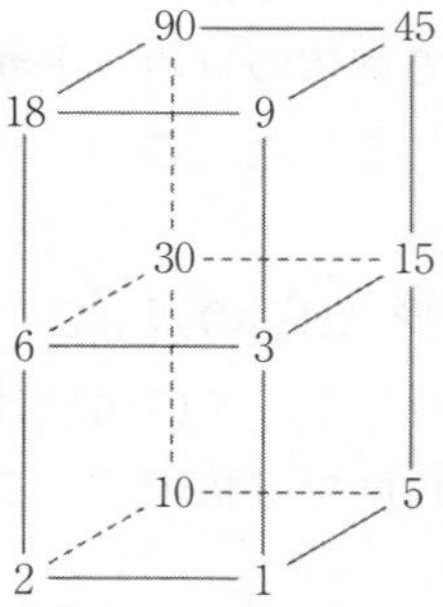

図３

(1)　図４の ア に入る数を答えなさい。

(2)　2024に対してつくれる図形の頂点の個数は全部で何個になりますか。

(3)　ある整数に対し頂点の個数が８個になる図形がつくれるとき，その整数として考えられる150以下の数は全部で何通りありますか。

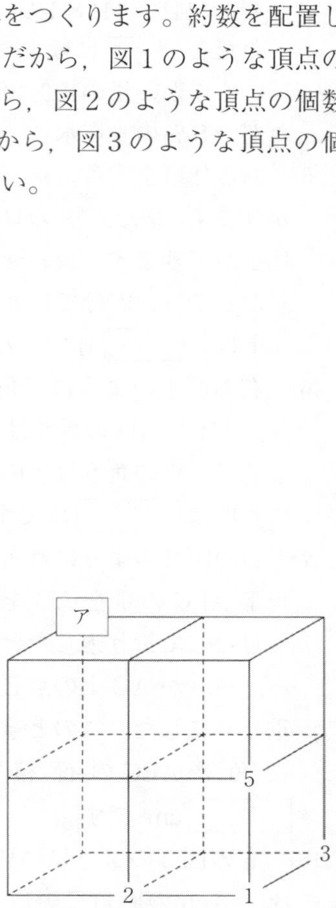

図４

4　右の図のように，角Ｂが直角で辺BCと辺ADが平行な台形ABCDがあり，辺BC，辺AD上にBE＝DF＝FG＝3 cmとなるような点Ｅ，Ｆ，Ｇをとります。また，DEとACが交わる点をＨ，DEとCFが交わる点をＩとすると，三角形ECIは角ECIが直角となる直角二等辺三角形で，三角形AHIの面積は40cm^{2}です。このとき，次の問いに答えなさい。

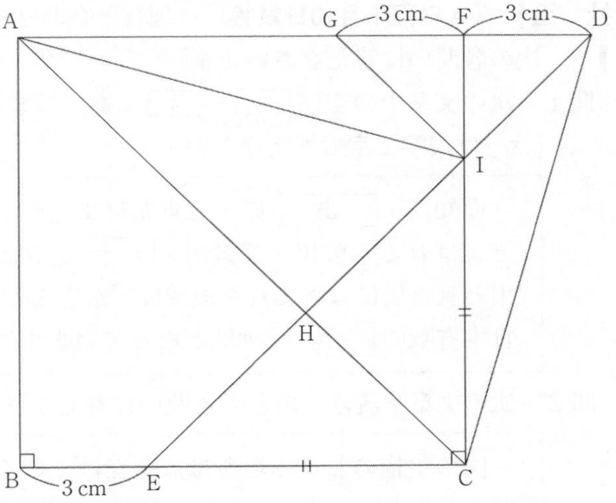

(1)　三角形DFIの面積を求めなさい。

(2)　三角形ACFの面積を求めなさい。

(3)　台形ABCDの面積を求めなさい。

5　２以上の整数Nに対して，以下の操作を行います。

（操作）　Nが７の倍数のときは，７で割り，７の倍数でないときは１を足す。

この操作を１になるまで続けます。例えば，Nが24のときは，

24→25→26→27→28→４→５→６→７→１となります。

また，１になるまで行った操作の回数を「N」と表すことにします。

この例は，操作を９回行っているので，「24」＝9となります。

(1)　「2024」はいくつですか。

(2)　「N」＝６となる２以上の整数Nは何個ありますか。

(3)　「2」＋「3」＋「4」＋「5」＋…＋「49」はいくつですか。

【社　会】〈**A日程１月10日試験**〉（理科と合わせて50分）〈満点：50点〉

1　次の各問いに答えなさい。

問１　次の文章中の空欄《くうらん》[あ]～[え]にあてはまる語句を，それぞれ**漢字**で答えなさい。ただし，[え]は**漢字２字**で答えなさい。

> 愛知県・[あ]県・三重県にまたがってひろがる[い]平野には，「木曽三川」とよばれる木曽川・長良川・[う]川が流れ，海へとそそいでいます。また，木曽川と長良川にはさまれた地域は，水害などから集落を守るために多くの堤防《ていぼう》で囲まれた日本有数の[え]地域となっています。

問２　次の文章を読み，あとの各問いに答えなさい。

> 国の主権のおよぶ場所は，陸だけでなく海にもあります。沿岸から[お]海里までを領海といいます。また，領海の外側に接続水域が広がります。さらに，接続水域の外側は<u>排他的経済水域</u>となっており，沿岸から[か]海里までと条約で決められています。

(1)　文章中の空欄[お]・[か]にあてはまる数字の組み合わせとして正しいものを，次の**ア**～**エ**から１つ選び，記号で答えなさい。

ア．**お**—12　**か**—100　　**イ**．**お**—12　**か**—200

ウ．**お**—20　**か**—100　　**エ**．**お**—20　**か**—200

(2)　文章中の下線部について，排他的経済水域の説明としてもっともふさわしいものを，次の**ア**～**エ**から１つ選び，記号で答えなさい。

ア．領土と同じく，沿岸国のすべての主権がおよぶ水域。

イ．出入国管理や関税など，沿岸国の主権の一部がおよぶ水域。

ウ．沿岸国に，水産資源や鉱産資源の管理，海洋調査の権限などが認められる水域。

エ．すべての国が，その範囲《はんい》の資源を自由に利用できる水域。

問３　栄太さんは，日本の気候の特徴《とくちょう》を調べるため，さまざまな県庁所在都市に住む人々から，その都市について話を聞くことにしました。次の**人物A**～**C**の話と，彼《かれ》らの住んでいる都市がある県の組み合わせとして正しいものを，あとの**ア**～**カ**から１つ選び，記号で答えなさい。

人物A　太平洋側の気候で温暖な地域です。冬は太平洋から暖かい空気が入ってくるために，平地で雪が降ることはまれです。私は県庁の近くに住んでいますが，市の北部の山沿いでは雨が多く水はけも良いため，特産であるみかんの栽培《さいばい》がさかんです。

人物B　年間の平均気温が高く温暖な地域です。また，年間の降水量がとても多く，特に梅雨の時期から台風の多い時期まで多くの雨が降ります。一方，冬は西側の山地の影《えい》響《きょう》で晴れの日が多く，年間の日照時間も長いです。このような気候を利用して，きゅうりやピーマンなどの促成栽培がおこなわれています。

人物C　夏は太平洋高気圧からふき出す南よりの風の影響で高温多湿です。また，冬は晴れて乾燥《かんそう》する日が多く，放射冷却《れいきゃく》の影響で朝の気温は低いです。この都市では米作りがさかんですが，大都市に近いため，近郊農業も発展しています。

ア．**A**—茨城県　**B**—静岡県　**C**—宮崎県

イ．**A**—茨城県　**B**—宮崎県　**C**—静岡県
ウ．**A**—静岡県　**B**—茨城県　**C**—宮崎県
エ．**A**—静岡県　**B**—宮崎県　**C**—茨城県
オ．**A**—宮崎県　**B**—茨城県　**C**—静岡県
カ．**A**—宮崎県　**B**—静岡県　**C**—茨城県

問4　次の表は，日本の野菜の収穫《しゅうかく》量上位4位までの道県を示したものです。表中の**あ**～**う**には，それぞれ「茨城」「千葉」「熊本」のいずれかがあてはまります。**あ**・**い**にあてはまる県の組み合わせとして正しいものを，あとの**ア**～**カ**から1つ選び，記号で答えなさい。

(2021年産)

	すいか	にんじん	ほうれんそう	メロン
1位	**あ**	北海道	埼玉	**う**
2位	**い**	**い**	群馬	**あ**
3位	山形	徳島	**い**	北海道
4位	新潟	青森	**う**	山形

(矢野恒太記念会『日本国勢図会 2023/24』より作成)

ア．**あ**—茨城　**い**—千葉　　**イ**．**あ**—茨城　**い**—熊本
ウ．**あ**—千葉　**い**—茨城　　**エ**．**あ**—千葉　**い**—熊本
オ．**あ**—熊本　**い**—茨城　　**カ**．**あ**—熊本　**い**—千葉

問5　次のグラフは，日本の部門別の農業産出額の都道府県別割合(2020年)を示したものです。グラフの**ア**～**エ**には，それぞれ「野菜」「果物」「花き」「肉用牛」のいずれかがあてはまります。「花き」にあてはまるグラフとして正しいものを，**ア**～**エ**から1つ選び，記号で答えなさい。

ア

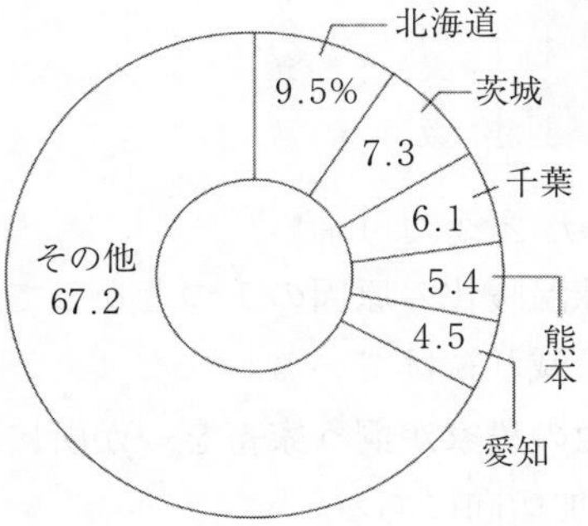

イ

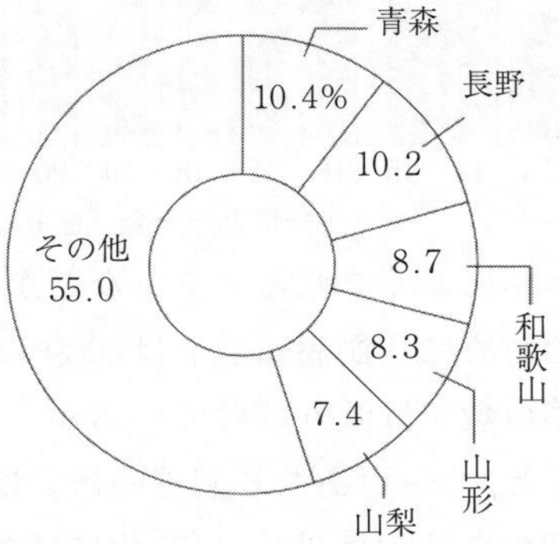

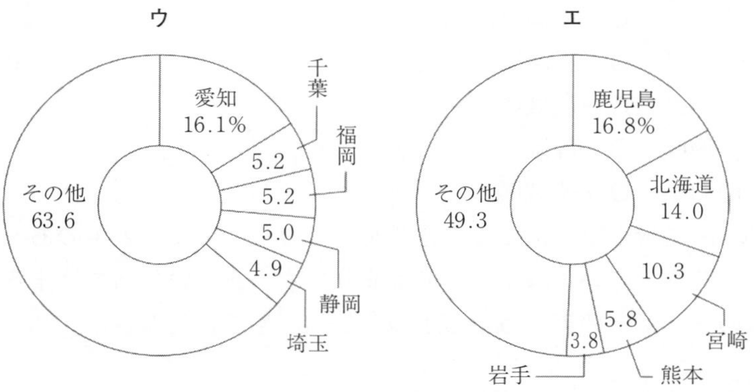

(矢野恒太記念会『日本のすがた 2023』より作成)

問6　次のグラフは，日本の乳用牛の飼養戸数と飼養頭数(各年2月1日現在)を示したものです。グラフを参考に，畜産《ちくさん》農家を取り巻く環境《かんきょう》や，効率的に経営するために畜産農家がおこなっている工夫としてもっともふさわしいものを，あとの**ア**～**エ**から1つ選び，記号で答えなさい。

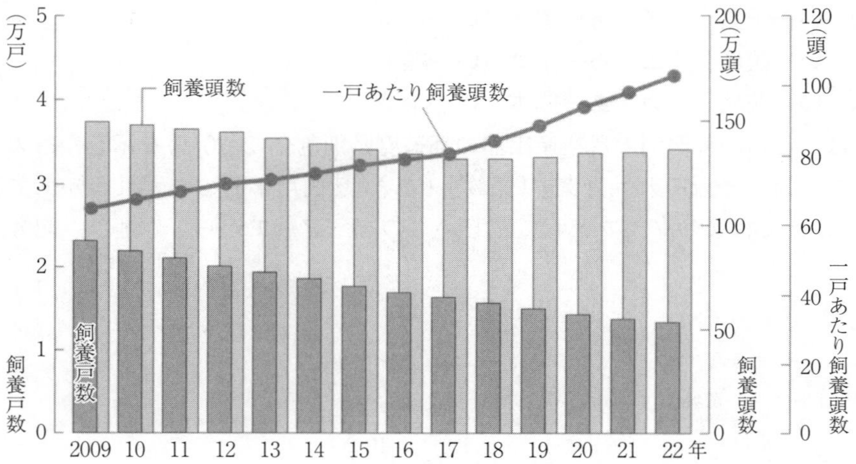

(矢野恒太記念会『日本のすがた 2023』より作成)

ア．乳用牛の出すげっぷにふくまれるメタンなどが地球温暖化の原因の1つとなっていることから，その削減《さくげん》のために「飼養頭数」は2009年以降減り続けている。

イ．2009年以降「飼養戸数」は減り続けているが，複数の農家が飼う家畜を一か所に集める共同飼育を進めるなど，「一戸あたり飼養頭数」は増加傾向《けいこう》にある。

ウ．家畜の世話や管理のための機械化・IT化には多額の資金が必要なため，機械化・IT化をやめ，多くの人手を確保することに力を入れている。

エ．牛乳(生乳)はその性質上，バターやチーズなどの乳製品よりも生産量を調整しやすく，安定して供給することができるため，年間を通じて不足したり余ったりすることは少ない。

問7　次の表は，日本の産業別の事業所数上位5位の都府県(2020年6月1日)を示したものです。表中の**あ**～**う**には，それぞれ「長野」「愛知」「大阪」のいずれかがあてはまります。**あ**・**い**にあてはまる府県の組み合わせとして正しいものを，あとの**ア**～**カ**から1つ選び，記号で答えなさい。

	印刷・印刷関連業	化学工業	情報通信機械器具	輸送用機械器具
1位	東京	**あ**	神奈川	**い**
2位	**あ**	埼玉	東京	静岡
3位	埼玉	兵庫	**う**	埼玉
4位	**い**	神奈川	埼玉	神奈川
5位	神奈川	**い**	福島	群馬

(矢野恒太記念会『データでみる県勢 2023』より作成)

ア. **あ**―長野　**い**―愛知　　**イ**. **あ**―長野　**い**―大阪

ウ. **あ**―愛知　**い**―長野　　**エ**. **あ**―愛知　**い**―大阪

オ. **あ**―大阪　**い**―長野　　**カ**. **あ**―大阪　**い**―愛知

問8　次の【グラフ】は，世界の温室効果ガス排出量の移り変わり(排出量および1人あたりの排出量)を示したものです。【グラフ】と【資料】を見て，あとの各問いに答えなさい。

【グラフ】

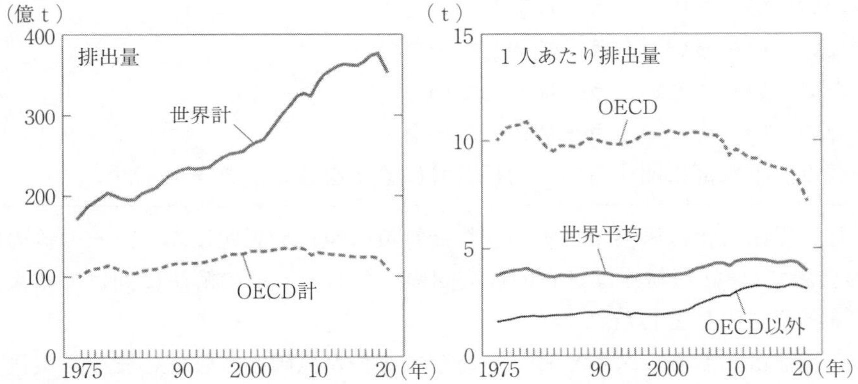

【資料】　OECD加盟国(2023年3月末現在，順不同)

(EU加盟国)

ドイツ・フランス・イタリア・オランダ・ベルギー・ルクセンブルク・フィンランド・スウェーデン・オーストリア・デンマーク・スペイン・ポルトガル・ギリシャ・アイルランド・チェコ・ハンガリー・ポーランド・スロバキア・エストニア・スロベニア・ラトビア・リトアニア

(EU以外)

日本・イギリス・アメリカ合衆国・カナダ・メキシコ・オーストラリア・ニュージーランド・スイス・ノルウェー・アイスランド・トルコ・韓国・チリ・イスラエル・コロンビア・コスタリカ

(矢野恒太記念会『日本国勢図会 2023/24』より作成)

(1)　【グラフ】中にある「OECD」の正式名称を，次の**ア**～**エ**から1つ選び，記号で答えなさい。

ア. 国際貿易機関　　**イ**. 国連開発計画

ウ. 経済協力開発機構　　**エ**. 石油輸出国機構

(2)　栄太さんは，【グラフ】を見て次のようにまとめました。文章中の空欄 あ ～ う にあてはまる語句の組み合わせとして正しいものを，あとの**ア**～**ク**から１つ選び，記号で答えなさい。

> 2020年の時点で，OECD 加盟国の温室効果ガス排出量の合計は，OECD 加盟国以外の国々の排出量の合計よりも［　**あ**　］です。１人あたりの排出量を見ると，OECD 加盟国の方が OECD 加盟国以外の国々よりも［　**い**　］です。このようにグラフを読みとることで，どのような対策が必要かがわかります。また，OECD には，世界の人口の１位と２位の国が［　**う**　］ため，それもふまえて対策を考えるべきだと思います。

ア．**あ**―多い　**い**―多い　**う**―加盟している
イ．**あ**―多い　**い**―多い　**う**―加盟していない
ウ．**あ**―多い　**い**―少ない　**う**―加盟している
エ．**あ**―多い　**い**―少ない　**う**―加盟していない
オ．**あ**―少ない　**い**―多い　**う**―加盟している
カ．**あ**―少ない　**い**―多い　**う**―加盟していない
キ．**あ**―少ない　**い**―少ない　**う**―加盟している
ク．**あ**―少ない　**い**―少ない　**う**―加盟していない

問９　次の文章を読み，下線部に関するあとの【問い】に答えなさい。

> 2023年４月，岸田首相は国会で日本の花粉症《しょう》対策の現状や課題にふれ，その後の関係する閣僚《かくりょう》の会議では，「花粉症は日本の社会問題」として，その解決に向けて結果を出していくよう指示を出しました。
>
> 日本での花粉症は，おもにスギやヒノキなどの花粉が原因とされています。戦後，戦争などによって荒廃《こうはい》した森林などにスギやヒノキが多く植林されました。その後，成長した木から大量の花粉が飛散するようになったことで，花粉症を発症する人が増えたとされています。もちろん，花粉症の発症そのものには食生活の変化などさまざまな要因がありますが，スギやヒノキによる大量の花粉の飛散が前提となっていることはまちがいありません。

【問い】

なぜ，戦後にスギやヒノキが多く植林されたのですか。スギやヒノキの特徴をふまえつつ，その理由を解答欄にあうように答えなさい。

2　次の各問いに答えなさい。

問１　縄文時代から古墳時代に関する文として正しいものを，次の**ア**～**エ**から１つ選び，記号で答えなさい。

ア．縄文時代に，家や動物をかたどった埴輪がつくられた。
イ．弥生時代の代表的な遺跡《いせき》として，群馬県の岩宿遺跡がある。
ウ．弥生時代に，中国や朝鮮半島から，鉄器や青銅器などの金属器が伝えられた。
エ．卑弥呼が中国の皇帝から授かった金印は，福岡県の志賀島で発見された。

問2　飛鳥時代に関する次の**ア～エ**の文を，年代の古い順にならべたとき，**2番目**と**4番目**にくるものをそれぞれ記号で答えなさい。

ア．白村江の戦いがおこった。

イ．壬申の乱がおこった。

ウ．天智天皇が即位《そくい》した。

エ．天武天皇が即位した。

問3　平安時代に関する文として正しいものを，次の**ア～エ**から1つ選び，記号で答えなさい。

ア．藤原氏は，天皇が成人した後は摂政，幼いときは関白として政治の実権をにぎった。

イ．桓武天皇は，都を藤原京にうつした。

ウ．藤原純友は，瀬戸内海の海賊《かいぞく》を率いて反乱をおこした。

エ．平清盛は，武士として最初の征夷大将軍となった。

問4　平安時代，平氏は中国との貿易によって大きな利益を得ていました。960年に建国された，平氏が中国と貿易をしていたころの中国の王朝を，**漢字1字**で答えなさい。

問5　鎌倉時代に関する次の**ア～エ**の文を，年代の古い順にならべたとき，**2番目**と**4番目**にくるものをそれぞれ記号で答えなさい。

ア．京都に六波羅探題が置かれた。

イ．後鳥羽上皇が，全国の武士に北条義時を討《う》つよう命令した。

ウ．北条時宗が執権となった。

エ．北条泰時が執権となった。

問6　鎌倉時代から室町時代に関する文として正しいものを，次の**ア～エ**から1つ選び，記号で答えなさい。

ア．親鸞が諸国を歩き，踊《おど》り念仏を広めた。

イ．足利義政が，京都の北山に銀閣を建てた。

ウ．運慶・快慶らが，金剛力士像をつくった。

エ．雪舟が，多色刷りの浮世絵を大成した。

問7　江戸時代に関する文として正しいものを，次の**ア～エ**から1つ選び，記号で答えなさい。

ア．幕府はスペイン船の来航を禁止し，その後，ポルトガル船の来航も禁止した。

イ．臨時に置かれる幕府の最高の職として，老中が置かれた。

ウ．徳川綱吉は公事方御定書をつくり，裁判の公正をはかった。

エ．水野忠邦は大名に米を納めさせ，その代わりに参勤交代の負担をゆるめる上米の制を定めた。

問8　江戸時代に関する次の**ア～エ**の文を，年代の古い順にならべたとき，**2番目**と**4番目**にくるものをそれぞれ記号で答えなさい。

ア．井伊直弼が江戸城の桜田門の外で暗殺された。

イ．ペリーが浦賀に来航した。

ウ．イギリスの軍艦《ぐんかん》が鹿児島の町を砲撃する薩英戦争がおこった。

エ．幕府が異国船打払令を出した。

問9　1890年に，日本で初めての衆議院議員総選挙がおこなわれました。このときに選挙権をあたえられたのは，どのような条件を満たした人々であったか答えなさい。

問10　大正時代から昭和時代に関する文として正しいものを，次の**ア**～**エ**から１つ選び，記号で答えなさい。

ア．二・二六事件により，犬養毅が暗殺された。

イ．全国水平社が，雑誌『青鞜』を創刊した。

ウ．政府は，国民を第一次世界大戦に動員する体制をつくるために，治安維持法を定めた。

エ．農地改革の結果，多くの小作人が自作農になった。

問11　日本国憲法に関して，次の各問いに答えなさい。

(1)　現在の日本の国会に関する文として正しいものを，次の**ア**～**エ**から１つ選び，記号で答えなさい。

ア．衆議院と参議院は，いずれも緊急集会を開くことができる。

イ．常会(通常国会)の会期は150日で，延長されることはない。

ウ．裁判所は，臨時会(臨時国会)の召集を決定することができる。

エ．特別会(特別国会)は，衆議院の解散後の総選挙がおこなわれた後，30日以内に召集される。

(2)　現在の日本の内閣に関する文として正しいものを，次の**ア**～**エ**から１つ選び，記号で答えなさい。

ア．閣議の議決は，原則として多数決でおこなわれる。

イ．内閣総理大臣は，国会議員から選ばれなければならない。

ウ．内閣は，法律の制定をおこなう。

エ．内閣は，予算の審議《しんぎ》や議決をおこなう。

(3)　次の日本国憲法の条文中の空欄にあてはまる語句を，**漢字**で答えなさい。

日本国憲法第14条１項《こう》

すべて国民は，法の下に平等であつ《っ》て，人種，(　　)，性別，社会的身分又《また》は門地により，政治的，経済的又は社会的関係において，差別されない。

【理　科】〈Ａ日程１月10日試験〉（社会と合わせて50分）〈満点：50点〉

1　あとの問いに答えなさい。

図１のように，滑車《かっしゃ》を天井《てんじょう》に固定して重さ50ｇのおもりと，重さ100ｇのおもりを重さの無視《むし》できる丈夫《じょうぶ》な糸でつるしました。このままでは100ｇのおもりが下に落ちてしまうため，50ｇのおもりの下に重さの無視できる丈夫な糸を取り付けて，手で下に引いて２つのおもりを静止させました。

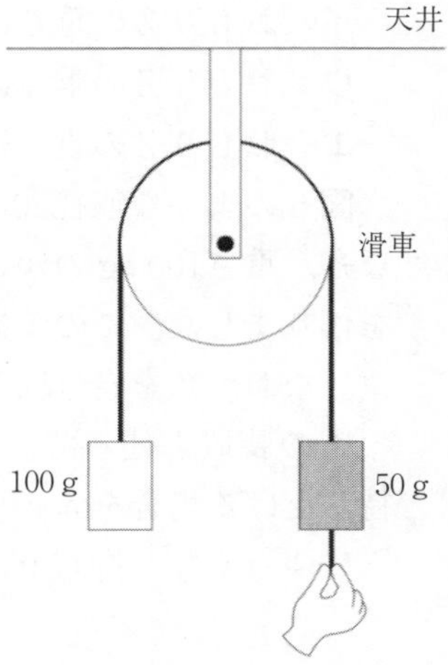

図１

問１　**図１**において，手で糸を下に引く力の大きさは何ｇですか。次の**ア**～**カ**から１つ選び，記号で答えなさい。

ア　25ｇ　　**イ**　50ｇ　　**ウ**　75ｇ

エ　100ｇ　　**オ**　125ｇ　　**カ**　150ｇ

図２のような，直径20cmと10cmの輪軸《りんじく》Ａを用意しました。これを天井に固定して，重さの無視できる丈夫な糸，重さ50ｇのおもり，重さのわからないおもりＸを用いて**図３**のような装置《そうち》を作りました。この装置は**図３**のような状態で静止しました。

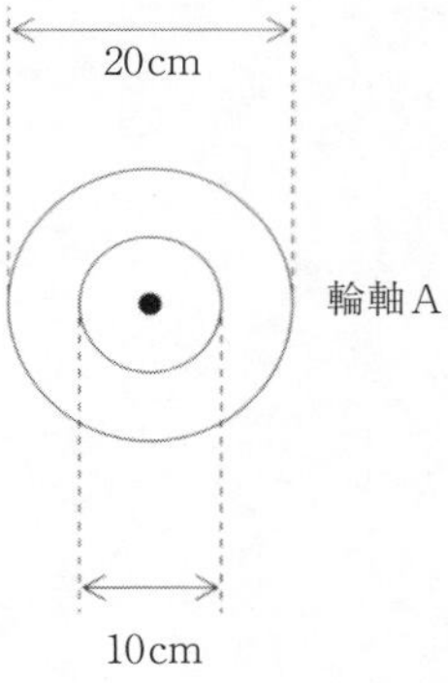

図２

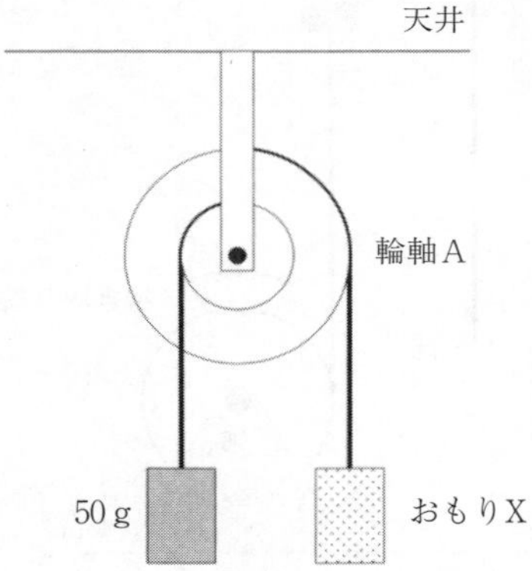

図３

問２　おもりＸの重さは何ｇですか。次の**ア**～**カ**から１つ選び，記号で答えなさい。

ア　25ｇ　　**イ**　50ｇ　　**ウ**　75ｇ

エ　100ｇ　　**オ**　125ｇ　　**カ**　150ｇ

図４のように，重さ50ｇのおもりと重さ200ｇのおもりＹを輪軸Ａに取り付けたところ，輪軸が回転しました。そこで，重さ50ｇのおもりに重さの無視できる丈夫な糸を取り付けて，手で糸を下に引いて装置全体を静止させました。

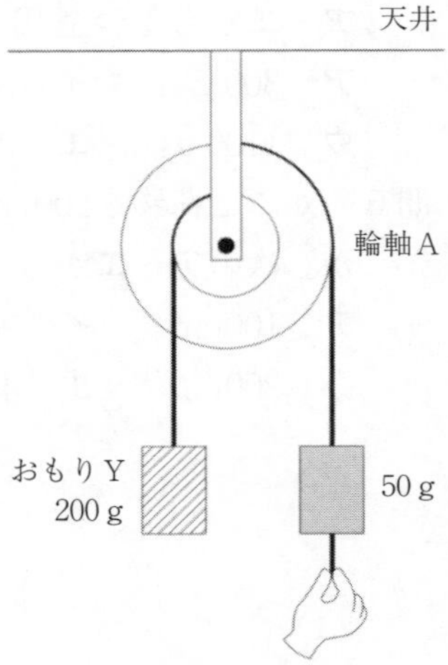

図４

問３　**図４**において，手で糸を引く力の大きさは何ｇですか。次の**ア**～**カ**から１つ選び，記号で答えなさい。

ア　50ｇ　　**イ**　100ｇ　　**ウ**　150ｇ

エ　350ｇ　　**オ**　400ｇ　　**カ**　450ｇ

次に，**図４**のおもりＹをおもりＺに取りかえたところ，手で糸を引くことなく50ｇのおもりが下に動き出しました。

問４　おもりＺの重さについて，最も適切な文を次の**ア**～**エ**から１つ選び，記号で答えなさい。

ア　おもりＺの重さは100ｇよりも軽い。

イ　おもりＺの重さは100ｇである。

ウ　おもりＺの重さは100ｇよりも重く，200ｇよりも軽い。

エ　おもりＺの重さは200ｇよりも重い。

図５のような直径20cmの滑車と土台でできた巻《ま》き取り機，輪軸Ａ，重さの無視できる丈夫な糸，重さ1000ｇのかご，重さを調整できるおもり「ウエイト」を使って，**図６**のような装置を作りました。この装置は巻き取り機を回すことによって，かごを上下に動かすことができます。なお，糸を巻き取ることで，ウエイトが巻き取り機にぶつかることはないものとします。

この装置を使って，ウエイトの重さを500ｇに調整し，600ｇの荷物をのせたかごを200cm持ち上げる場合を考えます。なお，かごを上下させるときは，かごにはたらく力がつりあうようにゆっくりと持ち上げるものとします。

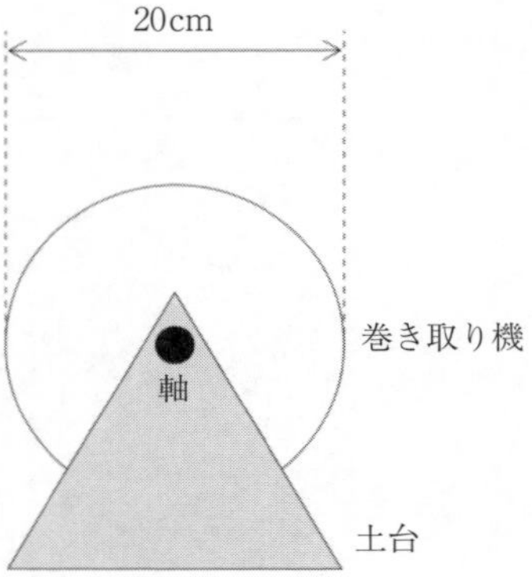

図５

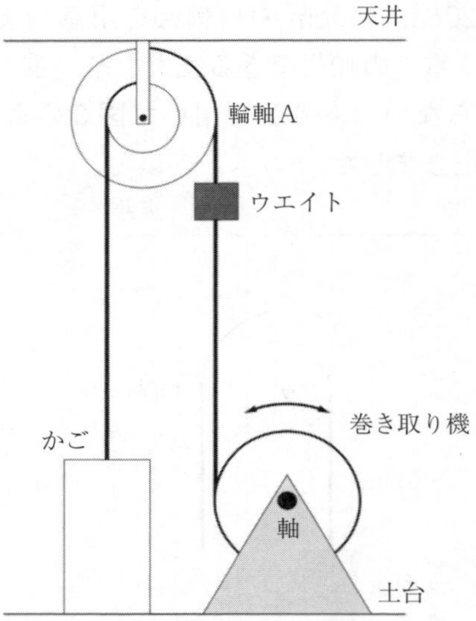

図６

問５　かごと荷物を持ち上げているとき，巻き取り機が糸を引く力の大きさは何ｇですか。次の**ア**～**エ**から１つ選び，記号で答えなさい。

ア　300ｇ　　**イ**　800ｇ

ウ　1100ｇ　　**エ**　2700ｇ

問６　かごと荷物を200cm持ち上げるまでの間に，巻き取り機が巻き取る糸の長さは何cmですか。次の**ア**～**エ**から１つ選び，記号で答えなさい。

ア　100cm　　**イ**　200cm

ウ　300cm　　**エ**　400cm

図7のように，**図6**の装置を使って簡単《かんたん》なエレベーターを作り，1階から2階に人を1人だけ運び，2階で人が降《お》りた後に，別の人を1人だけ2階から1階に運ぶ場合を考えます。人の体重はいずれも60kg，かごの重さは360kgです。また，かごの移動中は，常にかごにはたらく力がつりあうようにゆっくりと移動させるものとし，人が乗り降りする場合には一時的にかごを2階で静止させるため，巻き取り機が糸を引く力を調整します。しかし，2階で人が降りたとき，ウエイトの重さがある値《あたい》を超《こ》えていると，巻き取り機が糸を引く力をどのように調整してもかごを静止させることができなくなります。

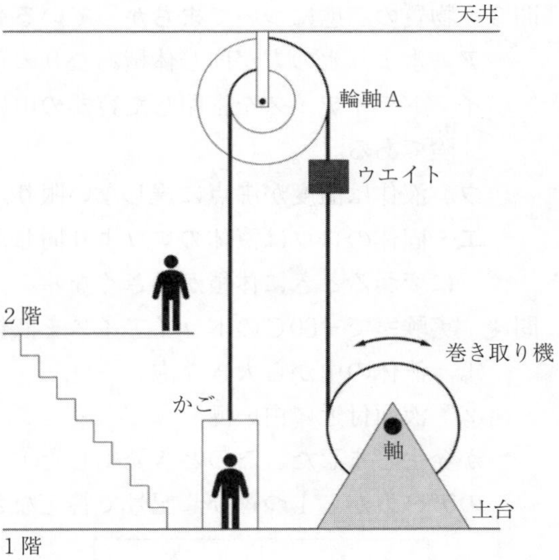

図7

問7　下線部のような動きをするとき，巻き取り機が糸を引く力をできるだけ小さくするためには，ウエイトの重さを何kgにするのが適切ですか。最も近いものを次の**ア**～**オ**から1つ選び，記号で答えなさい。

ア　59kg　　**イ**　179kg　　**ウ**　209kg　　**エ**　359kg　　**オ**　419kg

2

あとの問いに答えなさい。

私《わたし》たちの身のまわりのものは，目に見えない小さな粒《つぶ》が集まってできています。この粒の集まり方で，固体，液体，気体の状態が決まります。この3つの状態を「三態」といい，どのようなものにも3つの状態が存在《そんざい》します。**図1**は，状態変化の関係を表したものです。

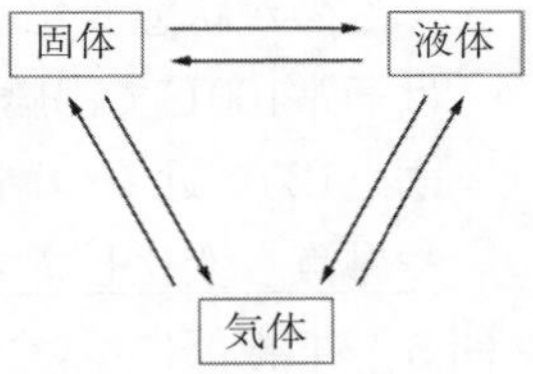

図1

問1　液体が気体になることを何といいますか。次の**ア**～**オ**から1つ選び，記号で答えなさい。

ア　蒸発《じょうはつ》　**イ**　凝縮《ぎょうしゅく》　**ウ**　融解《ゆうかい》　**エ**　凝固　**オ**　昇華《しょうか》

問2　液体が気体になるときの重さと体積の変化について，正しい組み合わせを次の**ア**～**ケ**から1つ選び，記号で答えなさい。

	重さ	体積
ア	重くなる	大きくなる
イ	重くなる	変わらない
ウ	重くなる	小さくなる
エ	変わらない	大きくなる
オ	変わらない	変わらない
カ	変わらない	小さくなる
キ	軽くなる	大きくなる
ク	軽くなる	変わらない
ケ	軽くなる	小さくなる

問３　物質の三態について**まちがっているもの**を次の**ア～エ**から１つ選び，記号で答えなさい。

ア　水より氷の方が同じ体積あたりの重さが軽いため，氷は水に浮《う》く。

イ　ドライアイスを密閉《みっぺい》した容器の中に入れて常温で置くと，容器が破裂《はれつ》する恐《おそ》れがあり危《き》険《けん》である。

ウ　液体は温度が沸点《ふってん》に達しない限り，気体に変化することはない。

エ　固体のロウは液体のロウより同じ重さあたりの体積が小さいため，ロウが液体から固体に変わるときに体積が小さくなる。

問４　実験室で－80℃のドライアイスを液体窒素《ちっそ》の中に入れたところ，

①　液体の中から大きな泡《あわ》

②　液面付近に白い煙《けむり》

が発生しました。このとき発生した①，②はそれぞれ主に何ですか。正しい組み合わせを次の**ア～カ**から１つ選び，記号で答えなさい。ただし，液体窒素の沸点は－196℃とします。

	①	②
ア	二酸化炭素	二酸化炭素
イ	二酸化炭素	水
ウ	二酸化炭素	窒素
エ	窒素	二酸化炭素
オ	窒素	水
カ	窒素	窒素

ものが状態変化するためには，温度だけでなく，圧力も重要な要素になります。例えば，水は通常100℃で沸騰《ふっとう》しますが，圧力鍋《なべ》を用いて鍋の内部の圧力を高くすると，100℃でも沸騰せず，120℃近くの高温の水で調理することができます。このように，圧力を変化させると沸点や融点も変化します。

問５　下線部について，圧力によって沸点や融点が変化したことで起きる現象を次の**ア～オ**から**すべて**選び，記号で答えなさい。

ア　標高の高い所で土鍋を使って米を炊《た》こうとしても，十分に加熱できず，米に芯《しん》が残ってしまう。

イ　標高の高い所に未開封《みかいふう》のスナック菓子《がし》の袋《ふくろ》を持って行くと，袋が膨《ふく》らむ。

ウ　アイススケート用の靴《くつ》を履《は》いて氷の上に立つと，靴の刃《は》の下にある氷がとけやすくなる。

エ　紙でできた鍋に水を入れて下から熱すると，紙は燃えずに水が沸騰する。

オ　水の入った容器の水面全体をおおうように食用油をたらすと，水面の水が水蒸気になることを防ぐことができる。

水溶液《すいようえき》は，溶《と》けているものと水の沸点のちがいを利用することで，溶けているものと水に分けることができます。このような操作を蒸留《じょうりゅう》といいます。

問６　アルコール水(水にエタノールを加えたもの)を**図２**のような装置《そうち》で加熱しました。このときの温度変化のグラフとして正しいものを下の**ア～エ**から１つ選び，記号で答えなさい。ただし，エタノールの沸点は78℃とします。

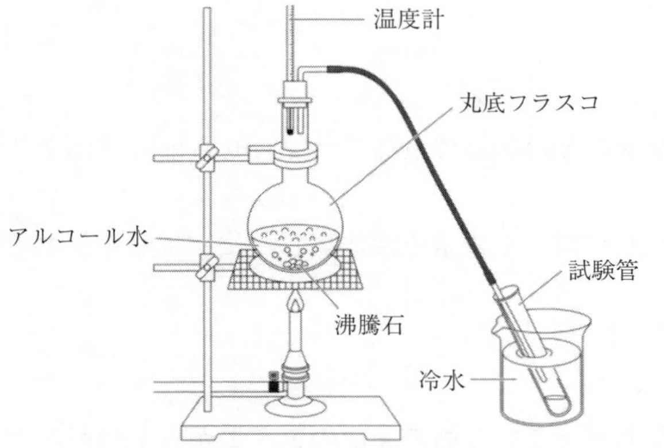

図２

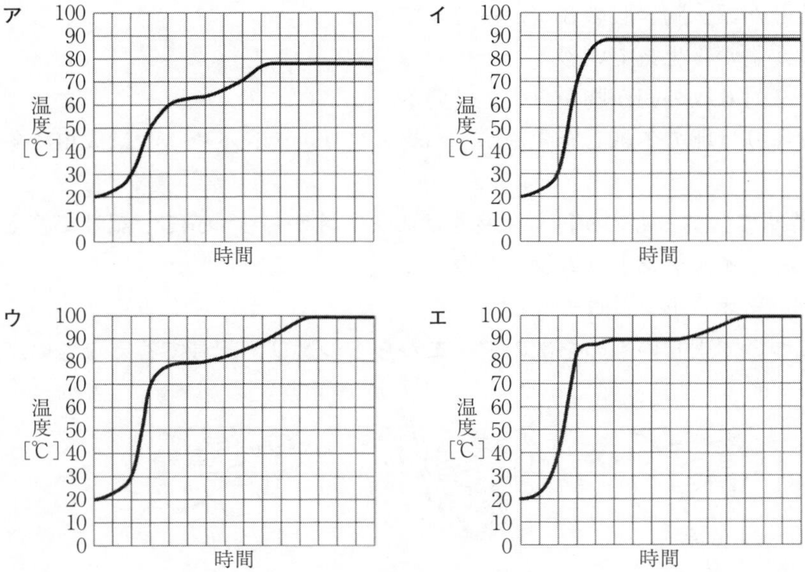

沸点や融点は圧力による変化だけでなく，水にものが溶けて水溶液になることによっても変化します。例えば水に食塩などの固体を溶かしてつくった水溶液の沸点は，水の沸点の100℃より高くなります。このような沸点や融点の変化は水溶液が濃《こ》いほど大きくなります。

問７　ある濃さの食塩水と水を用意し，温度を測定しながら冷やし続けました。水は温度が０℃のときに凍《こお》り始め，食塩水は－0.5℃のときに凍り始めました。その後も冷やし続けると，水は０℃のまま氷になっていくのに対して，食塩水は凍り始めたときからさらに温度が下がりながら凍っていきました。**図３**は両方の液体が凍り始めたところから，完全に固体になるまでの温度のようすの一部をグラフにまとめたものです。この実験の結果と関連した現象として**まちがっているもの**を次の**ア**

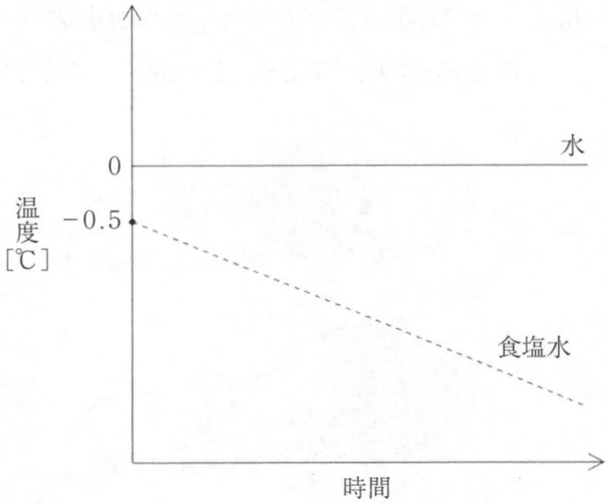

図３

〜**エ**から**すべて**選び，記号で答えなさい。

ア　海水は水より凍りにくい。

イ　湖の水は，底からではなく表面から凍り始める。

ウ　冷凍庫で凍らせたスポーツドリンクのとけ始めの液体は，凍らせる前の液体よりも味が濃くなる。

エ　液体窒素を作る際は，空気を冷やして酸素や窒素を液体にした後，状態変化する温度の差を利用して窒素を取り出す。

3　昆虫《こんちゅう》について，次の問いに答えなさい。

問１　昆虫について説明した文のうち，**まちがっているもの**を次の**ア**〜**エ**から１つ選び，記号で答えなさい。

ア　からだのつくりが頭・胸《むね》・腹《はら》の３つからできている。

イ　３対６本の脚《あし》が胸から生えている。

ウ　多くの場合，３対６枚の翅《はね》が胸から生えている。

エ　バッタ・カマキリは卵《たまご》で冬越《ふゆご》しをするが，ハチ・アリ・テントウムシは成虫で冬越しをする。

問２　幼虫《ようちゅう》と成虫の時期で食べるものが同じ生物を次の**ア**〜**オ**から１つ選び，記号で答えなさい。

ア　カブトムシ　　**イ**　テントウムシ　　**ウ**　カ

エ　アゲハチョウ　　**オ**　モンシロチョウ

問３　セミの口の形について正しいものを次の**ア**〜**エ**から１つ選び，記号で答えなさい。

ア

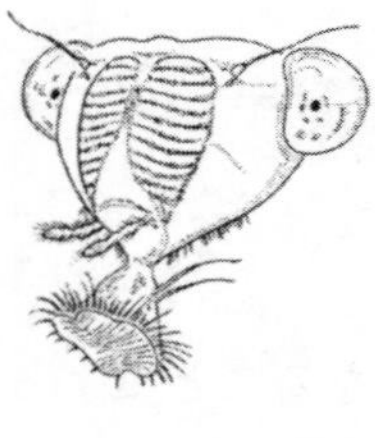

イ

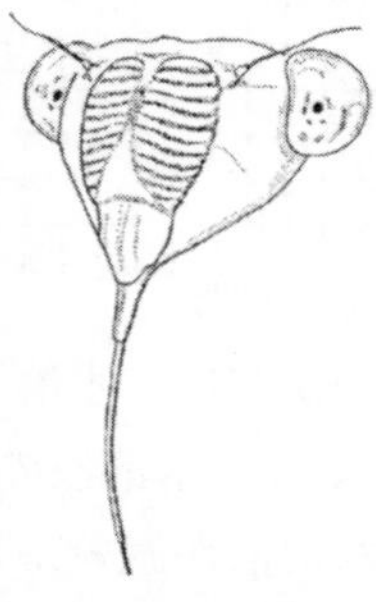

ウ

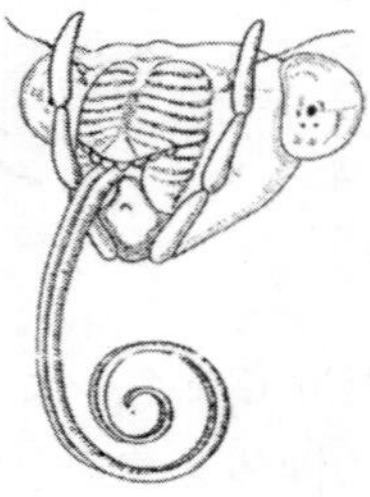

エ

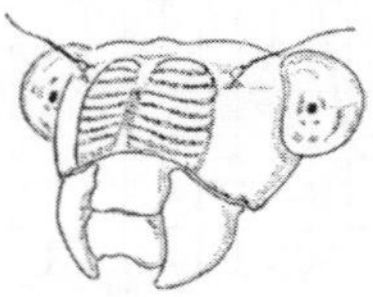

問４　下の図はアゲハチョウの幼虫のスケッチです。胸の部分をぬりつぶした図として正しいものを次の**ア**〜**エ**から１つ選び，記号で答えなさい。

ア

イ

ウ

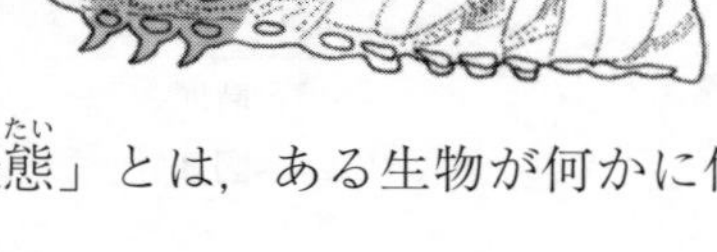

エ

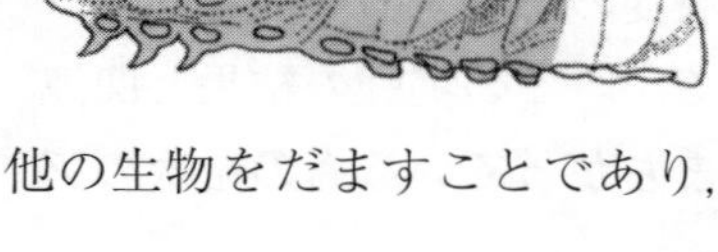

「擬態《ぎたい》」とは，ある生物が何かに似せて他の生物をだますことであり，捕食者《ほしょくしゃ》である天敵《てんてき》に

食べられないようにするなどの効果があります。例えば，天敵が嫌《きら》うハチに似た黒と黄色のしま模様《もよう》のガや，枯《か》れ枝にそっくりなシャクトリムシも擬態していると考えられています。このように，擬態は自然界でありふれた現象です。

シロオビアゲハは東南アジア一帯から沖縄諸島《しょとう》にかけて分布するアゲハチョウの一種です。一方，ベニモンアゲハも同じくアゲハチョウの一種で，マレー半島やインドネシア，フィリピンに分布し，後翅《こうし》には赤色の模様が見られます。ベニモンアゲハは毒をもつチョウであるのに対して，シロオビアゲハは毒をもっていません。毒をもっているベニモンアゲハは他のアゲハチョウと比べて鳥に捕食されにくいという特ちょうがあります。シロオビアゲハのメスは大きく２種類あり，ベニモンアゲハに似た赤色の模様をもつ擬態型と，赤色の模様をもたない非擬態型に分かれます。擬態型のメスからは同じ擬態型の子が生まれ，非擬態型のメスからは同じ非擬態型の子が生まれます。

【実験１】

シロオビアゲハの擬態型または非擬態型の個体を見た天敵の鳥について，それぞれ７個体ずつその後の行動を観察し，以下の①～④を行った個体数を記録した。

① シロオビアゲハにある程度の距離《きょり》(５cm 以上)まで近づいた

② シロオビアゲハにさらに近づいた(５cm 以内)

③ シロオビアゲハをついばもうとした

④ シロオビアゲハを食べた

擬態型は**図１**，非擬態型は**図２**のような結果になった。

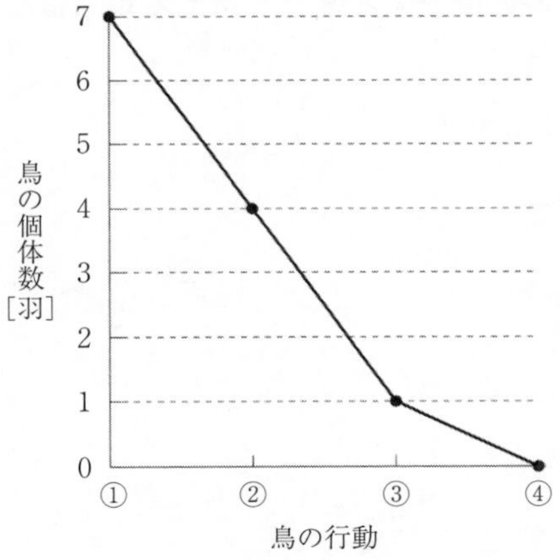

図１

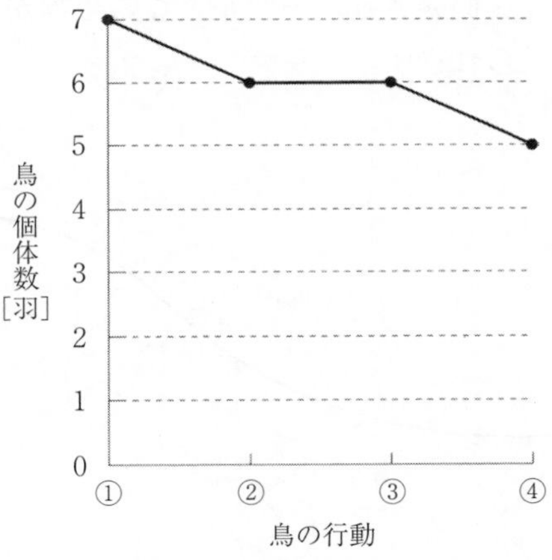

図２

(東京大学コレクションⅫ「真贋《しんがん》のはざま」より作成)

【実験２】

シロオビアゲハのメスのうち，擬態型14匹と非擬態型24匹について，オスから求愛された回数や交尾《こうび》した個体数を観察し，**表**に結果をまとめた。

表

	観察個体数	オスから求愛された回数	交尾した個体数
擬態型	14匹	12回	１匹
非擬態型	24匹	82回	10匹

問５　次の文は【実験１】，【実験２】から考察したものです。この文の(あ)～(う)にあてはまる言葉の組み合わせを，下の**ア～シ**から１つ選び，記号で答えなさい。

シロオビアゲハのメスは，(　あ　)の方がオスと交尾しやすく，(　い　)の方が鳥からねらわれやすい。そのため，将来《しょうらい》的に(　　う　　)と考えられる。

	(あ)	(い)	(う)
ア	擬態型	擬態型	擬態型のみの集団に変化していく
イ	擬態型	非擬態型	擬態型のみの集団に変化していく
ウ	非擬態型	擬態型	擬態型のみの集団に変化していく
エ	非擬態型	非擬態型	擬態型のみの集団に変化していく
オ	擬態型	擬態型	非擬態型のみの集団に変化していく
カ	擬態型	非擬態型	非擬態型のみの集団に変化していく
キ	非擬態型	擬態型	非擬態型のみの集団に変化していく
ク	非擬態型	非擬態型	非擬態型のみの集団に変化していく
ケ	擬態型	擬態型	擬態型も非擬態型も生き残る
コ	擬態型	非擬態型	擬態型も非擬態型も生き残る
サ	非擬態型	擬態型	擬態型も非擬態型も生き残る
シ	非擬態型	非擬態型	擬態型も非擬態型も生き残る

もともとベニモンアゲハのいなかった沖縄諸島に，ある年からベニモンアゲハが分布するようになると，**図３**のように，擬態型のシロオビアゲハのメスが多く観察されるようになりました。このような擬態されるモデルとなる生物が増えると擬態する割合《わりあい》も増える現象は，他の昆虫でもよく見られます。

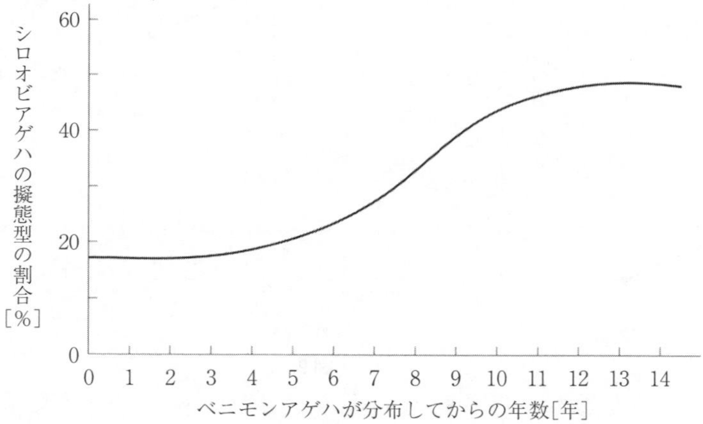

図３

(東京大学コレクションⅫ「真贋のはざま」より作成)

問６　擬態型のシロオビアゲハが増えた理由として考えられるものを次の**ア～エ**から１つ選び，記号で答えなさい。

ア　擬態する生物１個体あたりのエサの量が増えるため。

イ　擬態する生物の縄張りが広がるため。

ウ　擬態する生物１個体あたりが産む卵の数が増えるため。

エ　擬態する生物が天敵から襲《おそ》われにくくなるため。

エイコアブラハバチ(以後「ハチ」とします)，カワラトビイロケアリ(以後「アリ」とします)，ナシマルアブラムシ(以後「アブラムシ」とします)の３種の生物の間には次のような関係があります。まず，アリはアブラムシの天敵を追い払《はら》い，アブラムシはおしりから出る甘《あま》いみつをアリに与《あた》えるという，共生関係が成り立っています。一方，ハチはアブラムシの体内に卵を産みつけ，寄生しようとします。

アリはアブラムシをハチの攻撃《こうげき》から守っています。ハチはアリに何度も追い払われますが，すきをみつけてアリに馬乗りになります。その後，ハチが後ろ脚でアリの腹をさすると，アリは動かなくなります。アリが動かなくなると，ハチはさかんに触角《しょっかく》でアリの頭部に触れ，自分の触角をなめ，それからさらに自分のからだをなめ始めます。この行動を30分ほど繰《く》り返したあと，ハチはアリからはなれ，その後自分の翅をかみ切って落とします。このときハチは飛べなくなるためアリに攻撃されても素早く逃《に》げることはできなくなります。しかし，このハチをアリはまったく攻撃せず，自分のエサをハチに与えるようになるのです。こうしてハチは，しばらくアリの世話になって暮らしたあと，卵巣《らんそう》の発達をまってアブラムシの体内に卵を産みつけます。

問７　下線部について，アリがハチを攻撃しないのはなぜですか。考えられる理由を次の**ア**～**エ**から１つ選び，記号で答えなさい。

ア　逃げることのできないハチであればいつでも攻撃できると認識《にんしき》したため。

イ　ハチをアブラムシと認識したため。

ウ　ハチを同じ仲間のアリと認識したため。

エ　アブラムシを守るリスクの方が大きくなったと認識したため。

4　火山について，あとの問いに答えなさい。

熊本県の阿《あ》蘇《そ》市は，町が山で囲まれています。サカエ君が，地元の人に聞いてみたところ，これは阿蘇カルデラとよばれるものであり，東西に18km，南北に25kmと世界でも有数の規《き》模《ぼ》だということがわかりました。

問１　カルデラとはどのようなものですか。最も適切なものを次の**ア**～**キ**から１つ選び，記号で答えなさい。

ア　火山灰《かざんばい》などの火山噴出物《ふんしゅつぶつ》が周囲に堆積《たいせき》してできたくぼ地

イ　土砂《どしゃ》が堆積してできた三角形の低地

ウ　噴火によって流れ出た溶岩《ようがん》が固まってできた平坦《へいたん》な台地

エ　粘性《ねんせい》のかなり大きな溶岩からなる急傾斜《きゅうけいしゃ》の斜面をもつ丘《おか》

オ　れきや土砂が堆積してできた扇形《おうぎがた》のくぼ地

カ　火山の噴火後に中央部が落ち込《こ》んでできたくぼ地

キ　崖《がけ》のある海岸沿《ぞ》いに見られる階段状の地形

サカエ君はさらに熊本県について調べていると，「火の国」とよばれていることがわかりました。その理由の一つとして，阿蘇山という火山があることがあげられるそうです。火山は大きく分けて**図１**のＡ～Ｃの形に分類され，阿蘇山はＣの形であることがわかりました。

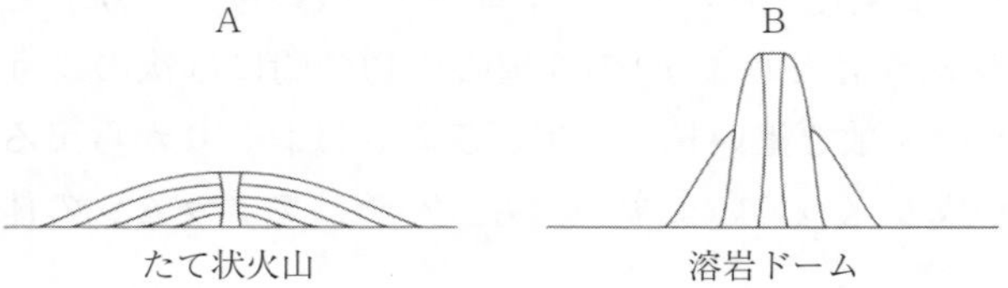

図1

問2　阿蘇山と同じ形に分類される火山の組み合わせはどれですか。最も適切なものを次の**ア**～**ク**から1つ選び，記号で答えなさい。

ア　有珠山《うすざん》・雲仙普賢岳《うんぜんふげんだけ》・昭和新山　　**イ**　浅間山・昭和新山・マウナロア

ウ　浅間山・桜島・富士山　　**エ**　有珠山・桜島・富士山

オ　浅間山・雲仙普賢岳・三原山　　**カ**　有珠山・昭和新山・三原山

キ　キラウエア・マウナロア・三原山　　**ク**　雲仙普賢岳・桜島・マウナロア

サカエ君が火山についてさらに詳《くわ》しく調べていると，「ホットスポット」という言葉が出てきました。ホットスポットは，マグマのふき出し口であり，海底で大きな噴火が起こると島ができます。ホットスポットは移動しませんが，プレートの動きにより前にできた島は移動してしまうので，次の噴火のときにホットスポットの上に新しい島ができます。例えばハワイ諸島《しょとう》はホットスポットによって形成された代表的な火山島で，形成された時代は北西の島ほど古く，火山活動は南東のハワイ島で活発であるという特ちょうがあります。

問3　**図2**はあるホットスポットの周辺を表しています。○はホットスポットによりできた火山の痕跡《こんせき》を，◉は火山島を表しています。また，一部には形成された時期が含《ふく》まれています。5500万年前，プレートはどの方角へ移動していたと考えられますか。最も適切なものを次の**ア**～**ク**から1つ選び，記号で答えなさい。ただし，ホットスポットはマントル内で動かないものとします。

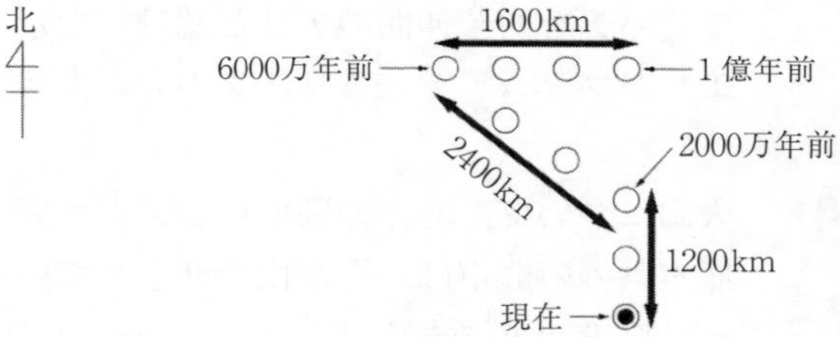

図2

ア　北　　**イ**　北東　　**ウ**　東　　**エ**　南東

オ　南　　**カ**　南西　　**キ**　西　　**ク**　北西

問4　**図2**において，2000万年前から現在まで，プレートは1年あたり平均何cm移動していますか。

私に、自分を理解してくれていないことへの悲しみと怒りを感じたから。

オ　私に謝罪をして仲直りをしようと考えているが、そのことが相手に伝わるのが照れくさかったので、気持ちをごまかしたかったから。

エ　突き飛ばした本人が謝るのが道理だということ。

オ　ここでちいが謝れば皆に認められるということ。

問三　――線部２「私のもとにはついぞ届くことのなかった」とありますが、それはなぜですか。最も適切なものを次から選び、記号で答えなさい。

ア　私がちいを姉だからという理由で甘やかし怒ったことがないので、突然怒り始めた私にちいはびっくりしてしまったから。

イ　私が林さんに対してしっかりした謝罪をする気配がなかったので、ちいは謝罪をする必要がないと勘違いしてしまったから。

ウ　私がちいにその場を収めるために謝罪を要求し、ちいの言い分を聞こうとしなかったので、ちいは心を開かなかったから。

エ　私がちいに、血の繋《つな》がった家族ではないという思いから厳しく接しているので、ちいは喋ったら怒られると考えたから。

オ　私が、子どもを傷つけた件に加え私を傷つけた件でも怒り始めたので、ちいはどうしたら良いかわからなかったから。

問四　本文中の[A]～[C]に当てはまる言葉として、最も適切なものを次から選び、それぞれ記号で答えなさい。ただし、記号は一度ずつしか使いません。

ア　感情や抑揚《よくよう》のない声　　イ　金切《かなき》り声

ウ　震《ふる》える声　　エ　押《お》し殺《ころ》すような泣き声

オ　不自然なほど明るい声

問五　――線部３「すがるようなニュアンス」とありますが、ここには亜梨沙のどのような思いが表れていますか。**「友達」という言葉を必ず用いて**二十字以上三十字以内で説明しなさい。

問六　――線部４「さーやから聞いたんじゃないの」とありますが、さーやが亜梨沙に言った内容と考えられるものとして、**ふさわしくない**ものを次から一つ選び、記号で答えなさい。

ア　ひかりは高橋さんと会ってることを何で言ってくれないんだろう。うちらが嫉妬するとでも思ってるのかな。

イ　ひかりって自分のことあまり喋らないよね。うちらに喋ると面倒なことになりそうとか思ってるのかな。

ウ　高橋さんとひかりが河原で人知れず会ってるのを見かけたよ。うちらの悪口でも言ってるのかな。

エ　簡単に縁《えん》が切れるうちらの友情関係って何だったのだろう。ごっこ遊びみたいなものだったのかな。

オ　亜梨沙って最近変わったよね。ひかりやふじもんに対してもそうだけど、攻撃的《こうげきてき》になったと思う。

問七　――線部５「私は――私達は、バッタじゃない」とありますが、ここには「私」のどのような思いが表れていますか。「相変異したバッタは」という書き出しに続くように五十字以上六十字以内で説明しなさい。

問八　――線部６「私を見つめる怒ったようなその顔」とありますが、なぜ亜梨沙は怒ったような顔をしているのですか。その理由として最も適切なものを次から選び、記号で答えなさい。

ア　非常識な時間に訪ねて来た私に怒りを感じているが、同時に嬉《うれ》しくもあったので、どのような顔をすれば良いかわからなかったから。

イ　必死に自分に話しかけてくる私の姿を見て、直接話をしてみようという気にはなったが、まだ私のことを許したわけではなかったから。

ウ　自分は悪くないはずなのに、ふじもんへの謝罪を求め亜梨沙だけが悪いかのように言う私に、文句を言ってやろうと考えているから。

エ　この場にいないさーやの話を持ち出し、的外れなことを言うつきやすいだけの女の子ではないことに。気が小さく、繊細で、傷つきやすいことを理由に人を傷つけることのできる、それだけの図々《ずうずう》しさを、そこらじゅうの田畑を食い荒らすだけの強《したた》かさを手に入れていることに。

あれからずっと、考えていた。一度体の色や翅の長さを変えたバッタは、もう元の姿に戻ることはできないのだろうか。もし戻れないとして、相変異する前のバッタとその後のバッタは、二度とお互《たが》いを仲間だとは認識できないのか。

「……ない」

だとしたら、あまりに悲しすぎやしないだろうか。

「私は、バッタじゃない」

踏《ふ》み出しかけた足を止める。そしてもう一度、確かめるように口にした。そうだ、5私は――私達は、バッタじゃない。たとえそうだったとしても、そうじゃない、と言いたい。だって私は、人間だ。空を飛べず、翅の長さも体の色も変えられず、相変異もできない私達は、たくさんの仲間に交じっても、あるいはたった一人でいても、自分がどうあるべきかを自分の意志で決めることができる。

こうなったら、あと何十回でも、押してやる。うるさい何時だと思ってんのって、亜梨沙が怒鳴《どな》り返してくるまで。そう心に決めて、私は再びインターホンへと向き直った。よし、と一歩踏み出し、白いボタンに指が触《ふ》れたその時、

「……ねえ。今出る、って言ってんじゃん」

ガラガラ、と音がして、玄関の戸が勢いよく開いた。夜の住宅街に、ひどく不機嫌《ふきげん》そうな声が響《ひび》く。

「大体、今何時だと思ってんの?」

6私を見つめる怒《おこ》ったようなその顔が、初めて出会った時みたいだ、と思った。

（「ホモ・サピエンスの相変異」
こざわたまこ『教室のゴルディロックスゾーン』より）

＊1 ちい…母の再婚《さいこん》相手の連れ子。学童に通っている。
＊2 ママハハ…継母《けいぼ》。自分と血のつながっていない母のこと。
＊3 六年生の時のこと…亜梨沙が根も葉もない悪い噂《うわさ》をクラスメイトに立てられた時、噂を否定しなかったこと。
＊4 高橋さん…「私（ひかり）」と最近よく喋るようになったクラスメイト。

問一 〜〜線部a「……あたしは悪くない。悪く、ないもん」、〜〜線部b「……ちい、悪くないもん」とありますが、この二つに共通することを説明したものとして最も適切なものを次から選び、記号で答えなさい。

ア 自分にも非があると思い謝罪をしたいと考えているが、どうしたら良いかわからずかたくなに謝らずにいる。
イ 口論の原因となった相手が悪いと思っているので、相手が謝ってくるまでは謝らないでおこうと思っている。
ウ 自分に非はないはずなのに、まるで自分だけが悪いかのように言ってくる周囲の人に苛立《いらだ》ちを感じている。
エ 事態が大きくなったことに焦《あせ》っており、自分は悪くないと暗示をかけることで安心感を得ようとしている。
オ 周囲から怒られるのではないかと不安に思っており、どうすれば自分の正当性を主張できるか悩《なや》んでいる。

問二 ――線部1「それが筋でしょう」とありますが、どういうことですか。最も適切なものを次から選び、記号で答えなさい。

ア 会話の流れからここで謝る必要があるということ。
イ 年下から謝っていくのが正しい順番だということ。
ウ 子どもに謝らせるのは保護者の義務だということ。

に、亜梨沙自身も気づいたのだろう。それをなかったことにするように、もう切るから、と一方的に会話を打ち切った。

「わかったら、どっか行って。もう二度とあたしにかかわらないで」

亜梨沙がインターホンを切りかけたその時、待って、と声を上げた。

「お願い。最後にひとつだけ答えて」

このまま続けるべきか、少しだけ迷った。今更言ってなんになる。もしかしたら、全部私の勘違《かんちが》いかもしれない。

「今までのって、ほんとに亜梨沙の言葉？　亜梨沙が考えた、亜梨沙自身の言葉？　だったら、仕方ないけど」

「……どういう意味」

亜梨沙の声に微《かす》かな震《ふる》えが混じっているような、そんな気がした。

「ほんとは、さーやなんじゃないの」

「え？」

インターホンの向こうで、亜梨沙が息を止めるのがわかった。

「ねえ、答えて。そうなんじゃないの？　高橋さんのことも、さっき言ったことも全部。4さーやから聞いたんじゃないの」

「……だったら、なんなの」

亜梨沙が口にしたいくつかの単語には、聞き覚えがあった。嫉妬。面倒なこと。友達ごっこ。全部、さーやの台詞に似ていた。ううん、それだけじゃない。他にも気になることはあった。さーやとふじもんが、急速に距離《きょり》を縮めたこと。ふじもんがいつからか、私を敵視するようになったこと。

いちばん決定的だったのは、高橋さんのことだ。私と高橋さんがあの河原で会っていることを、他に知る人はいない。あの時偶然《ぐうぜん》河原で顔を合わせた、さーやを除いては。

「私は亜梨沙を面倒くさいなんて思ったこと、ない。時々やんなっちゃうことはあったとしても、嫌いになることはないと思う。それはほんとだよ。信じてくれなくてもいい。だって、私がそれを知ってるから。さっき亜梨沙が言ったのは、私の言葉じゃなくてさーやの言葉だから」

さーやがどうしてこんなことをしたのかは、わからない。もしかしたら、さーや自身にもわからないのかもしれない。相変異したバッタが、わけもわからず田畑を食い荒らしてしまうように。自分がそうは望んでいなくても、自分の姿形を変えてしまうことだって、きっとあるのだろう。

「さーやじゃなくて、私の言葉を聞いてよ。ねえ、私、どうすればよかった？　陸上なんてやらなければよかった？　あの時一緒にクラブをやめていればよかった？　宇手《うて》先生のこと、言われた通り無視してればよかった？　亜梨沙がしてほしかったのって、亜梨沙が今したいことって、本当にそういうこと？」

亜梨沙は黙ったまま、何も答えない。しばらくの間、沈黙《ちんもく》が流れた。長い長い、静寂《せいじゃく》だった。とその時、インターホンから微かに物音が聞こえた。亜梨沙が何か言おうとしている。息を潜《ひそ》めて、その続きを待った。

「――る、から」

ガガガガッとコンクリートに爪《つめ》を立てるような激しいノイズが流れて、ブツッと電源の切れる音がした。それを最後に、インターホンの音声は途切れた。それで、終わりだった。あまりにもあっけない。何度ボタンを押しても、結果は同じだった。

『自然界にはそういう現象があるんだって。大勢の仲間達に囲まれて生活すると狂暴化《きょうぼうか》して、体の色とか、翅《はね》の長さが変わる生き物がいるの。……相変異したバッタは集団で畑とか田んぼとかを襲《おそ》って、その土地を食い荒らしちゃう』

私はもう、気づいている。亜梨沙が決して、気が小さく繊細《せんさい》で、傷

「……亜梨沙は、さ。ほんとは謝りたいんじゃないの、ふじもんに」
それを聞いた亜梨沙が、心外だ、と言わんばかりに声を荒《あら》らげる。
「はあ？　なんで、あたしが。あんなやつ、マジでどうだって――」
「ふじもんは言ってたよ。＊3六年生の時のこと、ずっと亜梨沙に謝りたかったって」
亜梨沙が一瞬《いっしゅん》、何かに怯《ひる》んだように声を詰《つ》まらせるのがわかった。
――私、さっき嘘吐いた。
電話を切る直前、ふじもんは［A］でそう言った。
――亜梨沙の気持ち、知らなかったなんて嘘。本当は、わかってた。亜梨沙がそのことに、気づかないふりしてくれてたのも。
なのに、私――。言葉はそこで途切《とぎ》れ、代わりに［B］が聞こえ始めた。嗚咽《おえつ》が少しずつ大きくなっていく。ふじもんは、強い人ではないのかもしれない。勇気がある人でもないのかもしれない。それでも、亜梨沙に会ってちゃんと謝りたい、と言ったあの子を、卑怯《ひきょう》者《もの》とは呼びたくなかった。
「謝りたいって、何？」
亜梨沙が短いため息をこぼした。ふじもんの思いを、鼻で笑うかのように。
「ていうかふじもん、今更ひかりを頼《たよ》って来たんだ。ちょっと調子よすぎじゃない？」
「私は、そうは思わない」
「ふーん。ひかりはやさしいんだね。でも、あたしは無理だなー。ふじもんが裏でひかりのこと、なんて言ってたか知ってるし」
黙《だま》り込《こ》んだ私に、あっ、でもそっかー、と［C］が追い打ちをかける。
「ひかりには、新しいお友達がいるもんね。うちらを切ったところで、たいした影響《えいきょう》ないか」
「……え？」
「あたし、知ってるよ。ひかりが最近、＊4高橋さんとこそこそしてるの。どうせうちらのこととか、べらべら喋ってるんでしょ」
「そんなこと」
「え、じゃあなんでずっと隠《かく》してたの？　あたしが嫉妬《しっと》するとでも思った？　亜梨沙に知られたら面倒《めんどう》なことになりそうだから、だから、黙ってようって？」
返す刀で、すっぱりと切られた。何も返せずまごつく私に、あーあ、やっぱりみんな嘘吐きじゃん、と亜梨沙がつぶやく。
「顔合わせてる時だけへらへらして、裏では隠しごとばっかり。これだから女子の集団って嫌《きら》い。面倒臭い。ほんっと嫌《いや》になる」
「……それ、やめて」
「なんで？　みんな言ってるようなことじゃん」
嫌い嫌い嫌い嫌い嫌い、と亜梨沙が叫んだ。あんた達嫌い。全員嫌い。大っ嫌い。亜梨沙の顔は、私からは見えない。だから、想像するしかない。亜梨沙は今玄関《げんかん》の向こうで、泣きそうな顔をしてるんじゃないか。どうしてか、そう思った。
「友達ごっこ、白々しいんだよ」
亜梨沙が吐き捨てる。
「今更謝られたって、意味ない。あたしは、あの時庇《かば》って欲《ほ》しかった。あの時助けて欲しかったの。あの時のあたしを助けてくれなきゃ、意味ないの。あたしがふじもんにしたことも、一緒《いっしょ》だよ。時間は戻《もど》せないんだから。あたしは誰も許さないし、許してもらおうとも思ってない。だから絶対、謝らない」
なんで、わかってくれないの。絞《しぼ》り出《だ》すようにして口にしたその言葉が、意思に反して3すがるようなニュアンスを帯びてしまったこと睨《にら》むようにこちらを見ていた。

林さんはついにしびれを切らしたらしく、もういいよ、と吐《は》き捨《す》てた。

「なんでもいいから、一回ちゃんと謝って」

仕方なく、「すみません」と頭を下げる。すると林さんが、あなたじゃなくてあの子、とちいを指さした。

「あの子に謝らせてよ。1それが筋でしょう」

「……ちい。謝って」

ちいはそっぽを向いたまま、答えない。もどかしい気持ちで地面に膝《ひざ》をつき、ちいの腕をつかむ。けどちいは、頑《かたく》なにそこから動こうとしなかった。

「ほら、早く。立ってってば」

ちいの腕を引っ張ろうとすると、撥《は》ねのけられた。その手が、勢い余って私の頬《ほお》をかすめる。痛っ、と声を上げると、ちいが初めてまずい、という顔をした。

「いい加減にしてよ！」

かっとして、思わず叫《さけ》んでいた。

「黙《だま》ってたんじゃわかんないよ。何か理由があったなら、それをちゃんと言わないと。そんなんじゃ、誰《だれ》にも伝わらないよ」

すると、ちいが突然《とつぜん》、うううう、と獣《けもの》のような唸《うな》り声《ごえ》を上げた。

「……ちい？」

うううう、うううう。呻《うめ》きながら、自分の拳《こぶし》を思い切り太ももに打ちつける。やめな、怪我《けが》するよ、と言っても聞こうとしない。言葉を発する代わりに、ちいは自分を殴《なぐ》った。何度《なんど》も、何度も。林さんも男性職員も、呆然《ぼうぜん》とした顔で私達《たち》を見つめている。

「あの。すみません、遅《おく》れてしまって」

その声に振《ふ》り返《かえ》ると、父がはあはあ息を乱しながら、こちらに向かって歩いてくるところだった。

「この度は……」

父がそう言って、林さんに頭を下げようとする。林さんがはっとしたように、父に向き直った。

「ちょっと、あなたねえ。こっちは言いたいことが山ほどあるんですけど」

父は状況《じょうきょう》を把握《はあく》しきれていないらしく、助けを求めるように私に視線を送ってきた。何を、今更《いまさら》。私は咄嗟《とっさ》に、父から目を背《そむ》けてしまった。

今頃《いまごろ》来たって、遅《おそ》いよ。

父に向かってそう言いかけた次の瞬間《しゅんかん》、ちいが父の姿を認めて、とてとてと歩き出した。ちいの顔が、みるみる涙《なみだ》に滲《にじ》んでいくのが分かった。最後は、うわあああん、と声を上げて父に駆《か》け寄り、思い切り泣きじゃくった。林さんが、ぽかんとした顔でそれを見つめていた。

「ちい？　どうした」

ちゃんと話してみろ。そう言って頭を撫《な》でると、ちいはうええええええん、と大粒《おおつぶ》の涙を流しながら、ちいね、ちいね、としゃくりあげた。

「ちい、どん、ってしちゃったの。タイセイ君が、お前んちのおかーさん＊2ママハハなんだろって。ママハハっていじわるなやつのことを言うんだぞって。それでちい、どんって……。そしたら、タイセイ君が。ごめんなさい」

ちいは父の足にしがみつき、何度もごめんなさいを口にした。

父はそれを聞いて頷《うなず》きながら、自分の足に力いっぱいしがみついてくる小さな娘《むすめ》の声に、耳を傾《かたむ》け続けた。2私のもとにはついぞ届くことのなかった、その声に。

能性が出てくるので、日本人は少子化を改善すると共に、幼児期からの日本語教育に力を入れるべきである。

イ　日本の子供たちが日本語をあまり勉強しないのは教育制度に問題があるからなので、次世代に日本語を継承するために、日本語重視の教育制度に改善するべきである。

ウ　日本語を消滅させないようにするために、日本人は日本語の独自性や価値を自ら認識し、自分たち自身の手で日本語を守っていくのだという決意をするべきである。

エ　日本語消滅のサインはすでに明確に表れているので、何年かかってもいずれは復活できるように、ヘブライ語の例を参考にして国家として対策を施すべきである。

オ　これからはグローバル化がより一層進んでいくので、日本語を存続させるためには、日本語を捨てるのではなく英語も公用語にしてバイリンガルを育てるべきである。

四

次の文章は、こざわたまこ「ホモ・サピエンスの相変異《そうへんい》」（『教室のゴルディロックスゾーン』所収）の一節です。中学二年生の「私（ひかり）」は、亜梨沙《ありさ》、ふじもん、さーやとよく行動を共にしていましたが、ある事をきっかけに亜梨沙と仲違《なかたが》いをし、グループから離《はな》れてしまいます。その後、それとは別の事をきっかけにふじもんと亜梨沙も仲違いをしてしまいます。本文は、ふじもんに助けを求められた「私」が、亜梨沙と話をするために家を訪ね、インターホン越《ご》しに会話をしている場面です。これを読んで、あとの問いに答えなさい。

「……だから、突《つ》き飛《と》ばしたの？」

「違《ちが》う！」

ひび割れた音声が、激しいノイズとなって耳に届く。

「絶対違う。あれは、ふじもんが勝手に――」

声は途中《とちゅう》で掠《かす》れて、それ以上続かなかった。階段の踊《おど》り場《ば》で言い争いになり、追いかけてこようとするふじもんの腕《うで》を、亜梨沙が振《ふ》り払《はら》った。ふじもんは階段の段差から滑《すべ》り落《お》ちて、足首を捻挫《ねんざ》してしまった。ほとんど亜梨沙に突き飛ばされるような形で。

「……あたしは悪くない」

亜梨沙がぼそりとつぶやいた。まるで、自分に言い聞かせるみたいに。

「あたしは悪くない。a……あたしは悪くない。悪く、ないもん」

その言い方に、既視感《きしかん》を覚えた。ああ。私はこれを、知っている。

（中略）

「b……*1ちい、悪くないもん」

嘘《うそ》を吐《つ》いているようには見えない。しかし林さんは「子どもの言うことでしょう？　信じられない」と言って聞く耳をもたなかった。じゃあなんで自分の子どもの言うことは信じるんだろう。そう思ったけど、もちろん言えるはずがない。

「あの子がうちの子どもの体を押《お》したのは事実ですよ。みんな見てるんだから」

林さんは喋《しゃべ》っているうちにヒートアップしたのか止まらなくなり「だいたいねえ」と語気を強めた。

「あなたもお姉さんなら甘《あま》やかすんじゃなくて、こういう時くらいちゃんと言ったらどうなの」

だって私、ほんとの家族じゃないし。そんな言葉が喉《のど》まで出かかったものの、なんとかこらえる。ちいはいつのまにかお絵かきをやめて、

＊2 典礼…定まった儀式《ぎしき》や儀礼のこと。
＊3 オノマトペ…擬声語《ぎせいご》と擬態語《ぎたいご》のこと。
＊4 跳梁…好ましくないものがのさばりはびこること。
＊5 モノリンガル…一つの言語しか話せない人のこと。

問一 ――線部1「子供がその民族の言葉(＝母語)を話さなくなる」とありますが、その理由を説明したものとして、適切なものを次から**すべて**選び、**五十音順に**記号で答えなさい。
ア 子供にとって母語が他言語よりも有利にならない場合に、親が有利な他言語を子供に習得させようとするから。
イ 国家がバイリンガリズム政策を推し進めた結果、自国の独自性を失い子供たちが母語を話す自信をなくすから。
ウ 教育に関心がうすい親が増えると、自分たちの母語をいつくしみ子供たちに伝承しようとする姿勢を失うから。
エ 他国に支配され、その国の文化や風習を取り入れざるを得なくなると、母語を使うことが許されなくなるから。
オ 母語の使い方が不完全な若者が現れ始めると、親から子へ母語を自然にバトンタッチする際の障害となるから。

問二 ――線部2「母語が言語的にどういう状態になった時に、消滅のサインが灯るのでしょうか」とありますが、「日本語」の「言語的」な「消滅のサイン」として**適切ではないもの**を次から**すべて**選び、**五十音順に**記号で答えなさい。
ア 名詞を軽《かろ》んじて、抽象度の高い動詞や形容詞しか使わなくなる。
イ 意味が違う言葉でも、発音が似ていれば正確に区別しなくなる。
ウ 書き言葉としては使われなくなることで、多様性が失われる。
エ 同じ意味合いの言葉を一語で済ませ、使い分けをしなくなる。
オ 規則的で単純な構文を使うなど、複雑な構文が作れなくなる。

問三 ――線部3「さまざまな語があるのですが、すべて『大きい』だけで済ませるわけです」とありますが、これを「小さい」に置き換《か》えたとき次のように説明できます。次の説明の中の[a]・[b]に当てはまる言葉をそれぞれ**ひらがな**で答えなさい。ただし[a]は「さ」から始まる五字の言葉、[b]は「お」から始まる四字の言葉とします。
・「小ささ」を表す言葉は、「小さい」の他に「ちっちゃな手」、「小規模な工事」、「びびたる量」、「[a]幸せ」(ひかえめなさま)、「[b]子供」(年が若いこと)など、さまざまな語があります。

問四 本文中の[　]に当てはめる言葉として最も適切なものを次から選び、記号で答えなさい。
ア 論理的　イ 情緒《じょうちょ》的　ウ 理想的
エ 現実的　オ 感覚的

問五 ――線部4「その例は、ヘブライ語です」とありますが、ヘブライ語が復活したのはなぜですか。三十字以上四十字以内で答えなさい。

問六 ――線部5「同様な手法」とありますが、それはどのような手法ですか。十五字以内で答えなさい。

問七 ――線部6「日本語の継承が揺らぐことはないであろうか」とありますが、鳥飼さんのこの言葉を受けて筆者が問題視している日本の現状が、最も具体的に述べられている一文を本文中から探し、最初の五字をぬき出して答えなさい。

問八 この文章の要旨《ようし》として最も適切なものを次から選び、記号で答えなさい。
ア 日本語の話者が少なくなると日本語消滅の危機に直面する可

を認識《にんしき》し始め、一九八二年には幼児期から学校に上がる前の段階まで、マオリ語を教えるプログラムを始め、その後マオリ語を教える期間をどんどん延ばし、一三歳《さい》までの教育プログラムにしました。ついに一九八七年には、マオリ語が英語に並んでニュージーランドの公用語の一つに認定《にんてい》されたのです。

また、ハワイ語も5同様な手法で復興させようとしています。ハワイ語は、ポリネシア系の先住民族の言語です。アメリカの英語同化政策によって、ハワイ語は消滅の瀬戸際《せとぎわ》まで追い込《こ》まれていました。

ですが、一九七〇年代には、ハワイ語を復興しようとする先住民の「ハワイ文化復興運動」が起こり、一九八〇年代には、幼児にハワイ語を使って学習させるという試みを開始。さらに年少の児童を対象とした私立のハワイ学校を開設したりして、復興に努めています。

これらの例から、子供たちに自分たちの民族の言葉を学ばせることが、その言語の存続の鍵《かぎ》になっていることが分かります。どうか、このことを意識し、子供たちに豊かな日本語を教えてあげてください。

日本語学者の金田一春彦《きんだいちはるひこ》さんは、今から三五年前にこう述べています、「日本語はだんだん影《かげ》を薄《うす》くしていって、しまいにはなくなってしまうのではないかと心配する人があるようだ。ことに近頃、英語からの外来語がふえ、また生の英語が＊4跳梁《ちょうりょう》することで、英語にとって代わられるのではないかと懸念《けねん》する人があるようだ。が、これは絶対に心配はいらない」と。

私も、そう言いたい。でも、私には言えません。時代が大きく変わってきています。世界共通語の英語に押されて、日本語はもっと危険な状況にさしかかっていると思えるからです。

英語教育学者の鳥飼玖美子《とりかいくみこ》さんも、述べています、「英語さえできれば、という思い込みが行き渡《わた》った社会状況は、母語の軽視に繋がらないであろうか。6日本語の継承《けいしょう》が揺《ゆ》らぐことはないであろうか。日本語の将来は、英語を抜《ぬ》きには語れないことを直視せざるを得ない時代に入っている」と。

IT社会に突入《とつにゅう》してからは、英語が世界共通語になっています。そして英語を話したほうが、いや話せなければ、取り残される危険性が高くなっています。現に、日本の会社なのに、英語を社内公用語にすると明言し、実施《じっし》している会社も出てきています。

アイルランドの人々が自らの意志でアイルランド語を捨てて英語にのりかえているように、日本人も自ら日本語を捨てて英語にのりかえる人が多くなる可能性があります。英語を話せなければ、世界に置いていかれるとばかりに。

そして、今や日本は小学校から英語教育を施し、中学校では英語の授業時間数が国語の時間数を超《こ》えています。政策は、「国民総バイリンガル」を目指す方向に動いています。それは、やがて、世界共通語の英語＊5モノリンガルに連なる道なのです。

そうした動向に対して、「ちょっと待って。この本で述べてきたようなリスクがあるのよ。本当に英語にのりかえていいの？　独自性を持ち、人類の貴重な財産でもある日本語を捨てて？」と、あなたに問いかけたかったのです。日本語を母語として大切にしなかった報《むく》いは、自分の拠《よ》って立つアイデンティティを失うという形で、遠からぬ時期にやってきます。いな、刻々と日本人全体に、音もなく近づいてきています。その音なき近づきに早く気づいて、きちんと決意をしておかなければなりません。日本語を大切にしよう。日本語は自分を支えている言語なのだという意識をしっかり持とう。そのうえで、世界共通語を効率的に学んでいこう、と。

（山口仲美《やまぐちなかみ》『日本語が消滅する』より）

＊1　啓蒙…人々に正しい知識を与えること。

話し言葉としては用いられることがなくなり、日常語としては消滅とみなせる状態になりました。それでも、独自のネットワークを持ち、各地で『旧約聖書』のような権威《けんい》ある文献《ぶんけん》をもとに、ヘブライ語の知識を失わないための努力が続けられていました。

一八世紀後半になると、ユダヤ教内部における＊1啓蒙《けいもう》運動（＝ハスカラー運動）が起こり、ユダヤ文化復興の気運が盛り上がり、まずヘブライ語が書き言葉として広く使われるようになりました。さらに一九世紀末には、話し言葉としても復活を成し遂《と》げたのです。なんと、約一七〇〇年間の断絶を経て、一九世紀末に近代ヨーロッパで話し言葉として復活したのです！

そして、第二次世界大戦後の一九四八年にイスラエルが建国されて、この国の唯一《ゆいいつ》の公用語になりました。

なぜ、一般的《いっぱんてき》にはありえない復活が可能になったのでしょうか？次に述べる二つの特別な条件に恵《めぐ》まれたからです。一つ目は、確かに話し言葉としては消滅してしまっていましたが、ユダヤ教のヘブライ語聖書の＊2典礼《てんれい》言語として、あるいは学者の使用する文章言語として細々と生き続けていたことです。つまり、一七〇〇年間の長きにわたって書き言葉として、かろうじて命をつないでいたのです。

二つ目は、ユダヤ教という一つの宗教で結びついた民族の強い絆《きずな》があり、それが政治的な信条を一《いつ》にする集団となっていたことです。これらの好条件が、世にもまれな消滅言語の復活を引き出したのです。

こうしたヘブライ語の稀有《けう》な例を除くと、一度消滅した言語が復活することはないのです。ですから、自分たちの言語を消滅させたくなかったら、消滅の兆《きざ》しが見えた時に、手を打つ必要があることが分かります。

（中略）

奈良時代にはすでに、他の言語では決して真似《まね》できない短歌という独自の文学形態を生み出し、平安時代には、世界の人に読んでもらえるような巧《たく》みな心理描写《びょうしゃ》を駆使《くし》した傑作《けっさく》を誕生させています。現代だって、日本語の特質である＊3オノマトペをふんだんに使ったコミックで、世界中の若者たちを魅了《みりょう》しているではありませんか。

日本人自身が、日本語に対する積極的な価値を見出《みいだ》し、誇《ほこ》りと自信を持って守らなければ、誰《だれ》も日本語を守ってはくれないのです。言語学者のデイヴィッド・ハリソンさんは、こう言い切っています。「私が確信していることはただ一点、言語が外部の人間によって『救われる』ことはありえないということだ」。

日本人が日本語を守らなければ、日本語は消滅するのです！

そして、日本語を子供たちに喜んで教えてあげてください。日本語を存続させるためには、子供たちへのしっかりした日本語の教育こそが生命線なのです。

消滅の危機に見舞《みま》われながらも、なんとか復興の道を歩んだ言語は、いずれも幼児からの母語教育プログラムを施したことによって成功しています。たとえば、マオリ語。ニュージーランドの先住民であるマオリ族の言語です。

マオリ語は、一八六〇年頃には、西欧《せいおう》からの入植者や宣教師、金の採掘《さいくつ》者や商人たちの使う英語に押《お》されて少数者言語になってしまいました。学校教育でも西欧化を進めるために、マオリ語はカリキュラムから外されてしまい、英語学習者が増加の一途《いっと》をたどりました。一九〇〇年頃にはマオリ語を話す人は激減。一九八〇年頃には、マオリの人々のうち、マオリ語を母語として話す人は人口の二〇％未満になってしまい、消滅の危機に陥《おちい》ったのです。

けれども、マオリの政治家たちが、自分たちの言語の消滅の危険性然にバトンタッチされるもの。親が自分たちの民族の言葉をいつくしみ大切にし、子供に伝えていく姿勢がなければ、その言語は消滅せざるを得ません。

国は、常に母語を優先する政策をとってこそ、程《ほど》よいバイリンガリズムができあがるのです。

では、2母語が言語的にどういう状態になった時に、消滅のサインが灯るのでしょうか？

言語学者の土田滋《つちだしげる》さん、共著を出している文化人類学者のダニエル・ネトルさんと言語学者のスザンヌ・ロメインさんの発言を参考にして、私なりに日本語にあてはめて考えてみます。

まず、①語彙《ごい》が乏《とぼ》しくなります。語彙の中でも、名詞(例、「犬」「鳥」「米」)は残りやすいのですが、動詞(例、「添《そ》える」「とろける」)や形容詞(例、「けむい」「いまいましい」)が消え始めます。具体的な物の名前は残りやすいけれど、やや抽象度《ちゅうしょうど》の高い動詞や形容詞は消えやすいんですね。

また、語彙が少なくなっているので、同じ意味合いを持つ語を使い分けることができずに、たった一語ですべてを賄《まかな》おうとします。たとえば、大きさを表す時に、「大きい」の他に、「でかい足」「巨大《きょだい》な岩」「特大の手袋《てぶくろ》」「大規模な調査」「大がかりな仕掛《しか》け花火」など、3さまざまな語があるのですが、すべて「大きい」だけで済ませるわけです。

②発音も、似ている音の区別ができなくなります。たとえば、「寂《さび》れる」。「さびれる」だったか、「さみれる」だったか分からなくなり、あいまいに発音します。「び」と「み」の発音は、似ていますからね。

③文法も簡略化して規則的なものに変わり始めます。ですから、複雑な構文を作る連体修飾部《しゅうしょくぶ》(=名詞などの体言を修飾する語句)や連用修飾部(=動詞などの用言を修飾する語句)は少なくなり、形容詞や形容動詞や副詞だけで済ませてしまいます。

たとえば、「私は、歯の根が合わないほどの恐怖《きょうふ》に襲《おそ》われた」という連体修飾部のある文なら、「私は、激しい恐怖に襲われた」という形容詞だけの文にして済ませるというぐあいです。文の中に、もう一つの主語「歯の根が」と述語「合わない」の入った連体修飾部を含《ふく》みこむ複雑な構文が作れなくなっていくのです。

④言いたいことが十分に表現できなくなります。たとえば、「彼《かれ》はむっつりしていた」という表現が最も適切な場合でも、「むっつり」などの日本語特有の［　　］な表現ができなくなるのです。母語であれば、自然と身に付く言語感覚が失われていくのです。

つまり、日本語の豊かで複雑な部分が消えて、単純化され、やせ衰《おとろ》えていくという傾向《けいこう》を表します。多様性や複雑さが失われていく。これが、消滅に向かい始めたことを示す言語的なサインです。変化ではなく、日本語自体がやせ細っていくのです。

やがて、日常の話し言葉として用いられなくなり、さらに書き言葉としても使われなくなり、本当の消滅が訪《おとず》れ、地球上から音もなく消えていきます。

では、完全に消滅してしまった後で、復活したという言語はあるのでしょうか？　ありません。言語学者のディクソンさんも言い切っています、「どの言語も一度日常的に使われなくなったもので再び生き返ったためしはない」と。

ただし、細々とでも、書き言葉が残っており、その上に何らかの好条件が加われば、復活する可能性は皆無《かいむ》ではありません。4その例は、ヘブライ語です。

西暦《せいれき》七〇年、ユダヤの国は、ローマ帝国《ていこく》に滅《ほろ》ぼされました。国を追われたユダヤの人たちは、現在のドイツのある地域を中心に、世界各地に散らばりました。そのため、西暦二〇〇〇年頃《ごろ》にはヘブライ語は、

2024年度 栄東中学校

【国語】〈A日程一月一〇日試験〉（五〇分）〈満点：一〇〇点〉

注意　字数指定のある問題は「、」や「。」も一字として数えるものとします。

一　次の各文の――線部を漢字に直しなさい。

1　シキュウご返事ください。
2　鎌倉《かまくら》時代ソウケンの寺。
3　不注意にキインする事故。
4　試合がショウネンバを迎《むか》える。
5　お正月にネンガジョウが届く。

二　次の（1）～（10）に当てはめるのに最も適切な言葉をあとの【語群】から選び、それぞれ記号で答えなさい。ただし、記号は一度ずつしか使いません。

・本心を（　1　）に打ち明けた。
・クレームに対する（　2　）な対応にいらだつ。
・風にそよぐ（　3　）な柳《やなぎ》の枝を描《えが》く。
・大切な客人に対し（　4　）なもてなしを心がける。
・先方の（　5　）な心づかいに感謝する。
・なりふりかまわず（　6　）なやり方でお金をかせぐ。
・（　7　）な小鳥のさえずりに目を覚ました。
・私としたことが（　8　）にもすっかり忘れていた。
・けんか相手のことを（　9　）に言う。
・雨上がりは（　10　）に外に出たくなる。

【語群】
ア　たおやか　　イ　かぶん　　ウ　ねんごろ
エ　うかつ　　オ　あこぎ　　カ　そぞろ
キ　あしざま　　ク　せきらら　　ケ　かんまん
コ　うららか

三　次の文章を読んであとの問いに答えなさい。

具体的にどのようなことが起こると、自分たちの言語に消滅《しょうめつ》の危機がおしよせてきていると分かるのでしょうか？　1子供がその民族の言葉（＝母語）を話さなくなる、これが最も分かりやすい消滅のサインです。言語の危機度をうらなう重要な決め手は、話者数ではありません。子供が、母語として、その言語を習得しているかどうかなのです。

子供がその民族の言葉を話さなくなる理由は、二つあります。一つは、強国に教育の場で同化政策を施《ほどこ》された時です。母語を話すと罰《ばっ》せられるなどの状況下《じょうきょうか》で、子供は仕方なく強国の言語を話し、結果として母語が失われていく場合です。

二つ目の理由は、大人たちが自分たちの母語を伝承する姿勢がない時です。それは、国家がバイリンガリズム（＝二言語併用《へいよう》）を政策として推《お》し進めた時に起こりやすい現象です。

母語よりも、はるかに社会的に有利な言語があれば、多くの親は、後者を選びます。当面の利益に惑《まど》わされて、将来、子供がアイデンティティを失ったり、独自性を失ったりするという大きな損失には気づかないからです。親が子供に母語を教えなくなるという現象も、こうした政策の中で起こることが多いのです。

バイリンガリズムの中で、母語の使い方が不完全な若者たちが現れ始めたら、母語消滅のサインが灯《とも》っています。母語は、親から子へ自

2024年度

栄東中学校　▶解説と解答

算　数　＜Ａ日程１月10日試験＞（50分）＜満点：100点＞

解　答

1　(1)　4　(2)　$\frac{2}{3}$　(3)　5　(4)　1200ｇ　(5)　12体　(6)　54度　(7)　$42\frac{2}{3}$cm^2　(8)　12.56cm^3　2　(1)　10：7　(2)　2800ｍ　(3)　17分30秒後　3　(1)　300　(2)　16個　(3)　20通り　4　(1)　4.5cm^2　(2)　84.5cm^2　(3)　188.5cm^2　5　(1)　15　(2)　32個　(3)　336

解　説

1　四則計算，逆算，計算のくふう，濃度《のうど》，仕事算，つるかめ算，角度，相似，体積

(1)　$\left(2\frac{1}{2}-1.75\right)\times3.4\div\left\{\left(1\frac{1}{4}-\frac{1}{5}\right)\times\frac{5}{7}\right\}+\frac{3}{5}=\left(\frac{5}{2}-1\frac{3}{4}\right)\times3\frac{2}{5}\div\left\{\left(\frac{5}{4}-\frac{1}{5}\right)\times\frac{5}{7}\right\}+\frac{3}{5}=\left(\frac{10}{4}-\frac{7}{4}\right)\times\frac{17}{5}\div\left\{\left(\frac{25}{20}-\frac{4}{20}\right)\times\frac{5}{7}\right\}+\frac{3}{5}=\frac{3}{4}\times\frac{17}{5}\div\left(\frac{21}{20}\times\frac{5}{7}\right)+\frac{3}{5}=\frac{3}{4}\times\frac{17}{5}\div\frac{3}{4}+\frac{3}{5}=\frac{3}{4}\times\frac{17}{5}\times\frac{4}{3}+\frac{3}{5}=\frac{17}{5}+\frac{3}{5}=\frac{20}{5}=4$

(2)　$202.4\div\left(50-\square\div\frac{2}{81}\right)+1.2=10$より，$202.4\div\left(50-\square\div\frac{2}{81}\right)=10-1.2=8.8$，$50-\square\div\frac{2}{81}=202.4\div8.8=23$，$\square\div\frac{2}{81}=50-23=27$　よって，$\square=27\times\frac{2}{81}=\frac{2}{3}$

(3)　$\frac{\square}{440\times441}+\frac{\square}{441\times442}+\cdots+\frac{\square}{458\times459}+\frac{\square}{459\times460}=\left(\frac{1}{440\times441}+\frac{1}{441\times442}+\cdots+\frac{1}{458\times459}+\frac{1}{459\times460}\right)\times\square=\left(\frac{1}{440}-\frac{1}{441}+\frac{1}{441}-\frac{1}{442}+\cdots+\frac{1}{458}-\frac{1}{459}+\frac{1}{459}-\frac{1}{460}\right)\times\square=\left(\frac{1}{440}-\frac{1}{460}\right)\times\square=\left(\frac{460}{440\times460}-\frac{440}{440\times460}\right)\times\square=\frac{20}{440\times460}\times\square=\frac{1}{2024}$より，$\square=\frac{1}{2024}\div\frac{20}{440\times460}=\frac{1}{2024}\times\frac{440\times460}{20}=5$

(4)　10％の食塩水の重さを○ｇとすると，右の図１のように表すことができる。図１で，ア：イ＝(9.2－８)：(10－9.2)＝３：２だから，200：○＝$\frac{1}{3}$：$\frac{1}{2}$＝２：３となり，○＝200×$\frac{3}{2}$＝300(ｇ)とわかる。よって，実際に入れた８％の食塩水の重さを□ｇとすると，右の図２のように表すことができる。図２で，ウ：エ＝(8.4－８)：(10－8.4)＝１：４だから，□：300＝$\frac{1}{1}$：$\frac{1}{4}$＝４：１となり，□＝300×$\frac{4}{1}$＝1200(ｇ)と求められる。

図１

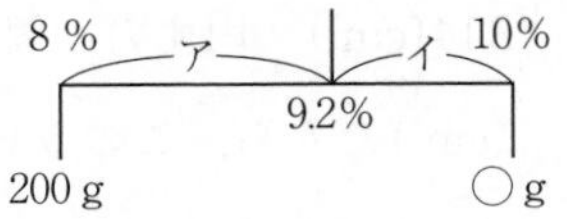

図２

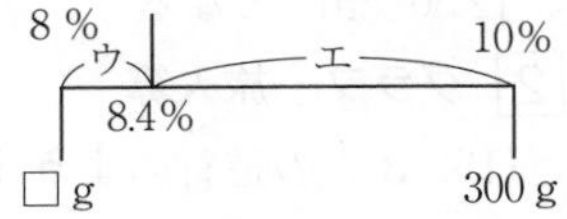

(5)　赤いロボット１体が１分間にする仕事の量を１とすると，全体の仕事の量は，１×60×24＝1440，赤いロボット１体が20分間でする仕事の量は，１×20＝20，紫《むらさき》のロボット１体が20分間でする仕事の量は，１×10×20＝200となるので，右の図３のようにまとめることができる。紫のロボットを18体使ったとすると，20分間で，200×18＝3600の仕事ができるから，実際よりも，3600－1440＝2160多くなる。そこで，紫のロボットと赤いロボット

図３

赤１体（20分間で20）
紫１体（20分間で200）
} 合わせて18体で1440

を1体ずつ交換《こうかん》すると，20分間でする仕事の量は，200－20＝180ずつ少なくなるから，赤いロボットの数は，2160÷180＝12(体)と求められる。

⑹　問題文中の図で，アの角度を①度とすると，イの角度は，①×2＝②(度)，ウの角度は，①×6＝⑥(度)となるから，右の図4のように表すことができる。図4で，三角形ABDは二等辺三角形だから，●印をつけた角度は等しくなる。さらに，三角形の外角はそれととなり合わない2つの内角の和に等しいので，角ABD＝⑥－②＝④(度)となる。すると，三角形ABDの内角の和は，②＋④＋④＝⑩(度)になり，これが180度だから，①＝180÷10＝18(度)と求められる。よって，①＋⑥＝⑦(度)にあたる角度は，18×7＝126(度)なので，エの角度は，180－126＝54(度)とわかる。

図4

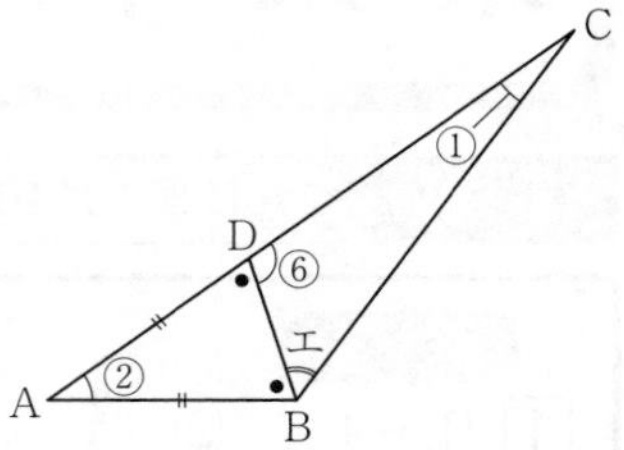

⑺　右の図5で，三角形ABCと三角形DECは，対応する角の大きさがすべて等しいから相似である。このとき，相似比は，AB：DE＝8：4＝2：1だから，面積の比は，(2×2)：(1×1)＝4：1になる。また，三角形ABDと三角形AEDの面積はどちらも，4×8÷2＝16(cm^2)なので，四角形ABDEの面積は，16×2＝32(cm^2)とわかる。さらに，四角形ABDEと三角形ABCの面積の比は，(4－1)：4＝3：4だから，三角形ABCの面積は，$32\times\frac{4}{3}=\frac{128}{3}=42\frac{2}{3}$($cm^2$)と求められる。

図5

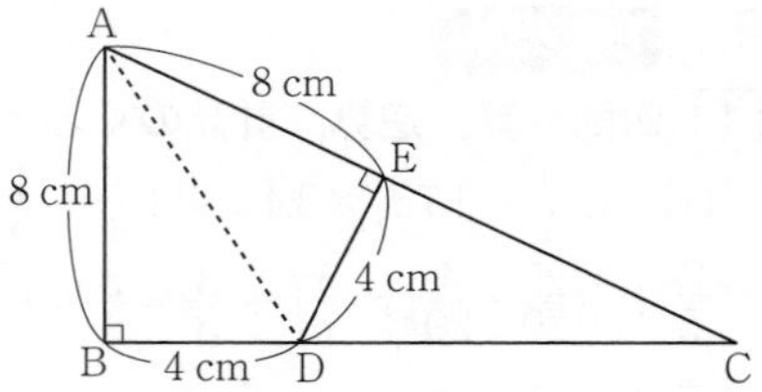

⑻　問題文中の図で直線DEより左側の部分を右側に折り返すと右の図6のようになり，図6の三角形EDGと三角形CEFをそれぞれ1回転させればよい。三角形EDGを1回転させると円すいになり，その体積は，$2\times2\times3.14\times2\div3=\frac{8}{3}\times3.14$($cm^3$)とわかる。また，三角形CEFを1回転させると，円柱から合同な2個の円すいをくり抜《ぬ》いた形の立体になる。円柱の体積は，1×1×3.14×2＝2×3.14(cm^3)，円すい1個の体積は，$1\times1\times3.14\times1\div3=\frac{1}{3}\times3.14$($cm^3$)だから，この立体の体積は，$2\times3.14-\frac{1}{3}\times3.14\times2=\left(2-\frac{2}{3}\right)\times3.14=\frac{4}{3}\times3.14$($cm^3$)と求められる。よって，2つの立体の体積の合計は，$\frac{8}{3}\times3.14+\frac{4}{3}\times3.14=\left(\frac{8}{3}+\frac{4}{3}\right)\times3.14=4\times3.14=12.56$($cm^3$)となる。

図6

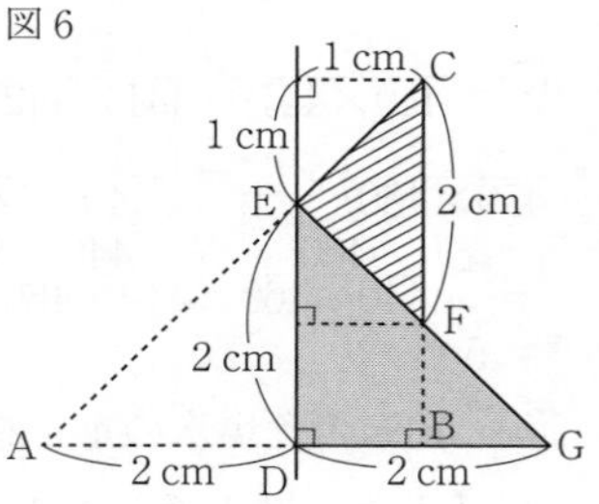

2　グラフ―旅人算

⑴　3人の進行のようすをグラフに表すと，右のようになる。このグラフより，中さんは，20－14＝6(分)で，560＋280＝840(m)走ったことがわかるから，中さんの速さは毎分，840÷6＝140(m)である。また，東さんと中さんの間の距離《きょり》は14分で280m広がったので，東さんと中さんの速さの差は毎分，280÷14＝20(m)であり，東さんの速さは毎分，140＋20＝160(m)

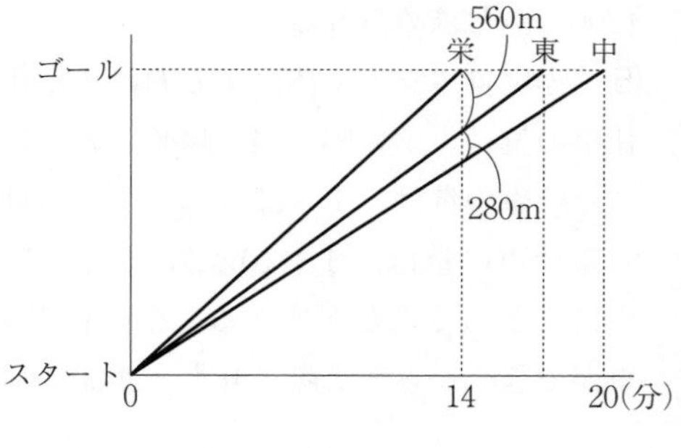

とわかる。同様に，栄くんと東さんの間の距離は14分で560m広がったから，栄くんと東さんの速さの差は毎分，560÷14＝40(m)であり，栄くんの速さは毎分，160＋40＝200(m)と求められる。よって，栄くんと中さんの速さの比は，200：140＝10：７である。

(2)　中さんは20分でゴールしたので，コースの全長は，140×20＝2800(m)である。

(3)　東さんがゴールするのはスタートしてから，2800÷160＝17.5(分後)である。これは，60×0.5＝30(秒)より，17分30秒後となる。

3　素数の性質

(1)　右の図Ⅰのように，問題文中の図３について，90は○で囲んだ３つの数の積になっている。さらに，図Ⅰを参考にすると，右の図Ⅱのイに入る数は，２×２＝４，ウに入る数は，５×５＝25となる。よって，アに入る数は，４×25×３＝300と求められる。

図Ⅰ

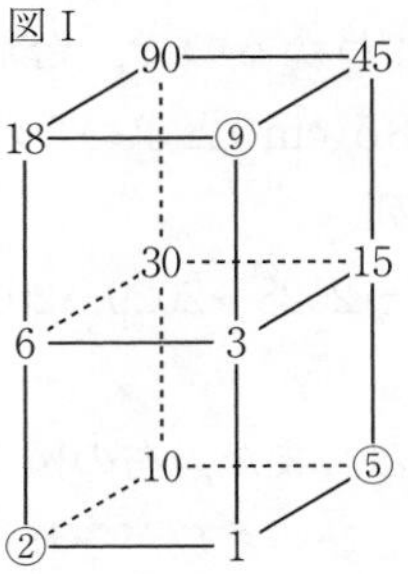

図Ⅱ

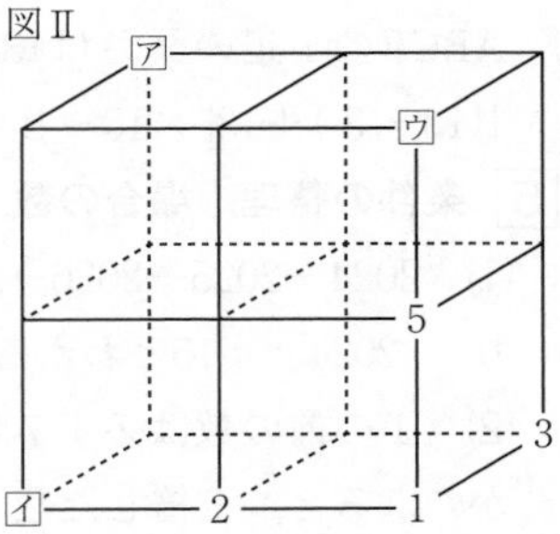

(2)　2024を素数の積で表すと，2024＝２×２×２×11×23となる。よって，2024に対してつくれる図形は右の図Ⅲのようになるから，頂点の個数は全部で，４×４＝16(個)になる。

図Ⅲ

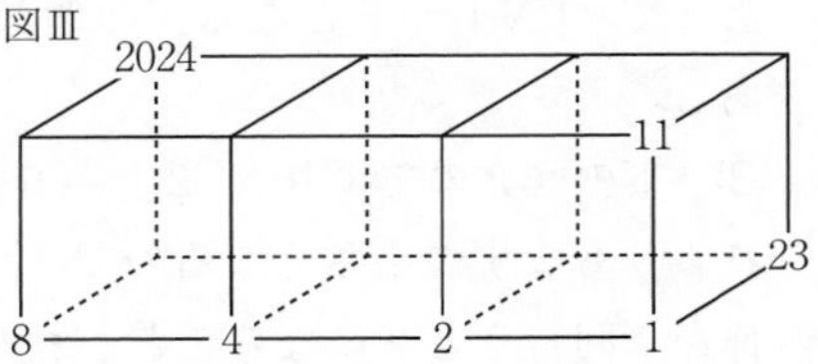

(3)　直線，長方形，直方体のパターンについて調べると，下の図Ⅳのようになる(２×３×５×７＝210＞150より，この３種類のパターンだけ調べればよい)。よって，考えられる150以下の数は全部で，１＋８＋11＝20(通り)ある。

図Ⅳ

・直線のパターン…１通り

２×２×２×２×２×２×２＝128

・長方形のパターン…８通り

３×２×２×２＝24
５×２×２×２＝40
７×２×２×２＝56
11×２×２×２＝88
13×２×２×２＝104
17×２×２×２＝136
２×３×３×３＝54
５×３×３×３＝135

・直方体のパターン…11通り

２×３×５＝30
２×３×７＝42
２×３×11＝66
２×３×13＝78
２×３×17＝102
２×３×19＝114
２×３×23＝138
２×５×７＝70
２×５×11＝110
２×５×13＝130
３×５×７＝105

4　平面図形―面積，構成

(1)　右の図１で，BCとADが平行であり，角BCFが直角だから，角DFCも直角になる。すると，●印をつけた角はすべて45度になるので，三角形DFIも直角二等辺三角形とわかる。したがって，FIの長さは３cmだから，三角形DFIの面積は，３×３÷２＝4.5(cm^2)と求められる。

図１

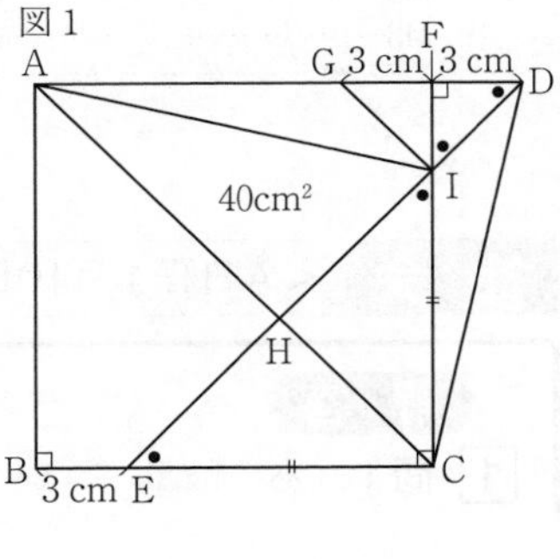

(2)　BC(＝AF)とCFの長さは等しいので，三角形FAIと三角形FCDは合同である。よって，三角形ACFの面積は，下の図２のかげをつけた部分の面積と等しくなる。図２で，四角形ABCFは

正方形だから，角ACFの大きさも45度であり，三角形HCIも直角二等辺三角形とわかる。したがって，三角形AHIと三角形DHCは合同なので，三角形DHCの面積も40cm^{2}になる。以上より，図2のかげをつけた部分の面積，つまり，三角形ACFの面積は，40＋40＋4.5＝84.5(cm^2)と求められる。

図2

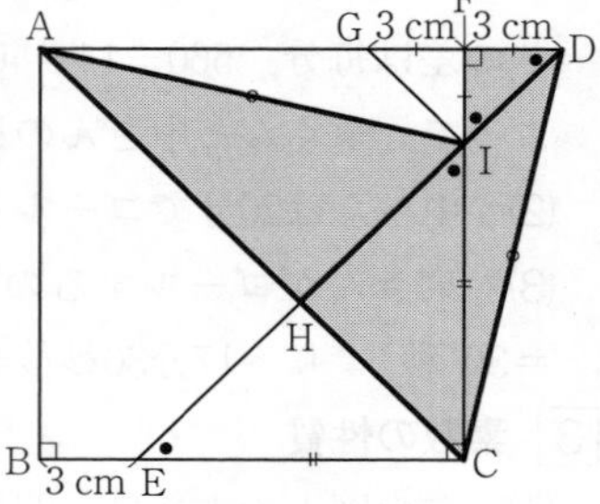

(3)　三角形ACFの面積が84.5cm^{2}だから，正方形ABCFの面積は，84.5×２＝169(cm^2)となる。よって，169＝13×13より，正方形ABCFの１辺の長さは13cmとわかるので，台形ABCDの面積は，{(13＋３)＋13}×13÷２＝188.5(cm^2)と求められる。

5　条件の整理，場合の数，数列

(1)　2024→2025→2026→2027→2028→2029→2030→290→291→292→293→294→42→６→７→１より，「2024」＝15とわかる。

(2)　１の前の数は必ず７である。また，右の図１のように７から順にさかのぼると，７倍した数と１をひいた数がそれぞれ２個ずつあらわれる。よって，「N」＝６となるNの個数は，２×２×２×２×２＝32(個)である。

図１

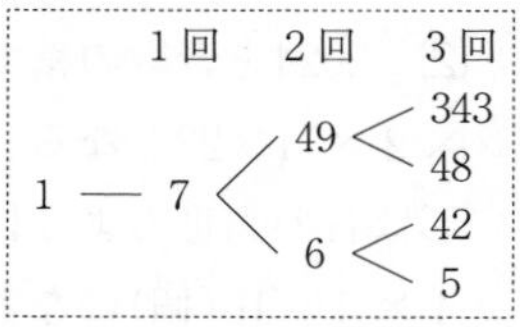

(3)　下の図２のアより，「２」＝６とわかる。また，「３」～「７」はそれよりも１ずつ小さくなるので，「２」～「７」はそれぞれ６～１となる。次に，イより，８に操作を７回行うと２になることがわかり，この２にさらに操作を６回行うと１になるから，「８」＝７＋６＝13と求められる。また，「９」～「14」はそれよりも１ずつ小さくなるので，「８」～「14」はそれぞれ13～７となる。同様に考えると，ウ～キのように１ずつ小さくなることがわかる。次に，アの合計は，(６＋１)×６÷２＝21であり，イの合計は，(13＋７)×７÷２＝70である。また，ウ～キの合計はイの合計よりも次々と７ずつ小さくなるから，キの合計は，70－７×５＝35とわかる。よって，イ～キの合計は，70＋63＋…＋35＝(70＋35)×６÷２＝315なので，ア～キの合計は，21＋315＝336と求められる。

図２

ア	2→3→4→5→6→7→1	➡「２」＝６，「３」＝５，「４」＝４，「５」＝３，「６」＝２，「７」＝１
イ	8→9→10→11→12→13→14→2	➡「８」＝13，「９」＝12，「10」＝11，「11」＝10，「12」＝９，「13」＝８，「14」＝７
ウ	15→16→17→18→19→20→21→3	➡「15」＝12，……………………，「21」＝６
エ	22→…………→28→4	➡「22」＝11，……………………，「28」＝５
オ	29→…………→35→5	➡「29」＝10，……………………，「35」＝４
カ	36→…………→42→6	➡「36」＝９，……………………，「42」＝３
キ	43→…………→49→7	➡「43」＝８，……………………，「49」＝２

社会　＜A日程１月10日試験＞（理科と合わせて50分）＜満点：50点＞

解答

1　**問１**　**あ**　岐阜　**い**　濃尾　**う**　揖斐　**え**　輪中　**問２**　(1)　イ　(2)　ウ　**問**

3　エ　**問４**　カ　**問５**　ウ　**問６**　イ　**問７**　カ　**問８**　(1)　ウ　(2)　カ　**問９**　(例)　住宅建築などの木材需要が高まったため，成長が早く加工しやすいスギやヒノキの植林が推進されたから。　**2**　**問１**　ウ　**問２**　**２番目**…ウ　**４番目**…エ　**問３**　ウ　**問４**　宋　**問５**　**２番目**…ア　**４番目**…ウ　**問６**　ウ　**問７**　ア　**問８**　**２番目**…イ　**４番目**…ウ　**問９**　(例)　直接国税15円以上を納める満25歳以上の男子。　**問10**　エ　**問11**　(1)　エ　(2)　イ　(3)　信条

解　説

1　**日本の自然と産業，社会についての問題**

問１　あ～え　岐阜県と愛知県，三重県にまたがる濃尾《のうび》平野南西部は低湿地《しっち》帯となっており，木曽《きそ》三川《さんせん》(西から順に揖斐《いび》川・長良《ながら》川・木曽川)が集中して流れているため，昔から河川のはんらんなどの水害に悩《なや》まされてきた。そのため，この地域では住宅地や田畑の周囲を堤防《ていぼう》で取り囲む輪中と呼ばれる集落が発達した。

問２　(1)　**お，か**　主権のおよぶ範囲《はんい》の海域を領海といい，航行は自由だが水産資源や海底資源の領有権などが沿岸国に認められる範囲の海域を排他《はいた》的経済水域という。国連海洋法条約では，領海は沿岸から12海里，排他的経済水域は沿岸から200海里と定められている(１海里は約1852m)。なお，接続水域は領海に隣接する水域(沿岸から24海里まで)である。　(2)　排他的経済水域(水産業については「漁業専管水域」と呼ばれることもある)の説明はウで，アは領海，イは接続水域，エは公海にあてはまる。

問３　「特産であるみかん」とあるＡは静岡県，「きゅうりやピーマンなどの促成栽培《そくせいさいばい》」とあるＢは宮崎県，「近郊《きんこう》農業」とあるＣは茨城県と判断できる。

問４　すいかの第１位(あ)は熊本県，メロンの第１位(う)は茨城県である。残った「い」が千葉県で，近郊農業がさかんであることから，野菜の収穫《しゅうかく》量が多い。

問５　青森県や長野県などが上位を占《し》めるイは「果物」，鹿児島県，北海道，宮崎県などが上位を占めるエは「肉用牛」とわかる。残ったア，ウのうち，北海道，茨城県，千葉県などが上位を占めるアは「野菜」で，もう一方のウが「花き」となる。愛知県は花きの生産がさかんで，渥美《あつみ》半島における菊《きく》の電照栽培が知られる。

問６　ア　「飼養頭数」は2018年以降増え続けているので，誤っている。なお，牛の出すげっぷにふくまれるメタンは，地球温暖化の原因となる温室効果ガスとして知られている。　イ　グラフから読み取れることと，その原因の推測として正しい。　ウ　近年，機械化・IT化による畜産経営の省力化・効率化が進んでいるので，誤っている。　エ　牛乳(生乳)は季節による生産量の上下や，鮮度《せんど》の維持《いじ》の難しさなど，性質上安定供給がしにくいので，誤っている。

問７　輸送用機械器具の生産量は，豊田市などで自動車工業がさかんな愛知県が他を引き離して第１位となっているので，「い」は愛知県とわかる。また，精密機械工業がさかんな長野県は，情報通信機械器具の生産がさかんなので，「う」は長野県と判断できる。残った「あ」は大阪府で，大阪府のある阪神工業地帯は，臨海部を中心に化学工業がさかんであるほか，新聞・雑誌の発行や広告関係の業務などと関係の深い印刷・印刷関連業の企業も多い。

問８　(1)　経済協力開発機構(OECD)は日本もふくめ西ヨーロッパや北アメリカの先進国からなる

組織で，経済成長・発展途上国援助・通商拡大の３つを主要目的としている。なお，アの国際貿易機関(ITO)は第二次世界大戦(1939〜45年)後に創設予定だったが発足しなかった機関で，現在の世界貿易機関(WTO)が創設されるきっかけとなった。また，イの国連開発計画はUNDP，エの石油輸出国機構はOPEC《オペック》が略称となっている。　(2)　あ　【グラフ】の「排出量」をみると，2020年の時点での温室効果ガス排出量は世界計が約350億ｔ，OECD計が約110億ｔとなっているので，OECD加盟国以外の排出量は約240億ｔと考えられる。よって，「あ」には「少ない」が入る。
い　【グラフ】の「１人あたり排出量」をみると，温室効果ガス排出量は，OECD加盟国のほうが加盟国以外の国々よりも多い年が続いている。　う　2020年の世界の人口の第１位の国は中国(約14.4億人)，第２位の国はインド(約13.8億人)であり，どちらもOECDには加盟していない。

問９　スギとヒノキはどちらも針葉樹で，幹がまっすぐに伸びて加工しやすいことなどから，日本では昔から建築用の木材として利用されてきた。さらに，成長が早いことから，住宅建築などで木材需要《じゅよう》が高まった第二次世界大戦後には，各地で植林が推進された。それらの樹木が数十年を経て大量の花粉を出すようになったことが，花粉症を発症する人々が増えた大きな原因となった。

2　古代〜現代の歴史，日本国憲法と日本の政治についての問題

問１　ア　埴輪《はにわ》は古墳時代につくられた素焼きの土製品で，古墳の周囲や頂上付近などに並べられた。なお，縄文時代には女性などをかたどった土偶《どぐう》と呼ばれる土人形がつくられ，まじないのために使われたと考えられている。　イ　岩宿遺跡(群馬県)は旧石器時代を代表する遺跡で，国内で初めて打製石器が見つかったことで知られる。　ウ　金属器の日本への伝来について述べた文であり，内容も正しい。なお，鉄器は工具や農具などに，青銅器はおもに祭りのさいに用いられた。
エ　江戸時代に志賀《しかの》島(福岡県)で発見された金印は「漢委奴国王《かんのわのなのこくおう》」という刻印があるもので，１世紀(57年)に倭《わ》(日本)の小国の一つであった奴国の王が後漢(中国)に使いを送り，皇帝から授《さず》けられたものである。なお，中国の歴史書『魏志《ぎし》』倭人伝によれば，３世紀に卑弥呼《ひみこ》も魏(中国)の皇帝から金印や銅鏡などを授けられているが，金印は発見されていない。

問２　アは663年(白村江《はくすきのえ》の戦い)，イは672年(壬申《じんしん》の乱)，ウは668年(中大兄《なかのおおえの》皇子が天智天皇として即位)，エは673年(大海人《おおあまの》皇子が天武天皇として即位)の出来事なので，年代の古い順にア→ウ→イ→エとなる。

問３　ア　「摂政《せっしょう》」と「関白」が逆である。　イ　694年に藤原京に遷都《せんと》(都を遷《うつ》すこと)したのは持統天皇である。桓武《かんむ》天皇は784年に長岡京に遷都し，さらに794年，平安京に遷都している。
ウ　藤原純友《すみとも》の乱について述べた文として正しい。平安時代中ごろ，地方の豪族がみずからの土地を守るため武装するようになった。これが武士のおこりで，こうした武士のうち，関東地方で平将《まさ》門《かど》が，瀬戸内海で藤原純友が反乱を起こし，中央の貴族たちに衝撃《しょうげき》を与《あた》えた。　エ　「征夷《せいい》大将軍」ではなく「太政《だいじょう》大臣」が正しい。

問４　平安時代末期，政治の実権をにぎった平清盛は，大輪田泊《おおわだのとまり》(現在の神戸港の一部)を修築するなど瀬戸内海の航路を整備し，宋(中国)と民間貿易(日宋貿易)を行って大きな利益をあげた。

問５　イは承久《じょうきゅう》の乱(1221年)の説明で，北条義時《よしとき》は鎌倉幕府の第２代執権《しっけん》であり，アの六波羅探《ろくはらたん》題《だい》は乱の直後に義時が置いた役職・機関である。また，ウの北条時宗は元寇《げんこう》(1274年の文永の役と，1281年の弘安の役)を切りぬけた第８代執権であり，エの北条泰時《やすとき》は最初の武家法である御成敗式《ごせいばいしき》目《もく》(1232年)を定めた第３代執権である。よって，年代の古い順にイ→ア→エ→ウとなる。

問６　ア　弟子たちとともに諸国を歩いて踊《おど》り念仏を広めたのは，時宗を開いた一遍《いっぺん》である。親鸞《しんらん》は浄土《じょうど》真宗（一向宗）の開祖で，阿弥陀《あみだ》仏を信じる心さえあれば人は救われると説いた。　イ「北山」ではなく「東山」が正しい。北山は足利義満が金閣を建てた地である。　ウ　東大寺の南大門に置かれている金剛《こんごう》力士像の説明として正しい。　エ　雪舟《せっしゅう》は室町時代中期，明（中国）に渡《わた》って禅宗《ぜんしゅう》と水墨《すいぼく》画を学び，帰国後，日本風の水墨画を大成した。錦絵《にしきえ》と呼ばれる多色刷りの浮世絵《うきよえ》が描かれるようになるのは，江戸時代中期以降のことである。

問７　ア　禁教政策を徹底《てってい》するため，江戸幕府は1624年にスペイン船，1639年にポルトガル船の来航を禁止したので，正しい。　イ「老中」ではなく「大老」が正しい。老中は常設の役職であった。　ウ「徳川綱吉《つなよし》」ではなく「徳川吉宗」が正しい。　エ「水野忠邦《ただくに》」ではなく「徳川吉宗」が正しい。

問８　アは1860年（桜田門外の変），イは1853年（ペリーが初めて浦賀に来航），ウは1863年（薩英戦争），エは1825年（異国船打払令が出される）の出来事なので，年代の古い順にエ→イ→ア→ウとなる。

問９　1890年，第１回衆議院議員総選挙が行われ，帝国議会が開設された。このときの選挙では，選挙権は直接国税15円以上を納める満25歳以上の男子に限定され，有権者の割合は全国民のわずか1.1％に過ぎなかった。

問10　ア　二・二六事件（1936年２月26日）は陸軍の一部の部隊によるクーデター未遂《みすい》事件で，犬養《いぬかい》毅《つよし》首相が海軍の若手将校らによって暗殺されたのは五・一五事件（1932年５月15日）である。　イ　雑誌『青鞜《せいとう》』は，明治時代末期に平塚らいてう（雷鳥）らが結成した女性だけによる文学団体「青鞜社」の機関誌である。全国水平社は，部落差別に苦しめられてきた人々が，みずからの手で差別からの解放を勝ち取ることを目的として，大正時代に結成した組織である。　ウ　治安維持法は，社会主義運動をおさえることを目的として1925年に制定された。第一次世界大戦は1914～18年の出来事である。　エ　農地改革の説明として正しい。農地改革は，第二次世界大戦直後，農村の民主化のためにGHQ（連合国軍最高司令官総司令部）の指示にもとづいて進められた。地主の土地を一定面積を残して国が買い上げ，小作人たちに安く売り渡した政策で，これにより多くの小作農が自作農となった。

問11　(1)　ア　緊急《きんきゅう》集会は，衆議院の解散中に緊急の必要が生じた場合に，内閣の求めに応じて参議院で開かれるものである。　イ　常会（通常国会）は予算の審議と議決を主に行う国会で，会期は150日間である。毎年１月中に召集《しょうしゅう》され，１回に限り延長ができる。　ウ　臨時会（臨時国会）は，内閣が必要と認めたとき，またはいずれかの議院で総議員の４分の１以上の議員から要求があったときに召集される。いずれにせよ，裁判所が国会の召集に関わることはない。　エ　特別会（特別国会）の説明として正しい。衆議院が解散されると，解散の日から40日以内に総選挙が行われ，そこから30日以内に特別会が召集される。特別会では，他の議案に先立って内閣総理大臣の指名が行われる。　(2)　ア　閣議とは，内閣総理大臣が主宰《しゅさい》し，全ての国務大臣が出席して開かれる会議で，内閣の基本方針が決定される。会議の議決には全員一致制がとられている。　イ　内閣総理大臣は国会議員の中から国会がこれを指名し，天皇が任命する。　ウ，エ　法律の制定，予算の審議と議決はいずれも国会が行う。内閣は法律の施行と，予算案の作成を担当する。　(3)　日本国憲法は第14条で法の下《もと》の平等を保障し，全ての国民が人種・信条・性別・社会的身分・門地

(家がら)によって差別されないと定めている。

理　科　＜Ａ日程１月10日試験＞（社会と合わせて50分）＜満点：50点＞

解　答

1 問１　イ　問２　ア　問３　ア　問４　ア　問５　ア　問６　エ　問７　イ
2 問１　ア　問２　エ　問３　ウ　問４　オ　問５　ア，ウ　問６　ウ　問７　イ，エ
3 問１　ウ　問２　イ　問３　イ　問４　ウ　問５　シ　問６　エ　問７　ウ
4 問１　カ　問２　ウ　問３　ク　問４　6 cm

解　説

1　滑車《かっしゃ》のはたらきと力のつりあいについての問題

問１　図１で，100 g のおもりが静止しているのは，滑車にかかる糸に100 g の力がかかっているからである。したがって，手で糸を下に引く力の大きさは，100－50＝50(g)となる。

問２　輪軸《りんじく》のつりあいは，支点を中心とした輪軸を回そうとするはたらき(以下，モーメントという)で考える。モーメントは，(加わる力の大きさ)×(支点からの距離《きょり》)で求められ，左回りと右回りのモーメントが等しいときに輪軸の回転が止まる。また，図２より，輪軸Ａの大きい輪の半径は，20÷２＝10(cm)，小さい輪の半径は，10÷２＝５(cm)とわかる。よって，図３で，輪軸ＡがつりあうときのおもりＸの重さを□ g とすると，50×５＝□×10が成り立ち，□＝250÷10＝25(g)と求められる。

問３　図４で，手で糸を引く力の大きさを□ g とすると，200×５＝(50＋□)×10が成り立ち，□＝1000÷10－50＝50(g)となる。

問４　図４で，50 g のおもりとつりあうおもりＺの重さを□ g とすると，□×５＝50×10が成り立ち，□＝500÷５＝100(g)となる。したがって，おもりＺの重さが100 g よりも軽ければ，手で糸を引くことなく50 g のおもりが下に動き出す。

問５　巻き取り機が糸を引く力の大きさを□ g とすると，(1000＋600)×５＝(500＋□)×10が成り立ち，□＝8000÷10－500＝300(g)と求められる。

問６　輪軸Ａの大小の輪はくっついて回るので，かごと荷物が１cm上がると，ウエイトは，$1\times\frac{10}{5}=2$ (cm)下がる。よって，かごと荷物を200cm持ち上げるまでの間に，巻き取り機が巻き取る糸の長さは，$200\times\frac{2}{1}=400$ (cm)とわかる。

問７　２階で人が降りたとき，ウエイトの重さが，360×５÷10＝180(kg)を超《こ》えていると，輪軸Ａが右に回転してウエイトが下がっていき，ウエイトと巻き取り機の間の糸に力がはたらかなくなるため，かごを静止させることができなくなる。したがって，巻き取り機が糸を引く力ができるだけ小さくなるウエイトの重さは，180kgに近いイが選べる。

2　物質の状態変化についての問題

問１　液体から気体への状態変化を気化といい，気化が液体の表面で起こる現象を蒸発，気化が液体の表面だけでなく内部からも起こる現象を沸騰《ふっとう》という。なお，イの凝縮《ぎょうしゅく》は気体が液体に変わる

こと，ウの融解《ゆうかい》は固体が液体に変わること，エの凝固は液体が固体に変わること，オの昇華《しょうか》は液体の状態を経ずに固体から直接気体に，または気体から直接固体に変わることをいう。

問２　液体が気体になると，物質をつくっている粒《つぶ》が空間を自由に飛び回るようになり，粒どうしの間隔《かんかく》が大きく広がるため，体積が大きくなる。このとき，粒の総量は変わらないため，重さは変わらない。

問３　沸点に達しないとき(たとえば常温のとき)でも，液体はその表面から少しずつ蒸発しているので，時間がたてば液体がなくなる。よって，ウがまちがっている。

問４　この実験では，液体窒素《ちっそ》の温度は沸点(－196℃)よりも低いので，液体窒素の中に－80℃のドライアイスを入れると，液体窒素はドライアイスにより温められて気体に変化する(ドライアイスは液体窒素により冷やされてさらに温度が下がる)。したがって，①は主に窒素である。また，②は主に，空気中の水蒸気が冷やされて細かい水や氷の粒の集まりになったものである。

問５　ア，イ　地球をとりまいている厚い空気の層を大気といい，大気によって発生する圧力を気圧(大気圧)という。気圧は，空気のうすい上空ほど小さい。そのため，標高が高い所に未開封のスナック菓子《がし》の袋《ふくろ》を持って行くと，まわりの気圧が小さくなるため，袋の中の気体の体積が大きくなり，袋が膨《ふく》らむ。また，まわりの気圧が小さくなると水が沸騰しやすくなり，沸点が100℃より低くなるため，内部の圧力が上がりにくい調理器具(土鍋《どなべ》など)を用いて米を炊《た》くと，十分に加熱できず，米に芯《しん》が残る。　ウ　アイススケートでは，スケート靴《ぐつ》の刃《は》の圧力により融点が下がることで氷がとけて液体の水になり，刃と氷の間に水の膜《まく》ができるため，氷の上を滑《すべ》りやすくなる。

エ　紙でできた鍋に水を入れて下から炎《ほのお》で熱しても，水の温度は100℃までしか上がらず，紙の温度が発火点に達しないため，紙は燃えずに水が沸騰する。　オ　水に食用油をたらすと，水が水面から空気中に出て行きにくくなる(つまり，蒸発しにくくなる)。

問６　図２のような装置でアルコール水を加熱すると，温度はウのグラフのように変化する。これは，まずエタノールが78℃付近で沸騰して気体になったあと，水が沸騰するからである。そのため，エタノールの沸点(78℃)付近までは試験管にエタノールが多く入り，それ以降は水が試験管に多く入る。

問７　ア　海水には食塩などがふくまれているので，海水は水より凍《こお》りにくい。　イ　水は４℃のときに最も重くなる(密度が最大になる)ので，湖の水温が下がるときには，湖底に４℃の水がたまり，水面近くの水との間で対流が起こらなくなる。そのため，湖の水は表面から凍り始める。これは，図３とは関係がない。　ウ　凍ったスポーツドリンクをとかすと，まず融点の低い砂糖などが溶《と》けている液体の凍った部分がとけ，そのあと水の凍った部分がとける。そのため，スポーツドリンクのとけ始めの液体は，凍らせる前の液体よりも味が濃《こ》くなる。　エ　沸点の差を利用した分離のしかたの説明なので，図３とは関係がない。

３　昆虫《こんちゅう》についての問題

問１　多くの場合，昆虫は２対４枚の翅《はね》が胸から生えているので，ウがまちがっている。なお，ハエやカは１対２枚の翅が胸から生えており，シミなどは翅がない。

問２　ア　カブトムシの幼虫はくさった葉(ふ葉土)を食べ，成虫は樹液をなめる。　イ　テントウムシ(ナミテントウ)やナナホシテントウなどは，幼虫も成虫もアブラムシを捕食《ほしょく》する。ニジュウヤホシテントウは，幼虫も成虫もナス科の植物の葉を食べる。　ウ　カの幼虫は水中の小さな生物の死がいや細菌《さいきん》類などを食べ，成虫は果汁《かじゅう》や植物のみつなどを吸う。メスは産卵期に動物の血を吸う。　エ　アゲハ(アゲハチョウ)の幼虫はミカンやサンショウなどの葉を食べ，成虫は花のみつを吸う。　オ　モンシロチョウの幼虫はアブラナ科の植物の葉を食べ，成虫は花のみつを吸う。

問３　セミの口はイのような針状で，木の幹にさして汁《しる》を吸う。なお，アはハエなどのなめる口，ウはチョウの吸う口，エはバッタなどのかむ口のようすを表している。

問４　アゲハの幼虫は，胸脚《きょうきゃく》，腹脚，尾脚の３種類の脚《あし》をもつ。胸脚は胸部に３対(６本)あり，成虫の脚と同様に節があり，つめのような形で引っかける脚である。腹脚は４対(８本)，尾脚は１対(２本)あり，どちらもからだを支えるために吸盤《きゅうばん》のように使われる(吸いつく)脚で，幼虫のときだけ存在する。よって，ウが正しい。

問５　あ　実験２より，シロオビアゲハのメスは非擬態《ぎたい》型の方がオスと交尾《こうび》しやすい。　い　実験１より，シロオビアゲハのメスは非擬態型の方が鳥からねらわれやすい。　う　擬態型のメスは，鳥に食べられにくいため生き残りやすいが，オスと交尾しにくいため子孫を多く残せない。一方，非擬態型のメスは，鳥に食べられやすいため生き残りにくいが，オスと交尾しやすいため子孫を多く残せる。そのため，将来的に擬態型も非擬態型も生き残ると考えられる。

問６　有毒なベニモンアゲハが分布するようになると，鳥はベニモンアゲハが危険であることを学習し，襲《おそ》わないようになる。そのため，ベニモンアゲハに似た姿の擬態型のシロオビアゲハも，鳥から襲われにくくなって個体数が増えたと考えられる。

問７　アリはハチを攻撃《こうげき》しないだけでなく，自分のエサをハチに与《あた》えるようになったと説明されている。したがって，ウが選べる。

4　火山とホットスポットについての問題

問１　カルデラは，火山の噴火《ふんか》により頂上付近が吹《ふ》き飛ばされたり，溶岩《ようがん》などの噴出により地下に空洞《くうどう》ができて火山の中心部が陥没《かんぼつ》したりすることでできた，大きなくぼ地である。

問２　マグマの粘性《ねんせい》が弱い火山では，溶岩が流れ出るようなおだやかな噴火をして，たてをふせたような形の火山(たて状火山)ができる。一方，マグマの粘性が強い火山では，火山さいせつ物をふき上げるような爆発《ばくはつ》的な噴火をして，盛り上がった形の火山(溶岩ドーム)ができる。また，マグマの粘性が中くらいの火山では，おだやかな噴火と爆発的な噴火が交互《こうご》にくり返されて，円すい形の火山(成層火山)ができる。たて状火山の例としてはハワイのマウナロアやキラウエア，溶岩ドームの例としては有珠《うす》山(北海道)，雲仙普賢岳《うんぜんふげんだけ》(長崎県)，昭和新山(北海道)，成層火山の例としては浅間山(群馬県・長野県)，桜島(鹿児島県)，富士山(山梨県・静岡県)，三原山(東京都)などがあげられる。

問３　地球の表面は十数枚のプレート(岩盤《がんばん》の層)でおおわれており，それぞれのプレートはその下の層であるマントルの対流によって動いている。ハワイ諸島は太平洋プレートとよばれるプレート上にあり，図２より，このプレートは１億年前から6000万年前は東へ，6000万年前から2000万年前は北西へ，2000万年前から現在は北へ移動していたと考えられる。

問４　図２で，プレートは2000万年前から現在までの(2000×10000)年で$(1200\times1000\times100)$cm移動しているので，１年あたり平均，$\frac{1200\times1000\times100}{2000\times10000}=6$ (cm)移動している。

国　語　＜Ａ日程１月10日試験＞（50分）＜満点：100点＞

解　答

一　下記を参照のこと。　二　1　ク　2　ケ　3　ア　4　ウ　5　イ　6　オ　7　コ　8　エ　9　キ　10　カ　三　問１　ア，エ　問２　ア，イ，ウ　問３　a　ささやかな　b　おさない　問４　オ　問５　（例）　書き言葉として使われていた上に，宗教的，政治的に，民族の一体感があったから。　問６　（例）　幼児期に母語を教える手法。　問７　そして，今　問８　ウ　四　問１　ア　問２　エ　問３　ウ　問４　A　ウ　B　エ　C　オ　問５　（例）　友達としてひかりに自分の気持ちを理解してほしいという思い。　問６　オ　問７　（例）　（相変異したバッタは）相変異前のバッタを仲間だと認識できないが，亜梨沙と私は人間なので，たとえ亜梨沙が変わっても仲直りできるはずだという思い。　問８　オ

●漢字の書き取り

一　1　至急　2　創建　3　起因　4　正念場　5　年賀状

解　説

一　漢字の書き取り

1　非常に急ぐこと。　2　初めて建てること。　3　ものごとが起きた原因。　4　最も重要な場面。真価が試される大事な局面。　5　新年の祝いを書いて送る葉書。

二　言葉の知識

1　「本心」を打ち明けるので，“ありのままを隠《かく》さないようす”を表す「せきらら（赤裸々）」がよい。　2　「対応」のようすなので，のろいさまを表す「かんまん（緩慢）」が合う。　3　「柳《やなぎ》の枝」が「風にそよぐ」さまなので，“しなやかで美しいようす”を表す「たおやか」がふさわしい。　4　「もてなし」には，“心のこもったようす”を表す「ねんごろ（懇ろ）」がよい。　5　「心づかい」には，“自分の身分や能力以上のことをしてもらってありがたい”という意味を表す「かぶん（過分）」が合う。　6　「なりふりかまわず」とあるので，“際限なく求める欲深いようす”を表す「あこぎ（阿漕）」が入る。「あこぎ」は，伊勢神宮に供える魚をとるための禁漁区（阿漕浦）で，ある漁師がたびたび密漁して捕らえられたという伝説に由来する。　7　「小鳥のさえずり」には，晴れ晴れと楽しそうな「うららか（麗らか）」が合う。　8　「忘れていた」とあるので，注意不足の「うかつ（迂闊）」である。　9　「けんか相手」とあるので，“悪意を持って言うようす”を表す「あしざま（悪し様）」がよい。　10　「出たくなる」という気持ちなので，“何となく落ち着かないようす”を表す「そぞろ」がふさわしい。

三　出典：山口仲美《やまぐちなかみ》『日本語が消滅《しょうめつ》する』。言語が消滅するサインとその背景を解説し，日本語の現状と，日本語を存続させるためにはどうすればよいかを，ほかの事例を参考にしつつ説明している。

問１　ア　三つ後の段落の内容と合う。　イ　「子供たちが母語を話す自信」について，本文では述べられていない。　ウ　「教育に関心がうすい親」について，本文では述べられていない。　エ　直後の段落の内容と合う。　オ　「母語の使い方が不完全な若者が現れ始める」ことは，「親から子へ母語を自然にバトンタッチする際の障害」ではなく「母語消滅のサイン」だと述べられて

いる。

問２　続く部分の①～④の内容と比較《ひかく》する。　ア　①の内容と逆である。　イ　②で「発音も，似ている音の区別ができなくなります」と説明されているが，「意味が違う言葉」を区別できなくなるわけではない。　ウ　④の後半に「多様性や複雑さが失われていく」，「やがて，日常の話し言葉として用いられなくなり，さらに書き言葉としても使われなくなり」とあるので，「書き言葉としては使われなくなること」と「多様性が失われる」ことの順序が逆である。　エ　①の後半の内容と合う。　オ　③の内容と合う。

問３　**ａ**　「ひかえめ」とあるので，「ささやかな幸せ」とするのがふさわしい。　**ｂ**　「年が若い」とあるので，「幼い子供」とするのが合う。

問４　直後の一文に「言語感覚が失われていく」とあるので，「感覚的」とすると，「母語」に大切な「感覚」について述べることになり，文意が通る。

問５　続く部分で，ヘブライ語復活のいきさつとそれを可能にした条件について，「書き言葉」が残っていたことと，「ユダヤ教という一つの宗教で結びついた民族の強い絆《きずな》があり，それが政治的な信条を一《いつ》にする集団となっていた」ことがあげられている。これらを整理し，「書き言葉が残っていたことに加え，宗教と政治信条を一にする民族意識が強かったから」のようにまとめる。

問６　「同様」とは，直前の四つの段落で説明されている「マオリ語」などと同様という意味。そのような言語の復興《ふっこう》は「いずれも幼児からの母語教育プログラムを施したことによって成功しています」と述べられているので，「幼児期から母語を教える手法」のようにまとめる。

問７　鳥飼《とりかい》さんの言葉は「英語教育」についてのもので，これについての日本の現状は，三つ後の段落の「そして，今や日本は小学校から英語教育を施し，中学校では英語の授業時間数が国語の時間数を超《こ》えています」で最も具体的に述べられている。

問８　最後の段落で筆者は，「日本語を大切にしよう」などの「決意」について述べているので，「決意をするべきである」とあるウが選べる。

四　**出典：こざわたまこ「ホモ・サピエンスの相変異」（『教室のゴルディロックスゾーン』所収）。**

グループがうまくいかなくなったことで，「私」（ひかり）が亜梨沙《ありさ》を訪ねた場面である。

問１　後のほうでちいが「ちい，どん，ってしちゃったの」，「ごめんなさい」と言っているので，「自分にも非があると思い謝罪をしたいと考えている」とあるアがふさわしい。

問２　前に「あの子がうちの子どもの体を押《お》したのは事実ですよ」，「あの子，とちいを指さした」，「あの子に謝らせてよ」とあるので，エがあてはまる。

問３　ちいはタイセイ君を「どん，ってしちゃった」理由を「私」には話さなかったが，父にはみずから話している。よって，ちいが「私」に「心を開かなかった」ことにふれているウが選べる。

問４　**Ａ，Ｂ**　「嗚咽《おえつ》」は“むせび泣く”という意味なので，「嘘吐《うそつ》いた」ことを告白する空欄《くうらん》Ａを「震《ふる》える声」，嗚咽の直前の空欄Ｂを「押し殺すような泣き声」とすると，ふじもんの感情がしだいにたかぶっていったようすの描写《びょうしゃ》として合う。　**Ｃ**　「あっ，でもそっかー」という軽薄《けいはく》な口調には，「不自然なほど明るい声」がふさわしい。

問５　「すがる」は，“助けを求めて頼《たよ》る”という意味。亜梨沙は「友達ごっこ，白々しいんだよ」と言いながらも，「なんで，わかってくれないの」という本音も言っている。これをふまえ，「ひかりに友達として受け入れてもらい，理解されたいという思い」のようにまとめる。

問６　続く部分の内容から，さーやの言葉が亜梨沙の「私」たちに対する不信感をいたずらにあおっていたことがわかる。よって，亜梨沙に本人の欠点を忠告しているオはふさわしくない。

問７　「私」は亜里沙を「相変異したバッタ」に重ね，「相変異する前のバッタとその後のバッタは，二度とお互《たが》いを仲間だとは認識《にんしき》できないのか」と考えている。そのような考えにあらがおうとして傍線《ぼうせん》部５のように思っていることをふまえ，「相変異したバッタは相変異前のバッタを仲間と認識できないが，私たちは人間だから，変わってしまった亜梨沙とも仲直りできるはずだという思い」のようにまとめる。

問８　「さーやじゃなくて，私の言葉を聞いてよ」という「私」のよびかけに対して，亜梨沙は「――る，から」，「……ねえ。今出る，って言ってんじゃん」と応じている。これは，さーやの言葉に乗せられて「私」を誤解していたことに亜梨沙が気づいたからであり，「私に謝罪をして仲直りをしようと考えている」とあるオが選べる。

2024年度 栄東中学校

【算　数】〈Ａ日程１月11日試験〉（50分）〈満点：100点〉

注意　１．コンパス・定規・分度器は使わずに答えてください。
　　　２．円周率は3.14とします。
　　　３．比を答えるときには，最も簡単な整数の比で答えてください。

1　次の□に入る数を答えなさい。

(1)　$\left\{\left(2+\frac{2}{5}\times 0.75\right)\div 11.5-\frac{2}{125}\right\}\times\left(9.5+2\frac{1}{3}-\frac{5}{6}\right)\div 0.1=\square$

(2)　$3+6\times\left\{\left(1-\frac{1}{6}\times 1\frac{3}{5}\right)\div 0.2-\square\right\}=24$

(3)　$\frac{1}{\square}+\frac{2}{\square}+\frac{3}{\square}+\cdots\cdots+\frac{2023}{\square}+\frac{2024}{\square}=2025$

ただし，□にはすべて同じ数が入ります。

(4)　□％の食塩水がいくらか入っている容器に，２％の食塩水 20 g を加えてよくかき混ぜると６％の食塩水ができました。その後，水を 30 g だけ加えてよくかき混ぜると 4.2％の食塩水ができました。

(5)　栄くんは，いつもは同じ時刻に家を出て学校まで毎分 60 m の速さで歩き，始業時刻の５分前に着きます。ところがある日，家を出る時刻がいつもより10 分遅《おく》れたため，はじめは毎分 100 m の速さで走り，途《と》中から毎分 60 m の速さで歩いたところ，走った時間と歩いた時間が同じで始業時刻の１分前に着きました。家から学校までの道のりは□mです。

(6)　右の図の三角形ABCは角Ａの大きさが36度で，AB＝ACの二等辺三角形です。また，BC＝CDで，角アと角イの大きさの比は４：５です。このとき，角Ｄの大きさは□度です。

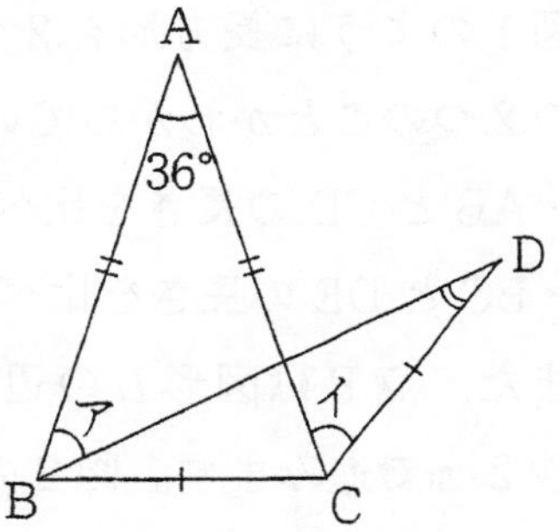

(7)　図１は直角三角形で図２は直角二等辺三角形です。図１のアとイの長さの合計が７cmで，図１と図２のウの長さが等しいとき，図１と図２の図形の面積の合計は□ cm^2 です。

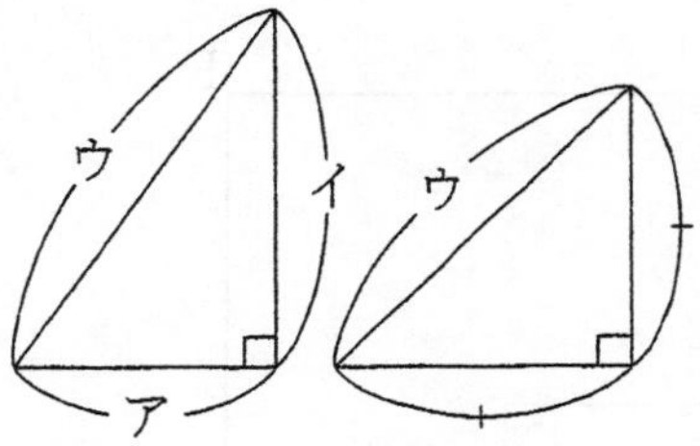

図１　　図２

(8)　底面の半径が３m，高さが４mの円柱が地面に置いてあります。右の図のように，１つの円周上の点から２m真上に電球があります。この電球の光によって地面にできる円柱の影《かげ》の面積は□ m^2 です。ただし，電球の大きさは考えないものとし，円周率は3.14とします。また，円柱の底面は影の面積にふくめません。

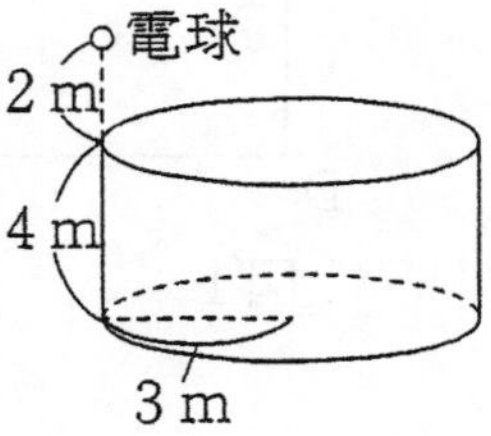

2 図１のように長方形を２つつなげた図形Lがあります。図形Lについて以下の２つのことがわかっています。

・ABとCDの長さを比べるとCDの方が長い

・BCとDEの長さを比べるとDEの方が長い

また，点Pは図形Lの辺上をAからB，C，Dを通りEまで矢印の方向に毎秒２cmで進みます。図２のグラフは図形Lを直線PFで分けたときの小さい方の面積と時間の関係を表しています。このとき，次の問いに答えなさい。

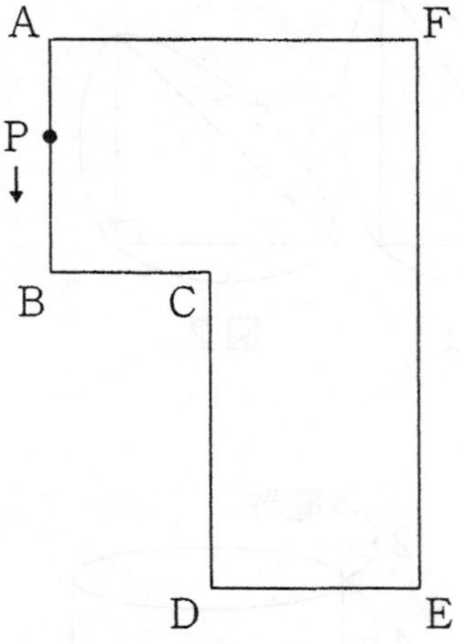

図１

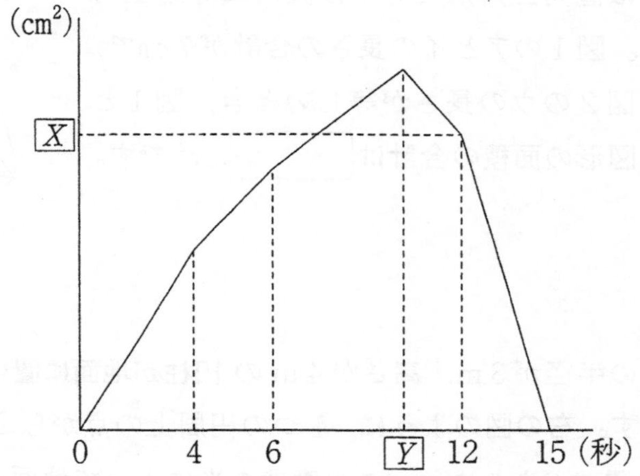

図２

(1) EFの長さを答えなさい。

(2) 図２の［X］に入る数を答えなさい。

(3) 図２の［Y］に入る数を答えなさい。

3　$x \triangle y$ は，x 以下の整数のうち，約数の個数が y 個であるものの個数を表します。

例えば，$10 \triangle 4$ は，10 以下の整数のうち，約数が４個ある整数は 6，8，10 の３個だから，$10 \triangle 4=3$ となります。このとき，次の問いに答えなさい。

(1)　$30 \triangle 6$ はいくつですか。

(2)　$100 \triangle 8$ はいくつですか。

(3)　$x \triangle 12=2$ となる最も小さい整数 x を答えなさい。

4　下の図のように AB＝2 ㎝，AC＝5 ㎝の三角形 ABC に対して，辺 BC 上に角 BAD と角 CAD が等しくなるような点 D をとり，点 B を通り AD に平行な直線と辺 AC の延長線が交わる点を E とします。辺 AB の真ん中の点を F とし，DF の延長線と EB が交わる点を G，DF の延長線と辺 CA の延長線が交わる点を H とします。また，点 A を通り HD に平行な直線と辺 BC との交点を I とします。このとき，次の問いに答えなさい。

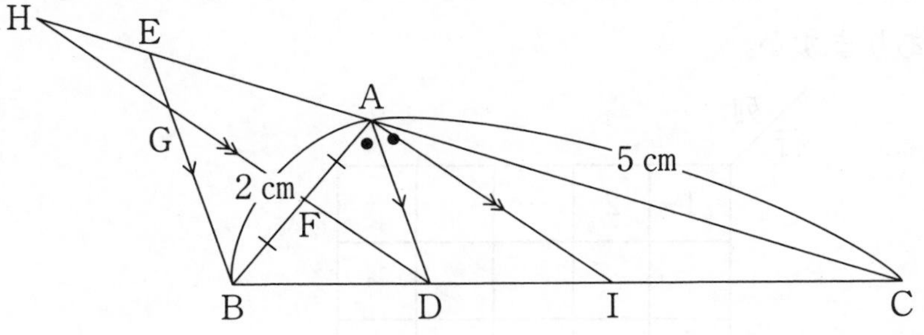

(1)　AE の長さを求めなさい。

(2)　DI：IC を最も簡単な整数の比で表しなさい。

(3)　三角形 ABC と三角形 EHG の面積の比を最も簡単な整数の比で表しなさい。

5 縦と横に同じ個数のマス目が書かれた表があります。そのうち1個のマス目には「★」が書かれており，残りのマス目に1行目から順に左側から整数を書いていきます。

行＼列			
	1	2	3
	4	5	★
	6	7	8

図1

行＼列				
	1	2	3	4
	5	★	6	7
	8	9	10	11
	12	13	14	15

図2

例えば図1の場合は「★が書かれたマス目は2行3列目」であり，「★をふくむ横1行の数の和は4+5だから9」「★をふくむ縦1列の数の和は3+8だから11」です。また，図2の場合は「★が書かれたマス目は2行2列目」であり，「★をふくむ横1行の数の和は5+6+7だから18」「★をふくむ縦1列の数の和は2+9+13だから24」です。このとき，次の問いに答えなさい。

(1) 図3のように，縦5個，横5個のマス目が書かれた表に，上の規則にしたがって「★」と1から24までの整数を書いたところ，「★をふくむ横1行の数の和は70」「★をふくむ縦1列の数の和は46」となりました。このとき，★は何行何列目にありますか。

行＼列					
	1	2	…		
				…	24

図3

(2)　縦 45 個，横 45 個のマス目が書かれた表に，５ページの規則にしたがって「★」と１から 2024 までの整数を書いたところ，「★をふくむ横１行の数の和は 62370」となりました。このとき，★は何行目にありますか。

(3)　(2)のとき，「★をふくむ縦１列の★より下の数の和」と「★をふくむ縦１列の★より上の数の和」の差が 608 となりました。このとき，★は何列目にありますか。

【社　会】〈A日程１月11日試験〉（理科と合わせて50分）〈満点：50点〉

1　次の各問いに答えなさい。

問１　栄太さんは夏休みの探究活動として、日本の都道府県についてのクイズをポスターにまとめて発表しました。ポスターを見て、次の各問いに答えなさい。

日本の地理を楽しく学ぼう　都道府県クイズ

製作チーム：栄太班

○「方位」を表す漢字を使う都道府県…[あ]・東京

○「数」を表す漢字を使う都道府県…[い]・千葉・東京・京都

○「同じ漢字」を使う県

・「賀」がつく県…佐賀・[う]

・「岡」がつく県…[え]・静岡・岡山

・「福」がつく県…[お]

○「お」から始まる都道府県…[か]

（1）　ポスター中の空欄《くうらん》[あ]にあてはまる都道府県の東部にある、日本最大規模の台地を何というか、解答欄にあうように**漢字**で答えなさい。

（2）　ポスター中の空欄[い]にあてはまる都道府県に面する、志摩半島と知多半島に囲まれた湾を何というか、解答欄にあうように**漢字**で答えなさい。

（3）　ポスター中の空欄[う]にあてはまる県名を、解答欄にあうように**漢字**で答えなさい。

（4）　ポスター中の空欄[え]にあてはまる県の北西にある、東は響灘《ひびきなだ》、西は対馬海峡・壱岐水道に連なる海（灘）を何というか、解答欄にあうように**漢字**で答えなさい。

（５） ポスター中の空欄［　お　］には、３つの県があてはまります。次の表は、県庁所在都市の平均気温と降水量を示したものです。表中の**ア～ウ**には、空欄［　お　］にあてはまる３つの県のいずれかの県庁所在都市があてはまります。**もっとも東に位置する県庁所在都市**にあてはまるものを、**ア～ウ**から１つ選び、記号で答えなさい。

	平均気温（℃）			降水量（mm）		
	もっとも高い月	もっとも低い月	年平均気温	もっとも多い月	もっとも少ない月	年降水量
ア	28.4	6.9	17.3	299.1	67.5	1686.9
イ	25.5	1.9	13.4	177.7	41.1	1207.0
ウ	27.4	3.2	14.8	304.0	137.2	2299.6

（国立天文台『理科年表2023』より作成）

（６） ポスター中の空欄［　か　］には、４つの都道府県があてはまります。次の**ア～エ**のグラフは、空欄［　か　］にあてはまるいずれかの都道府県の製造品出荷額等の割合（2019年）を示したものです。**もっとも製造品出荷額等の総額が大きい都道府県**のグラフを、**ア～エ**から１つ選び、記号で答えなさい。

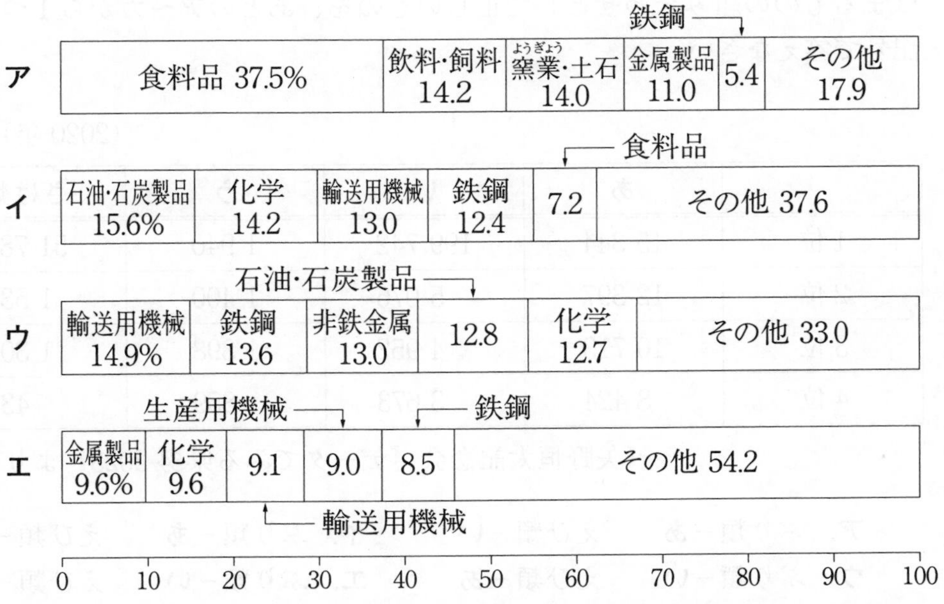

（矢野恒太記念会『データでみる県勢2023』より作成）

問２　次の表は、日本のある農産物の都道府県別収穫《しゅうかく》量の上位４位までを示したものです。表中の**あ〜う**には、それぞれ「みかん」「日本なし」「りんご」のいずれかがあてはまります。「みかん」「りんご」にあてはまるものの組み合わせとして正しいものを、あとの**ア〜カ**から１つ選び、記号で答えなさい。

（2021年産）（ｔ）

	あ	**い**	**う**	かき
１位	147 800	20 500	415 700	39 700
２位	127 800	19 100	110 300	28 300
３位	99 700	15 900	42 400	15 800
４位	90 000	12 000	32 300	12 600

（矢野恒太記念会『日本国勢図会 2023/24』より作成）

ア．みかん－**あ**　りんご－**い**
イ．みかん－**あ**　りんご－**う**
ウ．みかん－**い**　りんご－**あ**
エ．みかん－**い**　りんご－**う**
オ．みかん－**う**　りんご－**あ**
カ．みかん－**う**　りんご－**い**

問３　次の表は、日本のある水産物（養殖《ようしょく》は含《ふく》まない）の都道府県別漁獲《ぎょかく》量の上位４位までを示したものです。表中の**あ〜う**には、それぞれ「たら類」「ぶり類」「えび類」のいずれかがあてはまります。「ぶり類」「えび類」にあてはまるものの組み合わせとして正しいものを、あとの**ア〜カ**から１つ選び、記号で答えなさい。

（2020年）（ｔ）

	あ	**い**	**う**	さけ類
１位	15 344	199 742	1 940	51 789
２位	12 397	5 076	1 400	1 530
３位	10 713	4 952	1 398	1 305
４位	8 424	3 673	859	431

（矢野恒太記念会『データでみる県勢 2023』より作成）

ア．ぶり類－**あ**　えび類－**い**
イ．ぶり類－**あ**　えび類－**う**
ウ．ぶり類－**い**　えび類－**あ**
エ．ぶり類－**い**　えび類－**う**
オ．ぶり類－**う**　えび類－**あ**
カ．ぶり類－**う**　えび類－**い**

問4　次の表は、都道府県ごとの市町村数の移り変わり※1を示したものです。表中の**ア〜エ**には、それぞれ「茨城」「東京※2」「島根」「沖縄」のいずれかがあてはまります。「東京」にあてはまるものを、**ア〜エ**から1つ選び、記号で答えなさい。

	1953年			1999年			2022年		
	市	町	村	市	町	村	市	町	村
ア	5	19	60	27	5	8	26	5	8
イ	4	54	308	20	48	17	32	10	2
ウ	4	34	164	8	41	10	8	10	1
エ	−	−	−	10	16	27	11	11	19

※1…1953年は、9月30日現在。1999年・2022年は、3月31日現在。
※2…東京23区を含まない。
(矢野恒太記念会『データでみる県勢2023』より作成)

問5　次の表は、地域別の海外現地法人※に関するデータを示したものです。表中の**ア〜エ**には、それぞれ「アジア」「アフリカ」「北アメリカ」「ヨーロッパ」のいずれかがあてはまります。「アジア」にあてはまるものを、**ア〜エ**から1つ選び、記号で答えなさい。

(2020年度)

	企業数	従業者数(千人)	売上高(十億円)
ア	17 342	3 800	110 536
イ	3 235	765	77 488
ウ	2 913	630	35 168
エ	165	40	1 371

※日本の企業が海外に進出して設立した企業のこと。
(矢野恒太記念会『日本国勢図会2023/24』より作成)

問６　次のグラフは、日本の輸出入品の移り変わり（金額ベース）を示したものです。グラフの**あ～え**には、それぞれ「1970年の輸出品」「1970年の輸入品」「2021年の輸出品」「2021年の輸入品」のいずれかがあてはまります。「1970年の輸出品」「2021年の輸入品」にあてはまるものの組み合わせとして正しいものを、あとの**ア～カ**から１つ選び、記号で答えなさい。

あ

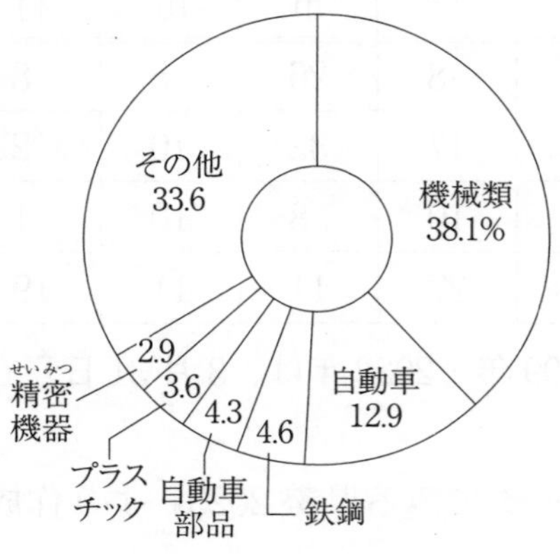

い

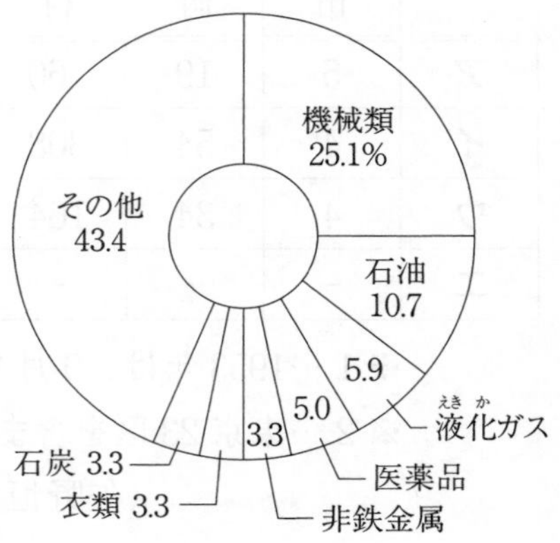

う

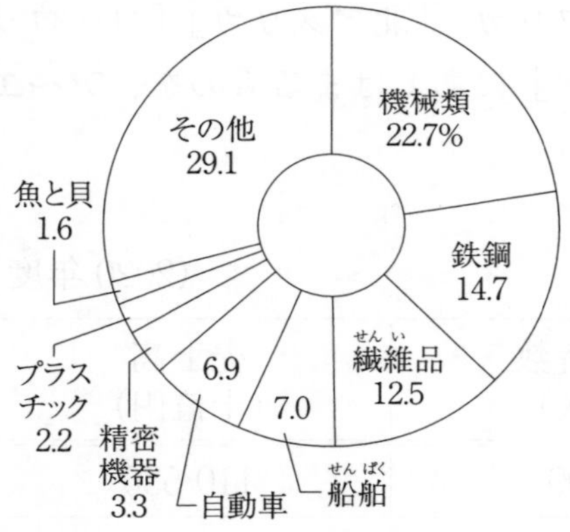

え

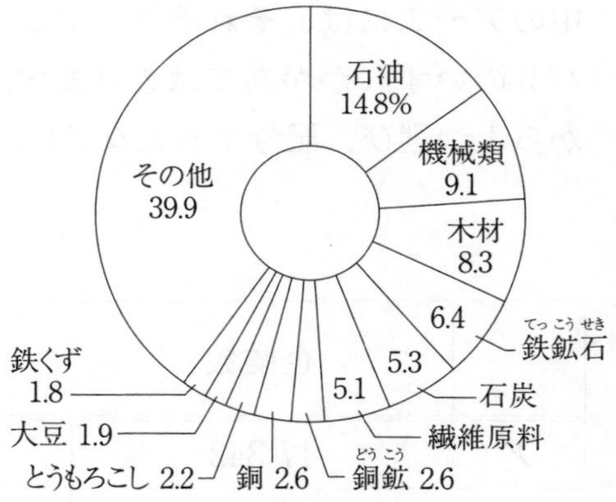

（矢野恒太記念会『日本のすがた2023』より作成）

ア．「1970年の輸出品」－**あ**　「2021年の輸入品」－**い**
イ．「1970年の輸出品」－**あ**　「2021年の輸入品」－**え**
ウ．「1970年の輸出品」－**い**　「2021年の輸入品」－**う**
エ．「1970年の輸出品」－**い**　「2021年の輸入品」－**え**
オ．「1970年の輸出品」－**う**　「2021年の輸入品」－**い**
カ．「1970年の輸出品」－**う**　「2021年の輸入品」－**え**

問７　日本の人口問題について、次の表は、都道府県ごとの人口増減率（2020年～2021年、各年10月１日現在）と、住宅数（2018年10月１日現在）を示したものです。表を見て、あとの各問いに答えなさい。

	人口増減		住宅数	
	自然増減率（％）	社会増減※率（％）	総住宅数（千戸）	空き家率（％）
ア	-0.99	-0.36	592	15.0
イ	-0.38	0.32	3 385	10.2
ウ	-0.21	-0.05	7 672	10.6
エ	0.09	-0.02	653	10.4

※人口流入数と人口流出数の差。

（矢野恒太記念会『データでみる県勢2023』より作成）

（１）　表中の**ア～エ**には、それぞれ「青森県」「埼玉県」「東京都」「沖縄県」のいずれかがあてはまります。「青森県」にあてはまるものを、**ア～エ**から１つ選び、記号で答えなさい。

（２）　次の**あ**・**い**の文章は、表から読み取れることの説明です。**あ**・**い**の正誤の組み合わせとして正しいものを、あとの**ア～エ**から１つ選び、記号で答えなさい。

あ． **ア～エ**のいずれの都県も、人口が増加している。
い． 空き家の件数がもっとも少ないのは、**エ**の都県である。

ア． **あ**－正しい　**い**－正しい　　**イ．** **あ**－正しい　**い**－誤り
ウ． **あ**－誤り　**い**－正しい　　**エ．** **あ**－誤り　**い**－誤り

（３）　近年、少子高齢《こうれい》化などにともない、全国的に空き家の増加が問題となっています。空き家が増えていくと、どのような問題がおこりうるか、具体的な事例を１つ考えて答えなさい。

2 次の各問いに答えなさい。

問1　縄文時代から古墳時代に関する文として正しいものを、次の**ア〜エ**から1つ選び、記号で答えなさい。

ア. 群馬県の岩宿遺跡が調査されたことで、はじめて縄文時代の存在が明らかになった。
イ. 銅剣が全国に広まり、おもに狩《か》りの道具として使われた。
ウ. 大規模な環濠（壕）集落の例として、佐賀県の吉野ヶ里遺跡があげられる。
エ. 古墳時代の住まいのつくりは、寝殿造が一般的《いっぱんてき》であった。

問2　中国の歴史書に関する文として正しいものを、次の**ア〜エ**から1つ選び、記号で答えなさい。

ア.『漢書』地理志には、倭（日本）は30あまりの国に分かれていると記されている。
イ.『後漢書』東夷伝に記されている、中国の皇帝が倭（日本）の奴国の王に授けた金印と考えられるものは、福岡県で発見された。
ウ.『魏志』倭人伝には、中国の皇帝が卑弥呼に「漢委奴国王」の称号《しょうごう》を授けたと記されている。
エ.『魏志』倭人伝には、邪馬台国の王は代々女性であると記されている。

問3　飛鳥時代から奈良時代に関する次の**ア〜エ**の文を、年代の古い順にならべたとき、**2番目**と**4番目**にくるものをそれぞれ記号で答えなさい。

ア. 中大兄皇子らが蘇我入鹿を暗殺した。
イ. 唐の律令にならって、大宝律令が定められた。
ウ. 平城京に都がうつされた。
エ. 役人の地位をあらわす制度として、冠位十二階が定められた。

問4　墾田永年私財法が定められると、経済力のある貴族や寺社は、近くの農民や逃《に》げてきた農民を使って荒《あ》れ地《ち》や山林を切り開き、私有地を増やしていきました。このような私有地を何というか、**漢字2字**で答えなさい。

問５　鎌倉時代に関する次の**ア〜エ**の文を、年代の古い順にならべたとき、**２番目**と**４番目**にくるものをそれぞれ記号で答えなさい。

ア．承久の乱がおこった。
イ．文永の役がおこった。
ウ．御成敗式目が定められた。
エ．源頼朝が、朝廷から征夷大将軍に任命された。

問６　鎌倉時代から室町時代の文化に関する文として正しいものを、次の**ア〜エ**から１つ選び、記号で答えなさい。

ア．藤原定家らが、『古今和歌集』を編集した。
イ．琵琶法師らによって、『源氏物語』が語り伝えられた。
ウ．足利義政の保護を受けた観阿弥・世阿弥父子によって、能が大成された。
エ．『浦島太郎』などのお伽草子がつくられた。

問７　江戸時代に関する次の**ア〜エ**の文を、年代の古い順にならべたとき、**２番目**と**４番目**にくるものをそれぞれ記号で答えなさい。

ア．アヘン戦争がはじまった。
イ．異国船打払令がゆるめられた。
ウ．ラクスマンが根室に来航した。
エ．日米和親条約が結ばれた。

問８　明治時代に関する文として正しいものを、次の**ア〜エ**から１つ選び、記号で答えなさい。

ア．お雇い外国人として、モースが札幌農学校の教頭を務めた。
イ．板垣退助が鹿児島の士族におされて、西南戦争をおこした。
ウ．大隈重信を党首として、自由党が結成された。
エ．ノルマントン号事件をきっかけに、条約改正を求める国民の声が高まった。

問9　明治時代におこなわれた「版籍奉還」の内容について、解答欄にあうように説明しなさい。

問10　昭和時代に関する文として正しいものを、次の**ア〜エ**から1つ選び、記号で答えなさい。

ア. 盧溝橋事件をきっかけに、満州（洲）事変が発生した。
イ. 五・一五事件で、原敬首相が暗殺された。
ウ. 日本国憲法にもとづいて、教育勅語が制定された。
エ. 田中角栄内閣のとき、日中共同声明が出された。

問11　日本国憲法に関する文として正しいものを、次の**ア〜エ**から1つ選び、記号で答えなさい。

ア. 戦争放棄については、第1条に定められている。
イ. 天皇の国事行為については、最高裁判所が責任を負うと定められている。
ウ. 憲法の改正については、国会が発議したのちに、国民投票がおこなわれる。
エ. 国民の三大義務の1つに、政治に参加する義務がある。

問12　現在の日本の国会に関する文として正しいものを、次の**ア〜エ**から1つ選び、記号で答えなさい。

ア. 法律案の議決についてのみ、衆議院の優越が認められている。
イ. 国会は、国会議員の中から内閣総理大臣を任命する。
ウ. 参議院に解散はなく、参議院議員の任期は6年である。
エ. 常会（通常国会）は、毎年1回、4月に必ず召集される。

問13　次の日本国憲法の条文中の空欄にあてはまる語句を答えなさい。

日本国憲法第94条

地方公共団体は、その財産を管理し、事務を処理し、及《およ》び行政を執行《しっこう》する権能を有し、法律の範囲内で（　　　）を制定することができる。

【理　科】〈Ａ日程１月11日試験〉（社会と合わせて50分）〈満点：50点〉

１　物体にはたらく力について、あとの問いに答えなさい。

自然の長さが 10 cm で、重さの無視できるばねＡを用意します。**図１**のように、ばねＡに 40 ｇのおもりを静かにつり下げると、ばねＡは２cm 伸《の》びて長さが 12 cm になりました。

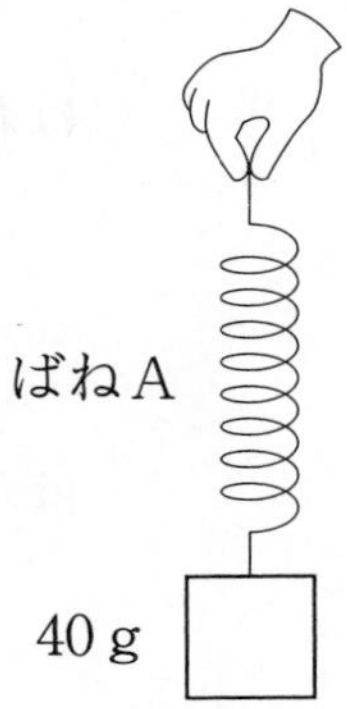

図１

問１　**図１**と同じように、ばねＡに 100 ｇのおもりを静かにつり下げるとき、ばねＡの長さは何 cm になりますか。正しいものを次の**ア～オ**から１つ選び、記号で答えなさい。

ア　10 cm　　**イ**　12.5 cm　　**ウ**　15 cm
エ　17.5 cm　　**オ**　20 cm

次に、**図２**と**図３**のように、ばねＡ、ばねＡと全く同じばねＢ、重さの無視できる丈夫《じょうぶ》な棒《ぼう》を用いて100 ｇのおもりを静かにつり下げました。ただし、**図２**において、おもりは棒の中心につり下げられており、棒は水平になっています。

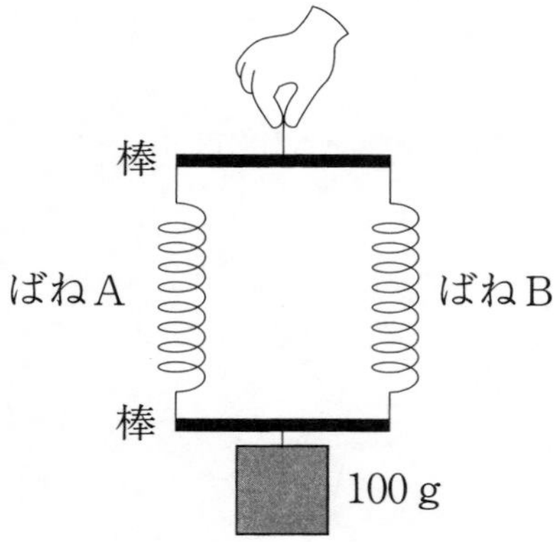

図２

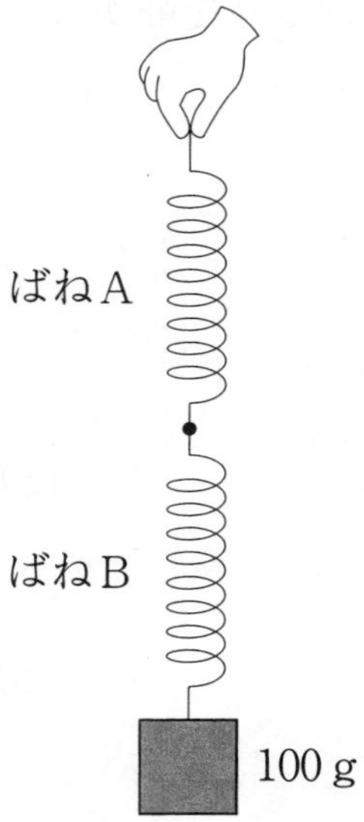

図３

問２　**図２**のとき、ばねＡの長さは何 cm になりますか。正しいものを次の**ア～オ**から１つ選び、記号で答えなさい。

ア　10 cm　　**イ**　12.5 cm　　**ウ**　15 cm
エ　17.5 cm　　**オ**　20 cm

問３　**図３**のとき、ばねＡの長さは何 cm になりますか。正しいものを次の**ア～オ**から１つ選び、記号で答えなさい。

ア　10 cm　　**イ**　12.5 cm　　**ウ**　15 cm
エ　17.5 cm　　**オ**　20 cm

液体中の物体には浮力《ふりょく》という上向きの力がはたらきます。アルキメデスの原理によると、「液体中にある物体は、その物体がおしのけた液体の重さに等しい大きさの浮力を受ける」ということが知られています。この浮力について、次のような実験を行いました。なお、水の重さは１cm^3あたり１ｇであるものとし、ばねＡの体積は無視できるものとします。

＜実験＞

用意するもの：容器、電子はかり、水1000cm^3、ばねＡ、
円柱形のおもりＰ（底面積4cm^2、高さ10cm、重さ100ｇ）

実験操作《そうさ》

容器を電子はかりの上に置き、水を1000cm^3入れた。そして、この状態で０ｇを示すように電子はかりを調節した。その後、以下の【１】～【３】の実験をそれぞれ行った。

【１】　**図４**のように、おもりＰを静かに容器の底に置く。

【２】　**図５**のように、おもりＰをばねＡでつり下げて、おもりＰの底面が水面から５cmだけ沈《しず》んだところで静止させる。

【３】　おもりＰを一度水から出して、おもりＰをばねＡでつり下げたまま、おもりＰの底面が容器の底に達して、ばねＡの長さが自然の長さになるまで、一定の速さでゆっくりと手を下ろしていく。

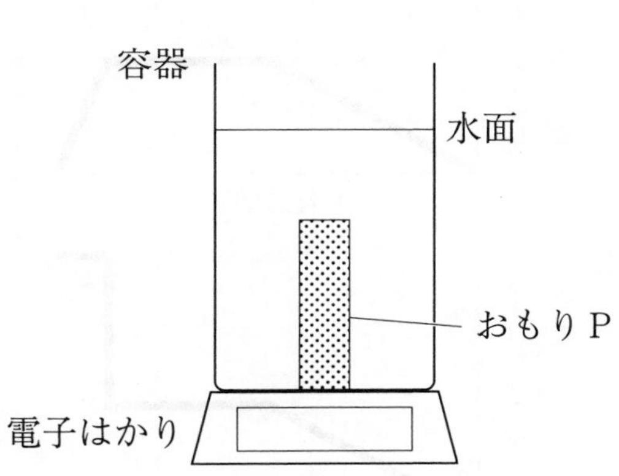

図４

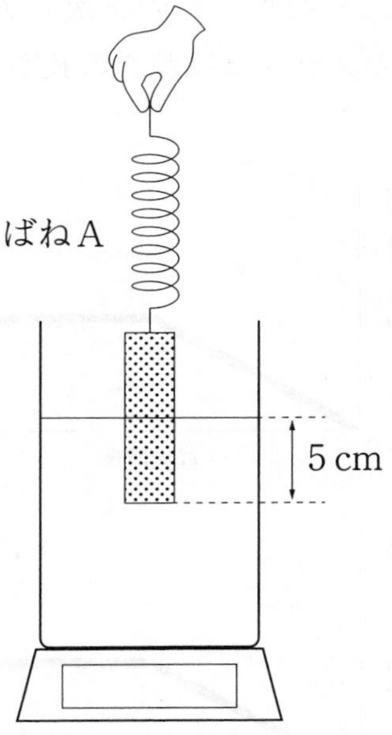

図５

問４　【１】の実験のとき、電子はかりが示す値《あたい》は何 g ですか。正しいものを次の**ア〜カ**から１つ選び、記号で答えなさい。

ア　0 g　　**イ**　20 g　　**ウ**　40 g
エ　60 g　　**オ**　80 g　　**カ**　100 g

問５　【２】の実験のとき、ばねＡの長さは何 cm ですか。正しいものを次の**ア〜カ**から１つ選び、記号で答えなさい。

ア　10 cm　　**イ**　11 cm　　**ウ**　12 cm
エ　13 cm　　**オ**　14 cm　　**カ**　15 cm

問６　【２】の実験のとき、電子はかりが示す値は何 g ですか。正しいものを次の**ア〜カ**から１つ選び、記号で答えなさい。

ア　0 g　　**イ**　20 g　　**ウ**　40 g
エ　60 g　　**オ**　80 g　　**カ**　100 g

問７　【３】の実験のとき、縦軸《たてじく》を電子はかりの示す値、横軸をおもりＰの底面が水面に接してからの経過時間とするグラフを作成しました。作成されたグラフの形として適当なものを次の**ア〜エ**から１つ選び、記号で答えなさい。ただし、このグラフはばねＡの長さが自然の長さになるまで記録したものです。

ア

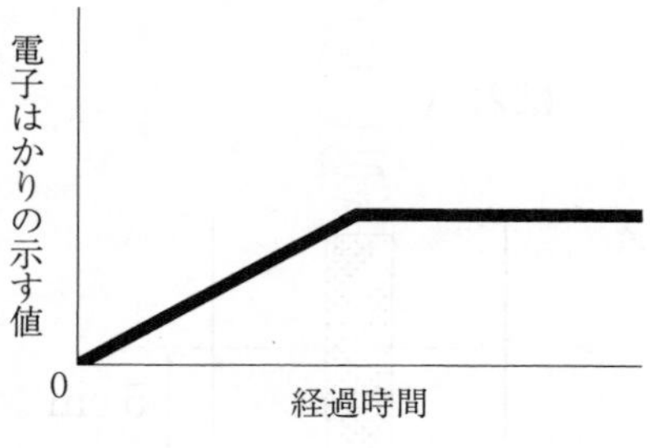

イ

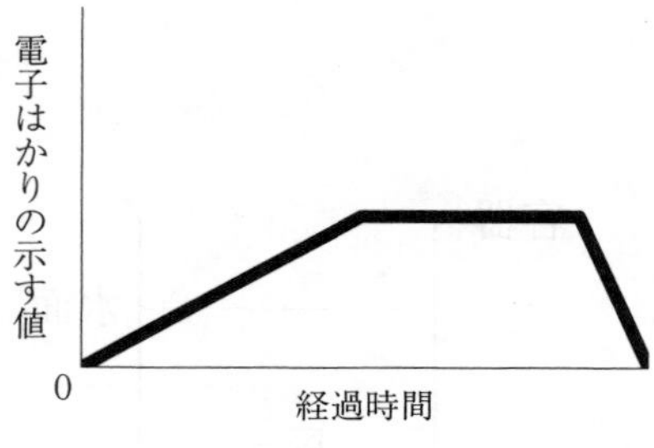

ウ

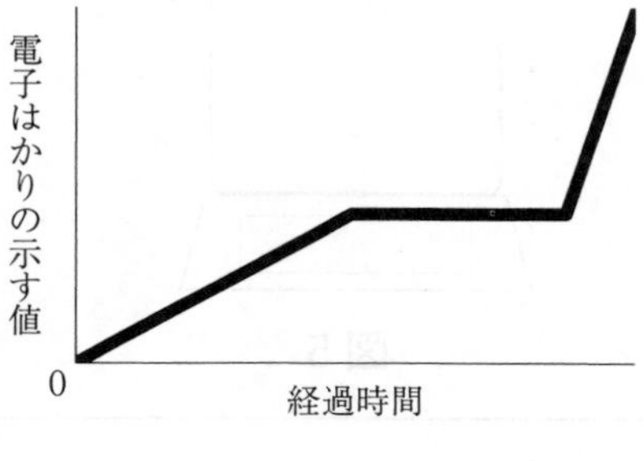

エ

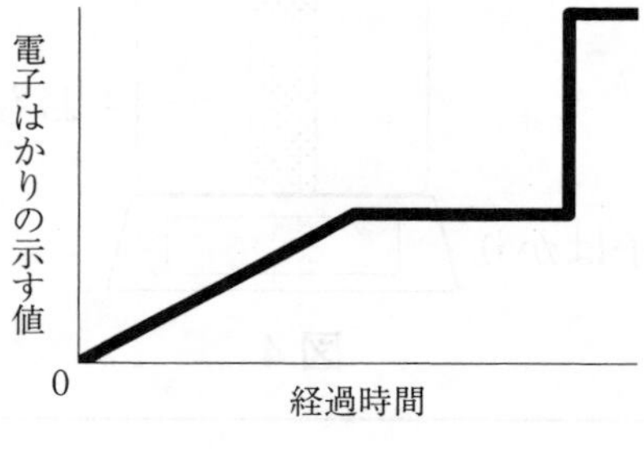

2 水溶液《すいようえき》について次の文章を読み、あとの問いに答えなさい。

あるこさの塩酸（以下、溶液Ａとします）を100 g入れたビーカーをいくつか用意しました。各ビーカーにさまざまな重さのマグネシウム粉末を加えて、発生した気体の体積を調べ、**表**にまとめました。なお、気体の体積は一定の室温・気圧に保たれた実験室で測定しているものとします。

表

加えたマグネシウムの重さ［g］	0.05	0.1	0.15	0.2
発生した気体の体積［mL］	51.25	102.5	123	123

問１　この実験で発生した気体は何ですか。次の**ア～カ**から１つ選び、記号で答えなさい。

ア　水素　　**イ**　アンモニア　　**ウ**　ちっ素
エ　酸素　　**オ**　二酸化炭素　　**カ**　塩素

問２　100 gの溶液Ａとちょうど反応するマグネシウムの重さは何gですか。次の**ア～オ**から１つ選び、記号で答えなさい。

ア　0.11 g　　**イ**　0.12 g　　**ウ**　0.13 g
エ　0.14 g　　**オ**　0.15 g

問３　150 gの溶液Ａに0.15 gのマグネシウムを加えました。発生する気体の体積は何mLですか。最も近いものを次の**ア～カ**から１つ選び、記号で答えなさい。

ア　103 mL　　**イ**　123 mL　　**ウ**　148 mL
エ　154 mL　　**オ**　185 mL　　**カ**　221 mL

問４　溶液Ａを水で２倍にうすめて250 ｇにした水溶液を用意しました。そこに加えたマグネシウムの重さと、発生した気体の体積の関係を表したグラフとして最も近いものを次の**ア～カ**から１つ選び、記号で答えなさい。

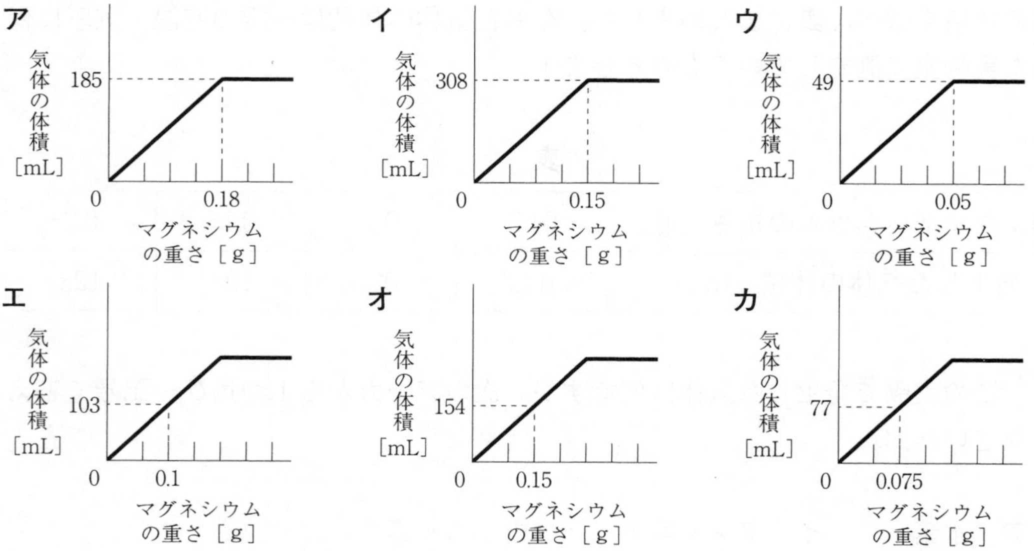

100 ｇの溶液ＡにＢＴＢ溶液を数滴《すうてき》加え、ここに濃度《のうど》８％の水酸化ナトリウム水溶液（以下、溶液Ｂとします）を50 ｇ加えると、水溶液が緑色になりました。

問５　溶液Ｂを100 ｇつくるには、何ｇの水酸化ナトリウムを何ｇの水に溶《と》かせばよいですか。正しい組み合わせを次の**ア～カ**から１つ選び、記号で答えなさい。

	ア	イ	ウ	エ	オ	カ
水酸化ナトリウムの重さ［ｇ］	4	4	8	8	92	100
水の重さ［ｇ］	46	50	92	100	8	8

溶液Ａに溶液Ｂを加え、そのあとにマグネシウムの粉末をさらに加えた場合に、気体がどれくらい発生するかを考えます。

問６　230 ｇの溶液Ａに 80 ｇの溶液Ｂを加えてよく混ぜたあと、十分な量のマグネシウムを加えました。発生する気体の体積は何 mL ですか。最も近いものを次の**ア〜カ**から１つ選び、記号で答えなさい。

ア　234 mL　　**イ**　185 mL　　**ウ**　98 mL
エ　86 mL　　**オ**　72 mL　　**カ**　0 mL

問７　500 ｇの溶液Ａにさまざまな重さの溶液Ｂを加えてよく混ぜたあと、十分な量のマグネシウムを加え、気体を発生させました。このとき加えた溶液Ｂの重さと、発生する気体の体積の関係を表したグラフとして最も近いものを次の**ア〜カ**から１つ選び、記号で答えなさい。

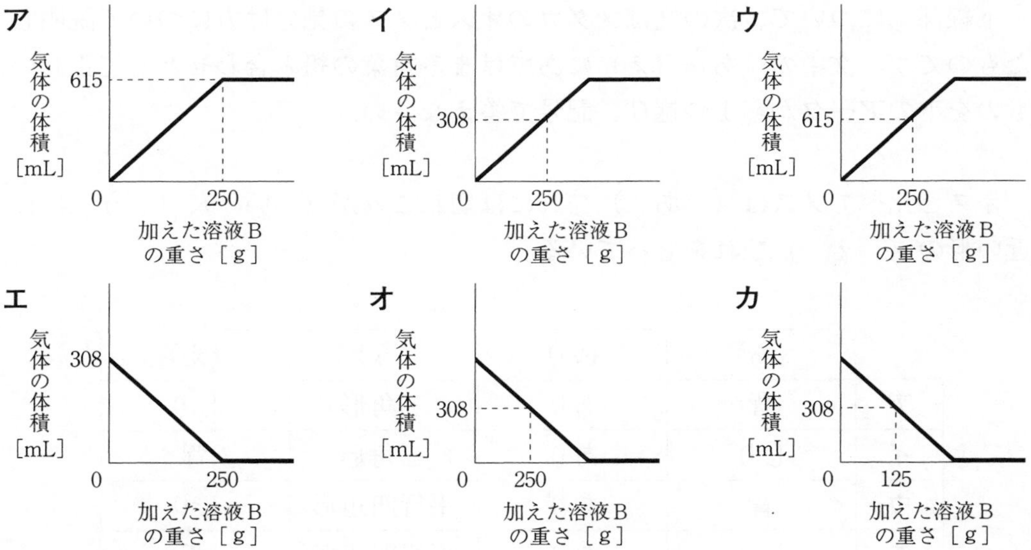

3　次のⅠ、Ⅱを読み、あとの問いに答えなさい。

Ⅰ　生き物の性別はどのようにして決まるのでしょうか。ヒトは①卵《らん》と精子が受精すると性別が決まります。ヒトと同じように②メダカも受精すると性別が決まりますが、特定の環境によっては、生後間もないメスの一部がオスになることが分かっています。他にも、環境《かんきょう》によってオスからメスへ、またはメスからオスへと③性転換《せいてんかん》をする魚が数多く確認されています。また、④ハ虫類のいくつかの種類では、ある時期の⑤周囲の温度によって、オスになるかメスになるかが決まります。

問１　下線部①について、ヒトの卵の直径は約何 mm ですか。最も適当なものを次の**ア〜エ**から１つ選び、記号で答えなさい。

ア　14 mm　　**イ**　1.4 mm　　**ウ**　0.14 mm　　**エ**　0.014 mm

問２　下線部②について、次の文はメダカのオスとメスの見分け方について説明したものです。文中の（あ)〜(え）にあてはまる言葉の組み合わせとして正しいものを下の**ア〜ク**から１つ選び、記号で答えなさい。

オスと比べてメスは（　あ　）びれには切れこみが（　い　）、（　う　）に近い形の（　え　）びれをもっている。

	(あ)	(い)	(う)	(え)
ア	背	あり	三角形	しり
イ	しり	あり	三角形	背
ウ	背	あり	平行四辺形	しり
エ	しり	あり	平行四辺形	背
オ	背	なく	三角形	しり
カ	しり	なく	三角形	背
キ	背	なく	平行四辺形	しり
ク	しり	なく	平行四辺形	背

下線部③について、ある魚の性転換がどのように行われるかを調べるため、実験を行いました。

＜実験＞

魚を次の【１】～【６】の環境で飼育した。ただし、以下に出てくる「小さい穴《あな》」は、目に見えないほど細かいもので、水や水に溶《と》けているものだけ行き来できるものとする。

【１】　水槽《すいそう》にメスを１匹入れ、飼育した。

【２】　水槽に大きさの異《こと》なるメスを２匹《ひき》入れ、飼育した。

【３】　水槽に大きさの異なるメスを２匹入れ、小さい穴が開いている透明《とうめい》なアクリル板でしきって飼育した。

【４】　水槽に大きさの異なるメスを２匹入れ、穴が開いていない透明なアクリル板でしきって飼育した。

【５】　水槽に大きさの異なるメスを２匹入れ、小さい穴が開いている黒い板でしきって飼育した。

【６】　水槽に大きさの異なるメスを２匹入れ、穴が開いていない黒い板でしきって飼育した。

【１】
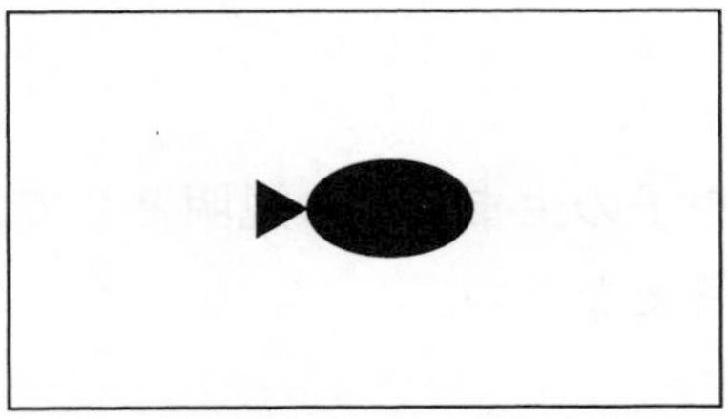

【２】
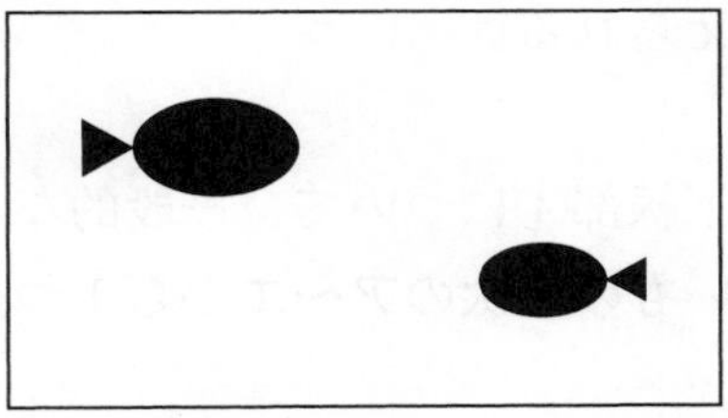

【３】
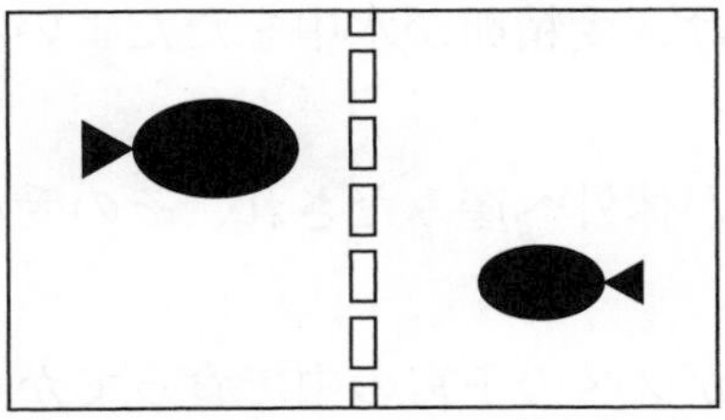

【４】
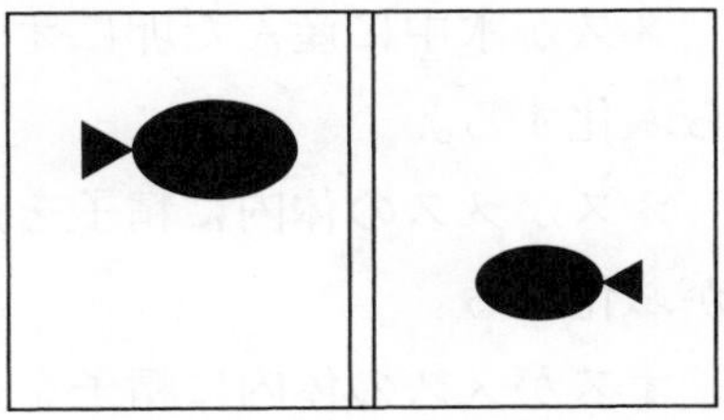

【５】
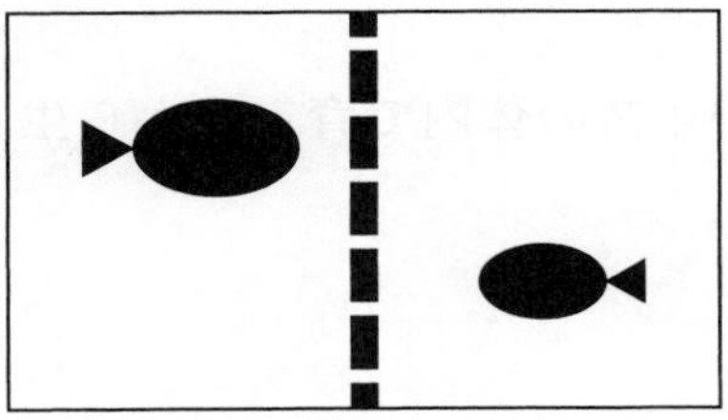

【６】
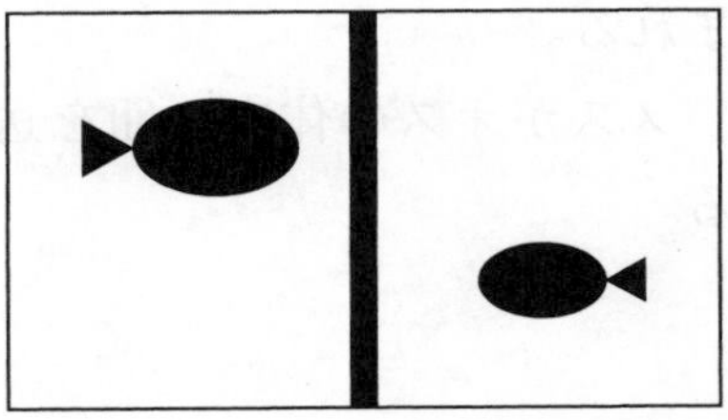

＜結果＞

性転換した→○　性転換しなかった→×

【１】	【２】	【３】	【４】	【５】	【６】
×	○	○	○	×	×

ただし、性転換した個体はすべて大きい方であった。

問３　【１】～【６】の結果を考察した文のうち、正しいものを次の**ア～オ**から１つ選び、記号で答えなさい。

ア　【２】と【３】から、お互《たが》いのにおいを感じとって性転換していると考えられる。

イ　【４】と【６】から、お互いの姿《すがた》を見ることで性転換していると考えられる。

ウ　【５】と【６】から、性転換するためには視覚は必要ないと考えられる。

エ　【３】と【４】から、お互いのにおいを感じることで性転換すると考えられる。

オ　【１】と【２】から、性転換するためにはお互いの接触《せっしょく》が必要であると考えられる。

問４　下線部④について、一般《いっぱん》的なハ虫類の受精や子の生まれ方の説明として、正しいものを次の**ア～エ**から１つ選び、記号で答えなさい。

ア　メスが水中に産んだ卵にオスが精子をかけ、受精卵が水中をただよいながらふ化する。

イ　オスがメスの体内に精子を送り、受精卵が体外へ産みだされ、その受精卵がふ化する。

ウ　オスがメスの体内に精子を送り、受精卵がメスの子宮の中で育ってから生まれる。

エ　メスがオスの体内に卵を送り、受精卵がオスの体内で育ってから生まれる。

問５　下線部⑤について、**図１**は３種類のハ虫類の受精卵をいろいろな温度でふ化させたとき、オスが生まれる割合《わりあい》を示したグラフです。このグラフからわかることとして**まちがっているもの**を下の**ア～キ**から**すべて**選び、記号で答えなさい。

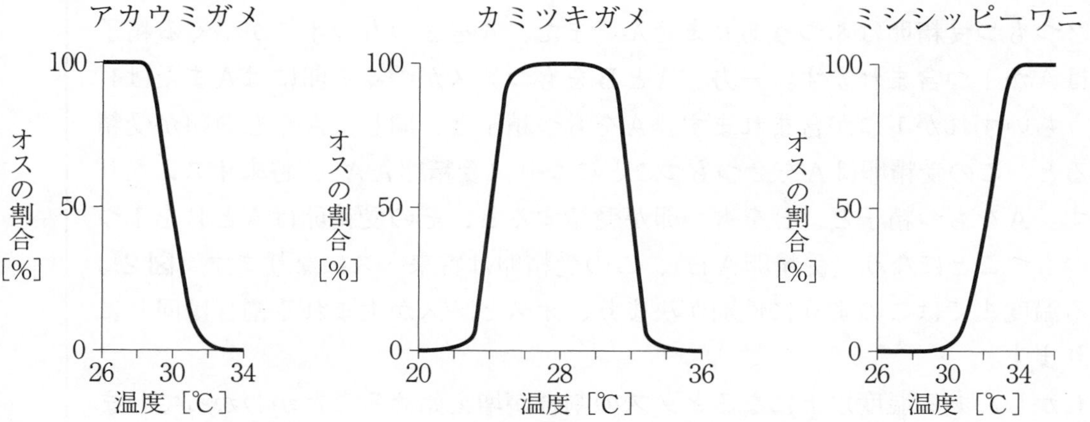

図１

ア　アカウミガメのメスはオスと比べて比較的《ひかくてき》高温で生まれる。

イ　カミツキガメはオスの生まれる温度範囲《はんい》が限られている。

ウ　ミシシッピーワニのオスが生まれる可能性がある温度でアカウミガメのオスが生まれることはない。

エ　カミツキガメのオスが生まれる可能性がある温度でミシシッピーワニのオスが生まれることはない。

オ　アカウミガメとカミツキガメの受精卵を同じ温度でふ化させるとどちらにもオスが生まれることがある。

カ　32℃では、ミシシッピーワニもカミツキガメもメスが生まれることがある。

キ　オスとメスの割合が等しくなる温度は３種類とも30℃以下である。

Ⅱ　次の文章はオーストラリアに生息するフトアゴヒゲトカゲの性別が決まるしくみに関するものです。

性別を決める物質は２種類あり、これをＡ，Ｂとします。Ａを２つもつ受精卵は将来《しょうらい》オスになり、ＡとＢを１つずつもつ受精卵は将来メスになります。Ｂを２つもつ受精卵はふつうありません。また、Ａを２つもつオスがつくる精子にはＡが１つ含《ふく》まれます。一方、ＡとＢをもつメスがつくる卵にはＡまたはＢのうちいずれか１つが含まれます。Ａをもつ精子と、同じくＡをもつ卵が受精すると、この受精卵はＡを２つもつことになり（受精卵ＡＡ）、将来オスになります。Ａをもつ精子と、Ｂをもつ卵が受精すると、その受精卵はＡとＢを１つずつもつことになり（受精卵ＡＢ）、この受精卵は将来メスになります（**図２**）。ある温度まではこのように性別が決まり、オスとメスが生まれる割合は同じになります。

しかし、ある温度以上になるとメスの割合が増え始めることがわかっています（**図３**）。これは温度が高くなると、受精卵ＡＡでもメスとして生まれるからです。

近年⑥地球温暖《おんだん》化がすすみ、実際に、⑦野生のフトアゴヒゲトカゲに受精卵ＡＡから育ったメスが複数発見されました。このメスはＡを１つ含む卵しかつくれませんが通常のオスと交尾《こうび》をし、子孫を残すことができます。

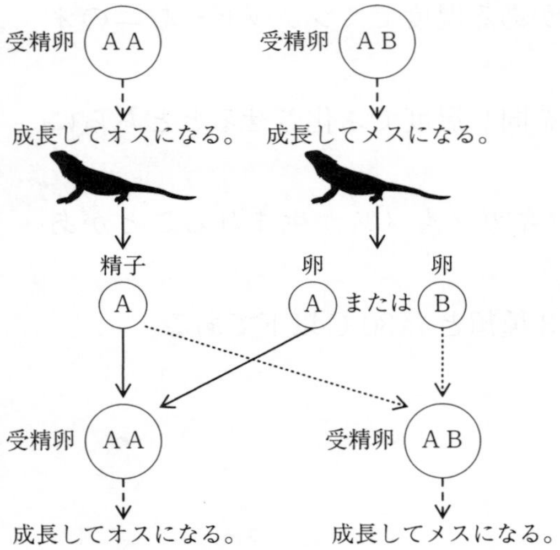

図２

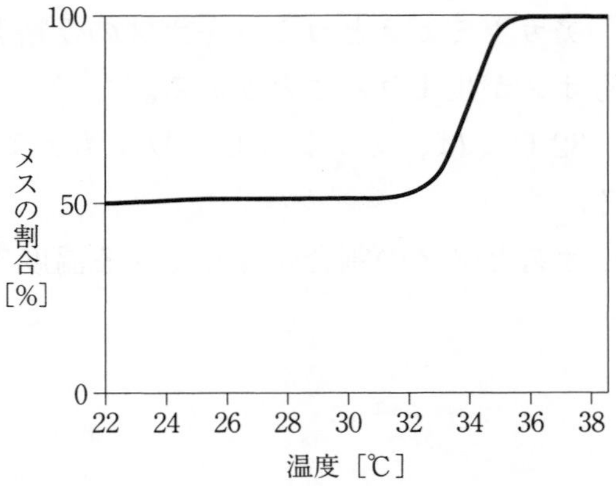

図３

問６　下線部⑥について、地球温暖化が進むとさまざまなことが起こると考えられます。地球温暖化の影響《えいきょう》で起こることとして**適当でないもの**を次の**ア～オ**から1つ選び、記号で答えなさい。

ア　酸性雨の増加　　**イ**　異常《いじょう》気象の増加　　**ウ**　低地の水没《すいぼつ》
エ　洪水《こうずい》の増加　　**オ**　熱帯性伝染病《でんせんびょう》流行地域《ちいき》の拡大《かくだい》

問７　下線部⑦について、受精卵ＡＡから育ったメスとオスが交尾をしたとします。このとき生まれる子についてメスの割合［%］と温度［℃］の関係はどのようになると考えられますか。次の**ア～カ**から１つ選び、記号で答えなさい。

ア
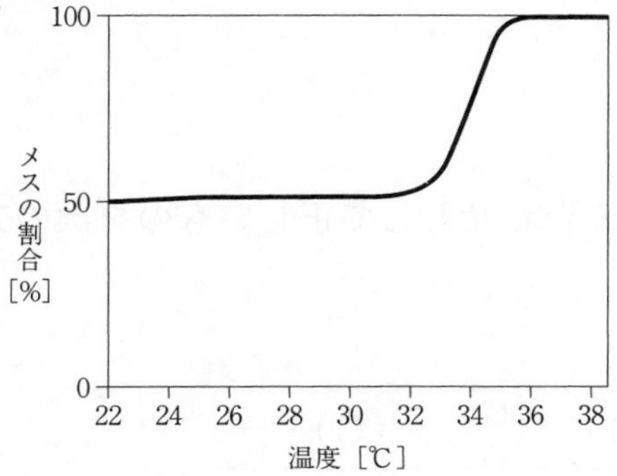

イ
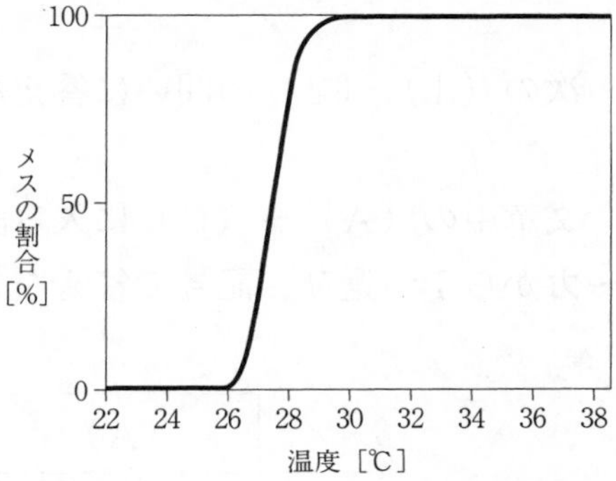

ウ
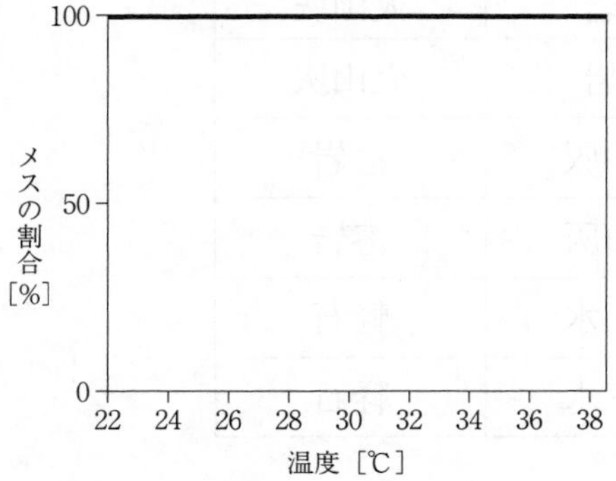

エ
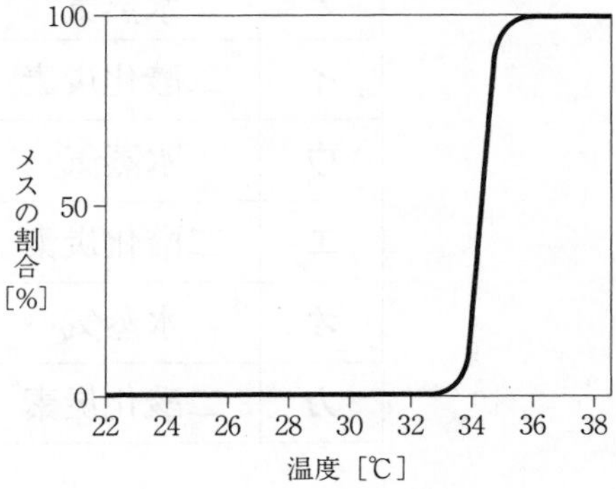

オ
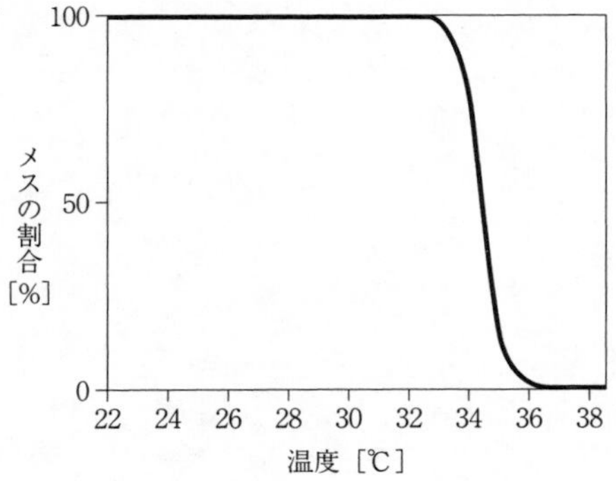

カ
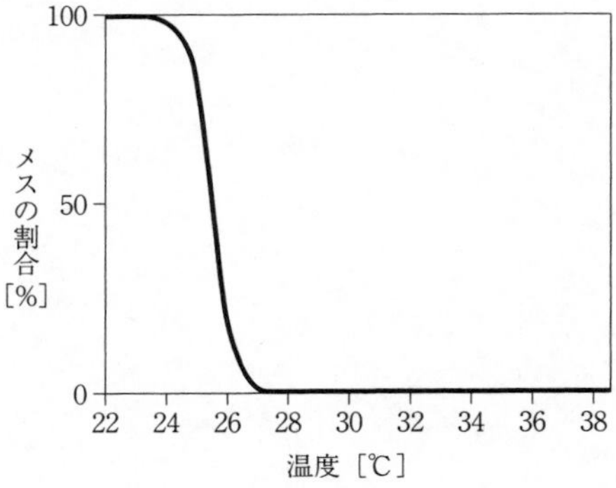

4　次の文章を読み、あとの問いに答えなさい。

日本は世界有数の火山国であり、有珠山《うすざん》や三原山《みはらやま》、雲仙普賢岳《うんぜんふげんだけ》など100以上の活火山があります。火山は噴火《ふんか》が起こると、いろいろな物質を含《ふく》む火山噴出物を放出します。火山噴出物には、主な成分が（　A　）の火山ガス、液体のまま流れ出た（　B　）や固体となった（　C　）などがみられます。

①火山は大きな被害《ひがい》をもたらすことがある一方で、わたしたちの生活に多くのめぐみも与えてくれます。火山のめぐみとしては、温泉《おんせん》や美しい自然景観などがあげられます。日本の有名な観光地には、火山に関係している地域《ちいき》も少なくありません。また、地下の熱を利用して電気をつくる②地熱発電は、現在注目を集めている③再生可能エネルギーでもあります。

問１　次の（１）、（２）の問いに答えなさい。

（１）　文章中の（A）～（C）に入る語句の組み合わせとして正しいものを次の**ア～カ**から１つ選び、記号で答えなさい。

	（A）	（B）	（C）
ア	水蒸気《すいじょうき》	溶岩《ようがん》	火山灰《かざんばい》
イ	二酸化炭素	溶岩	火山灰
ウ	水蒸気	火山灰	溶岩
エ	二酸化炭素	火山灰	溶岩
オ	水蒸気	地下水	軽石
カ	二酸化炭素	地下水	軽石

（2） 下線部①について、火山の噴火による災害には、火砕流《かさいりゅう》があります。火砕流を正しく説明したものを次の**ア〜エ**から１つ選び、記号で答えなさい。

ア 火山活動によって雪や氷がとけて流れる現象のことをいう。
イ とけた岩石が地表を流れる現象のことをいう。
ウ 火山噴出物と雨水が混ざって地表を流れる現象のことをいう。
エ 噴火による破片状の固体物質と火山ガスなどが混ざって地表を流れる現象のことをいう。

問２ 下線部②について、地熱発電の特徴《とくちょう》として正しいものを次の**ア〜カ**から**2つ**選び、記号で答えなさい。

ア 発電量が日射《にっしゃ》により変動するため、季節や天候の影響《えいきょう》を受ける。
イ 枯渇《こかつ》しやすい希少な資源《しげん》を用いるため、利用する量に注意が必要である。
ウ どこにでも存在《そんざい》する資源を用いるため利用しやすいが、環境《かんきょう》への負荷が大きい。
エ 昼夜、天候を問わず安定した発電ができる。
オ 温室効果のある二酸化炭素の排出《はいしゅつ》が少なく、環境への負荷が小さい。
カ 日本は世界的にみて地熱の資源量がとぼしいため、発電量が少ない。

問３ 下線部③について、日本における再生可能エネルギーの資源の組み合わせとして正しいものを次の**ア〜カ**から**2つ**選び、記号で答えなさい。なお、バイオマスは動物の排出物や生ごみなどをさします。

ア 大気中の熱、水力、石炭　**イ** 大気中の熱、風力、天然ガス
ウ 大気中の熱、太陽光、水力　**エ** バイオマス、水力、石炭
オ バイオマス、風力、太陽熱　**カ** バイオマス、太陽光、石油

問４　埼玉県でみられた関東ローム層《そう》を調べると、有色鉱物の半分以上がカンラン石でした。この関東ローム層について、次の（１）、（２）の問いに答えなさい。**図**は、火山岩と主な造岩鉱物の種類と体積の割合を示したものであり、**表**は関東周辺の主な火山名とその所在地、主な火山岩を示したものです。

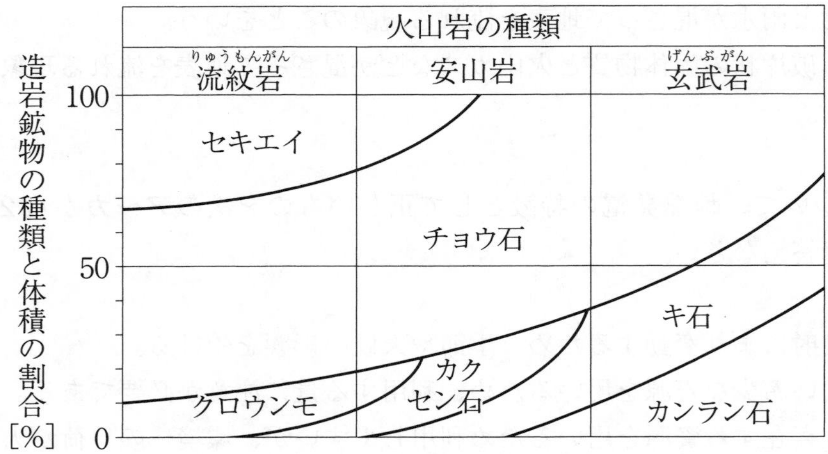

図

表

火山名	所在地	主な火山岩
雄山《おやま》	東京（三宅島《みやけじま》）	玄武岩
富士山	山梨・静岡	玄武岩
浅間山《あさまやま》	群馬・長野	安山岩
磐梯山《ばんだいさん》	福島	安山岩

（１）　この関東ローム層にはカンラン石の他に主にどのような鉱物がみられますか。正しいものを次の**ア～エ**から１つ選び、記号で答えなさい。

ア　クロウンモ、カクセン石　　**イ**　キ石、カクセン石
ウ　チョウ石、カクセン石　　**エ**　チョウ石、キ石

（２）　この関東ローム層は主にどの火山の噴火によってできたものですか。次の**ア～エ**から１つ選び、記号で答えなさい。

ア　雄山　　**イ**　富士山　　**ウ**　浅間山　　**エ**　磐梯山

イ　Ⅱの言葉には、わかりにくい比喩《ひゆ》で早緑を混乱させようという黒野の意地悪さが表れている。

ウ　陸上に向いていないと嘆《なげ》く早緑に同情し、なぐさめようと思って、黒野はⅢの言葉をかけた。

エ　黒野はⅣの言葉で、努力して初めて報《むく》われる可能性が生まれると早緑に伝えようとしている。

オ　なかなか素直になれない六花の心を開こうとして、黒野は六花の隣《となり》でⅤの言葉をささやいた。

問四　――線部３「こういうのって、しかるべきときってもんがあるじゃん？」とありますが、早緑のこの言葉の説明として最も適切なものを次から選び、記号で答えなさい。

ア　そのうち六花を厳しく注意しなければならないときがくる。
イ　六花の思いを受け止めるには少し時間がかかってしまう。
ウ　六花の気持ちが落ち着いているときにきちんと謝るべきだ。
エ　自分の思いを六花が理解してくれるときがきっとくるはずだ。
オ　自分の本心を六花に伝えるのにふさわしいタイミングがある。

問五　――線部４「あたし、なんで走ってるのかな」とありますが、この時の早緑の心情を説明した次の文の□に入る言葉を、二十字以上三十字以内で答えなさい。

□矛盾《むじゅん》に気づき、走ることの意味を見失っている。

問六　――線部５「なかなおりしよう」とありますが、早緑が六花となかなおりしようと思えたのはなぜですか。四十字以上五十字以内で答えなさい。

問七　――線部６「……うん。そうだね。そうしよう」とありますが、この時の六花の様子の説明として最も適切なものを次から選び、記号で答えなさい。

ア　「ガハクじゃん！」という早緑の言葉が自分にとって大きな転機になったことを伝えたいが、そんなそぶりを見せるのははずかしいので、察してほしいと思っている。
イ　自分なしでは今の早緑はいなかったのと同じように、早緑なしでは今の自分はいなかったので、お互《たが》いに影響《えいきょう》を与え、高め合っていることに喜びを感じている。
ウ　早緑となかなおりしたいとは思っているのだが、その気持ちをはっきり伝えることがどうにも照れくさかったので、仏頂《ぶっちょう》面《づら》のふりをしてごまかしている。
エ　早緑の「ガハクじゃん！」という言葉が自分の絵に対する態度を決めたことにお礼を言いたいと思いつつも、まだなかなおりしようとは思えず、素直《すなお》になれないでいる。
オ　早緑が絵をほめてくれたから絵を描くことに夢中で打ちこめるようになったので感謝しているが、それを直接言葉にするのははずかしいので、平静をよそおっている。

問八　――線部７「見せたかった絵が、たくさんあるの」とありますが、この時の六花の心情の説明として最も適切なものを次から選び、記号で答えなさい。

ア　自分の気持ちに気づいてほしいと早緑に期待するばかりで、早緑の気持ちを慮《おもんぱか》ろうとしなかった自分の過ちを、深く反省している。
イ　早緑に自分の気持ちを理解してほしいと願っていたが、実は早緑には全てお見通しだったとわかり、うれしく思うとともに安心している。
ウ　仲違いはしていたけれども、早緑に見てもらいたくて絵を描いていたのだと伝えて、もう一度友情を結び直そうとしている。
エ　描きためた絵を早緑とともに見て、お互いの思いを感じ合い、言葉なしでも共感し合える関係を新たに作ろうと意気込《ご》んでいる。
オ　絵を描くために対象をよく見て一体化することが大切なように、早緑といっしょにいる未来をしっかりと見据《みす》えようと思っている。

問九　〜〜線部Ⅰ〜Ⅴの説明として適切なものを次から一つ選び、記号で答えなさい。

ア　まじめな六花をほめて早緑の劣等感《れっとうかん》を刺激《しげき》しやる気にさせるべく、黒野はⅠのように言った。

ずっとあなたに気づいてほしかった。ほんとうは、私が気づくべきだったのに。

ずっとあなたのことを考えていた。そのくせ、なにもわかっていなかった。

もうやめよう、そういうの。

絵を描くのに大事なのは、よく見ること。

きっと、だれかといっしょにいる未来を描《えが》くために、大事なことだって、おなじ。

「7見せたかった絵が、たくさんあるの」

私はそう言って笑う。早緑の肩ごしに、夕日を浴びた山の木々が見えた。

（村上雅郁『きみの話を聞かせてくれよ』より）

＊1　幽霊部員…その部に所属《しょぞく》してはいるが、実際の活動に参加していない部員。

＊2　ガハク…画伯《がはく》。すぐれた画家。

問一　本文中の［A］～［C］に当てはまる言葉として最も適切なものを次から選び、それぞれ記号で答えなさい。ただし、記号は一度ずつしか使いません。

ア　きらきらと、かがやくような顔で

イ　伏《ふ》し目がちに、困ったような顔で

ウ　気のぬけた顔で

エ　照れたように

オ　いたずらっぽく

問二　――線部1「あたし、責められてるような、そんな気がしちゃったんだよ」とありますが、この早緑の心情を説明した次の文の［①］・［②］に当てはまる言葉を、本文中から［①］は十四字、［②］は十三字でぬき出し、最初の五字をそれぞれ答えなさい。

［①］に比べ、自分を情けなく感じていた早緑には、「まじめにやらないなら、やめたらいいのに」という言葉が［②］ように感じられた。

問三　――線部2「ごめん。ごめんね、早緑。ほんとうにごめんなさい……ごめんなさい……」とありますが、六花は早緑にどのようなことを謝っているのですか。その説明として最も適切なものを次から選び、記号で答えなさい。

ア　「ばかみたい。まじめにやらないなら、やめたらいいのに」という言葉は、早緑との関係の修復をあきらめたことから出た投げやりなものだったのに、早緑はそれを真に受け、その結果陸上部を辞めるべきか否かで悩《なや》ませてしまったこと。

イ　「ばかみたい。まじめにやらないなら、やめたらいいのに」という言葉に早緑を責める意図はまったくなかったが、早緑の気持ちを考えてみようともせず自分は被害者だと思いこんでいたために、早緑をきずつけていたと気づけなかったこと。

ウ　「ばかみたい。まじめにやらないなら、やめたらいいのに」と言って早緑をきずつけた自分こそ謝るべきなのに、六花をおこらせてしまったと思いこんで長い間自らを責め続けていた早緑の心中に気づかず、無視し続けていたこと。

エ　「ばかみたい。まじめにやらないなら、やめたらいいのに」という言葉は心の余裕《よゆう》がなかったためについ漏《も》れてしまった本音であったのだが、早緑はそんなことを気にせず明るくふるまい、いろいろと世話を焼いてくれていること。

オ　「ばかみたい。まじめにやらないなら、やめたらいいのに」というきつい言葉が早緑をきずつけていたことを知り、自分だけが勝手にわかり合えないと思いこんでいたという事実にひどく動揺《どうよう》して泣いてしまって、早緑を困らせていること。

「Ⅳ白岡六花がコンクールで賞をとったのだって、ああやって努力を続けているからだろ」

「だからさ、あたしは思ったの」

公園のすみっこ。並《なら》んですわったベンチ。

夕日の光を浴びて、早緑は言った。

「やっぱり、がんばらなきゃだめだ、って。今、ここで逃《に》げたくない。あたしには、まだ六花に話しかける資格がないや、って。そのときの自分は、六花に誇《ほこ》れるような自分じゃなかったから。だから、がんばろう、って。次に六花と話すときは、胸を張れるような自分でいたかったから。そうなりたいと思えたから」

早緑は笑った。[B]、笑った。

「それから、すこしずつ、あたし、陸上が好きになった。走ることが、っていうか、走ることに打ちこむ自分のことが、好きになっていた。だから」

涙《なみだ》ですっかり塩《しお》っ辛《から》い顔になった私に、早緑は言った。

「だから、今のあたしがあるのは、六花のおかげ」

私はうなずく。「今は、じゃあ、楽しい?」

「うん。すっごく。胸を張って、そう言えるよ。だからさ」

5なかなおりしよう。

照れたように、でもまっすぐにそう言った早緑の瞳の色に、私は思いだす。

あの日、早緑が話しかけてきてくれたときのことを。

そして、ついさっき、ようやく気づいたほんとうの気持ち――私の心をとらえていたシロクマの正体を。

――早緑の「＊2ガハクじゃん！」って言葉がなければ、きっと今の私もないよ。

「6……うん。そうだね。そうしよう」

だけど、それは隠《かく》して、平気な顔で私は言った。すると、早緑はふきだした。

「六花、泣きやんだのはいいけど、いつもどおりになるのが急すぎるでしょ」

超絶《ちょうぜつ》塩対応じゃん。そう言ってけらけら笑っている。

私ははずかしくなって、そっと眼鏡のつるにふれる。その手を早緑が、指先でつんつんしてきた。私はあわてて手をおろす。

「ふふ、そのくせ、変わってないね」

[C]笑う早緑。急に顔が熱くなるのを私は感じた。

早緑は私のことなんてぜんぶお見通しみたいな、そんな表情で言った。

「ねえ、今日、藤棚《ふじだな》のところで、スケッチしてたよね？　見せて？」

「……やっぱり、気づかれてたんだ」

そうこぼしたら、どこかから声が聞こえた気がした。

それは、前髪の長い男子の、からかうような、だけどやさしい声。

――Ⅴ気づいてもらいたかったんじゃないのか？

そうだよ。私は気づいてほしかった。早緑にわかってほしかった。

でも、それだけじゃ、だめだったんだね。

私はスケッチブックを開く。それから、早緑の目をまっすぐ見た。

あの日からずっと、私の心は寒々とした冬の中にあって、だけど、それは私だけじゃなかった。自分の痛みにとらわれて、ひとりぼっちでかなしみに酔《よ》っていた私には、だれよりも大切な人の気持ちが見えずにいた。

「体育館で、剣道部《けんどう》が練習してて。ほら、ウサギ王子とかといっしょに、エビユや本多《ほんだ》くんが大声出しながら竹刀《しない》でばしばしやってて。で、すみっこで、それを見ながらさ、一心不乱って感じで、六花は絵を描いてた。もうさあ、眼鏡のおくで、目がぎらぎらしてて。あたし、思いだしたんだ」

「なにを？」

早緑は［A］笑った。

「はじめて、六花に話しかけたときのこと。シロクマの絵がじょうずだねって、ほめたこと。六花の顔がパッと明るくなって、それがびっくりするほどかわいらしくて。友だちになりたいって、思ったこと」

それから私をまっすぐに見て、言った。

「体育館のすみで、そんなことを考えてたら――ほら、おなじクラスのさ、黒野っているじゃん？　剣道部の。＊1幽霊《ゆうれい》部員。前髪《まえがみ》の長い、ちょっとひねくれた感じのやつ」

黒野くん……私の中で、見えていなかったなにかがつながっていく。

なにも言えないでいる私に、早緑はうなずいた。

「あいつがふらっと歩いてきて、あたしに言ったんだ」

「Ⅰえらいよな、白岡六花。美術部、ゆるい部活なのに、ひとりだけ毎日スケッチして、先生に意見聞いて。ほかの部員たちに煙《けむ》たがられても、負けないでまじめにやってる」

あたしはうなずいて、ちいさな声で言った。

「……六花は、絵を描くのが、ほんとうに好きだから」

だけど、自分の声が、どこかとげとげしてる気がして、いやになった。そしたら、黒野のやつ、こんなことを言ったの。

「好きだから努力できるのか、努力できるから好きなのか……Ⅱ鶏《にわとり》が先か卵が先か、みたいな話だよな」

あたし、よくわからなくって。どういうことって、たずねたの。

黒野、笑って言った。

「ほら、好きだから続けられる。だからうまくなるっていうのはたしかにあるけどさ、そもそも、ある程度うまくないと、好きにはなれないじゃん？　Ⅲ自分でへたくそだなあって思って、人から向いてないって言われて、それでも絵を描くのが好きとかさ。ちょっとむずかしいよな。苦手なことに立ち向かうのは、それだけでストレスだろ」

そんなふうに。

その言葉が、すごく響いた。なんだろ、いくら走っても、みんなに追いつけない自分のことを言われているみたいに、思えた。

4あたし、なんで走ってるのかな。

急に、そんなことを考えた。走ることが得意だと思ったから？　たぶんそう。人よりはちょっぴり、得意だと思ったから。

ほんとはそれほど、好きじゃなかったのに。

「好きなものがない人は、得意なものがない人は、どうしたらいいんだろう……」

言ってから、なんか、情けないなって、自分でも思った。

だけど、黒野は肩《かた》をすくめて、こう言ったの。

「べつになくてもいいと思うけど」って。

なにそれ、と思って、あたし、食いさがったの。

「あたしは、ほしいよ。好きなもの。得意なもの」

「じゃあ、そうしたら？」

「え？」

「好きなものがほしい。得意なものがほしい。じゃあ、そのために努力すればいいだろ。ちゃんと、それは努力の理由になるよ」

「だけど、努力すれば……なんとかなるのかな」

そしたら黒野はさ、まぶしそうに六花のほうを見たんだ。

できる六花に、そんなこと、言えなかった。まぶしかったよ。あたしは六花のことが、ずっとまぶしかった……だからさ、あの日。1あたし、責められてるような、そんな気がしちゃったんだよ」

――ばかみたい。まじめにやらないなら、やめたらいいのに。

あの日、自分が放った言葉が、どこか遠くで響《ひび》いた。

早緑はちいさく笑った。ぽつぽつ、抱《かか》えていた気持ちをこぼすように、言葉をつむぐ。

「あたしもさ、意地になっちゃって。あたしのことじゃないのに。六花がきずついていたの、わかっていたのに。でも、あたしもさ、あのとき、ほんとにつらかった。大好きだった友だちに、自分のことを否定されているような、気持ちがしてさ。だから、あんなこと言っちゃった。六花に、ひどい言い方、しちゃった。ほんとうに……」

そう言って、おずおずとこちらを見た早緑の顔が、固まる。

「六花？」

「……ごめん」

「え、いや、ごめんごめん。あの、なに？　泣かないで。ちょっと……あ、ハンカチ」

あわあわとポケットをさぐる早緑。私はふるえていた。

景色がにじんで、ぼろぼろこぼれて、息をするのもつらかった。

なにが、「わかりあえない」だ。

わかろうとしなかったのは、私のほうだった。

自分のことでいっぱいいっぱいで、早緑の気持ち、考えたこともなかった。

さんざん被害《ひがい》者のような顔をしてたくせに、ほんとうに悪いのは私だった。

私、早緑のこと、きずつけてたんだ。

「ほら、ちょっと眼鏡《めがね》外して。あ、鼻もたれてるよ、もう……」

そう言って、私の顔をハンカチでぬぐう早緑。私はしゃくりあげながら、くり返す。

「2ごめん。ごめんね、早緑。ほんとうにごめんなさい……ごめんなさい……」

「ううん、いいから。もういいんだよ。あたしこそ、ごめん……ああ、まずったな。泣かれると思わなかった。っていうか、六花も泣くんだね。はじめて見たよ」

あはは、と軽やかに笑う早緑。

なんだろう、私が取り乱したせいで、さっきまで緊張《きんちょう》していた早緑のほうは、かえって落ちついたみたいだった。それがちょっとだけ癪《しゃく》に障《さわ》る。

私はハンカチを顔に押《お》しつけてくる早緑の手をぎゅっとにぎった。

「……もっと、もっとはやく言ってよ」

うらみがましく、私はつぶやく。そんなことを言う資格、ひとつもないのに。

私のせいなのに。

「何度も言おうと思ったよ。だけど、うん……やっぱりさ、3こういうのって、しかるべきときってもんがあるじゃん？」

「なに、それ」

ちいさくはなをする私に、早緑はうなずいた。

「一年の三学期に、決めたの。その日、六花に会いに行こうと思った。ちゃんと、話をしなきゃって。だけど、美術部に行ってもいなくてさ。小畑《おばた》先輩が、体育館に行ったよ、って教えてくれて。で、行ったんだけど、やっぱり話しかけられなかった」

早緑は思いだすような目をした。

にできているんだね。

ウ　そうだよね。クン族の例からもわかるけれど、獲物をしとめられなかった人にもきちんと分け前を渡し、頑張って獲物を多くしとめた人には分け前を増やすという「やさしい」集団の在り方は、現代の公平な競争を重んじる社会の在り方と一致《いっち》する部分がある。筆者もそのことを踏まえて本文を書いているんだよ。

エ　確かに人間が協力関係を結ぶには自分から相手にやさしく接することが重要だね。でも、大事なことはそれだけじゃないと思うよ。こちらからやさしくするだけでなく、相手がこちらにやさしくしたくなるよう謙虚《けんきょ》にふるまう必要もあるんだよ。本文でも述べられていた通り協力関係というのは一方的なものではないんだからね。

オ　まあ要するに、筆者は「狩猟採集生活の心」という表現を通して、祖先が結んでいた高度な協力関係を私たち現代人がなくしてしまったことに対して警鐘《けいしょう》を鳴らしているんだね。みんなが自分のことを優先して他人を助けることを忘れた社会を改めるために、もう一度「狩猟採集生活の心」を取り戻すべきだと思うな。

四

次の文章は村上雅郁《むらかみまさふみ》「シロクマを描《えが》いて」（『きみの話を聞かせてくれよ』所収）の一場面です。美術部の愚痴《ぐち》を言った白岡《しらおか》六花《りっか》に春山《はるやま》早緑《さみどり》が反発したことをきっかけに二人は仲違《なかたが》いしてしまいました。ある日の午後、六花は同じクラスの黒野《くろの》良輔《りょうすけ》に人間関係で悩《なや》んでいることを打ち明けると、「なかなおりのチャンスが来たら、逃《のが》すんじゃないぞ」というアドバイスを受けます。その日の夕方、六花と早緑は公園でばったりと出会いました。気まずい雰囲気《ふんいき》がただようなか、早緑は六花に自分のことを話し始めます。これを読んで、あとの問いに答えなさい。

「あの、こんなこと今言ってもしょうがないのかもしれない。六花のこと、こまらせたらごめん。でも、言わなきゃって、ずっとずっと、そう思ってた」

　何重にも予防線を張るように前置きをしてから、早緑はためらいがちに言った。

「あたしさ……ほんとのこと言うと、毎日泣いてたんだ。あのころ」

泣いてた？

「……私とけんかしてから、ってこと？」

早緑は首を横にふった。

「ううん、ちがうちがう。そうじゃなくて、そのまえから」

「そっか……うん」

ちょっぴり期待して、それからがっかりした自分が、ひどくはずかしい。

って……え？

「私とけんかする、まえ？」

早緑はうなずく。

「陸上部の練習が、いやでいやで。みんな、あたしよりずっと足が速くてさ。練習もきつくて、ぜんぜんついていけなかった。先輩《せんぱい》こわいし。しょっちゅうおこられてたし。ほんと、毎日毎日、つらくてしょうがなくて。家でめそめそ泣いてたの」

　私はとなりを見た。なつかしい、早緑の横顔。遠くを見つめる黒い瞳《ひとみ》。

「でも、六花には言えなかった。ぜったい言えなかった。はずかしかったから。一生懸命《いっしょうけんめい》、絵を描《か》いて、努力を楽しむことがの専門性を持って役割を果たすということ。

エ　集団内の一部の人間が個性を生かすために、大多数が自分の望みや個性を封《ふう》じて働かされるということ。

オ　集団の中で決まりきった役割のみを果たし、個性を出す機会を得ることがないままで生きるということ。

問三　――線部3「このような大規模な協力関係は人間ならではの特徴です」とありますが、この特徴は何によって生まれたのですか。本文中から七字でぬき出して答えなさい。

問四　本文中二か所の X に当てはまる「自分の必要なものを自分で確保する」という意味の言葉を、漢字四字で答えなさい。

問五　――線部4「もし、今の社会を捨てて狩猟採集社会に戻るとすると、現在生きている約80億人のほとんどはすぐに死んでしまうことになります」とありますが、筆者がこのように考えるのはなぜですか。その理由として最も適切なものを次から選び、記号で答えなさい。

ア　狩猟採集社会には現代社会では当たり前となった人間同士が協力する習慣が全く存在しておらず、周囲と協力して生き延びることができないから。

イ　自然開発の進まない狩猟採集社会では人間以外の猛獣《もうじゅう》が勢力を強めるため、現代社会のように人間が安定して数を増やせる環境《かんきょう》がなくなるから。

ウ　現代人は各々の生命力が大きく損《そこ》なわれているため、一人で生きていかなければならない狩猟採集社会では生き残れる数が減ってしまうから。

エ　医療《いりょう》設備が存在しない狩猟採集社会では、病気や怪我で獲物をとれず苦しむメンバーを早く排除して楽にしてやろうと考えるから。

オ　現代人は他者との大規模な協力関係なしに生きていけなくなっており、その上狩猟採集社会で維持できる人口は現在に比べて非常に少ないから。

問六　――線部5「多くの狩猟採集社会で共通しているのは『平等性』です」とありますが、狩猟採集社会が「平等性」を重視する理由を説明した次の文の□に入れるのに最も適切な表現を、本文中から九字でぬき出して答えなさい。

狩猟採集社会においては各メンバーが生き残り、また□ために、怪我や病気で獲物をしとめられなかった者にも公平に分け前が与《あた》えられる必要があるから。

問七　――線部6「もし狩りに行って大きな獲物をしとめることができた場合、その人は決して大喜びで帰ってきたり、自ら手柄を宣伝するようなことはしません」とありますが、なぜこういった態度をとるのですか。二十五字以上三十五字以内で説明しなさい。

問八　次に示すのは、――線部7「狩猟採集生活の心」について生徒たちが話し合った内容です。本文の内容を最も適切に踏《ふ》まえたものを次から選び、記号で答えなさい。

ア　人類は何千年もかけて文明を大きく発展させてきたけれど、本文中で筆者が現代人は「狩猟採集生活の心を未だに有している」と皮肉を込《こ》めて表現している通り、根本的な部分ではまだ進化ができていないんだね。いくら痛い目にあっても人間が過ちを繰《く》り返す原因もここにあるような気がするよ。

イ　そうかなあ。筆者は少なくとも現代人への批判をしたいわけではないと思うよ。筆者が言う「狩猟採集生活の心」って自分の考えを積極的に伝えられる心のことを言うんだと思うな。本文で筆者が述べている通り、人間は家族と協力することで生きていけるという特性があるんだから、心もそれをしやすいよう人だけが食べ物にありつけるようにしたらどうなるでしょうか。元気なときにはそれでいいでしょうが、ひとたび怪我や病気をしてしまえば、その時点で食べ物が手に入らなくなって餓えてしまいます。怪我や病気はどんなに気を付けていても避《さ》けがたいことです。そんな社会ではとても安定的に子孫を残していくことはできないでしょう。狩猟採集社会の平等性は、集団のメンバーが安定して子孫を残す(つまり増えていく)ための重要なしくみです。

この平等性を維持するために、クン族は並々ならぬ努力をしています。なによりも大事なことは協力的で偉《えら》ぶらないことです。クン族の逸話《いつわ》でこんな話があります。6もし狩りに行って大きな獲物をしとめることができた場合、その人は決して大喜びで帰ってきたり、自ら手《て》柄《がら》を宣伝するようなことはしません。普段と同じように帰ってきて、仲間のところに加わります。自分からは言い出さず、仲間が狩りの成果を聞いてくれるまで待ちます。聞いてくれたとしても、「なんにも見つけられなかったよ……まあほんのちっぽけなものならあったかな」と、できるだけ大したことではないふうを装いながら、自慢《じまん》にならないように気を付けて成果を報告するそうです。

私たちの目から見ると、そこまで気を使わなくても……と思わなくはないですが、そうしてしまう気持ちはわかるのではないでしょうか。もし、偉ぶってしまって嫌われてしまったら、次に自分が獲物を捕れなかったときには助けてもらえないかもしれません。そうなれば、自分も自分の家族もみんな餓えてしまいます。狩猟採集生活者にとって、仲間から嫌われないこと、仲間外れにされないことは生きていくうえで何よりも大切なことだったのでしょう。

人間はこのような社会で１００万年を過ごしてきました。したがって、人間の考え方も倫理観《りんりかん》も未だこの狩猟採集生活に適応していると考えられています。みんなに協力的で、偉ぶらず、自慢しないのが尊ばれます。これは現代社会でも同じではないでしょうか。たとえ本当に偉かったり自慢するだけの成果を残していたとしても、それを偉そうに自慢をする人は嫌われ、偉ぶらず謙遜《けんそん》している人の方が人格者として評価されます。それも私たちが7狩猟採集生活の心を未だに有しているのかもしれません。

(市橋伯一《いちはしのりかず》『増えるものたちの進化生物学』より)

問一　――線部１「これは大きな協力関係です」とありますが、なぜこのように言えるのですか。最も適切なものを次から選び、記号で答えなさい。

ア　現代社会においても、はるか昔から長きに渡《わた》って続けられてきた人間の協力関係が保たれているから。

イ　人間が自分の好きなことだけをして生きていくためには、周囲からの多大な協力が必要となるから。

ウ　現代社会において人間同士が協力関係を結ぶためには、多くの場面で莫大《ばくだい》な額のお金が必要になるから。

エ　自分がしている仕事が、巡《めぐ》り巡って他者の役に立つという大規模な協力関係が成立しているから。

オ　昔から人間同士が協力関係を結んで生活する場合には、一人一人の負担が極めて大きくなるから。

問二　――線部２「社会の歯車になる」とありますが、本文において「社会の歯車になる」とはどういう意味を表していますか。その説明として最も適切なものを次から選び、記号で答えなさい。

ア　他者から命じられた仕事だけをやっているだけでよい、気楽で快適な生活を手に入れられるということ。

イ　自身の希望や個性に関係なく、他人が勝手な都合で決めた役割を押し付けられて働かされるということ。

ウ　全ての人間が安全かつ快適に生きていくために、各々が自分しかも、人間には他者を認識する知能や、他者の気持ちを察することのできる共感能力も備わっています。結果として協力関係がどんどん発展していきました。私たち人間は地球上の他のどんな生物よりも協力的な、いわば「やさしい」生物です。このようなやさしさの進化は少産少死の戦略を極めてきた生物にとって必然だったように思えます。

現在の人間は他人と協力することでより生き残りやすく増えやすくなっています。この他者と協力をする効果は圧倒的《あっとうてき》です。地球上の人口が２０２２年現在約80億人に達し、このまま進めば１１０億人くらいに落ち着くと予想されています。

同じくらいのサイズの類人猿《るいじんえん》であるチンパンジーは17～30万頭、ニシローランドゴリラは32万頭しかいないことを考えると、これはこのサイズの大型生物としては破格の数に達しています。生息域も広がり、地球上のすべての場所を踏破《とうは》し、宇宙にまで進出するようになりました。それもすべて、多くの人間が協力したからこそなしえた成果です。人間が衣食住をすべて個人で賄っていたら、決して宇宙には到達《とうたつ》できなかったことでしょう。

ただ、この他者との協力には弊害《へいがい》もあります。協力関係が増えることに対してきわめて有効であったために、人間はもはや他者の協力なしでは生きていけなくなってしまっています。もし、１人で無人島に流れ着いたとしたら生きていけるでしょうか。衣食住をすべて自分で賄わなければなりません。毎日、水と食べ物を心配しないとならず、おなか一杯《いっぱい》になることはなく、トイレもなく、寝《ね》るときは虫に悩まされ、病気や怪我《けが》をしても誰も助けてくれないそんな生活です。頑張《がんば》ったらしばらくは生きていけるかもしれませんが、そんな生活だったら死んだ方がましな気がしてきます。

私たちは自分を含む多くの人との共同作業によって、効率的で快適な社会に住むことができています。ほとんどの人はこの社会を捨てて［X］の生活に戻ることは望んでいないでしょう。そもそも、［X］の生活にもどったら今の人口はもう維持《いじ》できません。たとえば、１万年前までの人類は狩猟採集生活を送っていましたが、この生活スタイルでは地球上でせいぜい５００万人程度しか維持できなかったようです。4もし、今の社会を捨てて狩猟採集社会に戻るとすると、現在生きている約80億人のほとんどはすぐに死んでしまうことになります。多くの人にとってこれは耐えられることではないでしょう。

（中略）

私たち人類が今のように農耕を行ない定住し始めたのは１万年ほど前だと言われています。それまでの１００万年ほどは、少人数のグループで移動しながら狩りや採集で食べ物を集める狩猟採集生活を送っていたと考えられています。１万年という時間は、長いようですが生物の体のつくりを変えるには短すぎます。したがって、私たちの身体や脳は未だ約１００万年続いた狩猟採集社会に適応していると言われています。これが「私たちのからだには狩猟採集社会のこころが詰まっている」と言われる理由です。

狩猟採集生活がどんなものだったかは、近年まで狩猟採集生活をおくっていたナミビアのクン族などの研究からおおまかな様子がわかっています。狩りや採集や調理、育児を集団で協力して行なっていたと想像されています。

5多くの狩猟採集社会で共通しているのは「平等性」です。群れのメンバーは公平に扱われます。獲物を多くしとめたからといって、分け前が多くなるわけではありません。この平等性は群れのメンバーが安定して生き残るために合理的なしくみです。もし、獲物をしとめたことに特化した人が専門に作ってくれるおかげです。

そしてそれは一方的な関係ではありません。衣服を作る人も食料や住居は別の専門家に作ってもらっています。私たち人間は、現在、社会という大きな協力関係の網《あみ》の目の中に組み込まれています。「社会の中に組み込まれる」ということは「2社会の歯車になる」ということです。この言葉にはあまりいい印象はないかもしれません。自分の個性とかアイデンティティがおびやかされていると感じるかもしれません。しかしそれは誤解だと私は思います。むしろ社会の歯車になることでほとんどの人は個性を発揮して、みんなの役に立てるのだと思います。

たとえば、社会が全く存在しない状況《じょうきょう》を考えてみましょう。父親、母親、小さい子どもの3人家族だけで無人島で暮らしているような状況です。この場合、生きていくために必要な仕事はすべて3人だけで分担しないといけません。狩《か》りをするのは、生物的に力の強い大人の男性である父親になるでしょう。植物や果物を採集したり、調理したりするのは、狩りに不向きな女性や子どもの仕事になるでしょう。たとえ、狩りなんて荒っぽいことが嫌《きら》いな男性や、採集よりも狩りの方が好きな女性だったとしても、餓《う》えないためには身体的に向いている方をやらざるをえません。狩りに失敗したり、食べ物を見つけることに失敗したりすれば、すぐに命の危機が訪れます。また、この世界では、勉強が得意とか、絵をかくのが得意とか、コミュニケーション能力が高いとか低いなどの個性が役に立つことはありません。なにより必要なのは、獲物《えもの》をしとめたり、食料を確保する能力です。力や体力が何よりも重要です。強く丈夫《じょうぶ》で健康な人間だけが生き残る世界です。それ以外の個性には出番はありません。

一方で私たちの社会は違《ちが》います。力や体力が必要な職業もあれば、勉強や絵を描《か》くことやコミュニケーション能力が必要な職業もあります。どれか1つの能力が優れていれば、十分に活躍《かつやく》の場が見つかります。少なくとも狩猟《しゅりょう》採集社会よりは、今の社会の方が自分に合った役割(歯車)が見つかる可能性が高いように思います。

こうした他人との協力からなる社会を形成するようになると、人間という生物が増える単位も変わってきます。人間以前の生き物は自分の力で自分だけを増やしていました。細菌《さいきん》も線虫《せんちゅう》もカエルも虫もサルも、増えることができるかどうかは自分の能力や運によって決まっていました。優れた能力を持っていれば生殖《しょく》に成功し、子孫を作ることができますし、そうでなければ血統は途《と》絶《だ》えてしまいます。

ところが協力関係の網の目の中にいる人間は違います。自分が生き残って増えるためには他の人の能力も重要です。また自分の能力もほかの人が生き残って増えることに貢献《こうけん》しています。自分の命が大事なのと同じように、他の人の命も大事になっていきます。増える単位が自分の体を超《こ》えて広がっているといってもいいかもしれません。

3このような大規模な協力関係は人間ならではの特徴です。人間以外の生物が非血縁《けつえん》個体と協力することは、特殊《とくしゅ》なケースを除いてほとんどありません。なぜ人間のみでこのような特殊な能力が生まれたのかについてはいろいろな説があります。人間の持つ高度な言語能力や認知能力や寿命《じゅみょう》の長さが大事だったと言われています。また、それらの能力が生まれた背景には、狩猟採集生活の中で協力する必要性があったことや、子どもが成長するまでに時間がかかることから子育てに他の個体の協力が必要だったことなどが指摘《してき》されています。

このような性質のどれが直接的な原因だったのかはわかりませんが、いずれにせよ、このような他の個体との協力を可能とする人間の性質は、元をたどれば少産少死の戦略によってもたらされたものです。命を大事にして長く生きるようになり、他個体と付き合うことが可能になったために協力することが有利になりました。

2024年度 栄東中学校

【国語】〈Ａ日程一月一一日試験〉（五〇分）〈満点：一〇〇点〉

注意　字数指定のある問題は「、」や「。」も一字として数えるものとします。

一　次の各文の――線部を漢字に直しなさい。

1　これまでの努力が二人のメイアンをわけた。
2　悪代官がセイバイされる。
3　つらいキョウチュウを打ち明ける。
4　江戸時代の庶民《しょみん》のシキジリツを調べる。
5　事件のトウジシャに話を聞く。

二　次の（１）～（10）に当てはめるのに最もふさわしい言葉をあとの【語群】から選び、記号で答えなさい。ただし、記号は一度ずつしか使いません。

・教え子が毎年（１）に誕生日を祝ってくれる。
・（２）な人間関係を解消したい。
・卒業式が（３）にとり行われた。
・ときどき（４）な考えをいだく自分が嫌になる。
・枝に熟したリンゴが（５）に実っている。
・友人の（６）なはからいに感謝する。
・職人らしいごつごつとした（７）な手。
・祖父は目立った功績もない（８）な人だった。
・法事では（９）な服装をさけた方がよい。
・失敗の原因を（10）に述べた。

【語群】
ア　いびつ　　イ　おごそか　　ウ　かび
エ　いき　　オ　つまびらか　　カ　ぶこつ
キ　りちぎ　　ク　ぼんよう　　ケ　たわわ
コ　よこしま

三　次の文章を読んであとの問いに答えなさい。

現在の人間たちの協力の最たるものは「職業」です。多くの人は職を持っていて、特定の仕事をするだけで生きていけるようになっています。私の場合であれば大学教員ですので、大学で講義をしたり、研究をしているだけで給料をもらって、衣食住を賄《まかな》うことができます。私が身に着けている衣服も毎日食べている食料も、住んでいる家も、自分で作ったものではありません。作ろうと思っても質の高いものは作ることができません。その代わりに他のもっと技術のある人間が仕事として作ってくれたものを買っています。

現代人には当たり前すぎて普段《ふだん》はあまり意識しないかもしれませんが、1これは大きな協力関係です。皆《みな》が自分以外の誰《だれ》かのために質の高い仕事をすることで、全員が安全で快適な生活を送ることができています。

職業という協力関係の重要さは、誰かが仕事を辞めたらどうなるかを考えるとすぐにわかります。たとえば、衣服を作る仕事の人が全員辞めてしまったら、みんな自分の服は自分で作らないといけなくなります。きっと粗末《そまつ》な衣服しか作れないことでしょう。忙しい人は全く作れないかもしれません。着替《が》えを用意しておくのも大変ですし、洗っているうちにぼろになるでしょうから、洗濯《せんたく》もあまりしなくなるでしょう。衣服は汚《よご》れ、感染症《しょう》も広まりやすくなるかもしれません。現代人が安く品質の高い衣服を手に入れることができているのは、作る

2024年度

栄東中学校　▶解答

※　編集上の都合により，Ａ日程１月11日試験の解説は省略させていただきました。

算数　＜Ａ日程１月11日試験＞（50分）＜満点：100点＞

解答

1　(1)　20.24　(2)　$\frac{1}{6}$　(3)　1012　(4)　7.6％　(5)　1440m　(6)　24度　(7)　12.25 cm^2　(8)　226.08m^2　2　(1)　20cm　(2)　60　(3)　$9\frac{1}{3}$　3　(1)　4　(2)　10　(3)　72　4　(1)　2 cm　(2)　2：3　(3)　105：8　5　(1)　4行3列目　(2)　32行目　(3)　38列目

社会　＜Ａ日程１月11日試験＞（理科と合わせて50分）＜満点：50点＞

解答

1　**問1**　(1)　根釧　(2)　伊勢　(3)　滋賀　(4)　玄界　(5)　イ　(6)　エ　**問2**　イ　**問3**　イ　**問4**　ア　**問5**　ア　**問6**　オ　**問7**　(1)　ア　(2)　ウ　(3)　（例）ゴミの不法投棄によって，衛生面や景観が悪化する。　2　**問1**　ウ　**問2**　イ　**問3**　**2番目**…ア　**4番目**…ウ　**問4**　荘園　**問5**　**2番目**…ア　**4番目**…イ　**問6**　エ　**問7**　**2番目**…ア　**4番目**…エ　**問8**　エ　**問9**　（例）それまで治めてきた土地と人民を天皇　**問10**　エ　**問11**　ウ　**問12**　ウ　**問13**　条例

理科　＜Ａ日程１月11日試験＞（社会と合わせて50分）＜満点：50点＞

解答

1　**問1**　ウ　**問2**　イ　**問3**　ウ　**問4**　カ　**問5**　オ　**問6**　イ　**問7**　ウ
2　**問1**　ア　**問2**　イ　**問3**　エ　**問4**　カ　**問5**　ウ　**問6**　エ　**問7**　カ
3　**問1**　ウ　**問2**　オ　**問3**　イ　**問4**　イ　**問5**　ウ，エ，キ　**問6**　ア　**問7**　エ　4　**問1**　(1)　ア　(2)　エ　**問2**　エ，オ　**問3**　ウ，オ　**問4**　(1)　エ　(2)　イ

国語 ＜Ａ日程１月11日試験＞（50分）＜満点：100点＞

解答

一 下記を参照のこと。 二 １ キ ２ ア ３ イ ４ コ ５ ケ ６ エ ７ カ ８ ク ９ ウ 10 オ 三 問１ エ 問２ ウ 問３ 少産少死の戦略 問４ 自給自足 問５ オ 問６ 安定して子孫を残す 問７ （例） 困ったときに助けてもらうため，仲間に嫌われないようにしたいから。 問８ エ 四 問１ Ａ エ Ｂ ア Ｃ オ 問２ ① 努力を楽し ② 自分のこと 問３ イ 問４ オ 問５ （例） 走ることがそれほど好きではないのに陸上部を続けているという 問６ （例） 六花のがんばる姿を見たおかげで，走ることに打ち込む自分が好きだと胸を張って言えるようになったから。 問７ オ 問８ ウ 問９ エ

●漢字の書き取り

一 １ 明暗 ２ 成敗 ３ 胸中 ４ 識字率 ５ 当事者

2024年度　栄東中学校

【算　数】〈東大特待Ⅰ試験　4教科型〉（50分）〈満点：150点〉

注意　1．コンパス・分度器は使わずに答えてください。
　　　2．円周率《りつ》は3.14とします。
　　　3．比を答えるときには，もっとも簡単な整数の比で答えてください。

1　次の□にあてはまる数を答えなさい。

(1)　マヨネーズとケチャップを混ぜてつくったソースをオーロラソースといいます。東さんはマヨネーズとケチャップを3：1の割合で混ぜてつくったオーロラソースAと，1：1の割合で混ぜてつくったオーロラソースBをそれぞれビンに入れて冷蔵庫で保管していました。

　ある日，東さんはマヨネーズとケチャップを3：2の割合でつくるとおいしいと聞いたので，AとBを□：□の割合で混ぜることで，マヨネーズとケチャップの割合が3：2のオーロラソースをつくりました。もっとも簡単な整数の比で答えなさい。

(2)　あるケーキ屋では，500円のケーキと300円のカヌレと100円のクッキーを販売しています。ある日の売り上げは26200円で，カヌレはケーキより多く，ケーキはクッキーより多く売れました。また，カヌレの売れた数はクッキーの売れた数の2倍より1個少ない個数でした。カヌレは□個売れました。

(3)　1辺の長さが1cmの正七角形と，7cmの長さの糸があります。糸の端《はし》を点Aに固定し，正七角形の周りに巻き付けました。その糸をたるまないように図の位置までほどいたところ，糸が通った部分は，影《かげ》のついた部分になりました。その部分の面積は□cm^2です。ただし，円周率は3.14とします。

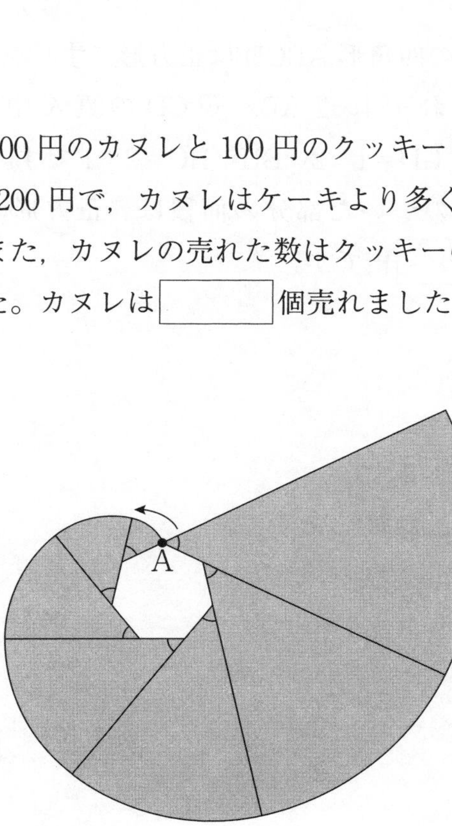

(4)　入学式の日に新入生を迎《むか》える教室をデコレーションするのに，栄くんと東さんの２人では30分，東さんと中さんの２人では40分かかります。ある教室で東さんが35分作業したところで，栄くんと中さんも加わって３人で作業をしたところ，その10分後に仕上がりました。栄くん，東さん，中さんの３人で最初から最後まで作業すると□分かかります。

(5)　栄くんと東さんは同じ道を通って学校から駅まで歩きます。東さんが学校を出発した２分後に栄くんも歩いて駅に向かいました。栄くんは出発してから４分後に東さんに追いつきましたが，そこで忘れ物をしたことに気付き，すぐに学校に向かって走って引き返しました。栄くんが学校に着いてから再び出発するまでに３分かかり，走って駅に向かったところ，東さんより２分遅《おそ》く駅に到《とう》着しました。栄くんと東さんが歩く速さはそれぞれ一定で，栄くんが走る速さは栄くんが歩く速さの２倍でした。東さんは学校を出発してから駅に到着するまでに□分□秒かかりました。

(6)　右の四角形ABCDは正方形です。点E，点Fはそれぞれ辺AB，辺CDの真ん中の点で，AG：GD＝1：2，BH：HC＝2：1です。

影《かげ》のついた部分の面積は，正方形の面積の□倍です。

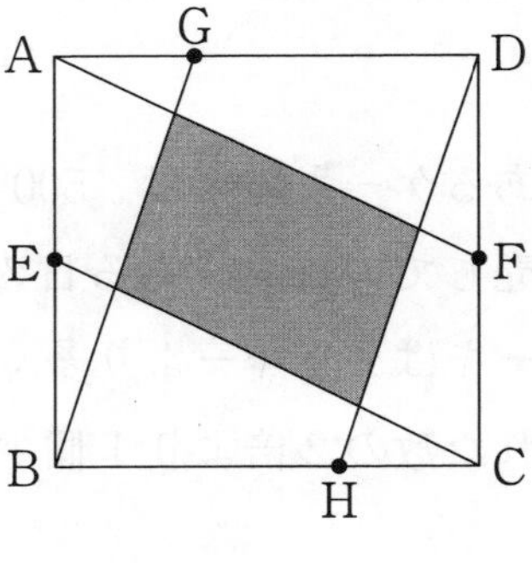

2　点Aから出た光が正六角形ABCDEFの辺に当たるたびに反射して，どこかの頂点に到《とう》達するまで進みます。

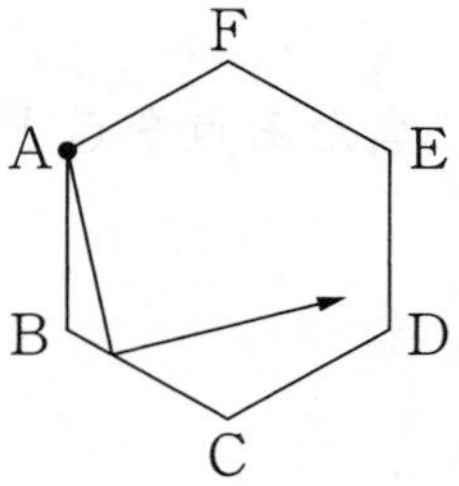

たとえば，点Aから辺BCの真ん中の点に光を向けると，1回反射して点Dまで進みます。

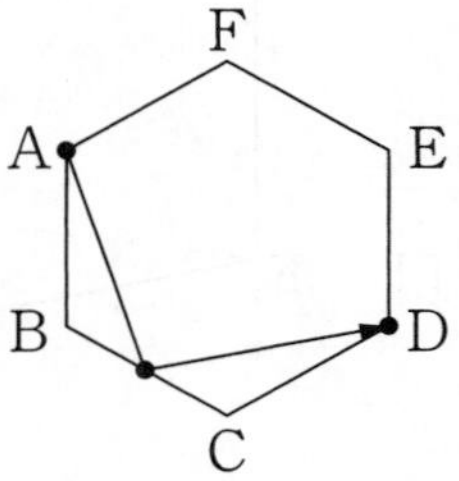

栄くん　「ねえ，東さん。3回反射して点Bまで進む光を出すには辺BCのどこに向ければいいかな？」

東さん　「正六角形をつけたせばわかるんじゃないかな」

栄くん　「1回反射して点Dまで進む光の道すじを考えたければ，こういう正六角形を並べた図に1本の直線をかけばいいってことか！」

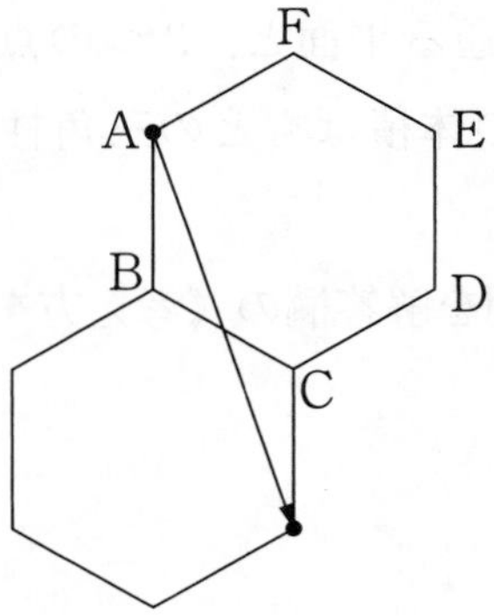

東さん　「そう。これなら辺BCの真ん中の点に向ければいいってわかる」

栄くん　「じゃあ，図をかいて考えるね！　ありがとう東さん！」

(1)　Aから出て3回反射して点Bまで進む光の道すじを考えるときの1本の直線を解答欄《らん》の図にかきなさい。

(2)　(1)のとき，光がはじめて辺BCに当たる点をGとします。BG：GCをもっとも簡単な整数の比で答えなさい。

3　右のような三角柱ABC－DEFにおいて，点M，点Pはそれぞれ辺BC，辺CAの真ん中の点で，AQ：QB＝2：1，FR：RD＝3：1です。

3つの点P，Q，Rを通る平面でこの三角柱を切ったときにできる切り口が辺DEと交わる点をSとします。

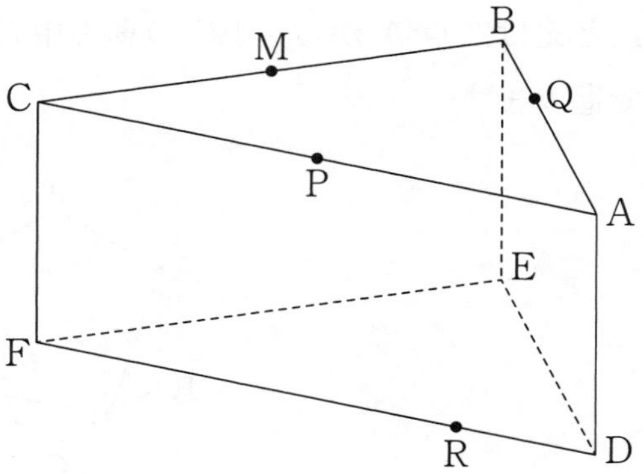

(1)　DS：SEをもっとも簡単な整数の比で答えなさい。

(2)　AMとPQが交わる点をTとします。このときAT：TMをもっとも簡単な整数の比で答えなさい。

(3)　三角柱を3つの点P，Q，Rを通る平面と，3つの点A，M，Dを通る平面で切ったとき，点Cを含む立体の体積はもとの三角柱の体積の何倍になるか答えなさい。

式だけでなく，言葉も使った説明を解答欄《らん》の《考え方を記す欄》に書きなさい。

4　栄くんと東さんの会話を読んで問いに答えなさい。

栄くん　「1＋2＋3＋……＋10って，簡単に求められる？」

東さん　「それは知ってる。同じものを2つ用意して，逆さにして足せば

$$\frac{\boxed{\text{ア}}\times(\boxed{\text{ア}}+1)}{2}=55$$ でしょ」

栄くん　「じゃあさ，

1＋(1＋2)＋(1＋2＋3)＋……＋(1＋2＋3＋4＋5＋6＋7＋8＋9＋10)

を簡単に求める方法は知ってる？」

東さん　「え，知らない。そんなのないでしょ」

栄くん　「それを見つけちゃったんだなあ。知りたくない？」

東さん　「ええ！　すごい！　天才！　知りたい知りたい」

栄くん　「正三角形の紙を3枚つくるんだ。これに足したい数字を書いていく。試しに5までバージョンでいくね」

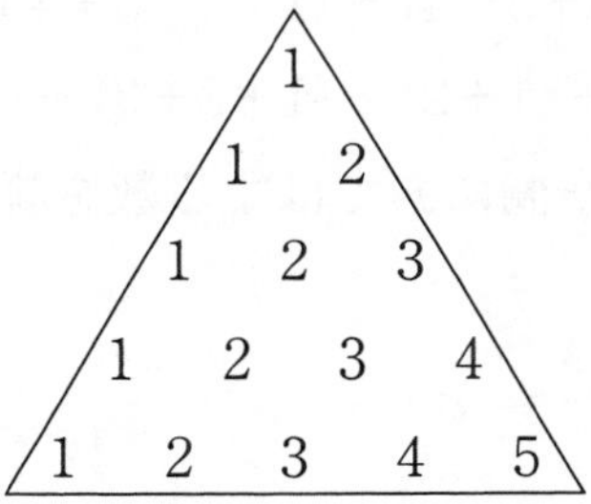

東さん　「うん。え，待ってまだ言わないで。1＋2＋3＋……＋10は同じものを2つだったけど，今回は3枚つくるんだよね。書いてるのをこっちから見てたら分かったかも」

栄くん　「嘘《うそ》でしょ。1週間かかって考えたのに！」

東さん　「もしかして，さっきの1＋2＋3＋……＋10みたいに，回転させるんじゃない？　逆さじゃないけど$\frac{1}{3}$回転ずつ。こうやって……」

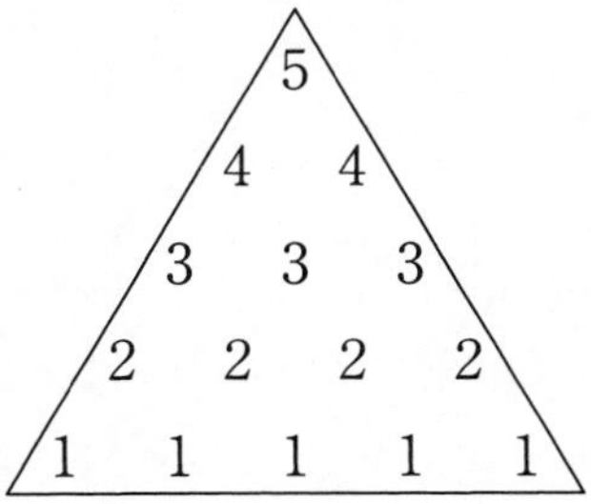

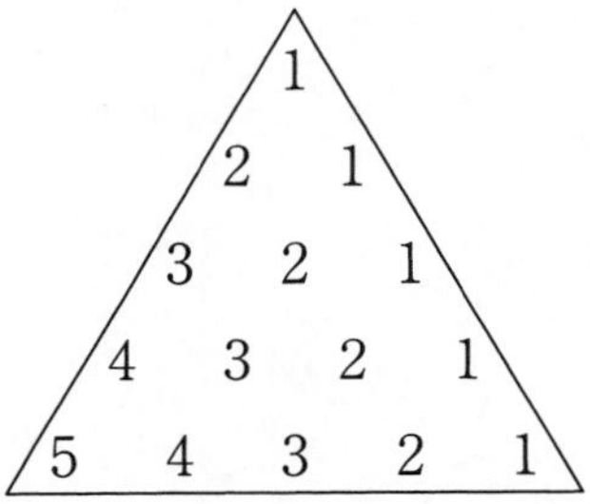

東さん　「この３枚の紙を重ねて，同じ位置にある数を足すと，すべて
　　　　 $\boxed{\text{イ}}$ になるよね」

栄くん　「こうもあっさり気付かれるなんて……。天才はそっちじゃん」

東さん　「へへ。栄くんが気付いたのを見たからだよ」

(1)　$\boxed{\text{ア}}$ と $\boxed{\text{イ}}$ にあてはまる数をそれぞれ答えなさい。

(2)　２人の会話を参考にして計算すると，

$1+(1+2)+(1+2+3)+\cdots\cdots+(1+2+3+4+5+6+7+8+9+10)$

$=\dfrac{\boxed{\text{ア}}\times(\boxed{\text{ア}}+1)}{2}\times\boxed{\text{ウ}}\times\dfrac{1}{3}=\boxed{\text{エ}}$ となります。

$\boxed{\text{ウ}}$ と $\boxed{\text{エ}}$ にあてはまる数をそれぞれ答えなさい。

(3)　$1+(1+2)+(1+2+3)+(1+2+3+4)+(1+2+3+4+5)$ を栄くんは５までバージョンと呼んでいます。$1+(1+2)+(1+2+3)+\cdots\cdots=2024$ となるのは $\boxed{}$ までバージョンです。空欄《らん》にあてはまる数を答えなさい。

【社　会】〈東大特待Ⅰ試験　4教科型〉（40分）〈満点：75点〉

1　次の各問いに答えなさい。

問1　日本の自然環境《かんきょう》について、次の各問いに答えなさい。

（1）次の**Ⅰ**・**Ⅱ**の文が説明している地形の名称《めいしょう》を、それぞれ解答欄《かいとうらん》にあうように**漢字**で答えなさい。

Ⅰ　湘南海岸に面し、神奈川県南部に入りこんでいる湾。

Ⅱ　栃木県を南流し、宇都宮市の東部を通り、茨城県南西部で利根川に合流する長さ約177kmの河川。

（2）次の表は、日本のある都市における観測地点の標高・1月の日降水量1mm以上の日数の平年値・ソメイヨシノの開花日の平年値を示したものです。表中の**ア～エ**には、それぞれ「銚子市」「甲府市」「福井市」「宮崎市」のいずれかがあてはまります。「銚子市」にあてはまるものを、**ア～エ**から1つ選び、記号で答えなさい。

	標高（m）	1月の日降水量 1mm以上の日数 （日）	ソメイヨシノの 開花日
ア	272.8	3.9	3月25日
イ	20.1	7.1	3月30日
ウ	9.2	5.7	3月23日
エ	8.8	22.8	4月 1日

（国立天文台『理科年表2023』より作成）

問２　日本の産業について、次の各問いに答えなさい。

（１）　次の表は、日本のおもな農産物の農業総産出額の移り変わりを示しています。表中の**ア～エ**には、それぞれ「米」「果実」「畜産」「野菜」のいずれかがあてはまります。「米」と「畜産」にあてはまるものを、**ア～エ**からそれぞれ１つずつ選び、記号で答えなさい。

（億円）

	1960年	1980年	2000年	2017年
ア	3 477	32 187	24 596	32 522
イ	9 074	30 781	23 210	17 357
ウ	1 741	19 037	21 139	24 508
エ	1 154	6 916	8 107	8 450

（矢野恒太記念会『数字でみる日本の100年（改訂第７版）』より作成）

（２）　次の表は、ある県における海面漁業産出額（2020年）とうなぎの養《よう》殖《しょく》の収獲《しゅうかく》量（2020年）を示したものです。表中の**ア～エ**には、それぞれ「青森県」「静岡県」「愛媛県」「鹿児島県」のいずれかがあてはまります。「静岡県」と「愛媛県」にあてはまるものを、**ア～エ**からそれぞれ１つずつ選び、記号で答えなさい。

	海面漁業産出額（億円）			うなぎ（t）
	計	漁業	養殖業	
ア	756	170	586	39
イ	649	182	467	7 057
ウ	459	432	26	1 536
エ	454	348	106	−

（矢野恒太記念会『データでみる県勢2023』より作成）

（3）　次の【グラフ】は、それぞれ日本のある工業地帯の工業出荷額割合（個人経営を除く）を示したものです。【グラフ】の**あ～う**には、それぞれ「京浜工業地帯」「中京工業地帯」「阪神工業地帯」のいずれかがあてはまります。また、あとの【表】は、上記の工業地帯に位置する都府県の工業における全事業所数・従業者数（2020年6月1日）を示したものであり、【表】中の**え～か**には、それぞれ「東京都」「愛知県」「大阪府」のいずれかがあてはまります。「京浜工業地帯」と「東京都」にあてはまるものの組み合わせとして正しいものを、あとの**ア～ケ**から1つ選び、記号で答えなさい。

【グラフ】　(2020年)

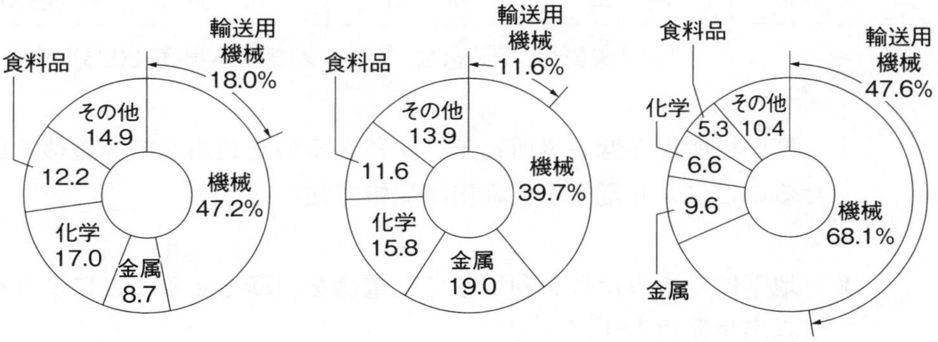

あ　　**い**　　**う**

【表】

	都府県の工業における全事業所数	都府県の工業における従業者数（人）
え	30 231	475 394
お	26 739	872 011
か	25 464	276 158

（【グラフ】は矢野恒太記念会『日本のすがた2023』、
【表】は矢野恒太記念会『データでみる県勢2023』より作成）

ア．あ・え　　**イ**．あ・お　　**ウ**．あ・か
エ．い・え　　**オ**．い・お　　**カ**．い・か
キ．う・え　　**ク**．う・お　　**ケ**．う・か

（4）次の表は、発電方式別発電電力量（2021年度、電気事業者のみ）上位3位までの道県を示したものです。表中の**ア〜エ**には、それぞれ「水力」「地熱」「風力」「太陽光」のいずれかがあてはまります。また、あとの**Ⅰ**・**Ⅱ**は、それぞれ**ア〜エ**のいずれかの発電方法の説明です。**Ⅰ**・**Ⅱ**の説明の発電方法にあてはまるものを、表中の**ア〜エ**からそれぞれ1つずつ選び、記号で答えなさい。

	ア	**イ**	**ウ**	**エ**
1位	福　島	青　森	富　山	大　分
2位	茨　城	北海道	岐　阜	秋　田
3位	岡　山	秋　田	長　野	鹿児島

（矢野恒太記念会『データでみる県勢2023』より作成）

Ⅰ　高い場所から低い場所にモノが落ちる力を利用して発電機を回転させることにより電気を生み出す発電方法。

Ⅱ　地下にたまった熱を利用して発電機を回転させることにより電気を生み出す発電方法。

問3　日本の人口や観光について、次の各問いに答えなさい。

（1）次のページのグラフは、ある県における人口上位3市それぞれの、県全体の人口に占《し》める割合※を示したものです。また、グラフ中の☆は、県庁所在都市を示しています。グラフの**ア〜エ**には、それぞれ「福島県」「静岡県」「岡山県」「熊本県」のいずれかがあてはまります。「静岡県」と「熊本県」にあてはまるものを、**ア〜エ**からそれぞれ1つずつ選び、記号で答えなさい。

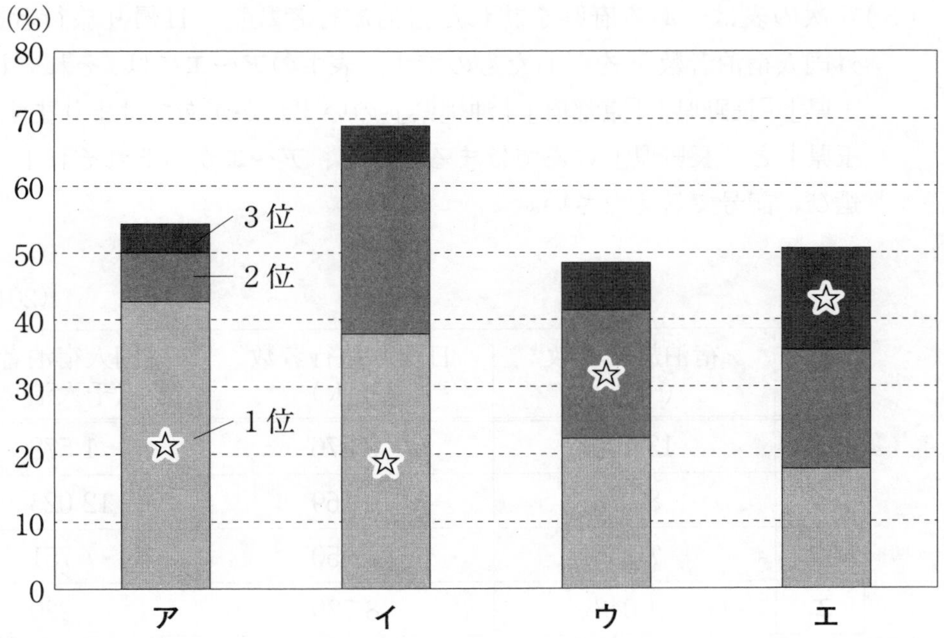

※市の人口は、2022年1月1日現在。県の人口は、2022年10月1日現在。

（矢野恒太記念会『日本国勢図会 2023/24』より作成）

（2）　次の表は、ある県の1人あたり医療費《いりょうひ》（2019年度）・乗用車の100世帯あたり保有台数（2021年）・昼夜間人口比率※（2020年10月1日現在）を示したものです。表中の**ア～エ**には、それぞれ「千葉県」「山梨県」「島根県」「福岡県」のいずれかがあてはまります。「山梨県」と「福岡県」にあてはまるものを、**ア～エ**からそれぞれ1つずつ選び、記号で答えなさい。

	1人あたり医療費（千円）	乗用車の100世帯あたり保有台数（台）	昼夜間人口比率
ア	397.1	140.3	100.1
イ	394.5	106.3	100.0
ウ	348.5	153.4	99.3
エ	308.5	95.5	88.3

※夜間人口100人あたりの、昼間人口の比率。

（矢野恒太記念会『データでみる県勢 2023』より作成）

（３）　次の表は、ある府県を訪れた宿泊旅行者数※1・日帰り旅行者数※2・外国人宿泊者数※3を示したものです。表中の**ア〜エ**には、それぞれ「埼玉県」「長野県」「京都府」「沖縄県」のいずれかがあてはまります。「埼玉県」と「長野県」にあてはまるものを、**ア〜エ**からそれぞれ１つずつ選び、記号で答えなさい。

（2019年）

	宿泊旅行者数（千人）	日帰り旅行者数（千人）	外国人宿泊者数（千人泊）
ア	13 430	9 876	1 578
イ	8 373	10 269	12 025
ウ	7 235	550	7 751
エ	4 048	8 779	220

※１・２…のべ人数。
※３…のべ泊数。

（矢野恒太記念会『データでみる県勢2023』より作成）

（４）　次の文章を読み、あとの各問いに答えなさい。

> 近年、観光地において、観光客が著《いちじる》しく増加することで、地域住民や自然環境に負の影響《えいきょう》がおこる「オーバーツーリズム」が問題となっています。「オーバーツーリズム」が進むと、交通渋滞《じゅうたい》により、通勤・通学などの移動に時間がかかるなど、地域住民の日常生活に支障が出るとされています。

Ⅰ　文章中の下線部について、「地域住民の日常生活に支障が出る」という具体的な例を、**交通渋滞により、通勤・通学などの移動に時間がかかること以外で**１つ答えなさい。

Ⅱ　「オーバーツーリズム」への対策として、観光税のように観光地域への入場料を有料にして観光客の増加による混雑を抑《おさ》えようという案があります。**観光地域への入場を有料にすること以外で**観光客の増加による混雑を和《やわ》らげる方法を、考えて答えなさい。

問４　　次の図は、国土地理院発行の２万５千分の１の地形図「天童」の一部を示しています。図を見て、あとの各問いに答えなさい。

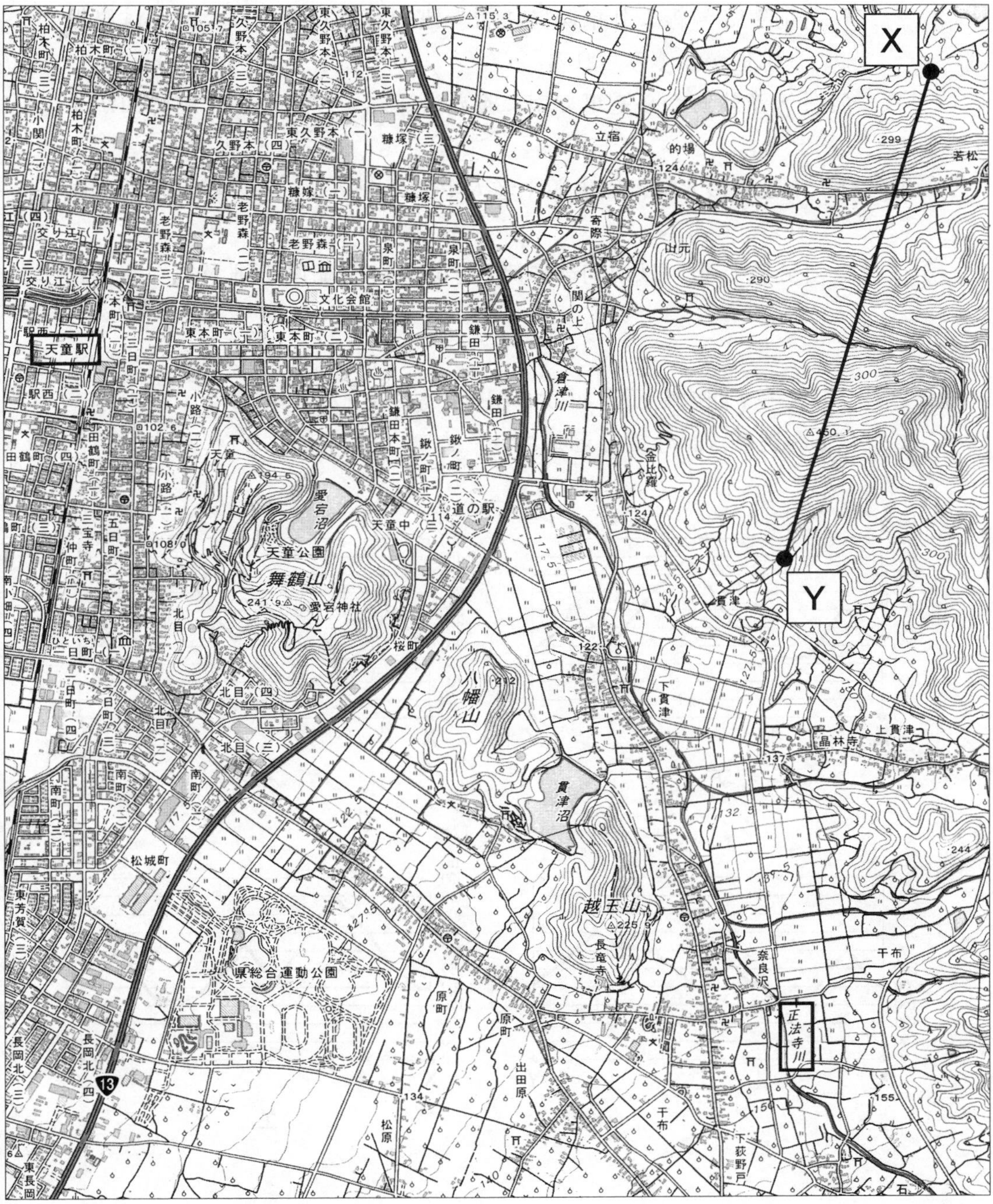

（1）　図から読み取れることとしてもっともふさわしいものを、次の**ア〜エ**から１つ選び、記号で答えなさい。

ア．国道13号線より東側に住居や建物が多くみられ、西側は農地や山地が多くみられる。

イ．「天童駅」から電車で南に進むと、左手に舞鶴山や越王山が見える。

ウ．市役所の北には図書館や老人ホームがあり、南には温泉がみられる。

エ．「正法寺川」は南向きに流れ、近くに果樹園や畑が多くみられる。

（2）　図中の**X**—**Y**間の断面図としてもっともふさわしいものを、次の**ア〜エ**から１つ選び、記号で答えなさい。

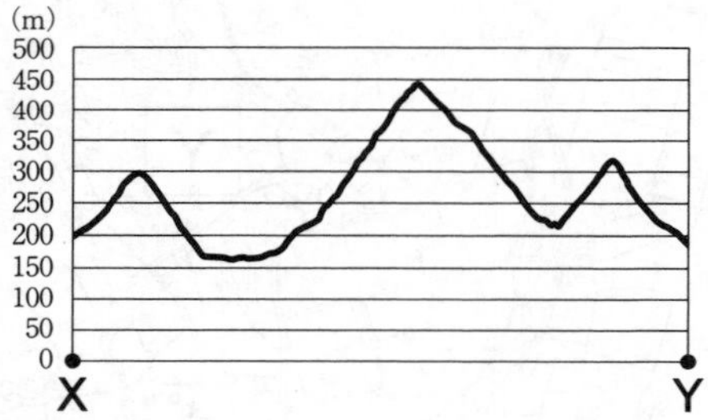

ア

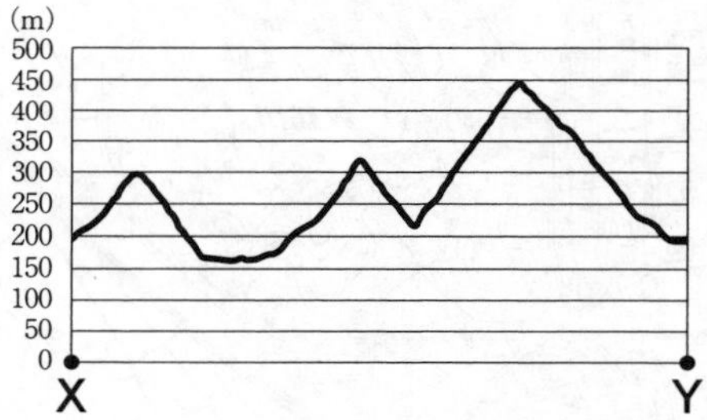

イ

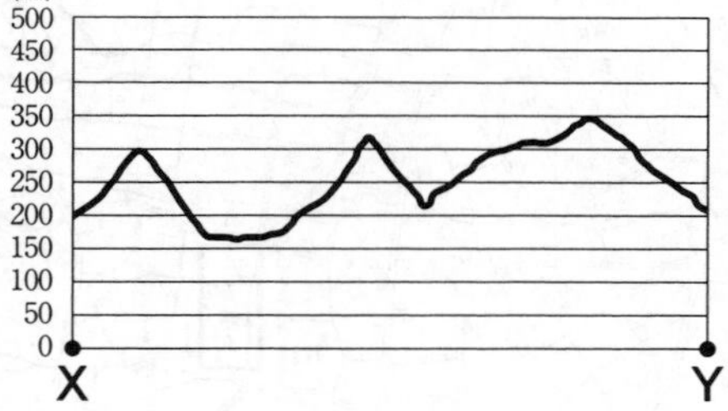

ウ

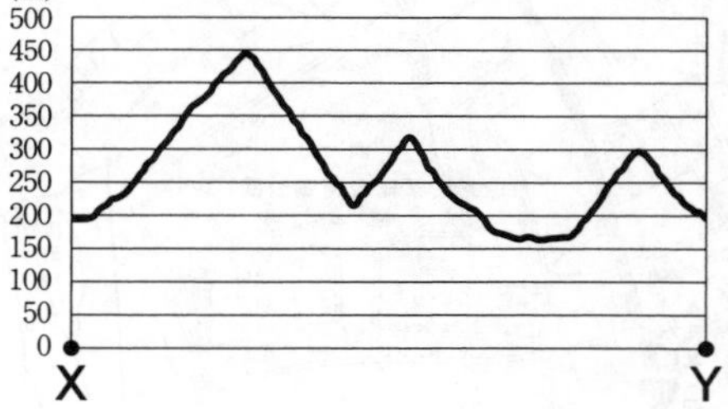

エ

（3）　図中の山形県天童市は、果樹の栽培がさかんな地域です。次の表は日本のおもな果実の収穫《しゅうかく》量上位3位（2021年産）までの道県を示しています。表中の**ア〜エ**には、それぞれ「西洋なし」「おうとう」「ぶどう」「もも」のいずれかがあてはまります。「西洋なし」と「もも」にあてはまるものを、**ア〜エ**からそれぞれ1つずつ選び、記号で答えなさい。

（t）

	ア		イ		ウ		エ	
1位	山形	13 900	山形	9 160	山梨	34 600	山梨	40 600
2位	新潟	1 790	北海道	1 500	福島	24 300	長野	28 800
3位	青森	1 780	山梨	942	長野	10 600	岡山	15 100

（矢野恒太記念会『データでみる県勢2023』より作成）

（4）　図中の「天童駅」には、天童市の伝統的工芸品である将棋《しょうぎ》駒《こま》の資料館が併設《へいせつ》されています。次の**ア〜オ**の国が指定した伝統的工芸品のうち、東北地方のものに**あてはまらないもの**を、**ア〜オ**から**すべて**選び、記号で答えなさい。

ア．南部鉄器　　**イ**．益子焼　　**ウ**．大館曲げわっぱ
エ．小千谷ちぢみ　　**オ**．会津塗

2　次の年表は、今年（2024年）から100年ずつさかのぼり、それぞれの年におきたできごとをまとめたものです。この年表を見て、あとの各問いに答えなさい。

西暦《せいれき》	できごと
1924年	婦人参政権獲得期成同盟会《ふじんさんせいけんかくとくきせいどうめいかい》が結成される……………………①
1824年	畿内《きない》の1320の村が菜種《なたね》の自由な売買を求めて訴《うった》えをおこす………②
1724年	米価下落のため幕府が他の物価の値下げを命じる……………………③
1624年	朝鮮の使節が将軍徳川家光と面会する……………………………④
1524年	江戸城主上杉朝興《うえすぎともおき》が北条氏綱《ほうじょううじつな》に敗れ河越《かわごえ》城へ逃《のが》れる……………⑤
1424年	明の永楽帝《えいらくてい》が亡くなる……………………………………………⑥
1324年	鎌倉幕府が天竜川に橋を架《か》けるように命じる……………………⑦
1224年	北条泰時が執権に就任する…………………………………………⑧
1124年	中尊寺金色堂が建てられる…………………………………………⑨
1024年	能登《のと》国の百姓らが国司の善政をたたえる文書を提出する…………⑩
924年	藤原忠平《ふじわらのただひら》が左大臣に就任する……………………………………⑪
824年	新羅人を陸奥《むつ》国に移住させて口分田を与《あた》える……………………⑫
724年	聖武天皇が即位《そくい》する…………………………………………………⑬

問１　年表中の①に関して、次の**ア～オ**は、さまざまな時代の女性に関する文です。**ア～オ**を年代の古い順にならべたとき、**２番目**と**４番目**にくるものを、それぞれ記号で答えなさい。

ア． 女工たちの過酷な労働によって生産された日本の生糸の輸出額が、中国を抜《ぬ》いて世界一になった。

イ． 大名の妻子が人質にとられ、関所では「入鉄砲に出女」が厳しく取りしまられた。

ウ． はじめて女性に参政権が与えられ、翌年の衆議院議員総選挙の結果、39人の女性議員が誕生した。

エ． 「尼将軍」とよばれた女性が、幕府で政治をおこなった。

オ． 大戦景気により工業化・都市化が進み、電話交換手やタイピストなどさまざまな職業に就《つ》いて働く女性が増えた。

問２　年表中の②に関して、次の**Ａ～Ｈ**は、それぞれ農業や工業などの産業に関する文です。各文の□にあてはまる語句をひらがなで答えて、〔　　　〕で指定された順番の文字をそれぞれ抜き出してならべかえると、産業に関係がある語句か人名になります。ならべかえてできる語句か人名を**漢字４字**で答えなさい。なお、□にあてはまる語句においては、「っ」「ゃ」「ゅ」「ょ」などの小文字も１文字として数えること。

Ａ． 南蛮貿易でおもな輸出品となった銀の多くは、□銀山で産出されたものといわれている。〔３文字中の**２文字目**〕

Ｂ． 稲の穂《ほ》首《くび》刈《が》りをおこなうときに使用された石器を□という。〔７文字中の**１文字目**〕

Ｃ． 明治新政府は、産業をさかんにして生産力を増やすという意味の□を標語にかかげて、さまざまな政策をすすめていった。〔10文字中の**１文字目**〕

Ｄ． 鎌倉時代の畿内や西日本では、米の裏作で麦をつくる□がおこなわれた。〔５文字中の**４文字目**〕

Ｅ． 江戸時代、江戸ではおもに金貨が使われ、大阪（坂）ではおもに銀貨が使われていたので、□という職業が都市で貨幣を交換した。〔８文字中の**５文字目**〕

F．江戸時代、有力な商工業者たちは［　　　］とよばれる同業者組合を結成し、幕府に税を納める代わりに営業を独占した。〔5文字中の**2文字目**〕

G．八幡製鉄所では、地元の［　　　］炭田で産出された石炭などが利用された。〔4文字中の**1文字目**〕

H．商人が道具や材料などを農民らに貸して品物をつくらせ、それを引き取る方法を［　　　］工業という。〔8文字中の**8文字目**〕

問3　年表中の③に関して、次の**A**～**E**の文を読み、あとの各問いに答えなさい。

A　一般的に、需要《じゅよう》量（人々が買おうとする商品の量）が変わらないのに供給量（人々が売ろうとする商品の量）が増加すると、商品が売れ残るので価格は下がる。

B　年表中の③のときの将軍である徳川吉宗は、新田開発を奨励《しょうれい》した。その結果、耕地面積は江戸幕府が開かれたころの2倍近くになった。

C　江戸時代は、さまざまな農具や肥料が発明・改良されたため生産力が高まった。また、農書（農業に関する本）によって、それらの技術が広まった。

D　江戸時代は、生活に必要なものが商品として流通していたため、それらを入手するには貨幣が必要であった。

E　江戸幕府の収入の大半は、幕領から年貢として集められた米であった。集められた米は、大阪（坂）や江戸に置かれた蔵屋敷に送られた。

（1）　年表中の③の時期に米価が下落した原因を、**A**～**C**の文を参考にして説明しなさい。

（2）　米将軍とよばれた徳川吉宗は、新田開発を奨励したり年貢率を上げたりして、年貢を増やそうとするだけでなく、米市場を認めたり貨幣を改めたりして、米価が上がるように試みました。江戸幕府が米価を上げようとした理由を、**D**・**E**の文を参考にして説明しなさい。

問4　年表中の④に関して、江戸時代の外交について説明した文として正しいものを、次の**ア～エ**から1つ選び、記号で答えなさい。

ア. 江戸時代初期には朱印船貿易がさかんにおこなわれ、中国の各地に日本人が住む日本町がつくられた。
イ. 薩摩藩は琉球を侵略して支配したが、中国との貿易は継続させるとともに、江戸幕府の将軍や琉球国王の代替《だいが》わりごとに、琉球から江戸へ使節を送らせた。
ウ. 松前藩は蝦夷地でアイヌとの交易を認められたが、そのやり方に不満を持ったアイヌの人々が、コシャマインを中心に反乱をおこした。
エ. ペリーが来航した後に、幕府は異国船打払令をゆるめた。

問5　年表中の⑤に関して、河越城はのちに川越城と書かれるようになり、川越藩主の居城となりました。川越藩があった埼玉県について説明した文としてもっともふさわしいものを、次の**ア～エ**から1つ選び、記号で答えなさい。

ア. 薩摩藩士がイギリス人を殺傷する生麦事件がおこった。
イ. 大森貝塚や、はじめて弥生土器が発掘された弥生町遺跡がある。
ウ. 旧石器時代の存在を証明した岩宿遺跡や、富岡製糸場がある。
エ. この地で銅が発見され、朝廷によって和同開珎がつくられた。

問6　年表中の⑥に関して、次の**ア～オ**は、日本と中国に関するできごとです。**ア～オ**を年代の古い順にならべたとき、**2番目**と**4番目**にくるものを、それぞれ記号で答えなさい。

ア. 柳条湖事件がおこった。
イ. 中華民国が建国された。
ウ. 二十一か条の要求が出された。
エ. 五・四運動がおこった。
オ. 盧溝橋事件がおこった。

問７　年表中の⑦に関して、次の文章の空欄にあてはまる地名を、［ a ］は**漢字３字**で、［ b ］は**漢字２字**でそれぞれ答えなさい。

> 江戸時代、天竜川などの東海道を横切る大きな川には、軍事上や財政上の理由から橋がかけられませんでした。現在の静岡県を流れる［ a ］や安倍川は、人が背負って向こう岸まで渡していたので、雨で川が増水すると渡ることを禁じられました。そのため、東海道で最大の難所とされ関所も設置された［ b ］とともに、「［ b ］八里は馬でもこすが　こすにこされぬ［ a ］」とうたわれました。

問８　年表中の⑧に関して、日本の歴史において、幕府の中心となって政治をおこなった人物を下の図のように場合分けしたとき、図中の［ 4 ］にあてはまる人物の氏名を**漢字**で答えなさい。

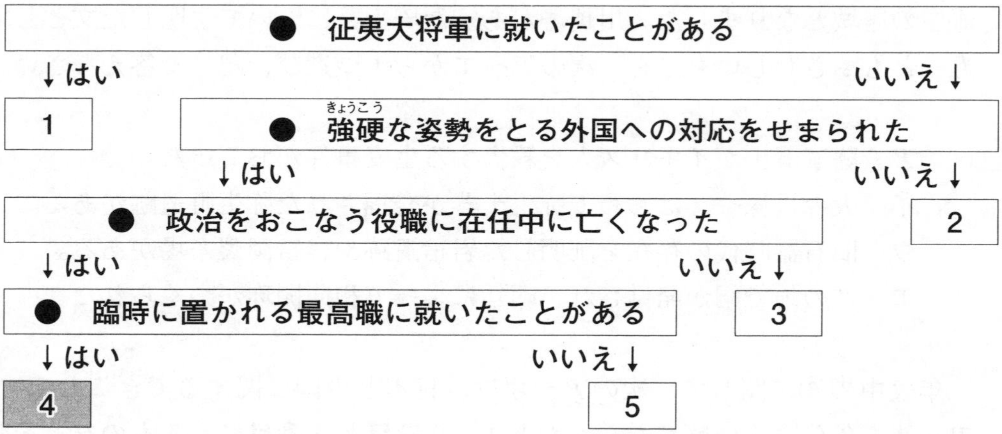

問９　年表中の⑨に関して、中尊寺金色堂は阿弥陀仏をまつる阿弥陀堂とよばれる建物です。平安時代に広まった、阿弥陀仏を信仰して死後に極楽へ生まれ変わることを願う教えを何といいますか。**漢字３字**で答えなさい。

問10　年表中の⑩に関して、10世紀後半に郡司や百姓に悪政を訴えられた尾張国の国司の氏名を**漢字４字**で答えなさい。

問11　年表中の⑪に関して、藤原忠平はのちに摂政に就任しますが、そのときに初めての大規模な武士の反乱である平将門の乱がおこりました。次の**ア～オ**の戦乱を、**年代の古い順**にならべたとき、**4番目**にくるものを記号で答えなさい。

また、**ア～オ**の戦乱がおこった場所を、**東から順**にならべたとき、**3番目**にくるものを記号で答えなさい。

ア． 壇ノ浦の戦い
イ． 保元の乱
ウ． 関ヶ原の戦い
エ． 五稜郭の戦い
オ． 薩英戦争

問12　年表中の⑫に関して、次の各問いに答えなさい。

（1）　次の**ア～オ**は、日本と朝鮮に関する文です。**ア～オ**を年代の古い順にならべたとき、**2番目**と**4番目**にくるものを、それぞれ記号で答えなさい。

ア． 伊藤博文が韓国の青年に暗殺された。
イ． 李成桂が日本に倭寇の取りしまりを求めてきた。
ウ． 日本の植民地支配からの独立を求めて、三・一独立運動がおこった。
エ． 幕府の将軍の代替わりの際に、朝鮮から通信使が派遣《はけん》された。
オ． 日本が朝鮮を開国させ、不平等条約を結ばせた。

（２）　次の**Ａ～Ｅ**は、東北地方の県の歴史について説明した文です。**Ａ～Ｅ**の**どの文にもあてはまらない**東北地方の県を、解答欄にあうように**漢字**で答えなさい。

Ａ． 最上川の河口に位置する酒田は、江戸時代に海運の拠点として大いににぎわった。また、米沢藩主の上杉鷹山は名君として有名である。

Ｂ． 江戸時代には、松平定信が藩主を務めた白河藩や、戊辰戦争で旧幕府軍の中心となった会津藩があった。

Ｃ． 縄文時代の巨大集落が発掘された三内丸山遺跡や、室町時代にアイヌとの交易で入手した品が集まった十《と》三湊《さみなと》がある。

Ｄ． 奈良時代に多賀城が築かれ、蝦夷征討《せいとう》の拠点となった。また、家臣の支倉常長をヨーロッパに派遣した伊達政宗が有名である。

Ｅ． 坂上田村麻呂が、蝦夷征討の拠点として胆沢城を築いた。また、奥州藤原氏の根拠地の平泉がある。

問13　年表中の⑬に関して、聖武天皇ともっともかかわりのある史料を、次の**ア～エ**から１つ選び、記号で答えなさい。ただし、史料は分かりやすいように現代語に訳してあります。

ア． 唐に留学中の僧からの報告書に、唐の衰退《すいたい》について細かく書かれています。……この報告書を読んだうえで、遣唐使を派遣するかどうか決めていただければと思います。

イ． 「今民衆を苦しめているのは、蝦夷の征討と平安京の造営です。この２つをやめれば民衆は安らかになるでしょう。」……天皇はこの意見を採用し、２つの事業を中止した。

ウ． 開墾した田については、これまでは期限を決めて私有を認めていた。……今後は期限を決めず、永久に自分の土地としてよい。

エ． 天皇として14年政治をおこなって、退位して上皇となった後も院で政治をおこなった。……退位した後も政治をおこなうことは、昔はなかった。

3　次の各問いに答えなさい。

問１　日本の国会・内閣・裁判所に関する説明として正しいものを、次の**ア〜エ**から１つ選び、記号で答えなさい。

ア． 衆議院が解散されたときは、解散の日から40日以内に衆議院議員の総選挙がおこなわれる。
イ． 裁判所は、裁判で争われている具体的な事件がなくても、法律などが違憲かどうかの判断をくだすことができる。
ウ． 法律案は、先に衆議院に提出しなければならない。
エ． 内閣が条約を締結《ていけつ》する際には、必ず締結前に国会の承認が必要となる。

問２　日本の選挙に関する説明として正しいものを、次の**ア〜エ**から１つ選び、記号で答えなさい。

ア． 大選挙区制は、小選挙区制に比べて死票が多い。
イ． 仕事や旅行などを理由に、期日前投票をおこなうことができる。
ウ． 日本国憲法施行から2023年９月までの間、国会議員を選出する国政選挙の投票率が、50％を下回ったことはない。
エ． 衆議院議員総選挙の比例代表選挙は、政党名と候補者名のどちらを書いて投票しても有効となる。

問３　日本の税金に関する説明として正しいものを、次の**ア〜エ**から１つ選び、記号で答えなさい。

ア． 住民税は、個人の所得に応じて国に納める直接税である。
イ． 法人税は、会社などの法人が利益に応じて地方に納める直接税である。
ウ． 所得税は、会社員や農家、自営業者などすべての職業の所得が正確にとらえられ算出されているので、不公平感のない直接税である。
エ． 消費税は、所得の低い人ほど所得にしめる税の割合が高くなると指摘されている。

問4　国際連盟や国際連合に関する説明として正しいものを、次の**ア～エ**から1つ選び、記号で答えなさい。

ア．国際連盟は、アメリカの提唱で設立され、アメリカは常任理事国になった。

イ．国際連盟は、平和解決のため国連軍を組織したが、一度も派遣されたことがなかった。

ウ．国際連合の予算は、加盟国が負担する分担金形式であるが、未払《みばら》いの国があり問題となっている。

エ．国際連合の機関の一つである信託統治理事会は、信託統治地域が今後独立できるように、監督や指導をする活動を現在も続けている。

問5　次の表の空欄（　A　）～（　F　）にあてはまる数字のうち、同じ数字の組み合わせとして正しいものを、あとの**ア～カ**から**2つ**選び、記号で答えなさい。

	衆議院議員	参議院議員	都道府県の知事
任期	（　A　）年	（　B　）年	（　C　）年
被《ひ》選挙権	満（　D　）歳《さい》以上	満（　E　）歳以上	満（　F　）歳以上

ア．AとB　　**イ**．AとC　　**ウ**．BとC

エ．DとE　　**オ**．DとF　　**カ**．EとF

問6　経済に関する説明としてもっともふさわしいものを、次の**ア～エ**から1つ選び、記号で答えなさい。

ア．現金を使わないキャッシュレス決済は、セキュリティ上の不安から世界的に利用が少なくなってきている。

イ．自由競争がおこなわれている市場では、一般的に価格が下がると需要が増え、供給は減る。

ウ．日本銀行は、不景気の際には、一般的に金利を引き上げる。

エ．日本の貨幣《かへい》は、紙幣《しへい》も硬貨《こうか》もすべて日本銀行が発行している。

問７　次の文は、日本国憲法第12条の一部です。空欄（　G　）にあてはまる語句を**5字**で答えなさい。

この憲法が国民に保障する自由及《およ》び権利は、国民の（　G　）によつ《っ》て、これを保持しなければならない。

【理　科】〈東大特待Ⅰ試験　4教科型〉（40分）〈満点：75点〉

1　次の文章を読み、あとの問いに答えなさい。なお、滑車《かっしゃ》とロープの重さは無視《むし》できるものとします。

体重計Aにのっている体重50 kgの東《ひがし》くんがロープのついた荷物を上に持ち上げることを考えます。**図1**のように、東くんが5 kgの荷物aを持つと、体重計Aは55 kgを示していました。

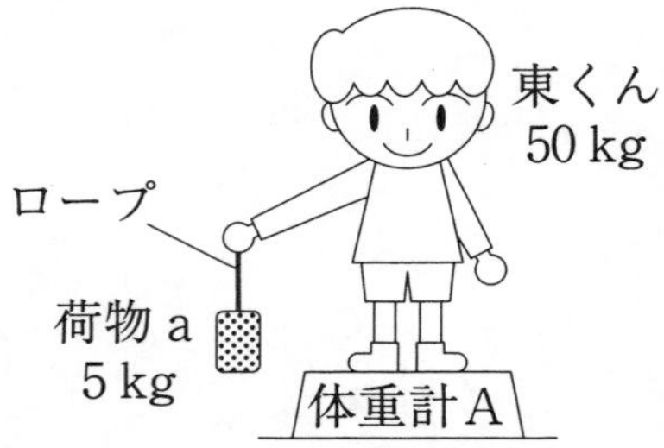

図1

次に、**図2**のように、体重計Aの横に体重計Bを置き、荷物aを体重計Bの上に置いた状態で、東くんは荷物aを持ち上げるためにロープを引く力を少しずつ大きくしていきました。荷物aが持ち上がるまでの間に体重計Aは50 kgから、体重計Bは5 kgからそれぞれ示している値《あたい》が少しずつ変化していきました。**体重計Bが0 kgを示したときに荷物aは体重計Bからはなれて持ち上がりました。**

図2

問1　体重計Bが3 kgを示しているとき、東くんがロープを引く力は何kgですか。また、このとき体重計Aは何kgを示していますか。

次に、**図3**のように、体重計Ｂに荷物ａよりも重い荷物ｂを置き、東くんは荷物ｂを持ち上げるためにロープを引く力を少しずつ大きくしていきました。東くんが可能な限り最大の力でロープを引きましたが、荷物ｂを持ち上げることはできませんでした。このとき体重計Ａは57 kg、体重計Ｂは3 kgを示していました。

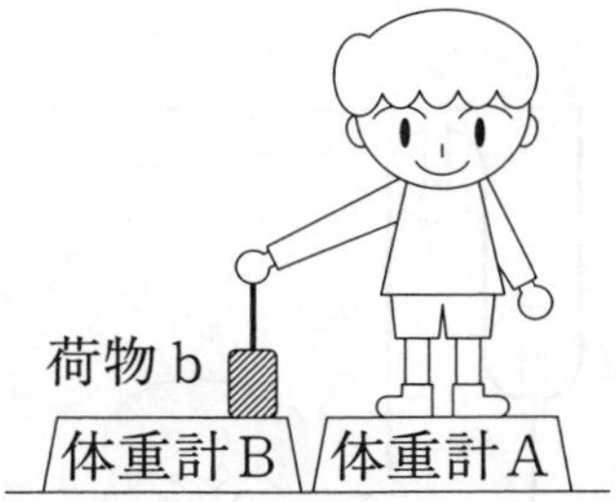

図3

問2　荷物ｂの重さは何kgですか。

次に、**図4**のように、東くんは天井《てんじょう》に定滑車をとりつけ、荷物ｂについたロープを長いものにとりかえて、ロープを下に引く力を少しずつ大きくしていきました。すると、荷物ｂが持ち上がるまでの間に体重計Ｂの示している値は少しずつ変化していき、**体重計Ｂが0 kgを示したときに荷物ｂは体重計Ｂからはなれて持ち上がりました。**

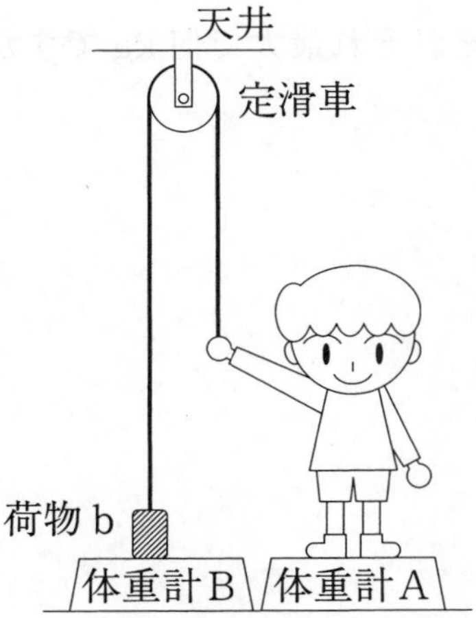

図4

問3　荷物ｂが体重計Ｂからはなれて持ち上がったとき、体重計Ａは何kgを示していますか。

次に、**図5**のように、定滑車と動滑車を組み合わせて体重計Bに90 kgの荷物cを置いて、ロープを下に引く力を少しずつ大きくしていきました。荷物cが持ち上がるまでの間に体重計Aは50 kgから、体重計Bは90 kgからそれぞれ示している値が少しずつ変化していきました。**体重計Bが0 kgを示したときに荷物cは体重計Bからはなれて持ち上がりました。**

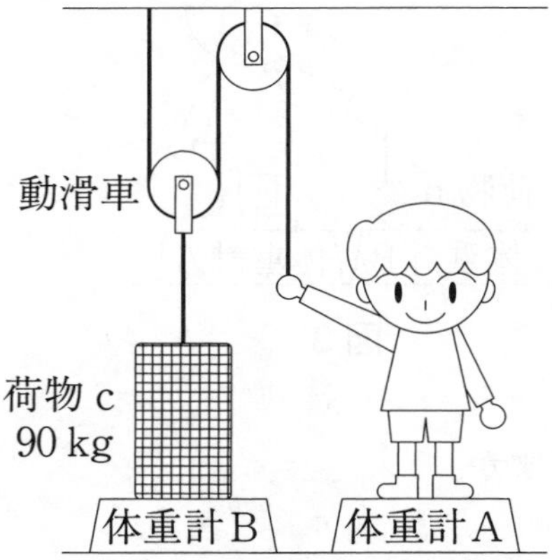

図5

問4　体重計Bが10 kgを示しているとき、東くんがロープを引く力は何kgですか。また、このとき体重計Aは何kgを示していますか。

問5　**図4**と**図5**で荷物をできるだけ重いものにかえる場合、東くんが持ち上げることのできる荷物の重さはそれぞれ最大で何kgですか。

次に、**図6**のように、定滑車1つと動滑車3つを組み合わせて荷物を持ち上げることを考えます。

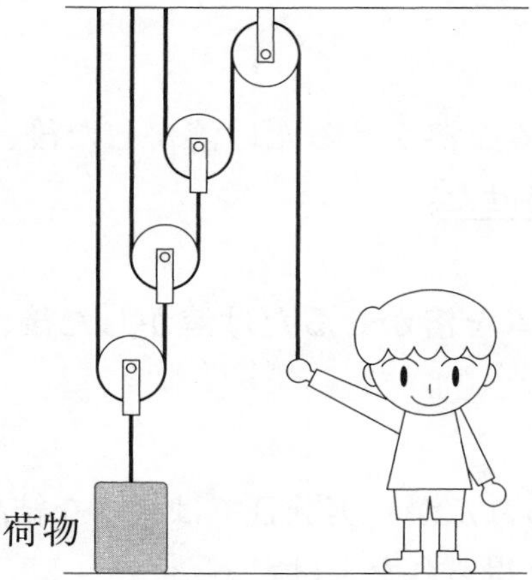

図6

問6　このとき、東くんが持ち上げることのできる荷物の重さは最大で何 kg ですか。

次に、**図7**のように、定滑車3つと動滑車3つと棒《ぼう》を組み合わせて荷物を持ち上げることを考えます。なお、棒の重さは無視できるものとします。

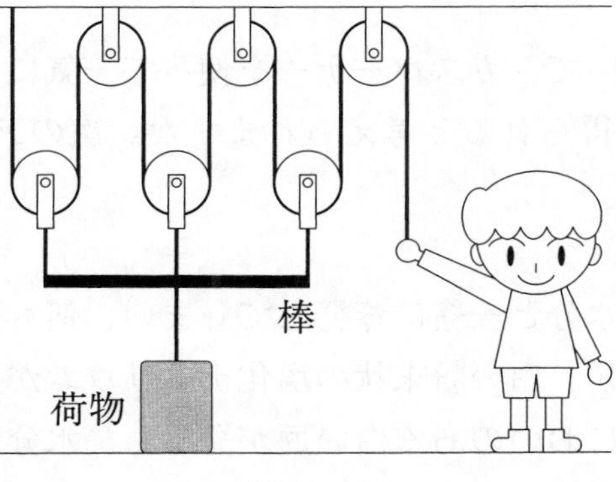

図7

問7　このとき、東くんが持ち上げることのできる荷物の重さは最大で何 kg ですか。

2　あとの問いに答えなさい。

栄《さかえ》くんは自由研究で塩化ナトリウム（食塩）の大きな結晶《けっしょう》をつくることを目的として、2つの実験を行った。

〈実験A〉

70℃の水に塩化ナトリウムを溶《と》かせるだけ溶かした後、70℃に保温したまま、ゆっくり水分を蒸発《じょうはつ》させた。

〈実験B〉

70℃の水に塩化ナトリウムを溶かせるだけ溶かした後、室温になるまで冷やした。

実験Aでは大きな結晶が得られたが、実験Bでは大きな結晶にならず、白い粉末状の塩化ナトリウムが少し得られただけだった。

問1　実験Aで得られた塩化ナトリウムの結晶のスケッチとして、正しいものを次の**ア〜エ**から1つ選び、記号で答えなさい。

ア

イ
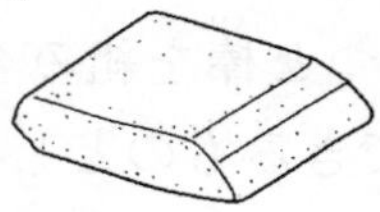

ウ
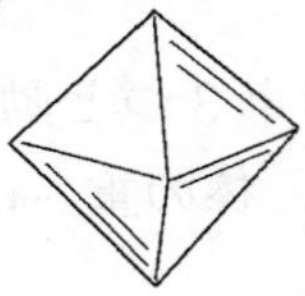

エ
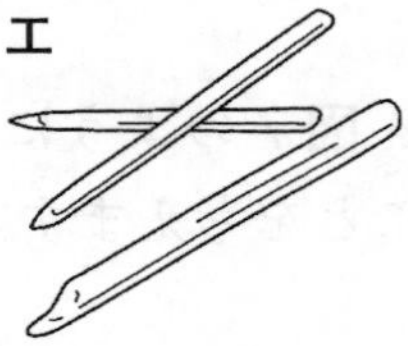

問2　実験Aの下線部について、ガスバーナーを使って一気に水分を蒸発させる場合、どのような結果が得られると考えられますか。次の**ア〜エ**から1つ選び、記号で答えなさい。

ア　塩化ナトリウムも水分と一緒《いっしょ》に蒸発してしまい、何も残らない。

イ　大きな結晶にならず、白い粉末状の塩化ナトリウムが残る。

ウ　加熱中に鼻を刺《さ》すにおいのある白い煙《けむり》が発生し、水分が無くなったあとには、何も残らない。

エ　黒い物体が残り、焦《こ》げたようなにおいがする。

実験Ａ，Ｂの結果から、一定量の水に溶かすことができるものの重さには限度があり、温度によって変化することがわかった。そこで栄くんは、３種類の粉末が100 ｇの水にそれぞれ何ｇまで溶けるか、水の温度を変えながら調べて**表**にまとめた。

表

	20 ℃	40 ℃	60 ℃
塩化ナトリウム［ｇ］	35.8	①	36.8
硝酸《しょうさん》カリウム　［ｇ］	31.4	②	108.9
ミョウバン　　［ｇ］	5.9	11.7	③

問３　40 ℃の水250 ｇに、塩化ナトリウムを100 ｇ加えて、よくかき混ぜました。その結果、9.5 ｇの塩化ナトリウムが溶け残りました。**表**の①に入る数字を次の**ア～カ**から１つ選び、記号で答えなさい。

ア　3.8　　**イ**　26.3　　**ウ**　36.2
エ　36.3　　**オ**　36.5　　**カ**　90.5

問４　40 ℃の水250 ｇに硝酸カリウムを溶かせるだけ溶かし、20 ℃まで冷やすと、79.5 ｇの硝酸カリウムが出てきました。**表**の②に入る**数字**を答えなさい。

問５　**表**の③について、ビーカーに入れた60 ℃の水400 ｇに、ミョウバンを加えてよくかき混ぜました。その結果、いくらかのミョウバンが溶け残りました。溶け残りをろ過した後、乾燥《かんそう》させてからろ紙ごと重さをはかったところ、19 ｇでした。ろ過後の液体を20 ℃まで冷やしたところ、溶けきれなくなったミョウバンが出てきたため、これを別のろ紙を用いてろ過し、乾燥させてからろ紙ごと重さをはかると76.8 ｇでした。**表の③に入る数字**を答えなさい。また、**最初に加えたミョウバン**は何ｇか答えなさい。ただし、ろ紙の重さはいずれも1.2 ｇであり、ろ過でビーカーから減った液体の重さは無視《むし》できるものとします。

栄くんは、続けて硝酸カリウムの結晶を作成しようとした。しかし、硝酸カリウムに塩化ナトリウムが混ざってしまった。この混合粉末をＸとする。このＸ中にどれくらいの塩化ナトリウムが混ざっているか調べ、Ｘ中の硝酸カリウムの純度《じゅんど》を調べることにした。ここでは純度を以下のように考える。

$$\text{純度}[\%] = \frac{\text{硝酸カリウムの重さ}[\mathrm{g}]}{\text{塩化ナトリウムの重さ}[\mathrm{g}] + \text{硝酸カリウムの重さ}[\mathrm{g}]} \times 100$$

なお、Ｘ中の硝酸カリウムと塩化ナトリウムは均一に混ざっているものとする。また、2種類以上のものを同じ水の中に溶かしても、溶かすことのできる限度量はそれぞれ変わらないものとする。

問6　60℃の水200 gにＸを加えていき、溶液の重さが384 gを上回ると、溶け残りが出ました。Ｘ中の硝酸カリウムの純度は何％か答えなさい。

問7　硝酸カリウムと塩化ナトリウムが7：3の重さの比で均一に混ざった混合粉末があります。この混合粉末500 gをＹとします。次の**ア～オ**のうち、最も純度の高い硝酸カリウムが取り出せる操作《そうさ》を1つ選び、記号で答えなさい。

ア　Ｙを20℃の水300 gに加え、出てきた溶け残りをろ過する。

イ　Ｙを60℃の水300 gに加え、出てきた溶け残りをろ過する。

ウ　Ｙを20℃の水300 gに加え、出てきた溶け残りをろ過して取り除《のぞ》いた後、温度を保ったまま液体を放置して重さが150 g減るまで待ち、溶けきれずに出てきた固体をろ過する。

エ　Ｙを60℃の水300 gに加え、出てきた溶け残りをろ過して取り除いた後、温度を保ったまま液体を放置して重さが150 g減るまで待ち、溶けきれずに出てきた固体をろ過する。

オ　Ｙを60℃の水300 gに加え、出てきた溶け残りをろ過して取り除いた後、液体を20℃に冷やして、溶けきれずに出てきた固体をろ過する。

3　次の文章を読み、あとの問いに答えなさい。

みなさんは、自分の健康に気をつけて生活していますか。栄養バランスの整った食事をとることや、定期的に運動をすることは、健康に生きていくうえで大切なことです。これらの生活習慣にかたよりがあると、「生活習慣病」にかかってしまうことがあります。生活習慣病の１つに「糖尿病《とうにょうびょう》」があります。糖尿病は、血液中の糖が増えることで尿の中に糖がふくまれてしまう病気です。

糖尿病の「糖」とは、「①ブドウ糖」のことです。ブドウ糖は、生物のエネルギー源《げん》であり、②血液の循環《じゅんかん》によって体の各部に運ばれ、細胞《さいぼう》に届《とど》けられます。血液中のブドウ糖を「血糖」といい、この濃《こ》さを「血糖濃度《のうど》」といいます。

尿はタンパク質などの分解によって生じた不要物をふくみ、じん臓《ぞう》でつくられ、ぼうこうに集められて体の外に出されます。健康な人の尿にはブドウ糖はふくまれませんが、糖尿病患者《かんじゃ》の尿にはブドウ糖がふくまれます。

じん臓で尿がつくられる際には、じん臓に流れこむ血液の中から、不要物と一緒《いっしょ》に水やブドウ糖もこしとられます。しかし、水やブドウ糖は体にとって必要な物質なので、こしとられてから輸尿管《ゆにょうかん》にたどり着くまでに周囲の毛細血管に再吸収《さいきゅうしゅう》され体の中にもどります。このとき、再吸収する能力には限界があります。そのため、③血糖濃度が高い糖尿病患者は、じん臓でブドウ糖を再吸収しきれず、再吸収されなかったブドウ糖が尿にふくまれるようになるのです。

問１　下線部①について、ブドウ糖は毎日の食事によって得られます。以下の文章は、ヒトが食事をして体内にブドウ糖を取りこむまでの流れについて説明したものです。（あ）～（う）にあてはまる語句の組み合わせとして正しいものを次ページの**ア～ク**から１つ選び、記号で答えなさい。

「食事によって得られた（　あ　）が消化液の一種である（　い　）、すい液や腸液《ちょうえき》によって分解され、ブドウ糖になる。ブドウ糖は小腸の表面にある（　う　）という部分から体内へと吸収される。」

	（あ）	（い）	（う）
ア	タンパク質	だ液	じゅう毛
イ	タンパク質	だ液	べん毛
ウ	タンパク質	胃液	じゅう毛
エ	タンパク質	胃液	べん毛
オ	炭水化物	だ液	じゅう毛
カ	炭水化物	だ液	べん毛
キ	炭水化物	胃液	じゅう毛
ク	炭水化物	胃液	べん毛

問２　下線部②について、**図１**はヒトの血液が体の中を循環するようすを表したものです。**図１**の**a**～**e**は各器官とつながっている血管を、矢印は血液の流れる向きを表しています。ヒトの体における血液の特徴《とくちょう》の説明として正しいものを次の**ア**～**オ**から１つ選び、記号で答えなさい。

ア　血管**a**には、常に二酸化炭素が最も少ない血液が流れている。

イ　血管**b**には、最も多くの酸素がふくまれる血液が流れている。

ウ　血管**c**には、常に最も多くの養分がふくまれる血液が流れている。

エ　血管**d**には、二酸化炭素以外の不要物が最も少ない血液が流れている。

オ　血管**e**には、常に二酸化炭素が最も少ない血液が流れている。

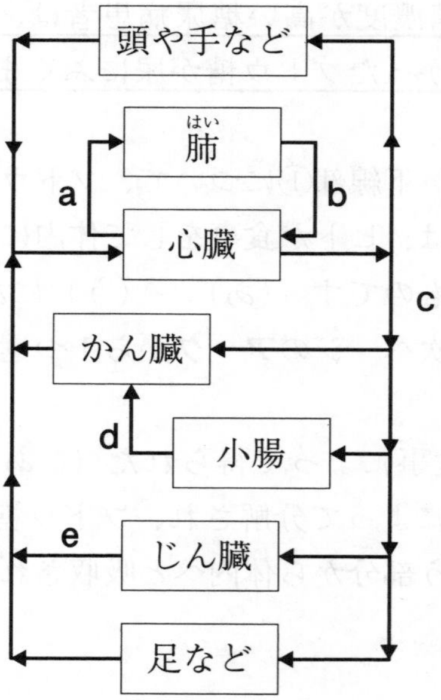

図１

下線部③について、あとの問３～問５に答えなさい。

表１は、健康な人の「血液」「原尿《げんにょう》（じん臓で血液からこしとられた液体）」「尿」のそれぞれ１Ｌにふくまれる成分の量です。**表１**の**ア～ウ**は、不要物、タンパク質、ブドウ糖のいずれかを表しています。

表１

成分	血液	原尿	尿
ア	70 ～ 90 g	0 g	0 g
イ	0.3 g	0.3 g	20 g
ウ	1 g	1 g	0 g

問３　33ページの文章を参考にして、ブドウ糖を表しているものを**表１**の**ア～ウ**から１つ選び、記号で答えなさい。

表２は、ある糖尿病患者の「血液」、「原尿」、「尿」のそれぞれ１Ｌにふくまれるブドウ糖とイヌリンの量を示しています。イヌリンは、じん臓でこしとられますが、まったく再吸収されない物質です。そのため、水が再吸収されることで原尿中に比べて尿中にふくまれるイヌリンの量は多くなります。

表２

成分	血液	原尿	尿
ブドウ糖	1.8 g	1.8 g	25 g
イヌリン	0.01 g	0.01 g	1.29 g

問４　この糖尿病患者は、１日に何ｇのブドウ糖を体外に出していますか。なお、この人が１日あたりに体外に出す尿の量は 1.4 Ｌとします。

問５　問４の糖尿病患者の血糖濃度が少しずつ減少し、ある血糖濃度になったとき、尿にブドウ糖がふくまれなくなりました。このときの血糖濃度は、血液１Ｌあたり何ｇですか。最も適当なものを次の**ア～ク**から１つ選び、記号で答えなさい。ただし、血糖濃度が変化しても、ブドウ糖を再吸収する能力は変化しないものとします。

ア　1 g　　**イ**　1.1 g　　**ウ**　1.2 g　　**エ**　1.3 g
オ　1.4 g　　**カ**　1.5 g　　**キ**　1.6 g　　**ク**　1.7 g

血糖濃度は、常に調節されています。食事をとることによって血糖が増えたときには、すい臓から血糖濃度を下げる働きをもつインスリンというものが出ます。インスリンは、かん臓へのブドウ糖の貯蔵《ちょぞう》や、細胞へのブドウ糖の取りこみをさかんにします。

一方で糖尿病患者は、インスリンの量が減ったり、④インスリンの効きが悪くなってしまうことで、血糖濃度の調節が正常に機能しなくなっています。

問６　**図２**は、健康な人と糖尿病患者について、食事を12時にとったときの血糖濃度とインスリン濃度の変化を表しています。**A**と**B**は、それぞれ健康な人と糖尿病患者のいずれかを表しており、実線のグラフと点線のグラフは、それぞれ血糖濃度とインスリン濃度のいずれかを表しています。**糖尿病患者のインスリン濃度**を表しているグラフを**図２**の**ア～エ**から１つ選び、記号で答えなさい。

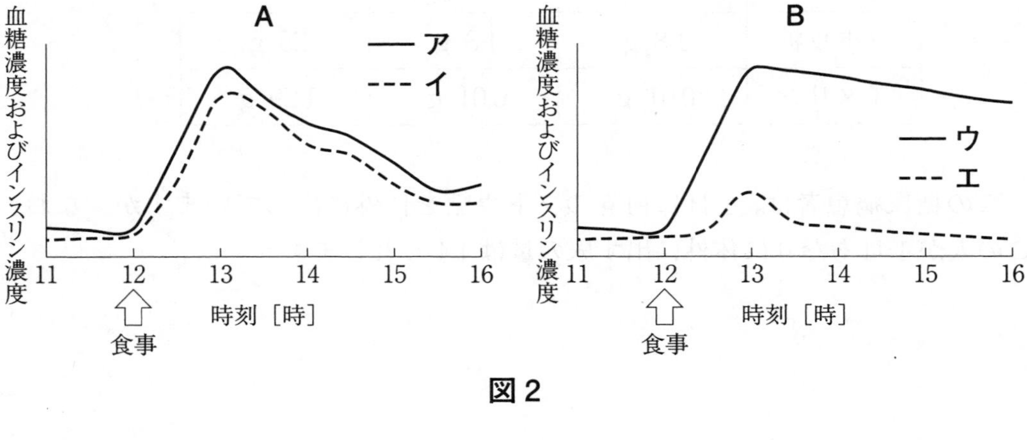

図２

糖尿病を治療《ちりょう》するためには血糖を正常な量に調節する必要があります。現在、有効な方法としては、食事から摂取《せっしゅ》するブドウ糖の量を調節する食事療法や、日ごろの運動量を増やすことによってブドウ糖の消費量を増やす運動療法などがあります。食事療法や運動療法を行っても血糖濃度が変わらない場合には、血糖濃度の調節に効果のある薬を投与《とうよ》する薬物療法が行われます。

問７　下線部④について、インスリンがまったく効かないことで糖尿病になった人に対する治療薬として考えられるものを次の**ア〜オ**から**すべて**選び、記号で答えなさい。

ア　インスリンの合成をうながす薬
イ　インスリンの分解をうながす薬
ウ　細胞へのブドウ糖の取りこみをうながす薬
エ　かん臓へのブドウ糖の貯蔵をうながす薬
オ　かん臓からのブドウ糖の放出をうながす薬

4　次の文は、日本付近にやってくる低気圧について記述したものです。これについてあとの問いに答えなさい。

日本付近にやってくる低気圧のうち、北緯《ほくい》（　あ　）度の海上で発生し、暖《あたた》かい空気だけでつくられる低気圧を（　い　）低気圧といいます。また、北緯（　う　）度の地域《ちいき》で発生し、暖かい空気と冷たい空気の境目にできる低気圧を（　え　）低気圧といいます。

（い）低気圧は、前線を伴《ともな》うことなく暖かい海水から供給《きょうきゅう》される（　お　）によって発達し、中心付近の風速がおよそ毎秒（　か　）以上に発達すると①台風とよばれるようになります。

（え）低気圧は、ある程度発達すると、②前線を伴います。

問１　文中の（あ）～（か）にあてはまる語句の組み合わせとして、最も適当なものを次の**ア～カ**から１つ選び、記号で答えなさい。

	（あ）	（い）	（う）	（え）	（お）	（か）
ア	0～5	熱帯	5～30	温帯	水蒸気《すいじょうき》	17 m
イ	0～5	熱帯	5～30	温帯	乾いた空気	15 m
ウ	5～30	熱帯	30～60	温帯	水蒸気	17 m
エ	5～30	熱帯	30～60	温帯	乾いた空気	15 m
オ	30～45	温帯	45～70	寒帯	水蒸気	17 m
カ	30～45	温帯	45～70	寒帯	乾いた空気	15 m

図1は台風の西側と東側における中心からの距離《きょり》と風速の関係を表すグラフです。

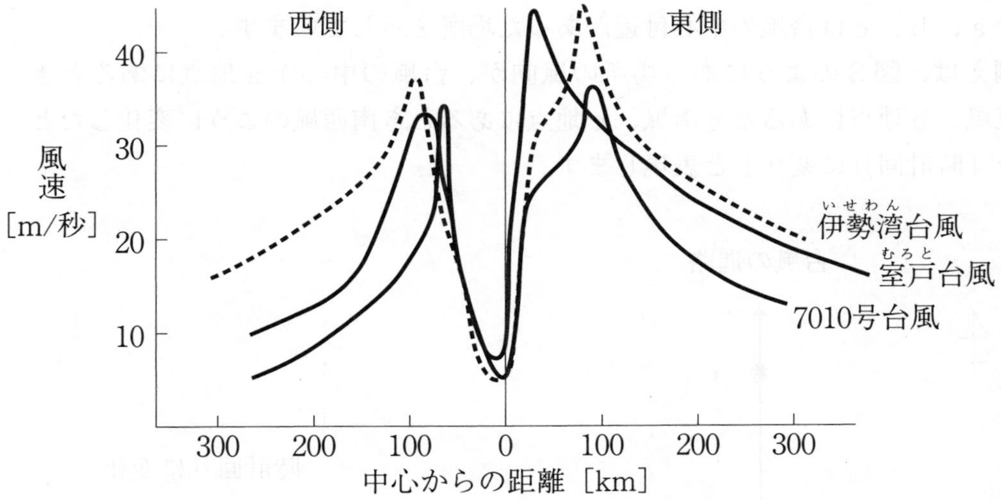

引用元：気象庁《きしょうちょう》　台風に伴う風の特性

図1

問2　下線部①について、この**図1**から分かるように、北上する台風の進路の西側よりも東側の方が風が強い傾向《けいこう》にあります。その理由を説明した以下の文の（あ）～（う）にあてはまる語句の組み合わせとして、最も適当なものを下の**ア～ク**から1つ選び、記号で答えなさい。

台風による風は地表付近では（　あ　）に中心部（　い　）。その風と台風（　う　）の影響で、東側の方が風が強くなる。

	（あ）	（い）	（う）
ア	時計回り	から吹《ふ》き出す	を移動させる風
イ	反時計回り	から吹き出す	を移動させる風
ウ	時計回り	へ吹き込む	を移動させる風
エ	反時計回り	へ吹き込む	を移動させる風
オ	時計回り	から吹き出す	の東側にある太平洋高気圧
カ	反時計回り	から吹き出す	の東側にある太平洋高気圧
キ	時計回り	へ吹き込む	の東側にある太平洋高気圧
ク	反時計回り	へ吹き込む	の東側にある太平洋高気圧

問３　**図２**に示すように、台風が北上しながらＡ地点とＢ地点の間を矢印のように移動したとき、Ａ地点およびＢ地点での台風による風向の変化を最も適切に表しているものを下の**ア～エ**から１つ選び、記号で答えなさい。ただし、**図２**中のａ、ｂ、ｃは台風の中心付近があった場所を示しています。

例えば、**図３**のようにある場所の風向が、台風の中心がａ地点にあるとき南東風、ｂ地点にあるとき南風、ｃ地点にあるとき南西風のように変化したときを「時計回りに変化」と表現します。

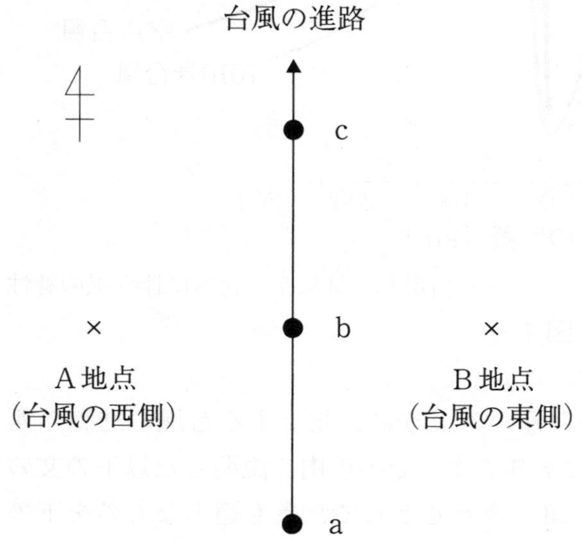

図２

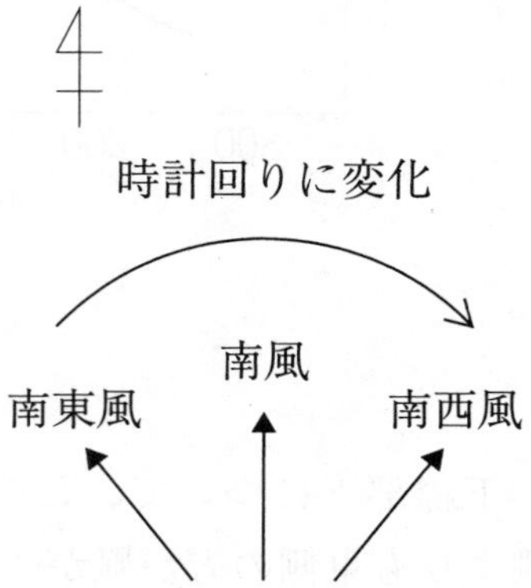

図３

	Ａ地点	Ｂ地点
ア	時計回りに変化	時計回りに変化
イ	時計回りに変化	反時計回りに変化
ウ	反時計回りに変化	反時計回りに変化
エ	反時計回りに変化	時計回りに変化

問４　下線部②について、次の（１）、（２）に答えなさい。

（１）　前線の配置を正しく表しているものを次の**ア～エ**から１つ選び、記号で答えなさい。ただし、点線は（２）の**オ～ク**についての位置を示します。

ア

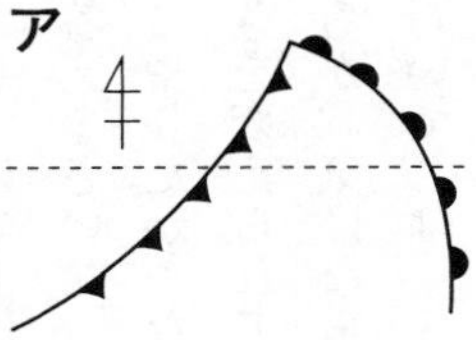

イ

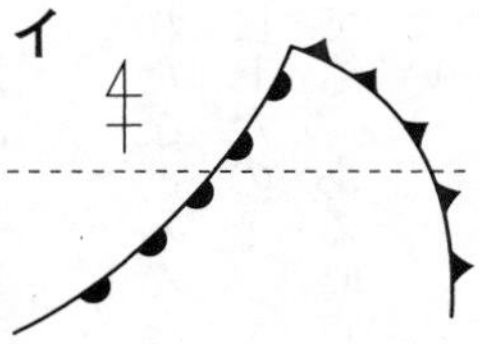

ウ

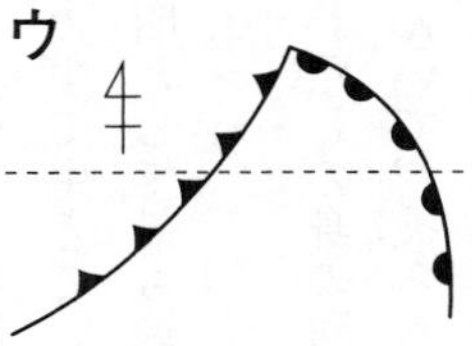

エ

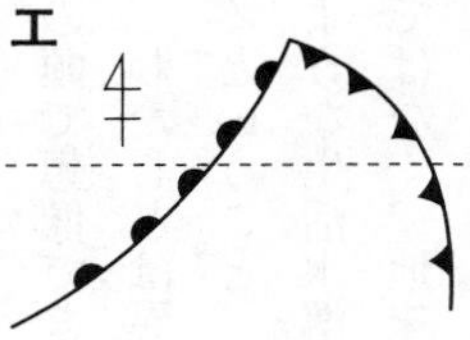

（２）　（１）の前線付近の断面における空気の境目と周辺にできる雲のようすを正しく表しているものを次の**オ～ク**から１つ選び、記号で答えなさい。

オ

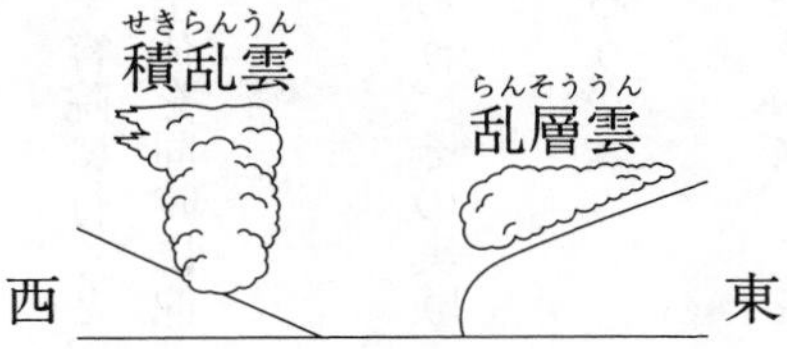

カ

キ

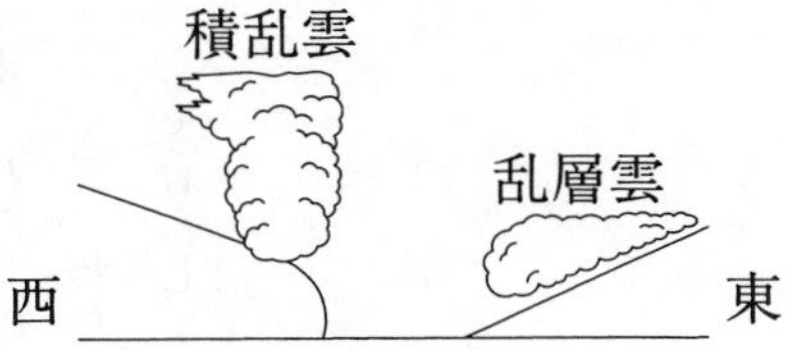

ク

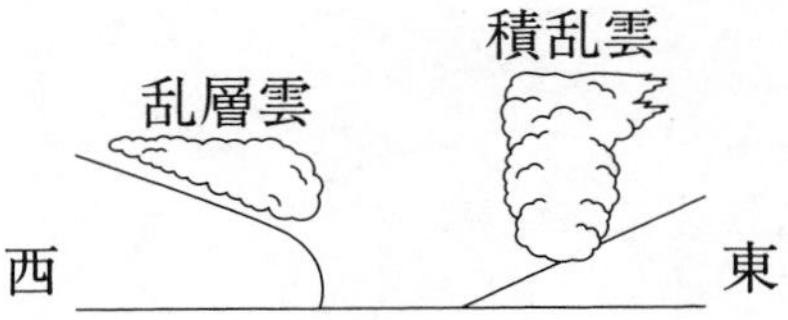

う大きな希望が生まれたから。

問九　本文中の「1」～「6」に当てはまる内容を次のア～カからそれぞれ選び、記号で答えなさい。

ア　ちゃんと厳密にやりたかったんだ。それに、美容院に行くと、内側と外側で長さを変えられてしまうだろう。全体を同時に伸ばしたらどうなるか、気にならないか？

イ　そりゃ訊きづらいでしょ

ウ　人間の髪は一ヶ月に一センチ伸びると言うだろう。その実験だ

エ　はじめて訊かれたな。みんな訊きづらいんだろうか

オ　どうして坊主《ぼうず》にしたの？

カ　全部剃らなくても、ある時点での長さを測っておいて、差を計算したらよくない？

問十　――線部7「わたしの描く相関図の外で暮らしている人たちも、それぞれの相関図の中で生きている」とありますが、どういうことですか。その説明として最も適切なものを次から選び、記号で答えなさい。

ア　世の中には、わたしの身の回りの人々とは直接関わりのない人たちがたくさんいて、彼《かれ》らもわたしの知らないさまざまな人間関係の中で生活しているということ。

イ　わたしが自分の頭で想像できる世界以外にもたくさんの人たちの生活があり、わたしとは異なる人それぞれの価値観の中で生計を立てているということ。

ウ　わたしと同じような生活水準以外の人たちもたくさんいて、派手な人ばかりではなく、地味な雰囲気の人、普段着でふらっと来るような人もいるということ。

エ　わたしが人間観察できる範囲にいない人たちも、わたし以外の誰かにそれぞれが観察され、興味関心を持ったり持たれたりしながら存在しているということ。

オ　わたしの生活圏《せいかつけん》の外で暮らしている人たちのほうがずっと多くて、わたしの知らない世界でみんなそれぞれの個性を生かして暮らしているということ。

内で答えなさい。

問三 □ に入る言葉として最も適切なものを次から選び、記号で答えなさい。

ア 急激に面倒になる傾向があっただけかもしれない
イ 気持ちのいい相槌を打てばいいだけかもしれない
ウ 別の人間といると気が散るだけかもしれない
エ 人見知りで恥ずかしかっただけかもしれない
オ 話が合う相手がいなかっただけかもしれない

問四 ――線部2「気持ちが盛り上がるのがわかる」とありますが、どういうことですか。**当てはまらないもの**を次から**二つ**選び、記号を五十音順に答えなさい。

ア オープンキャンパスに行くなら大貫と一緒に行きたいという須田の気持ちが伝わってきて、うれしい気持ちがあふれてきたということ。
イ 自分が行きたいと意思表示さえすれば、あこがれの東大を二人で見学できて、東大志望の気持ちが強くなってがんばれそうだということ。
ウ 須田がオープンキャンパスに行くのは大貫次第だと言ったので、自分に親しみを持ってくれていると感じ、いい気分になったということ。
エ 男子に頼られるのははじめてだし、須田と一対一で東京まで行けば付き合うことになりそうで、今後の展開に期待を寄せているということ。
オ 自分の決定が相手の行動に影響《えいきょう》を与えるほど、相手が自分に心を寄せてくれたのが今までになく新鮮で、気分が高揚しているということ。

問五 ――線部3「気を抜いていたらしい」とありますが、これは「わたし」のどのような態度を表していますか。三十字以上四十字以内で答えなさい。

問六 ――線部4「侮っていた」とありますが、ここでの「侮る」に最も近い意味の言葉を次から選び、記号で答えなさい。

ア 軽視《けいし》　イ 冷淡《れいたん》　ウ 嘲笑《ちょうしょう》
エ 傲慢《ごうまん》　オ 侮辱《ぶじょく》

問七 ――線部5「同じ大津で育ってきたことを実感してしまう」とありますが、それはなぜですか。解答欄《らん》の「自分と同じように成瀬も」という書き出しに続けて、その理由を三十五字以上四十五字以内で答えなさい。

問八 ――線部6「わたしの胸にもこみあげるものがあって、うまく言葉が出てこない」とありますが、なぜだと考えられますか。その理由として最も適切なものを次から選び、記号で答えなさい。

ア あこがれの東大を見学したついでに池袋に行き、有名なデパートを目の前にして、やっと本物を見ることができたという感激で胸がいっぱいになったから。
イ 地元の大津市をはなれて上京し、心細くなっていたところに見慣れたデパートを目の当たりにして、故郷に帰ってきたような気持ちになりホッとしたから。
ウ 大津市民の生活に溶けこみ親しまれていたデパートが閉店してしまい、池袋で同じデパートを見て、幼《おさな》い頃からの記憶《きおく》がよみがえって懐かしくなったから。
エ 大津市にも同じデパートがあるのでそれとつい比較してしまい、池袋とは規模や品揃えが違いすぎて、本場のレベルの高さに言葉を失ってしまったから。
オ 大津市には現在デパートがないので、東大に入って力をつけて、大人になったらいつか大津市にデパートを建ててやるといわたしが尋《たず》ねると、成瀬は「そうだ」と満足気に答えた。

東大に戻る地下鉄の中で、わたしは成瀬に「　1　」と尋ねた。

成瀬は意外そうな表情でベリーショートの髪に触れる。

「　2　」

「　3　」

反応を見るに、深刻な事情があるわけではないらしい。

「　4　」

意味がよくわからず黙っていると、成瀬が続けた。

「入学前の四月一日に全部剃《そ》ったから、三月一日の卒業式には三十五センチになっているのか、検証しようと思ったんだ」

わたしは思わず噴《ふ》き出した。小学生の頃、朝礼台に上る成瀬の肩《かた》まで伸びる直毛を見て、わたしもあんな髪だったらよかったのにと羨《うらや》んだのは一度や二度じゃない。

「　5　」

わたしだって縮毛矯正《きょうせい》したことで、地毛が伸びるスピードがわかった。

「　6　」

一瞬納得したが、同意するのは悔《くや》しくて「そうだね」と軽く答える。

「しかし短髪が想像以上に快適で、伸ばすのが面倒になってきている」

成瀬は頭頂部の髪をつまんで言った。

「せっかく剃ったんだから、最後までちゃんとやんなよ」

また憎まれ口を叩《たた》いてしまったが、成瀬は真顔で「大貫の言うとおりだな」とうなずいた。

「この前、せっかく来てくれたのにごめんね」

思い切って謝ったのに、成瀬は「何のことだ?」とはぐらかした。

それ以上追及するのも野暮《やぼ》な気がして、何も言わないでおいた。

東大に着いた瞬間、成瀬は「また二学期に会おう」と言い残して雑《ざっ》踏《とう》に消えていった。東大を目指しているのかどうかも定かでなかったが、尋ねたところで腑《ふ》に落ちる答えは返ってこないだろう。

スマホを見ると、須田から「これから理学部の説明会です」とメッセージが入っていた。わたしは「文学部の模擬《もぎ》講義に行ってみます」と返信し、キャンパスマップで文学部の位置を確認する。

一人になって改めてまわりを見ると、いろいろな人がいる。さっきは派手な人ばかり目に入っていたけれど、地味な雰囲気《ふんいき》の人もいるし、普段着でふらっと来たような人もいる。7わたしの描《えが》く相関図の外で暮《く》らしている人たちも、それぞれの相関図の中で生きている。これだけ多くの人がいる世界で、線がつながるなんて奇跡みたいな確率だ。

わたしは文学部に向けて歩を進めながら、二学期がはじまったら今日の出来事を悠子に話したいなと思った。

（宮島未奈《みやじまみな》『成瀬は天下を取りにいく』より）

＊1　湖風祭…滋賀《しが》県立膳所高等学校の文化祭。七月に行われる。

＊2　草津…滋賀県草津市。

＊3　コミュ障…コミュニケーションが苦手な人を表す言葉。

＊4　オープンキャンパス…学校が敷地を受験生のために開放して見学会などを実施するイベント。

＊5　化学班…化学部。膳所高校では部活動を班活動という。

＊6　赤門…東京大学本郷キャンパスにある門。

問一　～～線部a「ご多分に（　）」、～～線部b「（　）の見物」とありますが、（　）にそれぞれ**ひらがな三字**を入れて慣用句を完成させなさい。

問二　――線部1「想定外の事件が起こる」とありますが、「わたし」が想定していなかったのはどのようなことですか。十五字以

「須田くんは？」

「大貫と行きたいと思ったんだ」

わたしの家での出来事を忘れたかのように堂々としている。あの後成瀬とは一言も話していない。熱にうなされて見た悪夢だったのだろうか。

「そんな怖《こわ》い顔をしなくていい。旅は道連れというだろう」

成瀬はわたしの腕《うで》に軽くタッチしてから歩き出した。門を出て少し歩き、地下鉄の入口に入っていく。やっぱり戻《もど》ろうかと迷ったが、好奇心が勝った。

成瀬は池袋《いけぶくろ》行きの地下鉄に乗り込んだ。空いている座席に並んで腰を下ろす。

「花火大会ぐらい人がいたな」

成瀬の一言に、5同じ大津で育ってきたことを実感してしまう。

「どこで下りるの？」

「池袋」

「何があるの？」

「行けばわかる」

訊《き》くだけ損だったなと思っているうちに池袋に着いた。改札《かいさつ》を出てすぐ成瀬の目的がわかるまで、時間はかからなかった。

「西武池袋本店」の文字が目に飛び込んできたのだ。見覚えのあるＳＥＩＢＵのロゴがそこかしこに散らばっている。大津市民が失った光景と再会し、マスクの上から口を押さえた。たしかに、草津市民である須田とはこの感覚を共有できないだろう。

「写真撮ってくれるか」

そう言って成瀬はわたしにデジカメを持たせ、地下入口に立って真顔でピースサインをした。道行く人々が「なんやこいつ」という顔をしながら入っていくので、わたしは慌《あわ》ててシャッターボタンを押す。ここは東京だから「なんだこいつ」が正しいだろうかと思いながら、成瀬にデジカメを返した。

店に入ると、初めて来たはずなのに懐《なつ》かしさを覚えた。西武大津店とはテナントも品揃《しなぞろ》えも全然違うのに、館内の空気が西武なのだ。成瀬は目に涙《なみだ》を浮かべている。ずいぶん大げさだと笑いたくなるが、6わたしの胸にもこみあげるものがあって、うまく言葉が出てこない。

「地上に行って、外から見てみよう」

エスカレーターまでたどり着くにも人をよけて歩かなければならない。西武大津店がいつもガラガラだったことを思い出す。

店の外に出たら、自分が小さくなったような錯覚《さっかく》に陥《おちい》った。西武池袋本店は巨大で、わたしの考えるデパートの五軒《けん》分ぐらいはあった。西武大津店の一階の端で営業していた無印良品だけで一つのビルになっている。「池袋駅東口」と書かれた入口もあるが、どういう構造になっているのだろう。

また成瀬から写真を撮るよう頼まれ、わたしを道連れにしたのはカメラマンにするためだったのだと悟《さと》る。なんだか腹立たしくなり、「わたしの写真も撮ってよ」とスマホを渡した。成瀬の撮った写真はわたしの姿とＳＥＩＢＵのロゴがちゃんと収まっている以外、特筆すべき箇所《かしょ》はなかった。

「本店はすごいな。もはやデパートと言うより街《まち》だな」

成瀬は興味深そうにいろんな角度から写真を撮っている。

「わたしは将来、大津にデパートを建てようと思ってるんだ」

こんなふうに目標とも夢とも野望ともつかないことを気安く口に出せたらどんなに楽だろう。あの寂《さび》れた街にデパートを出店するのはさすがに無茶だと思うが、わたしが反論したところで成瀬が考えを改めるはずがない。

「今日はそのための視察？」

新幹線では隣の席を取ったものの、会話はせずに勉強していた。須田の存在は勉強の邪魔にならないのがいい。わたしは黙々と赤シートを滑《すべ》らせながら英語の文法問題を解いていった。

＊6赤門前では多くの高校生や保護者がスマホで写真を撮《と》っていて、さながらテーマパークのようだった。ＵＳＪに任天堂エリアがオープンしたとき、青空を背景にした同じ構図を飽きるほど見たのを思い出す。（中略）

キャンパスでは高校生が思い思いに歩いていた。大津でいえばびわ湖大花火大会レベルの人出である。膳所《ぜぜ》駅から伸びる閑散《かんさん》としたときめき坂を思ったら、急に故郷が恋《こい》しくなってきた。歩いている人たちも心なしか都会的に見えて、膳所高の制服を着てきたわたしたちが場違いに感じる。洗練された私服や、見たことのないデザインの制服など、普段はファッションに興味がないのに気になってしまう。

ふと、わたしと同じセーラー服が目に入った。奇抜《きばつ》な制服ではないし、別の学校とかぶっていてもおかしくない。視線をその人物の顔に移した瞬間、わたしは悲鳴を上げそうになった。向こうもわたしたちに気付いて手を上げる。

「おう、偶然《ぐうぜん》だな」

成瀬は通学に使っている黒いリュックを背負い、大津《おおつ》市のご当地キャラ「おおつ光ルくん」のトートバッグを提《さ》げていた。髪《かみ》はベリーショートと呼んで差し支えないほど伸びており、二度見されるほどではない。

「わぁ、成瀬さん」

須田はわたしほど驚いた様子はなく、「午前中はどこ行ってたの？」と話しかける。（中略）

成瀬が資料を出して説明しはじめそうになったので、「わたしたち、お昼ごはん食べに行くから」と遮《さえぎ》った。

「成瀬さんもよかったら一緒にどう？」

須田が余計なことを言う。彼《かれ》にとっては遠き地で出会った貴重な同窓生なのかもしれないが、わたしにとっては極力関わりたくない相手である。成瀬だってわたしに対していいイメージはないだろう。当然断るだろうと思ったが、「そうだな」と言ってついてきた。

学生食堂はカフェテリア方式で、好きな主食やおかずをとって精算するタイプだった。わたしがごはんとささみチーズカツと冷奴《ひややっこ》をとったところ、成瀬も主菜にささみチーズカツをとっていた。同じ給食を九年間食べ続けると、昼に食べたいものが似てくるのだろうか。テーブルにはわたしと須田が並んで座《すわ》り、成瀬はわたしの前に座った。

「成瀬さんはどうやって来たの？」

須田の問いに、成瀬は深夜バスで来たと話した。個室タイプの座席で、思ったより快適だったという。わたしも一応「ふーん」などと相槌を挟《はさ》んだが、この状況《じょうきょう》にイライラしてきて、途中から黙って食事に専念した。成瀬はさっき言っていたアイソトープがなんとかという講義《こうぎ》についても説明をはじめ、須田がうなずきながら聞いている。

「わたし、午後は一人で回るね」

なんなら須田も成瀬のほうが理系同士で話が合うだろう。わたしが立ち上がると、須田は「じゃあ、後でね」とのんきに言う。目が合ったらまた動けなくなりそうなので、成瀬のほうは見ないようにした。

食器を返却口《へんきゃくぐち》に片付けて食堂を出る。午後は文学部を見に行くつもりだったが、なんだかすべてがどうでもよくなってきた。いったん東大を抜けようと門に向かって歩いていくと、後ろから「大貫」と呼ぶ声がした。

振り返ると成瀬が一人で立っている。

「行きたいところがあるんだ。付いてきてくれないか」

家が近いことが友達作りに関して裏目に出るとは思わなかった。わたしは再び「ごめん」と言うしかない。

「いや、わたしもそこまで怒《おこ》ってるとかじゃないから。ちょっと気分を変えたくなったっていうか。たぶんかえでもそのほうがいいと思う」

急に悠子が大きく見えて、これまで悠子を4侮《あなど》っていたことを自覚してしまう。悠子がクラスの女子と結託《けったく》してわたしを攻撃《こうげき》してくる可能性もあったのだ。怒っていないと言われても、これからどんな顔をして付き合ったらいいのかわからない。

翌日わたしは熱を出した。ここで休んだらさらに立場を危うくするような気がしたが、コロナ以降、ちょっとした熱でも休むように言われている。ベッドの上でもなかなか眠れず、寝転んだままシステム英単語を開いても内容が頭に入らない。悠子からＬＩＮＥのひとつでも来たら安心できるのに、スマホは沈黙《ちんもく》したままだった。

夕方、インターフォンの鳴る音がした。出なくていいだろうと一度は無視したところに、二度目のインターフォンが鳴る。もしかしたらわたしへのお見舞《みま》いではないかと淡《あわ》い期待を抱《いだ》いて戸を開けると、そこには成瀬《なるせ》が立っていた。

「プリントを届けに来たんだ」

成瀬が差し出したのは保健だよりだった。「朝食をしっかり摂《と》りましょう」という緊急性《きんきゅうせい》の低い見出しが書かれている。

「なんで来たの？　わざわざ来ることないでしょ」

思いのほかきつい声が出てしまった。成瀬は怯《ひる》むことなく「家が近いからな」と答える。

「それにわたしは保健委員なんだ。クラスメイトの健康を守る必要がある」

「ほっといてよ」

わたしは思いっきり引き戸を閉めた。すりガラスの向こうで成瀬の影は数秒間立ち止まっていたが、やがて引き返していった。

あの様子ではわたしが欠席している限り、毎日やって来るに違いない。わたしは熱を下げる方法をスマホで検索した。その最中に須田から「ゆっくり休んでね」と体調を気遣《きづか》うメッセージが届いたが、それどころではない。「ありがとう」の文字が入ったピカチュウのスタンプで無難に応じ、保冷剤《ほれいざい》を枕《まくら》に敷き詰《つ》めたり、熱を下げるツボを押したりと、目についた対処方法を可能な限り実践《じっせん》した。

その甲斐《かい》あってか翌朝には熱が下がった。体温計の三十六度の表示にガッツポーズしたのは初めてだ。登校すると悠子が「大丈夫だった？」と気遣ってくれて、悪いのはわたしなのにと申し訳なくなる。

「きのう、五組の子とお昼食べたんだけど、大人数で、あんまりしっくり来なかった感じで……。今日からまた、一緒に食べてもいい？」

わたしは悠子の手を握《にぎ》り締《し》めたくなったが、そんなことをして気味悪がられたらいけない。

「いいの？」

極力明るい調子で言うと、悠子はうなずいた。

昼休み、わたしはこれまで黙《だま》っていた東大志望のことや、須田との関係について説明した。

「ごめんね。なんとなく恥《は》ずかしくて、言いづらくて」

「そういうこともあるよね」

悠子は大学を出て公務員になりたいという目標を話してくれた。とりあえず東大に行くと決めただけのわたしより、しっかり将来のことを考えている。「悠子ならなれるよ」の言葉が素直に口から出てきた。

オープンキャンパス当日、わたしと須田は朝の七時に京都駅で待ち合わせた。（中略）

悪いかと思い、グラスに麦茶を入れて出す。

「とりあえず、数学の宿題してみる？　大貫さんがどんなふうにやってるか知りたいし」

別の人間と勉強するのは気が散るかと思ったが、須田の気配は薄《うす》く、支障はなかった。一通り問題を解いた後、「ここが難しかった」とか、「ここは時短できる」など感想を言い合う。解答に至った思考の流れを細かく説明すると、須田は「わかる」とか「それはすごいね」などと気持ちのいい相槌《あいづち》を打ってくれた。これまで自分を＊3コミュ障だと思ってきたが、単に［　　　］と思った。

「八月の＊4オープンキャンパス、大貫さんは行く？」

東大のオープンキャンパスがあることはホームページを見て知っていたが、まだ一年生だし、わざわざ新幹線に乗って行くという発想がなかった。コロナが流行《はや》る前に家族でディズニーランドに行って以来、新幹線にも乗っていない。中学の修学旅行も本来は東京に行くはずだったのに、伊勢神宮とおかげ横丁の日帰り旅行でお茶を濁《にご》された。

「須田くんは行くの？」

「まだ決めてなくて。大貫さんが行くなら行こうかな」

そんなふうに言われるのははじめてで、2気持ちが盛り上がるのがわかる。

わたしはスマホで東大のオープンキャンパスについて改めて検索《けんさく》してみた。その日は塾の夏期講習があるが、オープンキャンパスのためなら休んでも構わないだろう。

「行ってみようかな」（中略）

「ここ二年はコロナで中止だったんだって。今年は開催《かいさい》でよかった」

須田は小学生のごとく無邪気《むじゃき》に楽しみにしている様子だ。

その日の夜、友達とオープンキャンパスに行きたいと話すと、母は「友達できたの？」と驚いた様子だった。男子だと知られると厄介《やっかい》なことになりそうなので、草津に住んでいるとか＊5化学班に入っているとか無難な紹介をした。

それ以来、須田とはＬＩＮＥ《ライン》でメッセージをやりとりするようになった。新たな味方ができたわたしは、自分でも気付かぬうちに3気を抜いていたらしい。いつものように悠子《ゆうこ》と昼ごはんを食べていると、思わぬアクションが飛んできた。

「かえでって、わたしのことどうでもいいと思ってるでしょ」

大変申し訳ないことに、悠子が渾身《こんしん》の一言を放った瞬間も、わたしはほかのグループを見て人間関係の動向を確認していたのだった。不意を突《つ》かれて「そんなことないよ」の打ち消しが出てこなかった。

「わたしに興味がないんだろうなって前から思ってたの。それは仕方ないことかもしれないけど、明らかにこっちに伝わっちゃうのはどうなの？」

冷静なトーンだったけれど、目が泳いでいて、相当な勇気を持って伝えてくれているのがわかる。わたしが島崎《しまざき》に対して同じことを思ったときには何も言えなかったというのに。

「しばらく迷ってたけど、明日から、別のところでお昼食べようと思う」

そこで初めてわたしは事の重大さに気付いた。

「ごめん、そんなつもりはなくて」

「無理しなくていいよ。須田くんと食べたら？」

慎重《しんちょう》に立ち位置を見極めていたつもりが、一からすべて否定された気分だ。わたしに見えている程度のことは悠子にも見えていたのだ。

思わず「悠子はどうするの？」と問い返す。

「毎朝電車で一緒になる子が五組にいて、その子と食べようかなって思ってるの」

完敗だ。悠子には通学電車というもうひとつのコミュニティがある。

ということ。

問七　――線部５「これは醤油も同じでした」とありますが、醤油のどのような点が日本酒と同じなのですか。二十字以上三十字以内で説明しなさい。

問八　――線部６「この醸造方法は、日本の醤油醸造業を救った」とありますが、これはどういうことですか。四十字以上五十字以内で説明しなさい。

問九　あなたが醸造業を営む場合、伝統的な日本のやり方と、近代的な設備で作るやり方のどちらを行いますか。本文をふまえ、理由とともに答えなさい。伝統的と近代的のどちらを選んでも試験の点数に差はつきません。

四

次の文章を読んであとの問いに答えなさい。

＊1湖風祭前後にカップルが激増するという話があるそうだが、aご多分に（　　）一年三組にも甘い空気が漂《ただよ》ってきた。誰が誰に告白したといううわさ話を小耳でキャッチして、相関図に反映させる。先輩や別のクラスの生徒と付き合う人もいて、人間関係は広がりを見せた。従来のグループから逸脱《いつだつ》する人もいれば、もとの線を保つ人もいる。入学当初から仲良くなりそうだったと感じるカップルもあれば、意外な組み合わせもあって、リアリティ番組のように楽しんでいた。

そんなb（　　）の見物を決め込んでいたわたしに、1想定外の事件が起こる。

「大貫《おおぬき》さん、一緒に帰らない？」

校門を出たところで声をかけられ振《ふ》り向くと、同じクラスの須田《すだ》直《なお》也《や》が立っていた。須田とは同じ大道具係で何度か会話を交わしたが、好意を持たれるような内容ではなかったはずだ。物腰《ものごし》が柔《やわ》らかく、わたしたちのような女子でもむやみに傷つけないタイプだと思っていたけれど、まさかわたしに向けて線を伸《の》ばしてくるとは思わなかった。

たしか須田は＊2草津《くさつ》駅近くのマンションに住んでいると言っていた。徒歩通学のわたしとはどう考えても経路が違《ちが》う。

「なんでわたしと？」

須田は少しだけ周りをうかがってから、「大貫さん、東大目指してるでしょ」と言った。

「どうして知ってるの？」

須田はリュックから『東大英語1』の緑の表紙を覗《のぞ》かせた。塾《じゅく》で使っているテキストで、わたしも同じものを持っている。

「鞄《かばん》に入ってるのがたまたま見えちゃって。僕も草津駅前校に通ってるんだ」

何も言えずに視線を落としていると、須田の方から口を開いた。

「まぁ、その、付き合うとかじゃなくて、情報交換《こうかん》できたらいいなと思って」

さっそくフラグをへし折られたが、それはそれで悪くない気がする。わたしたちを取り囲むもやもやが晴れて、須田がかけているメガネの黒いフレームがくっきり見えた気がした。

「わたし、これから家で勉強するんだけど、須田くんも来る？」

言ったそばからずいぶん大胆《だいたん》な提案をしてしまったと後悔するが、すでにそういう間柄《あいだがら》ではないことは確認できている。須田は「大貫さんがいいなら」と家まで付いてきた。

玄関《げんかん》の鍵《かぎ》を開けた瞬間《しゅんかん》、急激に面倒《めんどう》くさくなった。わたしの部屋はわたし一人のために最適化されていて、もうひとり迎《むか》え入れるようにはなっていない。中学に入ってからは女子ですら来たことがなかった。

ひとまず「わたしの部屋、散らかってるから」とダイニングテーブルに案内した。母と妹は六時頃《ごろ》まで帰ってこない。何も出さないのも

オ　たがさえしっかりと作れば桶や樽ができあがることを、人というものは緊張感や気のゆるみで結果が大きく変わるものだという内容。

問五　――線部3「アメリカからみた日本の醸造発酵の世界というのは、ひとことでいうなら『クレイジー』だったようです」とありますが、これはどういうことですか。最も適切なものを次から選び、記号で答えなさい。

ア　効率よく大量生産することが当たり前と考えるアメリカ人にとってみれば、たとえ時間がかかって、無駄《むだ》が多く出たとしても、昔ながらの製法で非常に上質な酒や醤油を生み出す日本人の醸造技術は、考えられないほどの高い技術なので、そのままにしておくと、アメリカをおびやかすほど技術が進歩、発展して、将来、再び日本が敵国になると危険視されたということ。

イ　日本人にとってなんら気にならないことであっても、アメリカ人にとって日本の木桶や樽作りの方法は伝統的な醸造業と同じで、効率が悪く無駄が多く、悠長で、不潔であるという欠点ばかりが目立ち、それを続けていることは異常なことであって、戦後の日本を統治する際にはそういった産業には材料の支援や協力はできないという判断の原因になったということ。

ウ　日本人が行う物作りは、大量に速く製品を作るのが当たり前のアメリカ人の目には、遅《おそ》くて無駄が多くて不衛生で量も少なく、品質もそれほどよくないものに映ったため、もっと効率がよく大量生産できて安全で近代的な製造方法を教えることによって、それまで日本人にとって普通《ふつう》だった悠長で利益よりも伝統を重んじるという考え方自体を変えようとしたということ。

エ　アメリカ人からみると、なかなかできあがらないことや作っているうちに量が減っていってしまうこと、材料の半分近くがかすになってしまうことや、汚《きたな》いと感じてしまうことといった数多くの点で日本で昔から伝統的に行われてきた木桶を使った酒造りや醤油造りの方法は理解できないもので、こういった製品の製造に協力はできないと判断されたということ。

オ　木桶を使った日本の伝統的な醸造方法を行うと、普通であれば多くかすが出たり、欠減の割合が多かったり時間がかかったりする問題が解決されるため、アメリカ人は日本の醸造発酵の技術に驚《おどろ》き、唯一《ゆいいつ》の欠点である不潔であるという衛生面の解決が必要であることを指摘《してき》してそれが解決されれば材料をまわすことができると判断することになったということ。

問六　――線部4「当時の状況からすれば無理もないことですが」とありますが、これはどういうことですか。最も適切なものを次から選び、記号で答えなさい。

ア　ＧＨＱからの指示や統制がある状況では、質を落とした三増酒、合成酒しかつくることができないことは納得《なっとく》できるということ。

イ　贅沢品《ぜいたくひん》である酒をつくることが制限されてしまっている状況なので、質を落としてでも酒をつくろうとするのは仕方がないということ。

ウ　戦後の食糧不足の状況下では、贅沢品である酒は飲めるだけでかまわないので、質の悪い三増酒がはやるのは理解できるということ。

エ　ひもじい思いをしている状況なので、酒で飢《う》えを満たしたいという思いから三増酒を求める人々が増えるのは仕方がないということ。

オ　欠減などの不利な点がある状況下での酒づくりであっても、酒づくりを絶やさないために三増酒をつくるのはやむをえない出回りました。

そして戦後も、激しい食糧不足は続きます。その時に、今も醤油を主力商品とする食品メーカー、キッコーマンの研究員が、醤油のもろみにアミノ酸液を加えて一緒《いっしょ》に発酵させる新式二号という製法を発明しました。6この醸造方法は、日本の醤油醸造業を救ったといわれる画期的な方法でした。五〇日間で完成し、味もそれなりに満足のいくものです。

アミノ酸液を加えて速醸《そくじょう》するというと、現在だとイメージが良くないかもしれませんが、この発明が「日本の醸造業はクレイジーだ、とても原料大豆を支援《しえん》することはできない」といっていたGHQを動かし、醸造してつくる醤油業界に原料大豆をまわしてもらえることになったのでした。この技術のおかげで現在の醤油業界が生き残ることができた、といわれています。

藤井製桶所の上芝雄史さんによると、こういった蔵元が抱《かか》えていた事情以外にも、当時、戦争で失った家を再建したい人が多く、木材が高騰《こうとう》したことも、木桶の減少に影響したといいます。

木材の高騰と逆に、軍需《ぐんじゅ》産業がなくなったことで、鉄が余って安くなりました。こうして戦時中に軍艦《ぐんかん》をつくっていた会社が、次の活路としてホーロータンクをつくるようになったのです（ホーローは、鉄などの金属のまわりをガラスでコーティングしてつくられます）。このホーロータンクも戦後のいっとき多くつくられましたが、現在では一社しか製造するところが残っていません。

生活の道具として使われてきた小さい木桶は、プラスチックが登場してから取って代わられ、生産量がガクンと減りました。

（竹内早希子《たけうちさきこ》『巨大おけを絶やすな！
日本の食文化を未来へつなぐ』より）

問一　――線部1「付加価値」とは何ですか。最も適切なものを次から選び、記号で答えなさい。

ア　その蔵で作った醤油にしかない独特な香りやしょっぱさ。
イ　近代的な設備で作ったのではなく木桶で作ったという製造方法。
ウ　木桶仕込みならではのクセや個性が均一に保たれること。
エ　自然食品店や、生活協同組合で醤油を売ってもらえること。
オ　醤油の味が均一ではなく個性にとぼしいということ。

問二　――線部2「手間」のここでの意味として最も適切なものを次から選び、記号で答えなさい。

ア　発見　　イ　技術　　ウ　進歩
エ　移動　　オ　仲介《ちゅうかい》

問三　本文中の[A]～[C]に入れるのに最も適切な言葉を、三字以内でそれぞれ本文中からぬき出して答えなさい。

問四　本文中の[D]にはどのような内容の文が入ると考えられますか。最も適切なものを次から選び、記号で答えなさい。

ア　ゆるんだりしまったりする柔軟《じゅうなん》なたがの性質を、秩序や法律を柔軟に運用することが重要であるということにたとえているという内容。
イ　たががなくてもほかの材料がしっかりしていれば桶や樽ができあがることを、人間社会の協力や秩序にたとえているという内容。
ウ　桶や樽作りでたがは最後にしめることを、秩序や規律は人の生活文化の中で最後にできあがったことにたとえているという内容。
エ　たががはずれたりゆるんだりすると桶や樽がばらばらになってしまうことを、人間社会の規律や秩序にたとえているという内容。

り、技術の高い桶職人がつくった桶であれば、さらに一〇〇年近く使うことができます。

場合によっては醤油屋で使われた後に、味噌《みそ》屋に行くこともあります。もちろん、醤油屋から味噌屋に行かないパターンや、醤油屋が新しい桶をつくるパターンもあります。

木桶に逆風が吹《ふ》き始めたのは、時代が昭和に入ってからのことです。大桶を使うサイクルが狂《くる》い始めたのです。

まず、スタートの鍵《かぎ》をにぎる酒蔵が、新桶をつくらなくなりました。

第二次世界大戦中、そして戦後と、酒蔵は厳しい状況《じょうきょう》に置かれていました。食べるものがなくて餓《う》え死にする人がたくさんいた時代、米を発酵《はっこう》させてアルコールにするお酒が超《ちょう》ぜいたく品だったことは間《ま》違《ちが》いなく、つくる量を極端《きょくたん》に制限しなければなりませんでした。なんとか酒蔵を絶やさないために、数軒《すうけん》の酒蔵を合併《がっぺい》してほそぼそと製造を続けたところも少なくありません。

戦争が終わり、GHQ《ジーエイチキュー》（連合国最高司令官総司令部）の統治が始まりますが、3アメリカからみた日本の醸造発酵の世界というのは、ひとことでいうなら「クレイジー」だったようです。

たとえば醤油なら、原料を仕込んでから一年以上経《た》たなければ商品（醤油）ができないという悠長《ゆうちょう》さ。仕込んだ大豆や小麦のうち、四〇パーセントがしぼりかすになってしまう効率の悪さ。さらに、木桶は「不潔」であるとして、極力使わないように、と保健所が指導してまわりました。

そしてもっとも影響《えいきょう》が大きかったのは、酒づくりで起こる欠減《けつげん》の問題でした。

欠減というのは、酒を仕込んで完成するまでの間に蒸発して減ってしまう分のことです（樽で仕込むウイスキーやワインの世界ではこれを「天使の分け前（エンジェルズシェア）」と呼び、お酒がおいしくなるために天使にあげる分、ととらえます）。

「桶が酒を飲む」といわれるくらい、木桶は木の肌《はだ》で酒を吸います。また、樽と違って密閉されていないため、蒸発して減ってしまう分も加わって、ホーローやステンレスなどのタンクと比べて、欠減が大きくなります。つまり、木桶でつくると酒蔵が損をするというわけです。

不潔だのなんだのと言われたうえに損をするんじゃ、割に合わない……、酒蔵が一斉《いっせい》に木桶からホーロータンクに切りかえていきました。

当然、酒の味はがらっと変わります。

当時、消費者から「戦後の酒はうすっぺらい」「味がない」「カドがある」など、さまざまなクレームが寄せられたという記録が残っています。これは一〇年ほど続きましたが、やがて消費者も慣《な》れたのか、クレームも減っていきました。

当時は、アルコールであればなんでもいい、という時代でした。三《さん》増酒《ぞうしゅ》、合成酒といわれる粗悪《そあく》な酒をみんな喜んで飲みました。三増酒は戦時中に生まれたお酒で、米と米麹《こめこうじ》でつくったもろみに、水でうすめたアルコールやぶどう糖を足し、酸味料やうまみ調味料で味を整えたものです。もとのもろみの三倍の量になるので三増酒。こういうお酒がはやりました。

4当時の状況からすれば無理もないことですが、日本酒本来のつくり方、味でなくてもいいという人が多かったため、いつしか本来の酒の味が忘れられていったのです。

5これは醤油も同じでした。戦時中、食糧難《しょくりょうなん》を乗り切るために脱《だっ》脂《し》大豆《だいず》を塩酸で分解し、これに甘味料《かんみりょう》やカラメル色素を加えた「アミノ酸醤油」が出回ります。また、南の国から入ってくるココヤシのかす（油をしぼった後のもの）で麹《こうじ》をつくり、これと醤油のしぼりかすを使って醤油をつくる「新式醤油」が登場します。いよいよ食糧がなくなってくると、塩水に醤油のしぼりかすで色をつけた「代用醤油」もなどで、蔵元ごとの個性を感じることができて、時間をかけて伝統的な製法でつくる木桶仕込《きおけじこ》み醤油を選んで買う消費者が増えてきたのです。

近代的な設備でつくられた醤油は、クセがなく、品質のブレもなく、均一にレベルが保たれる反面、個性にとぼしいという面があります。

「こんなふうに、木桶仕込みの醤油に1付加価値がつく時代が来るとわかっていたら、あのとき蔵や木桶をつぶすんじゃなかったなあ。一度壊《こわ》してしまったら、もう二度とつくれないもんなあ」と後悔《こうかい》する蔵元もいます。

そもそも、なぜ木桶はこんなに減ってしまったのでしょうか？

藤井《ふじい》製桶所の上芝雄史《うえしばたけし》さんが持っている資料によると、明治、大正の頃《ころ》には輪竹《わだけ》(たがにするための竹)の業者の組合、樽《たる》の底をあつかう業者の組合、フタをあつかう業者の組合があり、さらに樽は樽でも酒《さか》樽《だる》と醤油樽をつくる業者の組合は別々に存在していました。また、木《き》取《ど》り商《しょう》といって、桶専門の材木問屋さんもいました。

組合が別々にあることからわかるように、かつての桶づくりの仕事は完全に分業化されていました。また、それぞれ専門分野として作業を分担しなければならないほど、桶や樽関連の仕事が多かったことが想像できます。

桶の材料は、桶づくりを依頼《いらい》する造り酒屋や醤油屋が木取り商から買って桶師《おけし》にわたします。桶師は造り酒屋の敷地《しきち》に出入りして桶をつくります。桶師は出職《でしょく》といって道具を持って全国をわたり歩き、桶づくりの「2手間」だけでお金をかせぐしくみでした。

ご飯を入れる［A］や洗面桶など生活に使う小さな桶づくりは小仕事《こしごと》といい、こんこん屋、とんとん屋とも呼ばれる町の桶屋さんが担当しました。「［B］から［C］まで」といわれるほど、桶は人が一生を通じてつきあう生活必需品《ひつじゅひん》でした。

明治時代の記録を見ると全戸数の一〇〇軒《けん》に一軒が桶屋だったことがわかり、これは二つか三つの町ごとに必ず一軒は桶屋があった、という計算になります(小泉和子《こいずみかずこ》編『桶と樽──脇役《わきやく》の日本史』法政大学出版局より)。

赤ちゃんが産湯《うぶゆ》をつかう産湯桶、毎日井戸から水をくむつるべ、水桶、たらい、おひつ、食べ物を入れて運ぶ岡持《おかも》ち、風呂桶《ふろおけ》(浴槽《よくそう》)、洗面器用の小桶、手桶、棺桶《かんおけ》、日常のさまざまな場面で桶が使われていましたから、これだけ桶屋があったのも当然かもしれません。

桶を締《し》めるたがについては、今でも使われている慣用句がたくさんあります。

箍《たが》がはずれる　緊張《きんちょう》がとけてハメをはずしてしまうこと。それまでの秩序《ちつじょ》がなくなること。

箍がゆるむ　秩序がなくなること。緊張がゆるんだり、年をとって鈍《にぶ》くなったりすること。

箍をしめる　ゆるんだ秩序や決まり、気持ちを引きしめること。

［D］なんともいいセンスですね。

さて、この頃の木桶の一生には、大きなサイクルがありました。江戸時代、数ある職業の中で、かせぎが良かったのは酒蔵でした。大桶づくりにはお金がかかりますが、まず、お金を持っている酒蔵が新桶を注文します。ここが木桶のサイクルのスタートです。

酒蔵が新しい桶でお酒を醸《かも》しているうちに、二〇年から三〇年たつと木桶からお酒がしみ出すようになってきます。

そうなったら、大桶を一度解体し、ばらした板を削《けず》って組み直し、次は醤油屋に引き取られます。醤油には塩分があるので、塩の効果で木桶は腐《くさ》りにくく、塩分が固まって隙間《すきま》をうめるためにもれづらくな

2024年度 栄東中学校

【国語】〈東大特待Ⅰ試験　四教科型〉（五〇分）〈満点：一五〇点〉

注意　字数指定のある問題は「、」や「。」も一字として数えるものとします。

一　次の（1）～（8）に当てはめるのに最も適切な言葉をあとの語群から選び、それぞれ漢字に直して答えなさい。ただし、語群の言葉は一度ずつしか使いません。

・（ 1 ）だから助けてください。
・お（ 2 ）でもほめられたらうれしい。
・この墓には（ 3 ）した天才画家が眠《ねむ》っている。
・この企画《きかく》のメリットは（ 4 ）にいとまがない。
・必死の（ 5 ）で走る。
・（ 6 ）にとらわれない考え方。
・（ 7 ）を重ねた上での決断。
・誰《だれ》にも（ 8 ）することなく独学をつらぬいた。

【語群】
シジ　セジ　ソウセイ　ゴショウ
マイキョ　ジョウセキ　ギョウソウ　ジュッコウ

二　次の（1）～（10）に当てはめるのに最も適切な言葉をあとの語群から選び、それぞれ記号で答えなさい。ただし、記号は一度ずつしか使いません。

・（ 1 ）世の中になったものだ。
・（ 2 ）もまけてくれない。
・約束を（ 3 ）にされていら立つ。
・（ 4 ）なく意見を述べる。
・人の（ 5 ）ばかりしてきらわれてしまう。
・（ 6 ）を決めこむ。
・（ 7 ）な感想ばかりでつまらない。
・（ 8 ）な態度で人に接してはいけません。
・彼《かれ》の話は（ 9 ）だ。
・彼のおだやかな（ 10 ）がうかがえるエピソード。

【語群】
ア　忌憚《きたん》　イ　日和見《ひよりみ》　ウ　眉唾物《まゆつばもの》
エ　びた一文《いちもん》　オ　あらさがし　カ　反故《ほご》
キ　月並《つきな》み　ク　高飛車《たかびしゃ》　ケ　人となり
コ　世知辛《せちがら》い

三　次の文章を読んで、あとの問いに答えなさい。

現在、国内に残っている木桶《きおけ》は四五〇〇～四七〇〇本といわれていますが、そのうち一一〇〇本が小豆島《しょうどしま》に集中しています。昔ながらのつくり方の醤油蔵《しょうゆぐら》が多く残っている、ちょっとめずらしい地域です。

木桶が今日までこんなにたくさん残った理由は、

「木桶の価値を意識しながら近代化したから」

戦後、日本の醸造《じょうぞう》業《ぎょう》が設備を近代化し、どんどん変わっていく中で、小豆島の蔵元《くらもと》は、木桶を捨てませんでした。大規模生産を目指した蔵元は、木桶をたくさん集めて工場にずらりと並べるという、ちょっとユニークな近代化の道をたどりました。

近年、木桶の良さが見直されてきています。一九八〇年代から、こだわりの商品を置く自然食品店や、生活協同組合、会員制宅配の会社

2024年度

栄東中学校　▶解説と解答

算　数　＜東大特待Ⅰ試験　4教科型＞（50分）＜満点：150点＞

解　答

1 (1)　2 ： 3　(2)　39個　(3)　62.8cm^2　(4)　24分　(5)　13分30秒　(6)　$\frac{2}{7}$倍

2 (1)　解説の図3を参照のこと。　(2)　1 ： 4　**3** (1)　1 ： 2　(2)　4 ： 3　(3)　$\frac{5}{12}$倍　**4** (1)　ア　10　イ　7　(2)　ウ　12　エ　220　(3)　22

解　説

1　割合，場合の数，条件の整理，面積，仕事算，消去算，速さと比，相似，辺の比と面積の比

(1)　マヨネーズとケチャップの割合が３ ： ２のオーロラソースをＣとする。Ａにはマヨネーズが，３÷(３＋１)×100＝75(％)，Ｂにはマヨネーズが，１÷(１＋１)×100＝50(％)，Ｃにはマヨネーズが，３÷(３＋２)×100＝60(％)含《ふく》まれているから，右の図１のように表すことができる。図１で，ＢとＣの割合の差は，60－50＝10(％)，ＡとＣの割合の差は，75－60＝15(％)だから，ＣはＡとＢを，$\frac{1}{15}$：$\frac{1}{10}$＝２ ： ３の割合で混ぜたものとわかる。

図１

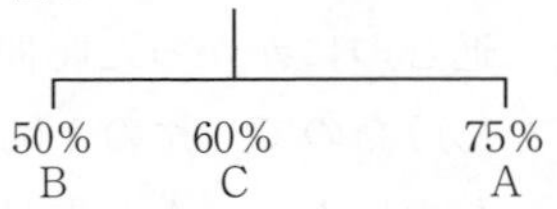

(2)　かりに，カヌレが実際よりも１個多く売れたとすると，売り上げは，26200＋300＝26500(円)になる。このとき，カヌレの個数はクッキーの個数のちょうど２倍だから，カヌレ２個とクッキー１個を組にすると，１組の値段は，300×２＋100×１＝700(円)になる。そこで，ケーキの個数を○個，カヌレ２個とクッキー１個の組の数を△組とすると，500×○＋700×△＝26500(円)と表すことができる。等号の両側を100で割って簡単にすると，５×○＋７×△＝265となるので，○と△の組は右の図２のようになる。さらに，クッキーの個数は△と等しく，実際のカヌレの個数は△の２倍よりも１少ないから，それぞれの個数は右の図３のようになる。このうち，条件に合うのは太線の部分なので，カヌレの個数は39個とわかる。

図２

○	53	46	39	32	25	18	11	4
△	0	5	10	15	20	25	30	35

図３

ケーキ	46	39	32	25	18	11	4
カヌレ	9	19	29	39	49	59	69
クッキー	5	10	15	20	25	30	35

(3)　問題文中の図で，多角形の外角の和は360度だから，正七角形の１つの外角は360度の$\frac{1}{7}$である。つまり，それぞれのおうぎ形の面積は，半径が等しい円の面積の$\frac{1}{7}$になる。また，７個のおうぎ形の半径はそれぞれ１cm，２cm，…，７cmである。よって，影《かげ》のついた部分の面積は，(１×１＋２×２＋３×３＋４×４＋５×５＋６×６＋７×７)×3.14×$\frac{1}{7}$＝140×3.14×$\frac{1}{7}$＝20×3.14＝62.8(cm^2)と求められる。

(4)　作業全体の量を30と40の最小公倍数の120とし，栄くん，東さん，中さんが１分間にする作業の量をそれぞれA，B，Cとすると，A＋B＝120÷30＝４(…ア)，B＋C＝120÷40＝３(…イ)となる。また，ある教室での作業では，栄くんと中さんが10分ずつ，東さんが，35＋10＝45(分)作業して仕上がったので，$A\times10+B\times45+C\times10=120$（…ウ）となる。次に，ア，イの式の等号の両側を10倍すると，それぞれ右の図4のエ，オのようになり，ウの式からエ，オの式をひくと，カのようになる。よって，$B=50\div25=2$ とわかり，これをア，イの式にあてはめると，$A=4-2=2$，$C=3-2=1$ と求められる。したがって，$A+B+C=2+2+1=5$ なので，最初から最後まで3人で作業するときにかかる時間は，$120\div5=24$（分）とわかる。

図4

$A\times10+B\times45+C\times10=120$（…ウ）
$A\times10+B\times10=40$（…エ）
$B\times10+C\times10=30$（…オ）
$B\times25=50$（…カ）

⑸　栄くんと東さんの進行のようすをグラフに表すと，右の図5のようになる。また，栄くんが歩く速さと走る速さの比は1：2だから，栄くんが同じ道のりを歩くのにかかる時間と走るのにかかる時間の比は，$\frac{1}{1}:\frac{1}{2}=2:1$ であり，アは，$4\times\frac{1}{2}=2$（分）となる。図5で，東さんが，$2+4=6$（分）で歩いた道のりを栄くんは4分で歩いたから，東さんと栄くんが歩く速さの比は，$\frac{1}{6}:\frac{1}{4}=2:3$ とわかる。すると，東さんが歩く速さと栄くんが走る速さの比は，$2:(3\times2)=1:3$ なので，東さんが学校から駅まで進むのにかかった時間と，栄くんが走って学校から駅まで進むのにかかった時間の比は，$\frac{1}{1}:\frac{1}{3}=3:1$ とわかる。この差が，$(2+4+2+3)-2=9$（分）なので，比の1にあたる時間は，$9\div(3-1)=4.5$（分）となり，東さんが学校から駅まで進むのにかかった時間は，$4.5\times3=13.5$（分）と求められる。これは，$60\times0.5=30$（秒）より，13分30秒となる。

図5

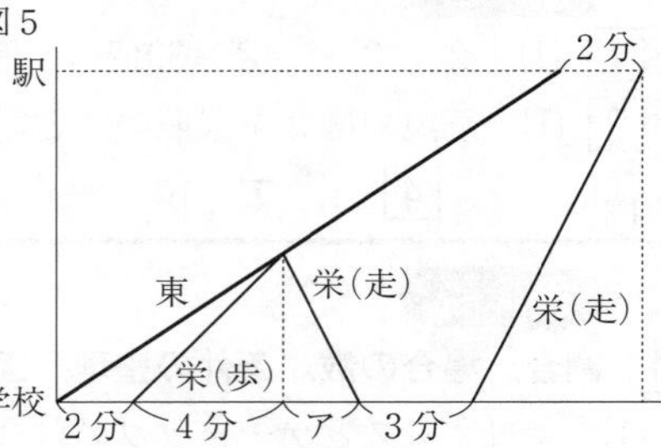

⑹　正方形の1辺の長さを6とすると，右の図6のようになる。はじめに，三角形APGと三角形ASDは相似であり，相似比は，AG：AD＝2：(2＋4)＝1：3なので，PG＝①とすると，SD＝③となる。次に，AFとECは平行だから，DS：SR＝DF：FC＝1：1となり，SR＝③とわかる。さらに，三角形APGと三角形CRHは合同なので，HR＝①であり，RSの長さはHDの長さの，$\frac{3}{1+3+3}=\frac{3}{7}$（倍）となる。つまり，影のついた平行四辺形PQRSの面積は，平行四辺形GBHDの面積の $\frac{3}{7}$ 倍である。さらに，平行四辺形GBHDの面積は，正方形の面積の，$\frac{4}{6}=\frac{2}{3}$（倍）である。よって，影のついた部分の面積は，正方形の面積の，$\frac{2}{3}\times\frac{3}{7}=\frac{2}{7}$（倍）と求められる。

図6

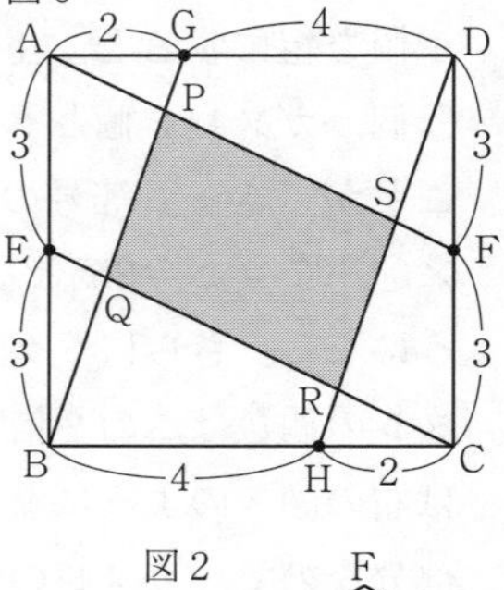

2　平面図形―構成，相似

⑴　右の図1のように，辺BCについて点Dと線対称《たいしょう》な位置の点をD′として直線AD′をかくと，これをもとにして，点Aから出て辺BC上で1回反射して点Dまで進む光の道すじを考えることができる。同様に，右の図2のように3個の正六角形をつけたすと，1回目に辺BC上

図1

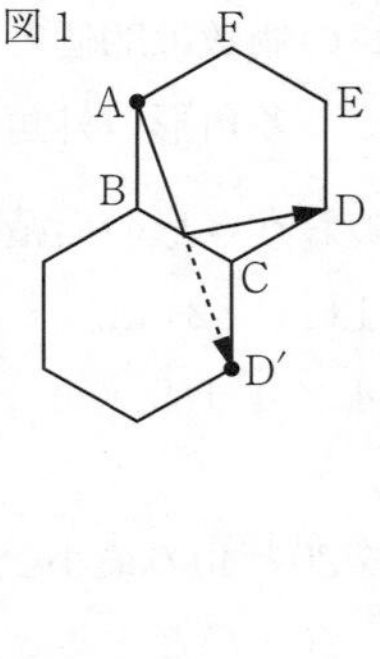

図2

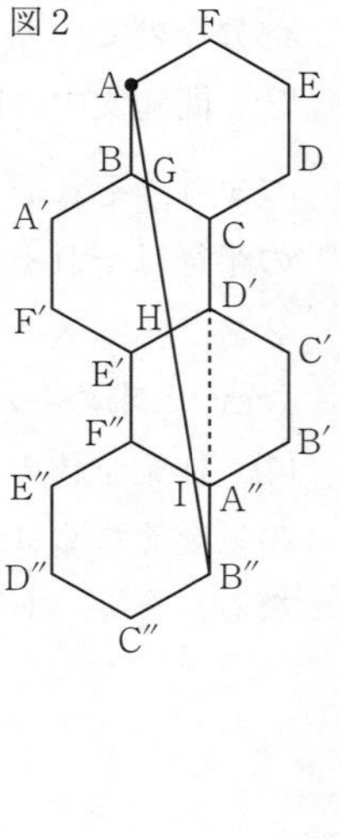

の点G，２回目に辺DE上の点H，３回目に辺AF上の点Ｉで反射して，点Bまで進む光の道すじを考えることができる。よって，直線を解答欄《らん》の図にかくと，右の図３のようになる。

図３
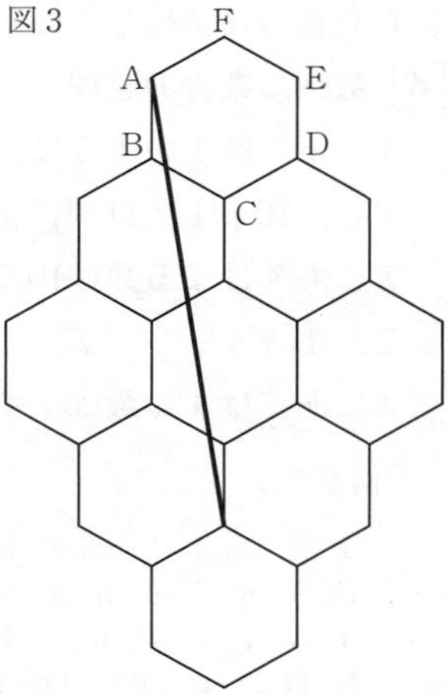

⑵　図２で，正六角形の１辺の長さを１とすると，B″Cの長さは，１＋２＋１＝４となる。三角形ABGと三角形B″CGは相似であり，相似比は，AB：B″C＝１：４だから，BG：GC＝１：４である。

3　立体図形―分割，体積

⑴　切り口は下の図１の台形QPRSになり，三角柱の上側の底面ABCと下側の底面DEFを重ねてかくと，下の図２のようになる。図２で，ＰはACの真ん中の点だから，AP＝([1]＋[3])÷２＝[2]，RP＝[2]－[1]＝[1]となる。また，SRとQPは平行なので，AS：SQ＝DR：RP＝１：１となり，AS＝SQ＝②÷２＝①とわかる。よって，DS：SE＝１：(１＋１)＝１：２と求められる。

⑵　下の図３で，ＰはACの真ん中の点，MはBCの真ん中の点だから，三角形CPMと三角形FDEは相似である。このとき，相似比は１：２なので，PM＝(①＋①＋①)×$\frac{1}{2}$＝(1.5)となる。また，三角形AQTと三角形MPTも相似であり，相似比は，AQ：MP＝(１＋１)：1.5＝４：３だから，AT：TM＝４：３とわかる。

図１
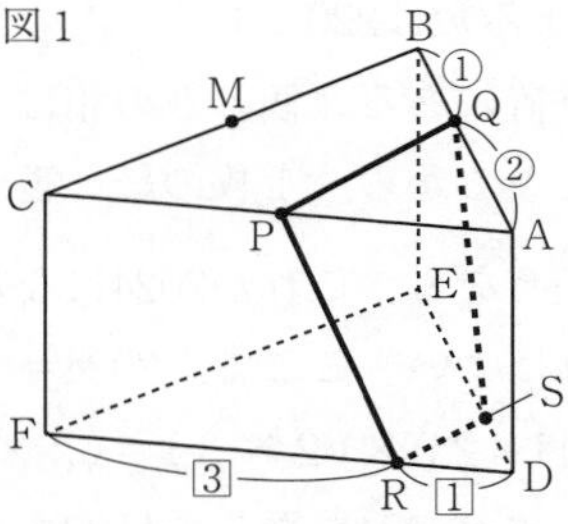

図２
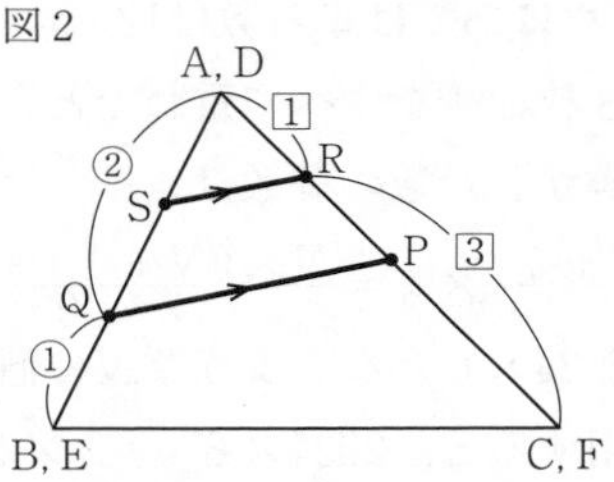

図３
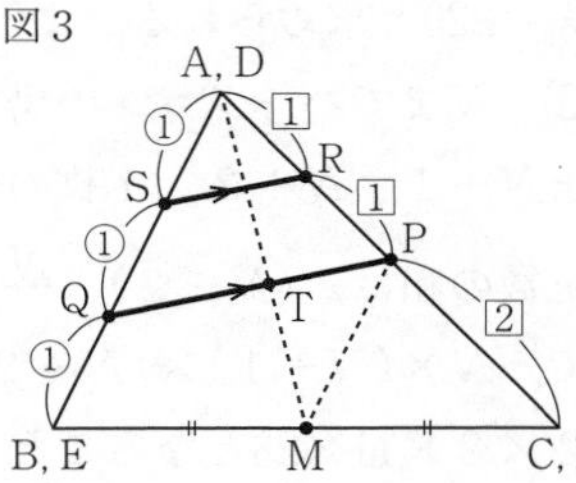

⑶　A，M，Dを通る平面で切ったときの切り口は，右の図４の長方形AMUDになる。このとき，２つの切り口が交わる線はTVになる。また，AD，PR，TVを延長して交わる点をＷとすると，三角すいW－ATPと三角すいW－DVRは相似になる。このとき，相似比は，AP：DR＝２：１なので，体積の比は，(２×２×２)：(１×１×１)＝８：１となり，三角すい台ATP－DVRの体積は，三角すいW－ATPの体積の，(８－１)÷８＝$\frac{7}{8}$(倍)とわかる。次に，もとの三角柱の底面積と高さをそれぞれ１とすると，もとの三角柱の体積は，１×１＝１になる。また，三角形AMCの面積は，$1\times\frac{1}{2}=\frac{1}{2}$だから，三角形ATPの面積は，$\frac{1}{2}\times\frac{4}{4+3}\times\frac{1}{1+1}=\frac{1}{7}$であり，AD＝DW＝１なので，三角すいW－ATPの体積は，$\frac{1}{7}\times(1+1)\div3=\frac{2}{21}$と求められる。よって，三角すい台ATP－DVRの体積は，$\frac{2}{21}\times\frac{7}{8}=\frac{1}{12}$とわかる。さらに，三角柱AMC－DUFの体積は，$\frac{1}{2}\times1=\frac{1}{2}$だから，点Ｃを含む立体の体積は，$\frac{1}{2}-\frac{1}{12}=\frac{5}{12}$となる。したがって，点Ｃを含

図４
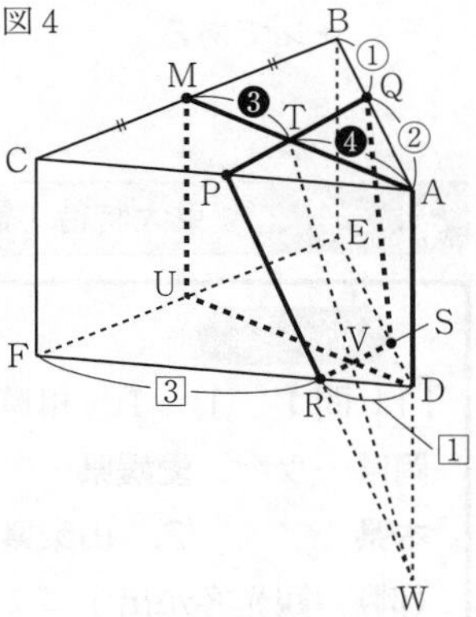

む立体の体積はもとの三角柱の体積の，$\frac{5}{12}\div 1=\frac{5}{12}$(倍)である。

4 数列，条件の整理

⑴　下の図1のように，1～10の整数の数列と，これらを逆さに並べた数列を上下にかいてから足すと，10＋1＝11が10組できる。よって，1～10の整数の数列の和は，11×10÷2＝55となるので，アにあてはまる数は10である。次に，下の図2で，同じ位置にある3個の数の和は，1＋5＋1＝7，1＋4＋2＝7，1＋3＋3＝7，2＋3＋2＝7のように，すべて7になる。したがって，イにあてはまる数は7である。

図1

1	2	3	4	5	6	7	8	9	10
10	9	8	7	6	5	4	3	2	1
↓	↓	↓	↓	↓	↓	↓	↓	↓	↓
11	11	11	11	11	11	11	11	11	11

図2

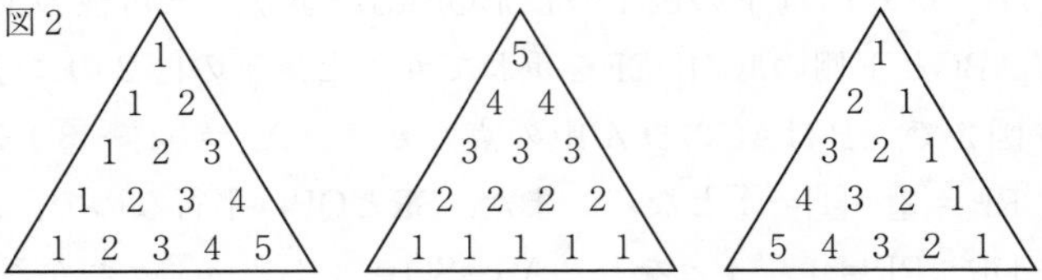

⑵　5までバージョン(図2)では，3枚の紙をすべて重ねると，和が7の組が，1＋2＋3＋4＋5＝15(個)できるから，3枚の紙に書かれた数の和は，15×7＝105となり，1枚の紙に書かれた数の和は，$105\times\frac{1}{3}=35$と求められる。10までバージョンについても同様に考えると，同じ位置にある3個の数の和はすべて，1＋10＋1＝12になり，和が12の組が，1＋2＋…＋10＝55(個)できるので，3枚の紙に書かれた数の和は，12×55＝660となり，1枚の紙に書かれた数の和は，$660\times\frac{1}{3}=220$と求められる。よって，ウにあてはまる数は12，エにあてはまる数は220である。

⑶　Nまでバージョンの場合，3枚の紙をすべて重ねたときに同じ位置にある3個の数の和は，$1+N+1=N+2$，1枚の紙に書かれた数の個数は，$\frac{N\times(N+1)}{2}$となるから，1枚の紙に書かれた数の和は，$(N+2)\times\frac{N\times(N+1)}{2}\times\frac{1}{3}=\frac{N\times(N+1)\times(N+2)}{6}$となる。これが2024になるので，$N\times(N+1)\times(N+2)=2024\times 6$となるような$N$の値を求めればよい。ここで，2024＝2×2×2×11×23となることを利用すると，2024×6＝(2×2×2×11×23)×(2×3)＝(2×11)×23×(2×2×2×3)＝22×23×24となることがわかる。よって，和が2024になるのは22までバージョンである。

社　会　＜東大特待Ⅰ試験　4教科型＞（40分）＜満点：75点＞

解　答

1 **問1**　⑴　Ⅰ　相模　Ⅱ　鬼怒　⑵　イ　**問2**　⑴　**米**…イ　**畜産**…ア　⑵　**静岡県**…ウ　**愛媛県**…ア　⑶　ウ　⑷　Ⅰ　ウ　Ⅱ　エ　**問3**　⑴　**静岡県**…ウ　**熊本県**…ア　⑵　**山梨県**…ウ　**福岡県**…イ　⑶　**埼玉県**…エ　**長野県**…ア　⑷　Ⅰ　(例)　観光客が出すゴミにより，景観や衛生面が悪化する。　Ⅱ　(例)　混雑状況をリアルタイムでわかるようにしたり，観光地への入場を時間帯別の予約制にしたりする。　**問4**　⑴　イ　⑵　イ　⑶　**西洋なし**…ア　**もも**…ウ　⑷　イ，エ　**2** **問1**　**2番目**…イ　**4番目**…オ　**問2**　渋沢栄一　**問3**　⑴　(例)　新田開発による耕地面積の拡大や，農具や肥料の発明・改良による生産力の高まりで，米の供給量が増加したため。　⑵　(例)　幕府の収入の大半は年貢米であったが，生活に必要なものを入手するには貨幣が必要であったため，米価を上げることで年貢米をより高く換金しようとしたから。　**問４**　イ　**問５**　エ　**問６**　**２番目**…ウ　**４番目**…ア　**問７**　**a**　大井川　**b**　箱根　**問８**　井伊直弼　**問９**　浄土教　**問10**　藤原元命　**問11**　**古い順で４番目**…オ　**東から順で３番目**…イ　**問12**　⑴　**２番目**…エ　**４番目**…ア　⑵　秋田　**問13**　ウ　**3**　**問１**　ア　**問２**　イ　**問３**　エ　**問４**　ウ　**問５**　イ，カ　**問６**　イ　**問７**　不断の努力

解　説

1　日本の国土と自然，産業，社会についての問題

問１　⑴　Ⅰ　神奈川県南部に入りこんでいるのは相模湾《さがみわん》で，東部は三浦半島(神奈川県)に，西部は伊豆半島(静岡県)にそれぞれ面している。　Ⅱ　栃木県を南流し，茨城県南西部で利根川に合流しているのは鬼怒《きぬ》川である。利根川はもともと江戸湾(現在の東京湾)に注ぐ河川であり，銚子《ちょうし》(千葉県)付近で太平洋に注ぐのは鬼怒川水系の河川であった。それが，江戸時代初期に何度か行われた流路のつけ替《か》え工事により，利根川と鬼怒川水系が水路でつながれ，その結果，それまでの鬼怒川水系の下流部にあたる流路が利根川の本流とされ，鬼怒川は利根川の支流となった。　⑵　アは，標高が最も高いので，最も内陸部にある甲府市(山梨県)である。ウは，ソメイヨシノの開花日が最も早いので，最も南に位置する宮崎市である。エは，１月の日降水量１mm以上の日数が最も多いので，冬の降水量(降雪量)の多い日本海の気候に属する福井市である。残るイが銚子市となる。

問２　⑴　アは，近年で産出額が最も多いので，畜産とわかる。イは，1980年には産出額が最も多かったが，2000年以降は産出額が減少傾向《けいこう》にあるので，米と判断できる。エは，どの年でも産出額が最も少ないので，果実である。残るウは野菜となる。　⑵　うなぎの養殖《ようしょく》の収穫《しゅうかく》量は鹿児島県が全国の約４割を占《し》めて第１位となっており，以下，愛知県，宮崎県，静岡県が続く(この４県で全国の約９割を占める)。よって，表中の「うなぎ」に注目すると，イは鹿児島県，ウは静岡県とわかる。さらに，愛媛県の宇和海沿岸などでは，はまちやたい，真珠《しんじゅ》などの養殖がさかんなので，表中の「養殖業」の海面漁業産出額が最も多いアは愛媛県と判断できる。残ったエは青森県である。　⑶　【グラフ】…「う」は，輸送用機械の割合が非常に多いので，豊田市(愛知県)などで自動車工業がさかんな中京工業地帯とわかる。残った「あ」「い」のうち，金属の割合がより高い「い」が阪神工業地帯，もう一方の「あ」が京浜工業地帯である。　【表】…東京都は愛知県や大阪府にくらべて第２次産業(製造業・建設業)に従事する人の割合が少ないので，「都府県の工業における全事業者数」「都府県の工業における従業者数」がどちらも最も少ない「か」が東京都とわかる。なお，「え」は大阪府，「お」は愛知県である。　⑷　Ⅰは水力発電，Ⅱは地熱発電の説明である。水力発電はウで，山がちな富山県，岐阜県，長野県には多くのダムがある。地熱発電はエで，大分県の八丁原《はっちょうばる》には日本最大の地熱発電所が建設されている。なお，アは太陽光発電で，福島県が第１位となっているのは，津波災害や福島第一原子力発電所の事故による住民の避難が続く浜通りを中心に，大規模太陽光発電所(メガソーラー)が急増したためである。イは風力発電で，青森県，北海道，秋田県では，一年を通して強い風が吹《ふ》く日本海沿岸地域を中心に，風力発電所がつくられている。

問３　⑴　アは熊本県で人口上位３市は熊本市(県庁所在地)，八代《やつしろ》市，天草市の順，イは岡山県で

人口上位３市は岡山市(県庁所在地)，倉敷《くらしき》市，津山市の順，ウは静岡県で人口上位３市は浜松市，静岡市(県庁所在地)，富士市の順，エは福島県で人口上位３市は郡山《こおりやま》市，いわき市，福島市(県庁所在地)の順となっている。　(2)　昼夜間人口比率はふつう，都市間での人の移動を表すのに用いられ，通勤・通学者が集まる大都市は100よりも高くなり，大都市近郊のベッドタウン(大都市への通勤・通学者が多く住んでいる都市)になっているところは100よりも低くなる。よって，表中の「昼夜間人口比率」が最も小さいエは，東京のベッドタウンを多くかかえる千葉県とわかり，その次に小さいウは，東京への通勤・通学者がいると考えられる山梨県と判断できる。残ったアとイのうち，「乗用車の100世帯あたり保有台数」が多いアが，公共交通機関が限られる島根県，少ないイが福岡県である。なお，「１人あたり医療費」は西日本と北海道で高く，東日本で低い傾向にあることから，アとイが島根県と福岡県のいずれか，ウとエが山梨県と千葉県のいずれかであると推測できる。　(3)　イは，「外国人宿泊者数」が最も多いので，インバウンド客に人気のある京都府と判断できる。ウは，「日帰り旅行者数」が最も少ないので，航空機での移動が前提となる沖縄県とわかる。さらに，「外国人宿泊者数」が最も少ないエが埼玉県と判断できる。これは，関東地方にきたインバウンド客は，埼玉県ではなく交通の便のよい東京都に宿泊すると考えられるからである。残ったアが長野県である。　(4)　Ⅰ　オーバーツーリズムによる弊害《へいがい》としては，交通渋滞《じゅうたい》以外にも，ゴミのポイ捨てなどによる景観や衛生状態の悪化，民家や私有地への無断立ち入り，文化財への落書きなどが挙げられる。　Ⅱ　観光客の増加による混雑を和らげるには，特定の地域や施設への入場を時間帯別の予約制にしたり，あまり知られていない観光資源をSNSなどを使って積極的に紹介《しょうかい》したりすることなども，効果があると考えられる。

問４　(1)　ア　「東側」と「西側」が逆である。　イ　特に方位記号がなければ上が北であるから，この文は正しい。　ウ　市役所(◎)の北に図書館(🕮)や博物館(🏛)，南に温泉(♨)はあるが，老人ホーム(⌂)はない。　エ　正法寺川の近くに標高150mなどの表示があり，その少し北側に標高132.5mなどの表示があるので，この川は北向きに流れている。また，この川の近くに果樹園(○)や水田(ıı)は多くみられるが，畑(∨)はあまりみられない。　(2)　X―Y間を３：１に分ける点の近くに標高450.1mの三角点(△)があるので，イが選べる。　(3)　西洋なしとおうとう(さくらんぼ)はともに山形県が収穫量第１位であり，新潟県や青森県が続くアが西洋なし，北海道が第２位となっているイがおうとうと判断できる。ぶどうとももはともに山梨県が収穫量第１位であり，福島県が第２位のウがもも，長野県が第２位のエがぶどうである。　(4)　アの南部鉄器は岩手県盛岡市など，イの益子《ましこ》焼は栃木県益子町など，ウの大館《おおだて》曲げわっぱは秋田県大館市など，エの小千谷《おぢや》ちぢみは新潟県小千谷市周辺，オの会津塗《あいづぬり》は福島県会津若松市周辺で生産される伝統的工芸品である。東北地方は青森県，岩手県，宮城県，秋田県，山形県，福島県の６県で，栃木県は関東地方，新潟県は中部地方に属する。

２　古代～近代の歴史についての問題

問１　アは明治時代末期，イは江戸時代，ウは第二次世界大戦直後，エは鎌倉時代，オは大正時代のことなので，年代の古い順にエ→イ→ア→オ→ウとなる。

問２　それぞれの文中の空欄《くうらん》に当てはまる言葉は，Ａが「石見《いわみ》」，Ｂが「石包丁」，Ｃが「殖産興業」，Ｄが「二毛作」，Ｅが「両替《りょうがえ》商」，Ｆが「株仲間」，Ｇが「筑豊《ちくほう》」，Ｈが「問屋制家内」なので，指定された順番の文字をそれぞれ抜き出して並べかえると，「渋沢栄一」となる。明治時代から昭和時代にかけて多くの企業や銀行などの設立に力をつくし，「日本の近代資本主義の父」とも呼ばれる人物である。

問３　⑴　Ｂ，Ｃの文から，③の時期には新田開発や農業技術の発達により米の供給量が増えたと推測できる。そのため，Ａの文で述べられている理由により，米価が下落したと考えられる。

⑵　Ｄ，Ｅの文から，江戸幕府は蔵屋敷で年貢米を貨幣《かへい》に換金していたと推測できる。したがって，江戸幕府が米価を上げようとしたのは，年貢米をより高く換金しようとしたためだと考えられる。

問４　ア「中国」ではなく「東南アジア」が正しい。　イ　江戸時代の琉球《りゅうきゅう》についての説明として正しい。　ウ「コシャマイン」ではなく「シャクシャイン」が正しい。なお，コシャマインは室町時代中期に反乱を起こしたアイヌの首長である。　エ　江戸幕府は1825年に異国船打《うち》払《はらい》令を出したが，アヘン戦争(1840～42年)で清(中国)がイギリスに敗れたことを知るとこれを改め，1842年に薪水《しんすい》給与令を出し，日本に来航した外国船には水や食料などをあたえた上で退却《たいきゃく》させるようにした。ペリーの来航は1853年の出来事である。

問５　ア　生麦事件(1862年)は，東海道の生麦(現在の神奈川県横浜市鶴見区)で起こった。この事件は，江戸から薩摩《さつま》(鹿児島県)に向かう島津久光の行列をイギリス人たちが乱したために発生した。
イ　大森貝塚と弥生町遺跡は東京都にある。　ウ　岩宿遺跡と富岡製糸場は群馬県にある。
エ　708年，武蔵《むさし》国秩父《ちちぶ》で産出した銅が朝廷に献上された。これを機に元号が「和銅」と改元され，さらに「和同開珎《かいちん》」が鋳造《ちゅうぞう》・発行された。秩父は現在の埼玉県秩父市にあたる。

問６　アは1931年(柳条湖事件)，イは1912年(中華民国の建国)，ウは1915年(二十一か条の要求)，エは1919年(五・四運動)，オは1937年(盧溝橋事件)の出来事なので，年代の古い順にイ→ウ→エ→ア→オとなる。アは満州事変，オは日中戦争のきっかけとなった出来事である。

問７　**ａ，ｂ**　江戸幕府は江戸の防衛という観点から主な川には橋をかけなかったため，その行き来は不便であった。特に大井川(静岡県)は川越人足《かわごしにんそく》などによる「渡《わた》し」によって川を渡らなければならず，大雨で川が増水すると川留めとなって往来が禁止されるなど，東海道の難所とされた。また，箱根は急峻《きゅうしゅん》な山道にあり，関所が置かれていた。そのため，「箱根八里は馬でも越《こ》すが，越すに越されぬ大井川」とうたわれた。

問８　空欄４には井伊直弼《なおすけ》が当てはまる。江戸時代末期に幕府の大老に就任した井伊直弼は，アメリカの総領事ハリスと交渉して1858年に日米修好通商条約に調印した。その直後には反対派の大名や武士らを弾圧する安政の大獄《たいごく》を行ったが，1860年，水戸藩(茨城県)の浪士《ろうし》らによって江戸城の桜田門外で暗殺された(桜田門外の変)。

問９　平安時代中期以降には，阿弥陀《あみだ》仏にすがることで極楽往生(死後，極楽に生まれ変わること)を願う浄土《じょうど》教(浄土信仰)が人々の間に広まった。1052年から末法(仏法の衰《おとろ》える乱世)に入るとされる末法思想が広まっていたことが，その背景にあった。

問10　平安時代中ごろになると，国司の中に百姓《ひゃくしょう》たちから不当に税を取るなど横暴なふるまいをする者も現れるようになり，尾張《おわり》国(愛知県西部)の国司であった藤原元命《もとなが》のように，郡司や百姓たちから不正な行いを訴《うった》えられ，国司をやめさせられた者もいた。

問11　アは1185年(壇ノ浦の戦い)，イは1156年(保元の乱)，ウは1600年(関ヶ原の戦い)，エは1868～69年(五稜郭《ごりょうかく》の戦い)，オは1863年(薩英戦争)の出来事なので，年代の古い順にイ→ア→ウ→オ→エとなる。また，アは現在の山口県，イは京都府，ウは岐阜県，エは北海道函館《はこだて》市，オは鹿児島県で起こったので，東から順にエ→ウ→イ→ア→オとなる。

問12　(1)　アは1909年(伊藤博文の暗殺)，イは1392年(李成桂が倭寇《わこう》の取り締《し》まりを要求)，ウは1919年(三・一独立運動)，エは江戸時代(朝鮮通信使の往来)，オは1876年(日朝修好条規)の出来事なので，年代の古い順にイ→エ→オ→ア→ウとなる。　(2)　Ａは山形県，Ｂは福島県，Ｃは青森県，Ｄは宮城県，Ｅは岩手県である。したがって，秋田県が当てはまらない。

問13　アは平安時代前期の史料(894年に菅原道真《すがわらのみちざね》が遣唐使の派遣の停止を朝廷に求めた建白書)，イの蝦夷《えみし》の征討や平安京の造営は平安時代前期の出来事(史料は藤原緒嗣《おつぐ》が桓武《かんむ》天皇に述べた建言)，ウは聖武天皇の時代の743年に出された墾田《こんでん》永年私財法，エは平安時代後期に行われた院政を批判する史料(南北朝時代に北畠親房《きたばたけちかふさ》が著《あらわ》した歴史書『神皇正統記《じんのうしょうとうき》』の一部)である。

3　日本の政治や経済，国際社会についての問題

問１　ア　衆議院の解散と総選挙についての規定で，内容も正しい。　イ　裁判所による違憲立法審査は，具体的な裁判を通して行われる。つまり，その裁判にかかわる法律などが合憲か違憲かを判断するものである。　ウ　法律案は，衆参どちらの議院が先に審議してもよい。　エ　内閣が条約を締結《ていけつ》するさいには，その事前または事後に国会による承認《しょうにん》が必要となる。

問２　ア　小選挙区制は各選挙区から１名しか当選者が出ないため，大選挙区制に比べて死票(落選した候補者に投じられた票)が多くなる。　イ　投票日に投票に行けない場合には，選挙の公示日の翌日から投票日の前日までの間に期日前投票を行うことができる。よって，正しい。　ウ　衆議院は2014年の第47回総選挙の52.66％が最低投票率だが，参議院は50％を下回ったことが２回ある(1995年の第17回通常選挙の44.52％と，2019年の第25回通常選挙の48.80％)。　エ　衆議院議員総選挙の比例代表選挙においては，有権者は投票用紙に政党名を記入して投票する。

問３　ア「国」ではなく「地方」が正しい。　イ「地方」ではなく「国」が正しい。　ウ　所得税において税務署が納税者の所得額を把握《はあく》できる割合は業種によって異なり，不公平であると指摘《してき》されている。その割合について，会社員は９割，自営業者は６割，農家は４割といわれ，「クロヨン」と表現される。　エ　消費税は税率は一定であるが，所得の低い人ほど所得に占める税の割合が高くなるので，不公平といえる。よって，正しい。このような性質は，逆進性と呼ばれる。

問４　ア　国際連盟はアメリカのウィルソン大統領の提唱にもとづいて結成されたが，アメリカは議会の反対により参加しなかった。　イ　国際連盟は侵略国などに対して軍事制裁を行う権限を持っていなかった。したがって，国連軍が組織されたことはない。　ウ　国際連合の予算は，加盟国が支払う分担金でまかなわれる。分担金の額は各国の国力に応じて総会で決定されるが，３～４割ほどの国が未払いとなっている。よって，正しい。　エ　信託統治理事会は，対象とされてきた信託統治地域が全て独立したことから，現在は休会中である。

問５　任期は，衆議院議員と都道府県知事が４年，参議院議員が６年である。被選挙権は，衆議院議員が満25歳以上，参議院議員と都道府県知事が満30歳以上である。なお，市区町村の長や議員の被選挙権は満25歳以上，任期は４年である。

問６　ア　キャッシュレス決済は，手軽に支払いができることから，世界的に急速に普及《ふきゅう》が進んでいる。　イ　価格についての市場原理について述べた文であり，内容も正しい。　ウ　不景気のときには，企業が銀行から資金を借りやすくなるようにするため，日本銀行は金利を下げる。エ　紙幣(日本銀行券)は日本銀行が発行しているが，補助貨幣と呼ばれる硬貨は政府(日本国)が発

行している。

問7　日本国憲法第12条は自由及《およ》び権利についての国民の責任を定めた条文で，「この憲法が国民に保障する自由及び権利は，国民の不断の努力によって，これを保持しなければならない」と規定されている。

理科　＜東大特待Ⅰ試験　4教科型＞（40分）＜満点：75点＞

解答

1　**問1**　**引く力**…2kg　**体重計A**…52kg　**問2**　10kg　**問3**　40kg　**問4**　**引く力**…40kg　**体重計A**…10kg　**問5**　**図4**…50kg　**図5**…100kg　**問6**　400kg　**問7**　300kg　**2**　**問1**　ア　**問2**　イ　**問3**　ウ　**問4**　63.2　**問5**　③　24.8　**ミョウバン**…117g　**問6**　60％　**問7**　オ　**3**　**問1**　オ　**問2**　イ　**問3**　ウ　**問4**　35g　**問5**　キ　**問6**　エ　**問7**　ウ，エ　**4**　**問1**　ウ　**問2**　エ　**問3**　エ　**問4**　(1)　ア　(2)　キ

解説

1　力のつり合いについての問題

問1　図2で，荷物aの重さは体重計Bとロープにかかっているので，東くんがロープを引く力は，5－3＝2(kg)である。また，このとき体重計Aは，50＋2＝52(kg)を示している。

問2　図3で，荷物bの重さは体重計Bとロープにかかっており，東くんがロープを引く力は，57－50＝7(kg)なので，荷物bの重さは，3＋7＝10(kg)である。

問3　図4で，荷物bが体重計Bからはなれて持ち上がったとき，ロープには10kgの力がかかっており，東くんはロープから上向きに10kgの力を受ける。よって，体重計Aは，50－10＝40(kg)を示している。

問4　図5で，体重計Bが10kgを示しているとき，動滑車《どうかっしゃ》と荷物cをつなぐロープには，90－10＝80(kg)の重さがかかっている。動滑車にかかるロープは，この80kgの重さを動滑車の両はしで半分ずつ支えているので，ロープに働いている力は，80÷2＝40(kg)である。この力は，東くんがロープを引く力の大きさに等しい。このとき，東くんはロープから上向きに同じ40kgの力で引き上げられているので，体重計Aは，50－40＝10(kg)を示している。

問5　東くんがロープを引く力は最大で，体重と同じ50kgである。したがって，東くんは，図4の場合は最大で50kg，図5の場合は最大で，50×2＝100(kg)の荷物を持ち上げることができる。

問6　図6で，東くんがロープを50kgの力で引いたとき，一番上の動滑車は，50×2＝100(kg)，その下の動滑車は，100×2＝200(kg)，一番下の動滑車は，200×2＝400(kg)の力で引き上げられる。よって，東くんは最大で400kgの荷物を持ち上げることができる。

問7　図7で，東くんがロープを50kgの力で引いたとき，3つの動滑車はどれも，50×2＝100(kg)の力で引き上げられる。したがって，東くんは最大で，100×3＝300(kg)の荷物を持ち上げることができる。

2　ものの溶《と》け方と水溶液《すいようえき》についての問題

問１　塩化ナトリウムの結晶《けっしょう》は，アのように立方体に近い形をしている。

問２　塩化ナトリウム水溶液(食塩水)から水分を蒸発させると，水に溶けきれなくなった塩化ナトリウムの白い固体が出てくる。このとき，水分をゆっくり蒸発させると，固体どうしが結びついて大きな結晶ができるが，水分を一気に蒸発させると，大きな結晶にならず白い粉末状の粒《つぶ》になる。

問３　物質が一定の温度の水に溶ける限度の重さは，水の重さに比例する。塩化ナトリウムは，40℃の水250ｇに，100－9.5＝90.5(ｇ)まで溶けるので，40℃の水100ｇには，90.5×$\frac{100}{250}$＝36.2(ｇ)まで溶ける。よって，ウが選べる。

問４　40℃の水100ｇに限度まで溶けた硝酸《しょうさん》カリウムの水溶液を20℃まで冷やすと，79.5×$\frac{100}{250}$＝31.8(ｇ)の硝酸カリウムが出てくるので，②に入るのは，31.4＋31.8＝63.2(ｇ)となる。

問５　60℃で溶け残りをろ過した後の水溶液を20℃まで冷やしたとき，溶けきれなくなって出てきたミョウバンの結晶は，76.8－1.2＝75.6(ｇ)なので，水100ｇあたりでは，75.6×$\frac{100}{400}$＝18.9(ｇ)となる。したがって，③に入るのは，5.9＋18.9＝24.8(ｇ)となる。また，最初に溶け残った結晶は，19－1.2＝17.8(ｇ)，20℃に冷やした水溶液に溶けているミョウバンは，5.9×$\frac{400}{100}$＝23.6(ｇ)なので，最初に加えたミョウバンは，17.8＋75.6＋23.6＝117(ｇ)とわかる。

問６　60℃の水200ｇに限度まで溶けたＸは，384－200＝184(ｇ)である。ここで，Ｘがすべて硝酸カリウムのとき，60℃の水200ｇに，108.9×$\frac{200}{100}$＝217.8(ｇ)まで溶けるので，溶け残りは出ない。よって，溶け残りは塩化ナトリウムであり，60℃の水200ｇに塩化ナトリウムは，36.8×$\frac{200}{100}$＝73.6(ｇ)まで溶けるので，溶け残りが出たときのＸ中の硝酸カリウムは，184－73.6＝110.4(ｇ)とわかる。したがって，Ｘ中の硝酸カリウムの純度は，$\frac{110.4}{184}$×100＝60(％)と求められる。

問７　500ｇのＹには，硝酸カリウムが，500×$\frac{7}{7+3}$＝350(ｇ)，塩化ナトリウムが，500－350＝150(ｇ)ふくまれている。また，20℃の水300ｇには硝酸カリウムが，31.4×$\frac{300}{100}$＝94.2(ｇ)，塩化ナトリウムが，35.8×$\frac{300}{100}$＝107.4(ｇ)まで溶け，60℃の水300ｇには硝酸カリウムが，108.9×$\frac{300}{100}$＝326.7(ｇ)，塩化ナトリウムが，36.8×$\frac{300}{100}$＝110.4(ｇ)まで溶ける。よって，アは，硝酸カリウムが，350－94.2＝255.8(ｇ)，塩化ナトリウムが，150－107.4＝42.6(ｇ)出てくる。イは，硝酸カリウムが，350－326.7＝23.3(ｇ)，塩化ナトリウムが，150－110.4＝39.6(ｇ)出てくる。ウは，硝酸カリウムが，94.2×$\frac{150}{300}$＝47.1(ｇ)，塩化ナトリウムが，107.4×$\frac{150}{300}$＝53.7(ｇ)出てくる。エは，硝酸カリウムが，326.7×$\frac{150}{300}$＝163.35(ｇ)，塩化ナトリウムが，110.4×$\frac{150}{300}$＝55.2(ｇ)出てくる。オは，硝酸カリウムが，326.7－94.2＝232.5(ｇ)，塩化ナトリウムが，110.4－107.4＝３(ｇ)出てくる。したがって，最も純度の高い硝酸カリウムが取り出せる操作は，塩化ナトリウムに対する硝酸カリウムの重さの割合が最も大きいオと判断できる。

３　ヒトの血糖濃度《のうど》の調節についての問題

問１　ブドウ糖は，炭水化物(デンプンや糖類など)をつくるおもな成分である。食べ物にふくまれる炭水化物は，口の中に分泌《ぶんぴつ》されるだ液や，すい臓から分泌されるすい液，小腸の壁《かべ》の表面に分布する消化酵素《こうそ》によって消化され，最終的にブドウ糖になって，小腸の表面にあるじゅう毛から体内に吸収される。

問２　ア　血管ａは肺動脈で，酸素が最も少なく二酸化炭素が最も多い血液が流れている。　イ血管ｂは肺静脈で，酸素が最も多く二酸化炭素が最も少ない血液が流れている。　ウ　常に多くの養分をふくむ血液が流れている血管は存在しない。なお，養分を吸収する小腸からかん臓へ向かう血液が流れている血管ｄには，食後しばらくすると養分を多くふくむ血液が流れる。　エ，オ　二酸化炭素以外の不要物（尿《にょう》素《そ》など）が最も少ないのは，血管ｅを流れるじん臓から出ていく血液である。じん臓は二酸化炭素以外の不要物を血液中からこし取って排《はい》出《しゅつ》する器官である。

問３　ブドウ糖は，じん臓でいったん血液中からこしとられるが，輸尿管にたどり着くまでに毛細血管に再吸収され体の中にもどると説明されている。したがって，血液中と原尿中の量が等しく，成分が尿に出ていないウがブドウ糖とわかる。なお，不要物は尿中の割合が高くなるのでイ，タンパク質は血液中からこし取られず原尿や尿にはふくまれないのでアと判断できる。

問４　表２で，ブドウ糖は尿１Ｌ中に25ｇふくまれているので，この糖尿病患者《かんじゃ》は１日に，25×1.4＝35（ｇ）のブドウ糖を体外に出している。

問５　表２のイヌリンについて，血液や原尿中の割合と尿中の割合から，原尿は，1.29÷0.01＝129（倍）に濃縮されていること，つまり，原尿129Ｌから尿が１Ｌつくられていることがわかる。したがって，ブドウ糖がイヌリンと同様に再吸収されないとすると，1.8×129＝232.2（ｇ）が尿中に出ることになるが，実際には25ｇだけ出ているので，232.2－25＝207.2（ｇ）が再吸収されていることがわかる。よって，原尿（血液）129Ｌ中にふくまれるブドウ糖が207.2ｇまで減ると，尿中にブドウ糖は出てこなくなると考えられる。そのときの血糖濃度は，207.2÷129＝1.60…より，１Ｌあたり1.6ｇとなり，キが選べる。

問６　図２のＡ，Ｂのどちらでも，実線のグラフは食事後の１時間は同じように増えているので，実線のグラフは血糖濃度とわかる。また，糖尿病患者はインスリンの量が減るなどしていると述べられているので，糖尿病患者はＢで，点線のグラフがインスリン濃度と判断できる。

問７　インスリンは，かん臓へのブドウ糖の貯蔵や，細胞《さいぼう》へのブドウ糖の取りこみをさかんにすると説明されているので，ウとエが選べる。なお，インスリンがまったく効かないことで糖尿病になった人に対する治《ち》療《りょう》薬なので，アはあてはまらない。また，イとオは，血糖濃度を上げてしまうので，ふさわしくない。

4　低気圧とその特ちょうについての問題

問１　あ，い　北《ほく》緯《い》５～30度の低緯度の海上で発達する低気圧は，熱帯低気圧とよばれる。　う，え　北緯30～60度の中緯度地域で発生し，暖かい空気と冷たい空気がぶつかるところで発達する低気圧を，温帯低気圧という。　お，か　熱帯低気圧は，海上から水蒸気を供給されてエネルギーをたくわえるので，勢力が強くなりやすく，中心付近の風速が毎秒17.2ｍ以上になると台風とよばれる。

問２　台風は強い低気圧であり，中心部に向かってまわりから反時計回りに風が吹《ふ》き込《こ》んでいる。そのため，台風が北上するとき，台風の東側では，台風の進む向きと台風に吹き込む風の向きが同じになるため，風が強められる傾向《けいこう》にある。一方，台風の西側では，台風の進む向きと台風に吹き込む風の向きが反対になるため，風が弱められることが多い。

問３　台風の中心部に向かう反時計回りの風の向きを考えると，台風の中心がａ地点にあるとき，Ａ地点では北寄りの風，Ｂ地点では東寄りの風が吹き，台風の中心がｂ地点にくると，Ａ地点では北西の風，Ｂ地点では南東の風が吹き，台風の中心がｃ地点にくると，Ａ地点では西寄りの風，Ｂ

地点では南寄りの風が吹く。よって，A地点での風向は反時計回りに変化し，B地点での風向は時計回りに変化する。

問4　⑴　北半球でできる温帯低気圧の中心部からは，右の図のように，南西に寒冷前線，南東に温暖前線がのびる。どちらの前線も西から東の向きに進むので，前線を示す印(寒冷前線は三角形，温暖前線は半円)は東側につけられる。　⑵　寒冷前線では，冷気が暖気の下にもぐり込み，暖気を激しく押《お》し上げながら暖気の方へ進んでいくため，強い上昇気流が生まれて積乱雲が発達し，雷《かみなり》をともなう激しい雨がせまい範囲《はんい》に短時間降ることが多い。一方，温暖前線では，暖気が冷気の上にゆるい傾斜《けいしゃ》ではい上がり，寒気をゆっくり押しながら進んでいくため，前線面にそってゆるやかな上昇気流が生まれてうすい層状の乱層雲(雨雲)が発達し，弱い雨が広い範囲に長時間降ることが多い。

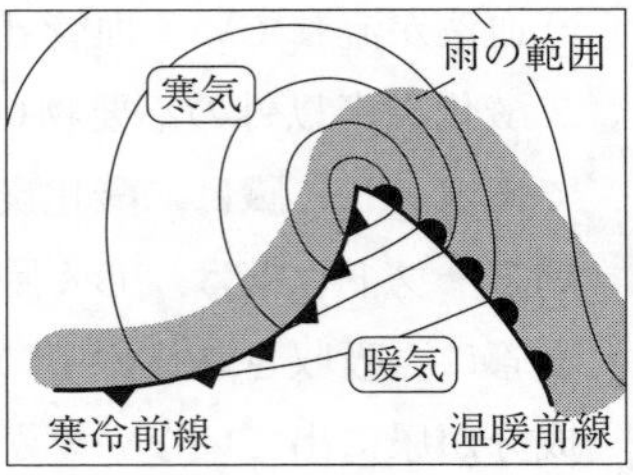

国語　＜東大特待Ⅰ試験　4教科型＞（50分）＜満点：150点＞

解答

一　下記を参照のこと。　二　**1**　コ　**2**　エ　**3**　カ　**4**　ア　**5**　オ　**6**　イ　**7**　キ　**8**　ク　**9**　ウ　**10**　ケ　三　**問1**　ア　**問2**　イ　**問3**　**A**　おひつ　**B**　産湯(桶)　**C**　棺桶　**問4**　エ　**問5**　エ　**問6**　ウ　**問7**　(例)　粗悪な代用品が多く出回り，本来の味が忘れられていった点。　**問8**　(例)　速醸できることでGHQが考えを変えたため大豆が手に入り，醤油づくりがとだえなくてすんだということ。　**問9**　**伝統的**…(例)　木桶を使うことで，自分の蔵の個性がよくあらわれている，納得のいく商品をつくれそうだから。(**近代的**…(例)　近代的な設備を使うことで，品質のブレのない商品を，消費者に安定的に供給できるから。)　四　**問1**　**a**　もれず　**b**　たかみ　**問2**　(例)　男子に交際を申し込まれること。　**問3**　オ　**問4**　イ，エ　**問5**　(例)　須田との交流に気をとられて，悠子に気を遣っていないことが悠子に伝わるような態度。　**問6**　ア　**問7**　(例)　(自分と同じように成瀬も)東大キャンパスの人出を見て，大津のびわ湖大花火大会と同じぐらいだと思っていたから。　**問8**　ウ　**問9**　オ→エ→イ→ウ→カ→ア　**問10**　ア

●**漢字の書き取り**

一　**1**　後生　**2**　世辞　**3**　早世　**4**　枚挙　**5**　形相　**6**　定石　**7**　熟考　**8**　師事

解説

一　**漢字の書き取り**

1　「助けてください」と願う言い方には，頼《たの》むときに使う「後生《ごしょう》(だから)」が合う。「後生」は「死後の生」を意味する仏教用語で，死後の極楽往生《ごくらくおうじょう》を願う意味から転じ，哀願《あいがん》する意味で使われるようになった。　**2**　後に「ほめられたら」とあるので，世の中を渡《わた》っていくために使う上手い言葉を表す「(お)世辞」が入る。　**3**　「墓に～眠《ねむ》っている」は“埋葬《まいそう》されている”という意

味なので，「早世」がふさわしい。「早世」は，“若くして死ぬ”という意味。「早逝」とも書く。　**4**　「枚挙にいとまがない」は，“たくさんありすぎて数え切れない”という意味。「枚挙」は，一つひとつ数え上げること。「いとま」は，時間の余裕《よゆう》のこと。　**5**　「必死」なようすには，激しい感情が現れた顔つきの「形相《ぎょうそう》」が合う。　**6**　後に「とらわれない」とあるので，“ものごとを行うときのきまったやり方”という意味を表す「定石《じょうせき》(跡)」がよい。「定石」は囲碁用語で，ある局面で最善とされる一定の打ち方。将棋《しょうぎ》では「定跡」と表記する。　**7**　「熟考を重ねる」は，“じっくりとよく考える”という意味。　**8**　後に「独学」とあるので，「誰《だれ》にも師事することなく」とするのがふさわしい。「師事」は，尊敬する人物を先生として教えを受けること。

二　熟語や慣用表現の知識

1　「世知辛《せちがら》い」は，打算的で人情がうすく，暮らしにくいさま。　**2**「びた一文《いちもん》」は，「びた一文まけない」，「びた一文貸さない」のように，後に打ち消しの言葉をともなって使い，きわめてわずかな金額を表す。「びた(銭)」は，欠けたり表面の文字が磨滅《まめつ》したりしている粗悪《そあく》な銭で，寛《かん》永《えい》通宝が普及《ふきゅう》するまでは，額面どおり通用しない私製のびたが流通していた。　**3**「反故《ほご》にする」は，“前の言動を取り消す”“無効にする”という意味。　**4**　「忌憚《きたん》」は，“遠慮《えんりょ》”という意味。「忌憚なく」，「忌憚のない」のように，後に打ち消しの言葉をともなって使うことが多く，遠慮のない率直《そっちょく》なようすを表す。　**5**　「あらさがし」は，人の欠点や過失をわざわざさがし出すこと。　**6**　「日和見《ひよりみ》」は，積極的に自分の態度を決めず，有利に立ち回るために周囲の形勢をうかがうこと。「日和」は，空もよう・形勢。　**7**　「月並み」は，もともとは毎月決まって行われることを表し，のちに“新鮮《しんせん》味のない”“ありふれた”という意味で使われるようになった。　**8**「高飛車《たかびしゃ》」は，相手を威圧《いあつ》する態度。飛車の駒《こま》を積極的に進める将棋の戦法に由来する。　**9**　「眉唾物《まゆつばもの》」は，真偽《しんぎ》が疑わしいものごと。眉に唾をつければ狐《きつね》や狸《たぬき》に化かされないという俗《ぞく》信《しん》から。　**10**　「人となり」は，生来の人柄《ひとがら》。

三　出典：竹内早希子《たけうちさきこ》『巨大《きょだい》おけを絶やすな！　日本の食文化を未来へつなぐ』。伝統的な製法を行う醸造《じょうぞう》業に欠かせない木桶《きおけ》について，その働き，現状，歴史などを説明している。

問１　「付加価値」は，あるものに付け加えられる価値のこと。「木桶」でつくられた小豆《しょうど》島の醤《しょう》油《ゆ》には，「近代的な設備でつくられた醤油」にはない「蔵元ごとの個性」が感じられるのだから，「独特」とあるアが選べる。

問２　「桶師」は，「道具」を使って桶をつくること，つまり，桶づくりの「技術」だけでかせいでいたのだと考えられる。

問３　二つ後の段落で，明治時代に使われていた種々の「桶」があげられている。　**A**　「ご飯を入れる」桶は「おひつ」である。　**B，C**　桶は「人が一生を通じてつきあう」ものだったので，Ｂには人が最初に使う「産湯《うぶゆ》桶」，Ｃには最後に使う「棺《かん》桶」を入れればよい。「産湯」は，生まれたばかりの子を洗う湯。「棺桶」は，死者を納める木桶。なお，「産湯桶から棺桶まで」は，20世紀前半にイギリスで提唱された社会保障制度の有名な標語「ゆりかごから墓場まで」と同型の表現になっている。

問４　空欄《くうらん》Ｄの直前の三つの慣用句はいずれも，人間社会における「秩序《ちつじょ》や決まり」の重要性について述べたものなので，「人間社会の規律や秩序」とあるエが合う。

問５　「クレイジー」は，常人には理解できないさま。そのようすが直後の段落で説明されているので，日本の伝統的な醸造方法は「理解できないもの」だと述べられているエがあてはまる。

問6　前のほうに「第二次世界大戦中，そして戦後～お酒が超《ちょう》ぜいたく品だった」とあり，二つ後の段落に「そして戦後も，激しい食糧不足は続きます」とあるので，「戦後の食糧不足」，「贅沢《ぜいたく》品である酒」とあるウが選べる。

問7　「これ」が指す，すぐ前の内容を整理する。食糧不足のなかで「日本酒本来のつくり方」ができず，水でうすめた三増酒や合成酒といった「粗悪」な酒が出回ったが，本来の「味でなくてもいいという人」が多くなって，「本来の酒の味が忘れられていった」と述べられている。これをふまえ，「食糧難の中で粗悪品に慣れた人々が本来の味を忘れてしまった点」のようにまとめる。

問8　続く部分の内容から，「この醸造方法」は「一年以上」かかるはずの醸造期間を「五〇日間」に短縮するもので，そのことが「GHQを動かし」，「醤油業界に原料大豆をまわしてもらえることになった」ことが読み取れる。これをふまえ，「醸造期間を五〇日に短縮したことがGHQに認められ，醤油醸造業者が生き残ることができたということ」のように整理する。

問9　**伝統的**…木桶仕込みの醤油を好んで買う消費者が増えてきたとはいえ，蔵元は戦中戦後に新桶をつくれなかったことで，多くは近代的な設備に変わった。そのような時代に木桶を使った醸造を選ぶのだから，蔵元ごとの風味の魅力《みりょく》，伝統技術の継承《けいしょう》などを理由にあげるとよい。　**近代的**…近代的な設備でつくられた醤油の「クセがなく，品質のブレもなく，均一にレベルが保たれる」性質は，大きな長所である。多くの日本人の味覚に合うものを安定的につくれることは，一般《いっぱん》家庭の食の安定につながるからである。

四　**出典：宮島未奈《みやじまみな》『成瀬《なるせ》は天下を取りにいく』**。人間関係の苦手な「わたし」(大貫《おおぬき》)が，東大を目指す中で須田《すだ》と親しくなったようす，東大のオープンキャンパスで苦手な成瀬と出くわしたときのようすなどが描《えが》かれている。

問1　**a**　「ご多分に漏《も》れず」で，“例外なく”という意味を表す。　**b**　「高みの見物」で，“第三者の立場から興味本位に事の成り行きを見ていること”を表す。

問2　少し後に「まさかわたしに向けて線を伸《の》ばしてくるとは思わなかった」とあり，これが「想定外の事件」にあたる。「線を伸ばしてくる」が「告白」することをたとえた表現であることをふまえ，「自分が交際を申し込まれること」，「男子から告白されること」のようにまとめる。

問3　「わたし」は「これまで自分をコミュ障だと思ってきた」が，この場面では須田と普通《ふつう》に会話ができているので，オがふさわしい。

問4　「まだ一年生だし，わざわざ新幹線に乗って行くという発想がなかった」とあるので，「自分が行きたいと意思表示さえすれば」とあるイはあてはまらない。また，須田は「付き合うとかじゃなくて，情報交換《こうかん》できたらいいなと思って」と言っており，それを「わたし」は「悪くない気がする」と感じているので，「付き合うことになりそう」とあるエも合わない。

問5　続く部分で悠子《ゆうこ》が「わたしに興味がないんだろうなって前から思ってたの。それは仕方ないことかもしれないけど，明らかにこっちに伝わっちゃうのはどうなの？」，「須田くんと食べたら？」と言っているので，これをふまえ，「須田と親しくなって調子に乗り，悠子を軽んじていたことが本人に伝わるような態度」のようにまとめる。

問6　悠子は「かえでって，わたしのことどうでもいいと思ってるでしょ」と言っているので，“ものごとを軽く見ること”“相手の価値を認めないこと”を表す「軽視」が合う。

問7　東大のオープンキャンパスでの人出を見て，「わたし」は「大津でいえばびわ湖大花火大会レベルの人出である」と思っており，成瀬も同じように「花火大会ぐらい人がいたな」と言っている。これをふまえ，「(自分と同じように成瀬も)東大キャンパスの人出は大津のびわ湖大花火大会と同じぐらいだと感じていたから」のようにまとめる。

問8　傍線《ぼうせん》部6の前後の内容から，成瀬と「わたし」がデパートの「西武池袋本店」に行き，地元で閉店してしまった支店の「西武大津店」を懐《なつ》かしんでいることがわかる。よって，「閉店」にふれているウがよい。

問9　1～3　「尋《たず》ねた」，「成瀬は意外そうな表情で」とあるので，「どうして坊主にしたの？」→「はじめて訊《き》かれたな。みんな訊きづらいんだろうか」→「そりゃ訊きづらいでしょ」とするのが合う。　　4　後に「検証しようと思った」とあるので，「人間の髪《かみ》は一ヶ月に一センチ伸びると言うだろう。その実験だ」がよい。　　5　4の理由に対し，「全部剃《そ》らなくても～」と感想を言うのが自然である。　　6　5の感想に対し，「ちゃんと厳密にやりたかったんだ～」と説明するのが自然である。

問10　本文の最初の段落からわかるように，作者は「相関図」を「人間関係」と同じ意味で使っている。よって，「人間関係」にふれているアがよい。

2024 年度

栄東中学校

【算　数①】 〈東大特待Ⅰ試験 算数1教科型〉（50分）〈満点：150点〉

〈編集部注：算数②は4教科型の算数と共通問題です。〉

注意　1．コンパス・分度器は使わずに答えてください。

2．円周率《りつ》は3.14とします。

3．比を答えるときには，もっとも簡単な整数の比で答えてください。

1　図は2つの正方形と1つの長方形をあわせた図形です。

小さい正方形の1辺の長さが10 cm，影《かげ》のついた部分の面積が136 cm^2のとき，長方形ABCDの面積は［　　］cm^2です。

空欄《らん》にあてはまる数を答えなさい。

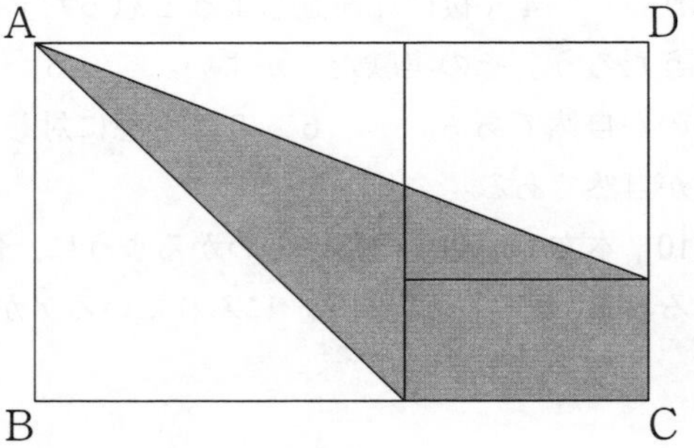

2　1に3をつぎつぎにかけていくと，

1，3，9，27，81，243，729，……

となります。この数の列を①と呼ぶことにします。

この①の中からいくつかの数を足し合わせて新しい数をつくります。その新しい数と①を合わせた数すべてを小さい順に並べると，

1，3，4，9，10，12，13，27，28，30，31，36，37，39，40，81，……

となります。この数の列を②と呼ぶことにします。

(1)　②の中で243は何番目の数ですか。

(2)　②の中ではじめて2024より大きくなる数は［ア］で，［イ］番目の数です。また，②の中で［ア］の1つ前にある数は［ウ］です。空欄《らん》にあてはまる数を答えなさい。

3　今日の数学の授業は各辺を３等分する作図法でした。先生が長い定規で書いた右の図のような大きな台形が黒板に残っています。

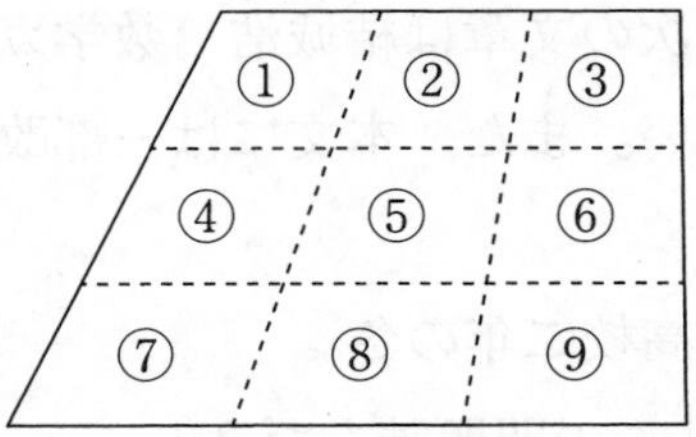

東さん　「これって面積何 cm^2 なんだろう」
栄くん　「測ってみる？」
東さん　「こんな長い定規ないから」
栄くん　「ちょうど各辺を３等分してあるから，小さい台形９個をそれぞれ求めればいいよ」
東さん　「……待って！　１個だけで求められる！ [A] の面積を求めてそれを [ア] 倍するだけ」
栄くん　「ええ，もう⑨の面積を求めちゃったよ」
東さん　「じゃあ，⑨の面積と [B] の面積を求めてその合計を [イ] 倍すれば求められるね」
栄くん　「え？　なんで求められるの？」

(1)　[A] にあてはまる台形として考えられるものすべてを①～⑨の番号で答え，[ア] にあてはまる数を答えなさい。また，その理由を説明しなさい。

(2)　[B] にあてはまる台形として考えられるものすべてを①～⑨の番号で答え，[イ] にあてはまる数を答えなさい。

(3)　最後に栄くんがたずねた質問に対して，東さんになったつもりで理由を説明しなさい。

4　次の文章は結《ゆう》城《き》浩《ひろし》『数学ガール』の一部分です。これを読んで問いに答えなさい。また，本文には一部改変したところがあります。

高校二年の冬。

「この問題読んだ？」

放課後の図書室。お気に入りの席に着いて，計算を始めようとしていた僕《ぼく》のところに，ミルカさんがやってきた。僕の前に紙を一枚置き，立ったまま机に両手をつく。

「何？」と僕が言う。

「村木先生からの問題」と彼女が言う。

紙にはこう書いてあった。

問題

$$0+1=(0+1)$$

1なら1通り

$$\begin{aligned}0+1+2&=(0+(1+2))\\&=((0+1)+2)\end{aligned}$$

2なら2通り

$$\begin{aligned}0+1+2+3&=(0+(1+(2+3)))\\&=(0+((1+2)+3))\\&=((0+1)+(2+3))\\&=((0+(1+2))+3)\\&=(((0+1)+2)+3)\end{aligned}$$

3なら5通り

$$0+1+2+3+\cdots+n=\ ?$$

nなら何通りか

「何だか問題文が長いなあ。もっとストレートに書けばいいのに」僕は紙から顔を上げて言う。

「ふうん……。ストレートに書け。必要かつ十分な長さで書け。定式化して書け。用語を定義して書け。あいまいさを残さずに書け。威厳《いげん》を持ち，香気《こうき》を放ち，心打つほどの単純さを以《もっ》て書け。……と言うのね。」

「うん，その通り」と僕は言った。

「まあ，よしとしようよ。」

「ちょっと待った。ミルカさん，これ，いつもらった？」

「お昼休み。職員室に顔出したときにね。ちょっとフライングしたことになるか。確かに渡《わた》したよ。きみはここでゼロから考える。私はあちらで考える。それじゃ」

ミルカさんはひらひらと手を振《ふ》って，優雅《ゆうが》に窓際の席へ移動する。僕の目はミルカさんをずっと追っていく。窓の向こうには，葉が落ちたプラタナスが見え，さらにその向こうには冬の青空が広がっている。晴れているけれど，ずいぶん寒そうだ。

僕は高校二年生。ミルカさんは同級生だ。僕たちは数学教師の村木先生から，ときどき問題を出してもらう。先生は変わり者だけど，僕たちのことを気に入っている。

ミルカさんは数学が得意だ。僕も苦手じゃないけれど，彼女にはかなわない。僕が図書室で数式を展開して楽しんでいると，ミルカさんはちょっかいを掛《か》けにくる。シャープペンを取り上げ，僕のノートに勝手に書き込《こ》みながら，講義を始める。まあ，そんな時間が楽しくないわけでもないけれど……。

ミルカさんが熱心に話すのを聞くのは好きだし，目をつむって考えている彼女を眺《なが》めるのも悪くない。メタルフレームの眼鏡がよく似合う，すっきりした頬《ほお》のラインが……。

いや，そんなことより，問題に取り掛かろう。彼女は向こうで考えている。彼女のことだから，すぐに解いてしまうかもしれないな。

解くべき問題を整理しよう。

$0+1$，$0+1+2$，$0+1+2+3$，…　という式があって，それに括弧《かっこ》が付いている。1なら1通り，2なら2通り，3なら5通り，と書かれているから，**括弧の付け方の場合の数**を求めることが問題だ。$0+1+2+3+\cdots+n$ という式に括弧を付ける場合の数を求めることが目標。

n は何を表しているか。$0+1+2+3+\cdots+n$ という式は0から始まっているから，加える数の個数は $n+1$ になる。n は，$0+1+2+3+\cdots+n$ という式に含《ふく》まれている《プラス（＋）の個数》を表すと考えてもいい。

括弧の付け方のルールはどうか。プラスの左と右に式―項《こう》と呼ぼう―が1個ずつある。つまり，(0+1) や (0+(1+2)) のように２項の和（およびその組み合わせ）はOKだけれど，(0+1+2) のように３項の和は考えないということだろう。

セオリー通り，まず**具体例**で考える。問題文では $n=1$，2，3の場合の例が書かれているから，$n=4$ の場合を作ってみよう。ええと，……げっ，意外と多いな。［ア］通りもあるのか。「4なら［ア］通り」ということか。

書いているうちに規則性が見えてきたぞ。0から4までの5個の数があるとき，その間には4個のプラスがある。考えてみれば，いま求めたいのは括弧の付け方の場合の数なのだから，実際に加える数には意味がない。つまり，

$$((0+1)+(2+(3+4)))$$

という式を考える代わりに，

$$((A+A)+(A+(A+A)))$$

という式を考えてもよい。さらに，《括弧を付ける》ということの背後にある構造を見抜《ぬ》き，規則性を見出す必要がある。この式はプラスが4個あるから，プラスが3個以下の場合との関係を考えてみよう。つまり，

$$\underbrace{((A+A)+(A+(A+A)))}_{\text{プラスが4個}}$$

というパターンを，こんなふうにとらえる。

$$(\underbrace{(A+A)}_{\text{プラスが1個}}+\underbrace{(A+(A+A))}_{\text{プラスが2個}})$$

ふむ。見えてきたぞ。最後のプラス――つまり，一番最後に加えるプラスがどこにあるかに着目しよう。上の式の場合には，左から2番目が最後のプラスだ。式は，最後のプラスによって，左と右の式に大きく二分されている。プラスの位置を，左から順にずらしていけば，排他《はいた》的で網羅《もうら》的な分類，つまり**類別《るいべつ》**が出来る。プラスが4個の式は以下の4パターンに類別できるな。最後のプラスに〇を付けると，次のようになる。

$$((A)\oplus(A+A+A+A))$$
$$((A+A)\oplus(A+A+A))$$
$$((A+A+A)\oplus(A+A))$$
$$((A+A+A+A)\oplus(A))$$

この類別だと，(A+A+A+A) のように括弧付けが済んでいない3項以上の和を含んでしまう。でも，これは，プラスの個数がさらに少ない場合との関

係を考えればいい。うん，これでやれそうだ。

プラスが４個のパターン，すなわち

（A＋A＋A＋A＋Aのパターン）

というのは，以下のパターンに類別できる。

（Aのパターン）のそれぞれに対して（A＋A＋A＋Aのパターン）

（A＋Aのパターン）のそれぞれに対して（A＋A＋Aのパターン）

（A＋A＋Aのパターン）のそれぞれに対して（A＋Aのパターン）

（A＋A＋A＋Aのパターン）のそれぞれに対して（Aのパターン）

（Aのパターン）は明らかに１通り。（A＋Aのパターン），（A＋A＋Aのパターン），（A＋A＋A＋Aのパターン）はそれぞれ問題文の中にあるから，計算してみると［ア］が正しいことがわかるな。

「下校時間です」

司書の瑞谷《みずたに》先生がやってきて宣言した。先生は，いつもタイトなスカートを穿《は》き，サングラスと見まごうほど色の濃《こ》い眼鏡を掛けている。ふだんは奥の司書室にいて，定時になると音もなく図書室の真ん中にやってきて，下校時間を宣言するのが常だ。時計のような瑞谷女史。

おっと。そういえばミルカさんは？

見回したけれど，彼女はどこにもいなかった。

(1) ［ア］にあてはまる数を答えなさい。

(2) 二重下線部について，「僕」が考えている排他的で網羅的に分類する（類別する）とはどのように分類することなのか，以下の①から④のうちもっともふさわしいものを１つ選び，番号で答えなさい。

① ５つのAを２組に分ける分け方で分類する。

② 括弧の個数に注目して分類する。

③ ０から４の５つの数字の並べ方で分類する。

④ ５つのAを何組に分けるかで分類する。

(3) $n=5$，6，7，8ならそれぞれ何通りか答えなさい。

2024年度
栄東中学校 ▶解説と解答

算数①　＜東大特待Ⅰ試験　算数１教科型＞（50分）＜満点：150点＞

解　答

[1] 372cm^2　[2] (1) 32番目　(2) **ア**…2187，**イ**…128番目，**ウ**…1093　[3] (1) **A**…④，⑤，⑥／**ア**…９倍／**理由**…（例）解説を参照のこと。　(2) **B**…①，②，③／**イ**…4.5倍　(3)（例）解説を参照のこと。　[4] (1) 14　(2) ①　(3) n＝５なら42通り，n＝６なら132通り，n＝７なら429通り，n＝８なら1430通り

解　説

[1] 平面図形―面積

右の図１のようにＢとＤを結ぶと，BDとAFは２つの正方形の辺上の点Ｇで交わる(理由は下記を参照のこと)。すると，三角形AEGと三角形BEGの面積は等しいから，図１の影《かげ》のついた部分の面積が136cm^{2}になる。さらに，三角形DGFの面積は，10×10÷２＝50(cm^2)なので，三角形DBCの面積は，136＋50＝186(cm^2)とわかる。よって，長方形ABCDの面積は，186×２＝372(cm^2)と求められる。

図１

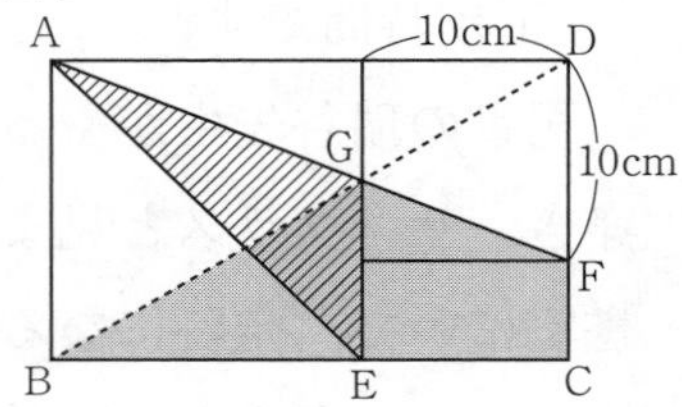

〔参考〕　右の図２のように，AFと２つの正方形の辺が交わる点をＰとし，２つの直角三角形PAQとPFRを作ると，この２つの三角形は相似になる。このとき，相似比(AQ：FR)は２つの正方形の１辺の長さの比と等しくなる。すると，BQ：DRもその比と同じになるから，三角形PBQと三角形PDRも相似になる。よって，角BPQと角DPRの大きさは等しいので，３点Ｂ，Ｐ，Ｄは一直線上にあることがわかる。

図２

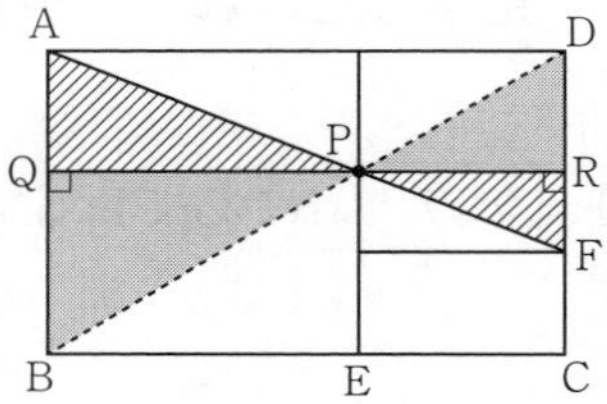

[2] 数列，条件の整理

(1)　１に３をつぎつぎにかけてできる数は，下の図の□で囲んだ数である。この図のＡの部分には，「９に９よりも左にある３個の数」をそれぞれ加えた数が並び，Ｂの部分には，「27に27よりも左にある７個の数」をそれぞれ加えた数が並ぶ。同様に考えると，Ｃの部分には，「81に81よりも左にある15個の数」をそれぞれ加えた数が並ぶ。よって，243は左からかぞえて，16＋15＋１＝32(番

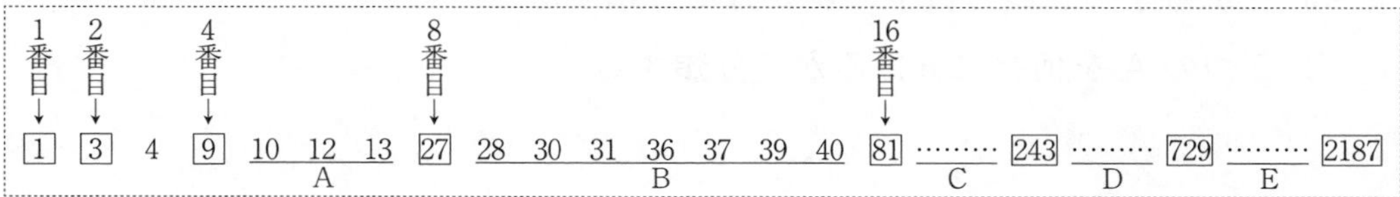

目)の数である。

(2)　(1)より，Ｃの部分で最大の数は，81＋40＝121である。すると，Ｄの部分で最大の数は，243＋121＝364，Ｅの部分で最大の数は，729＋364＝1093と求められる。したがって，はじめて2024より大きくなる数は2187(…ア)である。次に，□で囲んだ数の順番はつぎつぎと２倍になるので，2187は左からかぞえて，32×２×２＝128(番目)(…イ)とわかる。さらに，2187の１つ前にあるのはＥの部分で最大の数だから，1093(…ウ)である。

3　平面図形―面積，条件の整理

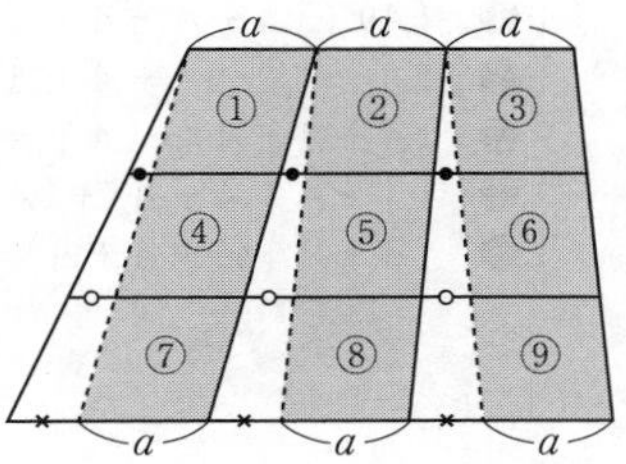

(1)　右の図のように，たて方向に平行な直線を引き，かげをつけた平行四辺形を作る。この図で，●，○，×の部分の長さはそれぞれ等しく，●：○：×＝１：２：３である。そこで，●の長さを$\boxed{1}$とすると，○の長さは$\boxed{2}$，×の長さは$\boxed{3}$となるから，上段の３つの台形の，(上底)＋(下底)はどれも(２×a＋$\boxed{1}$)，中段の３つの台形の，(上底)＋(下底)はどれも(２×a＋$\boxed{3}$)，下段の３つの台形の，(上底)＋(下底)はどれも(２×a＋$\boxed{5}$)となる。また，全体の台形の，(上底)＋(下底)は(６×a＋$\boxed{9}$)なので，……は＿＿の３倍とわかる。つまり，全体の台形の，(上底)＋(下底)は，中段の台形１個の，(上底)＋(下底)を３倍にしたものとわかる。さらに，全体の台形の高さは中段の台形の高さを３倍にしたものだから，全体の台形の面積は中段の台形１個の面積を，３×３＝９(倍)にしたものである。よって，Ａにあてはまる台形は{④，⑤，⑥}，アにあてはまる数は９である。

(2)，(3)　⑨の台形の，(上底)＋(下底)は(２×a＋$\boxed{5}$)である。この台形のとなりに上段の台形を並べて新しい台形を作ると，(上底)＋(下底)は，(２×a＋$\boxed{5}$)＋(２×a＋$\boxed{1}$)＝４×a＋$\boxed{6}$となり，＿＿を２倍にしたものになる。つまり，上段の台形と下段の台形の面積の合計は，中段の台形の面積を２倍にしたものになる。また，(1)から，全体の台形の面積は中段の台形１個の面積を９倍にしたものとわかるので，全体の台形の面積は，上段の台形と下段の台形の面積の合計を，９÷２＝4.5(倍)にしたものである。よって，Ｂにあてはまる台形は{①，②，③}，イにあてはまる数は4.5である。

4　場合の数

図１

❶　(A)＋(A＋A＋A＋A)
❷　(A＋A)＋(A＋A＋A)
❸　(A＋A＋A)＋(A＋A)
❹　(A＋A＋A＋A)＋(A)

(1)　A＋A＋A＋A＋Aという式において，５つのAを２組に分ける分け方で分類すると，右の図１のようになる。図１の❶で，(A)の括弧《かっこ》の付け方は１通りだけである。また，(A＋A＋A＋A)の括弧の付け方は，問題文中の(０＋１＋２＋３)の場合にあたるから５通りとわかる。よって，❶の場合は全部で，１×５＝５(通り)となる。次に❷で，(A＋A)は問題文中の(０＋１)の場合にあたるので１通り，(A＋A＋A)は問題文中の(０＋１＋２)の場合にあたるから２通りとなり，全部で，１×２＝２(通り)とわかる。さらに，❸は❷の順番を入れかえたものなので❷と同様に２通り，❹は❶の順番を入れかえたものだから❶と同様に５通りである。したがって，全部で，(５＋２)×２＝14(通り)と求められる。

(2)　(1)の＿＿より，①である。

(3)　n＝５の場合は下の図２のようになる。(1)より，(A＋A＋A＋A＋A)の括弧の付け方は14通りとわかるので，❶と❺の場合は，１×14＝14(通り)，❷と❹の場合は，１×５＝５(通り)，❸

の場合は，２×２＝４(通り)となり，全部で，(14＋５)×２＋４＝42(通り)と求められる。次に，$n=6$の場合，Aの個数だけで表すと下の図３のようになる。(６個)の場合は42通りだから，❶と❻は，１×42＝42(通り)，❷と❺は，１×14＝14(通り)，❸と❹は，２×５＝10(通り)となり，全部で，(42＋14＋10)×２＝132(通り)となる。同様に，$n=7$の場合は下の図４のようになるので，(１×132＋１×42＋２×14)×２＋５×５＝429(通り)，$n=8$の場合は下の図５のようになるから，(１×429＋１×132＋２×42＋５×14)×２＝1430(通り)と求められる。

図２($n=5$)

❶　$(A)+(A+A+A+A+A)$
❷　$(A+A)+(A+A+A+A)$
❸　$(A+A+A)+(A+A+A)$
❹　$(A+A+A+A)+(A+A)$
❺　$(A+A+A+A+A)+(A)$

図３($n=6$)

❶　(１個)＋(６個)
❷　(２個)＋(５個)
❸　(３個)＋(４個)
❹　(４個)＋(３個)
❺　(５個)＋(２個)
❻　(６個)＋(１個)

図４($n=7$)

❶　(１個)＋(７個)
❷　(２個)＋(６個)
❸　(３個)＋(５個)
❹　(４個)＋(４個)
❺　(５個)＋(３個)
❻　(６個)＋(２個)
❼　(７個)＋(１個)

図５($n=8$)

❶　(１個)＋(８個)
❷　(２個)＋(７個)
❸　(３個)＋(６個)
❹　(４個)＋(５個)
❺　(５個)＋(４個)
❻　(６個)＋(３個)
❼　(７個)＋(２個)
❽　(８個)＋(１個)

2023年度 栄東中学校

【算　数】〈Ａ日程１月10日試験〉(50分)〈満点：100点〉

注意　１．コンパス・定規・分度器は使わずに答えてください。

２．円周率は3.14とします。

３．比を答えるときには，もっとも簡単な整数の比で答えてください。

1　次の□に入る数や言葉を答えなさい。

(1)　$20.23 \div 1.7 - 0.2 \times (140 - 9 \times 9) = \square$

(2)　$4 - \frac{2}{5} \div \left(1 - \square\right) = \frac{14}{15}$

(3)　栄小学校と東小学校で算数のテストを実施《し》したところ，以下の表のようになりました。このとき，全体の平均点は□小学校の方が□点だけ高いことがわかります。

	男子の人数	女子の人数	男子の平均点	女子の平均点
栄小学校	70	30	53	47
東小学校	50	50	54	48

(4)　ある鉄道会社では６両編成の急行列車と４両編成の普《ふ》通列車が，同じ方向にそれぞれ一定の速さで走っています。毎時84kmの速さで走っている急行列車の最前部が，同じ方向に毎時60kmの速さで走っている普通列車の最後部に追いついてから，２つの列車の最前部が並ぶまでに11.4秒かかりました。このとき，列車の１両の長さは□mです。ただし，これらの列車の１両の長さはすべて等しく，連結部分は考えないものとします。

(5)　□円で商品を仕入れ，30％の利益を見込《こ》んで定価をつけました。ある日，午前中は定価の20円引きで売り，午後は定価の20％引きで売ったところ，午後の売り値は午前の売り値より71円安くなりました。ただし，消費税は考えないものとします。

(6)　５％の食塩水560ｇを作ろうとして水と食塩を別々にはかりで量って混ぜたところ，はかりがこわれていたため，食塩も水もそれぞれ□ｇずつ多く入れてしまい，８％の食塩水ができました。

(7)　半径４cmの半円の円周部分を８等分する点をとり，右の図１のように，２組の点をつないで直径に平行な２本の線をつくりました。このとき，半円を２本の線で切り取った斜《しゃ》線部分の面積は□cm^2です。ただし，円周率は3.14とします。

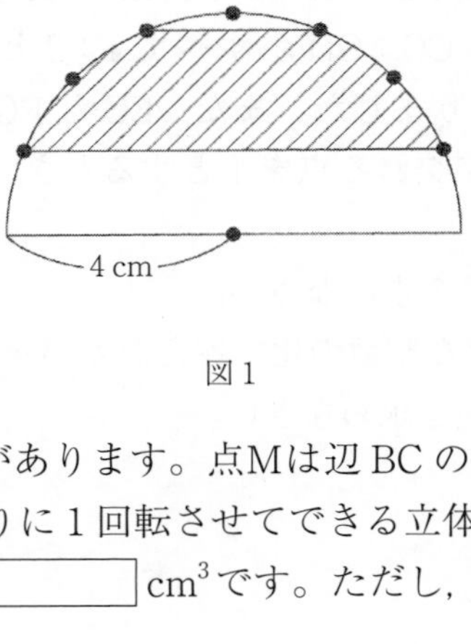

図１

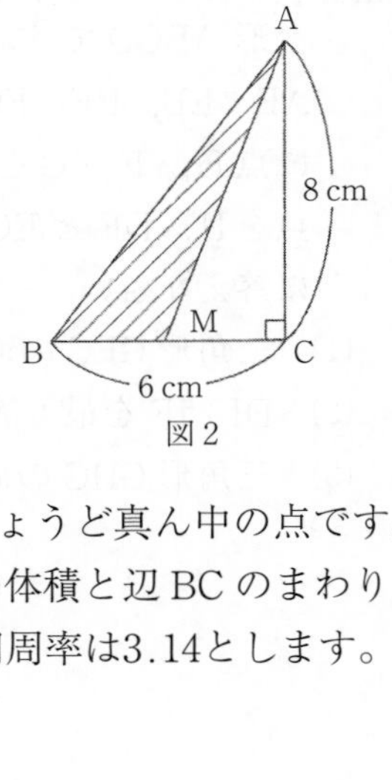

図２

(8)　右上の図２のような直角三角形ABCがあります。点Mは辺BCのちょうど真ん中の点です。このとき，三角形ABMを辺ACのまわりに１回転させてできる立体の体積と辺BCのまわりに１回転させてできる立体の体積の差は□cm^3です。ただし，円周率は3.14とします。

2　３辺の長さがすべて異なる直方体の形のおもりがあり，これは次のⅠ～Ⅲのように３通りの置き方があります。

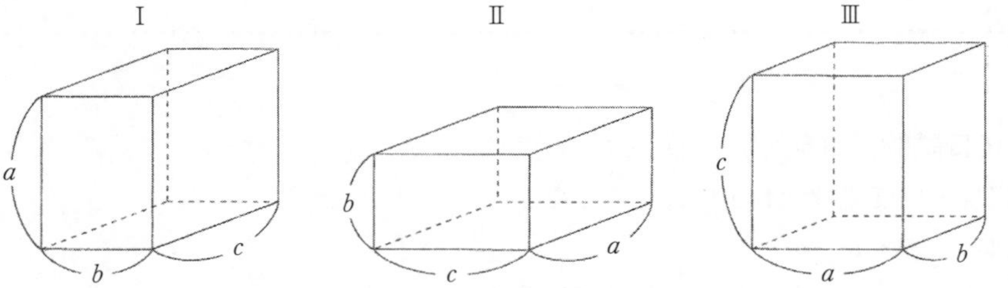

縦20cm，横30cm，高さ20cmの水そうの中にⅠの置き方でこのおもりを１個置き，毎秒40cm^3で水を入れていったところ，水面の高さは図１のように変化しました。

次に，同じ水そうの中にⅡとⅢの置き方でこのおもりを１個ずつ，おもりどうしが触《ふ》れることがないように置き，毎秒40cm^3で水を入れていったところ，水面の高さは図２のように変化しました。このとき，下の問いに答えなさい。

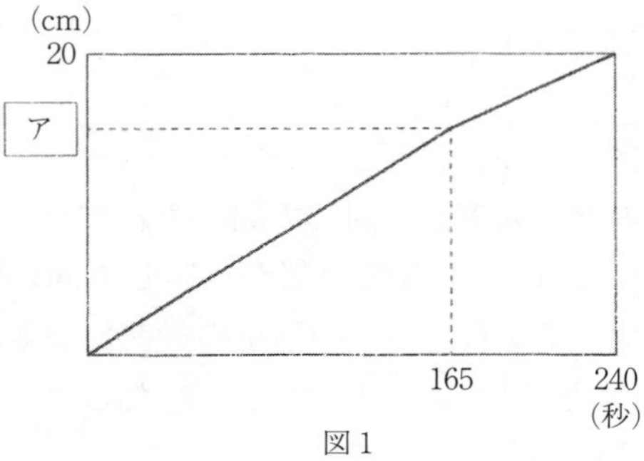

図１

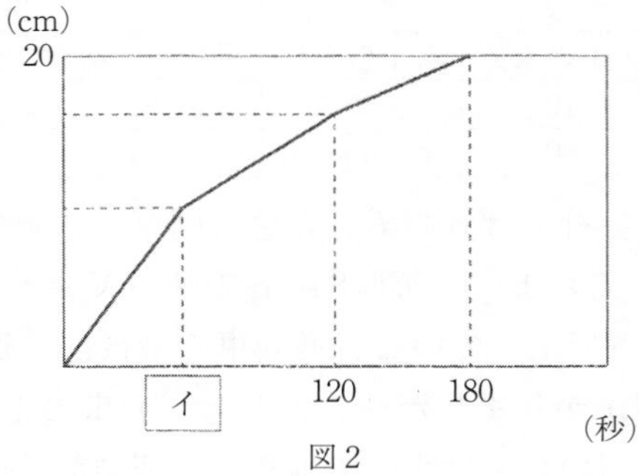

図２

(1)　このおもりの体積を求めなさい。
(2)　ア にあてはまる数を答えなさい。
(3)　イ にあてはまる数を答えなさい。

3　右の図は，面積が108cm^2で，辺ADと辺BCが平行な台形ABCDです。辺BCの長さは辺ADの長さの２倍で，AE：EB，BF：FC，CG：GDがすべて１：２となるように点E，F，Gをとりました。また，ECとFGが交わる点をH，DFとECが交わる点をＩとするとき，次の問いに答えなさい。

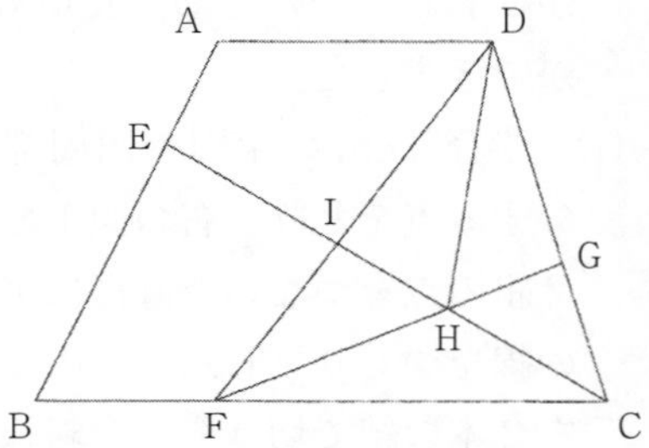

(1)　三角形GFCの面積を求めなさい。
(2)　DI：IFを最も簡単な整数の比で答えなさい。
(3)　三角形GHCの面積を求めなさい。

4　図１のように上または右の２方向にだけ１マスずつ進めるコマＡと，図２のように上または右またはななめ右上の３方向に１マスずつ進めるコマＢがあります。これらのコマを図３のような４×４の盤《ばん》の左下Ｐから，右上Ｑに移動させる方法が何通りあるか考えます。このとき，下の問いに答えなさい。

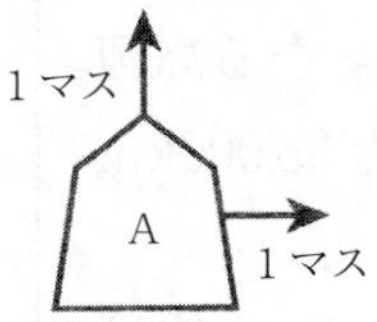

図１

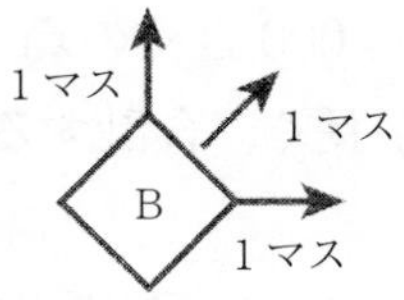

図２

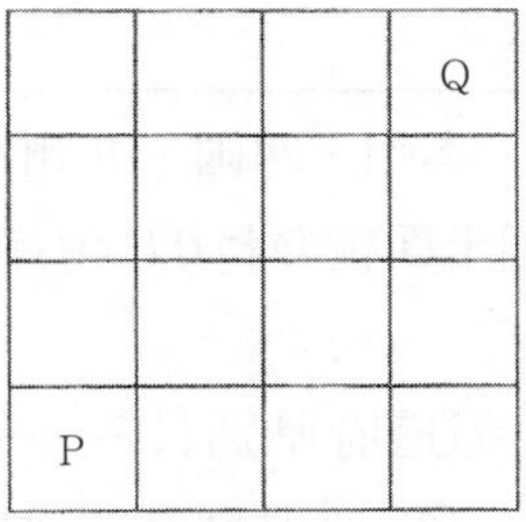

図３

(1)　コマＡをＰからＱに移動させる方法は全部で何通りありますか。

(2)　コマＢをＰからＱに移動させる方法のうち，ななめ右上への移動を１回だけ行う方法は何通りありますか。

(3)　コマＢをＰからＱに移動させる方法は全部で何通りありますか。ただし，ななめ右上への移動を複数回行ってもよいものとします。

5　「となり合う２つの数を加えて次の数をつくる」という規則で，下のように整数が2023個並んでいます。

　　1，1，2，3，5，8，13，21，34，……

　このとき，次の問いに答えなさい。

(1)　２の倍数は何個ありますか。

(2)　５の倍数は何個ありますか。

(3)　40の倍数は何個ありますか。

【社　会】〈Ａ日程１月10日試験〉（理科と合わせて50分）〈満点：50点〉

1　次の各問いに答えなさい。

問１　次の文章を読み、あとの各問いに答えなさい。

> 日本は、北海道・本州・四国・九州など7,000近くの島々からなる島国です。そのため、国土面積のわりに海岸線が長く、合計すると約35,000kmもあります。
>
> 海岸線の長さを都道府県別にみると、１位は①北海道で、２位は **あ** 県、３位は②鹿児島県、次いで沖縄県、愛媛県と続いています。一方で、内陸にあり、海に面していない都道府県は、 **い** つあります。

（１）　文章中の空欄《くうらん》 **あ** にあてはまる語句を**漢字**で答えなさい。

（２）　文章中の空欄 **い** にあてはまる数字を**算用数字**で答えなさい。

（３）　下線部①について、「北海道で一番人口の多い都市」を、解答欄にあうように**漢字**で答えなさい。

（４）　下線部②について、「鹿児島県にある大隅半島の南端《たん》にある岬《みさき》」を、解答欄にあうように**漢字**で答えなさい。

問２　栄太君は、日本の気候の特徴《とくちょう》を調べるため、さまざまな都市に住む人々から、その都市の様子について話を聞くことにしました。次の**人物A～C**の話と、彼《かれ》らの住んでいる都市の組み合わせとして正しいものを、あとの**ア～カ**から１つ選び、記号で答えなさい。

人物A　私の住むところは盆地《ぼんち》だから、夏と冬、昼と夜の寒暖差がとても大きいよ。でも、そのおかげで野菜や果物はとてもおいしく育つんだ。

人物B　北側と南側にある山地が季節風をさえぎるために、降水量は少ないな。とくに、夏は日照りや干ばつもおこりやすいから、毎年水不足を心配しているよ。

人物C　夏は季節風の影響《えいきょう》で、とても蒸し暑いよ。冬は山地からかわいた風がふき下ろすから、乾燥《かんそう》しているよ。

ア．　**A**－熊谷市　**B**－長野市　**C**－高松市
イ．　**A**－熊谷市　**B**－高松市　**C**－長野市
ウ．　**A**－長野市　**B**－熊谷市　**C**－高松市
エ．　**A**－長野市　**B**－高松市　**C**－熊谷市
オ．　**A**－高松市　**B**－熊谷市　**C**－長野市
カ．　**A**－高松市　**B**－長野市　**C**－熊谷市

問３　次の表は、日本の野菜の収穫《しゅうかく》量上位４位までの道県を示したものです。表中の空欄 **あ** ～ **う** には、それぞれ「北海道」「埼玉」「千葉」のいずれかがあてはまります。 **あ** ・ **い** にあてはまる道県の組み合わせとして正しいものを、あとの**ア～カ**から１つ選び、記号で答えなさい。

（2020年産）

	トマト	キャベツ	ねぎ	ブロッコリー
１位	熊　本	愛　知	**い**	**あ**
２位	**あ**	群　馬	**う**	**う**
３位	愛　知	**い**	茨　城	愛　知
４位	茨　城	茨　城	**あ**	香　川

（矢野恒太記念会『日本国勢図会 2022/23』より作成）

ア．**あ**－北海道　　**い**－埼　玉
イ．**あ**－北海道　　**い**－千　葉
ウ．**あ**－埼　玉　　**い**－千　葉
エ．**あ**－埼　玉　　**い**－北海道
オ．**あ**－千　葉　　**い**－埼　玉
カ．**あ**－千　葉　　**い**－北海道

問４　日本の農業における「６次産業化」の具体例としてもっともふさわしいものを、次の**ア～エ**から１つ選び、記号で答えなさい。

ア．農産物直売所を設置して、生産・加工した農産物を販売《はんばい》する。
イ．作業の機械化をすすめ、少ない労働者で効率よく生産する。
ウ．農作物の安全性を高め、高価でも品質の良いものを生産し輸出する。
エ．海外から輸入した農作物を、農家が経営しているレストランなどで調理し提供する。

問５　次の【グラフ】は、日本の果物の輸入先を示したものです。また【表】は、【グラフ】中の上位３位いずれかの国からの日本の主な輸入品目と、全体の輸入額にしめる割合を示したものです。【グラフ】中の□にあてはまる国として正しいものを、【表】を参考にしながら、あとの**ア～エ**から１つ選び、記号で答えなさい。

【グラフ】

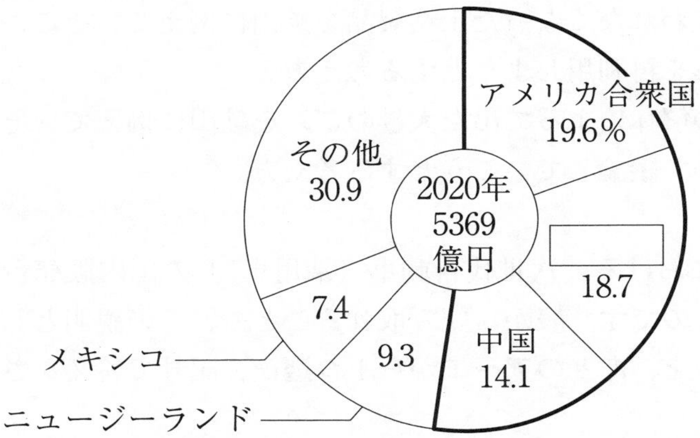

【表】

（2020 年）

品目	割合（%）	品目	割合（%）	品目	割合（%）
機械類	48.6	機械類	25.8	機械類	44.9
衣類	8.4	医薬品	7.6	果実	10.1
金属製品	3.5	肉類	5.5	銅鉱	2.7
家具	2.6	科学光学機器	5.3	科学光学機器	2.1

（【グラフ】は矢野恒太記念会『日本のすがた 2022』、
【表】は矢野恒太記念会『日本国勢図会 2022/23』より作成）

ア．韓国　**イ**．オーストラリア　**ウ**．タイ　**エ**．フィリピン問６　「都市鉱山」という言葉があります。この「都市鉱山」の意味や考え方として正しいものを、次の**ア〜エ**から１つ選び、記号で答えなさい。

ア. 都市の近郊《きんこう》にある鉱山を新たに発掘《はっくつ》し、金属生産の国内自給率を上げていこうとする考え方。

イ. 都市部で金属生産や加工をおこなうことで、金属製品の流通コストをおさえていこうとする考え方。

ウ. 都市部で使われなくなった工業製品を鉱山に例えて、そこから取り出した金属を再利用しようとする考え方。

エ. 工業製品の解体によって出た大量のごみを鉱山に例えて、その処理問題について議論していこうとする考え方。

問７　次の表は、日本における「次世代自動車（乗用車）」の国内販売台数の移り変わりを示したものです。表から読み取れることや、その説明としてもっともふさわしいものを、あとの**ア〜エ**から１つ選び、記号で答えなさい。

（単位　千台）

	2008年	2010年	2015年	2019年	2020年
ハイブリッド車	108.5	481.2	1 074.9	1 472.3	1 324.8
電気自動車	−	2.4	10.5	21.3	14.6
燃料電池車※1	−	−	0.4	0.7	0.8
クリーンディーゼル車※2	−	8.9	153.8	175.1	147.1
計※3	108.5	492.6	1 253.8	1 687.0	1 502.0
割合（％）※4	2.6	11.7	29.7	39.2	39.4

（矢野恒太記念会『日本国勢図会 2022/23』より作成）

※１…燃料電池で水素などを使用して発電し、その力でモーターを回して走る自動車のこと。

※２…軽油を利用する従来のディーゼル車よりも大気汚染物質をおさえたディーゼル車のこと。

※３…計は、プラグインハイブリッド車をふくむ。

※４…乗用車の国内販売台数にしめる次世代自動車の割合。

ア. ハイブリッド車は、燃費の良さが消費者に受け入れられたことで、2008年から2020年にかけて販売台数が増え続けている。

イ. 電気自動車と燃料電池車は、充電するスタンドや燃料を補給するスタンドが少ないなどの課題があるため、2015年から2020年にかけての販売台数は他の次世代自動車にくらべて少ない。

ウ. クリーンディーゼル車は、軽油を利用し燃料費が割安なため、2020年時点で、ハイブリッド車に次ぐ販売台数であり、次世代自動車の販売台数全体の20%以上をしめている。

エ. 次世代自動車の販売台数は、2020年時点で、乗用車販売台数の過半数をしめている。

問8　次の表は、世界の半導体の地域別出荷額の移り変わりを示したものです。表中の**あ〜え**には、それぞれ「日本」「中国」「南北アメリカ」「ヨーロッパ」のいずれかがあてはまります。「日本」と「中国」にあてはまるものの組み合わせとして正しいものを、あとの**ア〜エ**から1つ選び、記号で答えなさい。

(単位　百万ドル)

	1990	2000	2010	2019	2020	2021
あ	9 599	42 309	38 054	39 816	37 520	47 757
い	19 563	46 749	46 561	35 993	36 471	43 687
う	…	…	…	144 494	151 488	192 487
え	14 445	64 071	53 675	78 619	95 366	121 481

(矢野恒太記念会『日本国勢図会 2022/23』より作成)

ア. 日本－**あ**　中国－**う**
イ. 日本－**あ**　中国－**え**
ウ. 日本－**い**　中国－**う**
エ. 日本－**い**　中国－**え**

問９　次の図は、大まかな商品の流れ（流通）をあらわしたものです。図中の**あ～え**の説明としてもっともふさわしいものを、あとの**ア～エ**から１つ選び、記号で答えなさい。

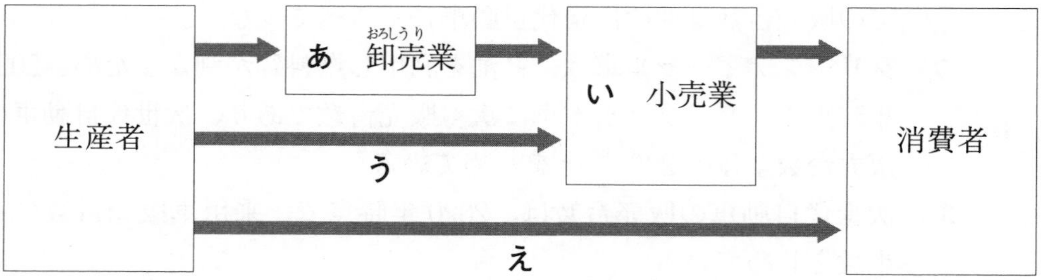

（矢野恒太記念会『日本のすがた 2022』より作成）

ア.「**あ**」の卸売業とは、生産者から大量に商品を仕入れて、小売業者に商品を売る仕事で、仕分けや在庫の管理など流通を安定的におこない、さまざまな商品を確実に小売店にとどける役割を担っている。

イ.「**い**」の小売業とは、生産者や卸売業から商品を買って消費者に売る仕事で、これまでは店舗《てんぽ》を持たない無店舗販売が多かったが、近年スーパーマーケットやコンビニエンスストアなどの台頭により、無店舗販売は減ってきている。

ウ.「**う**」の生産者と小売業を結ぶこの矢印は、卸売業を通さないことで、小売業者が生産者と直接取り引きすることをあらわし、流通コストを削減《さくげん》できるため、取引量の少ない小規模な小売店でしかみられない流通のかたちである。

エ.「**え**」の生産者と消費者を結ぶこの矢印は、電話やインターネットを利用して消費者が生産者から直接商品を購入《こうにゅう》できることをあらわし、小売店で購入するより売買や配送に手間がかかるため、近年取引量が減ってきている流通のかたちである。

問10　次の文章を読み、あとの各問いに答えなさい。

> 栄東中学校では、ノートパソコンを、授業での発表や生徒間の情報の共有、課題の提出などに、はば広く活用しています。情報通信技術が発達した現代社会では、インターネットやパソコン・タブレット端末《たんまつ》などの ① 情報技術・機器をあつかう技術や能力 は必要不可欠です。しかし一方で、インターネットの特徴や情報発信の方法を正しく知らなければ、思わぬトラブルにあったり、自分自身や他人を傷つけてしまったりするおそれもあります。そのため、栄東中学校では ② インターネットについての正しい知識や安全な使い方 についての授業や講習をおこなっています。

（１）　下線部①について、このようなパソコンやインターネットなどの情報技術を活用できる能力の有無によって生じる情報格差や、その格差がさらに経済的・社会的格差を拡大させてしまう問題のことをあらわす用語としてもっともふさわしいものを、次の**ア～エ**から１つ選び、記号で答えなさい。

ア. メディアリテラシー　　**イ.** ヘイトスピーチ
ウ. モラルハラスメント　　**エ.** デジタルデバイド

（２）　下線部②について、インターネットの正しい知識や使い方の具体例として、もっともふさわしいものを、次の**ア～エ**から１つ選び、記号で答えなさい。

ア. インターネット上で知り合った人物が、同性《どうせい》・同世代であると名乗ったため、直接会う約束をした。

イ. テレビで面白い番組があったので、みんなに知ってもらおうと思い、番組を録画して動画投稿《とうこう》サイトに投稿した。

ウ. インターネットへの書きこみは、匿名《とくめい》（自分の名前をかくすこと）でおこなわれるため、実際にだれが書きこんだのかを知られることは絶対にない。

エ. インターネット上に投稿した写真は、意図的に加工されたり、撮影《さつえい》した時間や場所を他人に知られたりするおそれがある。

2　次の各問いに答えなさい。

問１　縄文時代から弥生時代に関する文として正しいものを、次の**ア〜エ**から１つ選び、記号で答えなさい。

ア．米づくりが九州北部から広まり、稲《いね》は高床倉庫などにたくわえられた。
イ．豊かな収穫などを祈るため、女性を土でかたどった埴輪《はにわ》がつくられた。
ウ．縄文時代の代表的な遺跡《いせき》として、群馬県の岩宿遺跡がある。
エ．弥生時代の代表的な遺跡として、青森県の三内丸山遺跡がある。

問２　飛鳥時代から奈良時代に関する文として正しいものを、次の**ア〜エ**から１つ選び、記号で答えなさい。

ア．壬申の乱に勝利した後、聖武天皇が即位《そくい》した。
イ．唐の都の長安にならって、平城京がつくられた。
ウ．天智天皇が、国ごとに国分寺を建てるよう命じた。
エ．白村江の戦いの結果、唐によって新羅が滅《ほろ》ぼされた。

問３　次の**Ａ〜Ｄ**は、奈良時代から平安時代にかけておこったできごとに関する文です。**Ａ〜Ｄ**の文を、年代の古い順にならべたとき、**２番目**と**４番目**にくるものの組み合わせとして正しいものを、あとの**ア〜エ**から１つ選び、記号で答えなさい。

Ａ．坂上田村麻呂が、征夷大将軍に任命された。
Ｂ．鑑真が、日本に渡来した。
Ｃ．白河天皇が、上皇となった。
Ｄ．平将門が、関東で反乱をおこした。

ア．２番目－**Ａ**　４番目－**Ｃ**　　**イ**．２番目－**Ａ**　４番目－**Ｄ**
ウ．２番目－**Ｂ**　４番目－**Ｃ**　　**エ**．２番目－**Ｂ**　４番目－**Ｄ**

問４　平安時代に関する文として正しいものを、次の**ア～エ**から１つ選び、記号で答えなさい。

ア． 清少納言が、『源氏物語』を著《あらわ》した。
イ． 藤原頼通が、中尊寺金色堂を建てた。
ウ． 空海が、比叡山に延暦寺を建てた。
エ． 紀貫之らが、『古今和歌集』を編集した。

問５　次の**Ａ～Ｄ**は、鎌倉時代から室町時代にかけておこったできごとに関する文です。**Ａ～Ｄ**の文を、年代の古い順にならべたとき、**２番目**と**４番目**にくるものの組み合わせとして正しいものを、あとの**ア～エ**から１つ選び、記号で答えなさい。

Ａ． ２度目の元の襲来《しゅうらい》に備えて石塁が築かれた。
Ｂ． 朝廷の監視《かんし》をするために六波羅探題が置かれた。
Ｃ． 足利尊氏が、征夷大将軍に任命された。
Ｄ． 後醍醐天皇が、建武の新政をはじめた。

ア． ２番目－**Ａ**　４番目－**Ｃ**　　**イ．** ２番目－**Ａ**　４番目－**Ｄ**
ウ． ２番目－**Ｂ**　４番目－**Ｃ**　　**エ．** ２番目－**Ｂ**　４番目－**Ｄ**

問６　次の**Ａ～Ｄ**は、日本の外交に関する文です。**Ａ～Ｄ**の文を、年代の古い順にならべたとき、**２番目**と**４番目**にくるものの組み合わせとして正しいものを、あとの**ア～エ**から１つ選び、記号で答えなさい。

Ａ． 菅原道真の提案により、遣唐使が停止された。
Ｂ． 平清盛が、大輪田泊を整え、日宋貿易をさかんにおこなった。
Ｃ． フランシスコ＝ザビエルが、日本に初めてキリスト教を伝えた。
Ｄ． 日本が朝貢《ちょうこう》する形で、明と貿易をはじめた。

ア． ２番目－**Ａ**　４番目－**Ｃ**　　**イ．** ２番目－**Ａ**　４番目－**Ｄ**
ウ． ２番目－**Ｂ**　４番目－**Ｃ**　　**エ．** ２番目－**Ｂ**　４番目－**Ｄ**

問７　江戸時代に関する文として正しいものを、次の**ア～エ**から１つ選び、記号で答えなさい。

ア．歌川広重が、『富嶽三十六景』などの浮世絵を描《えが》いた。
イ．井原西鶴が、『世間胸算用』などの浮世草子を著した。
ウ．本居宣長が、『奥の細道』などの紀行文を著した。
エ．十返舎一九が、『南総里見八犬伝』などの読み物を著した。

問８　次の**A～D**は、江戸時代から明治時代にかけておこったできごとに関する文です。**A～D**の文を、年代の古い順にならべたとき、**2番目**と**4番目**にくるものの組み合わせとして正しいものを、あとの**ア～エ**から１つ選び、記号で答えなさい。

A．日本とアメリカとの間で、日米修好通商条約が結ばれた。
B．日本とアメリカとの間で、日米和親条約が結ばれた。
C．日本と清との間で、下関条約が結ばれた。
D．日本とロシアとの間で、ポーツマス条約が結ばれた。

ア．２番目－**A**　４番目－**C**　　**イ**．２番目－**A**　４番目－**D**
ウ．２番目－**B**　４番目－**C**　　**エ**．２番目－**B**　４番目－**D**

問９　1920年にアメリカ大統領ウィルソンの提案をもとに設立され、スイスのジュネーブに本部を置いた国際的な機関を**漢字４字**で答えなさい。

問10　大正時代から昭和時代にかけておこったできごとに関する文として正しいものを、次の**ア～エ**から１つ選び、記号で答えなさい。

ア．中国は、日本に対して二十一か条の要求をつきつけた。
イ．世界恐慌による治安悪化のため、全国水平社が結成された。
ウ．二・二六事件によって、首相の犬養毅が暗殺された。
エ．盧溝橋事件をきっかけに、日中戦争がはじまった。

問11　現在の日本の国会に関する文として正しいものを、次の**ア～エ**から１つ選び、記号で答えなさい。

ア．常会（通常国会）は、毎年４月に召集《しょうしゅう》される。
イ．臨時会（臨時国会）では、必ず内閣総理大臣の指名がおこなわれる。
ウ．内閣不信任の決議は、衆議院のみがおこなうことができる。
エ．国政調査権は、衆議院にのみ認められている。

問12　現在の日本の内閣の役割に関する文として正しいものを、次の**ア～エ**から１つ選び、記号で答えなさい。

ア．制定された法律が、憲法に違反《いはん》していないかを審査《しんさ》する。
イ．国会が条約を結んだ後、承認をあたえる。
ウ．天皇の国事行為《こうい》に対して、助言と承認をおこなう。
エ．閣議を開いて、予算の議決をおこなう。

問13　次の日本国憲法の条文中の空欄にあてはまる語句を、**漢字**で答えなさい。

日本国憲法第76条３項《こう》

すべて（　　　）は、その良心に従ひ《い》独立してその職権を行ひ《い》、この憲法及《およ》び法律にのみ拘束《こうそく》される。

【理　科】〈A日程１月10日試験〉（社会と合わせて50分）〈満点：50点〉

1　滑車《かっしゃ》についてあとの問いに答えなさい。

図１のように、滑車を組み合わせてひもを下に引き、60 kgの物体を支えたり引き上げたりする場合を考えます。

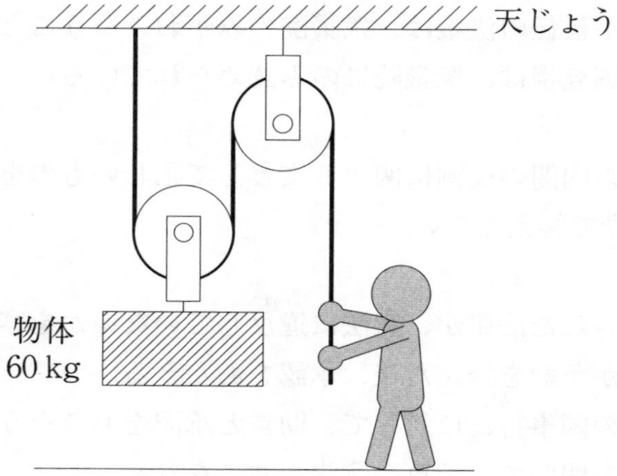

図１

問１　支えるためにひもを引く力は何kgですか。次の**ア～カ**から１つ選び、記号で答えなさい。ただし、滑車およびひもの重さは考えないものとします。

ア　10 kg　　**イ**　12 kg　　**ウ**　15 kg
エ　20 kg　　**オ**　30 kg　　**カ**　60 kg

問２　物体を１m引き上げるには、ひもを何m引く必要がありますか。次の**ア～カ**から１つ選び、記号で答えなさい。

ア　0.25 m　　**イ**　0.5 m　　**ウ**　1 m
エ　2 m　　**オ**　3 m　　**カ**　4 m

図２のように、滑車を組み合わせてひもを下に引き、60 kg の物体を支えたり引き上げたりする場合を考えます。

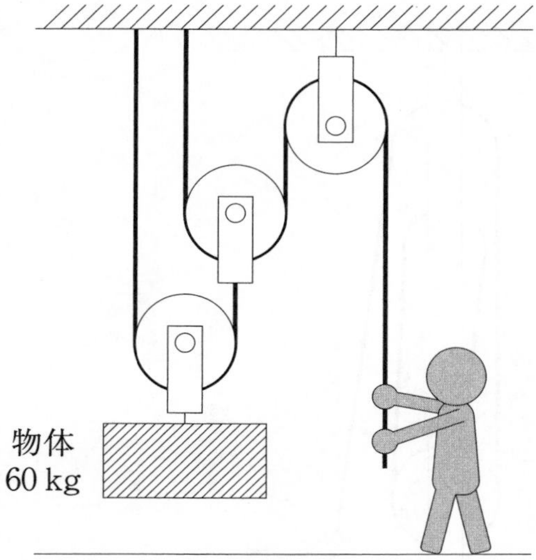

図２

問３　支えるためにひもを引く力は何 kg ですか。次の**ア～カ**から１つ選び、記号で答えなさい。ただし、滑車およびひもの重さは考えないものとします。

ア　10 kg　　**イ**　12 kg　　**ウ**　15 kg
エ　20 kg　　**オ**　30 kg　　**カ**　60 kg

問４　物体を１m引き上げるには、ひもを何m引く必要がありますか。次の**ア～カ**から１つ選び、記号で答えなさい。

ア　0.25 m　　**イ**　0.5 m　　**ウ**　1 m
エ　2 m　　**オ**　3 m　　**カ**　4 m

問５　滑車１つあたりの重さを 600 g とした場合、**図２**で支えるためにひもを引く力は問３で答えたひもを引く力と比べて何 g の 差がでますか。次の**ア～カ**から１つ選び、記号で答えなさい。ただし、ひもの重さは考えないものとします。

ア　150 g　　**イ**　300 g　　**ウ**　450 g
エ　600 g　　**オ**　750 g　　**カ**　900 g

図３のように、滑車を組み合わせてひもを下に引き、60 kg の物体を支える場合を考えます。

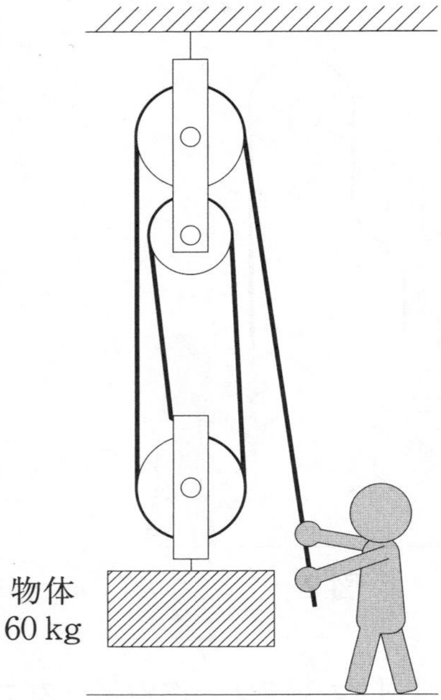

図３

問６　ひもを引く力は何 kg ですか。最も適当なものを次の**ア～カ**から１つ選び、記号で答えなさい。ただし、滑車およびひもの重さは考えないものとします。

ア　10 kg　　**イ**　12 kg　　**ウ**　15 kg
エ　20 kg　　**オ**　30 kg　　**カ**　60 kg

図４のように、滑車とベルトを組み合わせて60 kgの人間がひもをまっすぐ下に引き、自分を支える場合を考えます。

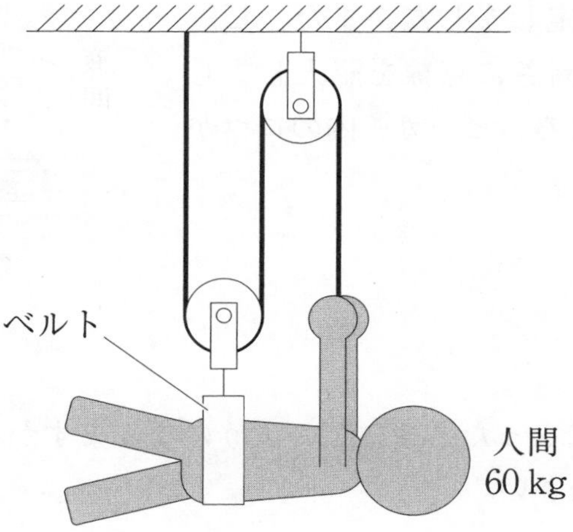

図４

問７　ひもを引く力は何kgですか。次の**ア～カ**から１つ選び、記号で答えなさい。ただし、滑車、ベルトおよびひもの重さは考えないものとします。

ア　10 kg　　**イ**　12 kg　　**ウ**　15 kg
エ　20 kg　　**オ**　30 kg　　**カ**　60 kg

2　状態変化について、あとの問いに答えなさい。

図1のように液体のロウをビーカーに入れて、電子てんびんで重さを測定しました。また、ビーカーを横から見て液面の高さに点線を記入しました。しばらく放置したところ、ビーカー内のロウが固まりました。

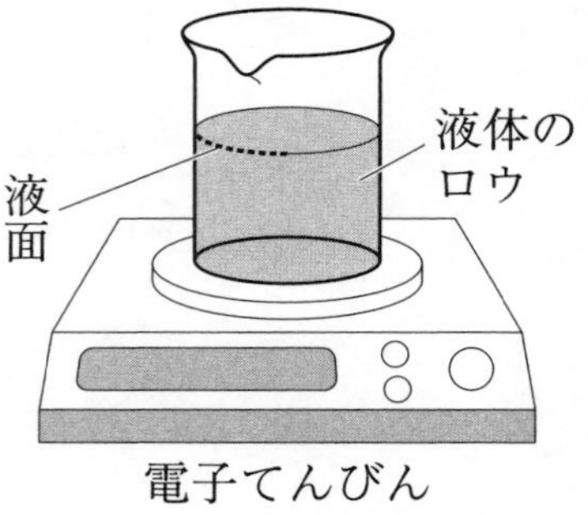

図1

問1　液体のロウが固体になったとき、どのようになりますか。次の**ア～エ**から1つ選び、記号で答えなさい。

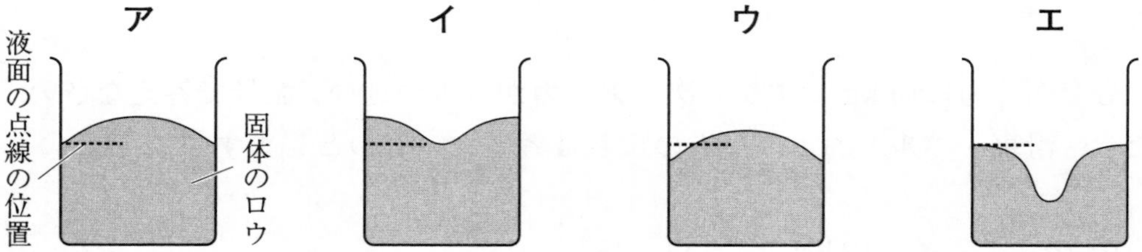

問2　液体のロウが固体になったとき、電子てんびんの示す値《あたい》はどうなりますか。次の**ア～ウ**から1つ選び、記号で答えなさい。

ア　小さくなる　　　**イ**　大きくなる　　　**ウ**　変化しない

図2のようにビーカーの中に-20℃の氷50 gを入れて一定の強さで加熱をし、氷や水の温度と加熱した時間の関係を調べたところ、**図3**のようになりました。なお、点Aは加熱終了時の温度と加熱時間を表しています。

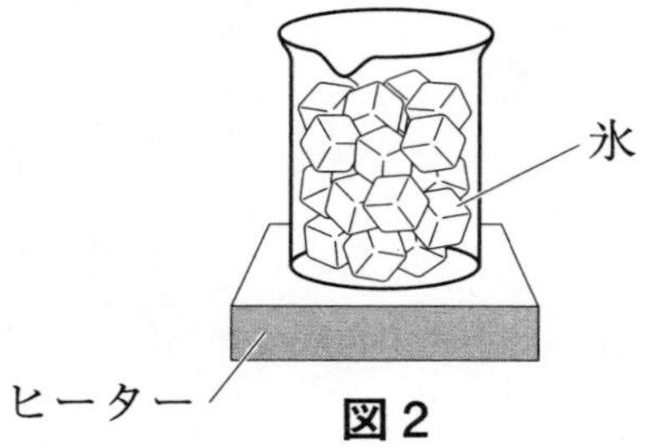

図2

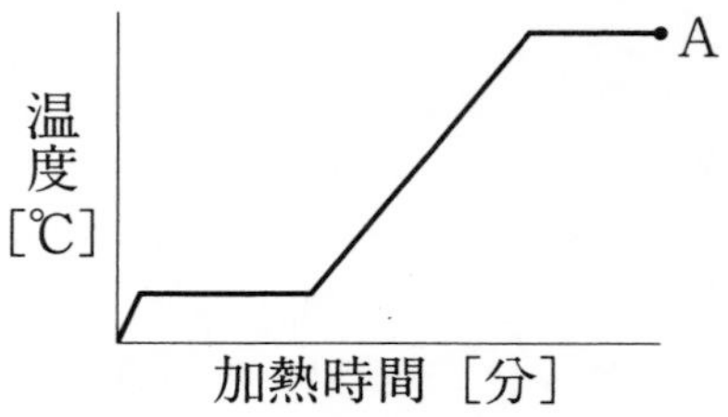

図3

問３　この実験を－20℃の氷100 gを使って、同じ強さで加熱しました。このときにおこる変化をグラフで表したものとして、最も近いものを次の**ア～エ**から１つ選び、記号で答えなさい。なお、選択肢《せんたくし》中の点線は**図３**の実線のグラフを表しています。

ア

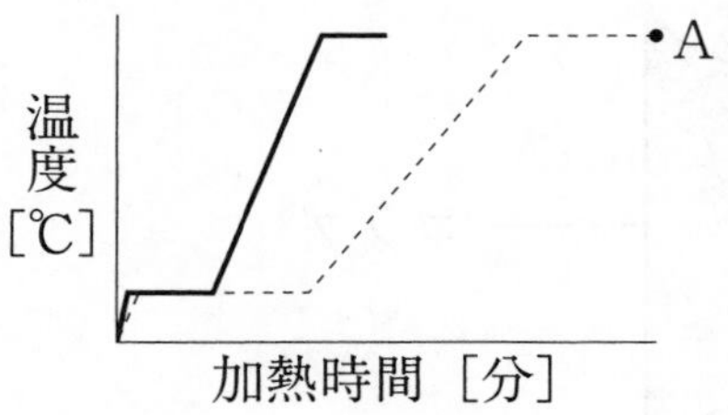

イ

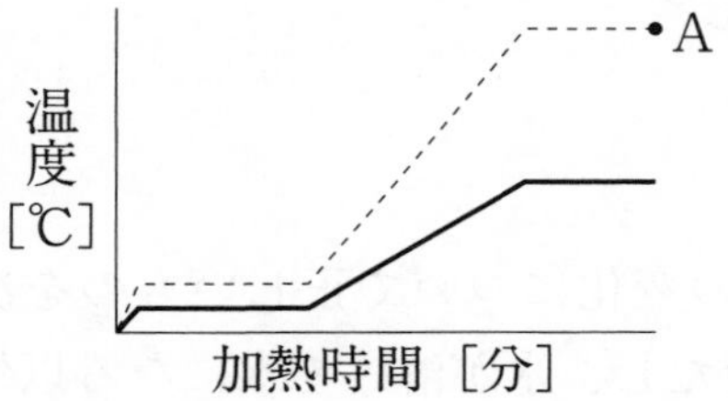

ウ

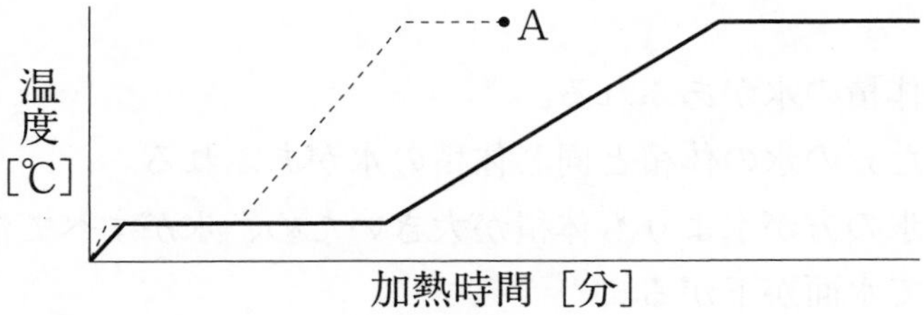

エ

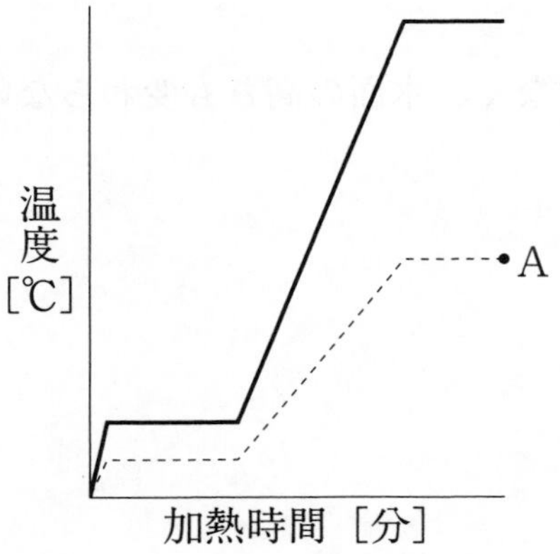

図４のように水の入ったコップに気泡《きほう》が一切ない氷を浮《う》かべると、水面がコップのふちギリギリまで上昇《じょうしょう》し、氷が浮いた状態で静止しました。

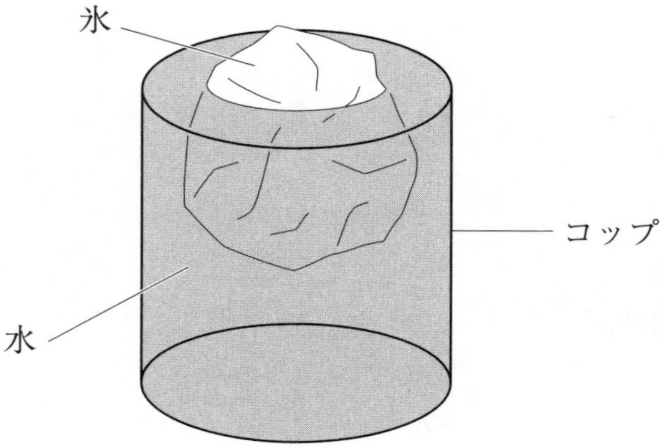

図４

問４　**図４**の状態から、氷がすべて溶《と》けたあとの変化について正しいものを次の**ア～オ**から１つ選び、記号で答えなさい。ただし、氷が溶けて水になる以外の体積変化は考えないものとします。

ア　氷全体の体積と同じ体積の水があふれる。
イ　水面からはみ出ていた分の氷の体積と同じ体積の水があふれる。
ウ　同じ重さで比べると氷の方が水よりも体積が大きいため、氷がすべて溶けると、溶ける前と比べて水面が下がる。
エ　同じ重さで比べると氷の方が水よりも体積が小さいため、氷がすべて溶けると、溶ける前と比べて水面が下がる。
オ　氷がすべて溶けても水があふれることはなく、水面の高さも変わらない。

図５のように、ビー玉を入れた水を凍《こお》らせてつくった氷を用意しました。この氷を**図６**のように水に浮かべ、しばらく観察したところ、氷の一部が溶けてビー玉がコップの底に沈《しず》みました。その後、しばらく時間がたつと氷はすべて溶けました。なお、氷の中に入れるビー玉は水に浮かないもので、ビー玉入りの氷は水に浮くものとします。

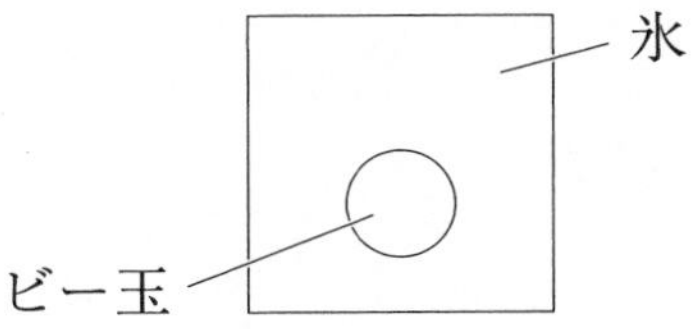

図５

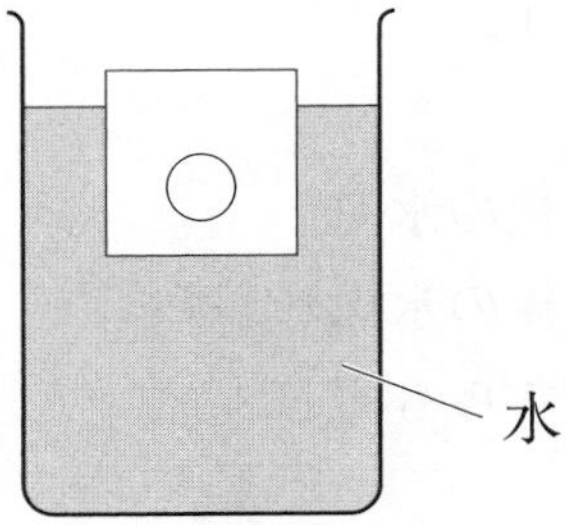

図６

問５　水面の変化について、正しい組み合わせを次の**ア〜ケ**から１つ選び、記号で答えなさい。ただし、氷が溶けて水になる以外の体積変化は考えないものとします。

	①　ビー玉がコップの底に沈んだときの水面の変化	②　①のあと氷がすべて溶け終わるまでの水面の変化
ア	変化しない	変化しない
イ	変化しない	水面が上がる
ウ	変化しない	水面が下がる
エ	水面が上がる	変化しない
オ	水面が上がる	水面が上がる
カ	水面が上がる	水面が下がる
キ	水面が下がる	変化しない
ク	水面が下がる	水面が上がる
ケ	水面が下がる	水面が下がる

地球温暖《おんだん》化による海水面の上昇は、水温上昇にともなう海水の体積増加のほかに、氷や雪が溶けて海水を増加させることが主な原因と考えられています。

問６　北極の氷山と南極の氷河が同じ重さだけ溶けたとします。このときどちらの方が平均海水面の上昇に大きな影響《えいきょう》を与《あた》えますか。最も適当なものを次の**ア～ウ**から１つ選び、記号で答えなさい。ただし、海水の濃《こ》さはどこでも同じものとします。

ア　南極の氷河
イ　北極の氷山
ウ　どちらも同じ

図７のような、家庭用卓上《たくじょう》ガスコンロは、ボンベ内で液体燃料が気体になったものを噴出《ふんしゅつ》し、燃やすつくりになっています。

図７

問７　新品のボンベの内部を、正しく表しているものはどれですか。次の**ア～カ**から１つ選び、記号で答えなさい。なお、選択肢中の上および下はボンベをコンロにセットしたときの向きを表しています。

ア

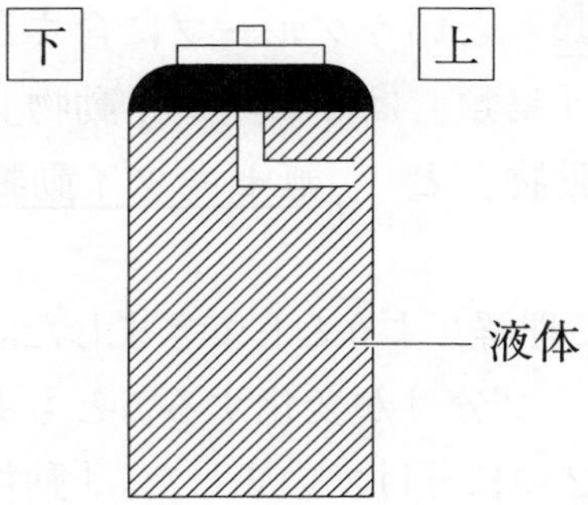

イ

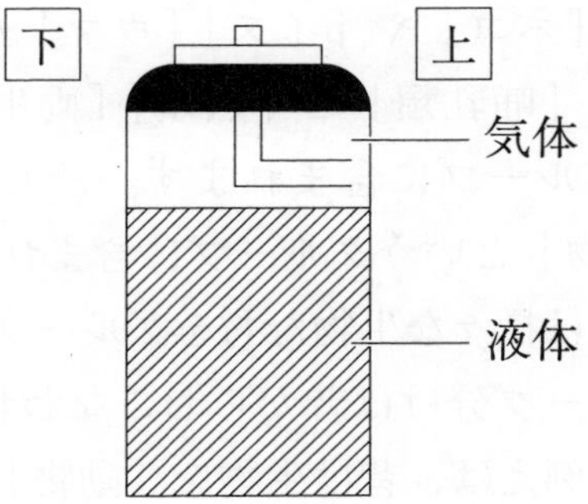

ウ

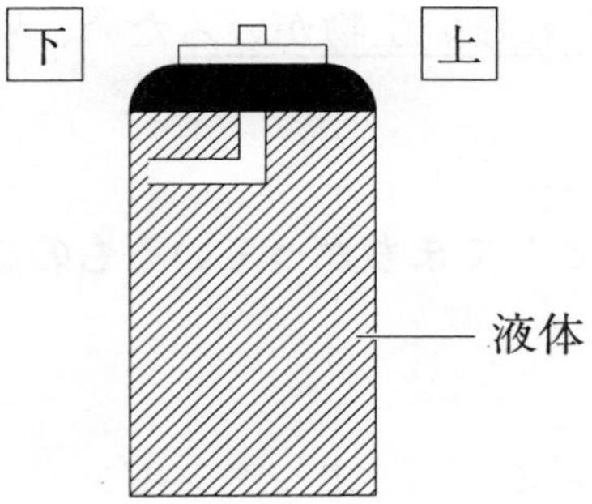

エ

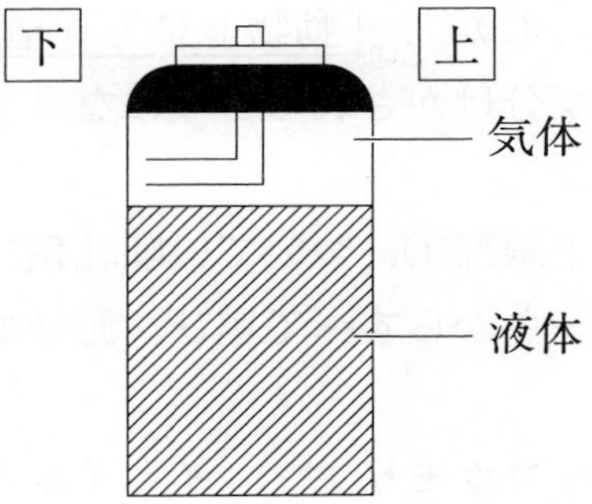

オ

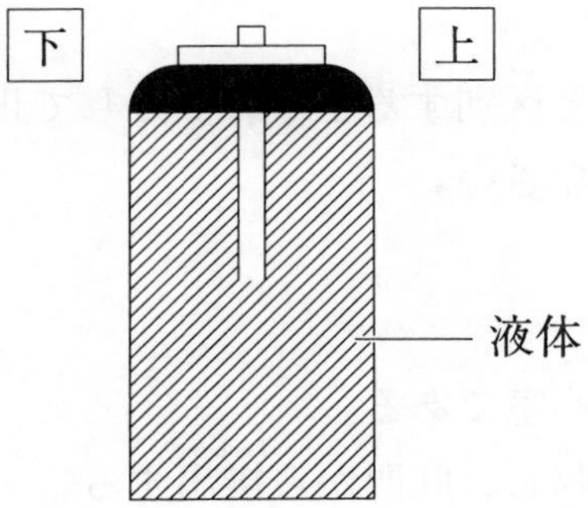

カ

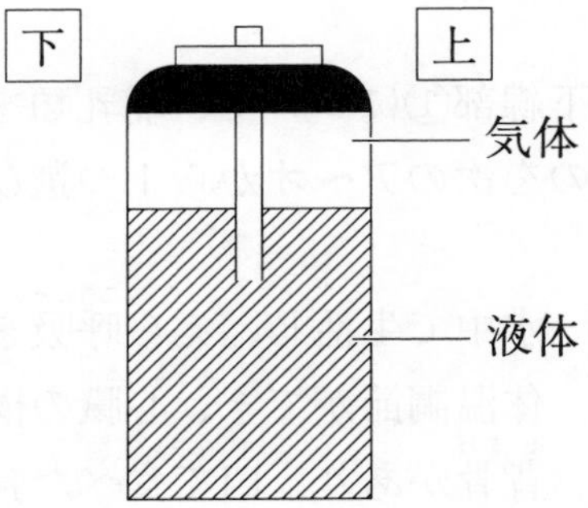

3　次のＡ・Ｂを読み、あとの問いに答えなさい。

Ａ　地球上には様々な生物がいます。それらは人によって細かくグループ分けされており、ライオン・トラ・ヤマネコなどは「ネコ」というグループに含《ふく》まれます。「ネコ」や「イヌ」「ウマ」などは「①哺乳類《ほにゅうるい》」というグループに含まれ、さらに「哺乳類」と「魚類」「両生類」「は虫類」「鳥類」は「セキツイ動物」というグループに含まれます。そして「セキツイ動物」と「②無セキツイ動物」は「動物」というグループに含まれます。

人は様々な生物たちをグループ分けすることで理解しようとしてきました。このグループ分けは昔からおこなわれており、グループ分けが変化することもあります。例えば、昔は生物を「動物」と「植物」の２つに分けていました。「動物」は『動く生物』、「植物」は『光合成をする生物』というのが基本的なグループの特徴《とくちょう》です。しかし③「動物」にも「植物」にも分けられない生物がいるため、別のグループ分けがされるようになりました。

問１　下線部①について、哺乳類に含まれる生物として**まちがっているもの**を次の**ア～キ**から**すべて**選び、記号で答えなさい。

ア　コウモリ　　**イ**　イルカ　　**ウ**　ネズミ　　**エ**　ペンギン
オ　アザラシ　　**カ**　モグラ　　**キ**　サザエ

問２　下線部①について、哺乳類を他のグループと区別する主な特徴として正しいものを次の**ア～オ**から１つ選び、記号で答えなさい。

ア　水中で生活し、えら呼吸《こきゅう》をおこなう。
イ　体温調節ができ、心臓《しんぞう》の構造は２心房《しんぼう》２心室である。
ウ　背骨《せぼね》があり、口で食べた食べ物を消化吸収《きゅうしゅう》し、肛門《こうもん》から排出《はいしゅつ》する。
エ　手足の指が５本あり、物をつかみやすいよう親指が他の指から少し離《はな》れている。
オ　母親の体内である程度成長してから生まれ、生後しばらく親から栄養をもらう。

問３　下線部②について、無セキツイ動物に含まれるグループに関する説明として正しいものを次の**ア～カ**から１つ選び、記号で答えなさい。

ア　「節足動物」というグループがあり、これにはイカやタコなどが含まれている。

イ　「節足動物」というグループがあり、このグループは足や体に節があり、体は頭と胸《むね》と腹《はら》の３つに分かれている。

ウ　「昆虫《こんちゅう》」というグループがあり、これにはエビやクモなどが含まれている。

エ　「昆虫」というグループがあり、このグループは脱皮《だっぴ》をすることで成長をする。

オ　「軟体《なんたい》動物」というグループがあり、これにはミミズやミジンコなどが含まれている。

カ　「軟体動物」というグループがあり、このグループは背骨の代わりに外骨《がいこっ》格《かく》をもつ。

問４　下線部③について、「動物」の特徴である『動く生物』と、「植物」の特徴である『光合成をする生物』の（あ）どちらにもあてはまらない生物と（い）どちらにもあてはまる生物を次の**ア～コ**から**１つずつ**選び、記号で答えなさい。

ア　イヌワラビ　　**イ**　イモリ　　**ウ**　ウニ　　**エ**　サクラ

オ　シイタケ　　**カ**　ゼニゴケ　　**キ**　ヒト　　**ク**　ナマケモノ

ケ　ミジンコ　　**コ**　ミドリムシ

B　栄東君は捕食《ほしょく》される側（食べられる側）の動物が群れをつくると、目立つため危険《きけん》ではないかと考えました。そこで、群れをつくる理由について調べて次のようにまとめました。

【群れが大きいことの利点】

①天敵《てんてき》への警戒《けいかい》がしやすい

[　　う　　]

②天敵に捕食される可能性が低くなる

・群れが天敵に襲《おそ》われた場合、群れが小さいと自分が狙《ねら》われる可能性が高いが、群れが大きいと自分以外にたくさんいるため、自分が狙われる可能性が減る。

③混乱《こんらん》効果がある

・天敵に襲われた場合、多数の個体が入り乱《みだ》れることで相手を混乱させることができる。

【天敵に襲われた場合の捕食される確率について】

図は水面で群れをつくるチョウの群れの大きさと捕食される確率を示している。

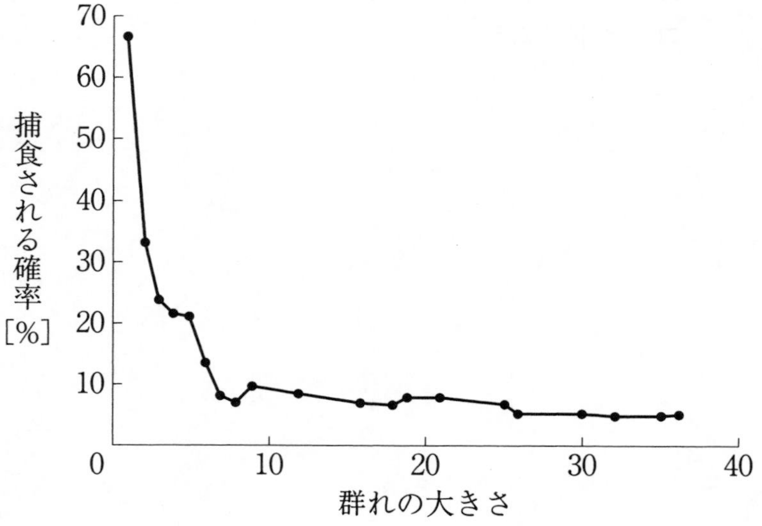

図

引用元：オールコック・ルーベンスタイン動物行動学（原書11版）P.148 図6.3（B）

問５　[う]には、群れが大きくなると天敵への警戒がしやすいことの説明が入ります。ここに入る内容としてあてはまるものを次の**ア～オ**から**２つ**選び、記号で答えなさい。

ア　群れ全体で同じ方向を警戒することで、隠《かく》れた天敵を確実に発見することができる。
イ　群れ全体で色々な方向を警戒することで、隠れた天敵を発見しやすくなる。
ウ　食事など別の行動をとっている個体がいても、他の個体が警戒することができる。
エ　天敵の方が警戒し、襲われる心配がなくなる。
オ　背景《はいけい》にとけ込みやすくなるため、天敵から発見される可能性が低くなる。

問６　**図**について説明した文として正しいものを次の**ア～エ**から１つ選び、記号で答えなさい。

ア　群れが大きいほど、生き残る個体数は増えていく。
イ　群れが大きいほど、捕食される個体数は減っていく。
ウ　群れの大きさと捕食される確率は比例の関係にある。
エ　群れの大きさが10以上になると、捕食される個体数がおよそ一定になる。

問７　群れが大きいと利点がありますが、大きすぎると欠点もあります。欠点と考えられる内容として**まちがっているもの**を次の**ア～エ**から１つ選び、記号で答えなさい。ただし、この群れを形成している生物の個体数だけが変動し、周りの環境《かんきょう》が変化したり、この群れのオス・メスの比は変化したりしないものとします。

ア　群れの中でエサをめぐる争いが発生しやすくなる。
イ　生活空間が足りなくなる。
ウ　天敵に見つかりやすくなる。
エ　オスとメスが出会う可能性が減る。

4　次の文章を読み、あとの問いに答えなさい。

2023年4月20日に、日本の一部地域《ちいき》において部分日食が観測される予定です。観測に備えて栄東君は日食や月食について調べ、実験を行いました。次に示したものは日食や月食について調べてノートに記載《きさい》した内容の一部と、実験の様子です。

＜調べたこと＞

晴れた日の昼間に輝《かがや》く太陽は、丸い形をしている。しかし丸いはずの太陽が晴れた日の昼間でも見えなくなったり、部分的に欠けて見えることがある。

これは「日食」という非常にめずらしい現象である。

- （　①　）日食…地球から見ると、月の大きさは太陽の大きさより（　②　）見えるため月が太陽の全体を隠《かく》す。このとき、コロナとよばれる白いガスの層《そう》や、プロミネンスとよばれる炎《ほのお》のようなガスの動きが観察できる。
- （　③　）日食…地球から見ると、月の大きさは太陽の大きさより（　④　）見えるため月が太陽の周辺部以外を隠し、太陽がリング状に見える。次に日本で観測されるのは2030年6月1日である。
- 部　分　日食…月が太陽の一部を隠す。

日食は太陽と地球と月が［　⑤　］の順でほぼ一直線に並《なら》んだときに起こる。

また、月食とよばれる現象も存在《そんざい》する。

月食は太陽と地球と月が［　⑥　］の順でほぼ一直線に並んだときに起こる。

＜実験＞

準備するもの：球X（直径 10 cm）、球Y（直径 30 cm）

実験方法：右目だけで水平に見て、2つの球の輪郭《りんかく》が完全に一致《いっち》して見える位置を探す。

実験結果：栄東君の右目から球Xの中心までの距離《きょり》は1 m、球Xの中心から球Yの中心までの距離は2 mであった。**図1**はこの実験を真上から見た様子を模式《もしき》的に表したものである。

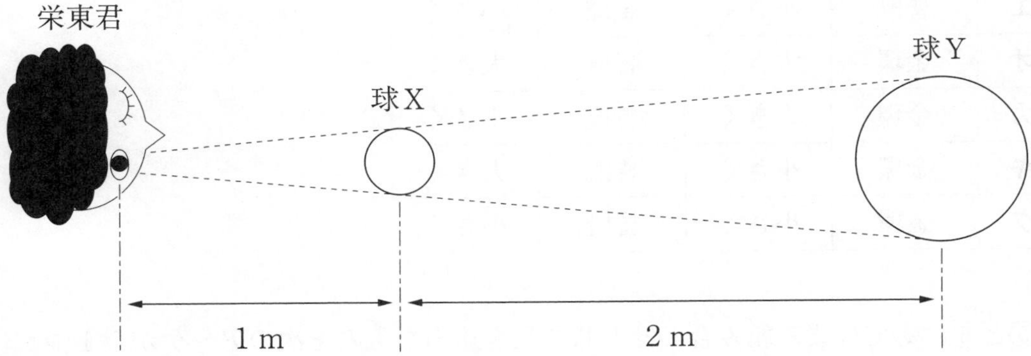

図1

問１　＜調べたこと＞について次の（１）、（２）に答えなさい。

（１）①～④にあてはまる言葉の組み合わせとして最も適当なものを次の**ア～ク**から１つ選び、記号で答えなさい。

	①	②	③	④
ア	皆既《かいき》	大きく	金環《きんかん》	大きく
イ	皆既	大きく	金環	小さく
ウ	皆既	小さく	金環	大きく
エ	皆既	小さく	金環	小さく
オ	金環	大きく	皆既	大きく
カ	金環	大きく	皆既	小さく
キ	金環	小さく	皆既	大きく
ク	金環	小さく	皆既	小さく

（２）⑤と⑥にあてはまる組み合わせとして最も適当なものを次の**ア～ケ**から１つ選び、記号で答えなさい。

	⑤	⑥
ア	太陽－地球－月	太陽－地球－月
イ	太陽－地球－月	太陽－月－地球
ウ	太陽－地球－月	地球－太陽－月
エ	太陽－月－地球	太陽－地球－月
オ	太陽－月－地球	太陽－月－地球
カ	太陽－月－地球	地球－太陽－月
キ	地球－太陽－月	太陽－地球－月
ク	地球－太陽－月	太陽－月－地球
ケ	地球－太陽－月	地球－太陽－月

問2　月食が起きている場合の月の中心から太陽の中心までの距離は何kmですか。＜実験＞を参考にして、最も適当なものを次の**ア～キ**から1つ選び、記号で答えなさい。ただし、太陽の直径は1,392,000 km、月の直径は3,480 km、地球の中心から月の中心までの距離は374,000 kmとします。また、地球と月の公転の軌道《きどう》はそれぞれ円であるとします。

ア　1,122,000 km　　**イ**　1,496,000 km　　**ウ**　1,870,000 km
エ　149,562,600 km　　**オ**　149,600,000 km　　**カ**　149,787,000 km
キ　149,974,000 km

問3　光の速さを秒速30万kmとすると、太陽の光が地球に届《とど》くには何秒かかりますか。＜実験＞を参考にして、最も近いものを次の**ア～エ**から1つ選び、記号で答えなさい。ただし、太陽の直径は1,392,000 km、月の直径は3,480 km、地球の中心から月の中心までの距離は374,000 kmとし、太陽から地球までの距離は、太陽の中心から地球の中心までの距離を計算してもとめた値を用いなさい。また、地球と月の公転の軌道はそれぞれ円であるとします。

ア　497秒　　**イ**　499秒　　**ウ**　501秒　　**エ**　503秒

問4　**図2**は栄東君が天体望遠鏡と太陽投影板《たいようとうえいばん》を用いて太陽の表面の様子を観察したときのスケッチです。太陽の像の直径は10 cm、太陽の像のほぼ中央にある黒点の東西方向の幅《はば》は2 mmでした。この黒点の東西方向の実際の幅は、地球の直径の何倍ですか。**小数第二位を四捨五入《ししゃごにゅう》して小数第一位まで**答えなさい。ただし、太陽の直径は1,392,000 km、地球の直径は12,742 kmとします。また、地球の公転軌道は円であるとします。

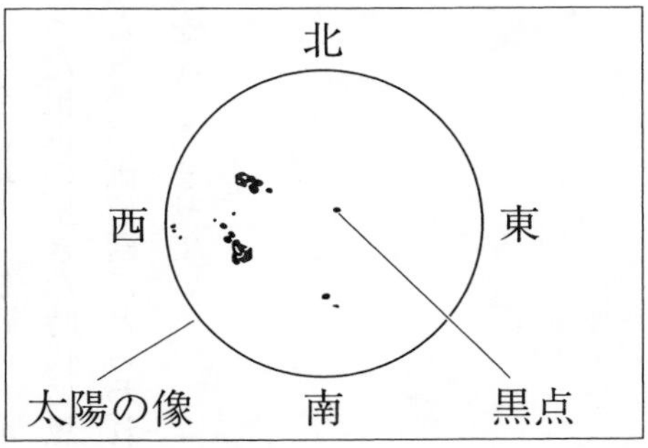

図2

オ　始めはｋｅｎ１と祖母の交流を楽しく聞いていたものの、ｋｅｎ１の目的が祖母への反抗的な態度を遠まわしに批判することだと悟《さと》り、家族の事情を知らない他人が口をはさんでくることに対し拒否感《きょひかん》を抱いている。

問七　——線部７「でも今は違う」とありますが、かつての祖母の言葉とはどう違うのですか。「かつての祖母の言葉は」に続く部分を、三十字以上四十字以内で答えなさい。

問八　——線部８「狭っこいのは自分のほうだった」とありますが、文香がこのように思ったのはなぜですか。四十字以上六十字以内で説明しなさい。

問九　——線部９「『ばあちゃん……』」とありますが、このときの文香の心境を説明したものとして最も適切なものを次から選び、記号で答えなさい。

ア　見舞いに家族が来なくなったことで気弱になった祖母から自分にあてた言葉を遺品として受け取り、祖母のさみしさに気付いたことで、自分のわがままを通そうとして祖母の気持ちに寄り添《そ》ってこなかった事実に思い至り、申し訳なく思うと同時に自分も家族のために生きるべきだと反省している。

イ　入院して自分の時間を持てたことで余裕《よゆう》が生まれた祖母から自分にあてた言葉を遺品として受け取り、祖母の素直な気持ちを聞いたからこそ、今まで気付かないふりをしていた祖母の不器用な優しさを意識するようになり、反発していた自分を情けなく思いつつ感謝の思いでいっぱいになっている。

ウ　ｋｅｎ１の指摘《してき》で視野の狭さに気付いた祖母から自分にあてた言葉を遺品として受け取り、祖母が文香に厳しく接していたことを後悔していたと知ったからこそ、仲直りする機会を持とうともしなかった過去を思い出し、最後まで祖母を悪く言い続けていた罪悪感におしつぶされそうになっている。

エ　ｋｅｎ１との交流を通じて考えを改めた祖母から自分にあてた言葉を遺品として受け取り、祖母の愛情に気付いたことで、今まで考えもしなかった祖母が置かれていた状況に目が向くようになり、反抗的だった態度を後悔するとともに、自分も自分なりの人生をひたむきに生きようと決意している。

オ　オンラインゲームという手段で異なる価値観に触《ふ》れた祖母から自分にあてた言葉を遺品として受け取り、祖母の本心を知ったことで、想像もしていなかった祖母の生きた時代に思いをはせるようになり、今の自分なら一つの価値観にとらわれずに生きていけるだろうと期待に胸をふくらませている。

ア　直接面識はないがオセロで毎日対戦していた祖母の年の離《はな》れた友人。
イ　定職につこうとせずにだらけた生活を送っている祖母のオセロ仲間。
ウ　入院した祖母にオセロゲームを送って共に遊んでいた祖母の恋人の孫。
エ　見舞いに来ない家族の代わりに遺品を預かっていた祖母の代理人。
オ　オンラインゲームを通じ密かに交流を続けていた祖母のかつての恋人。

問三　――線部３「よしみ」のここでの意味として最も適切なものを次から選び、記号で答えなさい。
ア　約束　イ　縁故《えんこ》　ウ　合意
エ　関連　オ　名目

問四　――線部４「文香にとっては人生の一大事」とありますが、具体的に何をすることが「一大事」なのですか。十五字以内で説明しなさい。

問五　――線部５「そのときの祖母の顔を見てやりたかった」とありますが、文香がこのように思ったのはなぜですか。その理由として最も適切なものを次から選び、記号で答えなさい。
ア　普段の祖母は頑固で他人の意見を聞き入れようともしなかったのに、入院中にｋｅｎ１の話を受け止めて態度を改めたことが意外だったから。
イ　古い考えにしばられた祖母をいつか見返してやろうと思っていたが、ｋｅｎ１に先を越《こ》されていたことを知って悔《くや》しさを抑《おさ》えられなかったから。
ウ　家を継ぐという考えはもう古いと孫に助言されていたのに、家族でないｋｅｎ１にも同じ主張をして反論された祖母をいい気味だと思ったから。
エ　名家でもない家など大事にする必要がないと誰も祖母に伝えていなかったので、ｋｅｎ１が事実を告げたときの祖母の反応に興味があったから。
オ　かたくなに人の話を聞き入れない祖母に対して普段から不満を抱《いだ》いていたので、ｋｅｎ１が物おじせず祖母をやり込めたことが痛快だったから。

問六　――線部６「ゲーム画面を前に、動けずにいた」とありますが、このときの文香の心境を説明したものとして最も適切なものを次から選び、記号で答えなさい。
ア　厳格な祖母は家族に弱い一面など見せたことがないのに、ただのオセロ仲間であるｋｅｎ１の前では涙《なみだ》を流したことにショックを受け、自分は祖母にとって信頼《しんらい》できる存在ではなかったのだとむなしさを感じている。
イ　祖母自身もやりたいことができず人生に満足していないにもかかわらず、家を継がせることにこだわって文香の将来を決めようとしていたと知り、なぜ自分を同じ目に遭《あ》わせようとするのかと強い憤《いきどお》りを覚えている。
ウ　祖母は家を守ること以外には興味がなく、自分を家にしばりつけようとしているのだと思っていたが、ｋｅｎ１から聞かされた祖母の言葉に、今まで否定的な言葉に隠されてきた祖母の思わぬ本心を知り動揺《どうよう》している。
エ　家族のために必死に生きてきた祖母の人生への嘆《なげ》きに共感し、これまで祖母は旅行や映画に行く時間をつくることができなかったのだと思い至って、家事を手伝いもせず反抗《はんこう》していた過去をふりかえり後悔《こうかい》している。

子育て、掃除洗濯などの家事、三食の食事の世話を一手に引き受けて、祖母ひとりで家をまわしていたのだ。曽祖父は身体をずっと悪くしていて、その介護《かいご》もやっていた。便利になった今とは違って、掃除機や食洗器、洗濯機などもまだなかっただろうし、農作業だってすべて手作業だったろう。一日のうち、自由になる時間なんて、ほとんどなかったに違いない。

オセロだってそんなに強かったのだったら、先を読む力みたいなものも、かなりあったはずだ。地頭も決して悪くはなくて、もしも時代が違ったり、住むところが違ったら、どんな人生が拓《ひら》けていたかはわからない。

近所の寄り合いにしても、祖母なりに、地域の人と仲良く協力しあうことで、自分だけじゃなくて、家族や地域をも守ろうとしていたのかもしれない。

もしかして、祖母は、入院したことで初めて、自分のための時間を持つことができたのだったら――

なんてことを言ってしまったんだろう、と文香は思う。祖母とまともに交わした最後の会話は、「ばあちゃんなんて、家が大事、家が大事って、この村からも全然出てないくらい、狭《せま》っこい人生じゃないか！　世界のことなんか何にもわかんないくせに！」だった。

わかっていなかったのは自分のほうだ。8狭っこいのは自分のほうだった。

いつかの授業で習った宣言のように、〝人は生まれながらにして自由かつ権利において平等である〟

――とは、限らないかもしれないけど、めまぐるしく変わっていく環境《かんきょう》の中で、何が正しいのかも刻々と変わっていく中で、祖母は祖母で、ばあちゃんなりの人生を精一杯《せいいっぱい》生きた。

――やりたいことをやりなさい――

――行きたいところへ行きなさい――

9「ばあちゃん……」

文香はつぶやいた。

（「オセロの女王」柊　サナカ『天国からの宅配便』より）

＊１　七星…宅配便の配達員をしている女性。

＊２　ポケットＷｉ－Ｆｉ…小型で持ち運び可能な通信端末《たんまつ》。

＊３　天国宅配便…生前の依頼によって届けたい相手に遺品を届ける宅配便業者。

＊４　ホスト…主に女性客を対象とした酒類を提供する店で接客を行う男性従業員のこと。

＊５　ギャル男…ここでは軽薄《けいはく》な印象を与える男性のこと。

問一　――線部１「途方に暮れる」とありますが、ここでの文香の様子を説明したものとして最も適切なものを次から選び、記号で答えなさい。

ア　電化製品を嫌っている祖母の遺品がゲーム機であるはずがないので、送り主がうそをついていると疑っている。

イ　ゲーム内で遺品を受け渡すなど普通では考えられないので、送り主と祖母の関係が分からずに戸惑《とまど》っている。

ウ　送り主や荷物の中身から七星が配達先を間違えたことは明らかなので、どう伝えるべきか言葉に迷っている。

エ　心当たりのない相手から祖母の遺品としてゲーム機が送られてきたので、状況《じょうきょう》をうまく理解できないでいる。

オ　新品のゲーム機などの高価なものが祖母の遺品と偽《いつわ》って送られてきたので、不安を隠すことができないでいる。

問二　――線部２「この糸谷とは誰なのか」とありますが、「糸谷」という人物の説明として最も適切なものを次から選び、記号で答えなさい。

ん、って言ったら、八重っちオセロしながら、声出して泣いてんのよ。でもオセロは強いんだ、八重っち」

　ｋｅｎ１は笑っている。

「俺、ひとり暮らしもしてみたかったし、大学も行きたかった。車でドライブとかもしてみたかった。この身体だから、俺にはもう無理だけど、お孫さんは、八重っちと、俺の分まで、やりたいこと、今からいっぱいできるんじゃないのって…………ほらほら、手、止まってるよー」

　慌《あわ》てて、白い石を打つ。

　さっき「八重っちと、俺の分まで」とｋｅｎ１は言った。ただの怪我《けが》などで入院している人が、そんな言い方をするだろうか。たぶん違う。声が明るいから最初、気がつかなかった。飲んだくれて寝床でゲームしているわけじゃない。ゲームで繋がった声の主は、相当深刻な状態なのかもしれない。オセロは操作が易しいから、それで――。

「八重っちが、孫はもう、見舞いにも来ないって言うからさ、そっかー、って思ってたけど、俺、八重っちのために、なんかやりたいなって思った。八重っちは、天国宅配便とか、そんなの知らなかったみたいだけど、俺、前に調べたことあってさ。オセロ仲間のよしみだし、もし孫に、伝えたいことがあったら俺が絶対伝えるからって、代理で申し込んだんだ。八重っちの声、録《と》ってるから。じゃ、行きまーす。いい？　ＯＫ？」

　――文香――

　確かに祖母の声だ。厳格だったあの頃《ころ》より、ずっと弱々しい。

　――もっと文香の話を聞けば良かった――

　――やりたいことをやりなさい――

　――行きたいところへ行きなさい――

　――やってみろ――

　いつもの祖母の声がする。いつだって、お前なんかにできるものか。やれるものならやってみろと見下され、馬鹿にされてきた。7でも今は違う。

　――住井の血を、お前の力をみせてやれ――

　オセロはもう、負けていた。

　何度も礼を言う文香に、ｋｅｎ１は笑って言う。「いいよーいいよー礼なんて。八重っちと対戦できなくなって退屈《たいくつ》してたんだ。八重っちのこと伝えられて、俺もすっきりしたー。なんだい、ばあちゃんは超《ちょう》強いのに孫は弱いじゃん。八重っちは、ああ見えてオセロの女王だから。ほら、名前の下の、横のとこ見て。大きい星が百勝だからね」

　見れば、八重の名の下は大きい星ふたつに小さい星がたくさん。ｋｅｎ１のところには星はたったの四つだ。

「じゃあな、八重っちの孫ちゃん！　達者で暮らせー」

　本当にありがとうございます、と言って、他に何を言おうか、頭の中で考えているうちに、ｋｅｎ１との対戦は終わっていた。

　不意に思い出す。小学生の頃、オセロの盤面を出して、縁側《えんがわ》で白と黒、一人二役で遊んでいたら、一回だけ、「やってみろ」と祖母が相手をしてくれたことがあった。怒られるのが怖くて、終始ビクビクしており、何かの修行みたいだった。あのとき、祖母には大差をつけて勝ったけれど、怖くて、どう喜んだら良いのかもわからなかった。

　今思えば、わざと負けてくれたのだろう。不器用で、孫との遊び方を良く知らなくて、うまく遊べなかったのかもしれない。

　今こそ家は祖母と父母、文香の四人だけとなっていたが、昔は曽祖《そうそ》父《ふ》、曽祖母、祖母と祖父、父を筆頭に五人兄妹がいた。農作業の他にろぺらぺら立て続けにしゃべられたら、うまく会話できるか自信がない。よく祖母はこの男とやりとりできたものだ。ｋｅｎ１の姿をイメージしてみるが、どうやら声の調子から、寝《ね》ころんだままゲームをしているらしい。飲み屋とかで遅《おそ》くまで飲み歩いて、昼頃《ひるごろ》起き出して寝《ね》床《どこ》でそのままゲーム、無職でぶらぶら親のすねをかじっているような姿が思い浮《う》かぶ。

見れば、右隅にはｋｅｎ１、左隅には八重とある。本当に、祖母はまめにこのオセロをプレイしていたらしい。何の印なのか、大きさの違う星印もいくつか見える。

「八重っち、うちには孫がひとりいて、っていう話をよくしててさ。その孫ってのが俺と歳も近いから、盛り上がっちゃって。孫は東京に出たいって言うけど、そんなの絶対許さないんだって話をしててー」

何が〝絶対許さないんだ〟だ。

祖母の八重は、見知らぬ他人にもそんな話をしていたのかと、文香は怒《いか》りに震《ふる》える。勝手に雑談のネタにされていたことも許せないが、4文香にとっては人生の一大事でも、祖母にとっては、見も知らぬ人と、ゲームの合間に簡単に話せる程度の、そんなに軽い話題だったのかと。

オセロの白が、一気に黒に返される。ｋｅｎ１、なかなか強い。

「でね、俺、言ったんだ。女に学がいらないなんて、もう古い古いって。八重っち大正生まれなの？　って訊《き》いたら、まだそんな歳じゃないって怒《おこ》る怒《おこ》る」

このギャル男、声だけだからって、怖《こわ》いものなしだな……文香は思った。

「だってさ、生きていく力は、男だろうが女だろうが、絶対要《い》るだろって、オセロしながら毎日大激論よ。したらさ、八重っちが、東京なんて出て行ったら、帰ってこなくなって家も継《つ》がない、ひとり娘《むすめ》なのに、そんなことが許されていいはずがない、とか言い出すからさ。俺、なんだあ、八重っちの家って、そんなに名家で、重要文化財とかに住んでんの？　家、石油出るとか？　って訊いたら、ただの田舎《いなか》の家だって。俺、悪いんだけど、すげえ笑って、継ぐ……家も……普通《ふつう》の……家なのに……〝継がせる〟とか……って言って、ヒイヒイ笑ったら、カンカンになって怒るのな」

5そのときの祖母の顔を見てやりたかった。そうなのだ、特に我が家は名家というわけではない。伝えられた財宝もなければ、殿様《とのさま》の血を引く家系とかでもない。ごく普通の家だ。

また黒がひとつ置かれて、オセロは進む。

「で、八重っち自身は、家継いで人生満足してたの？　って訊いたんだ。八重っちが、そりゃそうだって、声が小さくなるからさ、ええー、声小さくない？　って突《つ》っ込《こ》んだら、みんながそうだったんだからそうなんだ、って声を張るんだよね。でも、みんなと同じだからそれでいいんだって、なんかちょっとなー、って言ったら、黙《だま》っちゃって。八重っちは、やりたいこととか、本当はなかったの？　って訊いたの。そしたらさ」

オセロは劣勢《れっせい》だった。頭の中が、よくまとまらない。

「――映画も好きなときに見たかった、もっと旅行もしたかったって、八重っち、やりたいこと、ボロボロ出てくんだよ」

オセロの指が止まる。

旅行なんてくだらね。映画なんてくだらね、と吐《は》き捨てるように言っていた祖母の声が不意に蘇《よみがえ》る。

「じゃあさあ、お孫さんもそうじゃない？　って、俺言った」

文香はそのまま、6ゲーム画面を前に、動けずにいた。

「俺さー、俺だってこんなに身体《からだ》が悪くなかったら、映画も好きなときに見たかったし、旅行もしたかったよ。八重っち、俺とお揃《そろ》いじゃがっていないように思える。2この糸谷とは誰《だれ》なのか。祖母がこんなサービスまで使って、ゲーム内で孫の自分に送りたいものとは、何なのか。

　とりあえず、すべては帰って、ゲームを起動してからだと、文香は力を込《こ》めて自転車をこぎ始める。

　家に帰ると、自分の部屋にこもった。

　どんな話が出てきても、驚《おどろ》かずにいようと、気持ちの整理をしようとするが、うまくいかない。祖母と同い年くらいのおじいさんにしては、選んだのがこのゲーム機というのが、いまひとつわからない。戦後の苦しい時期を、ともに過ごした祖母のかつての恋人が、運命に引き裂かれて地方と東京に。そしていきなりゲームを？　孫に？　送りつけてくる？

　まあ、いくら想像していてもわからないので、文香は「よしっ」と気合いを入れつつ、ポケットＷｉ－Ｆｉと、そのゲーム機とやらを起動してみる。入っているゲームは、なんてことはない。文香もよく知っている、オセロのようだった。

　ヘッドセットを差し込むと、ヘッドフォンから軽快な音が流れ出した。自分が考えているよりももっと、音質が良くて驚く。

　なんだこれは、このオセロをどうすればいいんだ。とりあえず始まりそうなボタンを押《お》してみた。緑地に碁盤《ごばん》の目、白と黒の石の、おなじみの盤面《ばんめん》が広がる。

　隅《すみ》っこのところに、〔ｋｅｎ１〕とあるが、これが名前なのだろうか。自己紹介欄《しょうかいらん》のようなところには、〔オセロ大好きｋｅｎ１です！よろしく〕とある。

　音楽が急に速いものに変わった。対戦モードのようだ。

　すると。

「八重《やえ》っち？　八重っちじゃないよね？　まさかねー、じゃあ孫の文香さん？　あってる？」

　陽気な声がした。八重は祖母の名だ。でも、〝八重っち〟？　祖母と繋がりがあるので、てっきり祖母と同じ歳《とし》くらいのおじいさんを想像していたが、この声、ひどく若い。そして軽い。

　そうか、糸谷健一郎で、ｋｅｎ１《ケンイチ》なのか、と今わかった。

　何か答えなきゃ、と思って、文香は焦る。

「もしもし？　ええと、これ、声、繋がってるんですよね。聞こえてますか。もしもし？　住井文香です。住井八重の孫です、よ、よろしくお願いします」

「聞こえてるよー、じゃ、お孫さんの3よしみで、白でお願いしゃーす。俺《おれ》は黒ね。後攻《こうこう》が有利だから、とりあえず俺から行きます、よっ、と」と言いつつ、ｋｅｎ１は黒を置いた。なぜかオンラインで、いきなりオセロの対戦が始まっている。

　何なんだろう、と思いつつ、とりあえず、文香も白を打った。一個だけ、黒をひっくり返してみる。

「あの、あのすみません。ｋｅｎ１さん？　祖母とはどういう……」

「八重っちは、俺のオセロ仲間でさー、毎日つるんで、すげえ楽しかったんだー」と言う。

　話を総合するに、どうやら祖母はボケ防止にと、誰かから与《あた》えられたらしきオンラインのオセロゲームで、この軽そうな男、ｋｅｎ１と毎日のようにやりとりをしていたらしい。病室にはそんなものの影《かげ》も形も無かったので、誰かが見舞《みま》いに来たときには、隠《かく》していたのかもしれない。

　それにしても、このｋｅｎ１、しゃべり方がテレビの番組で見た＊4ホスト、もしくは＊5ギャル男《お》そのもので、文香は、東京はいろいろすごいな……首都だな……と遠い目になる。こんな風に、いろい

四　次の文章は、柊《ひいらぎ》サナカ『天国からの宅配便』の一節です。ある日高校二年生の「文香《ふみか》」のもとに、祖母の遺品だという荷物が「糸谷健一郎《いとやけんいちろう》」から送られてきました。本文はその続きの部分です。これを読んで、あとの問いに答えなさい。字数指定のある問いは、句読点などの記号も全て字数にふくみます。

この糸谷とは、いったい何者なのだろう。祖母とはどういう関係なのだろう。遺品を預かるということは、かなりの深い仲なのは間違《まちが》いない。

もしかして、この糸谷は祖母の昔の恋人《こいびと》で……村と東京で密《ひそ》かに繋《つな》がりがあって……愛し合うふたりは引き裂《さ》かれ……いやいや、岩みたいに頑固《がんこ》で気の強いうちの祖母に限って、そんな秘められた恋愛《れんあい》は無かったはず。県外へのやりとりは、手紙か電話のみとなるだろうし、そういう色っぽいやりとりなんて、祖母からは最も遠い気がする。

文香にはわからないことばかりだった。

「よければ、お荷物を開けてみてください。中のものに関しても、説明いたします」

＊１七星《ななほし》の言葉に促《うなが》され、文香は恐《おそ》る恐《おそ》る箱を開けてみる。

何これ。

中には、ポータブルゲーム機が入っていた。状態からして、新品のようだ。マイクとイヤホンが一体となった、ヘッドセットも入っている。＊２ポケットＷｉ－Ｆｉの機械らしきものもある。

ゲーム機？

「あの、いったい、これは……」１途方《とほう》に暮れる。

祖母はテレビさえ「くだらね」と毛嫌《けぎら》いしており、祖母とゲームと、東京に住んでいるらしき男性の糸谷が、どうしても結びつかない。いったい何なのだろう、これは。

「今日、住井《すみい》さんが家にお帰りになったら、このゲーム機には、あらかじめＩＤとパスワードがセットされておりますので、このヘッドセットをつけて、ゲーム機を起動してください。そうすれば、すべてが明らかになるそうです。遺品自体の受け渡《わた》しも、ゲーム内で行われます」

ゲーム内で、遺品を受け渡す？　いったい何が、どうなっているのか。

「え。では、このゲーム機はどうすれば。見るからに新品みたいですよね」

「このためにご依頼《いらい》人が準備したものですから、ご自由にお使いください。ポケットＷｉ－Ｆｉだけはレンタルなので、使い終わったらご返送を。返送用の伝票はここにあります。費用はかかりませんので、ご安心ください」と、説明される。

何が何だかわからない。

祖母は電化製品全般《ぜんぱん》を毛嫌いしており、洗濯機《せんたくき》を使う母に、ずっと嫌《いや》みを言っていた。電気炊飯釜《すいはんがま》の導入さえ、メシが不味《まず》くなるからと許さなかった。いまだに我が家の掃除《そうじ》は、箒《ほうき》とちり取りと雑巾《ぞうきん》だ。特に祖母はゲーム機が嫌《きら》いで、どんなに文香が欲しがろうとも、家では禁止だった。

「わたし、ゲームって、やったことないんです」

「操作は、そう難しいものではないので大丈夫です」

もしわからないことや、困ったことがあればこちらにと、＊３天国宅配便の連絡先《れんらくさき》をもらった。七星はヘルメットをかぶり、「それでは、失礼します！」とエンジン音を響《ひび》かせながら去って行ってしまった。

今の、何だったのだろう。

手元の謎《なぞ》のゲーム機、見知らぬ男、祖母からの遺品。

夢の中で、脈絡《みゃくらく》もなく展開するストーリーみたいに、すべてが繋

エ　子どもたちのモチベーションと問題選択者の関連をみる実験であるため、難易度の差が出ないようにしたかったから。

オ　どのグループにも実験者が効果的な問題のみを選ぶことで、子どもたちのモチベーションを正確に測りたかったから。

問三　――線部３「純粋に子どもたちの問題に対する内発的モチベーションの強さを『自由時間の使い方』という代理変数をもって可視化できる」とありますが、この内容の説明として最も適切なものを次から選び、記号で答えなさい。

ア　最初の実験で正答率が高かったのは子どもたちが自律的に取り組んだためなのか、あるいは大人が強制的に問題に取り組ませた結果だったのか、子どもたちの自由時間の過ごし方ではっきり見えてくるということ。

イ　最初の実験では「誰が決めたか」ということは正答率に影響しなかったが、自由時間に子どもたちが問題に取り組むときには、誰が子どもたちの代理として問題を決めたかによって正答率に明確な差が出るということ。

ウ　最初の実験ではどの子どももモチベーションに差がなかったが、誰が選択したかという認識《にんしき》を持っている子どもたちと持っていない子どもたちの間で、自由時間に問題に取り組む姿勢に明確な差が表れるということ。

エ　子どもたちの純粋なモチベーションは大人でも容易に見分けることはできないが、この実験のように自由時間を設けてそれぞれが好きなことに取り組ませれば、子どもたち自身が自らの内面を見られるということ。

オ　子どもたちが問題に自ら取り組もうとする意欲は内面的なものでなかなか分かりづらいが、自由時間での問題への取り組み方を観察することによって、その内面にある意欲を測定することができるということ。

問四　――線部４「その結果を図表３－１に示す」とありますが、この図表の[X]・[Y]・[Z]に入れるのに最も適切な言葉の組み合わせを次から選び、記号で答えなさい。

ア　X　母親選択群　Y　実験者選択群　Z　自己選択群
イ　X　母親選択群　Y　自己選択群　Z　実験者選択群
ウ　X　自己選択群　Y　実験者選択群　Z　母親選択群
エ　X　自己選択群　Y　母親選択群　Z　実験者選択群
オ　X　実験者選択群　Y　母親選択群　Z　自己選択群
カ　X　実験者選択群　Y　自己選択群　Z　母親選択群

問五　本文中の[A]に入れるのに最も適切な言葉を、本文中から三字でぬき出して答えなさい。

問六　本文中の[B]に述べられている内容を推測し、その内容と関係の深い項目《こうもく》を、図表３－２の調査結果から三つ選び、**五十音順に**記号で答えなさい。

ア　自分はダメな人間だと思うことがある
イ　今の自分を変えたい
ウ　打ち込みたいことがある
エ　得意なことをもっている
オ　今の生活環境を変えたい
カ　私は他の人々に劣《おと》らず価値のある人間である
キ　今の自分が好きだ

問七　本文中の[C]に入れるのに最も適切な言葉を、本文中から十一字でぬき出して答えなさい。

問八　本文中の[D]には「あなたは」で始まる最後の**一文**が入ります。本文をよく読んで、「あなたは」に続く部分を二十五字以内で答えなさい。

さあこれで質問に来るか。

と思いきや、依然《いぜん》として質問には現れない。

なぜか？

答えは簡単だ。というか、もうあなたはその答えを知っている。答えは行動の三原則の①と②にある。

彼らは、質問の仕方に関する例題を示してもらってない。

残念ながら多くの上司は、この答えに辿《たど》り着《つ》かない。辿り着かないまま、任せた業務の＊7デッドラインが近づく。しびれを切らして席を立ち、次のどちらかを演じることになる。

「なぜすぐに質問に来ないんだい？　貴重な時間を無駄《むだ》にしてはいけないよ」（福山雅治風）

「君たちはできなくて当たり前なんだから、どんなことでも聞きゃいいんだよ」（大泉洋風）

せっかく主演級の演技を繰《く》り出《だ》したところに申し訳ないが、いい子症候群のリアクションは、次のうちのどちらかになる。

・次からあらゆることを聞きに来る（だってそう指示されたから）

または、

・やっぱり何も聞きに来ない（だって［　C　］を授《さず》かってないから）

あなたは思わず声を荒《あら》らげ本音をぶつける。「もっと自分の頭で考えろ！」

……大変申し上げにくいのだが、そのお叱《しか》りはほとんど無意味だ。

［　D　］

（金間大介《かなまだいすけ》『先生、どうか皆の前でほめないで下さい』より）

＊1　依拠…よりどころとすること。
＊2　報酬…働きに対する見返り。
＊3　割愛…おしみながら省くこと。
＊4　ルーチン…きまりきった手順。
＊5　福山雅治…日本の俳優《はいゆう》。
＊6　大泉洋…日本の俳優。
＊7　デッドライン…期限。

問一　――線部1「筆者には1つだけ引っかかることがある。デシが『人は皆自律的でありたい』ことを前提にしている点だ」とありますが、筆者がこのように述べる理由として最も適切なものを次から選び、記号で答えなさい。

ア　世界的にみて若者が責任を回避する傾向が強くなり、とても自律的とは言えないから。

イ　筆者の周囲を見る限り、日本人は自分の考えを伝えないようにしていると感じるから。

ウ　筆者自身のことを考えると、実は自分で決めたくないと思うことが日常的に多いから。

エ　多くのモチベーション論研究者は、デシ自身が自律的ではないことを知っているから。

オ　内発的モチベーションが発揮される要因のうち、関係性が最重要だと考えているから。

問二　――線部2「第1グループで選ばれた問題と同じものを使う」とありますが、このようにするのはなぜですか。その理由として最も適切なものを次から選び、記号で答えなさい。

ア　選ぶ人によって問題が違《ちが》うと難易度の差が出てしまうため、グループ同士の正答率を比べることができなくなるから。

イ　この実験では実際に誰が問題を選んだかということは重要ではなく、全員の正答率を同程度にすることが重要だから。

ウ　実際に誰が問題を選択したかが実験の要であるため、あらかじめ選ぶ問題の難易度をそろえておく必要があったから。

不利益が発生する可能性があると考えているなら、自分からは決めたくない、誰かに決めてもらったほうが楽だ、という心理が作用する。文化的に、アジア圏のほうが、この感情が強いのかもしれない。

この心理は子どもだけではなく、大人になっても作用する。大学生なら就職先の選択が典型的だ。自分で決めようとしない学生は本当に多い。

しかし、就職のような人生の岐路《きろ》ならまだしも、今本書が対象としているのは日常生活における選択も含んでいる。いい子症候群《しょうこうぐん》の若者は「今日は外でお昼食べよう」とさえ言えない。友だちにすら。言えるとしたら、それが＊4ルーチンな場合だけ(ルーチンなので自分の提案ではない)。

図表３－２　高校生の自己肯定感に関する調査結果

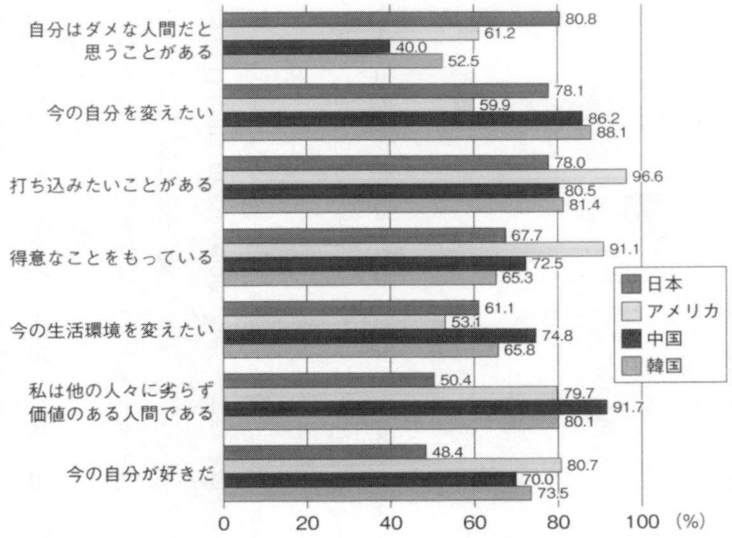

注：「よくあてはまる」「まあまあああてはまる」と回答した割合
出所：国立青少年教育振興機構「高校生の留学に関する意識調査報告書」(2019)

かつて小学校や中学校の教諭《きょうゆ》たちと、この点について議論したことがある。最も多く出た理由は、自信がないからではないかというものだった。

確かにデータで見る限り、日本の子どもたちには自信のなさが顕著に表れている(図表３－２)。他国と比べた特徴《とくちょう》として、[B]。これでは、自分で決めることに臆病《おくびょう》になっても仕方ないかもしれない。

自信がなく、臆病。これは第7章のテーマとしているので、ぜひご記憶《きおく》いただきたい。

次に、「例題にならう」決め方に話を移そう。

これに関しては、彼《かれ》らの間には強力な「行動の三原則」がある。

① 提示された例題はものすごく参考にする
② 例題の提示がなければ基本、何もできない(しない)
③ よって、参考とすべき例題の提示を強く望む

こんなエピソードがある。

ある職場で、上司が新人社員にひととおりのやり方を教えた上で、「わからなくなったらいつでも聞いて」と言い残し、ある業務を任せた。もちろん、ちょっと教えただけですべてサラサラとできる業務ではない(仕事とはそんな楽なものじゃない)。

しかし、彼らは一向に質問に現れない。

さて、それはなぜでしょう?

その上司の顔が怖《こわ》いから?

確かにそれもあるかもしれない。

ならばエピソードの設定変更《へんこう》。その上司は＊5福山雅治《ふくやままさはる》のようにカッコよく、＊6大泉洋《おおいずみよう》のように気さくでおもしろい人だとしよう。

といったごく簡単なことですら、自分の考えを伝えることを回避《かいひ》する傾向《けいこう》が強くなっている。筆者が知る限り、特に現在の若者においてその傾向は顕著《けんちょ》になっている。

ここではさらに、その裏付けとなるデータを紹介《しょうかい》しよう。

引用するのは、自己決定回避の論説が特に興味深いシーナ・アイエンガーの『The art of choosing（櫻井祐子《さくらいゆうこ》訳『選択《せんたく》の科学――コロンビア大学ビジネススクール特別講義』文藝春秋《ぶんげいしゅんじゅう》、２０１０年）だ。

アイエンガーらは、サンフランシスコの小学校に通う7歳《さい》から9歳のアジア系とヨーロッパ系の子どもを対象とした実験を行った。複雑な実験を簡略化して解説するので、少々我慢《がまん》してお付き合いいただきたい。

図表３－１　課題選択者の認知と内発的モチベーションの強さの関係

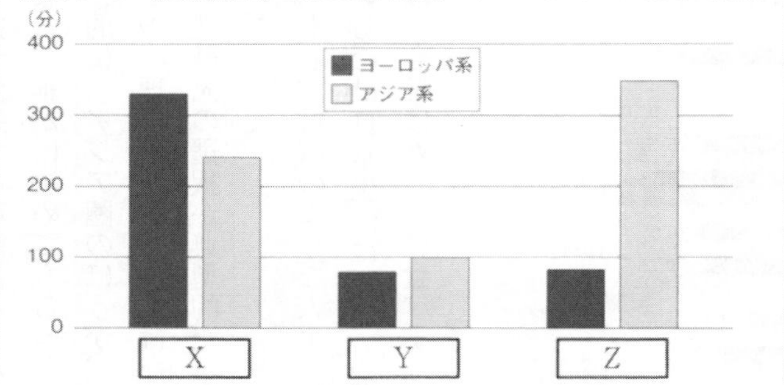

出所：Iyengar and Lepper, 1999

まず、子どもたちは、ランダムに並べられた文字を並べかえて単語を作るゲームに挑戦《ちょうせん》した。その際アイエンガーらは、子どもたちを3つのグループに分けている。第1に、やりたい問題を自分で選択するグループ。第2に、アイエンガーら実験者が問題を選択するグループ。最後は、問題はそれぞれの子どもの母親が選んだと子どもたちに伝えたグループだ。

実際には、第2と第3のグループで選択された問題は、[2]第1グループで選ばれた問題と同じものを使う。これで全グループとも、まったく同じ問題に挑戦したことになる。異なるのは、子どもたちが「誰《だれ》が問題を選択したか」に対する認知《にんち》のみとなる。

実験の結果、どのグループの子どもたちも同じくらい高い正答率を示した。しかし、本当の実験はここからだ。アイエンガーらは、ゲーム終了《しゅうりょう》後もあえて子どもたちが問題に挑戦できる環境《かんきょう》を残しておき、休憩《きゅうけい》時間に突入《とつにゅう》する。その上で、外からそっと、子どもたちがさらにどのくらいの時間を問題の解答に費《つい》やしたかを計測した。

手の込んだ実験だが、こうすることで、[3]純粋《じゅんすい》に子どもたちの問題に対する内発的モチベーションの強さを「自由時間の使い方」という代理変数をもって可視化できる。繰《く》り返《かえ》すが、異なるのは「誰が決めたか」という子どもたちの認知のみだ。

[4]その結果を図表3－1に示す。

ヨーロッパ系の子どもたちは、自分で問題を選択したグループが最も長い時間、問題に挑戦し続けた。実験者が選択したと伝えたグループ、および母親が選択したと伝えたグループは、ともに同じ程度となった。

一方、アジア系の子どもたちは、母親が選択したと伝えたグループが最も長い時間、問題に従事した。次に自分で選択したグループ、最後に実験者が選択したグループとなった。

拝啓《はいけい》、デシ先生。内発的モチベーションにおける［Ａ］最強説が揺《ゆ》らいでおります。

なぜ日本を含《ふく》むアジア圏《けん》では、「母親が決めたと認知すること」が大きな意欲につながるのか？　筆者を含め科学的に筋の通った論理を導くことはできていない。

アイエンガーは、自分や他人に不利益な結果を与えられたとき、人は自ら選択したことを後悔《こうかい》したり、選択そのものを避《さ》けたりするような心理作用が働くと主張している。何かを選択することで、何らかの

2023年度 栄東中学校

【国語】〈Ａ日程一月一〇日試験〉（五〇分）〈満点：一〇〇点〉

一 次の――線部のカタカナをそれぞれ漢字に直しなさい。

1 サッコンの情勢をかんがみて海外旅行を取りやめる。
2 母と姉の考え方はニカヨうところがある。
3 めったにないシロモノだ。
4 ゲキテキな変化をとげる。
5 化合物のソセイを調べる。

二 次の（１）～（10）に当てはめるのに最も適切な言葉をあとの語群から選び、それぞれ記号で答えなさい。ただし、記号は一度ずつしか使いません。

・権力者に（１）ことなく、自分の信念を貫《つらぬ》きたい。
・何気ない会話の中で（２）と事件の詳細《しょうさい》を話してくれた。
・さまざまな趣味《しゅみ》を（３）ことで心が豊かになれる。
・優勝候補のチーム同士が（４）ことで全体のレベルが上がる。
・つかれているせいか机に向かったまま（５）ことが多い。
・多くの偉人《いじん》のように自分の使命を（６）人になりたい。
・やるべきことを（７）ようでは目標は達成できない。
・逮捕《たいほ》された犯人が（８）ようすもなく連行されていった。
・自分本位の価値観が（９）と住みにくい世の中になる。
・努力もせずに簡単に勝てると（10）弟をしかる。

【語群】
ア まどろむ　イ せめぎあう
ウ はびこる　エ 水を向ける
オ まっとうする　カ おもねる
キ 悪びれる　ク うそぶく
ケ おこたる　コ たしなむ

三 次の文章を読んであとの問いに答えなさい。字数指定のある問いは、句読点などの記号も全て字数にふくみます。

筆者のモチベーション論の研究において、頻繁《ひんぱん》に＊１依拠《いきょ》する理論がある。エドワード・デシらによる「自己決定理論」である。

人のやる気は内側から湧《わ》き起《お》こってくるものなのか、それとも外から与《あた》えられるものなのか。デシらはこの視点から研究を続け、内的＊２報酬《ほうしゅう》→内発的モチベーション、外的報酬→外発的モチベーション、というように、やる気の源を２つの心理的な報酬体系に整理した。やや概念的《がいねんてき》すぎるきらいはあるが、直感的にとてもわかりやすい。

デシらはまた、内発的モチベーションが発揮される要因は、自律性、有能感、関係性の３つにあると結論づけ、中でも自律性が中心的であると主張するに至っている。

詳細《しょうさい》は＊３割愛《かつあい》するが、知れば知るほど説得的なデシの理論。しかし、１筆者には１つだけ引っかかることがある。デシが「人は皆《みな》自律的でありたい」ことを前提にしている点だ。

人は、実はあまり自分では決めたくないのではないか？　こう感じることは日常的にたくさんある。特に他人に何らかの影響《えいきょう》を与える場合だ。日本人は、今日の晩ご飯どうする？　週末はどうしようか？

2023年度

栄東中学校　▶解説と解答

算　数　＜Ａ日程１月10日試験＞（50分）＜満点：100点＞

解　答

1 (1)　0.1　(2)　$\frac{20}{23}$　(3)　栄小学校の方が0.2点だけ高い　(4)　19m　(5)　350円　(6)　20g　(7)　12.56cm^2　(8)　25.12cm^3　**2** (1)　2400cm^3　(2)　15　(3)　52.5　**3** (1)　16cm^2　(2)　3：2　(3)　$5\frac{1}{3}$cm^2　**4** (1)　20通り　(2)　30通り　(3)　63通り　**5** (1)　674個　(2)　404個　(3)　67個

解　説

1 **四則計算，逆算，平均とのべ，通過算，売買損益，相当算，濃度《のうど》，比の性質，面積，回転体の体積**

(1)　$20.23 \div 1.7 - 0.2 \times (140 - 9 \times 9) = 11.9 - 0.2 \times (140 - 81) = 11.9 - 0.2 \times 59 = 11.9 - 11.8 = 0.1$

(2)　$4 - \frac{2}{5} \div (1 - \square) = \frac{14}{15}$より，$\frac{2}{5} \div (1 - \square) = 4 - \frac{14}{15} = \frac{60}{15} - \frac{14}{15} = \frac{46}{15}$，$1 - \square = \frac{2}{5} \div \frac{46}{15} = \frac{2}{5} \times \frac{15}{46} = \frac{3}{23}$　よって，$\square = 1 - \frac{3}{23} = \frac{23}{23} - \frac{3}{23} = \frac{20}{23}$

(3)　(平均点)＝(合計点)÷(人数)より，(合計点)＝(平均点)×(人数)となるから，栄小学校について，男子の合計点は，53×70＝3710(点)，女子の合計点は，47×30＝1410(点)とわかる。また，栄小学校の全体の人数は，70＋30＝100(人)である。よって，栄小学校の全体の平均点は，(3710＋1410)÷100＝51.2(点)と求められる。同様に，東小学校の平均点は，(54×50＋48×50)÷(50＋50)＝51(点)と求められる。したがって，全体の平均点は栄小学校の方が，51.2−51＝0.2(点)だけ高い。

(4)　急行列車と普《ふ》通《つう》列車の速さの差は毎時，84−60＝24(km)であり，これを毎秒の速さに直すと，$24 \times 1000 \div (60 \times 60) = \frac{20}{3}$(m)になる。よって，右の図１で，急行列車と普通列車が11.4秒で走った長さの差は，$\frac{20}{3} \times 11.4 = 76$(m)と求められ，これが普通列車の長さにあたるから，１両の長さは，76÷４＝19(m)とわかる。

図１

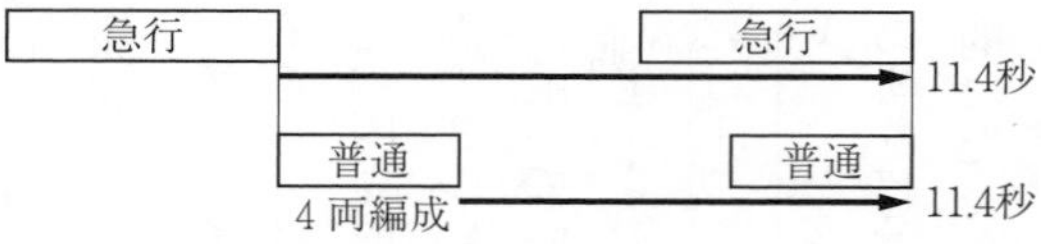

(5)　仕入れ値を１とすると，定価は，１×(１＋0.3)＝1.3，定価の20％引きは，1.3×(１−0.2)＝1.04となる。右の図２で，1.3−1.04＝0.26にあたる金額が，71＋20＝91(円)だから，仕入れ値は，91÷0.26＝350(円)と求められる。

図２

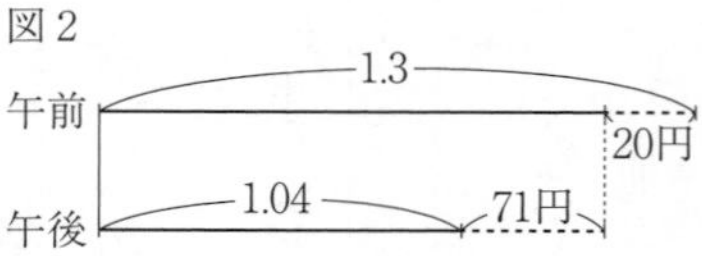

(6)　(食塩の重さ)＝(食塩水の重さ)×(濃度)より，はじめに予定していた重さは，食塩が，560×0.05＝28(g)，水が，560−28＝532(g)とわかる。また，実際にできた食塩水の食塩の重さと水の重さの比は，８：(100−８)＝２：

図３

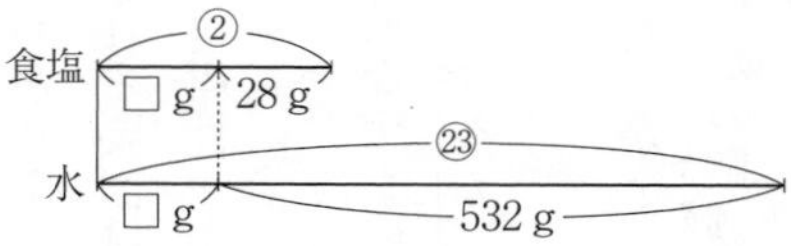

23である。よって，多く入れた食塩と水の重さを□ｇとして図に表すと，上の図３のようになる。図３で，㉓－②＝㉑にあたる重さが，532－28＝504(ｇ)だから，①にあたる重さは，504÷21＝24(ｇ)とわかる。したがって，多く入れた重さは，24×２－28＝20(ｇ)である。

(7)　右の図４の三角形OBEと三角形CODについて，OBとCOの長さは等しい。また，角BEOと角ODCの大きさはどちらも90度である。さらに，角AOBと角CODの大きさは等しく，角AOBと角OBEの大きさも等しいから，角OBEと角CODの大きさも等しいことがわかる。よって，三角形OBEと三角形CODは合同なので，両方から共通部分の三角形OFEを除くと，かげをつけた２つの図形の面積は等しくなる。したがって，斜線《しゃせん》部分の右半分の図形の面積は，おうぎ形OBCの面積と等しくなる(左半分の図形についても同様)。以上より，斜線部分の面積は，半円の面積の，$\frac{2}{8}\times 2=\frac{1}{2}$なので，$4\times 4\times 3.14\times\frac{1}{2}\times\frac{1}{2}=4\times 3.14=12.56$(cm^2)と求められる。

図４
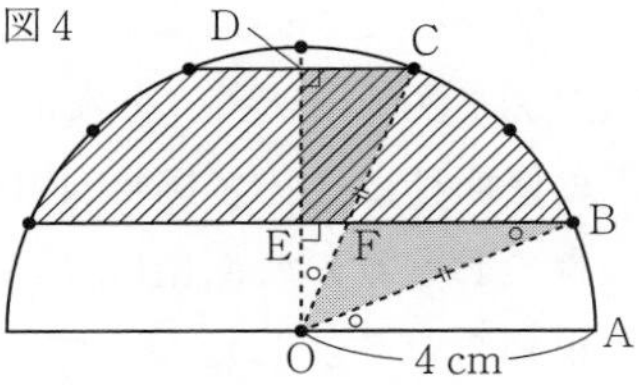

(8)　三角形ABMを辺ACのまわりに１回転させると，右の図５のような立体ができる。これは，底面の円の半径が６cmで高さが８cmの円すいから，底面の円の半径が３cmで高さが８cmの円すいを取り除いたものなので，その体積は，
６×６×3.14×８÷３－３×３×3.14×８÷３
＝96×3.14－24×3.14＝(96－24)×3.14＝72×3.14(cm^3)となる。また，三角形ABMを辺BCのまわりに１回転させると，右の図６のような立体ができる。これは，底面の円の半径が８cmで高さが６cmの円すいから，底面の円の半径が８cmで高さが３cmの円すいを取り除いたものなので，その体積は，８×８×3.14×６÷３－８×８×3.14×３÷３＝128×3.14－64×3.14＝(128－64)×3.14＝64×3.14(cm^3)とわかる。よって，体積の差は，72×3.14－64×3.14＝(72－64)×3.14＝８×3.14＝25.12(cm^3)と求められる。

図５
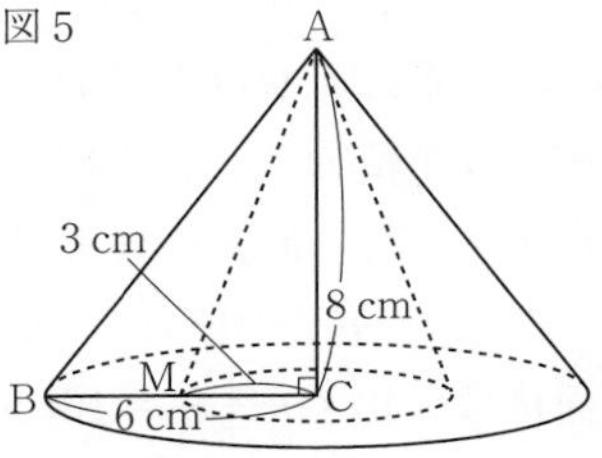

図６
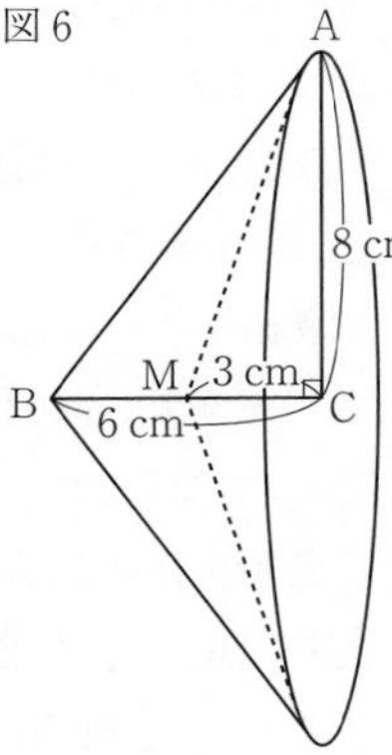

2　グラフ―水の深さと体積

(1)　水そうの底面積は，20×30＝600(cm^2)であり，Ⅰの置き方でおもりを１個置いたときのようすは，右の図①のように表すことができる。問題文中の図１より，水を入れた時間は240秒なので，入れた水の体積は，40×240＝9600(cm^3)となる。また，水そうの容積は，600×20＝12000(cm^3)である。よって，おもりの体積は，12000－9600＝2400(cm^3)と求められる。

(2)　図①ではA→Bの順に水が入り，Bの部分に入れた時間は図１より，240－165＝75(秒)とわかる。よって，Bの部分の容積は，40×75＝3000(cm^3)だから，Bの部分の高さは，3000÷600＝５(cm)である。したがって，アにあてはまる数(aの値)

図①
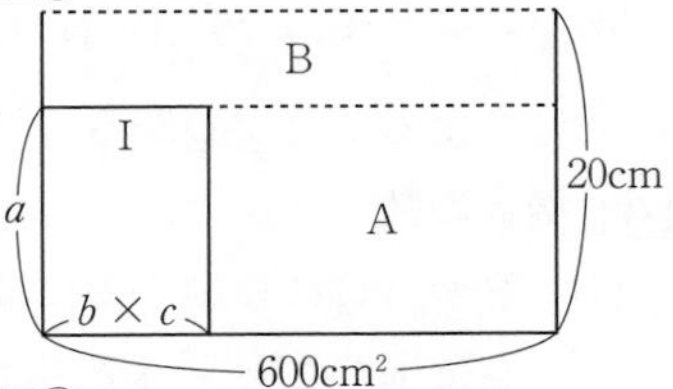

図②
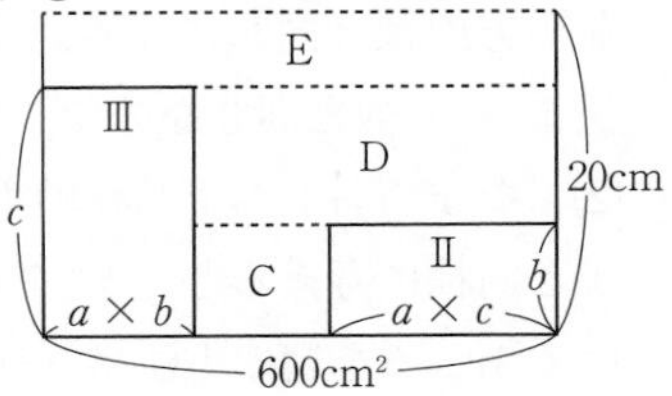

は，20－５＝15(cm)と求められる。

⑶　ⅡとⅢの置き方でおもりを１個ずつ置いたときのようすは，上の図②のように表すことができる。図②ではＣ→Ｄ→Ｅの順に水が入り，Ｅの部分に入れた時間は問題文中の図２より，180－120＝60(秒)である。よって，Ｅの部分の容積は，40×60＝2400(cm^3)なので，Ｅの部分の高さは，2400÷600＝４(cm)となり，c＝20－４＝16(cm)とわかる。すると，Ⅱの置き方のときのおもりの底面積は，15×16＝240(cm^2)だから，b＝2400÷240＝10(cm)となる。さらに，Ⅲの置き方のときのおもりの底面積は，15×10＝150(cm^2)，Ｃの部分の底面積は，600－(240＋150)＝210(cm^2)と求められる。したがって，Ｃの部分の容積は，210×10＝2100(cm^3)なので，イにあてはまる数は，2100÷40＝52.5(秒)となる。

3　平面図形―辺の比と面積の比，相似

⑴　問題文中の図について，BF：FC＝１：２，BC＝AD×２より，BF：FC：AD＝１：２：$\frac{1+2}{2}$＝２：４：３となることと，AE：EB＝CG：GD＝１：２であることから，右の図１のように表すことができる。台形ABCDの面積は108cm^2であり，台形ABFDと三角形DFCの面積の比は，(AD＋BF)：FC＝(３＋２)：４＝５：４なので，三角形DFCの面積は，108×$\frac{4}{5+4}$＝48(cm^2)とわかる。また，三角形DFGと三角形GFCの面積の比は，DG：GC＝２：１である。よって，三角形GFCの面積は，48×$\frac{1}{2+1}$＝16(cm^2)と求められる。

図１
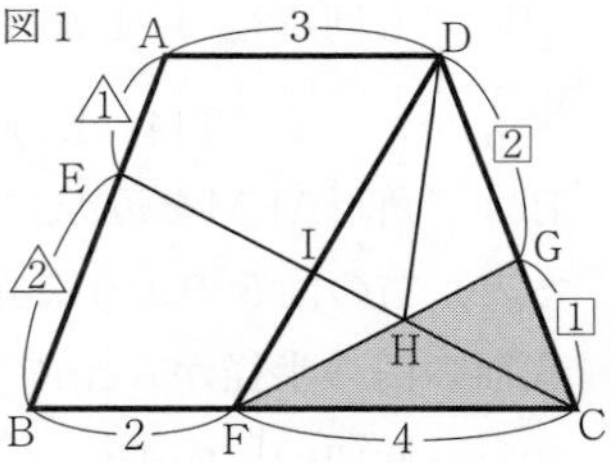

⑵　右の図２で，DAとCEを延長して交わる点をＪとすると，三角形AJEと三角形BCEは相似になる。このとき，相似比は，AE：BE＝１：２だから，AJ＝(２＋４)×$\frac{1}{2}$＝３となる。さらに，三角形DJIと三角形FCIも相似であり，相似比は，DJ：FC＝(３＋３)：４＝３：２なので，DI：IF＝３：２とわかる。

図２
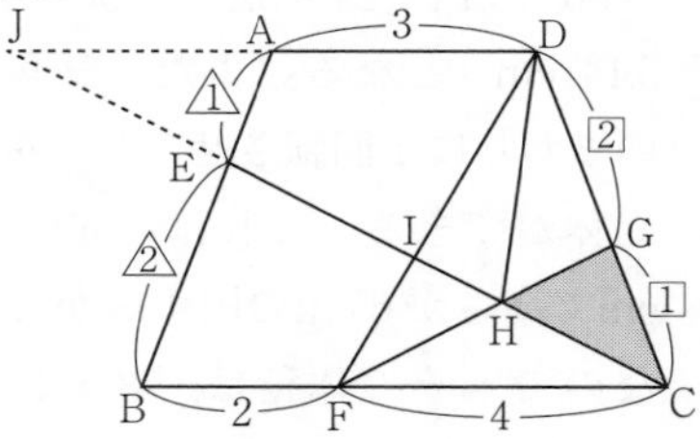

⑶　三角形GHCの面積を①とすると，CG：GD＝１：２より，三角形CDHの面積は，①×$\frac{1+2}{1}$＝③となる。また，HCを底辺としたときの三角形CDHと三角形CHFの高さの比はDI：IFと等しく３：２だから，三角形CDHと三角形CHFの面積の比は３：２である。よって，三角形CHFの面積は，③×$\frac{2}{3}$＝②であり，三角形GFCの面積(16cm^2)は，①＋②＝③にあたることがわかるので，三角形GHCの面積は，16×$\frac{1}{3}$＝5$\frac{1}{3}$(cm^2)と求められる。

4　場合の数

⑴　ＰからＱに移動するには，上に３マスと右に３マス進む必要がある。ここで，上に進むことを↑，右に進むことを→で表すことにすると，ＰからＱまで移動する方法の数は，{↑↑↑→→→}の並べ方の数と同じになる。これは，６か所から↑を並べる３か所を選ぶ方法(残りの３か所は→と決まる)の数と同じなので，$\frac{6\times5\times4}{3\times2\times1}$＝20(通り)と求められる。

⑵　ななめ右上へ１回移動すると，そのほかに，上へ２回，右へ２回移動する必要がある。よって，⑴と同様に考えると，{↗↑↑→→}の並べ方の数と同じになる。はじめに，５か所の中から↗を並べる１か所を選ぶ方法は５通りある。さらに，残りの４か所の中から↑を並べる２か所を選ぶ方法

(残りの２か所は→と決まる)は，$\frac{4 \times 3}{2 \times 1}=6$(通り)ある。よって，移動の方法は全部で，５×６＝30(通り)と求められる。

(3)　ななめ右上へ移動しない場合は(1)で求めた20通りであり，ななめ右上へ１回移動する場合は(2)で求めた30通りである。また，ななめ右上へ２回移動する場合は，{↗↗↑→}の並べ方の数と同じになる。これは，４か所の中から↑と→を並べるか所を順番に選べばよいので，４×３＝12(通り)とわかる(残りの２か所が↗↗になる)。さらに，ななめ右上へ３回移動する場合は{↗↗↗}の１通りだけである。よって，移動の方法は全部で，20＋30＋12＋１＝63(通り)と求められる。

5　整数の性質，周期算

(1)　右の図１のように，数列に並んでいる数が奇《き》数《すう》か偶数《ぐうすう》かを調べると，１番目から順に{奇数，奇数，偶数}のくり返しになっていることがわかる。よって，2023÷３＝674余り１より，数列に２の倍数(偶数)は674個ある。

図１

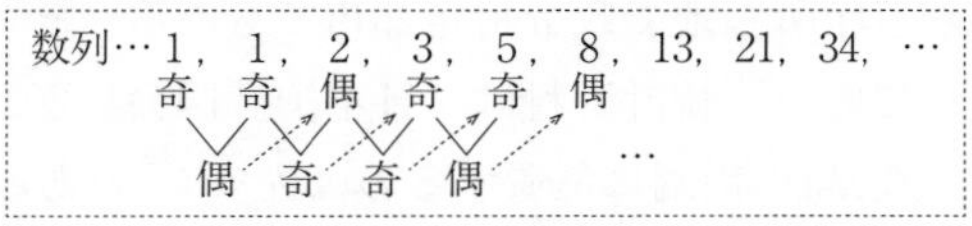

(2)　数列に並んでいる数について，一の位だけを求めると，下の図２のアのようになる。次に，アの数を５で割ったときの余りを調べると，イのようになる。イでは，１番目から20番目までの並び方がくり返され，それぞれのくり返しの中で，０は５個ごと(５番目，10番目，15番目，20番目)にあらわれる。よって，2023÷５＝404余り３より，数列に５の倍数は404個ある。

図２

数列…１，１，２，３，５，８，13，21，34，…
ア…１，１，２，３，５，８，３，１，４，５，９，４，３，７，０，７，７，４，１，５，６，１，…
イ…１，１，２，３，０，３，３，１，４，０，４，４，３，２，０，２，２，４，１，０，１，１，…
↑５番目　↑10番目　↑15番目　↑20番目

(3)　40＝５×８より，40は５と８の最小公倍数である。(2)より，数列に５の倍数は５個ごとにあらわれる。また，数列に並んでいる数について，８で割ったときの余りを求めると，上の図３のウのようになる。ウでは，１番目から12番目までの並び方がくり返され，それぞれのくり返しの中で，０は６個ごと(６番目，12番目)にあらわれるから，数列に８の倍数は６個ごとにあらわれる。よって，数列に40の倍数は，５×６＝30(個)ごとにあらわれるので，2023÷30＝67余り13より，67個ある。

図３

数列…１，１，２，３，５，８，13，21，34，55，89，144，233，377，…
ウ…１，１，２，３，５，０，５，５，２，７，１，０，１，１，…
↑６番目　↑12番目

社会　＜Ａ日程１月10日試験＞（理科と合わせて50分）＜満点：50点＞

解答

1　**問１**　(1)　長崎(県)　(2)　８(つ)　(3)　札幌(市)　(4)　佐多(岬)　**問２**　エ　**問３**　イ　**問４**　ア　**問５**　エ　**問６**　ウ　**問７**　イ　**問８**　ウ　**問９**　ア　**問10**　(1)　エ　(2)　エ　**2**　**問１**　ア　**問２**　イ　**問３**　ア　**問４**　エ　**問５**　ア

問６　ウ　**問７**　イ　**問８**　イ　**問９**　国際連盟　**問10**　エ　**問11**　ウ　**問12**　ウ
問13　裁判官

解説

1　日本の国土，産業，貿易，社会などについての問題

問１　⑴　海岸線距離が北海道についで全国第２位となっているのは長崎県である。出入りの多い複雑な海岸地形が多いことと，対馬《つしま》，壱岐《いき》，五島列島など多くの島々があることがその要因となっている。　⑵　海に面していない都道府県は栃木，群馬，埼玉，山梨，長野，岐阜，滋賀，奈良の８県で，これらは「内陸県」ともよばれる。　⑶　北海道で一番人口が多い都市は札幌市で，道庁所在地で政令指定都市でもある。その人口は約196万人で，北海道全体の３分の１以上を占《し》めている。統計資料は『日本国勢図会』2022／2023年版による(以下同じ)。　⑷　大隅《おおすみ》半島(鹿児島県)の南端に位置するのは佐多岬《さたみさき》である。

問２　Ａの都市は長野市である。長野盆地の中心都市で，典型的な内陸性の気候に属しており，昼と夜，夏と冬の気温差が大きい。この地域は果樹栽培がさかんで，特にりんご，ぶどう，ももの生産量が多い。Ｂの都市は高松市(香川県)である。讃岐《さぬき》平野の中心都市で，周辺一帯は瀬戸内の気候に属し，１年を通して降水量が少ない。讃岐平野ではかつてはかんがい用のため池が多く見られたが，近年は吉野川の水を引く香川用水が完成したこともあって，ため池の数は減ってきている。Ｃの都市は熊谷市(埼玉県)である。関東平野の北西部に位置しており，夏は南東の季節風と秩父《ちちぶ》山地からの風によるフェーン現象が重なって高温になることが多く，2018年には国内最高気温である41.1℃を観測した。冬は「赤城《あかぎ》おろし」ともよばれる北西のかわいた風の影響《えいきょう》で乾燥する。

問３　「あ」は北海道，「い」は千葉県，「う」は埼玉県である。特に近郊農業がさかんな千葉県や埼玉県では，大消費地である東京に出荷するさまざまな野菜が生産されている。

問４　「６次産業化」とは，第１次産業である農林水産業と第２次産業である工業，第３次産業である商業や流通業などを結びつけ，農山漁村の活性化につなげようとする試みのことで，具体例としてはアがあてはまる。第１次・第２次・第３次それぞれの産業の組み合わせであることから，１×２×３の答えである６をとって，６次産業化とよばれている。なお，エについては，「海外から輸入した農作物」ではなく「地元で生産した農作物」を利用するのであれば，６次産業化の具体例となる。

問５　果物の輸入額がアメリカについで第２位である国はフィリピンで，特にバナナの輸入額が多くなっている。なお，【表】にあてはまるのは左から，中国，アメリカ，フィリピンである。

問６　パソコンや携帯《けいたい》電話，家電製品などには金や銀，レアメタルとよばれるチタンなどの希少金属が使用されているため，不要になったそれらの製品を回収すれば，多くの資源をリサイクルすることができる。都市にはそうした製品が多く存在していることから，これを鉱山にたとえて「都市鉱山」とよぶことがある。

問７　ア　ハイブリッド車の販売台数は，2019年から2020年にかけては減少している。　イ　電気自動車と燃料電池車の2015年から2020年にかけての販売台数は，他の次世代自動車(ハイブリッド車とクリーンディーゼル車)に比べて少ないので，正しい。　ウ　2020年時点で，クリーンディーゼル車は次世代自動車の販売台数全体の，147.1÷1502.0×100＝9.7…(％)を占めている。

エ　次世代自動車の販売台数は，2020年時点で，乗用車販売台数の39.4％を占めている。

問８　近年(2019年以降)の出荷額が最も多い「う」が中国，最も少ない「い」が日本である。半導体における日本のシェアは，1980年代には世界一を誇《ほこ》っていたが，その後の技術革新の遅れやアメリカとの貿易摩擦《まさつ》などの影響により近年は大きく低下しており，その代わりに韓国，台湾，中国が大きなシェアを占めるようになっている。なお，「あ」はヨーロッパ，「え」は南北アメリカである。

問９　ア　卸売《おろしうり》業について述べた文であり，内容も正しい。　　イ　無店舗《てんぽ》販売とは，店舗を構えずに消費者と直接取り引きを行う小売業のことで，近年は特に通信販売を専門にあつかう業者が増え，販売額を伸ばしている。　　ウ　小売業者が生産者と直接取り引きを行う販売方法は，取引量の多い大規模な小売店(スーパーマーケットなど)でさかんに行われている。　　エ　電話やインターネットを利用して消費者が生産者から直接商品を購入する方法は，近年，取引量が増えてきている。

問10　(1)　情報技術を活用できる能力の有無によって生じる情報格差はデジタルデバイドとよばれ，経済的・社会的格差にもつながることから，その解消が社会全体の課題となっている。なお，アの「メディアリテラシー」は，マスコミやインターネットなどのメディアによって伝えられる情報を正しく理解し，活用する能力のこと。イの「ヘイトスピーチ」は，人種や民族，宗教，性的指向などを理由として特定の人々を攻撃《こうげき》・差別する言動や表現のこと。ウの「モラルハラスメント」は，言葉や態度，文書などにより相手を追いつめる「精神的ないやがらせ」のことで，職場や家庭内などで起こりやすい。　　(2)　ア　インターネット上では，年齢や容姿などをいつわったり本来の目的を隠《かく》したりして情報を発信している場合も多いので，直接会う約束を安易にしないほうがよい。　イ　テレビの番組を録画して動画投稿《とうこう》サイトに投稿することは，著作権法に違反している。　　ウ　インターネットへの書きこみは匿名《とくめい》で行われることも多いが，犯罪にかかわる場合などには，プロバイダー(接続業者)が発信元の情報を開示することがある。　　エ　インターネット上に写真を投稿するさいに気をつけるべきことについて述べた文であり，内容も正しい。

2　**各時代の歴史的なことがらと日本の政治，日本国憲法などについての問題**

問１　ア　紀元前４～３世紀ごろ，大陸から九州北部に稲作が伝わり，やがて各地に広まった。これが縄文時代から弥生時代への転換《てんかん》のきっかけとなった。　　イ　「埴輪《はにわ》」ではなく「土偶《どぐう》」が正しい。埴輪《はにわ》は古墳時代に古墳の頂上や周囲に置かれた素焼きの土製品である。　　ウ　岩宿遺跡(群馬県)は旧石器時代の遺跡である。　　エ　三内丸山遺跡(青森県)は縄文時代の遺跡である。

問２　ア　飛鳥時代の672年，大海人《おおあまの》皇子(天智天皇の弟)は壬申《じんしん》の乱で大友皇子(天智天皇の子)を破り，翌673年，即位《そくい》して天武天皇となった。聖武天皇は奈良時代の天皇である。　　イ　唐(中国)の都の長安にならって平城京(奈良県)がつくられ，710年に遷都《せんと》(都を遷《うつ》すこと)された。　　ウ「天智天皇」ではなく「聖武天皇」が正しい。　　エ　日本は百済《くだら》支援のため朝鮮に出兵したが，663年，白村江《はくすきのえ》の戦いで唐と新羅《しらぎ》の連合軍に大敗し，朝鮮から手を引くこととなった。

問３　Ａは797年，Ｂは753年，Ｃは1086年，Ｄは935年のできごとである。

問４　ア　長編小説『源氏物語』を著したのは紫式部《むらさきしきぶ》で，清少納言《せいしょうなごん》は随筆『枕草子《まくらのそうし》』などの著者である。　　イ　藤原頼通《よりみち》が建てたのは平等院鳳凰《ほうおう》堂(京都府)で，平泉(岩手県)にある中尊寺の金色《こんじき》堂は奥州藤原氏の手によって建てられた。　　ウ　平安時代初め，唐で学んだ空海は帰国後，高野山(和歌山県)に金剛峯《こんごうぶ》(峰)寺《じ》を建てて真言宗を広めた。また，唐で学んだ最澄《さいちょう》は帰国後，比《ひ》叡山延暦寺《えいざんえんりゃくじ》(滋賀県)を総本山として天台宗を広めた。　エ　『古今和歌集』は平安時代前半に成立した最初の勅撰《ちょくせん》和歌集(天皇の命令でつくられた和歌集)で，紀貫之《きのつらゆき》らが編さんにあたった。

問５　Ａは1274年の文永の役のあと，Ｂは1221年の承久《じょうきゅう》の乱のあと，Ｃは1338年，Ｄは1334年のできごとである。

問６　Ａは894年，Ｂは12世紀半ば，Ｃは1549年，Ｄは1404年のできごとである。

問７　ア　「富嶽《ふがく》三十六景」は葛飾北斎《かつしかほくさい》が描いた浮世絵《うきよえ》版画集で，歌川広重《ひろしげ》は浮世絵版画集「東海道五十三次」などの作品で知られる画家である。　イ　井原西鶴《さいかく》は『世間胸算用《せけんむなざんよう》』や『日本永代《にっぽんえいたい》蔵《ぐら》』など，浮世草子《ぞうし》とよばれる多くの小説を著した。　ウ　『奥の細道』は松尾芭蕉《ばしょう》が著した俳《はい》諧《かい》紀行文で，本居宣長《もとおりのりなが》は『古事記伝』を著すなどして国学を大成した人物である。　エ　『南総里見八犬伝』は滝沢馬琴《ばきん》が著した読本《よみほん》とよばれる小説で，十返舎一九《じっぺんしゃいっく》は滑稽《こっけい》本『東海道中膝栗毛《ひざくりげ》』などの作者である。

問８　Ａは1858年，Ｂは1854年，Ｃは1895年，Ｄは1905年のできごとで，下関条約は日清戦争の講和条約，ポーツマス条約は日露戦争の講和条約である。

問９　1919年，第一次世界大戦の講和会議がフランスのパリで開かれ，アメリカ大統領ウィルソンの提唱にもとづき，国際平和を守る組織として国際連盟を設立することが決められた。そして翌20年，国際連盟が発足した。ただし，提唱国のアメリカは議会が反対したため加盟しなかった。

問10　ア　二十一か条の要求は，第一次世界大戦中の1915年に日本が中国につきつけたものである。イ　全国水平社は部落差別からの解放をめざして1922年につくられた組織であり，世界恐慌《きょうこう》がはじまったのは1929年である。　ウ　「二・二六事件」(1936年２月26日)ではなく「五・一五事件」(1932年５月15日)が正しい。　エ　盧溝橋《ろこうきょう》事件は1937年，北京《ペキン》郊外の盧溝橋で日中両軍が衝突《しょうとつ》したできごとであり，これをきっかけに日中戦争がはじまった。

問11　ア　常会(通常国会)は，毎年１月に召集《しょうしゅう》される。　イ　必ず内閣総理大臣の指名が行われるのは，衆議院が解散され，総選挙が行われたあとに召集される特別会(特別国会)である。臨時会(臨時国会)は，内閣が必要と認めたとき，またはいずれかの議院で総議員の４分の１以上の議員から要求があった場合などに開かれる。　ウ　内閣不信任案(信任案)の議決は衆議院だけの権限で，「衆議院の優越《ゆうえつ》」の１つである。　エ　国政調査権は，国政の調査のため，国会が証人の喚《かん》問《もん》や記録の提出などを求めることができるとする権限であり，衆参両議院に認められている。

問12　内閣の権限にあてはまるのはウである。なお，アについて，法律が憲法に違反していないかどうかを，具体的な裁判を通して審査する権限である違憲立法審査権は，裁判所が持っている。イについて，条約は内閣が結ぶものであり，国会が事前または事後にこれを承認した場合に成立する。エについて，予算の議決は国会の権限である。

問13　日本国憲法では「裁判官(司法権)の独立」の原則がうたわれており，裁判官は自己の良心に従い，憲法と法律にのみ拘束《こうそく》されると定められている。

理　科　＜Ａ日程１月10日試験＞（社会と合わせて50分）＜満点：50点＞

解　答

1 問１　オ　問２　エ　問３　ウ　問４　カ　問５　ウ　問６　エ　問７　エ
2 問１　エ　問２　ウ　問３　ウ　問４　オ　問５　キ　問６　ア　問７　イ
3 問１　エ，キ　問２　オ　問３　エ　問４　(あ)　オ　(い)　コ　問５　イ，ウ
問６　ア　問７　エ　**4** 問１　(1)　イ　(2)　エ　問２　キ　問３　イ　問４
2.2倍

解　説

1 **滑車《かっしゃ》についての問題**

問１　図１で，動滑車の左右にかかっているひもには，60÷２＝30(kg)ずつの力がかかっているので，ひもを引く力の大きさは30kgとなる。

問２　図１で，物体を１m引き上げるには，動滑車の左右にかかっているひもの長さを１mずつ短くするために，ひもを，１×２＝２(m)引く必要がある。

問３　図２で，下側の動滑車の左右にかかっているひもには，60÷２＝30(kg)ずつの力がかかっているので，上側の動滑車の左右にかかっているひもには，30÷２＝15(kg)ずつの力がかかっている。よって，ひもを引く力の大きさは15kgである。

問４　図２で，物体を１m引き上げるには，下側の動滑車の右にかかっているひもを，１×２＝２(m)引く必要がある。そのためには，上側の動滑車の右にかかっているひもと定滑車にかかっているひもを，２×２＝４(m)引く必要がある。

問５　滑車１つあたりの重さを600ｇとした場合，滑車の重さを考えない場合に比べて，下側の動滑車の左右にかかっているひもにかかる力は，600÷２＝300(ｇ)ずつ増え，上側の動滑車の左右にかかっているひもにかかる力は，(600＋300)÷２＝450(ｇ)ずつ増える。したがって，問３で答えた力より450ｇだけ大きな力が必要である。

問６　図３の動滑車は３か所をひもで上向きに支えられていて，それぞれに，60÷３＝20(kg)ずつの力がかかっている。よって，ひもを引く力の大きさは20kgとなる。

問７　図４で，動滑車の左右にかかっているひもと人間が引いているひもの合計３か所には，60÷３＝20(kg)ずつの力がかかっている。したがって，ひもを引く力の大きさは20kgである。

2 **状態変化についての問題**

問１　液体のロウが冷えて固体になると，体積が小さくなる。このとき，ロウは外側から冷えて固まっていくので，エのように，全体が固まったときには中央部が少しへこんでいる。なお，ロウのかわりに水を用いて同様の実験を行った場合は，全体が固まったとき(氷になったとき)にアのように中央部が少し盛り上がる。

問２　物質の状態が変化しても重さは変わらないため，電子てんびんの示す値《あたい》は変化しない。

問３　氷がとける温度は０℃，水がふっとうする温度は100℃であり，これらの温度は氷や水の重さによって変化しない。０℃より低い温度の氷を加熱していくと，氷の温度はしだいに上昇《じょうしょう》していくが，０℃になると，加えられた熱は氷がとけるのに使われるため，氷がすべてとけるまで温度

は上昇せず，０℃の氷と０℃の水が混じった状態になる。氷が全部とけると，水の温度は上昇していき，100℃になると，加えられた熱は水が水蒸気に変化するのに使われるため，水がすべて水蒸気になるまで温度は上昇せず，100℃のままとなる。－20℃の氷100ｇを使ったときには，－20℃の氷50ｇを使ったときに比べて，同じ強さで加熱した場合にそれぞれの状態変化にかかる時間が，100÷50＝２(倍)ずつ長くなる。

問４　水に浮《う》かんでいる氷はとけると，氷がとける前に水面下にあった部分の体積と等しくなるので，水はあふれず，水面の高さは変わらない。

問５　図６で，ビー玉が氷と一体になっている間は，問４で述べたように，氷がとけても水面の高さは変わらない。その後，ビー玉が氷から離《はな》れると氷はビー玉入りの氷より密度が小さくなり，船が荷物を降ろしたときに少し浮き上がるのと同様に，氷が少し浮き上がり，そのぶん水面が下がる。そして，氷がとけ終わるまで，その水面の高さは変化しない。

問６　北極の氷山は海水が冷えて凍《こお》ったものが海に浮いているので，氷がとけた場合でも平均海水面の上昇にあまり大きな影響《えいきょう》はない。一方，南極の氷河は大陸上に降った雪が氷となったもので，これが溶けて海に入るとそのぶん海水が増えるので，平均海水面の上昇に大きな影響を与《あた》える。

問７　新品のボンベの内部がイのようなつくりになっていると，ボンベを図７のようにセットしたときに，ボンベ内のＬ字形の管の先が液体燃料に入らないので，気体になった燃料だけをボンベ外に噴出《ふんしゅつ》させることができる。

3 生物の分類についての問題

問１　一般《いっぱん》に，哺乳《ほにゅう》類は体内で受精し，親と似た姿で子を産み，乳で子を育てる。コウモリ，イルカ，ネズミ，アザラシ，モグラは哺乳類である。なお，ペンギンは鳥類，サザエは無セキツイ動物である。

問２　オは，哺乳類を他のグループと区別する特徴《とくちょう》として正しい。なお，アは魚類など，イは鳥類と哺乳類，ウはセキツイ動物すべての特徴で，エはヒトやサルなど霊長《れいちょう》類と呼ばれる動物の特徴である。

問３　無セキツイ動物には，昆虫《こんちゅう》やクモ，エビ，ミジンコのように体に節がある節足動物，イカやタコのように体のやわらかい軟体《なんたい》動物，ミミズのように輪状の体節がつながっている形の環形《かんけい》動物のほか，棘皮《きょくひ》動物，刺胞《しほう》動物，原生動物などが含《ふく》まれる。昆虫は，体が頭と胸と腹の３つに分かれており，脱皮《だっぴ》をしながら成長するので，エが正しい。

問４　ここでは，移動せず光合成もしない生物として，菌《きん》類と呼ばれる仲間のシイタケがあてはまる。また，移動することができ光合成を行う生物には，ミドリムシがあてはまる。

問５　群れが大きいと，群れ全体で色々な方向を警戒《けいかい》して天敵を発見することができ，食事などの別の行動をとる個体がいても分業で他の個体が天敵を警戒することができる。

問６　図で，群れの大きさが10以上になると，捕食《ほしょく》される確率は10％未満になるので，生き残る確率は，100－10＝90(％)より大きくなる。したがって，群れが大きくなるほど，生き残る確率が高くなり，生き残る個体数も増えていくといえる。

問７　群れが大きいと，エサをめぐる争いが発生しやすくなる，生活空間が足りなくなる，天敵に見つかりやすくなるなどの欠点が生じる。なお，ここでは，この群れのオス・メスの比は変化しないと述べられているため，群れが大きくなってもオスとメスが出会う可能性が減ることはない。

4 日食・月食についての問題

問１ 日食は，太陽―月―地球がこの順に一直線に並んだときに起こる現象で，見かけ上，月が太陽より大きいときは太陽が全部隠《かく》される皆既《かいき》日食となり，月が太陽より少しだけ小さいとき（太陽が月よりも少しだけ大きく見えるとき）は太陽が月のまわりからはみ出す金環日食となる。また，月食は，太陽―地球―月がこの順に一直線に並んだときに，地球の大きな影《かげ》の中に月が入りこむために見られる現象である。

問２ 図１は日食が起きている場合の様子を表しており，栄東君の右目が地球上の観測者，球Ｘが月，球Ｙが太陽にあたり，球の直径と栄東君の右目から中心までの距離《きょり》の（球Ｘ）：（球Ｙ）の比について，10：30＝１：（１＋２）が成り立っている。これを参考にすると，3480：1392000＝１：400より，太陽の中心から地球の中心までの距離は，374000×400＝149600000（km）である。よって，月食が起きている場合の月の中心から太陽の中心までの距離は，374000＋149600000＝149974000（km）と求められる。

問３ 問２で求めた値を用いると，149600000÷300000＝498.6…より，太陽の光が地球に届くのにかかる時間は499秒となる。

問４ 図２で，黒点の東西方向の実際の幅《はば》は，$1392000\times\frac{2}{10\times10}=27840$（km）である。したがって，27840÷12742＝2.18…より，この幅は地球の直径の2.2倍とわかる。

国 語 ＜Ａ日程１月10日試験＞（50分）＜満点：100点＞

解 答

一 下記を参照のこと。 二 **１** カ **２** エ **３** コ **４** イ **５** ア **６** オ **７** ケ **８** キ **９** ウ **10** ク 三 **問１** イ **問２** エ **問３** オ **問４** ウ **問５** 自律性 **問６** ア，カ，キ **問７** 質問の仕方に関する例題 **問８** （例） （あなたは）自分の頭で考える例題を示してあげていない。 四 **問１** エ **問２** ア **問３** イ **問４** （例） 家を出て東京で暮らすこと。 **問５** オ **問６** ウ **問７** （例） （かつての祖母の言葉は）文香をあなどったものだったが，今の言葉は文香の力を認めはげますものだという違い。 **問８** （例） 家族や地域を守るため精一杯生きてきた祖母に対し，祖母の一面だけを見て勝手に決めつけていた自分の視野の狭さに気づいたから。 **問９** エ

●漢字の書き取り

一 **１** 昨今 **２** 似通（う） **３** 代物 **４** 劇的 **５** 組成

解 説

一 漢字の書き取り

１ 近ごろ。 **２** 「似通う」は，おたがいによく似ていること。 **３** ある評価の対象となるものや人。 **４** 劇を見ているように，強く印象づけられるようす。 **５** 複数の要素や成分でひとつのものが組み立てられること。また，その組み立て。

二 文脈に合う言葉の判別

1　「権力者」に対して「自分」が行うことがらなので，“相手に気に入られるように振《ふ》る舞《ま》う”という意味を表す「おもねる」が合う。　**2**　後に「話してくれた」とあるので，“相手が話し始めるように仕向ける”という意味を表す「水を向ける」が入る。　**3**　直前に「趣味《しゅみ》を」とあるので，“好きなことにはげむ”，“芸事などを身につける”という意味を表す「たしなむ」がふさわしい。　**4**　直前に「チーム同士が」とあるので，“対抗《たいこう》してたがいに争う”という意味を表す「せめぎあう」が合う。　**5**　直前に「机に向かったまま」とあるので，“短いあいだうとうとと眠《ねむ》る”という意味を表す「まどろむ」があてはまる。　**6**　直前に「使命を」とあるので，“なしとげる”という意味を表す「まっとうする」が入る。　**7**　直前に「やるべきことを」とあるので，“すべきことをしない”，“なまける”という意味を表す「おこたる」がふさわしい。　**8**　直前に「犯人が」とあるので，“気後《きおく》れして恥《は》ずかしがる”，“卑屈《ひくつ》な態度をとる”という意味を表す「悪びれる」がよい。なお，「悪びれる」は，“悪びれない”，“悪びれることもなく”のように打ち消しの言い方で使うことが多く，悪いと思うようすがないことを表す。　**9**　前に「自分本位」とあるので，“よくないものの勢いが強くなって広まる”という意味を表す「はびこる」があてはまる。　**10**　直前に「簡単に勝てる」とあるので，“偉《えら》そうに大きなことを言う”という意味を表す「うそぶく」が合う。

三　出典は金間大介《かなまだいすけ》の『先生，どうか皆《みんな》の前でほめないで下さい―いい子症候《しょうこう》群の若者たち』による。日本人の「やる気」の特徴《とくちょう》について，外国人と比較《ひかく》しながら説明している。

問１　直後の段落で筆者は，日常的に「感じること」について，「日本人は～自分の考えを伝えることを回避《かいひ》する傾向《けいこう》が強くなっている」，「筆者が知る限り」と述べているので，イが合う。

問２　この実験は，「誰《だれ》が問題を選択《せんたく》したか」と「子どもたちの問題に対する内発的モチベーションの強さ」の関係を調べるために行われている。問題を「同じ」にしないと，問題の難易度や内容の違《ちが》いがモチベーションに影響をあたえる可能性があると考えられるので，エが選べる。

問３　この実験では，強制ではない「休憩《きゅうけい》時間」に「子どもたちがさらにどのくらいの時間を問題の解答に費《つい》やしたかを計測」し，その時間が長いほど内発的モチベーションが強いと判断するのだから，オが合う。

問４　二つ後の段落に「アジア系の子どもたちは，母親が選択したと伝えたグループが最も長い時間，問題に従事した。次に自分で選択したグループ，最後に実験者が選択したグループとなった」とあるので，Ｚが「母親選択群」，Ｘが「自己選択群」，Ｙが「実験者選択群」とわかる。

問５　「デシ先生」の「内発的モチベーション」に関する「説」については，本文の最初で紹介《しょうかい》されている。その説は，内発的モチベーションが発揮《はっき》される要因の中心は「自律性」であるというものなので，空欄《くうらん》Ａに「自律性」を入れ，「自律性最強説が揺《ゆ》らいでおります」とするのが合う。

問６　直前に「他国と比べた特徴《とくちょう》として」とあるので，割合が特に高い項目や特に低い項目に関する内容が，空欄Ｂに述べられていると推測できる。よって，ア，カ，キが選べる。

問７　直後に「を授《さず》かってない」とあり，これとほぼ同じ内容の「を示してもらってない」という表現が少し前にあるので，その直前の「質問の仕方に関する例題」がぬき出せる。

問８　空欄Ｄには，「もっと自分の頭で考えろ！」と新人社員を叱《しか》っても「無意味」である理由が入ると考えられる。また，彼《かれ》らの行動には「例題」が重要である。これらをふまえ，「あなたは彼らが自分の頭で考えるための例題をあたえていない」のような内容でまとめる。

四 **出典は柊《ひいらぎ》サナカの『天国からの宅配便』所収の「オセロの女王」による**。ある日，文香《ふみか》のもとに，祖母の遺品が糸谷健一郎《いとやけんいちろう》という人物から送られてくる。

問１　本文の最初に，「この糸谷とは，いったい何者なのだろう」とある。また，「途方《とほう》に暮れる」は，“どうしたらよいかわからなくなる”という意味を表す。よって，「心当たりのない相手」，「状況《じょうきょう》をうまく理解できないでいる」とあるエが合う。

問２　この後，帰宅した文香がゲーム機を起動し，糸谷とオセロをしながら会話を始めている。その中で，糸谷は「八重《やえ》っち」（祖母）と「オンライン」で「毎日」対戦するほどの「オセロ仲間」で，文香と「歳《とし》も近い」ことなどがわかってくるので，アがよい。

問３　「～のよしみ」は，“～の縁《えん》・つながり”という意味。類義語に「えにし」「ゆかり」などがある。

問４　直後に「祖母にとっては，見も知らぬ人と，ゲームの合間に簡単に話せる程度の，そんなに軽い話題だったのかと」とあることから，祖母が糸谷に言った「孫は東京に出たいって言うけど，そんなの絶対許さないんだ」という言葉に，文香が腹を立てていることがわかる。これをふまえ，「東京なんて出て行ったら，帰ってこなくなって家も継《つ》がない，ひとり娘《むすめ》なのに，そんなことが許されていいはずがない」という言葉も参考にして，「家にしばられず東京で学ぶこと」，「田舎を出て東京で暮らすこと」のようにまとめる。

問５　文香の回想の中の祖母は厳格で，文香の母に嫌味《いやみ》を言い続け，文香をいつも「馬鹿《ばか》に」していた。傍線《ぼうせん》部５は，そんな祖母が糸谷に論破されていたと知って小気味よく思うようすだから，オがふさわしい。

問６　祖母の「旅行なんてくだらね。映画なんてくだらね」という否定的な言葉が本心からのものではなかったと知って，文香は「オセロの指が止まる」ほど動揺《どうよう》しているので，ウがふさわしい。

問７　文香は生前の祖母に「お前なんかにできるものか。やれるものならやってみろと見下され，馬鹿にされてきた」が，糸谷が録音していた祖母の言葉は文香を励《はげ》ます内容である。これをふまえ，「（かつての祖母の言葉は）文香を否定して見下し，馬鹿にするものだったが，今は文香の力を認め応えんしている」のようにまとめる。

問８　糸谷から祖母の本心を聞くまで，家の跡《あと》継ぎとして自分を縛《しば》る祖母を文香は「ばあちゃんなんて，家が大事，家が大事って，この村からも全然出てないくらい，狭《せま》っこい人生じゃないか！世界のことなんか何にもわかんないくせに！」と責めていた。しかし今の文香は，祖母が大家族の世話を一手に引き受け「自由になる時間」もない中で「精一杯《せいいっぱい》生き」，「家族や地域をも守ろうとしていた」のだと思えるように変わっている。これをふまえ，「祖母が家族や地域を守ろうと精一杯生きていたことを理解できず，祖母を否定ばかりしていた自分の視野の狭さに気づいたから」のようにまとめる。

問９　糸谷から祖母の言葉を聞かせてもらい，文香がどう受け止めたかを整理する。文香は，それまでは厳格な祖母に否定的だったが，家族や地域を守るために自分の時間もなく精一杯生きてきた祖母を肯定《こうてい》できるように変化している。また，「やりたいことをやりなさい」，「行きたいところへ行きなさい」という祖母の弱々しい声を聞き，「やってみろ」，「住井の血を，お前の力をみせてやれ」と応援《おうえん》されているように感じている。これらの心情を，エが最もよくとらえている。　ア，オ　文香が「自分も家族のために生きるべきだ」，「一つの価値観にとらわれずに生きていけるだろう」と考えているようすは描かれていない。　イ　文香は，祖母の優《やさ》しさに「気付かないふりをしていた」のではなく，実際に気付いていなかったと考えられる。　ウ「やりたいことをやりなさい」と，祖母の言葉に文香が後押《お》しされたことが反映されていない。

2023 年度

栄東中学校

【算　数】〈Ａ日程１月11日試験〉（50分）〈満点：100点〉

注意　１．コンパス・定規・分度器は使わずに答えてください。
　　　２．円周率は3.14とします。
　　　３．比を答えるときには，最も簡単な整数の比で答えてください。

1　次の □ に入る数を答えなさい。

(1)　$\left(0.75+\frac{1}{12}\right)\times\frac{9}{10}-\left(1\frac{3}{7}-\frac{1}{4}\right)\div 2.2=$ □

(2)　$120\div\left\{\left(16+2\times\square\right)\div 5+6\times 3\right\}=5$

(3)　右の表は栄くんと東さんのテストの１回目から５回目までの計５回の平均点と，６回目から９回目までの計４回の平均点を表したものです。10 回のテストの得点はすべて１点きざみで，最低０点から最高 10 点です。２人が 10 回目のテストを受けるとき，栄くんは少なくとも □ 点以上とれば，計 10 回の平均点で，必ず東さんを上回ることができます。

	１回〜５回	６回〜９回
栄くん	7	9
東さん	7.6	7.5

(4)　栄くんと東さんが周回コースを同じ方向に走りました。２人が同じ地点を同時にスタートしてから 10 分後に，栄くんはちょうど５周，東さんはちょうど４周しました。栄くんは東さんよりも１分あたり 40 m速く走るとき，周回コースは１周 □ mです。

(5)　あるお店ではお弁当を１個□円で500個仕入れ，３割の利益を見込《こ》んで定価をつけたところ，250個売れました。残りは定価の１割引で売ったところ，200個売れ，50個が売れ残りました。このとき，23600円の利益がありました。ただし，消費税は考えないものとします。

(6)　５％の食塩水480ｇから水を□ｇ蒸発させ，その後，食塩を12ｇ加え，さらに６％の食塩水を200ｇ混ぜると８％の食塩水ができました。

(7)　右の図の点Ａ，Ｂ，Ｃ，Ｄ，Ｅ，Ｆは，点Ｏを中心とする円Ｏの周を６等分した点で，点Ｐを中心とする円Ｐは，点Ｄで円Ｏに１点で重なるようにかいたものです。円Ｏの直径ADと円Ｐが交わる点のうち，点Ｄと異なる点をＱとすると，角AQFが直角になり，AQの長さが４cmになりました。このとき，斜《しゃ》線部分の面積は□cm^2です。ただし，円周率は3.14とします。

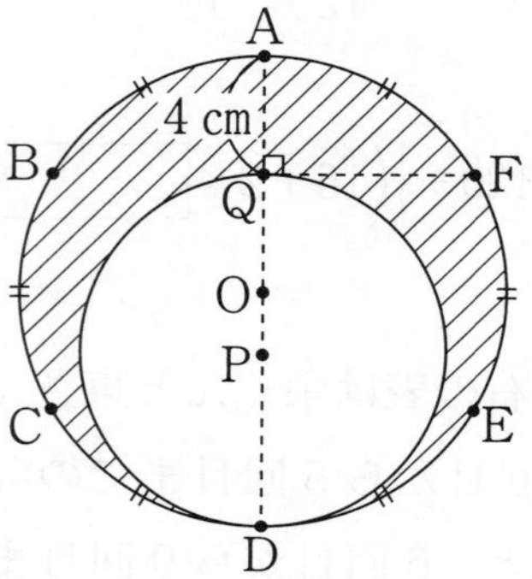

(8)　右の図の斜線部分の台形ABCDを直線 l のまわりに１回転させてできる立体の体積は□cm^3です。ただし，円周率は3.14とします。

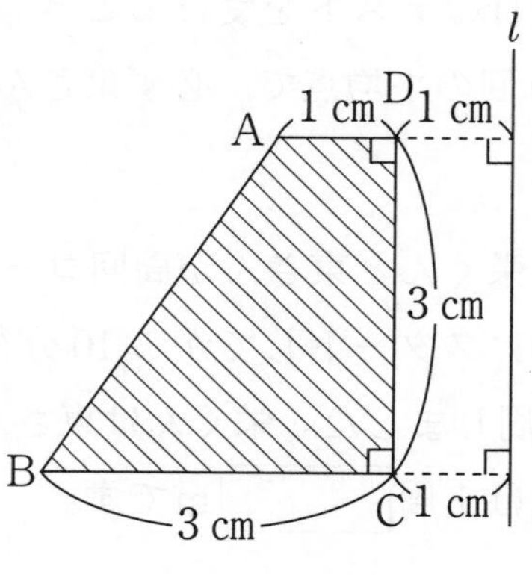

2 栄くんは学校に忘れ物をしたため，家から学校まで取りに行くことにしました。一方，東さんは学校から栄くんの家に遊びに行くことにしました。栄くんは16時ちょうどに家を出発し，15分後に東さんとすれ違《ちが》い，その５分後に学校に着き，学校に着いてから10分後に，学校を出発しました。東さんは栄くんとすれ違った後，公園でしばらく栄くんを待ち，合流した栄くんと一緒に栄くんの家まで行きました。２人が家に着いた時間は16時53分でした。下の図は栄くんと東さんの位置と時間の関係を表したグラフです。家から学校までの道のりは1600 m であり，栄くんと東さんの速さは一定で，その比は８：５で，合流してからは東さんの速さにあわせています。このとき，次の問いに答えなさい。

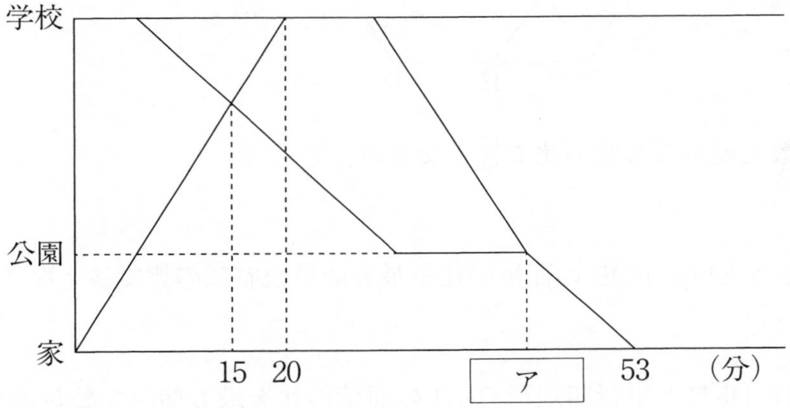

(1) 東さんの速さは毎分何 m ですか。

(2) グラフの［ア］に入る数を答えなさい。

(3) 東さんが公園で栄くんを待っていた時間は何分間ですか。

3 1辺6cmの正六角形ABCDEFの辺AB，辺CD，辺DE，辺FA上に点G，H，I，Jがあります。点H，Jはそれぞれ辺CD，辺FAの真ん中の点で，四角形GHIJは平行四辺形です。BEとCFが交わる点をO，BEとIJが交わる点をK，CFとIJが交わる点をLとします。OKの長さが4cmであるとき，次の問いに答えなさい。

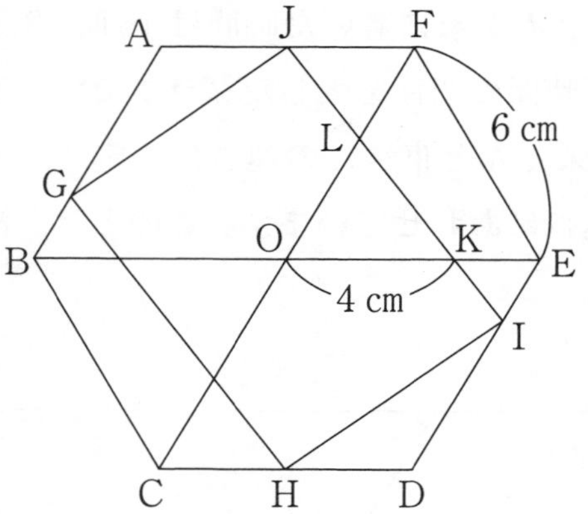

(1) FL：LOを最も簡単な整数の比で答えなさい。

(2) 三角形LOKと三角形FOEの面積の比を最も簡単な整数の比で答えなさい。

(3) 正六角形ABCDEFと平行四辺形GHIJの面積の比を最も簡単な整数の比で答えなさい。

4 2から99までの整数が書かれたカードが1枚ずつあります。その中から1枚のカードを選び，機械に入れると，以下の〈ルール〉で画面に数字が表示されます。

〈ルール〉

1. 書かれている数が3の倍数のときは，その数を3で割った数が表示される。
2. 書かれている数が3の倍数でないときは，その数に1を足した数が表示される。

画面に表示された数が書かれたカードを機械に入れる操作を，表示された数が１になるまでくり返します。たとえば，最初に15と書かれたカードを機械に入れると，５→６→２→３→１の順で表示され，15，５，６，２，３の計５枚のカードを機械に入れたことになります。このとき，次の問いに答えなさい。

(1) 最初に30と書かれたカードを入れると，１が表示されるまでに機械に入れたカードは全部で何枚になりますか。

(2) １が表示されるまでに機械に入れたカードが全部で４枚のとき，最初に入れるカードの選び方は何通りですか。

(3) １が表示されるまでに機械に入れたカードが最も多くなるとき，最初に入れるカードに書かれた数はいくつですか。

5 〈A〉は１からAまでの整数のうち，Aとの最大公約数が１である数が何個あるかを表しています。たとえば，Aが３のときは，１と２の２個，Aが８のときは，１，３，５，７の４個あるから，〈3〉＝2，〈8〉＝4となります。このとき，次の問いに答えなさい。

ただし，289＝17×17であり，2023＝7×289です。

(1) 〈7〉を求めなさい。

(2) 〈289〉を求めなさい。

(3) 〈2023〉を求めなさい。

【社　会】〈A日程1月11日試験〉（理科と合わせて50分）〈満点：50点〉

1　次の各問いに答えなさい。

問1　次の2つの文章中の空欄《くうらん》 あ ～ え にあてはまる語句を、解答欄にあうようにそれぞれ**漢字**で答えなさい。

> 日本のまわりには、いくつかの海流が流れており、日本の自然環境《かんきょう》に影響《えいきょう》をあたえています。暖流である あ 海流は、南西諸島から日本列島の南岸にそって北に向かい、千葉県の大部分をしめる い 半島付近で陸地をはなれて流れていきます。この海流が流れている沿岸では、冬でも暖かく、霜《しも》がほとんどおりないため、 い 半島のように、早春に花を出荷できるところもあります。

> 世界の造山帯は、大きく二つに分けられます。一つはヨーロッパを通り、ヒマラヤ山脈、インドネシアへと続くアルプス・ヒマラヤ造山帯です。もう一つは日本列島がふくまれる う 造山帯です。そのため、日本には100以上の活火山がみられます。火山活動によってつくられた地形も多くあり、青森県と秋田県の境にある、水深が日本で3番目に深い え 湖は、火口部分に水がたまってできたカルデラ湖として有名です。

問２　次の表は、都道府県庁所在都市の平均気温と降水量を示したものです。表中の**ア～エ**には、それぞれ面積が**小さい順**にならべたときの上位４位までの都道府県の都道府県庁所在都市のいずれかがあてはまります。表中の**ア～エ**のうち、**もっとも西に位置する**都道府県庁所在都市にあてはまるものを１つ選び、記号で答えなさい。

	平均気温（℃）			降水量（mm）		
	もっとも高い月	もっとも低い月	年平均気温	もっとも多い月	もっとも少ない月	年降水量
ア	26.9	5.4	15.8	234.8	56.5	1598.2
イ	29.0	6.2	17.1	185.1	47.0	1338.3
ウ	28.6	5.9	16.7	167.4	39.4	1150.1
エ	29.1	17.3	23.3	284.4	101.6	2161.0

（国立天文台『理科年表 2022』より作成）

問３　次の表は、日本のある農産物の都道府県別収穫《しゅうかく》量の上位４位までを示したものです。表中の**あ～う**には、それぞれ「小麦」「ほうれんそう」「レタス」のいずれかがあてはまります。「小麦」と「レタス」にあてはまるものの組み合わせとして正しいものを、あとの**ア～カ**から１つ選び、記号で答えなさい。

（ほうれんそう・レタスは 2020 年産、小麦・大豆は 2021 年産）（単位　トン）

	あ	**い**	**う**	大　豆
１位	182 200	728 400	22 700	105 400
２位	91 700	78 100	22 400	22 200
３位	54 800	56 700	19 400	13 900
４位	35 900	29 400	16 500	8 630

（矢野恒太記念会『日本国勢図会 2022/23』より作成）

ア． 小麦－**あ**　レタス－**い**　　**イ．** 小麦－**あ**　レタス－**う**
ウ． 小麦－**い**　レタス－**あ**　　**エ．** 小麦－**い**　レタス－**う**
オ． 小麦－**う**　レタス－**あ**　　**カ．** 小麦－**う**　レタス－**い**

問4　次の表は、世界各国の食料自給率（重量ベース）を示したものです。表中の**あ～う**には、それぞれ「魚介《ぎょかい》類」「穀類」「卵類」のいずれかが、表中の**え～か**には、それぞれ「日本」「イギリス」「フランス」のいずれかがあてはまります。「穀類」と「日本」にあてはまるものの組み合わせとして正しいものを、あとの**ア～ケ**から1つ選び、記号で答えなさい。

（2018年、日本は2020年度）（単位　%）

	あ	**い**	**う**	野菜類
え	28	97	55	80
お	82	93	65	43
か	176	99	29	72
アメリカ合衆国	128	103	65	86

（矢野恒太記念会『日本国勢図会 2022/23』より作成）

ア．穀類－**あ**　日本－**え**　　**イ**．穀類－**あ**　日本－**お**
ウ．穀類－**あ**　日本－**か**　　**エ**．穀類－**い**　日本－**え**
オ．穀類－**い**　日本－**お**　　**カ**．穀類－**い**　日本－**か**
キ．穀類－**う**　日本－**え**　　**ク**．穀類－**う**　日本－**お**
ケ．穀類－**う**　日本－**か**

問5　次の表は、海面漁業の魚種別漁獲《ぎょかく》量上位4位までの都道府県を示したものです。表中の**ア～エ**には、それぞれ「いか類」「かつお類」「さば類」「たら類」のいずれかがあてはまります。「さば類」にあてはまるものを、表中の**ア～エ**から1つ選び、記号で答えなさい。

（2019年）

	ア	**イ**	**ウ**	**エ**
1位	静　岡	長　崎	北海道	青　森
2位	宮　城	茨　城	岩　手	北海道
3位	東　京	三　重	宮　城	兵　庫
4位	高　知	静　岡	青　森	長　崎

（矢野恒太記念会『データでみる県勢 2022』より作成）

問６　次のグラフは、都道府県ごとの製造品出荷額等の割合を示したものです。グラフの**ア～エ**には、それぞれ製造品出荷額等の総額の上位４位までの都道府県のいずれかがあてはまります。**もっとも製造品出荷額等の総額が高い**都道府県にあてはまるものを、グラフの**ア～エ**から１つ選び、記号で答えなさい。

（2019 年）

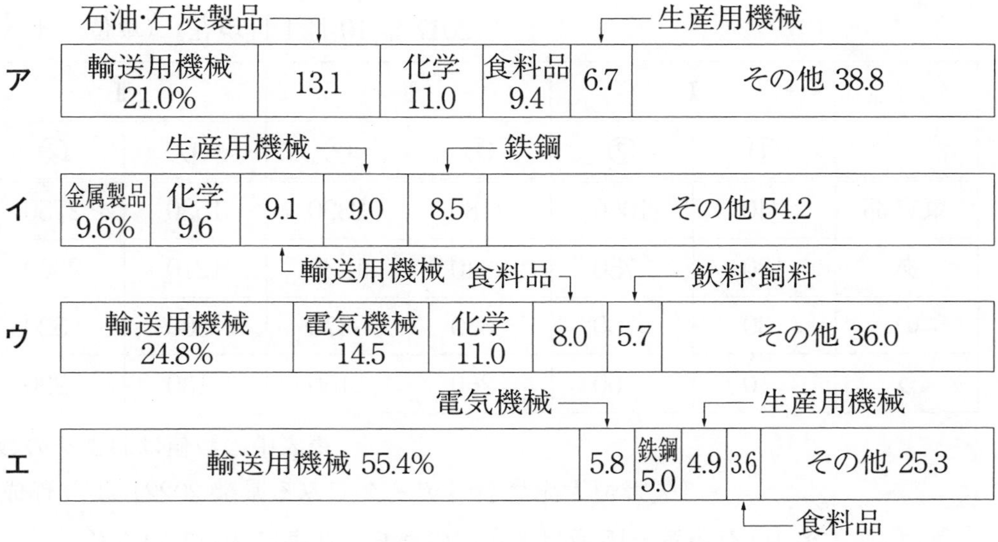

（矢野恒太記念会『データでみる県勢 2022』より作成）

問７　次の表は、府県ごとの乗用車の 100 世帯あたりの保有台数（2020 年）と、鉄道旅客輸送量（2019 年度）を示したものです。表中の**ア～エ**には、それぞれ「埼玉県」「富山県」「京都府」「岡山県」のいずれかの府県があてはまります。「岡山県」にあてはまるものを、表中の**ア～エ**から１つ選び、記号で答えなさい。

	乗用車の 100 世帯あたりの保有台数（台）	鉄道旅客輸送量（百万人）
ア	166.7	41
イ	136.5	80
ウ	82.0	593
エ	95.3	1 305

（矢野恒太記念会『データでみる県勢 2022』より作成）

問８　次の表は、都府県ごとの男女別有業者※1・無業者※2を示したものです。表中の**Ⅰ～Ⅲ**には、それぞれ「有業者のうち仕事が主な者」「有業者のうち仕事が従な者※3」「無業者」のいずれかが、①・②には、それぞれ「男」「女」のいずれかがあてはまります。また、**あ～う**には、それぞれ「宮城県」「大阪府」「香川県」のいずれかの府県があてはまります。表を見て、あとの各問いに答えなさい。

（2017年10月１日現在）（単位　千人）

	Ⅰ		Ⅱ		Ⅲ	
	①	②	①	②	①	②
東京都	240	1060	4180	2390	1530	2750
あ	130	750	2340	1230	1210	2060
い	30	150	650	370	300	520
う	10	60	260	150	130	220

※表中の数値はおよその数。

（矢野恒太記念会『データでみる県勢2022』より作成）

※１　有業者…15歳以上人口のうち、仕事に就《つ》いている者。

※２　無業者…15歳以上人口のうち、ふだん仕事をしていない者。

※３　仕事が従な者…有業者のうち、家事や通学などが主な者。

（１）「有業者のうち仕事が主な者」と「女」にあてはまるものの組み合わせとして正しいものを、次の**ア～カ**から１つ選び、記号で答えなさい。

ア.　Ⅰ・①　　**イ.**　Ⅰ・②　　**ウ.**　Ⅱ・①

エ.　Ⅱ・②　　**オ.**　Ⅲ・①　　**カ.**　Ⅲ・②

（２）　表中の**い**にあてはまる府県を、次の**ア～ウ**から１つ選び、記号で答えなさい。

ア.　宮城県　　**イ.**　大阪府　　**ウ.**　香川県

問９　日本の財政について、次のグラフを見て、あとの各問いに答えなさい。

国の予算【歳出《さいしゅつ》】（2021年度予算案）

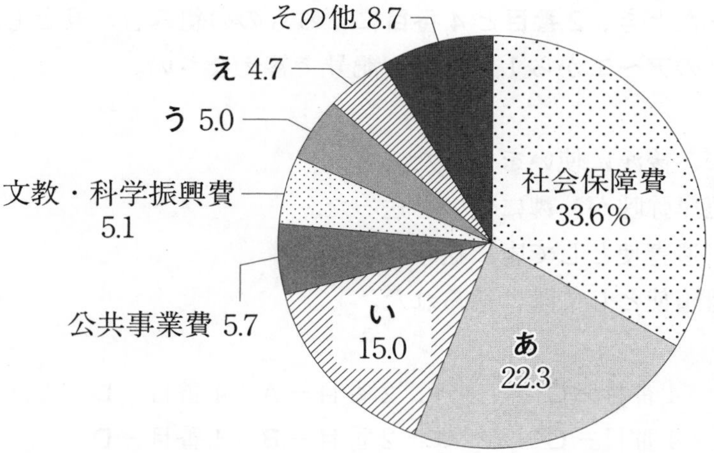

（矢野恒太記念会『日本のすがた2022』より作成）

（１）　グラフ中の**い**にあてはまる語句としてもっともふさわしいものを、次の**ア～エ**から１つ選び、記号で答えなさい。

ア． 国債費　　　　　　　　　**イ．** 新型コロナ対策予備費
ウ． 地方交付税交付金等　　　**エ．** 防衛費

（２）　グラフ中の社会保障費について、日本をふくむ世界各国の社会保障に関して説明した文としてもっともふさわしいものを、次の**ア～エ**から１つ選び、記号で答えなさい。

ア． アメリカ合衆国は、日本よりも高福祉《ふくし》高負担の国といわれている。
イ． スウェーデンは、日本よりも低福祉低負担の国といわれている。
ウ． 日本は、今後高齢化《こうれいか》がさらに進むと予想されることから、現在の社会保障の水準を維持するためには国民の負担が重くなると考えられている。
エ． 日本は、健康寿命《じゅみょう》が延びており、医療《いりょう》費の割合は今後大幅に減少すると考えられているため、社会保障費の割合は少なくなると考えられる。

2 次の各問いに答えなさい。

問1　次の**A～D**は、日本と中国の関わりについての文です。**A～D**の文を、年代の古い順にならべたとき、**2番目**と**4番目**にくるものの組み合わせとして正しいものを、あとの**ア～エ**から1つ選び、記号で答えなさい。

A．倭の奴国の王が、後漢に使いを送った。
B．邪馬台国の女王卑弥呼が、魏に使いを送った。
C．犬上御田鍬が、遣唐使として唐に送られた。
D．小野妹子が、遣隋使として隋に送られた。

ア．2番目－**A**　4番目－**C**　　**イ**．2番目－**A**　4番目－**D**
ウ．2番目－**B**　4番目－**C**　　**エ**．2番目－**B**　4番目－**D**

問2　日本の律令制度に関する文として正しいものを、次の**ア～エ**から1つ選び、記号で答えなさい。

ア．二官八省が置かれ、神祇官によって政治がおこなわれた。
イ．国司は都から派遣《はけん》され、郡司にはその地方の豪族《ごうぞく》が任命された。
ウ．朝廷《ちょうてい》は6年ごとに戸籍《こせき》を作り、男子にのみ口分田をあたえた。
エ．防人は兵士から選ばれ、1年間、都の守りについた。

問3　奈良時代の文化に関する文として正しいものを、次の**ア～エ**から1つ選び、記号で答えなさい。

ア．唐から来日した鑑真は、国分寺を建てた。
イ．『土佐日記』は、現存する日本最古の和歌集である。
ウ．東大寺の正倉院には、主に天智天皇の日用品が収められていた。
エ．『風土記』には、各国の産物や伝説などが記録された。

問４　次の**Ａ～Ｄ**は、平安時代から鎌倉時代に関する文です。**Ａ～Ｄ**の文を、年代の古い順にならべたとき、**２番目**と**４番目**にくるものの組み合わせとして正しいものを、あとの**ア～エ**から１つ選び、記号で答えなさい。

Ａ． 菅原道真の提案により、遣唐使が停止された。
Ｂ． 藤原道長が、摂政に就任した。
Ｃ． 源頼朝が、征夷大将軍に就任した。
Ｄ． 平清盛が、太政大臣に就任した。

ア． ２番目－**Ａ**　４番目－**Ｃ**　　**イ．** ２番目－**Ａ**　４番目－**Ｄ**
ウ． ２番目－**Ｂ**　４番目－**Ｃ**　　**エ．** ２番目－**Ｂ**　４番目－**Ｄ**

問５　鎌倉時代に関する文として正しいものを、次の**ア～エ**から１つ選び、記号で答えなさい。

ア． 永仁の徳政令が、農民に対して出された。
イ． 北条氏が、管領として幕府の政治をおこなった。
ウ． 北条義時が、御成敗式目を定めた。
エ． 高麗の兵を従えた元軍が、博多湾沿岸に攻《せ》めてきた。

問６　次の**Ａ～Ｄ**は、江戸時代に関する文です。**Ａ～Ｄ**の文を、年代の古い順にならべたとき、**２番目**と**４番目**にくるものの組み合わせとして正しいものを、あとの**ア～エ**から１つ選び、記号で答えなさい。

Ａ． 生類憐みの令が出された。
Ｂ． 上米の制が実施《じっし》された。
Ｃ． ペリーが浦賀に来航した。
Ｄ． 薩長同盟が結ばれた。

ア． ２番目－**Ａ**　４番目－**Ｃ**　　**イ．** ２番目－**Ａ**　４番目－**Ｄ**
ウ． ２番目－**Ｂ**　４番目－**Ｃ**　　**エ．** ２番目－**Ｂ**　４番目－**Ｄ**

問７　次の**Ａ～Ｄ**は、明治時代に関する文です。**Ａ～Ｄ**の文を、年代の古い順にならべたとき、**２番目**と**４番目**にくるものの組み合わせとして正しいものを、あとの**ア～エ**から１つ選び、記号で答えなさい。

Ａ．大名が治めてきた土地と人民が朝廷に返された。
Ｂ．伊藤博文が初代内閣総理大臣になった。
Ｃ．日英同盟が結ばれた。
Ｄ．三国干渉がおこなわれた。

ア．２番目－**Ａ**　４番目－**Ｃ**　　**イ．**２番目－**Ａ**　４番目－**Ｄ**
ウ．２番目－**Ｂ**　４番目－**Ｃ**　　**エ．**２番目－**Ｂ**　４番目－**Ｄ**

問８　大正時代に関する文として正しいものを、次の**ア～エ**から１つ選び、記号で答えなさい。

ア．普通選挙法が定められ、すべての男女に選挙権があたえられた。
イ．中国で三・一独立運動がおこった。
ウ．平塚らいてう《ちょう》（雷鳥）が、『たけくらべ』を著《あらわ》した。
エ．社会主義運動などを取りしまるため、治安維持法が定められた。

問９　昭和時代に関する文として正しいものを、次の**ア～エ**から１つ選び、記号で答えなさい。

ア．日本がアメリカ・イギリスと三国同盟を結んだ。
イ．日本とソ連が、日ソ中立条約を結んだ。
ウ．長崎に原子爆弾《ばくだん》が投下された３日後に、広島に原子爆弾が投下された。
エ．サンフランシスコ平和条約により、日本と中華人民共和国が国交を回復した。

問10　沖縄がアメリカから返還《へんかん》されたときの、日本の内閣総理大臣の氏名を**漢字**で答えなさい。

問11　現在の日本の国会に関する文として正しいものを、次の**ア〜エ**から１つ選び、記号で答えなさい。

ア. 参議院は、「良識の府」ともよばれる。
イ. 国会は、衆議院と参議院からなり、ともに任期は４年である。
ウ. 法律案は、先に衆議院で審議《しんぎ》されなければならない。
エ. 国会は、国の唯一《ゆいいつ》の司法機関である。

問12　現在の日本の司法に関する文として正しいものを、次の**ア〜エ**から１つ選び、記号で答えなさい。

ア. 国民審査は、すべての裁判官に対しておこなわれる。
イ. すべての裁判に裁判員の参加が義務付けられている。
ウ. 同一の刑事裁判について、原則３回まで裁判を受けることができる。
エ. プライバシー保護のため、裁判は原則非公開でおこなわれる。

問13　次の日本国憲法の条文中の空欄（　**A**　）にあてはまる語句を、**漢字**で答えなさい。

日本国憲法第11条

> 国民は、すべての（　**A**　）の享有《きょうゆう》を妨《さまた》げられない。この憲法が国民に保障する（　**A**　）は、侵《おか》すことのできない永久の権利として、現在及び将来の国民に与《え》へられる。

【理　科】〈Ａ日程１月11日試験〉（社会と合わせて50分）〈満点：50点〉

1　あとの問いに答えなさい。

図１のように、天じょうに重さの無視《むし》できるばねを取り付け、おもりをつるしました。つるしたおもりの重さとばねの長さの関係をまとめると、**図２**のようになりました。このばねを「ばねＡ」とします。

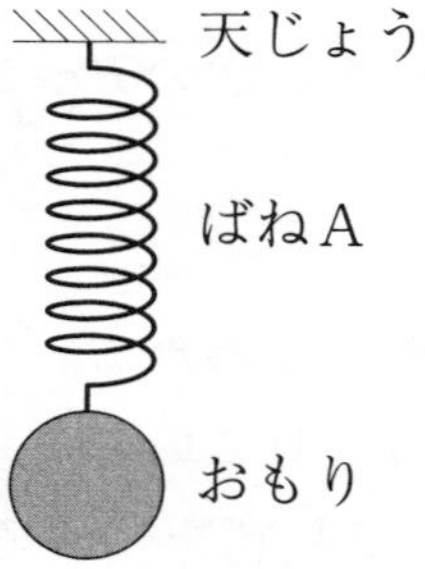

図１

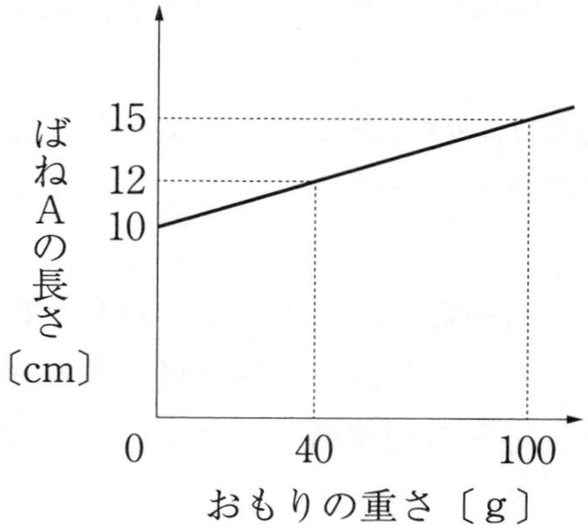

図２

問１　ばねＡに重さ80 ｇのおもりをつるしたとき、ばねＡの長さは何 cm ですか。
次の**ア～エ**から１つ選び、記号で答えなさい。

ア　13 cm　　**イ**　13.5 cm　　**ウ**　14 cm　　**エ**　14.5 cm

２本のばねＡと重さの無視できる丈夫《じょうぶ》な棒《ぼう》を用意して、**図３**のように重さ 100 ｇのおもりをつるしました。２本のばねＡの長さを測ったところ、２本とも同じ長さでした。

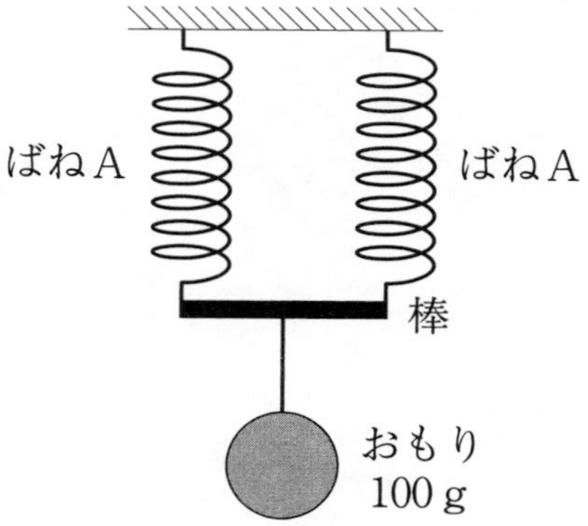

図３

問２　**図３**のばねＡ１本の長さは何cmですか。次の**ア～カ**から１つ選び、記号で答えなさい。

ア　12.5 cm　　**イ**　13 cm　　**ウ**　13.5 cm
エ　14 cm　　**オ**　14.5 cm　　**カ**　15 cm

２本のばねＡを用いて、**図４**のようにつないで重さ100 gのおもりをつるしました。２本のばねＡの長さを測ったところ、２本とも同じ長さでした。

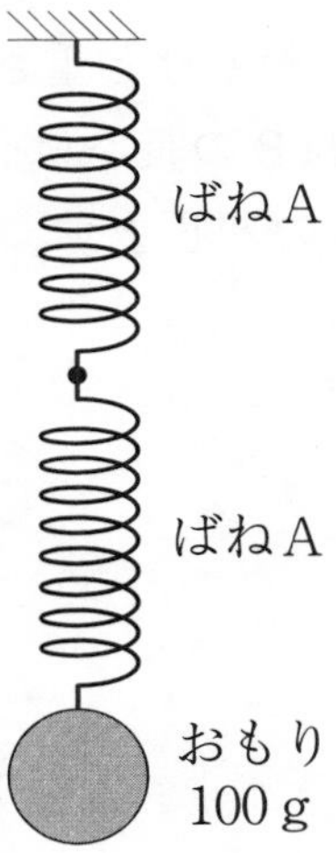

図４

問３　**図４**の２本のばねＡの合計の長さは何cmですか。次の**ア～カ**から１つ選び、記号で答えなさい。

ア　25 cm　　**イ**　26 cm　　**ウ**　27 cm　　**エ**　28 cm　　**オ**　29 cm　　**カ**　30 cm

ばねＡを半分の長さに切ったものを用意して、**図５**のように重さ100 gのおもりをつるしました。

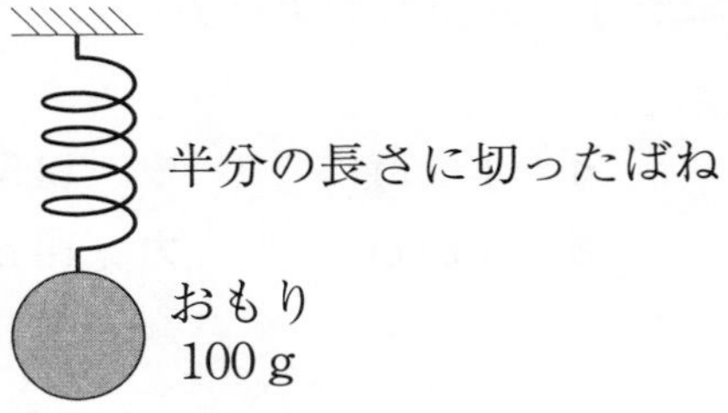

図５

問４　**図５**のばねの長さは何 cm ですか。次の**ア～カ**から１つ選び、記号で答えなさい。

ア　7.5 cm　**イ**　8 cm　**ウ**　8.5 cm　**エ**　9 cm　**オ**　9.5 cm　**カ**　10 cm

２本のばねＡを用いて、重さ 40 g のおもりと重さ 100 g のおもりを**図６**のようにつるしました。このとき、２本のばねＡの長さはそれぞれ 17 cm と 15 cm でした。

次にばねＡと自然の長さが同じで、かたさのちがうばねＢを用意しました。ばねＡとばねＢを用いて、重さ 100 g のおもりと重さ 50 g のおもりを**図７**のようにつるしたところ、ばねＡの長さとばねＢの長さは合わせて 29 cm になりました。ただし、ばねＢの重さも無視できるものとします。

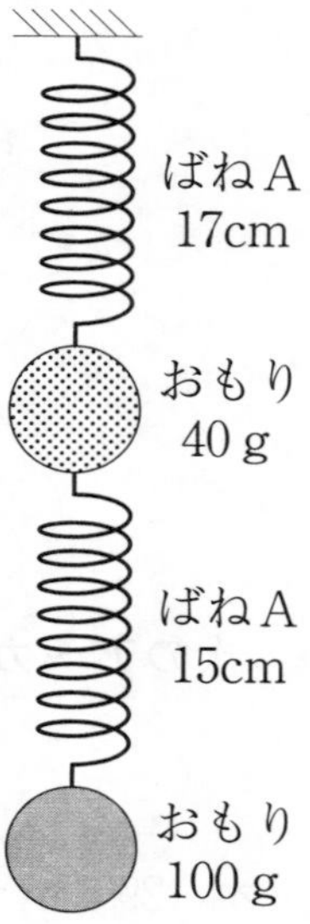

図６

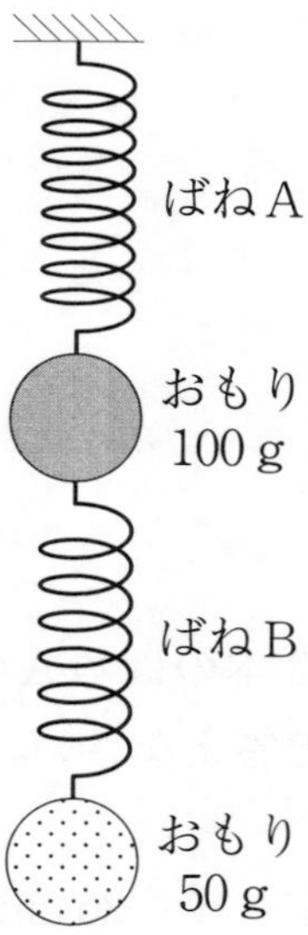

図７

問５　**図１**と同様に、ばねＢに重さ 100 g のおもりをつるしたとき、ばねＢの長さは何 cm になりますか。次の**ア～カ**から１つ選び、記号で答えなさい。

ア　11.5 cm　**イ**　13 cm　**ウ**　14.5 cm
エ　15 cm　**オ**　16.5 cm　**カ**　18 cm

図６と同様に２本のばねＡを用いて、重さのちがうおもりａとｂをつるしたところ、**図８**のようになりました。おもりａの重さはおもりｂの重さの３倍です。ばねＡの区別をつけるために、天じょうに取り付けた方を上側、おもりｂを取り付けた方を下側とします。

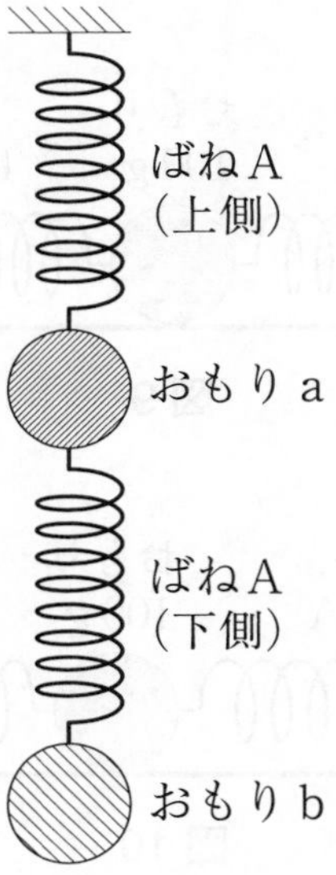

図８

問６　**図８**のとき、上側のばねＡの伸《の》びは下側のばねＡの伸びの何倍ですか。次の**ア～カ**から１つ選び、記号で答えなさい。

ア　$\frac{1}{4}$倍　　**イ**　$\frac{1}{2}$倍　　**ウ**　$\frac{4}{3}$倍　　**エ**　２倍　　**オ**　３倍　　**カ**　４倍

図９のように、丈夫な容器と２本のばねＡ、重さ 100 gのおもりをつないだところ、どちらのばねＡも長さが 18 cm になった状態で静止しました。このとき、おもりは左右に同じ大きさの力で引かれていると考えることができます。

次に、**図９**のばねＡのひとつをばねＢに変えたところ、**図 10** のようになり、静止しました。ただし、おもりと容器の間の摩擦《まさつ》は考えないものとします。

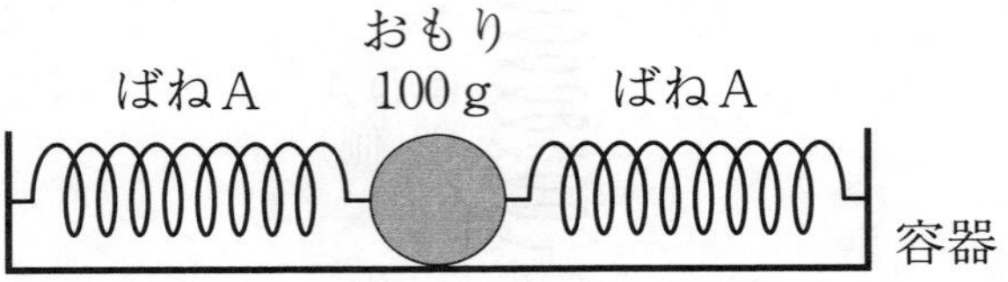

図９

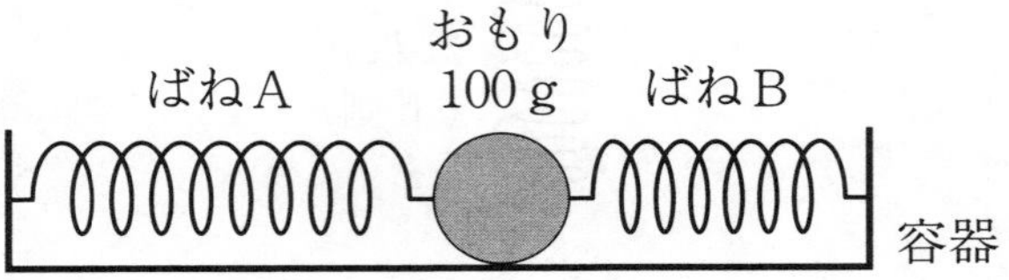

図 10

問７　**図 10** のとき、ばねＢの長さは何 cm ですか。次の**ア～カ**から１つ選び、記号で答えなさい。

ア　14 cm　　**イ**　14.8 cm　　**ウ**　16 cm
エ　17.2 cm　　**オ**　18 cm　　**カ**　19.2 cm

2　あとの問いに答えなさい。

問１　水の性質について正しいものを次の**ア～エ**から１つ選び、記号で答えなさい。ただし、気圧は１気圧（通常の気圧）とします。

ア　100 ℃より高温の湯気はない。
イ　100 ℃より低温の水蒸気《すいじょうき》はない。
ウ　水は 100 ℃でしか蒸発しない。
エ　水を凍《こお》らせると、体積は小さくなる。

図1、**図2**のように室温で置いた銅板の点P、点Qをバーナーで熱しました。**図1**では銅板の面が床《ゆか》と平行になるように固定し、右側に氷を置いた状態で点Pを下から熱しました。また、**図2**では銅板の面が床に垂直《すいちょく》になるように固定し、点Qを左から熱しました。

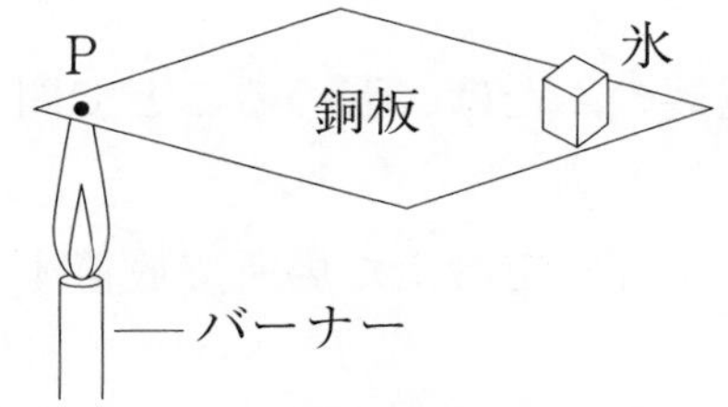

図1

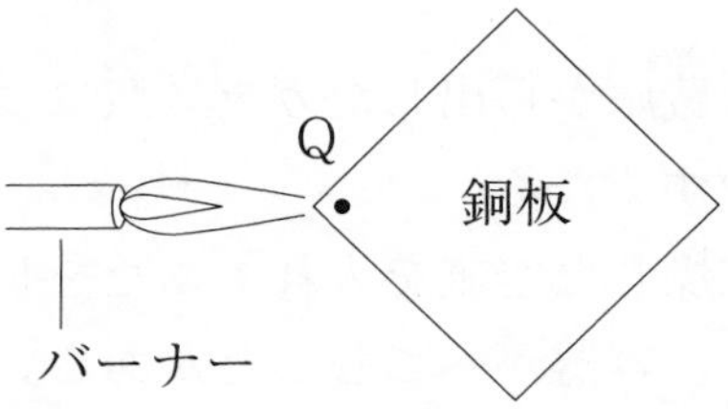

図2

問2　**図1**、**図2**の銅板における熱の伝わり方としてもっとも近い組み合わせを下の**ア～ケ**から1つ選び、記号で答えなさい。ただし、銅板中の熱は空気中へ逃《に》げないものとします。

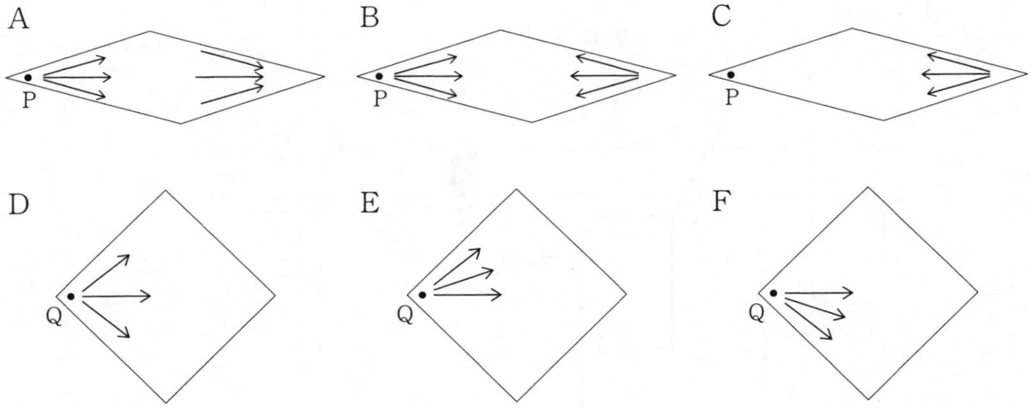

	ア	イ	ウ	エ	オ	カ	キ	ク	ケ
図1	A	A	A	B	B	B	C	C	C
図2	D	E	F	D	E	F	D	E	F

問３　以下の現象のうち、主な理由が**熱の出入りによる体積変化ではないもの**を次の**ア～オ**から**すべて**選び、記号で答えなさい。

ア　アルコール温度計や水銀温度計をお湯につけると温度を確認できる。

イ　山のふもとで買ったスナック菓子《がし》を山頂に持っていくと、その袋《ふくろ》がふくらむ。

ウ　冷蔵庫《れいぞうこ》から出したガラス瓶《びん》についている金属製のふたは、温めることで開きやすくなる。

エ　乾燥した空気を入れてふたをしたペットボトル容器を冷えた場所で放置すると、容器がへこむことがある。

オ　空気でふくらませた風船を長時間放置するとしぼむ。

図３のように、クランプで固定したアルミ棒《ぼう》、台、おもりを用意し、アルミ棒と台の間に直角に曲げた針金《はりがね》をしっかり挟《はさ》みました。その後、台とクランプの間にあるＲの部分を熱したり冷やしたりすることで、アルミ棒が伸《の》び縮《ちぢ》みするようすを針金の回転によって確認《かくにん》しました。

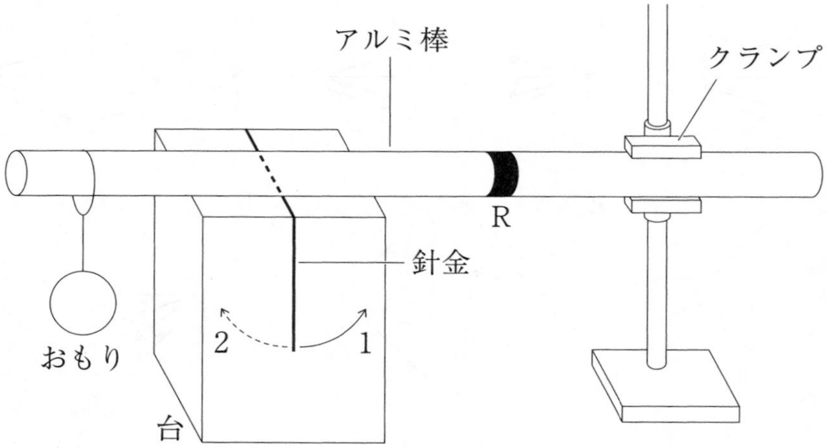

図３

問４　Ｒの部分を熱したり、冷やしたりすると針金はどのような動きをしますか。次の**ア～エ**から１つ選び、記号で答えなさい。

ア　熱したときは１の方向に回転して、冷やしたときは２の方向に回転する。

イ　熱したときは２の方向に回転して、冷やしたときは１の方向に回転する。

ウ　熱したときも冷やしたときも１の方向に回転する。

エ　熱したときも冷やしたときも２の方向に回転する。

問５　10℃の水200 ｇと80℃の水300 ｇを混ぜると水温は何℃になりますか。次のア～クから１つ選び、記号で答えなさい。ただし、熱の移動は液体間のみで起こるものとします。

ア　18℃　　**イ**　28℃　　**ウ**　38℃　　**エ**　42℃
オ　52℃　　**カ**　58℃　　**キ**　63℃　　**ク**　67℃

問６　100℃の水300 ｇに20℃の水を加えて50℃にするには20℃の水は何ｇ必要ですか。次のア～キから１つ選び、記号で答えなさい。ただし、熱の移動は液体間のみで起こるものとします。

ア　50 ｇ　　**イ**　100 ｇ　　**ウ**　200 ｇ　　**エ**　300 ｇ
オ　400 ｇ　　**カ**　500 ｇ　　**キ**　600 ｇ

温度を１℃上昇《じょうしょう》させるのに必要な熱量は物質によって変わります。例えば水100 ｇの温度を１℃上昇させるために必要な熱量は100カロリー（420ジュール）です。一方、アルミニウム100 ｇの温度を１℃上昇させるために必要な熱量は21カロリーです。この21カロリーという熱量は水21 ｇの温度を１℃上昇させるために必要な熱量と同じです。つまり、アルミニウム100 ｇを温めるときの温度の上がり方は、水21 ｇを温めるときの温度の上がり方と同じだといえます。

ここで、水によく混ざる液体Ｘを用意しました。同じ温度、同じ重さの水と液体Ｘを同じ火力でそれぞれ温めたところ、液体Ｘが100℃に達するまでにかかった時間は水が100℃に達するまでの時間の半分でした。なお、液体Ｘの沸点《ふってん》は100℃より高いものとします。

問７　10℃の水200 ｇと80℃の液体Ｘ 150 ｇを混ぜると温度は何℃になりますか。もっとも近いものを次のア～クから１つ選び、記号で答えなさい。ただし、熱の移動は液体間のみで起こるものとします。

ア　18℃　　**イ**　22℃　　**ウ**　29℃　　**エ**　38℃
オ　40℃　　**カ**　50℃　　**キ**　52℃　　**ク**　61℃

3　次の文章を読み、あとの問いに答えなさい。

地球は太陽系《たいようけい》の他の惑星《わくせい》と比べて液体の水が非常に多く、地表の70％が海でおおわれています。最初の生命は海で生まれたと考えられており、陸上で生活する生物であっても、水はなくてはならないものになっています。植物は地中の水を①根から効率よく吸収《きゅうしゅう》し、②葉まで運んでいます。

成人のヒトでは体重の約60％は水であり、水が主な成分の③血液は体内を循環《じゅんかん》し、非常に重要な役割《やくわり》を持っています。水を摂《と》らないまま汗《あせ》などで水分が失われると脱水症状《だっすいしょうじょう》になってしまいます。体重の5％ほどの水分が失われるだけで、呼吸困難《こきゅうこんなん》やけいれんなどを引き起こすことがあり、水は生きていくうえで必要不可欠なものなのです。

問1　水が関わる環境《かんきょう》問題について説明した文のうち、**まちがっているもの**を次の**ア～エ**から1つ選び、記号で答えなさい。

ア　酸性雨は、大気中の二酸化炭素が増加し、雨水に多くとけることで発生している。

イ　砂漠化《さばくか》は、過放牧や森林伐採《ばっさい》により土壌《どじょう》が乾燥《かんそう》することなどが原因で発生している。

ウ　工場の廃液《はいえき》などに含《ふく》まれる有害物質が海に流れ出し、そこに住む魚などに蓄積《ちくせき》された結果、それを食べる動物や人間に影響《えいきょう》を与えることがある。

エ　家庭の排水《はいすい》などに含まれる栄養分が海などに流れ出し、植物プランクトンが多量に増殖《ぞうしょく》し、結果的にそこに住む他の生物に影響を与えることがある。

問2　下線部①について、一般《いっぱん》的な被子植物に共通して見られる根の特徴《とくちょう》として、正しいものを次の**ア～エ**から1つ選び、記号で答えなさい。

ア　茎《くき》の付け根から伸びる太い主根と、そこから枝分かれする側根がある。

イ　茎の付け根から、同じ太さの細い根がたくさん出ている。

ウ　根の付け根には、細胞分裂《さいぼうぶんれつ》をさかんにくり返す成長点がある。

エ　根の先の方には、表面に毛のような根毛というつくりがある。

問３　下線部②について、茎や葉における道管の場所の説明のうち、正しいものを次の**ア〜エ**から１つ選び、記号で答えなさい。

ア　茎では師管より内側に、葉では師管より表側に存在する。
イ　茎では師管より内側に、葉では師管より裏側に存在する。
ウ　茎では師管より外側に、葉では師管より表側に存在する。
エ　茎では師管より外側に、葉では師管より裏側に存在する。

問４　下線部③について、血液の役割として正しいものを次の**ア〜オ**から１つ選び、記号で答えなさい。

ア　栄養や酸素などを運び、血しょうが血管外にしみ出して各部にとどける。
イ　肺胞《はいほう》を取り巻《ま》く毛細血管で、二酸化炭素を受け取り酸素を排出する。
ウ　小腸《しょうちょう》の柔毛《じゅうもう》内の毛細血管で、モノグリセリドや脂肪酸《しぼうさん》などを吸収する。
エ　体の各部でできた老廃物を肝臓《かんぞう》に運び、そこから体外に排出させる。
オ　血液は冷えているので、手や足の温度を下げている。

問５　地球では、水中にしかいなかった生物の一部が、陸上で生活できるよう進化をしたと考えられています。水中と陸上の環境のちがいを説明した文のうち、正しいものを次の**ア〜オ**から１つ選び、記号で答えなさい。

ア　水には酸素がとけやすいため、水中より陸上の方が酸素は少ない。
イ　水温は変わりにくいが、地温や気温は変わりやすい。
ウ　水中よりも陸上の方が光がとどきにくく、遠くを見ることが難《むずか》しい。
エ　紫外線《しがいせん》の影響は水中にいるより陸上にいる方が受けにくい。
オ　水中よりも空気中の方が音は伝わりやすく、陸上の方が遠くの音が聞こえやすい。

問６　メダカを家庭の水槽《すいそう》で飼う場合、気をつけることがいくつかあります。次の気をつけることとその理由の組み合わせとして、明らかに**まちがっているもの**を次の**ア～カ**から１つ選び、記号で答えなさい。

	気をつけること	理由
ア	水槽に直射日光《ちょくしゃにっこう》を当てない。	直射日光が当たると、水温の変化が大きくなる。
イ	丸い水槽に直射日光を当てない。	直射日光が当たると、水の入った水槽がレンズの役割をして、火災を引き起こす可能性がある。
ウ	水道水で水を入れ替《か》える際は、１日前にくんだ水を使う。	水道水に含まれている殺菌《さっきん》用の塩素が消えるよう時間をおく。
エ	水槽は口が広いものを使う。	水に酸素がとけやすくなる。
オ	水草を入れる。	水中の酸素が増える。
カ	水草を入れる。	メダカのフンが分解される。

栄東君は、近所のパン屋で買った食パンをしばらく食べずに放置していたらカビが生えているのを発見しました。カビは目で見えないほど小さな生物ですが、増殖して多くのカビが集まると目で見えるようになることが調べてわかりました。カビはどのような条件で増殖しやすくなるのかを確かめるために実験を行い、その結果をまとめました。なお実験は、換気《かんき》をしたリビングで、ビニール手袋《てぶくろ》をしたうえで、手を消毒してから作業をしています。

【実験】
・同じ大きさの食パンを多数用意する。
・ふたができる容器を多数用意し、容器を消毒してから食パンを１枚《まい》ずつ入れる。
・次の①～⑥の条件にした食パンを４枚ずつ用意する。なお、水は煮沸《しゃふつ》したものを利用する。
①食パンに水を５mL かけ、すぐにふたをして24時間放置する。
②食パンに水を10 mL かけ、すぐにふたをして24時間放置する。
③食パンに水を20 mL かけ、すぐにふたをして24時間放置する。

④食パンに水を5 mLかけ、ふたを開けたまま24時間放置したあとふたをする。
⑤食パンに水を10 mLかけ、ふたを開けたまま24時間放置したあとふたをする。
⑥食パンに水を20 mLかけ、ふたを開けたまま24時間放置したあとふたをする。

・さらに48時間放置したあと、それぞれの食パンを観察し、カビがどの程度見えるかを記録する。

【結果】

条件	水	ふたの開閉と放置時間	枚数	見た目
①	5 mL	ふたを閉めて72時間	0/4	
②	10 mL		2/4	+++
③	20 mL		3/4	+++
④	5 mL	ふたを開けたまま24時間、その後ふたを閉めて48時間	1/4	+
⑤	10 mL		2/4	+++
⑥	20 mL		4/4	+++++

枚数：『○/4』は4枚ずつ用意した食パンのうち何枚にカビが見えたかを示した。
見た目：カビが見えた食パンについて、どの程度カビが見えるかを『+』の数で示した。カビが多く見えているほど、+の数を多くした。

問7　栄東君が調べたことと実験結果から考察したこととして**まちがっているもの**を次の**ア～キ**から**2つ**選び、記号で答えなさい。

ア　水の量が多い方が、カビは増殖しやすい。
イ　水をかけないで実験をした場合、カビは絶対に増殖しない。
ウ　リビングにはカビそのものか、カビの卵のようなもの（胞子《ほうし》）が存在する。
エ　条件①の食パンにもカビやカビの胞子がいる可能性がある。
オ　食パンにかけた水に入っていたカビが増殖している。
カ　パンを保存《ほぞん》する場合、袋を開けたままにせず、しっかり閉じた方がカビは増殖しにくい。
キ　パンを保存する場合、乾燥させた方がカビは増殖しにくい。

4　次の文章を読み、あとの問いに答えなさい。

1969年にＮＡＳＡのアポロ11号で初めて人類が月におり立ちました。アポロ計画は6回にわたって人類を月面へ送りこみましたが、最後の月面調査は1972年に行われたアポロ17号によるもので、50年以上人類は月に立っていません。

図1はある日のさいたま市から見えた月の形であり、●で示す地点Ａは月の表面にあります。

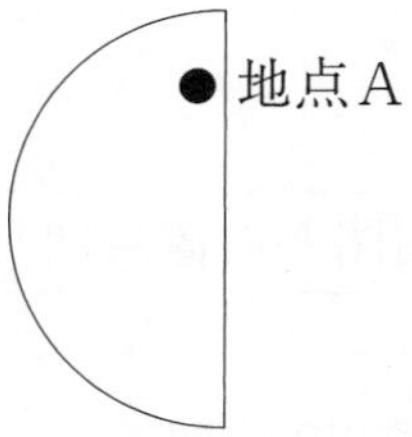

図1

問1　さいたま市から月が**図1**のように見えるとき、その位置としてもっとも適切なものを**図2**の**ア〜ク**から1つ選び、記号で答えなさい。

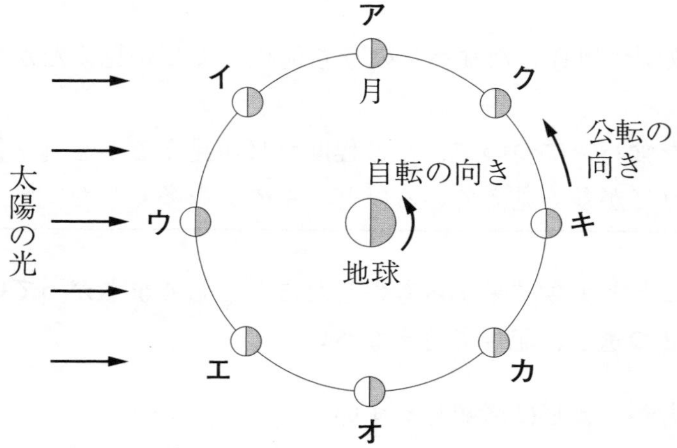

図2

問２　さいたま市から月が**図１**のように見えるとき、地点Ａから地球を見るとどのように見えますか。もっとも適切なものを次の**ア～ク**から１つ選び、記号で答えなさい。

ア 

イ 

ウ 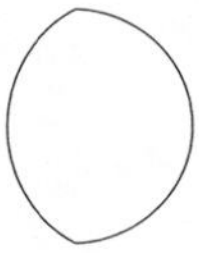

エ 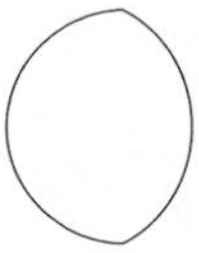

オ 

カ 

キ 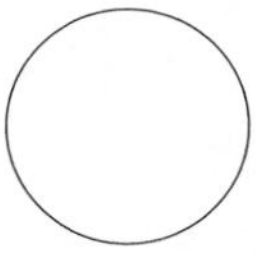

ク 

見えない

問３　**図１**の地点Ａでの日の出から日の入りまでの時間はどれくらいですか。もっとも適切なものを次の**ア～オ**から１つ選び、記号で答えなさい。

ア　0.5 日（12 時間）　**イ**　1 日　**ウ**　15 日　**エ**　30 日
オ　60 日

問４　さいたま市で皆既《かいき》月食が見えているとき、**図１**の地点Ａから太陽を見ると、どのように見えますか。次の**ア～エ**から１つ選び、記号で答えなさい。

ア　太陽全体が見える　**イ**　太陽の一部だけが見える
ウ　太陽のコロナが見える　**エ**　太陽はまったく見えない

問八　――線部７「ちょっとだけほほえんで、そのタイトルを愛おしそうに、そっとなでている」とありますが、この時の「おばあちゃん」の気持ちを三十五字以上五十字以内でわかりやすく説明しなさい。

問九　――線部８「私は声を張り上げ、おばあちゃんを物語の中に連れていく」とありますが、「おばあちゃん」を相手に紙芝居を披露するのはどのような思いからですか。五十字以上七十字以内でわかりやすく説明しなさい。

く感じられて、その思いをぬぐい去ることができなくなっている。

イ　「宮沢賢治」の作品を理解できているという自信を祖母に打ち砕《くだ》かれ、自分を腹立たしく思う心に飲み込《こ》まれそうになっている。

ウ　「宮沢賢治」にかける自分の思いを全く受け止めてはもらえず、祖母とわかり合えないむなしさに心がとらわれてしまっている。

エ　祖母の一言で自分のひとりよがりな姿勢に気づかされて、紙芝居を人に披露《ひろう》することの重圧に押しつぶされそうになっている。

オ　祖母の何かと否定してくる言葉に、いつも心が流されてしまう自分が情けなく感じられて自己嫌悪《けんお》におちいってしまっている。

問四　――線部４「まんじりともできず」の意味を次から一つ選び記号で答えなさい。

ア　少しも眠ることができない

イ　さびしさにたえられない

ウ　しばらく身動きができない

エ　胸の鼓動《こどう》をおさえられない

オ　心の整理をつけられない

問五　――線部５「ただでさえ心細い夜に、おばあちゃんはなんでこの話を選ぶんだろうと思った」とありますが、「おばあちゃん」が「この話」を選んだのはなぜだと考えられますか。そのことを説明した次の文の空欄《くうらん》に当てはまる言葉を十二字以上二十字以内で答えなさい。

・「おばあちゃん」は『よだかの星』という作品を通して、弱虫だった「私」に、［十二字以上二十字以内］を持ち、みんなの力になれる存在となることの大切さを伝えたかったから。

問六　――線部６「さっきとは違う温度の涙」とありますが、この内容を説明したものとして最も適切なものを次から選び、記号で答えなさい。

ア　「さっき」の涙は、祖母とわかり合うことはできないことを思い知らされ、その寂《さび》しさにとらわれた気持ちによるものであったが、ここでの涙は、祖母の本当の思いが見えず、祖母という人がわからないという困惑《こんわく》が高じて流した涙である。

イ　「さっき」の涙は、祖母を前にすると素直になれない自分のみじめさや未熟さが情けなく思われた気持ちによるものであったが、ここでの涙は、祖母も感情を表に出せない人だとわかり、そんな祖母が愛おしく感じられて流した涙である。

ウ　「さっき」の涙は、昔から「私」に無関心だった祖母の態度に納得《なっとく》がいかず、改めて悔《くや》しく思う気持ちによるものであったが、ここでの涙は、知らぬ間に自分が祖母に心配をかけていたのだという思いに至り、胸を痛めて流した涙である。

エ　「さっき」の涙は、大人げない態度で祖母との関係を壊してしまった自分をもどかしく思う気持ちによるものであったが、ここでの涙は、元気で暮らしている祖母の様子を知り、祖母の具合を心配する緊張《きんちょう》がやわらいで流した涙である。

オ　「さっき」の涙は、祖母に認めてもらえないせつなさや祖母を傷つけてしまった後ろめたい気持ちによるものであったが、ここでの涙は、本当は祖母から自分が愛されているのだということに気づかされ、心が満たされて流した涙である。

問七　本文中の［　］に共通して当てはまる作品名を答えなさい。ひらがなで書いてもかまいません。

「見ててよ」

私は何にでもなれる。どこへでも行ける。蟹《かに》になって沢でささやき、象になって仲間を助け、鳥になって空を飛び、馬になって大地を駆《か》ける。

拍子木《ひょうしぎ》を鳴らす。カチカチ、カチカチ。

「□、はじまりはじまりーっ」

どっどど　どどうど　どどうど　どどう、
青いくるみも吹きとばせ
すっぱいかりんもふきとばせ

おばあちゃんは幼い女の子みたいにちょこんと座って、紙芝居に魅《み》入《い》っている。

その目は潤《うる》んで光って見えた。真っ暗な夜空で静かに輝《かがや》く、小さな星みたいに。

どっどど　どどうど　どどうど　どどう

8私は声を張り上げ、おばあちゃんを物語の中に連れていく。

嵐《あらし》の日に現れた、風変わりな少年になって。

（「拍子木を鳴らして」青山美智子《あおやまみちこ》『月曜日の抹茶《まっちゃ》カフェ』より）

＊1　雪乃さん…光都の叔母《おば》にあたる人。光都の実家のそばに住み、ほぼ毎日「おばあちゃん」の世話をしている。

＊2　マスター…東京にある喫茶店《きっさてん》の店主。「雪乃さん」の知人。

＊3　里芋の炊いたん…里芋を煮た料理。

問一　——線部1「いちゃもん」と同じ意味である熟語を次から一つ選び、記号で答えなさい。

ア　分別《ふんべつ》　イ　体裁《ていさい》　ウ　憶測《おくそく》
エ　難癖《なんくせ》　オ　注文

問二　——線部2「私は黙ってとうがらしをかじる」とありますが、ここでの「私」を説明したものとして最も適切なものを次から選び、記号で答えなさい。

ア　祖母の言うことなどいちいち気にしたくはないが、その指摘《してき》は以前から自分でも気にかけていた内容でもあったため、一つの意見として受け入れようとしている。

イ　雪乃さんが紙芝居を楽しみにしてくれているのに、祖母が水を差すようなことを言って雰囲気《ふんいき》を壊《こわ》してしまったため、雪乃さんに返す言葉が見つけられずにいる。

ウ　自分の紙芝居を雪乃さんに求められたことで気分がうわついていたが、祖母の一言によって冷静さを取り戻し、今回帰省してきたことを後悔《こうかい》していたたまれずにいる。

エ　祖母の一言に腹も立ったが、反論したところでどうせ自分の意見など取り合ってもらえないだろうとわかっていたので、ことを荒立《あらだ》てずにやり過ごそうと努めている。

オ　自分の紙芝居にかける思いや、紙芝居を楽しみにしてくれている人たちの心を理解しない祖母の一言が許せず、怒りを態度で示して祖母に反省をうながそうとしている。

問三　——線部3「その穴に私が落ちていく」とありますが、これは「私」のどのような心境を表しているのですか。その説明として最も適切なものを次から選び、記号で答えなさい。

ア　人を傷つけるようなことを平然と言ってくる祖母がうとまし

ようもない。

整理のつかない矛盾《むじゅん》を抱《かか》えながら、苦しくて、離《はな》れたくて。

その一方で、すごくすごく心配で、元気でいてほしくて。

星になったよだかは、今はもう、ただ静かに燃えている。平安のうちに。

だけど私は星じゃない。生きてる。この地の上で。

だから誰かの言動に傷ついてしまうし、同じように誰かを傷つけてしまう。

でも、自分の力で必死に生きてたら、少しだけでもみんなを照らすことができるかな。それが私を「大丈夫」にしてくれるんじゃないかな。

またひとつ、きれいに皮を剝いた枇杷の実を、雪乃さんが私に向けた。私は小さく首を振《ふ》る。

「自分で剝いてみる。ありがとう」

雪乃さんはにっこりとうなずき、手に持った実にかぷりと歯を当てた。

自分の部屋に戻ろうとして、入り口で私は足を止めた。

半分開いたドアから、おばあちゃんの後ろ姿が見える。

おばあちゃんは、紙芝居を手に取っていた。『□』。7ちょっとだけほほえんで、そのタイトルを愛《いと》おしそうに、そっとなでている。

宮沢賢治の作品は、ひとクセのある登場人物ばっかりだ。弱さも醜さも愚《おろ》かさも抱えた彼らの姿は、きれいごとがなくてなまなましい。不条理でどこかさびしくて、でも清らかで豊かな自然の理《ことわり》。恵《めぐ》みを受けながら畏《おそ》れながら、自分ではどうしようもできない感情と対峙《たいじ》する。そんな宮沢賢治の世界に、私は惹かれてやまないのだ。

おばあちゃんの背中を見ていたら、なんだか笑《え》みがこぼれた。そしてひとつ息を吸い、私は勝手にドアを勢いよく全開させる。

「おばあちゃん、また勝手に私の部屋に入って！　断りもなく私のものに触《さわ》らないでよ」

おばあちゃんがギクリとこちらを向き、紙芝居からさっと手を離した。

「触ってへん。見てただけやで」

「うそばっか」

そうだ、こんなふうに、もっと言いたいことを言えばよかったんだ。ケンカすればよかったんだ。黙って秘《ひ》めないで。小ばかにされてるなんて勝手に卑屈《ひくつ》になったりしないで。

私はおばあちゃんをベッドの上に座るよう促《うなが》す。怪訝《けげん》な顔をしながらも、おばあちゃんは素直《すなお》に腰《こし》を下ろした。

私はベッドの向かいに置かれたカラーボックスの上の小物をデスクに移動させた。紙芝居フレームをその上に載せて、舞台を作る。

おばあちゃん、私、大きくなったよ。

もう泣き虫の小さな女の子じゃないよ。

自分で働いたお金で、家賃も食費も光熱費も払《はら》ってるよ。仕事がうまくいかなくて落ち込んだり、手痛い恋をしたり、だけどちゃんと立ち直ったよ。

ゴキブリのしとめ方や、＊3里芋《さといも》の炊《た》いたんの美味《おい》しい作り方や、不安で押《お》しつぶされそうなひとりの夜の乗り越《こ》え方だって身につけたよ。だから。

部屋にこもってから二時間ばかり経《た》って、喉《のど》が渇《かわ》いたのでそっと台所に行った。居間におばあちゃんの姿はない。雪乃さんがすでに夕飯の仕込みをしていた。私は雪乃さんの隣に立つ。

「ごめん、やらせっぱなしで」

「いいのいいの。下ごしらえ、もう終わるから。枇杷《びわ》、食べる？」

千葉の実家から送られてきたのだという。私が答える前に冷蔵庫から枇杷のパックを取り出し、ざるに実をあけてさっと洗った。私はもう一度、居間を確認《かくにん》してから訊ねる。

「……おばあちゃんは？」

「部屋でちょっと寝るって」

やっぱり、どこか悪いんだろうか。私があんなこと言ったせいで、悪化したのかもしれない。

もし。もしおばあちゃんが、病気だったら。心臓がドクドクと早打ちした。私は思い切って雪乃さんに切り出す。

「あの……おばあちゃん、もしかして体調がよくない、とか？」

雪乃さんが、ぷ、とこらえきれなくなったように笑った。

きょとんとしていると、雪乃さんは枇杷をお皿に載せながら言う。

「ごめんごめん、笑ったりして。心配いらないわよ、珍《めずら》しくお昼寝してるだけ。健康診断《しんだん》もばっちり優秀《ゆうしゅう》で、骨密度年齢《ねんれい》なんて二十歳も若いんだから。もう、健康体そのものよ」

雪乃さんは食卓に座《すわ》った。私もそれに倣《なら》って向かい合う。彼女は枇杷をひとつ手に取ると、器用な手つきでするすると皮を剝《む》き始めた。

「タヅさんね、今日光都ちゃんが来るから、嬉しくて嬉しくて昨夜一《いっ》睡《すい》もできなかったんだって。今朝だって何度も時計ばっかり見て、新幹線は予定通り走ってるかJRに確認の電話かけたり、家の外でちょっとでも物音がすると光都ちゃんじゃないかって窓からのぞいたりしてね。昼ごはんだって、何にしようかタヅさんがさんざん考えた献立《こんだて》よ」

それは私もうすうす気づいていた。私の好物ばかりだったこと。あの執念《しゅうねん》ともいえる錦糸《きんし》卵の細さは、おばあちゃんの手によるものだということ。きれいに皮の剝けた実を、雪乃さんは私のほうに差し出す。

「なのに、光都ちゃんが来たらあんなツンツンした態度とって。私、もうおかしくて」

私は枇杷を受け取る。みずみずしいその果肉は、口に含《ふく》むと優しくて甘《あま》くて、さっぱりした酸味も感じられた。雪乃さんみたいだな、とぼんやり思う。

「タヅさん、かわいいひとよ。いつも光都ちゃんの話ばっかり」

「どうせ、悪口しか言わないでしょ」

照れ隠《かく》しもあって、私はそう答えた。雪乃さんはちょっと首を傾《かたむ》ける。

「悪口っていうか。タヅさんって、自分にとって魅力《みりょく》のない人の話はしないのよ。大好きか、どうでもいいか、どっちかなの」

私は顔を上げる。雪乃さんはふっくら笑った。

「毎日夕方になるとタヅさん、テレビで全国の天気予報を見ててね。東京は雨だねとか、寒くないかねとか、つぶやいてるの。首都圏《しゅとけん》の地《じ》震《しん》速報なんて出ようものなら、それが震度2でも1でも、絶対安心だってわかるまで部屋をうろうろしてるのよ。光都ちゃん本人に訊《き》けばいいのにね」

そんなおばあちゃんの姿、想像もできなかった。

6さっきとは違《ちが》う温度の涙が、食卓の上にぽとぽと落ちる。

私はおばあちゃんが……おばあちゃんが、嫌《きら》い、大好き、疎《うと》ましい、恋《こい》しい、背を向けたい、甘えたい。ぐちゃぐちゃだ、いつも。どうし客さんを紙芝居の世界に惹《ひ》き込《こ》む、ムーディーな舞台《ぶたい》になってくれる。

持ってきた作品は、どれも宮沢賢治だった。

あんたに宮沢賢治なんか理解できるんかね。おばあちゃんに刺《さ》された棘《とげ》が抜けない。自分の中の、いちばん柔《やわ》らかいところを突《つ》かれた気がする。

宮沢賢治の読み解きが難しいことぐらい、私にだってわかっている。だから何作も、何度も何度も、読み込んだ。私なりに考えた。今だって、紙芝居を打つときはいつも考えてる。そして宮沢賢治の作品を、私は愛してる。子どものころから。

――九歳のときだった。

仕事が忙《いそが》しいなりに夜中には帰ってきていた両親が、あるとき出張になった。夕方から台風が来ていて、夜になると外でごうごうと大きな音がした。

お父さんもお母さんも、大丈夫かな。この家、吹き飛ばされちゃうんじゃないかな。電気を消すのも不安になって、私は自分の部屋を明るくしたまま、ベッドの中で4まんじりともできずにいた。

閉じたドアの隙間《すきま》から光が漏《も》れていることに気づいたのだろう、おばあちゃんが入ってきた。

「眠《ねむ》れへんのんか」

おばあちゃんが言った。私が布団《ふとん》をかぶったままうなずくと、おばあちゃんは「弱虫な子やねえ」とぶつぶつつぶやきながら行ってしまい、そしてすぐに戻ってきた。

「本でも読んだげるわ」

驚《おどろ》いた。おばあちゃんは、本を取りに行っていたのだ。掛《か》け布団をはがすと無理やり私の横にもぐりこんできて、老眼鏡をかけ、本を開いた。

そしておばあちゃんは、声に出して物語を読み始めた。

宮沢賢治の『よだかの星』だった。

おばあちゃんがそんなことをしてくれたのは初めてで、さらに思いのほかおばあちゃんの朗読は迫力《はくりょく》があって、私はどきどきしながら話を聞いた。

でも、そのときの私には、よだかはあまりにも苦しいキャラクターだった。姿が醜《みにく》いと言われたり、羽虫を食べることがつらかったり、よだかは何も悪くないのに、ただ優《やさ》しいのに、ひどい目に遭《あ》ってばかりだった。星になるラストにいたっては、こわくて悲しくて、泣いてしまった。5ただでさえ心細い夜に、おばあちゃんはなんでこの話を選ぶんだろうと思った。

するとおばあちゃんは、大きな声で私を叱《しか》った。

「泣くんやない。よだかは、どんな鳥よりも美しいものになったんだ。なんでかわかるか。自分の力で必死に空をのぼったからやで！」

あれは絵本ではなかった。「宮沢賢治全集」のひとつで、文庫だった。おばあちゃんはそれを何度も繰《く》り返し読んだのだろう。表紙はもうよれよれだった。

「もう誰《だれ》からも傷つけられへんし、誰のことも傷つけへん。ただみんなを照らしてる。せやからもう大丈夫なんや、よだかは」

おばあちゃんは本に目を落としたまま言った。

そしてそれ以上の読み聞かせはしてくれず、横になったままひとりで読書を始めた。私は話しかけるのも申し訳なく、やることもなく、いつのまにか眠ってしまい、早朝に目が覚めたら隣でおばあちゃんが寝ていたのでびっくりした。

せやからもう大丈夫なんや、よだかは。おばあちゃんのあの声は、今でも耳の底にいる。

ら私は訊《たず》ねる。

「おばあちゃん、お茶飲む？」

おばあちゃんはうっすら目を開け「ああ」と答える。そして、台所に向かおうとする私に唐突《とうとつ》に言った。

「紙芝居、どんなのやってるんだい」

私は振《ふ》り返った。少し心が跳《は》ねた。おばあちゃんが、興味を持ってくれた。

「宮沢賢治《みやざわけんじ》」

私はその名前をくっきり縁《ふち》取るように答える。するとおばあちゃんは「へえ！」と叫《さけ》んで突《つ》き放《はな》すように言った。

「あんたに宮沢賢治なんか理解できるんかね。難しいよ、賢治を読み解くのは。まして他人様《ひとさま》に読んで聞かせようなんて、たいそうなことやで」

ずくん、と胸の奥《おく》で大きな音がした。暗い穴が開いたみたいだった。3その穴に私が落ちていくのにも気づかず、おばあちゃんは饒舌《じょうぜつ》になる。

「大学に行って芝居をやり始めたって聞いたときもびっくりしたで。光都は小さいころからぴいぴいぴいぴい、よく泣く子やったし、バランス感覚が悪いのかしょっちゅう転ぶし、こないトロくて大丈夫《だいじょうぶ》かいなと思ってたからな。それが人前で演技するなんて、まあ、信じられへんわ」

小ばかにした笑い。いつものことだ。いつもの……。聞き流せばいい。

でもどうしても、できなかった。怒《いか》りなのか悲しみなのか、そのどちらもなのか、吹《ふ》きこぼれそうな熱い憤《いきどお》りを止められなかった。

「…………なんでなの？」

しぼりだすようになんとかそこまで言い、真顔になったおばあちゃんに私は声をぶつける。

「なんでいっつもそうやって、私のやることにケチつけるの！」

おばあちゃんは眉《まゆ》をひそめた。

「光都が失敗せえへんように、教えたげてんのやないか」

「おばあちゃんは私がどれだけがんばってもぜんぜん認めてくれない。子どものころからずっとそうだった。さかあがりができるようになったときも、読書感想文が入選したときも、難関って言われてた高校に受かったときも、なんだかんだ、粗捜《あらさが》しばっかりして」

「さかあがりって、あんた。そんな昔のこと根に持ってたんか」

「持ってるよ、ずっと持ってるよ！　その無神経さが人をどれだけ傷つけてるか、おばあちゃんはぜんぜんわかってないんだよ！」

おばあちゃんは黙った。私も黙った。

耐《た》えられなくなって、私は居間を飛び出す。お茶の入った湯呑《ゆの》みを三つ、お盆《ぼん》に載《の》せて立っている雪乃さんの隣《となり》をすりぬけて。

自分の部屋で、私はベッドに寝《ね》転がってしばらくぼんやりしていた。涙《なみだ》がこぼれた。おばあちゃんに対するやるせなさが流れたあとは、ぴしぴしと自責の念にかられた。

おばあちゃんって、いくつだっけ。たしか八十二歳《さい》だ。今さらあんなこと言って嫌《いや》な空気にすることなかった。今度いつ会うかわからないのに。

我慢《がまん》ができなくて悟《さと》った。私は、他のことはどうでも、これだけはおばあちゃんに肯定《こうてい》してほしかったのだ。

私は起き上がり、紙芝居セットの入った袋《ふくろ》に手を伸《の》ばす。

東京から持ってきた木製の紙芝居フレーム。探して探して、こだわって、やっと見つけたお気に入りだ。ちょっと重いけど、絵の抜き差しがスムーズで、なによりもクラシックなデザインがすごくいい。おことに特化しているけど、言葉を使えば多くの人に伝えられるよ。同じ本を読めば、別の場所にいる人たちでも全く同じ感想を持つことができるようにね。

エ　うーん、なるほど。記号的なコミュニケーションは場所や時間の制約にとらわれることが少ないんだね。僕は将来ユーチューバーになりたいと思っているんだけど、僕が投稿《とうこう》した動画がインターネット上に残っている限り、違う国の人や未来の人にも届けられるってことかなぁ。それってすごく夢があるような気がするな。

オ　そんな壮大《そうだい》な夢を抱《いだ》けるようになったのも、技術が発達したおかげだよね。録音や録画ができるようになったからこそ、書き言葉だけではなく話し言葉も遠くの人へ届けられるようになったんだから。そうすると、もし将来五感を伝達できる装置が発明されたとしたら、物理的な接触でしか伝えられなかったことも、場所や時間にとらわれなくなるかもしれないね。記号的、物理的の違いを考えるのは難しいね。

四

次の文章を読んで、あとの問いに答えなさい。字数指定のある問いは、句読点などの記号もすべて字数にふくみます。

「光都《みつ》ちゃんの紙芝居《しばい》、楽しみねぇ。お休みのところ、ありがとうね」

＊1雪乃《ゆきの》さんに言われて私は頰《ほお》をゆるませる。

進学した東京の大学で私は演劇サークルに入った。あるとき、新入生歓迎《かんげい》の余興でやった紙芝居が思いのほか楽しくて、私がやりたいのはこれだ！　と思った。

自分ひとりでなんでも決められて、経費がほとんどかからないのも良かった。私が立って絵を抜《ぬ》いたり差したりするための、半径一メートルほどのスペースを用意してもらえれば、特に設備も要《い》らず外でも室内でもできるのだ。保育園や老人ホーム、地域のお祭りなど、こちらから働きかければ興味を持ってくれるところはたくさんあって、一度やるとまた来てくださいと声をかけてもらえることが多い。

それで私は、卒業後は通販《つうはん》オペレーターの仕事をしながら、ライフワークとして紙芝居を続けている。

今回、帰省することになったのは、＊2マスターから話を聞いた雪乃さんに依頼《いらい》されたからだ。彼女《かのじょ》は公民館でパートタイムで働いていて、こどもの日のイベントの一環《いっかん》としてぜひにとお願いされた。求められて嬉《うれ》しかった。だから張り切って準備してきたのだ。

お吸い物を一口飲み、私が雪乃さんに返事しようとしたところでおばあちゃんが言った。

「紙芝居なんて、今どき流行《はや》らへんやろ」

以前、私が雪乃さんとネット動画の話で盛り上がっていたら「流行りばっかり追って軽薄《けいはく》な」って言っていたじゃないか。この人は結局1いちゃもんをつけたいだけなのだ。こうなると、おばあちゃんを前に紙芝居の良さや熱意を語る気になんて到底《とうてい》なれなかった。

2私は黙《だま》ってとうがらしをかじる。おばあちゃんがしば漬《づ》けを嚙《か》むブリブリという音が、食卓《しょくたく》に響《ひび》いていた。

食事を終えると、私は台所で雪乃さんと並んで雑談をしながら、食器を洗ったり拭《ふ》いたりした。後片付けをすませて居間に戻《もど》る。

おばあちゃんがロッキングチェアの背にもたれて目をつむっていた。軽く額に手を当てている。

今日最初に会ったときから思っていたけど、いまいち顔色がよくない。どこか具合が悪いんじゃないだろうか。胸のざわつきを抑《おさ》えなが

オ　あらかじめ記号の意味が決まっているが、別の記号と組み合わされることでより限定された意味を伝えられる。

問五　――線部３「物理的な接触を介したコミュニケーション」と同じような意味で使われている語句を、本文中から八字でぬき出して答えなさい。

問六　[X]に当てはまる言葉として最も適切なものを次から選び、記号で答えなさい。

ア　似たような価値観をもっていること
イ　同じ時間・空間を共有していること
ウ　お互いの素性《すじょう》をよく知っていること
エ　昔から趣味《しゅみ》・趣向《しゅこう》が共通していること
オ　良好な通信環境《かんきょう》に置かれていること

問七　――線部４「私たちはたいていの場合、ひとつの場面で複数のメディアを使いこなしている」とありますが、次にあげる例の中から「物理的メディア」が使用されているものを三つ選び、**五十音順に**記号で答えなさい。

ア　人気レストランの予約がとれたので、電話でお礼を言いながらお辞儀《じぎ》した。
イ　レストランに入ると、店員にあいさつされ、空《あ》いている座席を案内された。
ウ　店のおすすめメニューが書かれたポスターが店内に掲示《けいじ》されていた。
エ　客はテーブルにあったメニュー表を、指さしながら店員に注文した。
オ　店員が復唱した注文品に間違いがなかったので、客はうなずいた。
カ　食事が終わった後、レストランのアンケートに感想を書いた。

問八　――線部５「店員さんは、『別にしますか』という言葉を補足するための動作や表情を添えたのではなく、動作も表情も言葉も並行して使いながら、客に問いかけを行っていたはずです」とありますが、次にあげる例の～～線部には、どのような意図がふくまれていますか。自分で考えて具体的に説明しなさい。

・夕食を食べ終わった直後、出張中の父から電話がかかってきて、母が父の出張先に向かうことになったので、テーブルの上の食べ終わった皿を指さして、母は私に「これお願いね。」と声をかけた。

問九　次に示すのは本文を読んだ生徒たちの会話です。本文の理解として**ふさわしくないもの**を次から一つ選び、記号で答えなさい。

ア　僕《ぼく》は物理的なコミュニケーションの特徴について、よく分かった気がします。例えば体育の時間にストレッチで友達の背中を押したりするけど、これ以上は体を痛めてしまうと何となく感じ取れますよね。でも、その感覚を後から言葉で説明するのはとても難しいと思います。直接触れ合うコミュニケーションは、その瞬間《しゅんかん》でないと成立しない一方で、言葉にできない感覚も伝えられるんですね。

イ　確かにそうですね。言葉で「重い」と言うのは簡単だけれど、どのくらいの重さから重いと感じるかが人によって違うように、身体感覚は人それぞれです。文字やピクトグラムなどの記号的なコミュニケーションは、誰《だれ》に対しても同じことを伝えられる代わりに、ちょっとしたニュアンスの違いは伝えにくいと言えそうですね。

ウ　言葉や記号はあらかじめ意味が決められているから、画一的《かくいつてき》なことしか表現できないということだね。でも悪いことばかりじゃないと思うな。物理的な接触は一人に対して物事を伝える含《ふく》まれるメディアの多様性です。

こうした非言語的な要素は、よく「文脈」や「状況《じょうきょう》」と呼ばれます。「言葉を、それが話された文脈から切り離してしまうと、意味が分からなくなる」「同じ言葉でも、状況しだいでニュアンスが変わる」といった具合にです。

けれども、非言語的なものは、本当に言語的なものの「文脈」や「状況」なのでしょうか。つまり、言葉があくまでメインであって、動作や表情で伝えられることは、それを補足する「背景」にすぎないのでしょうか。

そうではないはずです。5店員さんは、「別にしますか」という言葉を補足するための動作や表情を添《そ》えたのではなく、動作も表情も言葉も並行して使いながら、客に問いかけを行っていたはずです。コミュニケーションにおけるメディアの多様性と言うとき、それは文字通り多様なのであって、まさに「同時にいろんな手を使いながら」私たちは他者とやりとりをしています。

（伊藤《いとう》亜紗《あさ》『手の倫理《りんり》』より）

問一　本文中の A ～ E に当てはまる言葉の組み合わせとして最も適切なものを次から選び、記号で答えなさい。

ア　A　つまり　B　そして　C　ただし　D　あるいは　E　けれども
イ　A　けれども　B　ただし　C　たとえば　D　たとえば　E　もちろん
ウ　A　たとえば　B　もちろん　C　ただし　D　または　E　けれども
エ　A　そして　B　しかし　C　つまり　D　しかも　E　たとえば
オ　A　つまり　B　けれども　C　たとえば　D　あるいは　E　もちろん
カ　A　そして　B　もちろん　C　つまり　D　または　E　しかし

問二　図1中の ①～⑥ に当てはまる言葉として最も適切なものを次から選び、それぞれ記号で答えなさい。ただし、記号は一度ずつしか使いません。

ア　手話　イ　書き言葉　ウ　ジェスチャー
エ　アナログ　オ　話し言葉　カ　デジタル

問三　――線部1「『青い』や『王子さま』といった別の記号と組み合わされることにより、より限定された意味を持つようになります」とあるように、「星」には「晴れた夜空に点々と光って見える天体」という意味があらかじめ定められていますが、「王子さま」という記号と組み合わされることによって「星の王子さま」という文学作品を指します。それでは、「星」と「青い」が組み合わされることによって何を指すようになりますか。「星」という字を**使わずに漢字で**答えなさい。

問四　――線部2「こうした記号的メディア」とありますが、「記号的メディア」の特徴として**ふさわしくないもの**を次から一つ選び、記号で答えなさい。

ア　文字や録音・録画といった技術によって、メッセージを物理的・時間的な制約を超えて離れた相手に伝えられる。
イ　言葉とそれが指す対象の関係が決まっているとともに、意味を構成する小さな単位の文字や単語に分けられる。
ウ　記号には標準的な意味が決められているという前提があり、その約束をあえて踏み越えることで多様な意味を表せる。
エ　さまざまな言葉が組み合わさることであらゆる意味を付加することができるので、柔軟《じゅうなん》で幅広い表現力を養える。

ヨンと違って、連続的であるということです。直接的にせよ間接的にせよ、物理的に接触しているという状況のなかで、じりじりと、[D]一気に、コミュニケーションがなされる。接続を前提としていますから、コミュニケーションの参加者が[X]も必要です（触覚を伝送したり再現したりする装置があれば別ですが）。つまり、物理的なコミュニケーションは、参加者の同期を前提にしています。

記号的メディアと物理的メディアの中間に位置付けられるのが、たとえば手話というメディアでしょう。[E]、手話もひとつの言語ですから、それぞれの動作が何を意味するかは、きちんとコード化されてはいます。けれども、それをどう演じるかで、会話における声色《こわいろ》をはるかに超《こ》える豊かなニュアンスを付け加えることが可能です。より演技に近い、という意味で、スケールのちょうど中間あたりに位置付けました。ジェスチャーは手話よりはコード化の度合いが低いのでその右手に位置付けました。

また、コミュニケーションと言ったときに、相手は必ずしも人でないかもしれません。盲導犬《もうどうけん》ユーザーであれば日常的に犬とコミュニケーションをとっていますし、ペットを飼《か》っている人ももちろんそうでしょう。人と動物のあいだでは、いくつかの指示に関しては明確な記号的やりとりがなされていますし、逆に、リードを引っ張って行先を示すような、物理的なコミュニケーションもありえます。人間には難しいですが、動物どうしなら、嗅覚《きゅうかく》を介したコミュニケーションも可能です。

このように、私たちがふだんコミュニケーションに用いているメディアは、記号的か物理的かという基準を設《もう》けることによって、相対的にその特徴を整理することが可能です。

ただし注意しなければならないのは、これまでの例ですでに明らかなように、4私たちはたいていの場合、ひとつの場面で複数のメディアを使いこなしている、ということです。たとえば、言葉という記号的なメディアを使いながら、同時にジェスチャーのようなより物理的なメディアも併用《へいよう》していたりするのです。つまり、先に示したスケールは、場面ごとのメディアの分類ではなく、あくまで私たちが使いうるさまざまな手段を示したものとして理解される必要があります。

例として、ものを買う場面を考えてみましょう。コンビニで、ポテトチップスとお茶と洗剤《せんざい》を買ったとします。レジに並び、会計のタイミングで、店員さんが、「別にしますか」と訊《き》いてくる。それに対してこちらが「あ、いっしょで」と答える。ここでは「話し言葉」というメディアが使われていますが、それだけではないはずです。その証《しょう》拠《こ》に、こうして文字に起こしてしまうと、ほとんどその意味が伝わりません。

店員さんが「別にしますか」と言ったとき、彼《かれ》／彼女《かのじょ》が言わんとしていたのは、「ポテトチップスとお茶は食品だが、洗剤は食品ではなく、摂取《せっしゅ》すると危険な場合がある。それらを同じレジ袋《ぶくろ》に入れてもよいか、それとも別にするか」ということでした。そのことを示すために、彼／彼女はおそらく、洗剤を手に持ってこちらに見せたり、カウンターに置かれたそれを手で指し示したり、レジ袋をもう一枚取り出すふりをしたり、何らかの非言語的な動作を同時にしているはずです。さらに、動作をするだけではなくて、こちらに視線を送ったり、問いかける表情を作ったり、話しかけるタイミングに配慮《はいりょ》したりもしているでしょう。つまり、彼／彼女は、記号的なものも物理的なものもひっくるめてさまざまな手段を同時並行で使いながら、「ポテトチップスとお茶は食品だが、洗剤は食品ではなく、摂取すると危険な場合がある。それらを同じレジ袋に入れてもよいか、それとも別にするか」ということを問いかけているのです。これが、コミュニケーションにスケールの左端《はし》は、「記号的メディア」としました。記号的なメディアの特徴は、その意味がコード化されていること。［Ａ］、記号とそれが指し示す対象の関係が、コミュニケーションに先立ってすでに決められているのです。

　その代表はもちろん言語です。たとえば「星」という語なら、それが指し示す意味の領域はあらかじめおおまかに決められて（コード化されて）います。そして、1「青い」や「王子さま」といった別の記号と組み合わされることにより、より限定された意味を持つようになります。もちろん、コード化されているのはあくまで標準的な意味であって、比喩《ひゆ》的な表現や文学作品であれば、あえてコードの約束を踏《ふ》み越《こ》えるような意味を語に込《こ》めることもあるでしょう。同じ意味でも、人によって解釈《かいしゃく》の幅《はば》があるかもしれません。［Ｂ］、そうした逸脱《いつだつ》や多様性も、あらかじめ約束によって標準的な意味が決められているという前提があってのことです。その意味で、記号的なメディアの特徴は「コード化」であると言うことができます。

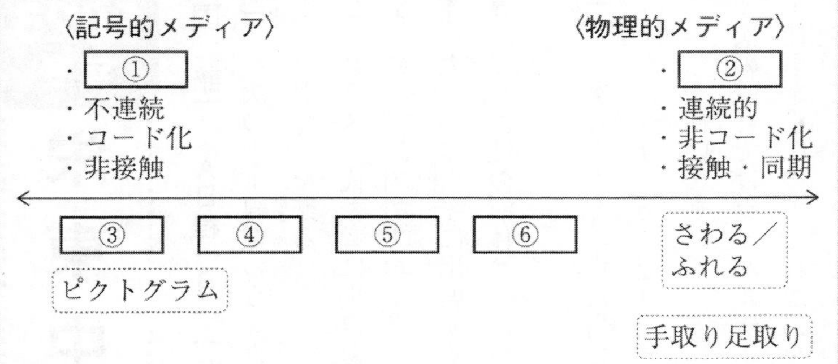

図１　コミュニケーションのメディア

　文字や単語といった意味を構成する小さな単位に分割可能であることも、記号的なコミュニケーションの特徴です。細かく分節化されていて、不連続、つまり「デジタル」なのです。ただし、同じ言葉でも、「話し言葉」は声のトーンや間のとり方でニュアンスの幅が広がるので、スケール上では、「書き言葉」よりも右に位置付けました。

　文字や録音・録画といった技術を用いることにより、メッセージを物理的にも時間的にも離《はな》れた地点に送ることができるのも、記号的なメディアの特徴です。記号的なメッセージは、発せられるや発信者の手を離れて、はるか遠く、はるか未来まで流通する可能性があります。発信者からメッセージを切り離すことが可能なのです。

　2こうした記号的メディアの対極にあるのが、「物理的」なメディアです。スケールの右端は「物理的メディア」です。

　たとえば、ストレッチのやり方を手取り足取り相手に教えるとき。「上に伸《の》ばすっていうより脇《わき》を伸ばす感じにするのがコツ」などと言いながら、バンザイした相手の手を支えて引っ張ろうとするとき、伸ばすべき方向や力加減は、体の直接的な接触《せっしょく》を通して伝えられています。教える側が理想的な位置まで強制的に引っ張る場合もあれば、相手の体の様子を見て調節しながら少しずつ引っ張る場合もあるでしょう。そこにあるのは、記号化されていない、3物理的な接触を介《かい》したコミュニケーションです。

　ストレッチは直接相手の体に触《ふ》れるコミュニケーションですが、ものを介した場合も同様でしょう。［Ｃ］スープの入ったボウルを相手に手渡すとき。いきなり手を離してしまっては落としてしまうでしょうから、相手がボウルの重さをちゃんと引き受けたか、スープが熱ければそれに耐《た》えうる覚悟《かくご》ができているか、事前に確認してから手を離すことになります。「スープの入ったボウル」という「もの」を介していますが、そこで行われているコミュニケーションは、ストレッチの場合と基本的には同じです。

　物理的なコミュニケーションの面白さは、記号的なコミュニケーシ

2023年度 栄東中学校

【国語】〈Ａ日程一月一一日試験〉（五〇分）〈満点：一〇〇点〉

一　次の――線部のカタカナをそれぞれ漢字に直しなさい。

1　カドマツを飾《かざ》る。
2　クラスの代表者に決定をイニンする。
3　すべてをココロエる。
4　大学のコウギに出席する。
5　キハツ性の液体。

二　次の（1）～（10）に当てはめるのに最も適切な言葉をあとの語群から選び、それぞれ記号で答えなさい。ただし、記号は一度ずつしか使いません。

・次の試合ではライバルチームに絶対勝つと（１）。
・仕事を手伝ってくれた弟を（２）言葉をかけた。
・突然《とつぜん》家に押しかけた私を叔母《おば》は（３）ようすだった。
・権力者に（４）ことなく自分の信念を貫《つらぬ》きたい。
・自分に責任がないかのように（５）態度が気に入らない。
・長らく不景気《ふけいき》なので増税は（６）ことにした。
・合格の知らせを受け（７）のをおさえて家路についた。
・定年を迎《むか》えた祖父は趣味《しゅみ》の釣《つ》りに（８）毎日を送っている。
・理不尽《りふじん》なことを押しつける王さまを大臣が（９）。
・口うるさい師匠《ししょう》を（10）と技術はなかなか上達しない。

【語群】
ア　いそしむ　　イ　へつらう
ウ　ねぎらう　　エ　気がはやる
オ　息巻く　　　カ　いぶかる
キ　疎《うと》んじる　ク　いさめる
ケ　見合わせる　コ　居直《いなお》る

三　次の文章を読んで、あとの問いに答えなさい。字数指定のある問いは、句読点などの記号もすべて字数にふくみます。

「コミュニケーション」は、実に広い意味で用いられる言葉です。とりあえずその対象を人と人のやりとりに限定するとしても、店でものを買うときの店員とのコミュニケーション、朝食をとりながら家族とたわいもない話をするコミュニケーション、年に一度年《ねん》賀状《がじょう》を送り合う旧友とのコミュニケーション、ネットのライブ配信において出演者と視聴者《しちょうしゃ》のあいだで交わされるコミュニケーション……実にさまざまなタイプのやりとりが、「コミュニケーション」の名で呼ばれています。

本章では、これらさまざまなコミュニケーションをその特徴《とくちょう》に応じて分類し、そうすることで触覚的《しょっかくてき》なやりとりが持つ特徴を明らかにしたいと思います。触覚的なやりとりは、それ以外のやりとり、たとえば言葉を用いたやりとりと、どのように違《ちが》うのでしょうか。

図1を見てください。これは、用いられているメディアのタイプに応じて、さまざまなコミュニケーションを位置付けたものです。ここで言う「メディア」とは、それぞれのコミュニケーションで用いられている「手段」のことです。

2023年度
栄東中学校　▶解答

※　編集上の都合により，Ａ日程１月11日試験の解説は省略させていただきました。

算数　＜Ａ日程１月11日試験＞（50分）＜満点：100点＞

解答

[1] (1) $\frac{3}{14}$　(2) 7　(3) 8点以上　(4) 400m　(5) 400円　(6) 92g　(7) 87.92 cm^2　(8) 78.5cm^3　[2] (1) 毎分50m　(2) 45　(3) 14分間　[3] (1) 3：4　(2) 8：21　(3) 7：4　[4] (1) 9枚　(2) 6通り　(3) 82　[5] (1) 6　(2) 272　(3) 1632

社会　＜Ａ日程１月11日試験＞（理科と合わせて50分）＜満点：50点＞

解答

[1] **問1**　**あ**　日本(海流)　**い**　房総(半島)　**う**　環太平洋(造山帯)　**え**　十和田(湖)　**問2**　エ　**問3**　ウ　**問4**　ア　**問5**　イ　**問6**　エ　**問7**　イ　**問8**　(1) エ　(2) ア　**問9**　(1) ウ　(2) ウ　[2] **問1**　ウ　**問2**　イ　**問3**　エ　**問4**　ウ　**問5**　エ　**問6**　エ　**問7**　ウ　**問8**　エ　**問9**　イ　**問10**　佐藤栄作　**問11**　ア　**問12**　ウ　**問13**　基本的人権

理科　＜Ａ日程１月11日試験＞（社会と合わせて50分）＜満点：50点＞

解答

[1] **問1**　ウ　**問2**　ア　**問3**　カ　**問4**　ア　**問5**　イ　**問6**　カ　**問7**　ウ　[2] **問1**　ア　**問2**　ア　**問3**　イ，オ　**問4**　ア　**問5**　オ　**問6**　カ　**問7**　ウ　[3] **問1**　ア　**問2**　エ　**問3**　ア　**問4**　ア　**問5**　イ　**問6**　カ　**問7**　イ，オ　[4] **問1**　ア　**問2**　オ　**問3**　ウ　**問4**　エ

国語　＜Ａ日程１月11日試験＞（50分）＜満点：100点＞

解答

[一] 下記を参照のこと。　[二] **1**　オ　**2**　ウ　**3**　カ　**4**　イ　**5**　コ　**6**

ケ　**7**　エ　**8**　ア　**9**　ク　**10**　キ　三　**問1**　オ　**問2**　①　カ　②　エ　③　イ　④　オ　⑤　ア　⑥　ウ　**問3**　地球　**問4**　エ　**問5**　触覚的なやりとり　**問6**　イ　**問7**　イ，エ，オ　**問8**　(例)　テーブルの上の皿をかたづけてほしいという意図。　**問9**　ウ　四　**問1**　エ　**問2**　エ　**問3**　ウ　**問4**　ア　**問5**　(例)　自分一人の力で必死に困難に立ち向かう強さ　**問6**　オ　**問7**　風の又三郎　**問8**　(例)　自分が好きな宮沢賢治の作品を同じように愛し，一途に紙芝居に打ち込む孫娘の姿を思いうれしく感じている。　**問9**　(例)　自分で決めた道を必死に突き進み，一人でもしっかりできるところを見せることで，祖母に自分のことは心配しなくても大丈夫だと伝えたいという思い。

●漢字の書き取り

一　1　門松　2　委任　3　心得(る)　4　講義　5　揮発

2023年度　栄東中学校

【算　数】〈東大特待Ⅰ試験　4教科型〉（50分）〈満点：150点〉

注意　1．コンパス・分度器は使わずに答えてください。
　　　2．円周率《りつ》は3.14とします。
　　　3．比を答えるときには，もっとも簡単な整数の比で答えてください。

1　次の□にあてはまる数を答えなさい。

(1)　教室に新入生を迎《むか》えるための飾《かざ》り付けを，栄くん1人では70分，栄くんと東さんの2人では30分で仕上げられます。栄くんが1人で□分□秒飾り付けをしたところで，東さんが手伝って2人で飾り付けをしたところ，合計56分で仕上がりました。

(2)　右の四角形ABCDはADとBCが平行で，AD：BC＝5：6である台形です。点EはBCの真ん中の点，FEはABと平行，BGは台形ABCDの面積を2等分しているとき，FH：HEをもっとも簡単な整数の比で表すと□：□です。

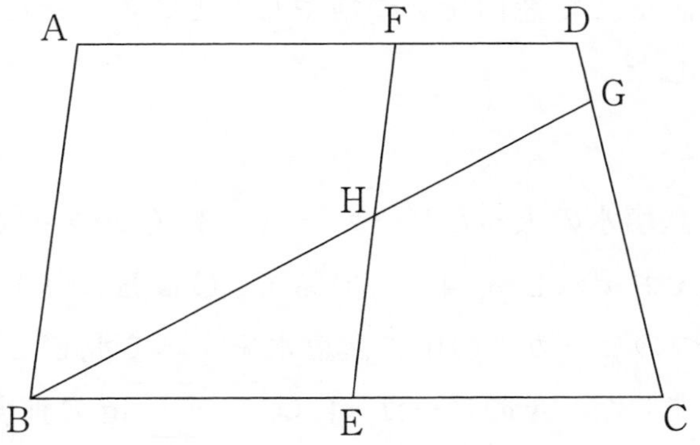

(3)　栄くんと東さんは同じ道を通って学校から駅に向かいます。東さんが学校を出発した2分後に栄くんが学校を出発して歩いて駅に向かいました。栄くんは学校を出て4分後に東さんに追いつきましたが，忘れ物をしたことに気付き，すぐに学校に向かって走って引き返しました。栄くんが学校に着いてから再び学校を出発するまでに3分かかり，走って駅に向かったところ，栄くんと東さんは同時に駅に到《とう》着しました。栄くんと東さんが歩く速さは一定で，栄くんが走る速さは栄くんが歩く速さの2倍で一定でした。東さんは学校を出てから駅に到着するまでに［　　　］分［　　　］秒かかりました。

(4)　ある遊園地のチケット売り場には開園時に毎日同じ人数の行列ができていて，つねに一定の割合で行列に人が加わります。普段は4つの窓口で開園して20分後に行列がなくなります。今日は開園の準備に手間がかかり，3つの窓口で開園したところ，30分後になっても行列は開園時の半分になっただけでした。そこで窓口を2つ増やしたところ，その［　　　］分後に行列がなくなりました。

(5)　食塩水の入ったビーカーA，B，Cがあって，中に入っている食塩水の濃度はそれぞれ2％，4％，10％で，CはBよりも食塩水が60ｇ多く入っています。3つのビーカーの中の食塩水をすべて混ぜたところ，5％の食塩水が560ｇできました。Aのビーカーには［　　　］ｇの食塩水が入っていました。

(6)　2023のように各位の数の和が7になる4桁《けた》の整数のうち，2023未満のものは［　　　］個あります。

2　図のような正六角形があります。辺の途《と》中にある黒い点はそれぞれの辺を3等分する点で，正六角形の面積は54 cm^2 です。

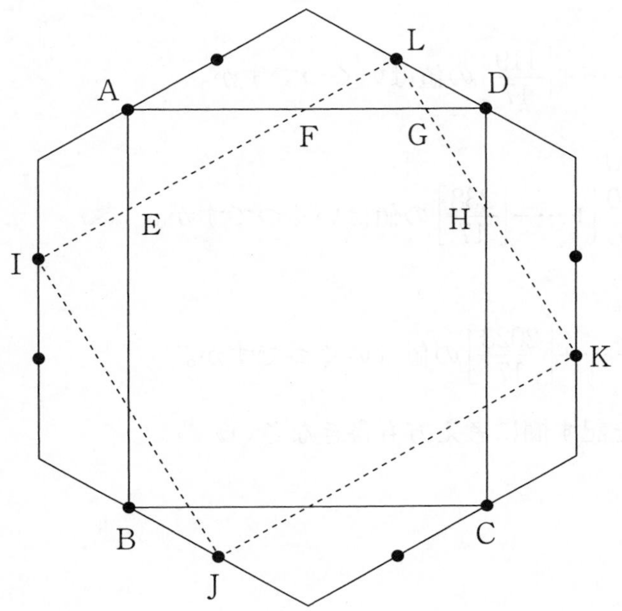

(1)　四角形ABCDの面積を求めなさい。
《解答欄《らん》の考え方を記す欄に考え方も書きなさい》

(2)　三角形AEFの面積を求めなさい。

(3)　三角形DGHの面積を求めなさい。

(4)　四角形ABCDと四角形IJKLの２つの四角形が重なる部分の図形の面積を求めなさい。

3　ある数A以下でもっとも大きい整数を[A]と表すことにします。

たとえば，$\left[\frac{1}{2}\right]=0$，$\left[\frac{3}{2}\right]=1$，$[2]=2$ などのようになります。

(1)　$\left[\frac{7}{17}\right]+\left[\frac{14}{17}\right]+\left[\frac{21}{17}\right]+\cdots+\left[\frac{119}{17}\right]$ の値はいくつですか。

(2)　$\left[\frac{126}{17}\right]+\left[\frac{133}{17}\right]+\left[\frac{140}{17}\right]+\cdots+\left[\frac{238}{17}\right]$ の値はいくつですか。

(3)　$\left[\frac{7}{17}\right]+\left[\frac{14}{17}\right]+\left[\frac{21}{17}\right]+\cdots+\left[\frac{2023}{17}\right]$ の値はいくつですか。

《解答欄の考え方を記す欄に考え方も書きなさい》

4　地面から高さ４ｍの位置にある電球で，地面に置かれた立方体Ａを照らします。図１はその様子を真上から見た図です。図の１マスを１ｍとします。

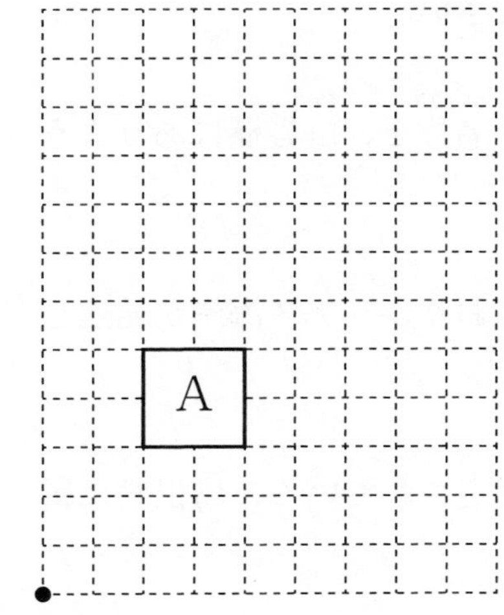

図１

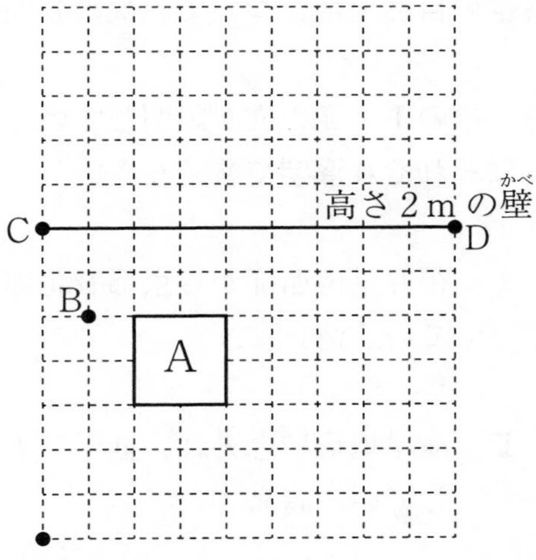

図２

(1)　立方体Ａの影《かげ》を解答欄の図にかき込み，その面積を求めなさい。

次に，図２のように，太線の位置に高さ２ｍの壁《かべ》をつくります。

(2)　Ｂの位置に長さ２ｍの棒を地面に垂直に立てるとき，壁にうつる棒の影の高さを求めなさい。

(3)　壁にうつる立方体Ａの影を解答欄の図にかき込み，壁にうつった影の面積を求めなさい。

【社　会】〈東大特待Ⅰ試験　4教科型〉（40分）〈満点：75点〉

1　次の各問いに答えなさい。

問1　日本の自然環境《かんきょう》について、次の各問いに答えなさい。

（1）次のⅠ・Ⅱの文が説明している湾と諸島の名称《めいしょう》を、解答欄《かいとうらん》にあうようにそれぞれ**漢字**で答えなさい。

Ⅰ　福井県南西部から京都府北部に位置しており、リアス海岸が発達している湾。

Ⅱ　海岸地形に恵《めぐ》まれ、世界ジオパークに認定されている、島根県に属している諸島。

（2）次の**グラフA**は、日本のある都市における１月の降水量と平均気温を、**グラフB**は、７月の降水量と平均気温を示したものです。２つのグラフ中の**ア～エ**には、それぞれ「秋田市」「松本市」「浜松市」「鳥取市」のいずれかが共通してあてはまります。「松本市」と「鳥取市」にあてはまるものを、それぞれ**ア～エ**から１つずつ選び、記号で答えなさい。

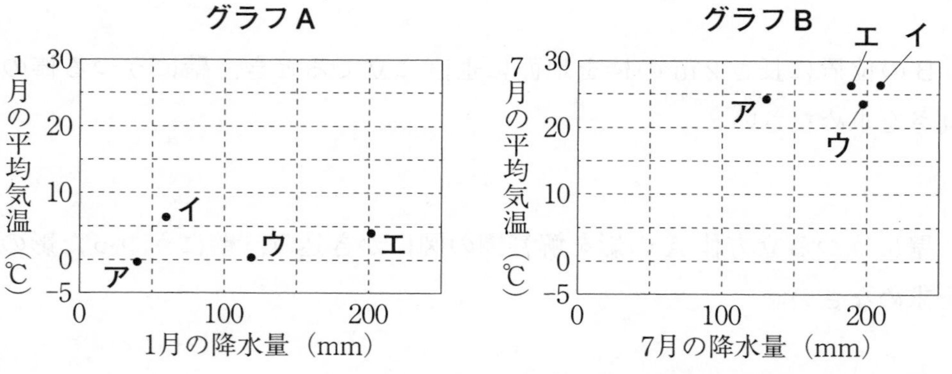

（国立天文台『理科年表 2022』より作成）

（3） 次の表は、日本の地方ごとの人口密度（2020 年 10 月 1 日現在）・面積（2020 年 10 月 1 日現在）・活火山数（2022 年 3 月 25 日現在）を示したものです。表中の**ア～エ**には、それぞれ「東北地方」「中国地方」「四国地方」「九州・沖縄地方」のいずれかがあてはまります。「東北地方」と「中国地方」にあてはまるものを、それぞれ**ア～エ**から１つずつ選び、記号で答えなさい。

	人口密度 （人 /km^2）	面積 （km^2）	活火山数
ア	320.0	44 514	19
イ	227.3	31 921	2
ウ	196.6	18 803	0
エ	128.6	66 948	18

（矢野恒太記念会『日本国勢図会 2022/23』より作成）

問２　日本の産業について、次の各問いに答えなさい。

（1） 次の表は、日本の主な果実の収穫《しゅうかく》量上位３位までの県を示したものです。表中の**ア～エ**には、それぞれ「うめ」「みかん」「スダチ」「レモン」のいずれかがあてはまります。「みかん」と「スダチ」にあてはまるものを、それぞれ**ア～エ**から１つずつ選び、記号で答えなさい。

（スダチ・レモンは 2018 年産、その他は 2020 年産）

	ア	**イ**	**ウ**	**エ**
1位	和歌山	和歌山	広　島	徳　島
2位	静　岡	群　馬	愛　媛	佐　賀
3位	愛　媛	福　井	和歌山	高　知

（矢野恒太記念会『データでみる県勢 2022』より作成）

（2）　次の表は、日本の農産物の輸出量・輸入量・国内生産量（2018年度）を示したものです。表中の**ア～エ**には、それぞれ「果実」「小麦」「米」「野菜」のいずれかがあてはまります。「野菜」にあてはまるものを、**ア～エ**から1つ選び、記号で答えなさい。

（単位　千t）

	輸出量	輸入量	国内生産量
ア	115	787	8 208
イ	64	4 661	2 833
ウ	11	3 310	11 306
エ	0	5 638	765

（矢野恒太記念会『数字でみる日本の100年（改訂第7版）』より作成）

（3）　次の表は、日本の漁港別水揚《みずあ》げ量と魚種別収獲《しゅうかく》量のそれぞれ上位4位の移り変わりを示したものです。表中の空欄 A ～ C には、それぞれ「釧路」「銚子」「焼津」のいずれかがあてはまります。 A ～ C と漁港の組み合わせとして正しいものを、あとの**ア～カ**から1つ選び、記号で答えなさい。

【漁港別水揚げ量】

	1980	2000	2017
1位	A	C	B
2位	八戸	八戸	C
3位	B	B	A
4位	石巻	A	境

【魚種別収獲量】

	1980	2000	2018
1位	いわし類	いわし類	いわし類
2位	たら類	かつお類	さば類
3位	さば類	たら類	かつお類
4位	まぐろ類	さば類	たら類

(矢野恒太記念会『数字でみる日本の100年(改訂第7版)』より作成)

ア. **A**－釧路　**B**－銚子　**C**－焼津
イ. **A**－釧路　**B**－焼津　**C**－銚子
ウ. **A**－銚子　**B**－釧路　**C**－焼津
エ. **A**－銚子　**B**－焼津　**C**－釧路
オ. **A**－焼津　**B**－釧路　**C**－銚子
カ. **A**－焼津　**B**－銚子　**C**－釧路

(4)　次の表は、日本のさまざまな工業における事業所数と製造品出荷額等(単位　億円)の移り変わりを示したものです。表中の**ア〜エ**には、それぞれ「化学工業※」「機械工業」「金属工業」「繊《せん》維《い》工業」のいずれかがあてはまります。「金属工業」にあてはまるものを、**ア〜エ**から1つ選び、記号で答えなさい。

		1990	2000	2010	2019
ア	事業所数	154 935	133 770	102 665	82 991
	製造品出荷額等	1 409 261	1 389 882	1 295 546	1 475 429
イ	事業所数	129 944	80 278	44 447	28 401
	製造品出荷額等	129 081	68 364	39 296	38 740
ウ	事業所数	103 742	88 821	70 258	57 936
	製造品出荷額等	452 854	337 687	396 463	438 552
エ	事業所数	6 030	5 943	5 421	5 339
	製造品出荷額等	235 510	237 994	262 478	293 105

※石油製品・石炭製品はふくまない。

(矢野恒太記念会『日本国勢図会2022/23』より作成)

（5） 次の表は、ある県の部門別二酸化炭素排出量《はいしゅつ》（2018年度、推計値）を示したものです。表中の**ア～エ**には、それぞれ「青森県」「神奈川県」「高知県」「大分県」のいずれかがあてはまります。「青森県」と「大分県」にあてはまるものを、それぞれ**ア～エ**から1つずつ選び、記号で答えなさい。

（単位　千 t -CO_2）

	産業部門	家庭部門	運輸部門
ア	26 109	10 686	9 439
イ	20 696	1 203	2 587
ウ	4 807	3 130	2 853
エ	2 221	842	1 470

（矢野恒太記念会『データでみる県勢 2022』より作成）

（6） 次の表は、ある道県の発電方式別発電電力量（2020年度、電気事業者のみ）を示したものです。表中の**ア～エ**には、それぞれ「北海道」「青森県」「長野県」「鹿児島県」のいずれかがあてはまります。「北海道」と「長野県」にあてはまるものを、それぞれ**ア～エ**から1つずつ選び、記号で答えなさい。

（単位　百万 kWh）

	水力	火力	風力	地熱
ア	7 363	91	—	—
イ	4 930	23 256	1 194	100
ウ	558	1 091	346	334
エ	468	2 967	1 449	—

（矢野恒太記念会『データでみる県勢 2022』より作成）

問3　　日本の都市や人口について、次の各問いに答えなさい。

(1)　次の表は、ある県の人口性比[※1]（2020年10月1日現在）・自然増減率[※2]（2020年）・在留ブラジル人数（2020年末現在）を示したものです。表中の**ア～エ**には、それぞれ「福島県」「群馬県」「愛知県」「奈良県」のいずれかがあてはまります。「群馬県」と「奈良県」にあてはまるものを、それぞれ**ア～エ**から1つずつ選び、記号で答えなさい。

	人口性比	自然増減率（人口千あたり人）	在留ブラジル人数（人）
ア	99.4	-2.0	60 181
イ	97.9	-6.2	13 279
ウ	97.2	-7.3	192
エ	89.0	-5.2	349

※1…女性100人に対する男性の数。

※2…出生率から死亡率を引いたもの。

（矢野恒太記念会『データでみる県勢2022』より作成）

(2)　次のグラフは、ある都県の面積にしめる過疎《かそ》と過密の割合を示したものです。**A～C**のグラフは、それぞれ「群馬県」「埼玉県」「東京都」のいずれかを示しています。グラフと都県の組み合わせとして正しいものを、あとの**ア～カ**から1つ選び、記号で答えなさい。

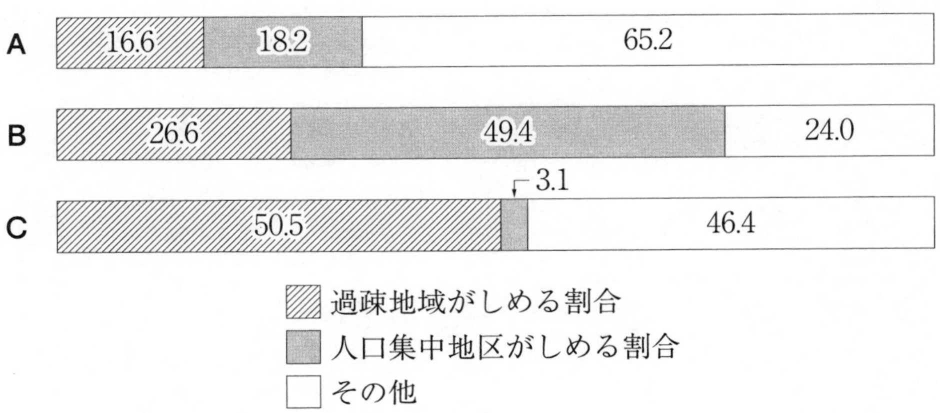

（矢野恒太記念会『データでみる県勢2022』より作成）

ア．A－群馬県　B－埼玉県　C－東京都
イ．A－群馬県　B－東京都　C－埼玉県
ウ．A－埼玉県　B－東京都　C－群馬県
エ．A－埼玉県　B－群馬県　C－東京都
オ．A－東京都　B－埼玉県　C－群馬県
カ．A－東京都　B－群馬県　C－埼玉県

（3）　人口減少が進む日本において、近年、「関係人口」が地域再生の議論の際に注目されています。「関係人口」とは、直接と間接とにかかわらず、日常生活圏《けん》や通勤・通学圏以外の特定の地域と、多様にかかわりを持つ人口のことで、「関係人口」の存在が地域の活性化につながると期待されています。

「関係人口」は、日常的に生活をする定住人口や、観光のように短期的に地域を訪れる交流人口、また単なる帰省とは区別して使用されています。この「関係人口」について、次の各問いに答えなさい。

Ⅰ　「関係人口」としてかかわる人々の具体的な活動例を、１つ考えて答えなさい。

Ⅱ　なぜ、地域の活性化のために「関係人口」が注目されているのか、地域住民がかかえる課題をふまえつつ、その理由を考えて答えなさい。

問４　　次の図は、国土地理院発行の２万５千分の１の地形図「開聞岳」の一部を示したものです。図を見て、あとの各問いに答えなさい。

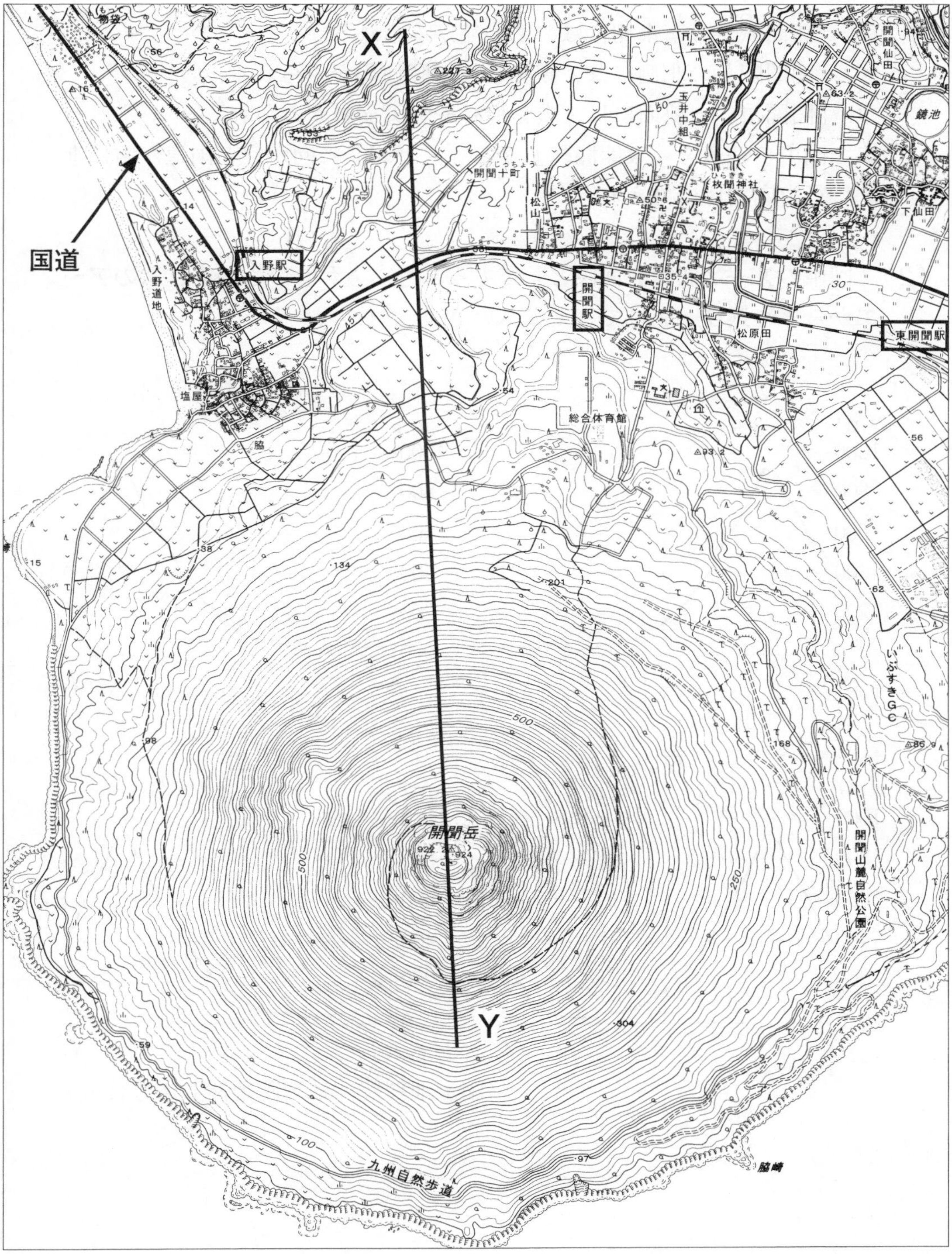

※作問の都合上、実際の地形図よりも縮小し、一部改変しています。

（1）　図から読み取れることとして正しいものを、次の**ア～エ**から１つ選び、記号で答えなさい。

ア．「開聞駅」の南東側には、博物館がみられる。
イ．「開聞駅」の北側には、高等学校や郵便局がみられる。
ウ．「開聞岳」の斜面《しゃめん》には、広葉樹林や針葉樹林がみられる。
エ．図中の鉄道を「東開聞駅」から「入野駅」に向かうと国道が常に進行方向右側に見える。

（2）　図中の**X―Y**間の断面図としてもっともふさわしいものを、次の**ア～エ**から１つ選び、記号で答えなさい。

ア

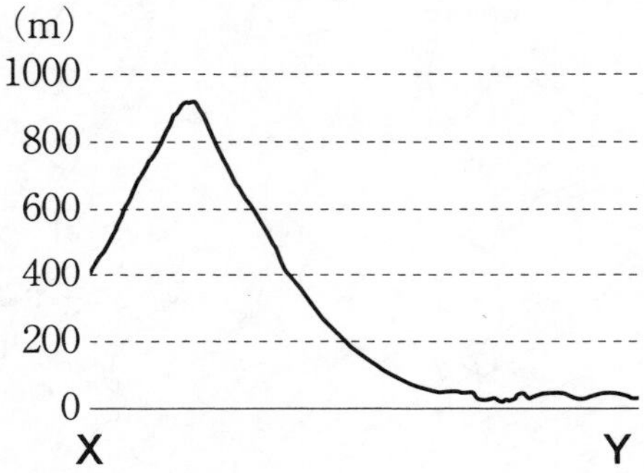

イ

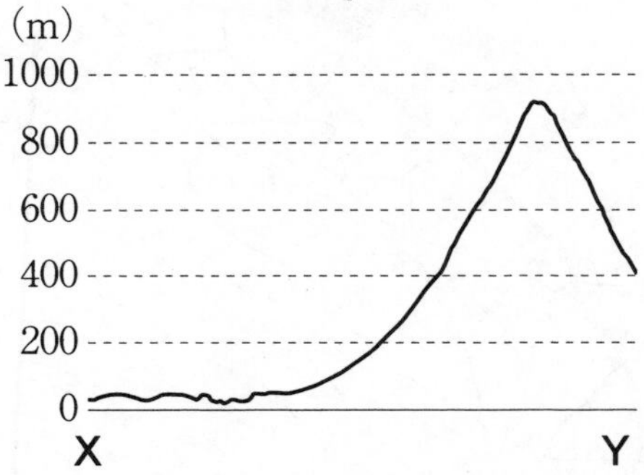

ウ

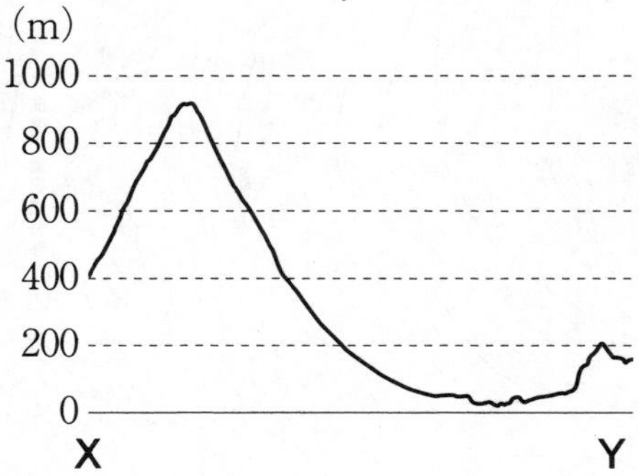

エ

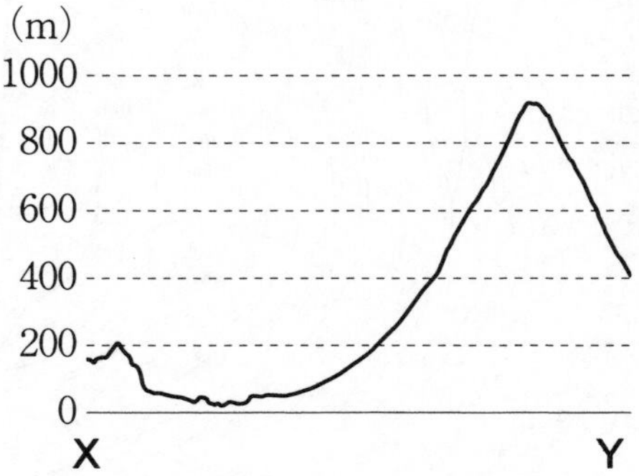

（国土地理院「地理院地図」より作成）

2 次の年表は、今年（2023年）から100年ずつさかのぼっていって、それぞれの年におこったできごとをまとめたものです。この年表を見て、あとの各問いに答えなさい。

西暦《せいれき》	できごと
1923年	関東大震災がおこる……………………………… ①
1823年	シーボルトが長崎に来航する…………………… ②
1723年	足高《たしだか》の制が定められる……………………………… ③
1623年	イギリスが平戸の商館を閉鎖《へいさ》する………………… ④
1523年	寧波《ニンポー》の乱がおこる……………………………………… ⑤
1423年	足利義量《よしかず》が征夷大将軍に就任する………………… ⑥
1323年	日野俊基《としもと》が蔵人頭《くろうどのとう》に任命される……………………… ⑦
1223年	道元が宋《そう》へ渡《わた》る……………………………………………… ⑧
1123年	崇徳《すとく》天皇が即位《そくい》する………………………………………… ⑨
1023年	北宋で世界最古の紙幣《しへい》とされる交子《こうし》が発行される……… ⑩
923年	元号が延喜から延長に改められる………………… ⑪
823年	大宰府が直営する公営田《くえいでん》が設置される………………… ⑫
723年	三世一身の法が制定される……………………………… ⑬
623年	法隆寺金堂釈迦三尊像《しゃかさんぞんぞう》が完成する………………… ⑭

問１　年表中の①に関して、次の**ア～オ**は、関東地方で大きな地震があったと記録されている年におこったできごとです。**ア～オ**を年代の古い順にならべたとき、**２番目**と**４番目**にくるものを、それぞれ記号で答えなさい。

ア．日本人の海外渡航《とこう》が禁止された。
イ．柳条湖事件がおこった。
ウ．豊臣秀吉が全国を統一した。
エ．はじめて武家諸法度が出された。
オ．全国水平社が結成された。

問２　年表中の②に関して、来日した外国人について説明した文として正しいものを、次の**ア～エ**から１つ選び、記号で答えなさい。

ア．鑑真は唐から来日した後に、僧が守るべききまりを整え、唐招提寺を開いた。
イ．種子島に来航したイエズス会の宣教師フランシスコ＝ザビエルは、キリスト教を日本に伝えた。
ウ．モースが大森貝塚を発見したことにより、日本の弥生時代の研究がはじまった。
エ．ペリーは浦賀に来航して通商を求め、翌年幕府に日米修好通商条約を結ばせた。

問３　年表中の③に関して、次の**Ａ～Ｅ**の文を参考にして、足高の制が江戸幕府にもたらす利点を、**人事**と**財政**のそれぞれの面から説明しなさい。

Ａ　足高の制とは、役職に必要な石高が不足している家臣に対して、その役職に就いている間だけ、不足している分の石高を足して補う制度である。

Ｂ　江戸幕府は、家臣たちへの給料として、石高に応じた広さの土地や石高に応じた量の米を支給していた。

Ｃ　江戸幕府は、家臣を石高に応じた役職に任命していた。そのため、重要な役職に就くには、高い石高が必要であった。

D　足高の制が定められる以前も、役職に必要な石高が不足している家臣に対して石高を引き上げて対応することはあったが、役職を辞めた後も石高は引き上げられたままであった。

E　足高の制が定められたころは、米以外の物価が高かったため、幕府の財政は厳しい状況であった。

問４　年表中の④に関して、日本と外国との関係について説明した文として正しいものを、次の**ア～エ**から１つ選び、記号で答えなさい。

ア. ポルトガル船の来航が禁止された後、オランダは長崎で貿易をおこなう唯一《ゆいいつ》の国となった。
イ. ロシアは、日本が下関条約で獲得《かくとく》した遼東半島の返還《へんかん》を、イタリア・ドイツとともに求めてきた。
ウ. フランスの技術を取り入れて、綿糸を生産する官営の富岡製糸場がつくられた。
エ. 君主の権力が強いドイツ（プロイセン）の憲法を手本に、大日本帝国憲法が作成された。

問５　年表中の⑤について、寧波の乱は、日明貿易の主導権をめぐっておこった争いです。これに関して、貿易について説明した文として正しいものを、次の**ア～エ**から１つ選び、記号で答えなさい。

ア. 日明貿易は、日本が明に朝貢する形式でおこなわれたため、立場が低い日本側の利益は少なかった。
イ. 江戸時代の開国後におこなわれた貿易では、大量生産されたイギリスの安い生糸が輸入されたため、国内の養蚕業がおとろえた。
ウ. 第一次世界大戦中は、戦争中のヨーロッパにかわって綿織物などをアジアへ輸出したため、日本の輸出額は増えた。
エ. 世界恐慌の影響《えいきょう》で、主な輸出品であった自動車のアメリカへの輸出が減ったため、日本の輸出額は減った。

問６　年表中の⑥に関して、征夷大将軍に就任したことがある人物について説明した文として正しいものを、次の**ア～エ**から１つ選び、記号で答えなさい。

ア. 坂上田村麻呂は、桓武天皇から征夷大将軍に任命され、東北地方の蝦夷と戦った。
イ. 源頼朝は、征夷大将軍に任命された後に、朝廷から全国に守護と地頭を置くことを認められた。
ウ. 足利尊氏は、鎌倉幕府が滅《ほろ》んだ後に、後醍醐天皇から征夷大将軍に任命された。
エ. 徳川家康は、豊臣氏を滅ぼした後に、征夷大将軍に任命された。

問７　年表中の⑦に関して、蔵人頭は、天皇に関する重要なことがらをあつかう役職です。次の**ア～オ**は、さまざまな役職について説明した文です。**ア～オ**を年代の古い順にならべたとき、**２番目**と**４番目**にくるものを、それぞれ記号で答えなさい。

ア. 将軍をたすける役職として、はじめて執権が置かれた。
イ. 将軍をたすける役職として、はじめて管領が置かれた。
ウ. 天皇をたすける役職として、はじめて関白が置かれた。
エ. 朝廷の監視《かんし》などの目的で、京都にはじめて京都所司代が置かれた。
オ. 朝廷の監視などの目的で、京都にはじめて六波羅探題が置かれた。

問８　年表中の⑧に関して、道元のように中国へ渡った人物を下の図のように場合分けしたとき、図中の 4 にあてはまる人物を**漢字**で答えなさい。

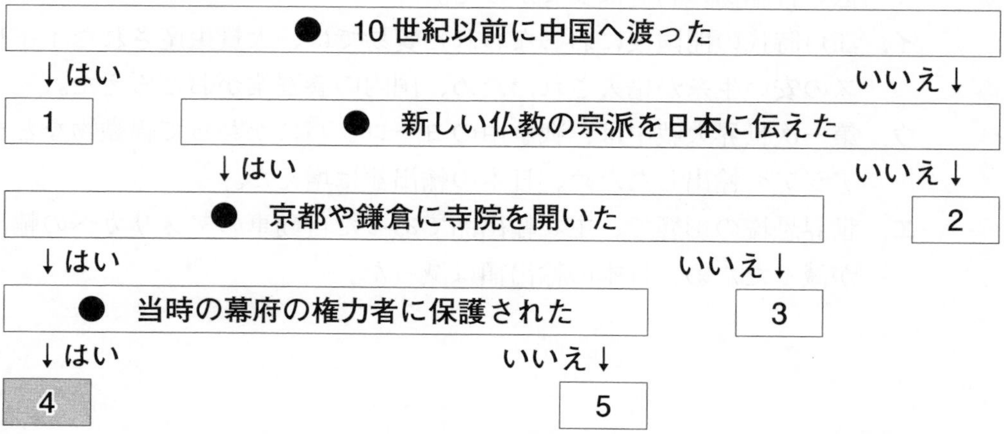

問９　年表中の⑨に関して、崇徳天皇がのちにかかわる保元の乱について説明した文として正しいものを、次の**ア～エ**から１つ選び、記号で答えなさい。

ア. 亡くなった天皇の子と弟が、あとつぎをめぐって争い、亡くなった天皇の弟が勝った戦い。
イ. 上皇と天皇が、源氏や平氏を動員して争い、天皇方が勝った戦い。
ウ. 平氏と源氏が争い、勝った平氏が政治の実権をにぎった戦い。
エ. 上皇が率いる朝廷が、幕府を倒《たお》そうと兵をあげたが敗れた戦い。

問10　年表中の⑩に関して、次の**A～G**は、それぞれ日本の紙幣に描《えが》かれたことがある、または描かれることが決定している人物や作品について説明した文です。各文中の□にあてはまる語句や人名をひらがなで答えて、〔　　〕で指定された順番の文字をそれぞれ抜《ぬ》き出してならべかえると、日本の紙幣に描かれたことがある人物の名前になります。ならべかえてできる人名を**漢字４字**で答えなさい。なお、□にあてはまる語句や人名においては、「っ」「ゃ」「ゅ」「ょ」などの小文字も１文字として数えること。

A. □が描いた『富嶽三十六景』は、多色刷《ず》りの浮世絵である錦絵の代表的作品である。〔８文字中の**２文字目**〕
B. 伊藤博文は、長州藩士だったときに□塾で吉田松陰に学び、明治時代には初代内閣総理大臣に就任するなど活躍《かつやく》した。〔６文字中の**５文字目**〕
C. 板垣退助は、西郷隆盛らとともに、武力を用いてでも朝鮮を開国させようとする□を主張したが、岩倉具視や大久保利通らの反対により却下《きゃっか》されたため政府を去った。〔６文字中の**１文字目**〕
D. □は、札幌農学校を卒業後、英語で『武士道』を著《あらわ》すなど活躍し、国際連盟の初代事務局次長を務めた。〔７文字中の**５文字目**〕
E. 岩倉使節団に同行してアメリカに留学した□は、帰国後に女子英学塾を創設して女子教育に力を注いだ。〔５文字中の**４文字目**〕
F. □は、破傷風《はしょうふう》の血清療法《けっせいりょうほう》やペスト菌《きん》を発見するとともに、伝染病研究所を設立して日本の医学の発展に貢献《こうけん》した。〔10文字中の**１文字目**〕
G. □は、『たけくらべ』『にごりえ』などの作品を発表し、24歳の若さで亡くなった。〔７文字中の**７文字目**〕

問11　年表中の⑪に関して、次の**ア～オ**は、かつて日本で用いられた元号です。元号がふくまれる歴史上のできごとを参考にして、**ア～オ**を年代の古い順にならべたとき、**2番目**と**4番目**にくるものを、それぞれ記号で答えなさい。

ア．文永　　**イ**．安政　　**ウ**．永仁　　**エ**．文禄　　**オ**．天明

問12　年表中の⑫に関して、公営田は、税の収入が減ったことによる財政不足をおぎなうために設置された田です。次の**ア～オ**は、それぞれ土地や税について説明した文です。**ア～オ**を年代の古い順にならべたとき、**2番目**と**4番目**にくるものを、それぞれ記号で答えなさい。

ア．国の収入を安定させるために、土地の所有者に地券を発行し、土地の価格を基準として現金で税を納めさせた。

イ．年貢を確保するために、田畑を売買することを禁止したり、米以外の作物をつくることを制限したりした。

ウ．地主から国が強制的に土地を買い上げ、土地を持っていない小作人に安く売り渡した。

エ．検地帳に記録した農民に年貢を納めることを義務付け、全国の土地を石高で表すように定めた。

オ．税を集めることは国司に任せられたため、国司の中には不正をはたらいて農民たちから訴《うった》えられる者もいた。

問13　年表中の⑬に関して、三世一身の法は、口分田不足に対応するために出された法令です。口分田は、戸籍《こせき》に記録された年齢《ねんれい》や性別などに応じて、与《あた》えられる面積が決まりました。次の**【戸籍】**に記録されている人たちに与えられる口分田の面積の合計を、**【注意事項】**を参考にして、解答欄にあうように**算用数字**で答えなさい。

【戸籍】

男　五十五歳《さい》	女　五十一歳	男　三十一歳	女　二十九歳
女　二十五歳	男　二十二歳	女　十六歳	男　八歳
女　七歳	女　四歳	男　二歳	

【注意事項】

・口分田は、6歳以上の男女に与えられた。
・男には、2段《たん》の広さの口分田が与えられた。
・女には、男の3分の2である1段120歩《ぶ》の広さの口分田が与えられた。
・当時の土地の広さを表す単位は、「1町《ちょう》＝10段」、「1段＝360歩」であった。
・単位がくり上がる場合は、必ずくり上げる。
（例）12段480歩　→　1町3段120歩
・実際は、身分によって与えられる口分田の広さは変わったが、今回の問題では、それは考えなくてよい。

問14　年表中の⑭に関して、日本の寺院について説明した文として正しいものを、次の**ア～エ**から1つ選び、記号で答えなさい。

ア． 東大寺は、奈良時代に創建された寺院で、南大門やそこに置かれている金剛力士像は創建当時につくられたものである。

イ． 石山本願寺は、日蓮宗の総本山として各地の一向一揆を指導し、その跡地《あとち》に大阪（大坂）城が築かれた。

ウ． 延暦寺は、真言宗を伝えた最澄によって創建され、織田信長によって焼打ちされた。

エ． 慈照寺は、足利義政が京都の東山に建てた別荘《べっそう》がのちに寺院になったもので、銀閣や書院造で有名な東求堂がある。

3　次の各問いに答えなさい。

問１　日本国憲法に規定されている天皇の任命権や国事行為に関する説明としてもっともふさわしいものを、次の**ア～エ**から１つ選び、記号で答えなさい。

ア．天皇の国事行為は国会の助言と承認が必要となる。
イ．国会の指名にもとづいて最高裁判所長官を任命する。
ウ．憲法改正、法律、政令、条約を公布する。
エ．国会の指名にもとづいて国務大臣を任命する。

問２　三権分立に関する説明として正しいものを、次の**ア～エ**から１つ選び、記号で答えなさい。

ア．ロックは『法の精神』を著し、三権分立を主張した。
イ．日本において、国会は弾劾裁判所を設置し、国務大臣をやめさせることができる。
ウ．日本において、内閣は衆参両議院の解散の決定をすることができる。
エ．日本において、裁判所は内閣の命令や規則に対して違憲審査をおこなうことができる。

問３　国と地方のしくみに関して説明した次の**A**・**B**の文について、正しい場合を**○**、あやまっている場合を**×**とした場合の組み合わせとして正しいものを、あとの**ア～エ**から１つ選び、記号で答えなさい。

A．「平成の大合併」とは、総務省などが中心となりおこなわれ、中央集権を一層推進するために市町村の合併がすすめられたことを指す。
B．自主財源とは、地方公共団体が自主的に調達できる財源を指し、地方交付税交付金がこれにあたる。

ア．A－○　B－○　イ．A－○　B－×
ウ．A－×　B－○　エ．A－×　B－×

問4　条約に関する説明として正しいものを、次の**ア～エ**から1つ選び、記号で答えなさい。

ア. 包括的核実験禁止条約は、1996年に国連総会で採択《さいたく》され、発効した。

イ. 核兵器禁止条約は、2017年に国連総会で採択されたが、日本はこの条約に参加していない。

ウ. 子どもの権利条約は、1989年に国連総会で採択され、子どもを13歳未満と定め、大人と同じように人権を認めた。

エ. 日本は、1985年に女子差別撤廃条約を批准《ひじゅん》し、同じ年に男女共同参画社会基本法が制定された。

問5　日本の社会保障に関する説明として正しいものを、次の**ア～エ**から1つ選び、記号で答えなさい。

ア. 介護保険は、市町村によって運営されている。そのため、市町村によってサービスの内容に格差が生じることが問題となっている。

イ. 年金の財源は、受給する人が働いているときに積み立ててきた保険料のみでささえられている。

ウ. 公的扶助は、地域社会の人々の健康の保持、増進をはかったり、病気に対する予防策を講じたりする。

エ. 社会保障関係費は、消費税が増税されたこともあり、国の1年の支出のうち大きな割合をしめていない。

問６　日本の政府の景気対策に関する次の文の空欄（　Ｃ　）・（　Ｄ　）にあてはまる語句の組み合わせとして正しいものを、あとの**ア～エ**から１つ選び、記号で答えなさい。

> 一般的に、不景気やデフレ（デフレーション）のときは、政府は公共事業など財政支出を（　Ｃ　）、（　Ｄ　）税をおこなう。

	（　Ｃ　）	（　Ｄ　）
ア	増やし	増
イ	増やし	減
ウ	減らし	増
エ	減らし	減

問７　第二次世界大戦後の国際情勢に関する説明として正しいものを、次の**ア～エ**から１つ選び、記号で答えなさい。

ア．アメリカを中心とする西側諸国と、ソ連を中心とする東側諸国の冷戦とよばれる対立は、ヤルタ会談で終結が宣言された。

イ．キューバ危機では、キューバにミサイル基地を建設しようとしたアメリカと、これを阻止《そし》しようとしたソ連との対立が激しくなったが、話し合いで解決された。

ウ．冷戦が終わったあとも、世界各地で民族紛争や地域紛争がおこっており、このような紛争には、必ずＰＫＯが派遣されて解決をしてきた。

エ．1960年にアフリカで多くの国が独立をしたことから、この年は「アフリカの年」とよばれている。

問８　次の日本国憲法第15条の条文中の空欄にあてはまる語句を**漢字**で答えなさい。ただし、２つの空欄（　Ｅ　）には同じ語句があてはまる。

> すべて公務員は、全体の（　Ｅ　）であつ《っ》て、一部の（　Ｅ　）ではない。

【理　科】〈東大特待Ⅰ試験　4教科型〉（40分）〈満点：75点〉

1　変形しない物体を１点で支えて静止（動きが止まり傾《かたむ》きはじめない）させると、支えている点（支点）はその物体の重心の位置、または、**図１**、**図２**のように、その重心の真上か真下の位置になります。このことを利用した工作・実験について、あとの問いに答えなさい。なお、このあとでてくる「竹ぐし」は重さと太さを無視《むし》できる変形しない棒《ぼう》と考え、「おもり」の重さはとりつけた点の一点に集中し、大きさを無視できるものとします。

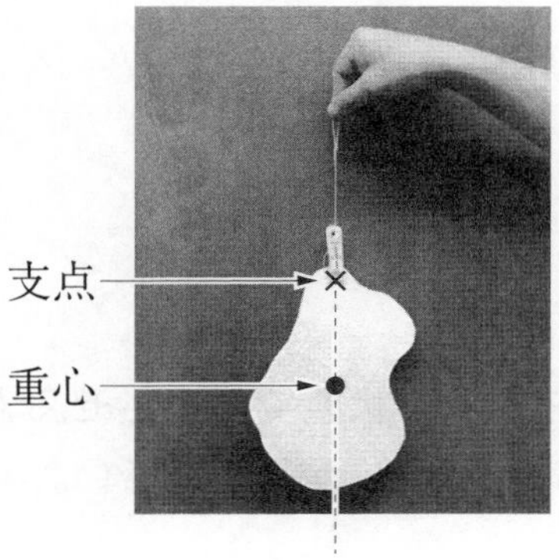

図１

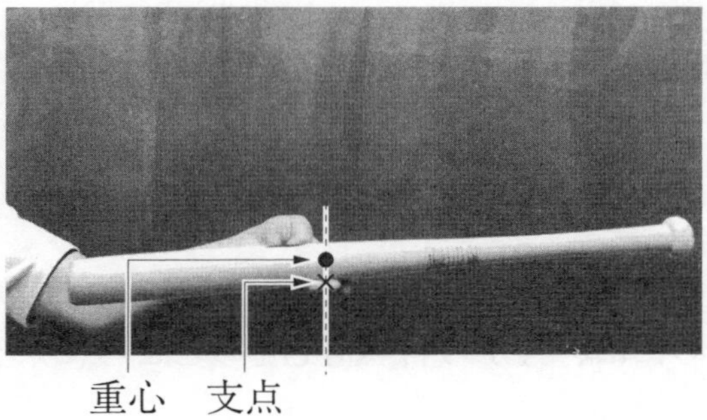

図２

まず、**図３**のように18 cmの竹ぐし１本を用意して、左端《ひだりはし》に８ g、右端に16 gのおもりをとりつけた物体をつくりました。

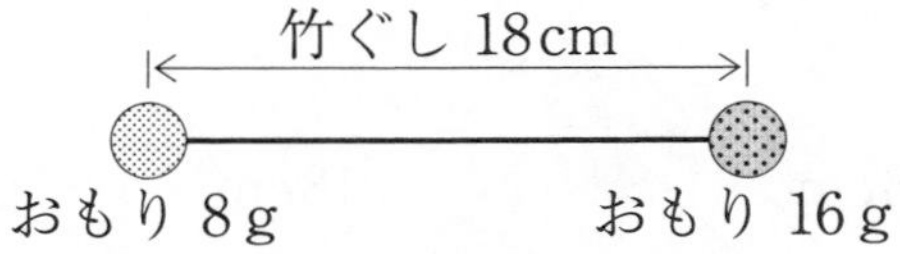

図３

問１　**図３**の物体を竹ぐし上の１点で支えて、竹ぐしを水平な状態で静止させるためには竹ぐしの左端から何 cm のところを支えればよいか答えなさい。

次に、**図4**のように直角に折れ曲がったＬ字型の棒を用意して、頂点《ちょうてん》と端を点Ａ、Ｂ、Ｃとし、点Ｂと点Ｃにそれぞれ８ｇのおもりをとりつけて物体をつくりました。Ｌ字型の棒は重さと太さを無視でき、変形しないものとします。

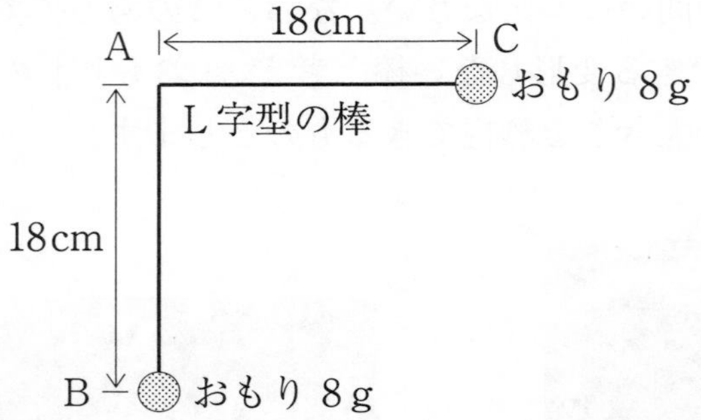

図4

問２　**図4**の物体のＡＣ上の１点を糸でつり、ＡＣを水平な状態で静止させるためには、Ａから右へ何cmのところに糸をとりつければよいか答えなさい。

次に、**図5**のように三角定規を用意して、頂点を点Ａ、Ｂ、Ｃとし、点Ａ、Ｂ、Ｃにそれぞれ８ｇのおもりをとりつけて物体をつくりました。三角定規は直角二等辺三角形で重さと厚さを無視でき、変形しないものとします。

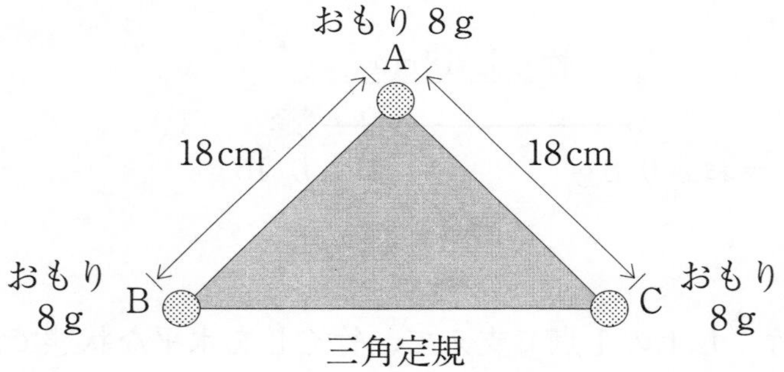

図5

問３　**図5**の物体の辺ＡＣ上の１点を糸でつり、辺ＢＣを水平面に対して垂直《すいちょく》な状態で静止させるためには、Ａから何cmのところに糸をとりつければよいか答えなさい。

次に、**図６**のようにつまようじと竹ぐし２本におもりを３つとりつけて、左右対称《たいしょう》でない「やじろべえ」をつくりました。竹ぐしの端をそれぞれ点Ａ、Ｂ、Ｃとし、点Ａには８ｇ、ＡＢ上には16ｇ、ＡＣ上には重さがわからないおもりがとりつけてあります。また、点Ａにはつまようじを1.5cmに切断したものをとりつけてあります。なお、２本の竹ぐしは点Ａで角度が120°になるように接しており、竹ぐしとつまようじは60°の角度になっています。つまようじも、竹ぐしと同様に、重さと太さを無視できる変形しない棒とし、その上端《じょうたん》は点Ａと接しており、下端《かたん》を点Ｏとします。

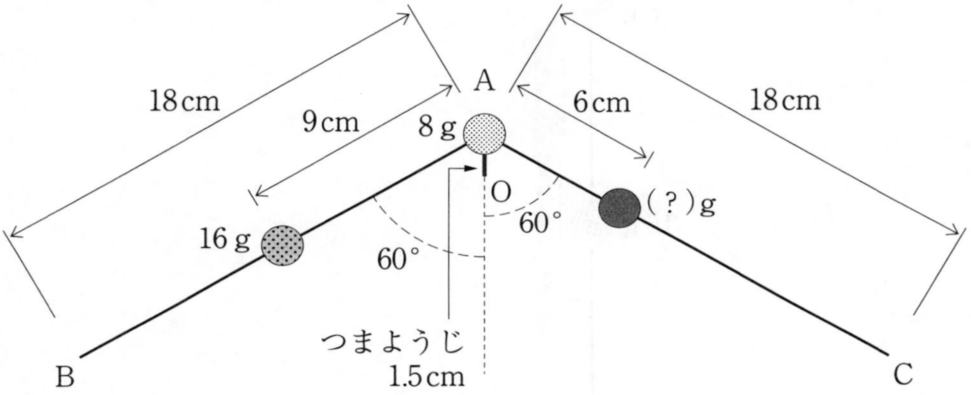

図６

問4　**図6**のやじろべえの点Oをペンのふたの先端で支えると、**図7**のようにABが水平面に対し垂直となり、静止しました。AC上にある重さがわからないおもりの重さは何gか答えなさい。

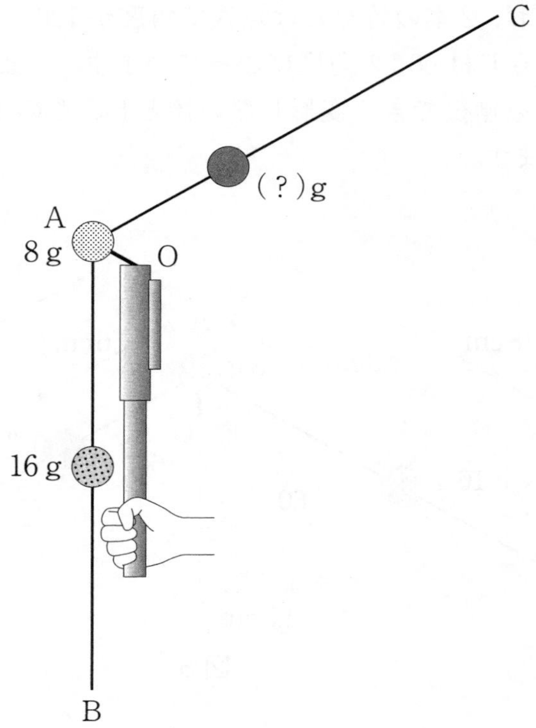

図7

次に、やじろべえに対して**図6**の状態から、以下の操作①、②、③をそれぞれ行う場合について考えます。

操作①：やじろべえのつまようじを2.5 cmのものに交換《こうかん》し、再び点Oをペンのふたの先端で支える。

操作②：やじろべえのＡＣ上のおもりの重さまたは位置を変更《へんこう》し、再び点Oをペンのふたの先端で支える。

操作③：**図8**のように、やじろべえのつまようじを4.5 cmのものに交換し、ＡＣ上のおもりの重さと位置を変更することで、「左右対称」なやじろべえにし、再び点Oをペンのふたの先端で支える。

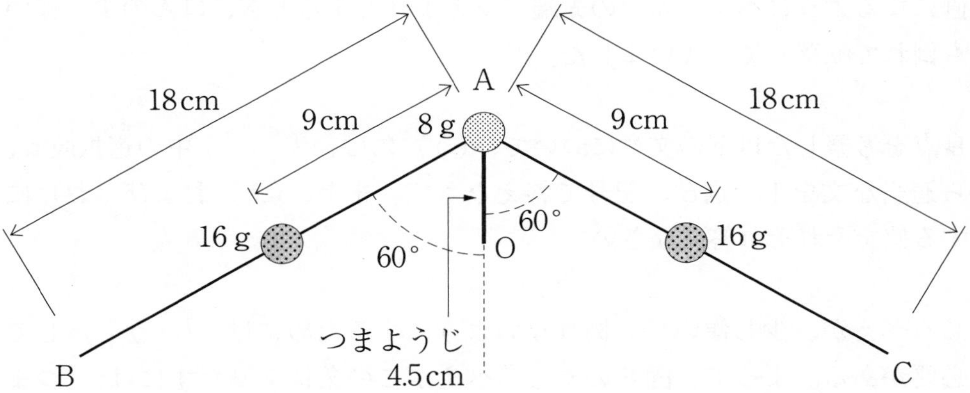

図8

問5　操作①の場合、つまようじの傾きは**図7**の状態に比べてどうなりますか。次の**ア～エ**から1つ選び、記号で答えなさい。

ア　つまようじは、点Oを中心に時計回りに少し傾くが、水平面に対し垂直になる前に静止する。

イ　つまようじは、点Oを中心に反時計回りに少し傾くが、水平になる前に静止する。

ウ　つまようじは、点Oを中心に時計回りに傾き、水平面に対し垂直になり静止する。

エ　つまようじは、点Oを中心に反時計回りに傾き、水平になり静止する。

問6　操作②の場合、つまようじの傾きが水平面に対し垂直になり、静止しました。この操作②における、ＡＣ上のおもりの変更について記述した以下の文章の（あ）および（い）に適する値を答えなさい。

「重さを（　あ　）ｇのものに交換する」、または、「位置をＡＣにそってＡから（　い　）cmのところに変更する」ことで、つまようじの傾きは水平面に対し垂直になり静止した。

図7および操作①、②の場合、やじろべえは、点Ｏをペンのふたの先端で支えているとき、静止した状態から少し傾いてしまっても、ゆらゆらしますが倒《たお》れることはありませんでした。一方、操作③の場合、やじろべえは、つまようじが水平面に対し垂直になるようにペンのふたの先端で支えようとするとき、ほんの少し傾いただけでも倒れて転落してしまいました。

問7　改良点を考察した以下の文章について、（う）には、｛　　　｝中の選択肢《せんたくし》**a**、**b**から適当な文を１つ選び、記号で答えなさい。また、（え）および（お）には適する値をそれぞれ答えなさい。

やじろべえが、少し傾いても倒れないようにするためには、（　う　）しておく必要がある。よって、**図8**のやじろべえがこの条件を満たすには、「つまようじの長さを（　え　）cmよりも短くする」、もしくは、「ＡＢ、ＡＣ上の2つのおもりを竹ぐしにそって左右対称にそれぞれ点Ａから（　お　）cmの位置よりも遠ざける」という改良を加えればよい。

｛　**a**　支点Ｏの位置よりも重心の位置を低く
　　b　重心の位置よりも支点Ｏの位置を低く　｝

2　水はさまざまなものを溶《と》かすことができ、ものが水に溶けてできた液体のことを水溶液《すいようえき》といいます。これについて、あとの問いに答えなさい。

問1　水溶液の1つとして知られている塩酸は水に何が溶けたものですか。次の**ア～カ**から1つ選び、記号で答えなさい。

ア　塩化ナトリウム　　**イ**　二酸化炭素　　**ウ**　硫化《りゅうか》水素
エ　塩化水素　　**オ**　アンモニア　　**カ**　硝酸《しょうさん》カリウム

塩酸とマグネシウムを反応させると、水素が発生します。**表**は、いろいろなこさの塩酸50 mLが入った4つのフラスコにそれぞれ1.2 gのマグネシウムを入れて、発生した水素の体積を記録したものです。なお、水とマグネシウムは反応せず、発生した水素は水に溶けないものとします。

表

塩酸のこさ［%］	3	6	9	12
発生した水素の体積［L］	0.48	0.96	1.12	1.12

問2　1.2 gのマグネシウムと塩酸50 mLがどちらも余らずちょうど反応するときの塩酸のこさは何%ですか。

問3　反応させるマグネシウムの量を2.4 gにすると、こさ10 %の塩酸50 mLとの反応で発生する水素は何Lになりますか。次の**ア～カ**から1つ選び、記号で答えなさい。

ア　0.8 L　　**イ**　1.12 L　　**ウ**　1.28 L
エ　1.6 L　　**オ**　2.08 L　　**カ**　2.24 L

問4　マグネシウム 1.2 g と反応させる塩酸の体積を 25 mL にします。このとき発生した水素の体積［L］と塩酸のこさ［%］の関係をグラフにすると、どのような形になりますか。最も近いものを次の**ア～カ**から1つ選び、記号で答えなさい。

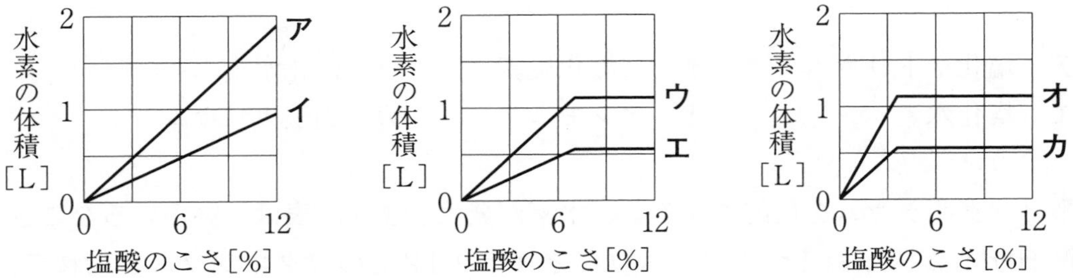

問5　反応させるマグネシウムの量を 1.5 g にすると、こさ 10 %の塩酸 50 mL との反応で発生する水素は何Lになりますか。次の**ア～カ**から1つ選び、記号で答えなさい。

ア　1 L　　**イ**　1.12 L　　**ウ**　1.24 L

エ　1.4 L　　**オ**　1.6 L　　**カ**　2.24 L

問6　100 g の水に溶けるものの重さの限度量を溶解度といいます。塩化マグネシウムの溶解度は 20 ℃で 54 g です。20 ℃でこさ 10 %の塩化マグネシウム水溶液 100 g には、さらに何 g の塩化マグネシウムが溶けますか。**小数第一位を四捨五入《ししゃごにゅう》して整数**で答えなさい。

マグネシウムは、室温で放置すると一部が酸化されてさびてしまいます。さびたマグネシウムは塩酸と反応すると水素を発生せずに溶けます。この性質を利用して、マグネシウムがどのくらい酸化されているかを調べました。

問7　一部が酸化したマグネシウム 1.5 g とこさ 12 %の塩酸 50 mL を反応させたところ、すべてのマグネシウムが反応し水素は 1.12 L 発生しました。マグネシウムの純度《じゅんど》は何%になるか答えなさい。なお、ここでの純度とは一部が酸化したマグネシウム 1.5 g に対する酸化していないマグネシウムの重さの割合《わりあい》［%］とします。

3　次の文章を読み、あとの問いに答えなさい。

①タンポポは日本では身近な植物であり、春に②花から③種子をつくるようすが見られます。種類も多く、関西から九州北部にはカンサイタンポポ、関東地方にはカントウタンポポと、地域《ちいき》や環境《かんきょう》によってさまざまな種類が見られます。また、もともと日本に分布しておらず、ヨーロッパから入ってきたセイヨウタンポポも今では日本各地に分布しています。さらにもともと日本に分布していた種類のタンポポと、もともと日本に分布していなかった種類のタンポポが合わさって新たにできた、雑種タンポポも日本中で見られるようになりました。これらのタンポポは性質が少しずつ異《こと》なります。

問１　下線部①について、発芽したタンポポのようすを正しく示した図を次の**ア～カ**から１つ選び、記号で答えなさい。

ア

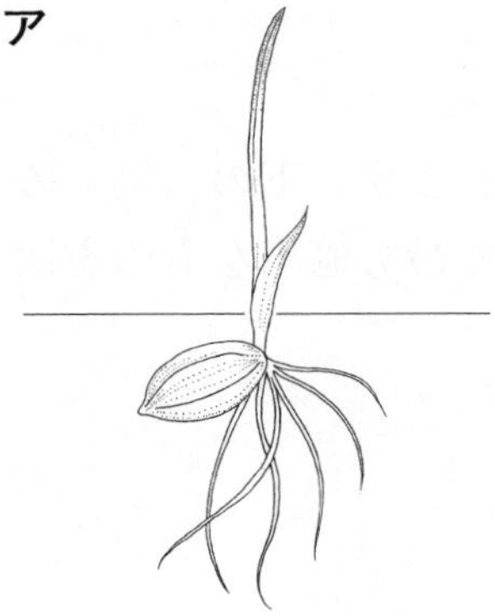

イ

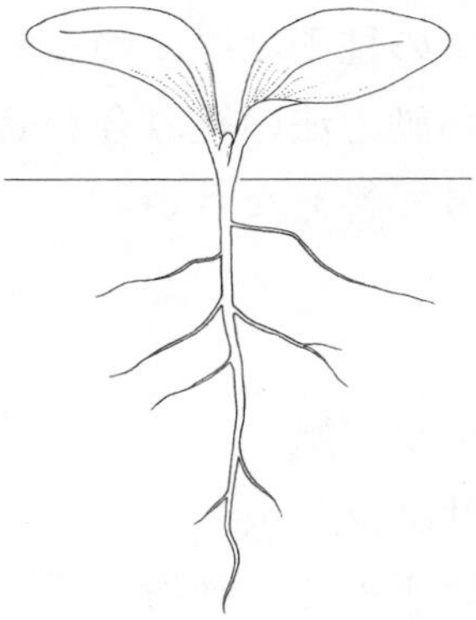

ウ

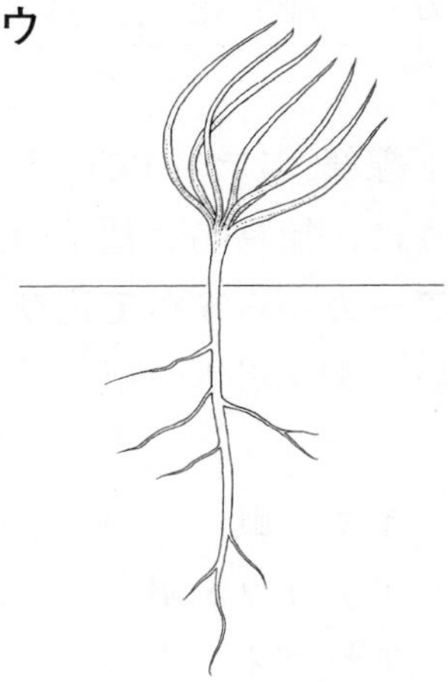

エ

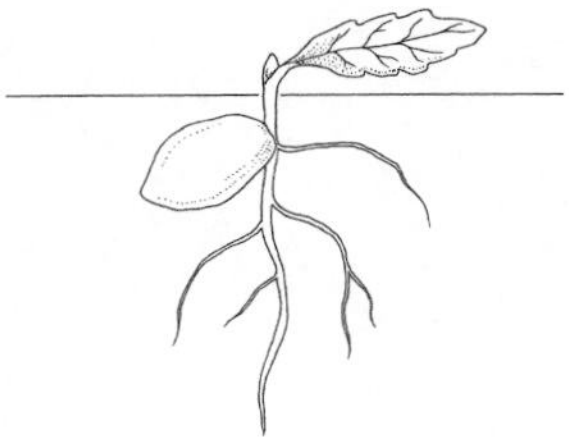

オ

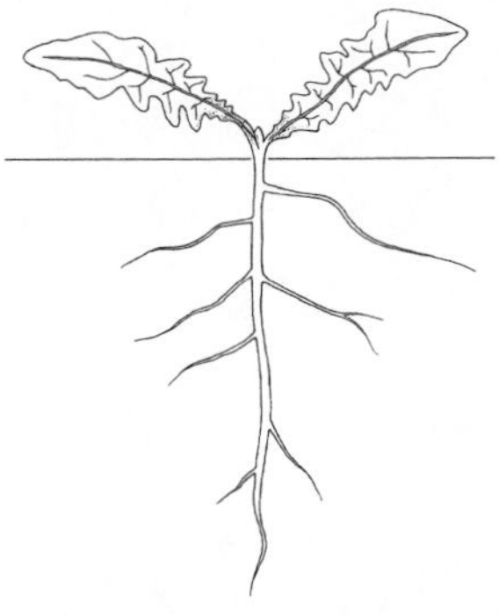

カ

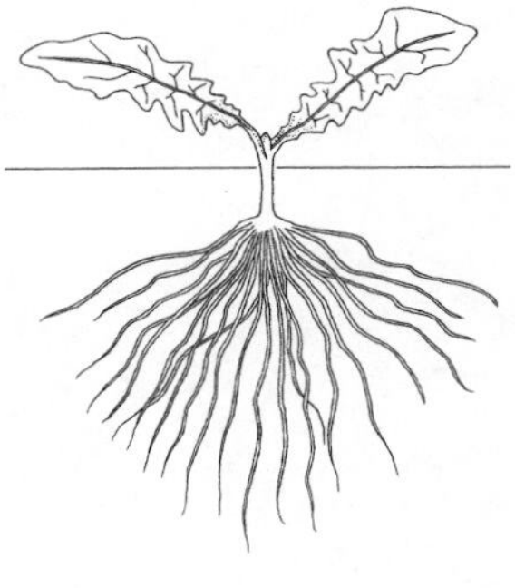

問２　下線部②について、次の文章はタンポポの花の構造に関するものです。文章の（あ)、(い）にあてはまる言葉の組み合わせを次の**ア～カ**から１つ選び、記号で答えなさい。

タンポポは花弁の形状から（　あ　）類に分類される。花弁より内側には５本のおしべと１本のめしべがあり、めしべの根もとには胚珠《はいしゅ》が（　い　）ある。

	(あ)	(い)
ア	合弁花	１つ
イ	合弁花	２つ
ウ	合弁花	多数
エ	離弁《りべん》花	１つ
オ	離弁花	２つ
カ	離弁花	多数

問３　下線部③について、タンポポの種子は風にのって移動します。下の（例）のように、植物名と種子の主な移動方法の組み合わせとして最も適当なものを次の**ア～カ**から**すべて**選び、記号で答えなさい。

（例）　タンポポ・風

ア　イネ・風　　　　**イ**　マツ・風
ウ　イチョウ・風　　**エ**　サクラ・虫
オ　アサガオ・虫　　**カ**　オナモミ・動物

カントウタンポポ・セイヨウタンポポ・雑種タンポポの３種類のタンポポを用いて、【実験１】、【実験２】、【実験３】を行いました。

【実験１】

１つの丸い容器（シャーレ）に同じ種類のタンポポの種子を50個ずつ広げる。さまざまな温度に保たれた部屋を準備し、各部屋にシャーレを１つずつ設置する。１つのシャーレにある50個の種子のうち、発芽した割合《わりあい》を**図１**にまとめた。

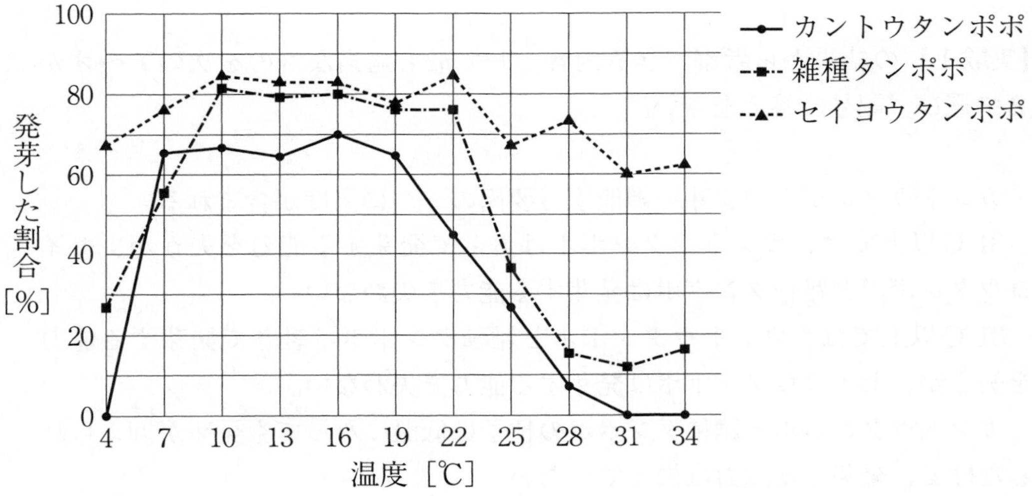

図１

（保谷彰彦『わたしのタンポポ研究』より）

カントウタンポポは温度が36℃以上の場合でも発芽した割合は０％だった。またカントウタンポポのうち、4℃、22℃、25℃、28℃、31℃で発芽しなかったものを16℃に置くと、種子の大部分が発芽した。雑種タンポポでも、4℃、25℃以上で発芽しなかったものを16℃に置くと、種子の大部分が発芽した。

問４　【実験１】について、１つのシャーレに種子を１個ではなく50個広げるのはなぜでしょうか。その理由として最も適当なものを次の**ア～エ**から１つ選び、記号で答えなさい。

ア　種子同士の影響《えいきょう》を確認《かくにん》するため。

イ　シャーレ内の位置による、光の当たり方や温度の影響を確認するため。

ウ　ちがう種類の種子がまぎれないようにするため。

エ　種子の１つ１つの性質の差が、実験結果に大きな影響をあたえないようにするため。

問５　【実験１】の結果から考察できる内容として最も適当なものを次の**ア～オ**から**２つ**選び、記号で答えなさい。

ア　カントウタンポポの発芽を調節する要因の一つに温度が含《ふく》まれる。

イ　31℃以上では、カントウタンポポは暑さで発芽する能力を失うが、セイヨウタンポポと雑種タンポポは発芽する能力を失わない。

ウ　31℃以上では、カントウタンポポと雑種タンポポは暑さで発芽する能力を失うが、セイヨウタンポポは発芽する能力を失わない。

エ　カントウタンポポと雑種タンポポの種子は低温になっても発芽が抑《おさ》えられるだけで、発芽する能力は失っていない。

オ　温度に関する性質から、雑種タンポポは葉や花がセイヨウタンポポよりもカントウタンポポに似た形状のタンポポである。

【実験2】

16℃で発芽した種子を6℃、16℃、24℃、31℃、36℃にそれぞれ保たれた部屋で育て、各温度で生き残った芽生えの割合を**図2**にまとめた。

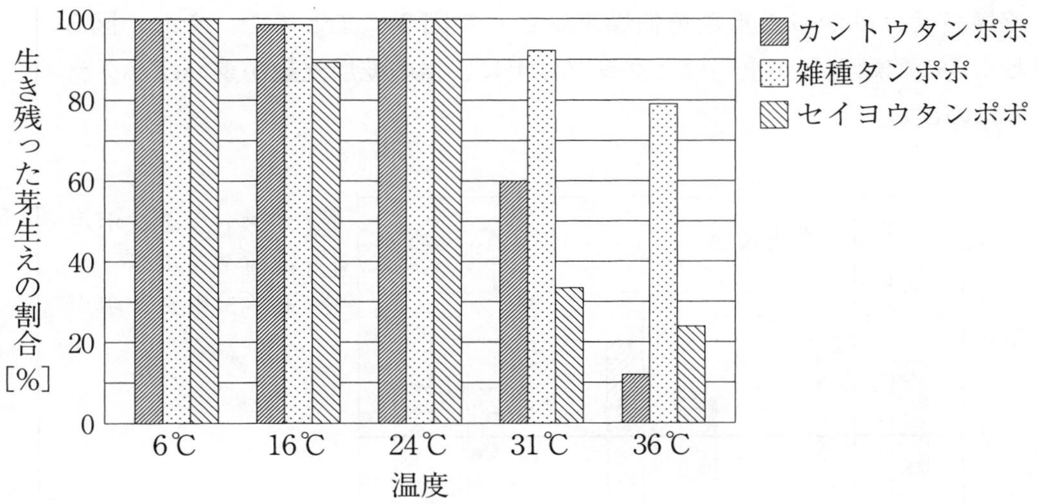

図2

(保谷彰彦『わたしのタンポポ研究』より)

問6　【実験1】、【実験2】の結果から考察できる内容として最も適当なものを次の**ア～オ**から**2つ**選び、記号で答えなさい。

ア　31℃に保った部屋で発芽から生育までさせようとした場合、すべての種子のうち、発芽して枯《か》れるものの割合を3種類のタンポポで比べると、最も高いのはセイヨウタンポポである。

イ　36℃に保った部屋で発芽から生育までさせようとした場合、すべての種子のうち、発芽して枯れるものの割合を3種類のタンポポで比べると、最も高いのはカントウタンポポである。

ウ　31℃に保った部屋で発芽から生育までさせようとした場合、すべての種子のうち、セイヨウタンポポは30％以上が生き残ることができる。

エ　雑種タンポポは、温度に影響されることなく、発芽・生育することができる。

オ　16℃で発芽したもののうち、31℃で最も生育しやすいのは、3種類のタンポポのうち、雑種タンポポである。

【実験３】

子葉の次の葉（本葉）が出たばかりの同じ重さのタンポポを３つ用意し、しめった土、ややしめった土、かわいた土の３種類の土でそれぞれ約２か月育てる。このとき、すべてのタンポポが枯れることなく成長した。成長したタンポポを乾燥《かんそう》させ、はかった重さを乾燥重量として**図３**にまとめた。なお、**図３**は葉とくきの乾燥重量が重いほどグラフは上に、根の乾燥重量が重いほどグラフは下にのびる。

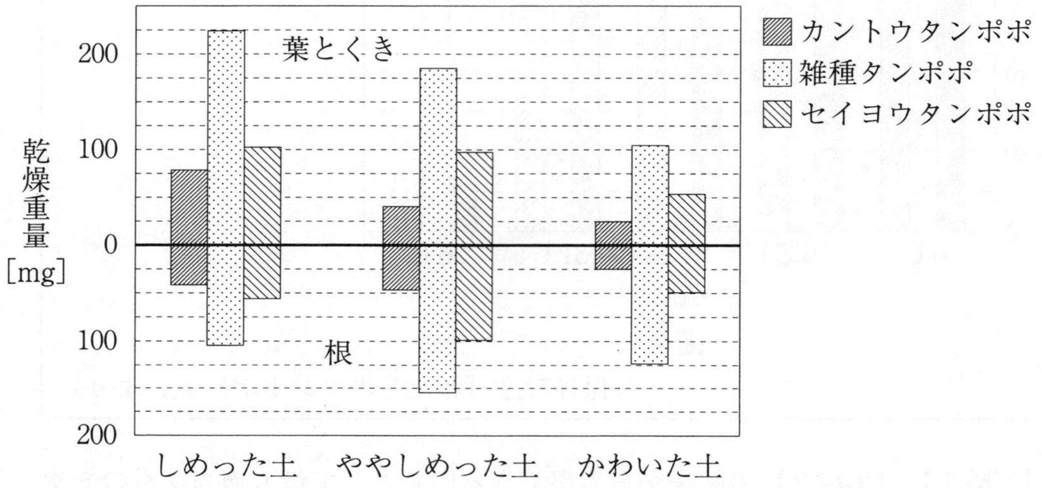

図３

（保谷彰彦『わたしのタンポポ研究』より）

問７　【実験３】の結果から考察できる内容として最も適当なものを次の**ア～エ**から１つ選び、記号で答えなさい。

ア　水分が多いほど、どのタンポポも植物全体が大きく成長する。

イ　カントウタンポポはかわいた土では生育できない。

ウ　水分が少ない環境において、雑種タンポポは光合成よりも水を吸収《きゅうしゅう》することを優先するように成長する。

エ　かわいた土で生育した雑種タンポポは、葉の重さよりも根の重さのほうが軽い。

4　次の文章を読み、あとの問いに答えなさい。

内閣府《ないかくふ》のホームページによると、今後30年以内に日本への被害《ひがい》が大きい南海トラフ地震《じしん》と首都直下地震が発生する確率は、それぞれ70％と高い数字で予想されています。そのことに危機感《ききかん》を覚えた栄東君は、地震について調べて以下のようにまとめました。

＜調べたこと＞
地震は、海溝型地震《かいこうがたじしん》と活断層型地震《かつだんそうがたじしん》の２つに分類できる。

海溝型地震　：海底を形作る海洋プレートと、大陸を形作る大陸プレートとの間で発生する地震である。海洋プレートと大陸プレートがぶつかると、（　①　）プレートが（　②　）プレートの下に潜《もぐ》り込んでいく。これに伴《ともな》って（②）プレートの先端《せんたん》が徐々《じょじょ》に引き込まれていき、両プレートの間にひずみが蓄積《ちくせき》する。（②）プレートがひずみに耐《た》えられなくなると、引きずり込まれていた部分が元に戻《もど》ろうとする。このときに放出される巨大《きょだい》なエネルギーによって起こる地震が「海溝型地震」である。この地震による災害として、（　③　）などがある。

活断層型地震：プレート内の活断層で発生する地震である。地下深くの岩盤《がんばん》には、たくさんの割《わ》れ目があるが、通常はかみ合っている。しかし、プレート移動によって大きな力が加わることで、かみ合っている部分が壊《こわ》れて上下や水平方向にずれが生じることがある。このときの衝撃《しょうげき》がゆれとして地面に伝わったものが「活断層型地震」である。この地震による災害では、（　④　）などがある。

また、地震により発生する波には最初の小さいゆれ（初期微動《しょきびどう》）を引き起こすＰ波と、それに続く大きいゆれ（主要動）を引き起こすＳ波がある。

問１　次の（１）、（２）について答えなさい。

（１）（①）～（④）にあてはまる言葉の組み合わせとして最も適当なものを次の**ア～エ**から１つ選び、記号で答えなさい。

	（①）	（②）	（③）	（④）
ア	大陸	海洋	東日本大震災《ひがしにほんだいしんさい》	阪神淡路大震災《はんしんあわじだいしんさい》
イ	大陸	海洋	阪神淡路大震災	東日本大震災
ウ	海洋	大陸	東日本大震災	阪神淡路大震災
エ	海洋	大陸	阪神淡路大震災	東日本大震災

（２）下線部について正しく説明した文として最も適当なものを次の**ア～エ**から１つ選び、記号で答えなさい。

ア　Ｐ波は横波、Ｓ波は縦波《たてなみ》である。
イ　Ｐ波もＳ波も横波である。
ウ　Ｐ波は縦波、Ｓ波は横波である。
エ　Ｐ波もＳ波も縦波である。

栄東君が地震について学んでいた最中に地震が起きました。その地震はA・B・Cの3地点で次のように観測されました。なお、地盤はほぼ均一であり、地震波の到達《とうたつ》にかかる時間と震源《しんげん》からの距離《きょり》は比例の関係にあるものとします。また、地点Aは震源からの距離が320 kmであることがわかっています。

地点A：11時00分22秒から40秒間初期微動が続いた。

地点B：11時00分8秒に主要動が始まった。

地点C：11時00分12秒から30秒間初期微動が続いた。

問2　次の（1）、（2）について計算して答えなさい。

（1）　地点Cの震源からの距離は何kmですか。

（2）　この地震によるP波の伝わる速さは秒速何kmですか。

問3　次の（1）、（2）について計算して答えなさい。

（1）　この地震発生時刻《じこく》は10時59分何秒ですか。

（2）　地点Bの震源からの距離は何kmですか。

問4　緊急《きんきゅう》地震速報とは、全国各地に設置されている地震計等を用いて地震の発生直後に、各地へのS波の到達時刻や震度を予測して通知する予報・警報《けいほう》のことです。地震計等がP波を検知し、規模《きぼ》や震度を自動計算して大きいゆれであるS波が伝わる前に危険が迫《せま》っていることを知らせる仕組みです。

今回の地震において、震源から56 km離れた場所にある地震計がP波を検知しました。それから5秒後に地点Bに緊急地震速報が届《とど》いたとすると、緊急地震速報が届いてから何秒後に大きいゆれがきますか。

こと。

イ　西の好きな花を思い出せず、おわびの気持ちで花屋にある花を宇田川が全部買い占めてしまうのではないかということ。

ウ　大事なのは西を思う宇田川の気持ちなのに、西の言葉に振り回されて、昔の写真や動画を確認する手間をかけてしまうこと。

エ　いろいろな花を買えば西が欲しい花もその中にあるだろうと考えて、花を大量に買った挙げ句、ほとんど処分してしまうこと。

オ　昔の写真や動画を確認しても、幼なじみに花を渡しているところなんかどこにもないと宇田川が気づくかもしれないということ。

問八　本文中の［Ｄ］に当てはめるのに最も適切な言葉を、本文中から十三字でぬき出して答えなさい。

問九　――線部５「聞き返す宇田川は、動揺を隠し切れずにいる」とありますが、なぜ動揺しているのですか。最も適切なものを次から選び、記号で答えなさい。

ア　四万七千六百円という大金をはたいて花を買おうと決心したのに、当てずっぽうで花を買っても花のほとんどは西の好みではないだろうから花が無駄になると、冷静に指摘されたから。

イ　花屋にある花を全種類買いそろえれば西が欲しい花も混じっていると思い、我ながらいいアイディアだと思っていたのに、そんな花束では相手はよろこばないだろうと言われたから。

ウ　西が欲しい花を買うことしか頭になくて、花がかわいそうかどうかまでは考えもしなかったので、花屋さんに「花もかわいそう」と言われて初めて自分勝手だったことに気づいたから。

エ　全財産を使い果たすような高価な花束を西に贈ったら、中学生にはぜいたくすぎるプレゼントになってしまい、よろこびよりもむしろ迷惑になるかもしれないと初めて想像できたから。

オ　西が欲しい花をあげたいと一生懸命考え、自分の全財産をかけてもいいとまで思いつめたのに、その最高の花束をプロの花屋さんに「そんな花束」と言われてしまい低評価だったから。

問十　――線部６「ヒマワリだったら三本がちょうどいいわ。三本になさいな」とありますが、李多がそのように薦《すす》めた意図を明らかにしながら、ここでの李多の考えを五十字以上七十字以内で答えなさい。

ア　額　イ　顎　ウ　頬　エ　首　オ　肩
カ　腕　キ　膝《ひざ》　ク　踵《きびす》　ケ　足

問三　――線部１「紀久子の言葉を、李多はあっさり否定する」とありますが、なぜ李多は否定したのですか。最も適切なものを次から選び、記号で答えなさい。

ア　熱心に花を見ながら、大切な記憶を思い出そうと必死になっていると思ったから。
イ　たった三日間、花屋に来ただけでは、花が好きかどうか分からないと考えたから。
ウ　花のむこうに立っていた知人を、花の隙間からこっそり見ていたのに気づいたから。
エ　花が好きなら買うはずなのに、いつも見るだけで帰って行く姿が印象的だったから。
オ　花を贈る相手を思い浮かべながら、いろいろな花を見つめているように感じたから。

問四　――線部２「一昨日は私で、昨日は光代さんだったんだから、今日はキクちゃんだね」とありますが、これは何をすることを指していますか。十字以上十五字以内で答えなさい。

問五　次のア～クは、本文中の「１」～「８」に入る会話の内容です。正しい順序に並べ替《か》え、記号で答えなさい。

ア　戸部ボクシングジムに通っている？
イ　な、なんでって言われましても
ウ　なにかしら
エ　宇田川くんかどうかはわからないけど、ウチの店にきた坊主頭の男の子が、戸部ボクシングジムのＴシャツを着ていたわ
オ　なんでそれを知りたいの？
カ　そうです。でもどうしてそれを？
キ　ウチのクラスに宇田川という男子がいまして、坊主頭というくらいしか特徴がないのですが
ク　間違いなく宇田川です。ジムでも学校でも坊主頭は俺だけだって言ってましたんで。アイツ、いや、彼はあなたの店でなんの花を買おうとしていましたか

問六　――線部３「それが不満であるかのような口ぶりだった」とありますが、なぜ不満なのですか。適切なものを次から二つ選び、**五十音順**に記号で答えなさい。

ア　自分の方が大柄で肩幅が広く、がっちりした体格なのに、背が低く細身の宇田川の方が女子に人気があるのが納得がいかず面白くないから。
イ　花屋にいる宇田川を勝手に写真に撮ってグループＬＩＮＥに流すことが、他人の私生活をのぞき見しているようで良くないと思ったから。
ウ　女子にけっこう人気がある宇田川は、異性として気になる存在だったので、ライバルが多いことに気がつき焦《あせ》ってしまったから。
エ　西の友達として、西と宇田川がうまくいくことを願っているので、宇田川が女子に人気があると、他の女子に水を差されるかもしれないから。
オ　お別れに欲しいものはないかと西に訊ねた宇田川に対し、女子にけっこう人気があるのに女心が分からないことが、腹立たしくなったから。

問七　――線部４「千尋の心配」とありますが、どういうことですか。最も適切なものを次から選び、記号で答えなさい。

ア　西の欲しいものが分からないからといって、宇田川がやたらにお金をかけてプレゼントを買ってしまうのではないかという

宇田川は虚《きょ》を衝《つ》かれた顔つきになる。そして店内を見回してから表にでて、店頭に並ぶ花の前に立つ。売行きが好調で、今日もヒマワリだらけだ。紀久子は彼のあとを追う。

「これをください」宇田川が指差したのは〈マティスのひまわり〉だった。「はじめて見たときから、彼女にぴったりな花だと思っていたんです」

「私もこのひまわり、好きです」紀久子はすぐさま同意した。「いいと思います」

八重咲きのヒマワリでたくさんの花弁が重なり、たてがみに見える。他のと比べると色が濃《こ》いうえに大輪で、荒々《あらあら》しくも逞《たくま》しい、それでいて美しくて眩《まぶ》しいヒマワリだった。

「ありがとうございます」

「何本にします?」

「三本っ」作業台のむこうから李多が言った。「6ヒマワリだったら三本がちょうどいいわ。三本になさいな」

はたして〈マティスのひまわり〉を西がよろこんでくれたのか、そもそも宇田川はきちんと渡すことができたのか、花屋としては知る由《よし》もない。

だが数日後、花の配達でラヴィアンローズを走らせていたときだ。

「紀久子さぁぁん」

交差点で信号待ちをしていると、千尋の呼ぶ声が聞こえてきた。斜《はす》向かいの歩道で、おなじユニフォームを着た子達十人ほどといっしょに信号待ちをしていた。

「先日はありがとうございましたぁぁ」

脱《ぬ》いだ帽子を振る千尋を見て、紀久子は寺山修司《てらやましゅうじ》の短歌を思いだした。

〈列車にて遠く見ている向日葵《ひまわり》は少年のふる帽子のごとし〉

列車ではなく電気三輪自動車だし、少年ではなく少女だ。短歌の帽子は麦わら帽子で、野球帽ではあるまい。それにヒマワリが帽子を振る少年みたいに見えたというのと、まるで逆だった。

千尋が〈向日葵〉に見えた。

トルコギキョウやグラジオラスなどは、花の色で花言葉がちがうが、ヒマワリは本数でちがった。九百九十九本は何度生まれ変わってもきみを愛する、百八本は結婚しよう、九十九本は永遠の愛、十一本は最愛、七本はひそかな愛、一本だけだと一目惚《ひとめぼ》れという具合にである。

そして三本は。

愛の告白だった。

（山本幸久《やまもとゆきひさ》『花屋さんが言うことには』より）

＊1　花卉市場…観賞用の草花を売り買いする場所。
＊2　グループLINE…特定のグループ内でメールや通話ができるサービス。
＊3　ラヴィアンローズ…花を配達するための一人乗りの三輪自動車に付けた愛称《あいしょう》。
＊4　バッテリー…投手（ピッチャー）と捕手（キャッチャー）の組み合わせを示す野球用語。

問一　〜〜線部a「（　　）知れている」、〜〜線部b「途方に（　　）」とありますが、（　）にそれぞれ**ひらがな**三字を入れて、aは「たいしたことはない」、bは「どうしてよいか分からなくて困った」という慣用句になるよう答えなさい。

問二　本文中の[A]〜[C]に当てはめるのに最も適切な言葉を次から選び、それぞれ記号で答えなさい。

ないんですが、だったら花屋でいちばん高い花を渡せば文句あるまいと胡蝶蘭を買いかねません」

「そんな莫迦な」

「莫迦だからするんです。どんな花でもいいからって、別れ際に胡蝶蘭を手渡されたら引きますよね」

それはそうだ。

「ですからお願いです。そんな真似《まね》だけはさせないで、ごくふつうであたりまえの花を売ってもらえませんか」

「わかった」

花屋としてできる範囲ではある。千尋を安心させるために、紀久子はにっこり微笑《ほほえ》んだ。

「この店にある花をぜんぶ一本ずつください」

三日後の土曜、西が引っ越しをするはずの日の午後一時過ぎ、勢い込んで川原崎花店に入ってくるなり、宇田川はそう言った。

「どういうこと？」

床《ゆか》に落ちた花びらや葉を箒《ほうき》で集めていた紀久子は、その手を止めた。光代さんは休みで、芳賀《はが》は三階でランチを食べている。売場にはあと李多しかおらず、彼女は作業台で、〈花天使〉経由で注文のブーケをつくっている最中だった。

「親に頼んで、昔の写真や動画を見て確認したんですけど、幼なじみに花を渡しているところなんかどこにもなくて、それであの、いろんな花を買えば、そのうちのどれかは当たっているかもしれないと思って」

胡蝶蘭ではなかったにせよ、4千尋の心配は的中したわけだ。

「ぜんぶ一本ずつにしたって、けっこうな値段になるわよ。それでもいいの？」

「かまいません。自分の全財産《ざいさん》持ってきました」

「いくら？」

「四万七千六百円です」

あの子に花を売ったら、その同額の特別手当をだしてあげてもいいわ。

三日前、李多にそう言われたのを紀久子は思いだす。いや、駄目《だめ》だ。ここは千尋との約束どおり、なんとかして、［　D　］を売るべきだろう。

でもどうやって？

「そんな花束をもらっても、相手はよろこぶとは思えないけどな。花もかわいそうよ」

ブーケをつくりながら李多が言った。注意はしているものの、その口調はのどかで優《やさ》しくもあった。自分がいないときに、宇田川がきたらと思い、スタッフ三人には、千尋から聞いた話は伝えてあった。

「な、なんでですか」

5聞き返す宇田川は、動揺《どうよう》を隠し切れずにいる。

「きみ、戸部ボクシングジムの練習生よね」

「そ、そうですが」

「ボクシングだって、どれだけ乱打しても相手に効かなくちゃ意味がないでしょ。それよりも自分がこれだと決めた一撃を打つべきよね。つまりどの花がいいか、きみ自身が決めるべきじゃない？」

「だけどその花が西の欲しい花じゃなかったらどうするんです？」

幼なじみではなく西とはっきり名前を言った。だが宇田川本人は気づいてないらしい。

「相手が欲しいという気持ちよりも、きみがあげたいという気持ちのほうが勝《まさ》てばいいの。そうすればもらう相手もよろこばすことができるわ」

じく、少しでも力になってあげたいと思った。

「よかったら詳《くわ》しく話を聞かせてちょうだい」配達はすでにおえており、あとは店へ帰るだけだったのだ。「事と次第では協力してあげる。花屋としてできる範囲《はんい》でよければだけどね」

紀久子の申し出は、さらに意外だったようだ。千尋は少しためらいながら、「お願《ねが》いします」と言った。

「この先にある細道を左に入って少しいくと、小さいけど、雰囲気《ふんいき》のいい公園があります。そこで話を聞いてください」

「一年のときから＊4バッテリーを組んでいたピッチャーの西《にし》って子が、今度の土曜に引っ越しちゃうんです」公園に着いて、木陰《こかげ》のベンチに横並びに腰《こし》かけるや否《いな》や、千尋は話しはじめた。西はおなじ中学で同学年だが、クラスはべつだという。「西と宇田川《うだがわ》は道を挟《はさ》んだむかい同士の家で、保育園の頃《ころ》からずっといっしょの幼なじみでして」

「西さんって、野球以外にもピアノをやってる？」

「やってます」千尋がハッとした表情になる。「宇田川は西についてあなたに話したんですか」

「幼なじみが引っ越しをするから、花をあげなくちゃいけないって。でも名前はだささなかったよ。どんな花がいいか訊ねたら、幼なじみなのにわからないのかって言われたんでしょ」さらに紀久子は宇田川が三日連続で川原崎花店を訪れ、今朝《けさ》は自分が応対したことと、そのときの会話の内容も手短かに話した。「彼がウチの店で花を買おうとしていたのを、どうしてあなたは知っているの？」

「クラスで仲いい友達数人とのグループＬＩＮＥに一昨日、〈宇田川見っけ〉ってアイツが花屋の前にいる写真が送られてきたんです」千尋はスマホをだして写真を見せてくれたうえに、「宇田川は女子にけっこう人気なんですよ」と付け足すように言った。3それが不満であるかのような口ぶりだった。

「西の話では、お別れに欲《ほ》しいものはないかって宇田川に言われて、それぐらい自分で決めろよとカチンときて、黙《だま》ったままでいたらしいんです。宇田川は莫迦《ばか》で空気が読めないんで、しつこく訊ねてきた。だから適当に花と答えると、どんな花がいいのだとさらに訊いてくるものだから、幼なじみなのにわからないのかと言い返してしまったとかで」

「なにそれ？」

「私も西から話を聞いたとき、そう言いました。いつもそうなんです、あのふたり。西ったらめちゃくちゃ成績がいいクセして、そういうところは宇田川とおなじくらい莫迦なんです。莫迦同士お似合いなんだから、最後くらいは素直になればいいのに」

恋愛と呼ぶにはあまりに拙《つたな》い話に、紀久子は自分の頬《ほお》が緩《ゆる》んでいくのに気づいた。でも千尋は真剣だ。宇田川も西も、彼女とおなじくらい真剣にちがいない。そう考えると笑うのは失礼だと、紀久子は表情を引き締《し》めた。

「でも莫迦で素直じゃないけど単純なんで、宇田川からどんな花をもらっても、西はよろこぶはずなんです。そこがまた問題で」

「どうして？」

「宇田川はいっぺん悩《なや》みだすと、なかなか結論がだせずにヘマをしでかすんですよ。切羽《せっぱ》詰まると尚更《なおさら》です。ボクシングの試合でも、ここぞというときに大振りのパンチをだして、相手のパンチをまともに食らって負けちゃうヤツなんです。それが本人にすれば会心の一撃《いちげき》のつもりってとこが、じつに間抜《まぬ》けで。今回もやりかねません。たとえばお店でいちばん高い花はなんですか」

「胡蝶蘭《こちょうらん》かな」

「西が好きな花が思いだせず、そもそもないのだから思いだしようが

「だけど花は売れませんでした」

「幼なじみが好きな花がわかれば、買いにくるかもしれないわ」

「どうですかね。自分で言っといてなんですけど、いまのでわかるとは正直思えません」

「それでもキクちゃんが力になろうとしたことは、彼には伝わったはずよ。ウチみたいな小さな店は、そういうのが大切だからさ。これからもなるべくお客さんには話しかけてみて」

「わかりました」

（中略）

「おはなのくるまだっ」「ほんとだ」「あれはバラのはなだよ」「ステキィ」「かわいいっ」

＊3ラヴィアンローズで信号待ちをしていると、目の前の横断歩道を保育園の園児達が、列をなして渡っていく。手を振《ふ》ってくるので、紀久子も手を振り返す。（中略）

「おはなのくるまさんバイバァイ」「バイバァイ」

子ども達が通り過ぎたところで信号が青になった。車を走らせてしばらくいくと、背後から「紀久子さぁん」と呼ぶのが聞こえた。下の名前をさん付けで呼ぶひとなど、鯨沼では馬淵《まぶち》先生ただひとりである。しかしその声は馬淵先生よりもずっと若々しかった。

「紀久子さぁん、待ってくださぁい」

ドアがないから当然ドアミラーもなく、うしろを確認する術《すべ》がない。紀久子は車を路肩に停《と》めて振りむくと、野球のユニフォームを身にまとった子が、猛《もう》ダッシュで走ってくるのが見えた。

「す、すみません」

追いついてから野球帽《ぼう》をとったその顔は、あきらかに女の子だった。しかも紀久子は彼女に見覚えがあった。

「あなた、馬淵先生のお孫さんじゃない？」

「はい。鯨沼中学二年三組で、キラキラヶ丘サンシャインズの四番キャッチャー、馬淵千尋《ちひろ》です」

えらく丁寧《ていねい》な自己紹介だ。

馬淵先生の自宅へ花材を配達にいった際、紀久子は千尋と何度か会っていた。馬淵先生に生け花を習い、教室の手伝いをしているのだが、細身で小柄《こがら》な祖母とちがい、大柄で肩幅《かたはば》が広く、がっちりした体格だった。はじめて見たときはジャージ姿《すがた》だったので、高校生くらいの男子だと思ったほどである。

馬淵先生の母親の名前が平仮名でいち、先生が十に重ねるで十重《とえ》、ひとり娘は百の花で百花《ももか》、孫娘が千尋だと、先生本人から聞いている。ひとり娘の百花が十年ほど前に離婚《りこん》し、子どもを連れて出戻ってきたこともだ。孫の千尋が、地元の少女野球チームに所属している話も聞いた覚えがあった。それだけおしゃべりというか、自分の話をするのが好きなのだ。

「じつはお訊きしたいことがあって」

「　1　」

「　2　」

「　3　」

「　4　」

「　5　」

「　6　」

「　7　」

「　8　」

聞き返されるのが意外だったらしい。戸惑《とまど》いと焦《あせ》りが入り混じった彼女の表情を見て、紀久子の心が動く。坊主頭の彼に抱いたのとおな声変わりの途中だからか、少年の声は少し掠《かす》れていた。

「とんでもない。そんなことありませんよ」ビビった自分を隠《かく》すため、紀久子は軽く咳払《せきばら》いをした。「買う花を決めかねているのであれば、いっしょに選んでさしあげようかと」

少年からは返事がない。真一文字に口を閉じているばかりか、眉間《みけん》に皺《しわ》を寄せて気難しい顔になる。

「あ、でもいいんですよ。ひとりでじっくり考えてくださっても、いっこうにかまいません。なにかあれば、おっしゃってくださいね」

「友達が引っ越《こ》すんです」その言葉を絞《しぼ》りだすように少年は言った。

「いつ?」すかさず紀久子は聞き返す。

「今度の土曜です。それであの、そいつに花をあげなくちゃならなくて」

「友達って学校の?」

「そうです」

「あげなくちゃいけないってどういうこと?」

「お別れになにかくれと言われて、なにかじゃわからないからなにがいいか言えって言ったら、花がいいって」

「どんな花?」

「って俺《おれ》も訊《き》きました。そしたら幼《おさな》なじみなのにわからないのかって言われてしまって」

そこで紀久子ははたと気づいた。少年が花のむこうに見ていたのは、その幼なじみにちがいない。そしてさらに質問を重ねた。

「思い当たる花はあるんですか」

「それがまったく。いくら考えても思いだせなくて」

少年は[A]を落とす。眉間の皺は消え、目の鋭さも失われ、すっかりｂ途方に（　）その表情を見て、紀久子は少しでも力になってあげたいという心持ちになった。

「なにか手がかりはないんですか。たとえば昔、その友達にあげた花か、あるいはもらった花はありません?」

「どうだろ」少年は[B]を捻《ひね》った。「そもそも花をあげたりもらったりした覚えはとくに。あ、でも」

「なんです?」

「小学校んとき、あいつのピアノ発表会にいったんです。そんとき花束を渡《わた》したような。でもなんの花だったかはさっぱり」

「何年生のとき?」

「けっこう昔《むかし》です。四年か五年」

「あなたはいま中学生?」

「中二です」

ならばほんの三、四年前だ。しかしこの歳《とし》の子にすれば〈けっこう昔〉にちがいない。

「当時の写真とかビデオは残っていない?」

「たぶん親が持っているかと」

「ピアノの発表会に限らず、あなたと友達がいっしょのところを撮ったものの中に、写っている可能性があるんじゃない? そういうのを見ているうちに思いだすこともあるかもしれないし」

「やってみます。ありがとうございます」

[C]を返して走り去る少年を見送ってから、紀久子は店内に入る。李多はガーベラとバラがメインの束売りはすでにつくりおえ、いまは光代さんとともに、丸い箱の器のボックスに取りかかっていた。箱は紙製なので、水が染《し》みでないようにセロハンを敷《し》いてから、吸水性のスポンジを置いて花を活けていく。花はユリとトルコギキョウがメインだ。ユリは八重《やえ》咲きで花びらが赤紫《あかむらさき》と白のサマンサという品種で、トルコギキョウは花びらが白のを用いていた。これも二千円の商品だ。

「ナイスアドバイス」ボックスに花を詰《つ》めながら李多が言った。

いう目だったもの」

花のむこうにだれかがいた？

わけがわからない。どういう意味か、紀久子が訊ねようとしたときだ。

「きますよ、あの子」光代さんが言った。声をひそめながらも、目が活《い》き活きと輝いている。どうやら面白《おもしろ》がっているらしい。「どうします？」

「2一昨日は私で、昨日は光代さんだったんだから、今日はキクちゃんだね」

「それはそうだ」光代さんが同意する。「がんばって」

「私になにをしろと」

「あの子に花を売ったら、その同額の特別手当をだしてあげてもいいわ」

花束をつくる手を休めずに李多が言った。

「きたわよ」

光代さんが小声で囁《ささや》く。少年は店の前に立ち、溢《あふ》れんばかりのヒマワリをじっと見つめている。中学生と思しき少年が買う花の額なんてa（　）知れている。

でもイッチョ、やったるか。

いきなり声をかけるのはどうかと思い、少し距離《きょり》を取って、少年の様子を窺《うかが》う。

紀久子より背が低く細身だが、華奢《きゃしゃ》ではなかった。それどころか腕《うで》や脚《あし》、両肩にもしっかりと筋肉が付いている。そのときになって黒地のTシャツの背中に白抜きで、『TOBE BOXING《ボクシング》 GYM《ジム》』と英語が綴《つづ》られていることに紀久子は気づいた。戸部《とべ》ボクシングジムにちがいない。鯨沼《くじらぬま》商店街の真ん中あたりのネイルサロンと、おなじビルの三階にあった。じつを言えば上京して六年三ヶ月、そんなところにボクシングジムがあるとは、まったく知らなかった。このひと月半、花の配達で何度か前を通っているうちに気づいたのだ。

少年がいま視線をむけているヒマワリは、〈ゴッホのひまわり〉だ。ゴッホとはもちろん、画家のフィンセント・ファン・ゴッホである。ただし〈ゴッホのひまわり〉を見て、ゴッホがヒマワリを描《えが》いたのかと言えばそうではない。逆なのだ。ゴッホの描いたヒマワリに似せて、種苗《しゅびょう》メーカーが新たに品種改良したヒマワリだという。おなじメーカーでは〈モネのひまわり〉、〈ゴーギャンのひまわり〉、〈マティスのひまわり〉といった画家の描いたヒマワリをモチーフにした品種をつくっているのだと光代さんに教わった。それぞれのひまわりのカードには、名前と値段、そして彼《かれ》らの描いたヒマワリの絵を貼《は》り付けてある。李多に頼まれ、紀久子が自宅のパソコンで検索《けんさく》して見つけだし、プリンターでプリントアウトしてきたものだ。絵と実物の花を見比べると、そっくりなのがよくわかる。

少年の視線は、ゴッホからモネ、ゴーギャン、マティス、そしてまたゴッホに戻った。怒《おこ》っているようにさえ見えるほど真剣《しんけん》な表情だ。しかし花のむこうにだれかがいるかどうかまでは、さすがにわからない。

店の中から光代さんが自分を見ているのに気づいた。李多と並《なら》んで、作業台で花束をつくる彼女《かのじょ》は、顎《あご》で少年を指す。早く話しかけろと催《さい》促《そく》しているのだ。

わかりましたよ。やればいいんでしょ、やれば。

紀久子は覚悟《かくご》を決めた。しかしいざとなると、相手が子どもでも緊《きん》張《ちょう》する。息を整えてから「あの」と声をかけた。

「はい？」ふりむきざまに射貫《いぬ》くような鋭《するど》い目をむけられ、紀久子は少なからずビビってしまう。

「ここにいたら邪魔《じゃま》ですか」

はできないから。

オ　有機栽培では合成農薬を使えないので、病気や害虫に強い作物を育てるために、作物が土壌から十分な窒素を吸収できるような肥料が必要となるから。

問八　あなたが農業を営む場合、有機栽培と慣行栽培のどちらを行いますか。本文をふまえ、理由とともに答えなさい。有機栽培と慣行栽培のどちらを選んでも試験の点数に差はつきません。

四

次の文章を読んで、あとの問いに答えなさい。字数指定のある問いは、句読点などの記号もすべて字数にふくみます。

関東では昨日、梅雨《つゆ》が明けたばかりで、今日は朝から雲ひとつない快晴だった。陽射《ひざ》しは強いものの、うだるような暑さではない。それでも駅前に辿《たど》り着いたときには、じっとり汗《あせ》をかいていた。肩《かた》で息をしながら、スマホを取りだしてかまえたが、ちょうどバスが目の前を通り過ぎていくところだった。しばらく待って、ようやく川原崎《かわらざき》花店が見えた。

真っ黄色だった。

これでもかというくらい、店頭にヒマワリを並べているからだ。大小さまざま多種多様なヒマワリを、李多《りた》が世田谷《せたがや》にある＊1花卉市《かきし》場《じょう》で仕入れてきたのである。ちょうどいい具合に、陽の光を浴びて、店自体が輝《かがや》いているようだ。駅をでてきたひとの目を引くこと請《う》け合いだ。それを狙《ねら》って李多と光代《みつよ》さんで陳列《ちんれつ》したのだろう。

川原崎花店は三階建てのビルの一階で路面店だが、間口がとても狭《せま》い。しかも大型スーパーとパチンコ店のあいだというより隙間《すきま》にあるようなものだった。だからこそ少しでも目立つよう工夫をしなければならない。幸いにして花屋には花がいくらでもある。これを使わない手はないというわけだ。

撮《と》った写真を川原崎花店スタッフの＊2グループＬＩＮＥ《ライン》に送ってから、ロータリーに沿って店に戻《もど》る。その途中《とちゅう》、Ｔシャツに七分丈《しちぶたけ》のパンツといういでたちの少年が視界《しかい》に入った。そばにバス停もなければ、タクシー乗り場もない場所で突《つ》っ立っている。その横を通り過ぎるとき、相手に気づかれないよう横目でその顔を確認した。

やっぱりそうだ、昨日、店にきた子だ。

中学生と思《おぼ》しき少年ひとりの来店自体珍《めずら》しく、そのうえいまどき珍しい坊主《ぼうず》頭なので覚えていたのだ。それだけではない。光代さんがなにを勧《すす》めても、気のない返事をするだけなのに、店の端《はし》から端まであらゆる花をじっくり見ていた。結局は十五分近く店内をうろついた末、なにも買わずに去ってしまった。

「気づいた？」

店に戻った紀久子《きくこ》の手を握《にぎ》り、売場《うりば》の奥《おく》まで引っ張っていくと、光代さんはそう訊《たず》ねてきた。

「坊主頭の子ですよね」

「そう。でね。いまさっき李多さんに聞いたら、一昨日もきてたんですって」

「そうだったんですか」

紀久子は李多のほうに目をむける。彼女は作業台で花束をつくりはじめていたのだ。ガーベラとバラをメインに、赤い実をつけたヒペリカムと小さな白い花を咲《さ》かせたフロックスを組み合わせて二千円の束売りである。準備した花の量からして、二十束前後はできそうだ。

「花が好きなんですかね」

「それはないよ」1紀久子の言葉を、李多はあっさり否定《ひてい》する。「熱心に花を見ていた。でも花のむこうにだれかがいたわ。あの子はそうオ「有機」の理念が広いので、実際の有機栽培の方法は農家次《し》第《だい》になり、その結果無数の栽培方法が存在することになって結局農家は消費者受けするやり方に依存するしかないということ。

問三　本文中の[A]、[B]に当てはめるのに最も適切な言葉を、それぞれ**漢字一字**で答えなさい。

問四　――線部2「『使用できる資材』を認証基準に用いたことで、『有機』という言葉が持っていた多くの理念が有機JAS栽培では付属的な位置づけとなり、本来の『有機』と乖離するケースもでてくる」とありますが、これはどういうことですか。最も適切なものを次から選び、記号で答えなさい。

ア「有機」には多様な意味があるので農林水産省が「使用できる資材」を決めて有機JAS栽培の認証という制度を設けても、本来、多種多様なはずの有機栽培をしっかりと行っているとは言えず、そういった制度自体が意味を持たなくなる場合もあるということ。

イ「使用できる資材」を守って栽培すれば有機JAS栽培の農作物であると認められるため、それが主となり、それ以外の点で「有機」の理念を満たす栽培を実行することがおろそかになってしまい、本来の有機栽培というものから遠くなる場合もあるということ。

ウ　有機栽培の証明とも言える有機JAS栽培の認証を得るには「使用できる資材」を守った栽培に加え、それに付属した細かい基準も満たす必要があるため、栽培する側にとっては大きな負担になり、有機栽培から離れていく農家が多くなる可能性があるということ。

エ「使用できる資材」を守って栽培すれば有機JAS栽培であると認められ、有機栽培であることの証明になるはずであるのに、「有機」の意味は広いという考えがあるため、いくら「使用できる資材」を守っても、世間からは有機栽培と認められない場合もあるということ。

オ　多様な意味を持つ「有機」の理念の中で「使用できる資材」は一部の付属的な部分に過ぎないのに、有機JAS栽培ではそれを基準にしたため、農家は簡単に有機栽培を名乗ることができるようになり、消費者が有機作物から離れていく可能性もあるということ。

問五　――線部3「ボルドー液」、4「BT剤」とありますが、本来の有機栽培においては、これらの使用にはどのような問題がありますか。「という問題。」に続くように二十五字以内で答えなさい。

問六　本文中の[Ⅱ]に当てはめるのに最も適切な言葉を、本文中から**一語**でぬき出して答えなさい。

問七　――線部5「肥料を与えることと農薬を使うことは、切り離せない関係にある」とありますが、それはなぜですか。最も適切なものを次から選び、記号で答えなさい。

ア　肥料を使うことによって土壌から作物へ多量の窒素が吸収されると、病気や害虫を引きつけやすくなってしまうので農薬が必要になるから。

イ　有機栽培に限ったことではなく、作物の栽培には肥料が必要になるし、農薬の散布もしなければならないのが農業の普通《ふつう》の姿であるから。

ウ　有機認証を取得するために必要とされる資材の中に、使わなくてはならない肥料の種類や量と同時に、使わなくてはならない農薬も指定されているから。

エ　化学肥料を使うと土壌には質の低い窒素が多くなってしまい、作物は病気や害虫に弱くなるので農薬を使わずに栽培することは、２００６（平成18）年に有機農業推進法が制定され、有機農業を拡大しようとする社会的機運はあるが、有機ＪＡＳを取得した耕地面積は全体の０・２％程度にとどまり、２００６年からほとんど増加が見られない。

有機肥料の多投入は、化学肥料の投入による病害虫の発生増加という慣行栽培と同じ問題を引き起こす。5肥料を与えることと農薬を使うことは、切《き》り離《はな》せない関係にある。有機物由来の窒素でも、吸収量が多くなると、作物体の窒素成分が高くなり、病気や害虫を引きつけやすくなる。作物の窒素吸収量が多くなると、合成農薬を使えない有機栽培では、病害虫防除の作業が過大となり、経済的被害《ひがい》も拡大しやすくなる。雨が少ない乾燥《かんそう》気候では病害虫の発生も少なく、有機栽培も広がりやすいが、日本のような高温・多湿《たしつ》の気候条件は、病気や害虫、雑草が発生しやすく、有機栽培の難易度は上がる。日本で有機栽培が広がらないのは、合成農薬を使用せずに病害虫を防除する技術的困難さという、栽培上の問題も大きいと思われる。

（杉山修一《すぎやましゅういち》『ここまでわかった自然栽培―
農薬と肥料を使わなくても育つしくみ』より）

＊1　慣行栽培…ここでは有機栽培ではない作物の栽培。

＊2　化学肥料…化学的処理によって工業的に生産される肥料。

＊3　合成農薬…農薬のうち有効成分が化学合成されたもの。

＊4　ほ場…耕作する農地。

＊5　有機ＪＡＳ栽培…有機ＪＡＳマークの表示を許可されるような栽培。有機ＪＡＳマークは、輸入、国産を問わず一定の基準を満たす有機農産物、畜産物、加工食品以外は「有機」と表示できない規則。農産物の場合、種まきの二年以上前から禁止農薬や化学肥料を使わずに栽培し、登録認定《にんてい》機関が検査し認定した事業者のみが表示できる。

＊6　乖離…そむき離れること。はなればなれになること。

＊7　粗飼料…濃厚飼料に対する言葉で、牧草や乾牧草、わらなどの飼料。家畜に満腹感を与え、便通をよくする効果がある。

＊8　濃厚飼料…粗飼料に対する言葉で、近代的な畜産に用いられる、特にタンパク質が多い飼料。

＊9　完熟堆肥…堆肥の中でも分解、発酵《はっこう》が充分《じゅうぶん》に行われたもの。

＊10　厩肥…家畜などの糞尿とわらなどを混ぜて腐《くさ》らせた肥料。

問一　本文中の［Ｉ］に当てはめるのに最も適切な言葉を、本文中の［Ｉ］より前から十字以上十五字以内でぬき出して答えなさい。

問二　――線部1「『有機』の理念が幅広いため、その理念を実現する栽培法は個人の考え方に依存する部分が大きくなり、栽培法が多様になる」とありますが、これはどういうことですか。最も適切なものを次から選び、記号で答えなさい。

ア　「有機」の意味が広いので、どういうものが有機栽培された農作物かを消費者が理解しにくくなってしまい、農家がいくら有機栽培をしてもその判断は消費者に任されているということ。

イ　有機栽培の作物と聞くだけで質のよいものであるという印象を受けてしまい、多くの人々が「有機」という言葉に依存してしまうので、そうならない栽培法が多く生み出されるということ。

ウ　「有機」の幅広い考え方に対応するために、農家ごとに有機栽培とはどういうものかを研究し、よりよい作物を生産しようと多くの有機栽培の方法が実験的にあみ出されているということ。

エ　「有機」の考え方が一つではないため、農家が有機栽培をする際に作物の栽培の仕方はそれぞれの農家ごとに違《ちが》う方法で行われ、結果として有機栽培のやり方が多く生じるということ。

有機栽培では、化学肥料の代わりに有機肥料を用いる。慣行栽培が確立する以前の農業は、窒素《ちっそ》不足による低生産が大きな問題となっていた。ヨーロッパで発達した有機農業は、窒素不足を補うために畜産《ちくさん》と連携《れんけい》することで、家畜糞尿《かちくふんにょう》由来の堆肥《たいひ》を有機肥料として利用してきた。現在でも、農畜《のうちく》複合は、有機栽培の理念の一つである「Ⅱ」を達成するための重要な方法となっている。

現在の日本の畜産業は、鶏《にわとり》や豚《ぶた》などの大規模飼育や、和牛の舎飼いが中心となっている。したがって、家畜の飼養は、放牧や牧草などの＊7粗《そ》飼料《しりょう》給与《きゅうよ》が基本ではなく、トウモロコシなどの輸入＊8濃厚《のうこう》飼料の給与が中心となる。また、北海道などでも、かつての放牧中心から濃厚飼料の比重を高めた乳牛の多頭飼育が広まっている。濃厚飼料中心の多頭飼育は、窒素を多く含んだ糞尿が大量に出てくるので、その処理が大きな問題となる。

畜産系の有機肥料は、もとをたどると、化学肥料を利用した慣行栽培牧草や輸入トウモロコシに由来する飼料で育てられた家畜糞尿から作られている。つまり、有機肥料の投入という形であっても、有機栽培は、化学肥料由来の窒素を土壌に投入している状態に支えられている。そのため、過去の有機栽培に比べ、現在の有機栽培では、慣行栽培に匹敵《ひってき》する高収量を達成できるようになった。一見、旧来の有機栽培がかかえていた低い生産性の問題が解決されたかに見えるが、有機質肥料の投入は別の問題を生じさせた。

現在の家畜の飼養形態と組み合わされた有機栽培は、糞尿処理のための循環が前面に出やすく、土壌に糞尿由来の窒素が過剰《かじょう》に供給されやすくなる。農畜複合による循環型農業は、有機栽培の一つの方向であるが、窒素の過剰投与《とうよ》は、良質の＊9完熟堆肥投入を通じて地力の向上を目指す有機栽培の本来の姿に反する。

有機質由来の窒素が化学肥料由来の窒素よりも安全ということはなく、作物にとってはどちらも同じである。問題は、由来よりむしろ投入する量にある。有機認証においては、利用した資材の種類だけが評価され、資材の投入量には制限が課されていない。農地に負荷がかかるほど大量の糞尿由来の有機肥料を投入しても、有機認証では問題にされないのだ。家畜由来の未熟な＊10厩肥《きゅうひ》の大量投入は、農地を窒素過多の状態にし、環境や健康に悪影響を引き起こす。

有機物に含まれる窒素は、微生物《びせいぶつ》の活動を通じてアンモニウムなどの無機窒素に分解され、作物に吸収される。温度の低い春先などは微生物の活動が低く、有機物の分解が遅《おく》れ、肥料としての効果が出にくいので、適切な量を超《こ》えて与えられがちになる。そうすると温度が高くなる夏には逆に分解が進み過ぎ、畑が窒素過多になる。このような畑で育った有機栽培野菜は、窒素を過剰に吸収して、慣行栽培野菜より硝酸《しょうさん》態窒素含有量《がんゆうりょう》が高くなり、かえって食品の安全性に問題を生じる場合も出てくる。

有機肥料を適切に投与することは、供給量を簡単に計算できる化学肥料の投与より難しく、過剰投与になりやすい。もちろん、植物由来の堆肥や家畜糞尿由来の完熟堆肥を投入し、着実に土作りを行なっている有機栽培農家も多く、このような農家からは硝酸態窒素の低い野菜が供給される。しかし、問題は、市場に窒素過多条件で育てられた野菜が混じることで、有機野菜に対する消費者の信頼低下につながることである。現在の日本の有機栽培の一つの問題は、地力の向上を目指す有機栽培と、窒素過多の状態になった有機栽培が混在していることにある。

有機認証は、有機農産物を市場で拡大するために一定の効果をあげてきた。序章で述べたように、欧州《おうしゅう》や北米などでは消費者の食品安全や環境汚染《おせん》に対する関心の高まりから、有機農産物の消費が毎年増加傾向《けいこう》にあり、市場で大きな一画を占《し》めるまで成長している。日本でに、農業生産に由来する環境《かんきょう》への負荷《ふか》をできる限り低減した栽培管理方法を採用した＊4ほ場において生産」する農業とあり、[Ｉ]以上の意味が含まれている。国際有機農業運動連盟（ＩＦＯＡＭ）による有機農業の定義には、「土壌・自然生態系・人々の健康を持続させる農業生産システムである。…（中略）…伝統と革新と科学を結びつけ、自然循環と共生してその恵《めぐ》みを分かち合い、そして、関係するすべての生物と人間の間に公正な関係を築くとともに生命と生活の質を高める」とあり、「有機」の理念はさらに広がる。

「有機」の理念すべてを、現実の栽培の中で実現することは簡単ではない。さらに、1「有機」の理念が幅広いため、その理念を実現する栽培法は個人の考え方に依存《いそん》する部分が大きくなり、栽培法が多様になる。栽培法の多様化は、有機農産物市場での混乱を招く。理念のすべてを追求する先進的な有機栽培農家から、農薬の使用量を減じただけの減農薬栽培農家、中には、農産物の付加価値を上げるための名前だけの有機栽培農家も現れる。[Ａ]貨が[Ｂ]貨を駆逐《くちく》するように、不適切な方法で作られた有機農産物の市場への流入は「有機」農産物の価値を失わせ、消費者の信頼《しんらい》を失うのは必然である。有機農産物の価値を守るための認証《にんしょう》制度は、有機栽培を普及《ふきゅう》、定着させるための必然的プロセスであった。有機認証には、「有機栽培」とそれ以外の栽培を区別する明確で具体的な境界が必要とされる。有機認証に際して世界的に使われた基準は、「使用できる資材」である。欧米《おうべい》の基準に倣《なら》い、日本の農林水産省も「使用できる資材」を有機農産物の基準に採用した。

「使用できる資材」が明確になったことで、有機農産物の信用が確保され、市場での信頼を通じて消費者に受け入れられる基礎《きそ》ができた。しかし、2「使用できる資材」を認証基準に用いたことで、「有機」という言葉が持っていた多くの理念が＊5有機ＪＡＳ栽培では付属的な位置づけとなり、本来の「有機」と＊6乖離《かいり》するケースもでてくる。本書では、「使用できる資材」を基準に認証された有機栽培を、「有機ＪＡＳ栽培」と表現している。

有機栽培で使用が認められている資材に、3ボルドー液がある。ボルドー液は、硫酸銅《りゅうさんどう》と消石灰《しょうせっかい》を混合した、病原菌《びょうげんきん》を殺傷する能力が高い殺菌剤《さっきんざい》である。現在でも、リンゴの有機栽培には、病気の防除のためにボルドー液が欠かせない。しかし、硫酸銅は劇物指定を受けている生物毒性が強い物質で、人体にも有害で、土壌に蓄積《ちくせき》すると環境にも悪影響《あくえいきょう》を与《あた》える。一見、「有機」の理念と反するが、硫酸銅は合成物ではなく、自然の鉱物に由来する天然物であるという理由から、有機ＪＡＳで使用が認められている。しかし、ボルドー液でも合成殺菌剤でも、農地に散布したときの生物群集に与える影響は同じである。

「有機」の一つの理念に、生物多様性がある。農地には、作物に害を与える病原菌や害虫、それらを抑《おさ》える天敵、そして作物生産には害も益も与えない中立な生物が多数棲《す》んでいる。合成農薬に限らず、ボルドー液の農地での散布は、有害か有益かにかかわらず、すべての生物を殺傷する。種類を問わず、生物に作用する農薬の非選択的殺傷性は、必然的に農地の生物多様性を損《そこ》なう。

天敵の存在は無農薬で害虫を防除するためには不可欠であるが、非選択的殺傷性を持つ農薬の散布は天敵も同時に殺傷し、病害虫を抑える農地生態系の力を弱体化させる。有機ＪＡＳで認められている殺虫性の生物農薬に4ＢＴ剤がある。細菌《さいきん》のバチルス菌が作る殺虫性タンパク質を製品化したものである。しかし、生物由来の農薬でも、天敵昆虫《こんちゅう》も殺す。

農薬に関しては、化学合成由来かどうか以外に、特定の有害生物にのみ作用する選択性《せんたくせい》は、「有機」の理念の一つである生物多様性を実現する重要な要素である。

2023年度 栄東中学校

【国　語】〈東大特待Ⅰ試験　四教科型〉（五〇分）〈満点：一五〇点〉

一　次の(1)〜(8)に当てはまる最も適切な言葉をあとの語群から選び、それぞれ漢字に直して答えなさい。ただし、語群の言葉は一度ずつしか使いません。

・各国の代表が（１）に会する。
・（２）な知識で対応するのは失礼だ。
・（３）物を交番に届ける。
・（４）用にのしを付けてもらう。
・悲しい知らせを聞き（５）にたえない。
・マラソン大会で（６）を制して先頭に立つ。
・小学生には（７）な腕《うで》時計をしている。
・（８）と続く歴史。

【語群】
シンモツ　レンメン　ショウシン　イチドウ
フソウオウ　シュウトク　ナマハンカ　キセン

二　次の(1)〜(10)に当てはまる最も適切な言葉をあとの語群から選び、それぞれ記号で答えなさい。ただし、記号は一度ずつしか使いません。

・事件の真相を（１）にする。
・夕立が（２）降ってやんだ。
・彼《かれ》の頼《たの》みなら協力するのに（３）ではない。
・泣きつかれて（４）のようになる。
・けんかの（５）を食う。
・観客席は興奮の（６）となった。
・妹を泣かせただなんてとんだ（７）だ。
・兄は（８）なので家でしかいばれない。
・五点も差がつき（９）が悪い。
・（10）なく車が通る。

【語群】
ア　ぬれぎぬ　　イ　そばづえ　　ウ　るつぼ
エ　ひとしきり　オ　旗色　　　　カ　つまびらか
キ　内弁慶《うちべんけい》　ク　間断　　　　ケ　やぶさか
コ　ぬけがら

三　次の文章を読んで、あとの問いに答えなさい。字数指定のある問いは、句読点などの記号もすべて字数にふくみます。

有機栽培《さいばい》は化学的に合成された肥料と農薬を使用しないという基本的立場をとり、その点では＊1慣行栽培に対立する栽培法である。一方、「有機」という言葉は、生態系、循環《じゅんかん》、持続可能性、生物多様性、共生などの多様なキーワードを含《ふく》む非常に幅広《はばひろ》い概念《がいねん》であり、＊2化学肥料と＊3合成農薬の不使用という立場だけでは、「有機」の全体像をカバーできない。

農林水産省の有機農業の定義は、「農業の自然循環機能の維持《いじ》増進を図《はか》るため、化学的に合成された肥料及《およ》び農薬の使用を避《さ》けることを基本として、土壌《どじょう》の性質に由来する農地の生産力を発揮させるととも

2023年度

栄東中学校　▶解説と解答

算　数　＜東大特待Ⅰ試験　4教科型＞（50分）＜満点：150点＞

解　答

1 (1)　45分30秒　(2)　28：33　(3)　16分30秒　(4)　6分後　(5)　260g　(6)　30個　**2** (1)　32cm^2　(2)　2cm^2　(3)　$\frac{2}{3}$cm^2　(4)　$26\frac{2}{3}$cm^2　**3** (1)　55　(2)　174　(3)　17119　**4** (1)　**図**…下の図ア，**面積**…27m^2　(2)　1.2m　(3)　**図**…下の図イ，**面積**…4.8m^2

図ア

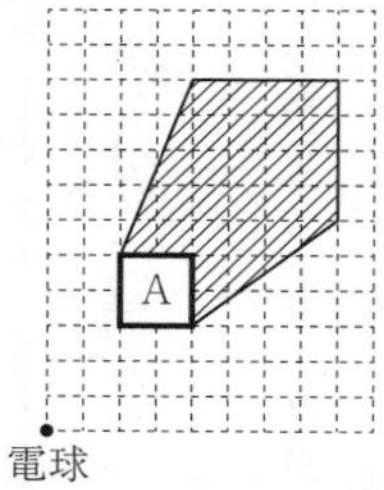

図イ

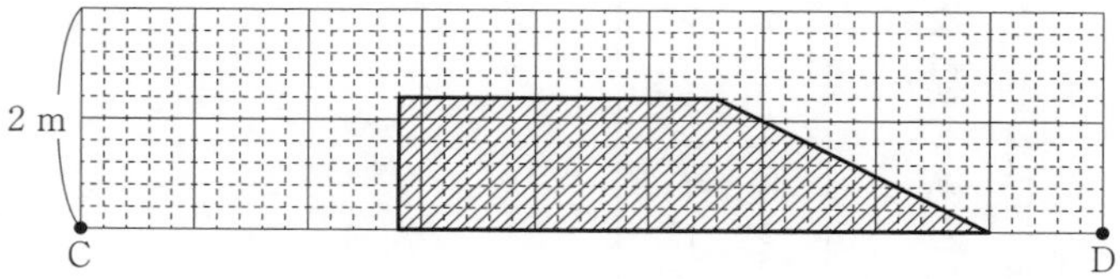

解　説

1　**仕事算，辺の比と面積の比，相似，速さと比，旅人算，ニュートン算，濃度《のうど》，つるかめ算，場合の数**

(1)　作業全体の量を70と30の最小公倍数である210にすると，栄くんが1分間にする作業の量は，210÷70＝3，栄くんと東さんが1分間にする作業の量の和は，210÷30＝7となるから，東さんが1分間にする作業の量は，7－3＝4とわかる。また，右の図1で，栄くんが作業をした時間は全部で56分だから，栄くんがした作業の量は，3×56＝168である。よって，東さんがした作業の量は，210－168＝42なので，東さんが作業をした時間は，42÷4＝10.5(分)とわかる。したがって，栄くんが1人でした時間は，56－10.5＝45.5(分)である。これは，60×0.5＝30(秒)より，45分30秒となる。

図1

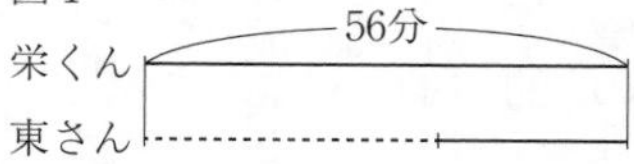

(2)　右の図2で，ADの長さを5，BCの長さを6とすると，BEの長さは，6÷2＝3となる。また，四角形ABEFは平行四辺形だから，AFの長さは3，FDの長さは，5－3＝2となる。三角形ABDと三角形DBCの面積の比は，ADとBCの長さの比に等しく5：6なので，台形ABCDの面積を1とすると，三角形DBCの面積は，$1\times\frac{6}{5+6}=\frac{6}{11}$となる。また，BGは台形ABCDの面積を2等分しているから，三角形GBCの面積は，$1\div2=\frac{1}{2}$である。よって，三角形DBGの面積は，$\frac{6}{11}-\frac{1}{2}=\frac{1}{22}$なので，三角形DBGと三角形GBC

図2

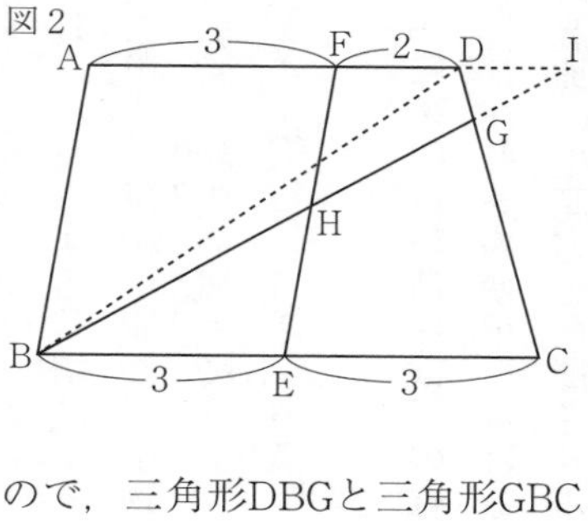

の面積の比は，$\frac{1}{22}:\frac{1}{2}=1:11$とわかり，DG：GCも1：11となる。次に，ADとBGを延長して交わる点をIとすると，三角形DGIと三角形CGBは相似になる。このとき，相似比は1：11だから，DIの長さは，$6\times\frac{1}{11}=\frac{6}{11}$と求められる。さらに，三角形FHIと三角形EHBも相似であり，相似比は，FI：EB＝$\left(2+\frac{6}{11}\right):3=28:33$なので，FH：HEも28：33になる。

(3)　2人の進行の様子をグラフに表すと，右の図3のようになる。栄くんが4分で歩く道のりを東さんは，2＋4＝6(分)で歩くから，栄くんが歩く速さと東さんが歩く速さの比は，$\frac{1}{4}:\frac{1}{6}=3:2$である。そこで，栄くんが歩く速さを毎分3，東さんが歩く速さを毎分2とすると，栄くんが走る速さは毎分，3×2＝6となる。このとき，栄くんが引き返すまでに歩いた道のり(ア)は，3×4＝12だから，栄くんが引き返した時間(イ)は，12÷6＝2(分)とわかり，栄くんが再び学校を出発した時間(ウ)は，6＋2＋3＝11(分)と求められる。よって，栄くんが再び学校を出発するときの2人の間の道のり(エ)は，2×11＝22なので，栄くんが再び学校を出発してから駅に着くまでの時間(オ)は，22÷(6－2)＝5.5(分)となる。したがって，東さんが学校を出てから駅に到着《とうちゃく》するまでの時間は，11＋5.5＝16.5(分)である。これは，60×0.5＝30(秒)より，16分30秒となる。

図3
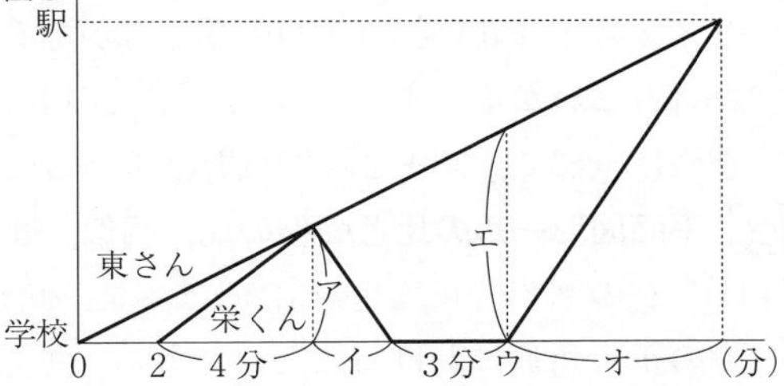

(4)　1分間に行列に加わる人数を①，1つの窓口で1分間にチケットを買う人数を$\boxed{1}$として図に表すと，右の図4のようになる。図4で，普段《ふだん》の太線部分の人数は，$\boxed{80}$－⑳と表すことができ，今日の太線部分の人数は，$\boxed{90}$－㉚と表すことができる。さらに，普段の太線部分の人数は今日の太線部分の人数の2倍だから，$\boxed{80}$－⑳＝($\boxed{90}$－㉚)×2，$\boxed{80}$－⑳＝$\boxed{90}$×2－㉚×2，$\boxed{80}$－⑳＝$\boxed{180}$－60⃝，60⃝－⑳＝$\boxed{180}$－$\boxed{80}$，㊵＝$\boxed{100}$より，①＝$\boxed{100}$÷40＝$\boxed{2.5}$とわかる。よって，今日の開園30分後の行列の人数は，$\boxed{90}$－㉚＝$\boxed{90}$－$\boxed{2.5}$×30＝$\boxed{90}$－$\boxed{75}$＝$\boxed{15}$であり，窓口を2つ増やして，3＋2＝5(つ)にすると，1分間に，$\boxed{5}$－$\boxed{2.5}$＝$\boxed{2.5}$の割合で行列が減るので，$\boxed{15}$÷$\boxed{2.5}$＝6(分後)に行列がなくなる。

図4
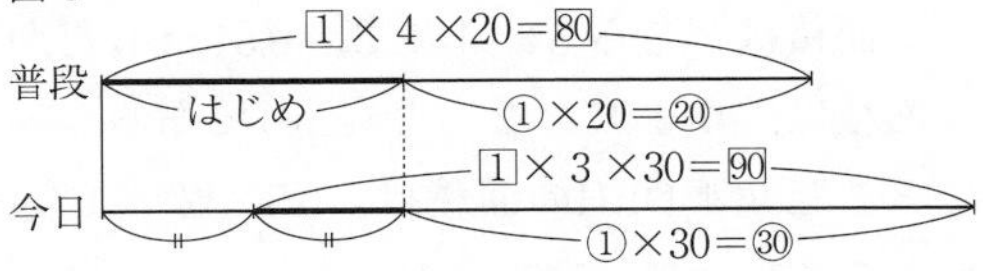

(5)　はじめに，Cの食塩水の重さを60ｇ減らして考える。すると，BとCの食塩水の重さは同じだから，BとCだけを混ぜたときの濃度は，(4＋10)÷2＝7(％)になる。この食塩水をPとすると，実際の混ぜ方は右の図5のようにまとめることができる。図5で，アとイの和は，560－60＝500(ｇ)である。また，できた食塩水に含《ふく》まれている食塩の重さは，560×0.05＝28(ｇ)であり，そのうちC(60ｇ)に含まれていた食塩の重さは，60×0.1＝6(ｇ)だから，AとPに含まれていた食塩の重さの和は，28－6＝22(ｇ)とわかる。もし，Pが500ｇあったとすると，AとPに含まれていた食塩の重さの和は，500×0.07＝35(ｇ)となり，実際よりも，35－22＝13(ｇ)重くなる。そこで，PとAを1ｇずつ交換《こうかん》すると，含まれている食塩の重さは，1×0.07－1×0.02＝0.05(ｇ)ずつ軽くなるから，Aに入っていた食

図5

食塩水A(濃度2％)アｇ
食塩水P(濃度7％)イｇ
食塩水C(濃度10％)60ｇ
} 濃度5％，560ｇ

塩水の重さは，13÷0.05＝260(g)と求められる。

(6)「4桁《けた》の整数のうち，2023未満」とあるので，千の位が1である整数(…ア)と千の位が2である整数(…イ)について考えればよい。アの場合，百の位，十の位，一の位の数の和は，7－1＝6であり，その組み合わせは右の図6の7通りある。そして，⑦は1通り，①，④，⑤は3通りずつ，②，③，⑥は，3×2×1＝6(通り)ずつの並べ方があるから，アは，1＋3×3＋6×3＝28(個)とわかる。また，イは2005，2014の2個である。よって，条件を満たす整数は全部で，28＋2＝30(個)と求められる。

図6

①{0，0，6}
②{0，1，5}
③{0，2，4}
④{0，3，3}
⑤{1，1，4}
⑥{1，2，3}
⑦{2，2，2}

2 平面図形―辺の比と面積の比，相似，面積

(1) 右の図で，正三角形MNOは，正三角形ANEと合同な9個の正三角形にわけることができる。そして，MNを1辺とする正六角形は，正三角形MNOと合同な6個の正三角形にわけることができる。よって，正三角形ANEと合同な正三角形の面積はどれも，54÷(9×6)＝1(cm²)とわかる。次に，平行四辺形ABJPの面積は，1×8＝8(cm²)だから，長方形ABQRの面積も8cm²である。したがって，四角形ABCDの面積は，8×4＝32(cm²)と求められる。

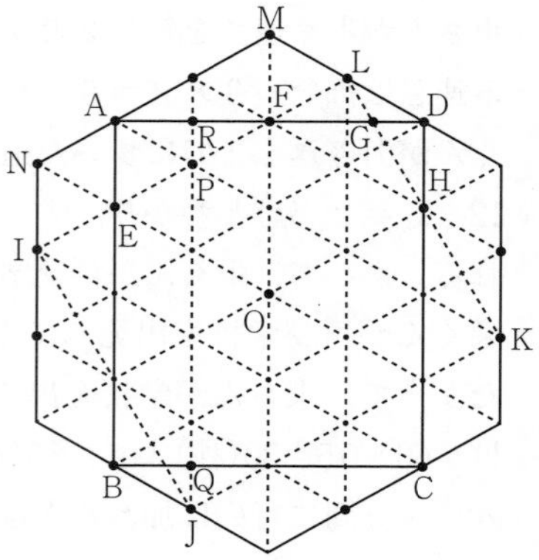

(2) 三角形AEPの面積は1cm²で，三角形APRと三角形FPRの面積はどちらも，1÷2＝0.5(cm²)だから，三角形AEFの面積は，1＋0.5×2＝2(cm²)である。

(3) 三角形DLHの面積は，0.5×2＝1(cm²)である。また，三角形LGDと三角形HGFは相似であり，相似比は，LD：HF＝1：2なので，LG：HG＝1：2である。よって，三角形DGHの面積は，$1\times\frac{2}{1+2}=\frac{2}{3}$(cm²)とわかる。

(4) 四角形ABCDの面積から，三角形AEFの面積2個分と三角形DGHの面積2個分を除けばよいので，$32-\left(2+\frac{2}{3}\right)\times2=26\frac{2}{3}$(cm²)となる。

3 数列

(1) $\left[\frac{1}{17}\right]$，$\left[\frac{2}{17}\right]$，$\left[\frac{3}{17}\right]$，…，$\left[\frac{119}{17}\right]$を値で分類し，それぞれの値について，分子が7の倍数であるものを書き出すと，右の図のようになる。この図より，$\left[\frac{7}{17}\right]+\left[\frac{14}{17}\right]+\left[\frac{21}{17}\right]+\cdots+\left[\frac{119}{17}\right]=0\times2+1\times2+2\times3+3\times2+4\times3+5\times2+6\times2+7\times1=55$と求められる。

	値	分子が7の倍数
・$\left[\frac{1}{17}\right]$～$\left[\frac{16}{17}\right]$	…0	$\frac{7}{17}$，$\frac{14}{17}$
・$\left[\frac{17}{17}\right]$～$\left[\frac{33}{17}\right]$	…1	$\frac{21}{17}$，$\frac{28}{17}$
・$\left[\frac{34}{17}\right]$～$\left[\frac{50}{17}\right]$	…2	$\frac{35}{17}$，$\frac{42}{17}$，$\frac{49}{17}$
・$\left[\frac{51}{17}\right]$～$\left[\frac{67}{17}\right]$	…3	$\frac{56}{17}$，$\frac{63}{17}$
・$\left[\frac{68}{17}\right]$～$\left[\frac{84}{17}\right]$	…4	$\frac{70}{17}$，$\frac{77}{17}$，$\frac{84}{17}$
・$\left[\frac{85}{17}\right]$～$\left[\frac{101}{17}\right]$	…5	$\frac{91}{17}$，$\frac{98}{17}$
・$\left[\frac{102}{17}\right]$～$\left[\frac{118}{17}\right]$	…6	$\frac{105}{17}$，$\frac{112}{17}$
・$\left[\frac{119}{17}\right]$	…7	$\frac{119}{17}$

(2) $\left\{\frac{126}{17},\ \frac{133}{17},\ \frac{140}{17},\ \cdots,\ \frac{238}{17}\right\}$は(1)の$\left\{\frac{7}{17},\ \frac{14}{17},\ \frac{21}{17},\ \cdots,\ \frac{119}{17}\right\}$の分子をそれぞれ119ずつ大きくしたものになっているから，＿のそれぞれの分数の[　]の値は(1)よりも，$\frac{119}{17}=7$ずつ大きい。また，＿の分数の個数は，＝の分数の個数と等しく，119÷7＝17(個)である。よって，$\left[\frac{126}{17}\right]+\left[\frac{133}{17}\right]+\left[\frac{140}{17}\right]+\cdots+\left[\frac{238}{17}\right]=55+7\times17=174$と求められる。

(3)　$\left\{\frac{7}{17}, \frac{14}{17}, \frac{21}{17}, \cdots, \frac{2023}{17}\right\}$ の分数の個数は，2023÷７＝289(個)である。これを17個ずつの組に分けると，(2)の$\underline{\underline{\quad}}$が第１組，$\underline{\quad}$が第２組，…となり，各組の和は119ずつ大きくなる。また，全体は，289÷17＝17(組)あり，第17組の和は，55＋119×(17－１)＝1959である。よって，$\left[\frac{7}{17}\right]+\left[\frac{14}{17}\right]+\left[\frac{21}{17}\right]+\cdots+\left[\frac{2023}{17}\right]$＝55＋174＋…＋1959＝(55＋1959)×17÷２＝17119とわかる。

4　立体図形―相似，面積

(1)　電球をE，電球の真下の地点をF，影《かげ》の先端《せんたん》をGとして図に表すと，下の図Ⅰのようになる(HIは立方体Aの一部)。図Ⅰで，三角形EFGと三角形HIGは相似であり，相似比は，EF：HI＝４：２＝２：１だから，FI：IG＝(２－１)：１＝１：１となる。つまり，下の図Ⅱで，Fから立方体Aまでの距離《きょり》と，立方体AからGまでの距離はいつでも同じになるので，立方体Aの影を斜線《しゃせん》で示すと，解答の図アのようになる。また，台形ⓐの面積は，(４＋２)×５÷２＝15(m^2)，台形ⓘの面積は，(２＋４)×４÷２＝12(m^2)だから，影の面積は，15＋12＝27(m^2)と求められる。

図Ⅰ
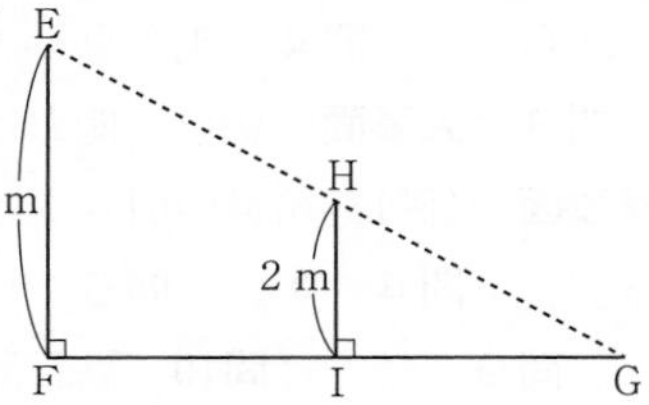

図Ⅱ
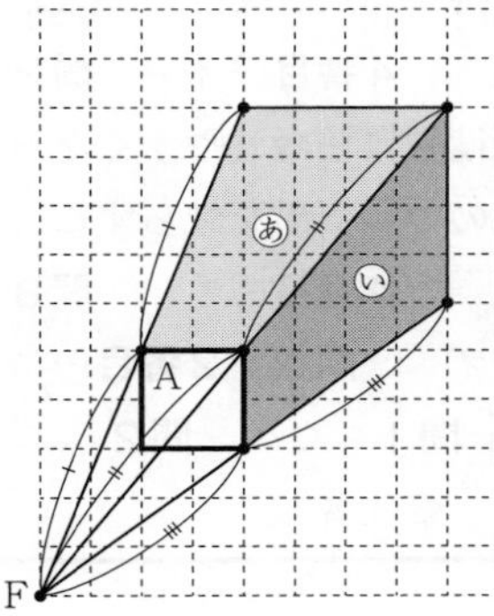

図Ⅲ
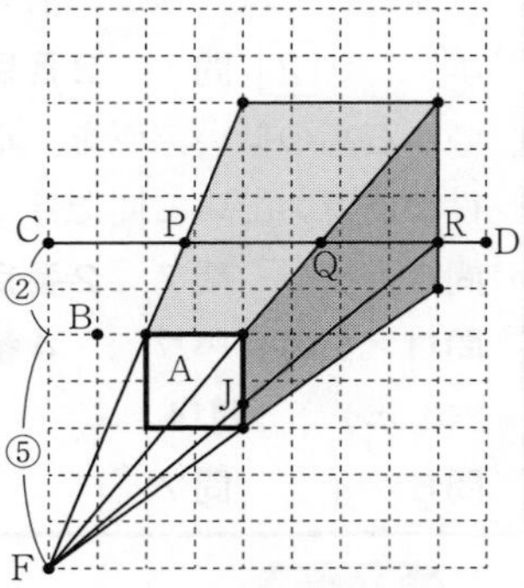

図Ⅳ
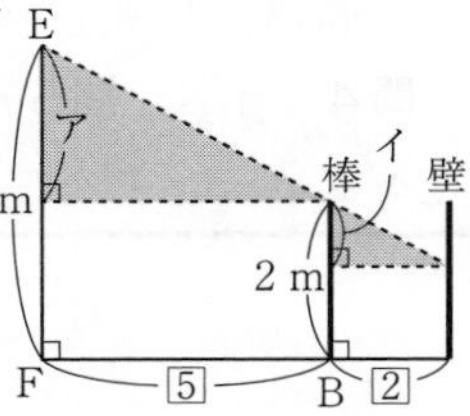

(2)　上の図Ⅲで，FからBまでの距離とBから壁《かべ》までの距離の比は５：２なので，上の図Ⅳのように表すことができる。図Ⅳで，影をつけた２つの三角形は相似であり，相似比は５：２である。また，アの長さは，４－２＝２(m)である。よって，イの長さは，$2\times\frac{2}{5}$＝0.8(m)とわかるから，壁にうつる棒の影の高さは，２－0.8＝1.2(m)と求められる。

(3)　図Ⅲで，CD上の点P，Qについて，CPとPQの長さはどちらも，$2\times\frac{5+2}{5}$＝2.8(m)となり，(2)と同様に考えると，PとQの部分の壁にうつる影の高さは1.2mになる。また，J(地上２mの高さ)の影はCD上の点Rにでき，Rの部分の壁にうつる影の高さは０mになる。よって，下の図Ⅴのように，解答欄《らん》にP，Q，Rの部分の壁にうつる影の高さを書き込《こ》んでから，壁にうつる立方体A

図Ⅴ
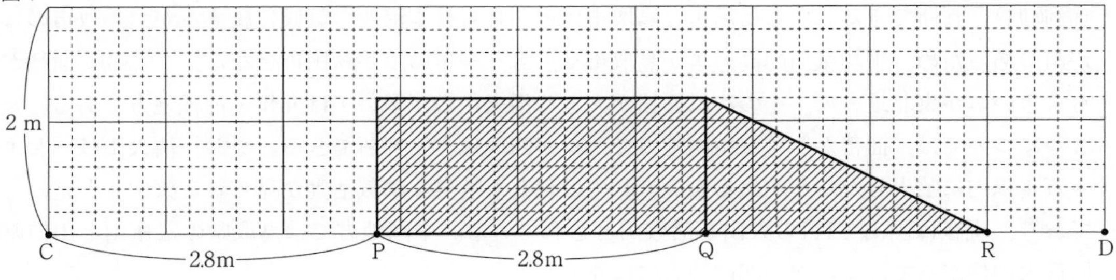

の影を斜線で示すと，解答の図イのようになる。これは，上底が2.8m，下底が，8－2.8＝5.2(m)，高さが1.2mの台形なので，その面積は，(2.8＋5.2)×1.2÷2＝4.8(m²)とわかる。

社　会　＜東大特待Ⅰ試験　4教科型＞（40分）＜満点：75点＞

解　答

1 **問１** ⑴　Ⅰ　若狭(湾)　Ⅱ　隠岐(諸島)　⑵　**松本市**…ア　**鳥取市**…エ　⑶　**東北地方**…エ　**中国地方**…イ　**問２** ⑴　**みかん**…ア　**スダチ**…エ　⑵　ウ　⑶　ア　⑷　ウ　⑸　**青森県**…ウ　**大分県**…イ　⑹　**北海道**…イ　**長野県**…ア　**問３** ⑴　**群馬県**…イ　**奈良県**…エ　⑵　ウ　⑶　Ⅰ　(例)　地域のイベントを住民とともに企画・運営する。　Ⅱ　(例)　住民の高齢化によって地域の担い手となる人口が減少し，住民や地方自治体だけでは，地域の活力を維持・向上させていくことが難しいから。　**問４** ⑴　ウ　⑵　エ　**2** **問１**　**２番目**…エ　**４番目**…オ　**問２**　ア　**問３**　**人事面**…(例)　能力は高いが石高の低い家臣を，重要な役職に任命しやすくなる。　**財政面**…(例)　給料の引き上げが役職に就いている間だけですむので，支出を減らすことができる。　**問４**　エ　**問５**　ウ　**問６**　ア　**問７**　**２番目**…ア　**４番目**…イ　**問８**　栄西　**問９**　イ　**問10**　夏目漱石　**問11**　**２番目**…ウ　**４番目**…オ　**問12**　**２番目**…エ　**４番目**…ア　**問13**　1(町)4(段)240(歩)　**問14**　エ　**3** **問１**　ウ　**問２**　エ　**問３**　エ　**問４**　イ　**問５**　ア　**問６**　イ　**問７**　エ　**問８**　奉仕者

解　説

1 日本の国土と自然，産業などについての問題

問１ ⑴　Ⅰは若狭《わかさ》湾で，代表的なリアス海岸として知られる。地盤が強固であることや沿岸部の人口が比較《ひかく》的少ないことなどから，若狭湾沿岸には多くの原子力発電所が建設されており，「原発銀座」ともよばれている。Ⅱは隠岐《おき》諸島(島根県)で，日本列島が形成される過程を知る手がかりとなる貴重な地層や地形などがあることから，世界ジオパークに認定された。なお，「世界ジオパーク」は2015年からはユネスコ(国連教育科学文化機関)の正式事業「ユネスコ世界ジオパーク」となり，世界的に価値のある地質遺産の保護や活用を目的としている。日本では「隠岐」をふくめ「洞《とう》爺《や》湖有珠《うす》山」(北海道)，「糸魚川《いといがわ》」(新潟県)など9か所が登録されている。　⑵　アは1月・7月とも降水量が最も少ないので，中央高地(内陸性)の気候に属する松本市(長野県)とわかる。また，イは1月の平均気温が最も高く，7月の降水量が最も多いので，太平洋側の気候に属する浜松市(静岡県)と判断できる。残る秋田市と鳥取市はどちらも日本海側の気候に属するが，鳥取市のほうが南にあるため，平均気温の高いエが鳥取市で，もう一方のウが秋田市となる。　⑶　面積が最も大きいエが東北地方で，その次に面積が大きく活火山数が多いアは九州・沖縄地方である。残る2つについては，面積からイが中国地方で，ウが四国地方と判断できる。なお，活火山は「およそ1万年以内に噴火したことがあるか，もしくは現在も活発な噴気活動が見られる火山」と定められており，現在は国内で111の火山が活火山とされている。中国地方では鳥取県の三瓶《さんべ》山と山口県の阿武《あぶ》火山群があてはまるが，四国地方にはない。

問２　(1)　和歌山県が第１位となっているアとイについて，第２位，第３位の県からアが「みかん」，イが「うめ」と判断できる。ウは「レモン」で，広島県と愛媛県ではともに瀬戸内海の島々で栽培がさかんである。残ったエが「すだち」で，徳島県と佐賀県では特産物となっている。

(2)　国内生産量が最も多いウが「野菜」である。なお，その次に国内生産量が多いアは「米」で，日本の米は味がよいことから近年，海外で人気が高まっており，輸出も伸びてきている。輸入量が国内生産量を大きく上回っているエは「小麦」で，残るイが「果実」である。　(3)　Ａは釧路《くしろ》港(北海道)である。北洋漁業の基地として1980年代までは国内最大の水揚げ量を誇っていたが，1970年代に多くの国が200海里水域を設定したことにより，オホーツク海やベーリング海などの漁場での操業が厳しく制限され，水揚げ量が大きく減少した。近年は再び増加傾向にあり，2019年に焼津《やいづ》港を上回るようになった。Ｂは銚子《ちょうし》港(千葉県)で，沖合漁業の基地として知られる。いわし類やさば類などが大量に水揚げされ，2000年代以降，水揚げ量全国第１位を続けている。Ｃは焼津港(静岡県)である。遠洋漁業の基地であり，まぐろ類やかつお類の水揚げが特に多いことで知られ，1990年代には水揚げ量全国第１位の年が多かったが，遠洋漁業の水揚げ量が伸び悩んでいることもあり，2019年以降は釧路港に次ぐ３番目の水揚げ量となっている。　(4)　製造品出荷額等が最も多いアは「機械工業」，最も少ないイは「繊維《せんい》工業」である。残る２つについては，事業所数からウが「金属工業」，エが「化学工業」と判断できる。金属工業では大工場から中小工場まで，さまざまな規模の工場が存在するが，大規模な設備を必要とする化学工業では，工場数はそれほど多くなく，１工場あたりの生産額が多いことが特色となっている。　(5)　４県のうちで人口は神奈川県が最多，高知県が最少なので，すべての部門で排出量が最多であるアは神奈川県，最少であるエは高知県と判断できる。残る２つについては，産業部門での排出量が多いイは工業がさかんな大分県，もう一方のウが青森県となる。　(6)　水力発電の占《し》める割合が高いアは，山間部に多くのダムと発電所がある長野県と判断できる。また，発電量の合計が最も多いイは，４道県のうちで人口が最も多い北海道である。なお，風力発電の発電量がほかの道県よりも多いエは青森県で，残るウが鹿児島県である。

問３　(1)　アは，人口の自然増減率のマイナス幅が４県のうちで最も小さいことから，名古屋大都市圏をかかえる愛知県とわかる。愛知県は，豊田市をはじめ自動車工場などで働く日系ブラジル人とその家族が多く住んでいるため，在留ブラジル人数が全都道府県の中で最も多くなっている。その次に在留ブラジル人数が多いイは群馬県で，太田市や大泉町を中心に多くの日系ブラジル人が住んでおり，自動車工場などで働いている。残る２つのうち，人口の自然増減率のマイナス幅がより大きく，在留ブラジル人の数が少ないウが福島県で，エが奈良県となる。　(2)　人口集中地区の割合が最も高いＢは東京都。過疎《かそ》地域の割合が最も高いＣは，山間部に過疎化が進む地域の多い群馬県。残るＡは埼玉県である。　(3)　Ⅰ　本文の説明から，「関係人口」とは，その地域の住人と，観光などで短期間滞在《たいざい》する人の，中間的な存在の人口ととらえられる。したがって，都市部に住む人が地方で家を買ったり部屋を借りたりして，週末だけそこで過ごすことや，テレワークの拠《きょ》点《てん》として自宅とは別の場所に部屋を借りること，個人または共同で農地のオーナー(所有者)となり，農作業の体験をしたり，収穫物を手に入れたりすること，音楽祭や美術展，マラソン大会やトライアスロンといったイベントの企画・運営で一定期間滞在することなどは，「関係人口」としてかかわる人々の具体的な活動例といえる。　Ⅱ　「関係人口」が注目されるのは，地方の農山村などで過疎化や住民の高齢化が進んだことにより，地域共同体の維持が難しくなったり，財政が厳しい状況になったりするケースが多く見られるためである。こうした状況を打開するために，何らかの形でその地域とかかわりを持つ人を増やし，活性化を図ろうとする試みが，各地で行われている。

問４　(1)　ア　地形図中に博物館(🏛)は見られない。なお，「開聞《かいもん》駅」の南東側にある(⌂)は老人ホームである。　　イ「開聞駅」の北側には，小・中学校(文)や郵便局(〶)が見られる。なお，高等学校の地図記号は(⊗)である。　　ウ「開聞岳」の山腹は大部分が広葉樹林(Q)でおおわれており，山すそ部分などには針葉樹林(Λ)も見られる。　　エ「東開聞駅」から「入野駅」に鉄道で向かうと，しばらく進行方向右側に国道が見えているが，「入野駅」の手前で国道は線路の下を通って南側にぬけているので，列車の進行方向左側に見えるようになる。　(2)　地形図中のXから南に向かうと，標高が200mを超《こ》える部分を通ったあと，しばらく低地を通り，その後，開聞岳を登って標高924mの頂上付近を通過するので，エが正しい。

2　100年ごとのできごとを題材とした問題

問１　アは1635年，イは1931年，ウは1590年，エは1615年，オは1922年のできごと。イは満州事変のきっかけとなった日本軍による鉄道爆破事件である。

問２　ア　鑑真《がんじん》について述べた文であり，内容も正しい。　　イ　ザビエルは鹿児島に来航した。種子島《たねがしま》(鹿児島県)は中国船が流れ着き，乗っていたポルトガル人により鉄砲が伝えられた場所である。　　ウ　大森貝塚(東京都)は縄文時代の遺跡である。　　エ　ペリーが幕府と結んだのは日米和親条約(1854年)で，日米修好通商条約(1858年)はハリスと井伊直弼《なおすけ》により調印された。

問３　足高《たしだか》の制は，江戸幕府の第８代将軍徳川吉宗が享保《きょうほう》の改革のさいに採用した制度である。人事の面では，石高が低い武士の中から有能な者を取り立てることができるという利点があり，財政の面では，高い役職に就いている間だけ不足分の石高を足せばよいので，支出を抑えられるという利点がある。

問４　ア　鎖国の期間中も，幕府は長崎の出島ではオランダの商人と，唐人屋敷《とうじんやしき》では中国の商人と交易を行っていた。　　イ　いわゆる三国干渉《かんしょう》により遼東《リャオトン》半島の返還を日本に求めてきたのは，ロシア，フランス，ドイツの３国である。　　ウ　富岡製糸場(群馬県)は生糸を生産する工場であり，綿糸を生産するのは紡績工場である。　　エ　ヨーロッパで各国の憲法や政治制度を学んだ伊藤博文《ひろぶみ》は，君主の権力が強いドイツ(プロイセン)の憲法を手本として憲法草案の作成を進めた。

問５　ア　日明貿易は，日本側が明(中国)の皇帝に貢《みつ》ぎ物を献上《けんじょう》するという，朝貢《ちょうこう》貿易の形式をとっていた。そのような朝貢貿易では，往復の費用や現地滞在のための費用は中国側が負担し，多くの返礼の品々を受け取ることもできたので，日本側の利益は大きかった。　　イ　開国後に行われた貿易では，イギリスから大量の綿糸や綿織物が輸入されたため，国内の綿織物産業が打撃を受けた。なお，生糸は開国後の主要な輸出品となり，国内の養蚕業が発展した。　　ウ　第一次世界大戦中の日本の好景気の要因の１つについて述べた文である。　　エ　世界恐慌の影響で，日本の輸出品の中心であった生糸の最大輸出先のアメリカが不景気になったこともあり，日本の輸出額は大きく減ることとなった。なお，日本が自動車を輸出するようになったのは，昭和時代になってからである。

問６　ア　８世紀末，桓武《かんむ》天皇から征夷《せいい》大将軍に任じられた坂上田村麻呂は，大軍を率いて東北地方の蝦夷《えみし》の征討に向かった。　　イ　1185年，平氏を滅《ほろ》ぼした源頼朝は，全国の国ごとに守護を，荘園などに地頭を置くことを朝廷から認められた。頼朝が征夷大将軍に任じられたのは1192年のことである。　ウ　後醍醐《ごだいご》天皇と対立した足利尊氏《たかうじ》は，京都に北朝を建て，1338年，北朝の天皇から征夷大将軍に任じられた。　エ　徳川家康が征夷大将軍に任じられたのは1603年，大阪の陣により豊臣氏を滅ぼしたのは1615年である。

問7　アとオは鎌倉時代，イは室町時代，ウは平安時代，エは江戸時代のできごとである。また，六波羅探題《ろくはらたんだい》は鎌倉幕府の第2代執権北条義時《よしとき》が承久《じょうきゅう》の乱(1221年)の直後に設置した機関である。よって，年代の古い順にウ→ア→オ→イ→エとなる。

問8　図中の4にあてはまるのは栄西である。12世紀後半に宋(中国)に2度渡って禅宗を学んだ栄西は，日本に臨済《りんざい》宗を伝えた。鎌倉幕府の保護を受けた栄西は，鎌倉に寿福寺《じゅふくじ》を，京都に建仁寺《けんにんじ》を建てている。

問9　保元《ほうげん》の乱(1156年)は崇徳《すとく》上皇と後白河天皇の対立がもとになって起き，上皇方と天皇方がそれぞれ源氏や平氏などの武士たちを引き入れて戦って天皇方が勝利したので，イが正しい。なお，アは壬申《じんしん》の乱(672年)，ウは平治の乱(1159年)，エは承久の乱(1221年)について説明した文である。

問10　各文の空欄に入る語句や人名は，Aが「葛飾北斎《かつしかほくさい》」，Bが「松下村《しょうかそん》」(塾)，Cが「征韓《せいかん》論」，Dが「新渡戸稲造《にとべいなぞう》」，Eが「津田梅子」，Fが「北里柴三郎《しばさぶろう》」，Gが「樋口一葉《ひぐちいちよう》」である。よって，指定された文字はそれぞれ「つ」「そ」「せ」「な」「め」「き」「う」となるので，ならべかえると「夏目漱石」となる。なお，2024年に発行予定の新千円紙幣の裏面には，Aの葛飾北斎の浮世絵《うきよえ》版画集『富嶽《ふがく》三十六景』から『神奈川沖浪裏《なみうら》』が採用されることになった。また，Eの津田梅子は新五千円紙幣，Fの北里柴三郎は新千円紙幣の肖像《しょうぞう》に予定されている。Bの伊藤博文は旧千円紙幣，Cの板垣退助は旧百円紙幣など，Dの新渡戸稲造は旧五千円紙幣，Gの樋口一葉は現行の五千円紙幣，夏目漱石は旧千円紙幣の肖像である。

問11　アの「文永」は鎌倉時代の元寇《げんこう》(文永の役・弘安の役)，イの「安政」は江戸時代末期の安政の大獄《たいごく》，ウの「永仁」は鎌倉時代末期の永仁の徳政令，エの「文禄《ぶんろく》」は安土桃山時代の朝鮮出兵(文禄の役・慶長《けいちょう》の役)，オの「天明」は江戸時代後期の天明のききんなどで知られる。よって，年代の古い順にア→ウ→エ→オ→イとなる。

問12　アは明治時代初期の地租改正，イは田畑永代《でんばたえいたい》売買禁止令などの江戸幕府の土地政策，ウは第二次世界大戦直後の農地改革，エは豊臣秀吉が行った太閤《たいこう》検地，オは平安時代中期の地方のようすについて説明した文である。よって，年代の古い順にオ→エ→イ→ア→ウとなる。

問13　【戸籍】に記された人々のうち，五十五歳・三十一歳・二十二歳・八歳の男性4人にはそれぞれ2段《たん》ずつ，五十一歳・二十九歳・二十五歳・十六歳・七歳の女性5人にはそれぞれ1段120歩ずつ与《あた》えられ，六歳未満の2人(四歳の女性と二歳の男性)には与えられないので，2段×4＋1段120歩《ぶ》×5＋0段×2＝8段＋5段600歩＋0段＝13段600歩＝14段240歩＝1町《ちょう》4段240歩と求められる。

問14　ア　東大寺(奈良県)は何度か火災で焼失しており，南大門とそこに置かれている金剛《こんごう》力士像はいずれも，鎌倉時代初期に東大寺が再建されたときにつくられた。　イ　「日蓮《にちれん》宗」(法華《ほっけ》宗)ではなく「一向宗(浄土《じょうど》真宗)」が正しい。　ウ　「真言宗」ではなく「天台宗」が正しい。なお，真言宗を伝えたのは，高野山(和歌山県)に金剛峰寺《こんごうぶじ》を開いた空海である。　エ　慈照寺《じしょうじ》について述べた文であり，内容も正しい。

3 日本国憲法と日本の政治，国際社会についての問題

問1　ア，イ 「国会」ではなく「内閣」が正しい。　ウ　憲法改正・法律・政令・条約の公布は天皇の国事行為《こうい》の１つなので，正しい。　エ　国務大臣は内閣総理大臣が任命する。

問2　ア 『法の精神』を著して三権分立を主張したのは，18世紀のフランスの思想家モンテスキューである。ロックは17世紀イギリスの思想家で，人権や民主主義の原理を説いた。　イ　国会が設置する弾劾《だんがい》裁判所は，裁判官としてふさわしくない行為があった裁判官をやめさせるかどうかを決定するものである。　ウ　解散があるのは衆議院だけである。　エ　すべての裁判所は，国会が制定した法律や内閣の行う政令・命令・行政処分などが憲法に違反していないかどうかを，具体的な裁判を通して判断することができるが，最終的な審査をするのは最高裁判所である。この権限を違憲立法審査権といい，裁判所によって違憲と判断された法律や政令・命令・行政処分などは改正を求められる。

問3　A　1990～2000年代のいわゆる「平成の大合併《がっぺい》」は，地方分権の推進と地方自治体の財政基盤の強化を目的として行われた。　B　地方公共団体が自主的に調達できる財源(自主財源)にあてはまるのは，地方税などである。地方交付税交付金は，国から地方公共団体に配分される補助金である。

問4　ア　包括《ほうかつ》的核実験禁止条約(CTBT)は，核を保有しているかどうかにかかわらず，爆発をともなうすべての核実験(地下実験もふくむ)を禁止する条約で，1996年の国連総会で採択《さいたく》された。しかし，核保有国にアメリカ・中国などの未批准国やインド・パキスタンなどの未署名国があるため，発効の見通しはたっていない。　イ　2017年に国連総会で採択された核兵器禁止条約(TPNW)は，核兵器の製造・保有・譲渡などを一切禁止するものである。アメリカなどすべての核保有国と，それらと同盟関係にある国々(日本をふくむ)の多くはこれに参加していない。なお，条約そのものは2021年に発効している。　ウ 「13歳未満」ではなく「18歳未満」が正しい。　エ 「男女共同参画社会基本法」ではなく「男女雇用《こよう》機会均等法」が正しい。なお，男女共同参画社会基本法は1999年に制定された。

問5　ア　介護《かいご》保険は，国の社会保障制度のうちの社会保険に属するが，運営は各市町村によって行われる。そのため，サービスの内容に格差が生じる場合がある。　イ　社会保険の一種である年金保険は，受給する人が納めてきた保険料と，国や地方自治体が拠出する公費によって運営されている。　ウ 「公的扶助《ふじょ》」ではなく「保健医療《いりょう》・公衆衛生」が正しい。公的扶助《ふじょ》は，病気や障害などの理由から経済的に苦しい生活を強いられている人々を，生活保護という形で国や地方自治体が支える制度である。　エ　社会保障関係費は，国の歳出の中で最も大きい割合を占めている。

問6　デフレーション(デフレ)は，景気の悪化により物価の下落が続く現象である。不景気やデフレのときには一般に，政府は市場に出回る通貨の量を増やして景気を刺激するため，公共事業などの財政支出を増やし，減税を行う。

問7　ア　ヤルタ会談は1945年にアメリカ・イギリス・ソ連の首脳がクリミア半島のヤルタで行ったもので，ドイツ降伏後の戦後処理などについて協定が結ばれた。同時に，秘密協定としてソ連の対日参戦なども決められた。冷戦の終結が宣言されたのは，1989年に地中海の国マルタでアメリカのブッシュ(父)大統領とソ連のゴルバチョフ書記長が行ったマルタ会談でのことである。　イ 「アメリカ」と「ソ連」が逆である。なお，キューバは中央アメリカに位置する社会主義の島国で

ある。　ウ　PKO(国連平和維持活動)は，国連が安全保障理事会の決定にもとづき，紛争地域に平和維持軍などを派遣し，停戦の監視や支援活動などを行うものである。原則として紛争当事国の同意を得た上で行われるものであり，すべての紛争で行われるわけではない。　エ　1960年は，アフリカでカメルーンやニジェールなど17の国の独立が実現したことから，「アフリカの年」とよばれた。

問8　日本国憲法第15条では「すべて公務員は，全体の奉仕者であって，一部の奉仕者ではない」と規定されている。

理　科　＜東大特待Ⅰ試験　4教科型＞（40分）＜満点：75点＞

解　答

1　**問1**　12cm　**問2**　9cm　**問3**　12cm　**問4**　8g　**問5**　イ　**問6**　**あ**　24g　**い**　18cm　**問7**　**う**　a　**え**　3.6cm　**お**　11.25cm　**2**　**問1**　エ　**問2**　7％　**問3**　エ　**問4**　イ　**問5**　エ　**問6**　39g　**問7**　80％　**3**　**問1**　イ　**問2**　ア　**問3**　イ，カ　**問4**　エ　**問5**　ア，エ　**問6**　ア，オ　**問7**　ウ　**4**　**問1**　(1)　ウ　(2)　ウ　**問2**　(1)　240km　(2)　秒速8km　**問3**　(1)　10時59分42秒　(2)　104km　**問4**　14秒後

解　説

1　**てこのつり合いとやじろべえについての問題**

問1　支点の両側で2つのおもりが水平につり合うのは，支点からおもりまでの距離《きょり》の比が，おもりの重さの比の逆比になるときである。よって，支点から左右のおもりまでの距離の比は，$\frac{1}{8}:\frac{1}{16}=2:1$なので，支点の位置は竹ぐしの左端《ひだりはし》から，$18\times\frac{2}{2+1}=12$(cm)のところである。

図①

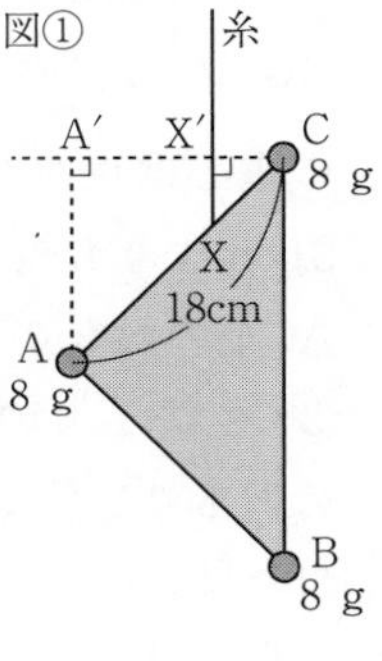

問2　図4の物体のACが水平になってつり合うときは，点Bにとりつけたおもりの重さは点Aで真下の方向にはたらくので，点Aと点Cに同じ8gのおもりをとりつけたのと同じことになる。よって，ACの真ん中の位置，つまり，点Aから右へ，18÷2＝9(cm)の位置に糸をとりつければよい。

問3　図5の物体が右の図①の状態で静止するとき，点A′に8g，点Cに，8＋8＝16(g)のおもりをとりつけたのと同じと考えられる。すると，XA：XC＝X′A′：X′C＝$\frac{1}{8}:\frac{1}{16}=2:1$となるので，XA＝$18\times\frac{2}{2+1}=12$(cm)と求められる。したがって，点Aから12cmのところに糸をとりつければよい。

図②

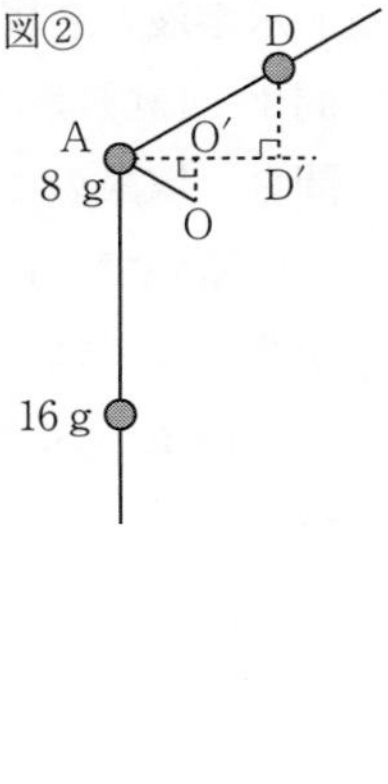

問4　やじろべえが右の図②の状態で静止するとき，角DAD′＝角OAO′＝30度となるので，三角形DAD′と三角形OAO′は相似であり，相似比は，DA：OA＝6：1.5＝4：1とわかる。よって，O′A：O′D′＝1：(4－1)＝1：3となる。また，点Aにかかる重さは，8＋16＝24(g)である。した

がって，点Dのおもりの重さを□gとすると，24：□＝$\frac{1}{1}$：$\frac{1}{3}$＝3：1が成り立ち，□＝24×$\frac{1}{3}$＝8（g）と求められる。

問5　問4より，図6のAC上のおもりの重さは，点Aのおもりの重さと等しく8gである。よって，点AにあるおもりとAC上のおもりの重心(重さが集中していると考えることができる点)は，AC上の点Aから，6÷2＝3(cm)の位置となる。そして，この重心にかかる重さは，8×2＝16(g)であり，これはAB上のおもりの重さと等しい。したがって，3つのおもりの重心は右上の図③の点Eの位置にできるので，やじろべえを支点Oで支えると，点Eが支点Oの真下にくる状態で静止する。つまり，イが正しい。

図③
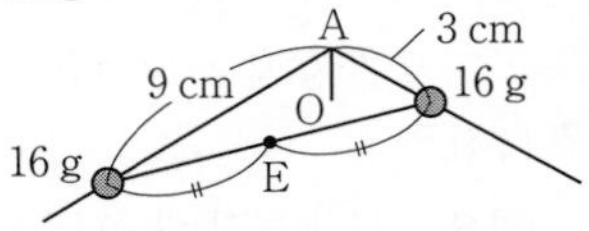

問6　つまようじが水平面に対し垂直になって静止したときは，点Aのおもりの影響《えいきょう》は考えなくてよい。　**あ**　AB，AC上の2つのおもりの重さの比を，点Aからの距離の逆比の，$\frac{1}{9}$：$\frac{1}{6}$＝2：3にすればよい。よって，16×$\frac{3}{2}$＝24(g)と求められる。　**い**　AB，AC上の2つのおもりの支点からの水平距離の比を，それぞれの重さの逆比の，$\frac{1}{16}$：$\frac{1}{8}$＝1：2にすればよいので，9×$\frac{2}{1}$＝18(cm)と求められる。

問7　**う**　やじろべえの重心が支点より上にあった場合，たとえば重心が支点から左にずれると，やじろべえを支点から遠ざかる方向に回転させる力がはたらくので，やじろべえは倒《たお》れてしまう。しかし，重心が支点より下にあると，たとえば重心が支点から左にずれても，やじろべえを支点に近づける方向に回転させる力がはたらくので，やじろべえの重心は支点の真下に近づく。そのため，やじろべえの重心は支点より下にある必要がある。　**え**　図8で，AB，AC上の2つのおもりの重心はつまようじの延長線上にあり，重心にかかる重さは，16×2＝32(g)である。また，上の図④で，直角三角形PQSは正三角形PQRを半分にした形なので，PQ：PS＝2：1となる。よって，AB，AC上の2つのおもりの重心は点Aから下に，9×$\frac{1}{2}$＝4.5(cm)の位置にあるので，3つのおもりの重心は点Aから下に，4.5×$\frac{32}{8+32}$＝3.6(cm)の位置にある。したがって，つまようじの長さを3.6cmよりも短くすれば，やじろべえが少し傾《かたむ》いても倒れなくなる。　**お**　図8で，ABまたはAC上のおもりと2つのおもりの重心の点Aからの距離の比は，9：3.6＝5：2である。よって，3つのおもりの重心の点Aからの距離が，つまようじの長さより長くなるとき，AB，AC上の2つのおもりを竹ぐしにそって左右対称《たいしょう》にそれぞれ点Aから，4.5×$\frac{5}{2}$＝11.25(cm)の位置よりも遠ざければよい。

図④
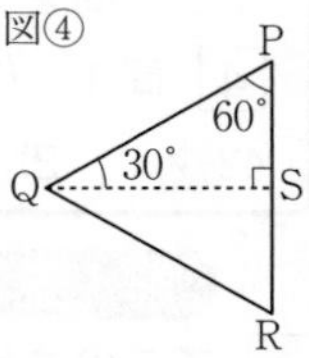

2　水溶液《すいようえき》と金属の反応，溶解度についての問題

問1　塩酸は，塩化水素を水に溶《と》かした水溶液で，酸性を示す。

問2　塩酸のこさが9％や12％になると，発生した水素の体積が1.12Lで一定になり増えなくなっているので，1.2gのマグネシウムがすべて反応すると，水素が1.12L発生する。また，塩酸のこさが6％までは，こさが3％増えるごとに，発生した水素の体積が0.48Lずつ増えている。したがって，1.2gのマグネシウムとちょうど反応する50mLの塩酸のこさは，3×$\frac{1.12}{0.48}$＝7(％)と求められる。

問3　問2より，こさ10％の塩酸50mLは，$1.2\times\frac{10}{7}=\frac{12}{7}=1.7\cdots$(g)のマグネシウムとちょうど反応する。よって，マグネシウムの量を2.4gにしてこさ10％の塩酸50mLと反応させると，塩酸がすべて反応してマグネシウムが余り，水素が，$1.12\times\frac{10}{7}=1.6$(L)発生する。

問4　問2より，1.2gのマグネシウムとちょうど反応する25mLの塩酸のこさは，$7\div\frac{25}{50}=14$(％)で，このとき1.12Lの水素が発生する。また，塩酸のこさが0％～14％のとき，発生した水素の体積は塩酸のこさに比例する。したがって，イがふさわしい。

問5　問2より，1.5gのマグネシウムはこさが，$7\times\frac{1.5}{1.2}=8.75$(％)の塩酸50mLとちょうど反応する。よって，マグネシウムの量を1.5gにしてこさ10％の塩酸50mLと反応させると，マグネシウムがすべて反応して塩酸が余り，水素が，$1.12\times\frac{8.75}{7}=1.4$(L)発生する。

問6　20℃でこさが10％の塩化マグネシウム水溶液100gには，塩化マグネシウムが，$100\times\frac{10}{100}=10$(g)，水が，$100-10=90$(g)含《ふく》まれている。そして，20℃の水90gに塩化マグネシウムは，$54\times\frac{90}{100}=48.6$(g)まで溶ける。よって，$48.6-10=38.6$より，さらに39gの塩化マグネシウムが溶ける。

問7　すべてのマグネシウムが反応して水素が1.12L発生しているので，反応した酸化していないマグネシウムは，問2より1.2gとわかる。よって，マグネシウムの純度は，$1.2\div1.5\times100=80$(％)と求められる。

3　タンポポの種類やその成長についての問題

問1　タンポポは，種子をつくってふえる種子植物のなかまのうち，胚珠《はいしゅ》が子房《しぼう》に包まれる被子《ひし》植物に属し，さらに子葉が2枚の双《そう》子葉類のなかまの植物である。発芽のときにはイのように2枚の子葉が開き，根は主根とよばれる太い根と，主根から分かれてのびる側根とでできている。成長するにしたがい，オやカに表されるようにまわりがギザギザに切れこんだ長い葉をつけるようになる。

問2　あ　複数の花弁(花びら)の根もとがくっついている花を合弁花といい，複数の花弁がたがいに離《はな》れている花を離弁花という。タンポポの花は5枚の花弁がくっついている合弁花である。なお，タンポポやヒマワリなどキク科の植物の花は，花がたくさん集まって，1つの大きな花のように見えている(頭花という)。　　い　タンポポの花のめしべのもとの部分はふくらんだ子房となっていて，中に1つの胚珠が入っている。

問3　胚珠がむき出しの裸子《らし》植物であるマツの種子は，熟すとりん片が羽のような役割をはたし，風に運ばれる。また，オナモミの実(を包む総苞《そうほう》)は，表面にトゲのようなものがたくさんあり，このトゲで動物の体にくっついて運ばれる。

問4　種子の性質，たとえば発芽のしやすさなどは，すべての種子が同じというわけではなく，ある程度のばらつきがある。そこで，実験1のような実験を行うときには，種子の個々の性質の差が実験結果に大きな影響をあたえないようにするため，各条件のもとに多数の種子を用いて行う。

問5　実験1より，温度によって発芽する割合が大きく異なるので，アは正しい。また，カントウタンポポと雑種タンポポはどちらも，ほかの温度で発芽しなかったものを16℃に置くと大部分が発芽しているので，イとウは誤っており，エは正しい。さらに，温度に関する性質とタンポポの花や葉の形状との関係は，実験1だけでは確認できないので，オは誤っている。

問6　ア　図1，図2より，31℃に保った部屋で発芽して枯《か》れるものの割合は，カントウタンポポが，０×（１－0.6）＝０，雑種タンポポが，0.12×（１－0.92）＝0.0096，セイヨウタンポポが，0.6×（１－0.33）＝0.402なので，セイヨウタンポポの割合が最も高い。　　イ　36℃以上の場合，カントウタンポポが発芽した割合は０％だったと述べられている。一方で，図１より，36℃以上の場合でも，雑種タンポポとセイヨウタンポポは34℃の場合と同じ程度には発芽すると考えられる。また，図２より，36℃の場合にはどのタンポポもある程度は枯れる。よって，31℃に保った部屋で発芽して枯れるものの割合は，カントウタンポポは０となり，雑種タンポポとセイヨウタンポポは０より大きくなる。　　ウ　図１，図２より，31℃に保った部屋で発芽して生き残るセイヨウタンポポの割合は，0.6×0.33＝0.198，つまり，0.198×100＝19.8（％）である。　　エ　図１では，雑種タンポポの発芽の割合が温度により変化している。また，図２では，31℃，36℃で生き残った芽生えの割合が，ほかの温度の場合より低くなっている。　　オ　図２で，31℃で生き残った芽生えの割合が最も高いのは，約92％が残った雑種タンポポとなっている。

問７　ア　図３の棒グラフの上から下までの長さが，植物全体の成長量を示していると考える。雑種タンポポとセイヨウタンポポは，しめった土よりもややしめった土の方が，成長量が大きい。　イ　カントウタンポポのかわいた土での乾燥《かんそう》重量が50mg程度あるので，当てはまらない。　　ウ　図３で，雑種タンポポについて，かわいた土では根の方が葉とくきより乾燥重量が重くなっている。つまり，水分が少ない環境《かんきょう》では，葉よりも根の割合が大きいので，正しい。　　エ　図３で，かわいた土で生育した雑種タンポポについて，根の乾燥重量が植物全体の乾燥重量にしめる割合が５割より大きいので，誤っている。

4　地震《じしん》の仕組みとゆれの伝わり方についての問題

問１　⑴　①～③　地球の表面はプレートとよばれる十数枚の大きな岩盤《がんばん》に分かれていて，そのプレートは少しずつ動いている。日本列島の付近では，２つの大陸プレート（北米プレートとユーラシアプレート）と２つの海洋プレート（太平洋プレートとフィリピン海プレート）がぶつかり合っており，海洋プレートが大陸プレートの下にゆっくりと潜《もぐ》り込《こ》んでいる（日本列島のほとんどは大陸プレート上にある）。日本海溝《かいこう》の付近では，太平洋プレートが北米プレートを引き込みながら潜り込んでいるため両プレートの間にひずみがたまり，北米プレートがそのひずみに耐《た》えられなくなると反発して地震（海溝型地震）が発生する。東日本大震災（2011年）は，この型の地震による災害として知られている。　　④　プレート内の活断層がずれて起こる地震は，活断層型地震とよばれる。阪神淡路《あわじ》大震災（1995年）は，この型の地震による災害として知られている。　　⑵　Ｐ波は伝わる速さが速い縦波《たてなみ》のゆれ，Ｓ波は伝わる速さが遅《おそ》い横波のゆれを生じる。なお，縦波は，進行方向と同じ方向に伝わる波で，ほかに音波などが知られている。一方，横波は，進行方向と垂直な方向に伝わる波で，ほかに電磁波などが知られている。

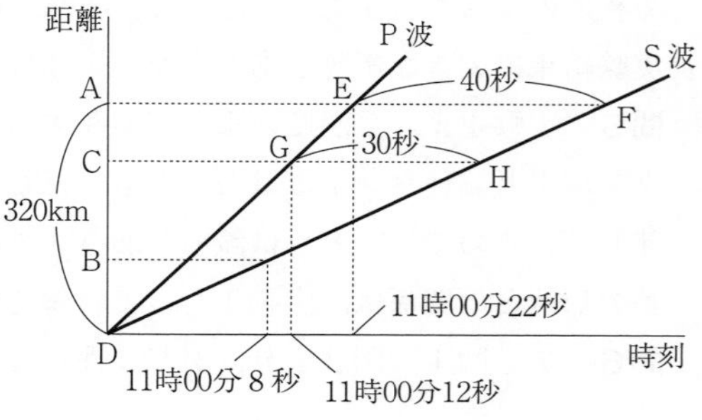

問２　⑴　直前の説明文の内容を，震源をＤとしてまとめると，右のグラフのようになる。三角形DEFと三角形DGHは相似であり，相似比は，EF：GH＝40：30＝４：３なので，DA：DC＝４：３となる。よって，地点Ｃの震源からの距離は，$320\times\frac{3}{4}=240$（km）と求められる。　⑵　Ｐ波は地点Ｃと地点Ａの距離の差である，320－

240＝80(km)を，22－12＝10(秒)で進んでいるので，その速さは秒速，80÷10＝8(km)とわかる。

問3　(1)　Ｐ波は地震発生時刻(Ｄの時刻)の，320÷8＝40(秒)後に地点Ａに届いたので，地震発生時刻は，11時00分22秒－40秒＝10時59分42秒である。　(2)　地点Ａに主要動が届いたのは地震発生時刻の，11時00分22秒＋40秒－10時59分42秒＝80秒後なので，Ｓ波の速さは秒速，320÷80＝4(km)である。地点Ｂで主要動が始まったのは地震発生時刻の，11時00分08秒－10時59分42秒＝26秒後なので，地点Ｂの震源からの距離は，4×26＝104(km)と求められる。

問4　震源から56km離れた場所にある地震計がＰ波を検知するのは，地震発生から，56÷8＝7(秒)後，つまり，10時59分42秒＋7秒＝10時59分49秒で，地点Ｂに緊急《きんきゅう》地震速報が届くのは，10時59分49秒＋5秒＝10時59分54秒である。よって，この，11時00分08秒－10時59分54秒＝14(秒)後に主要動が到達《とうたつ》する。

国　語　＜東大特待Ｉ試験　4教科型＞(50分)＜満点：150点＞

解　答

一　下記を参照のこと。　二　1　カ　2　エ　3　ケ　4　コ　5　イ　6　ウ　7　ア　8　キ　9　オ　10　ク　三　**問1**　化学肥料と合成農薬の不使用　**問2**　エ　**問3**　A　悪　B　良　**問4**　イ　**問5**　(例)　害虫も天敵も選ばず殺して農地の生物多様性を壊す(という問題。)　**問6**　循環　**問7**　ア　**問8**　(例)　有機栽培／ミツバチの集団死に農薬が関係しているという記事を読みました。だから，複雑にかかわり合う生態系を守るには，有機農法がいいと思います。(慣行栽培／本文でも述べられているように，名前だけの有機農法は環境によくない影響を与えます。むしろ，数値化しやすい化学肥料を適切に使ったほうが安全だと思うからです。)　四　**問1**　a　たかが　b　くれた　**問2**　A　オ　B　エ　C　ク　**問3**　オ　**問4**　(例)　坊主頭の子の応対をすること。　**問5**　ウ→キ→ア→カ→エ→ク→オ→イ　**問6**　エ，オ　**問7**　ア　**問8**　ごくふつうであたりまえの花　**問9**　イ　**問10**　(例)　ヒマワリ三本の花言葉が「愛の告白」だと知っていたので，花をあげるときに宇田川の好意が西に伝わって，二人がうまくいけばいいなと考えている。

●漢字の書き取り

一　1　一堂　2　生半可　3　拾得　4　進物　5　傷心　6　機先　7　不相応　8　連綿

解　説

一　漢字の書き取り

1　同じ場所。「一堂に会する」で，同じ場所に集うこと。　2　中途半端《ちゅうとはんぱ》で未熟なこと。　3　落とし物を拾うこと。　4　贈《おく》り物。　5　悲しく思うこと。　6　ものごとが始まろうとするとき。「機先を制する」は，“ほかの人よりも先にものごとを行い，相手の気勢や計画をおさえて自分が有利になるようにする”という意味。　7　ふさわしくないようす。　8　長く切れ目なく続くようす。

二 文脈に合う言葉の判別

1　直前に「真相を」とあるので，事細かにするようすの「つまびらか」が合う。　**2**　直後に「降ってやんだ」とあるので，“ものごとがしばらく続くようす”を表す「ひとしきり」がふさわしい。　**3**　「〜(の)にやぶさかではない」は，“喜んで〜する”という意味。「やぶさか」は，もの惜《お》しみするようす，思い切りの悪いようす。　**4**　直前に「泣きつかれて」とあるので，“体力も気力もなくなってぼんやりした状態の人”を意味する「ぬけがら」が入る。　**5**　「そばづえを食う」は，“そばにいたために思わぬ災難や迷惑《めいわく》を受ける”という意味。けんかをしている人の振《ふ》り回した杖《つえ》が，そばの人に当たることから。　**6**　「興奮《こうふん》のるつぼ」は，“大勢集まった人々が興奮しきっている場所”という意味。「るつぼ」は，ものを高温で溶《と》かすときに使う容器。転じて，さまざまなものが混ざり合って渦《うず》巻く状態や，そのような場所の形容として使われる。　**7**　直前に“思いがけないさま”を表す「とんだ」があるので，“無実の罪”を表す「ぬれぎぬ」が入る。　**8**　後に「家でしかいばれない」とあるので，“家の中ではいばるが外では意気地がない人”を表す「内弁慶《うちべんけい》」がよい。　**9**　「旗色が悪い」は，戦いの形勢がよくないこと。戦場の旗のようすを見て戦況《せんきょう》を推測するところから。　**10**　「間断なく」は，途切れなく続くようす。

三 出典は杉山修一《すぎやましゅういち》の『ここまでわかった自然栽培《さいばい》—農薬と肥料を使わなくても育つしくみ』による。有機農業の定義，理念，現状や，日本でなかなか広まらない理由などについて説明している。

問1　最初の二つの段落では「有機」という言葉が「非常に幅《はば》広い概念《がいねん》」であることについて述べられており，空欄《くうらん》Ⅰの直後に「以上の意味」とあるので，空欄Ⅰには「有機」という言葉の最低限の意味について説明する内容が入ると推測できる。よって，「化学肥料と合成農薬の不使用」を入れると文意が通る。

問2　ア，イ　「消費者が理解」することや有機栽培の作物に対する「印象」について，本文では述べられていない。　ウ　「よりよい作物を生産しよう」という動機でなく，「不適切な方法」で生産する農家も現れると述べられている。　エ　直後で「栽培法の多様化は，有機農産物市場での混乱を招く。理念のすべてを追求する先進的な有機栽培農家から，農薬の使用量を減じただけの減農薬栽培農家，中には，農産物の付加価値を上げるための名前だけの有機栽培農家も現れる」と述べられているので，正しい。　オ　「消費者受け」をねらっている農家ばかりではない。

問3　**A，B**　「悪貨は良貨を駆逐《くちく》する」は，16世紀にイギリスの貿易商グレシャムが唱えた経済の法則。金貨や銀貨などについて，不純物が少ないものを良貨，多いものを悪貨といい，一つの社会で名目上は価値が同じ良貨と悪貨が同時に流通すると，良貨はしまい込《こ》まれて市場から姿を消し，悪貨だけが流通するという意味である。そこから広く，“悪いものがはびこると，よいものが滅《ほろ》びる”というたとえで使われる。

問4　傍線《ぼうせん》部2は，「有機JAS栽培」で使える資材の「認証《にんしょう》基準」が決まったため，その他の多くの「有機」の「理念」が軽視され，本来の「有機」とかけ離《はな》れる場合が出てきたことを表している。イが，この内容に合う。　ア　筆者は「制度自体」ではなく「有機栽培」を重視している。
ウ　資材以外の「細かい基準」は述べられていない。　エ　本文では「世間」が認めるかどうかは取り上げられていない。　オ　「資材」は「認証基準」に用いられているのだから，「一部の付属的な部分に過ぎない」とはいえない。

問5　「ボルドー液」について「種類を問わず，生物に作用する農薬の非選択《せんたく》的殺傷性は，必然的に農地の生物多様性を損《そこ》なう」と述べられており，このような性質は「BT剤《ざい》」にも共通している。これをふまえ，「特定の有害生物への選択性がなく生物多様性を損なう」，「どちらも特定の有害生物以外も殺して生物多様性を壊《こわ》す」のようにまとめる。

問6　空欄Ⅱの前に「農畜《のうちく》複合」とあり，空欄Ⅱをふくむ段落以降では「農畜複合による循環《じゅんかん》型農業」について説明されているので，「循環」がぬき出せる。

問7　前後の二文から，「肥料」の「多投入」により「作物体の窒素《ちっそ》成分が高くなり，病気や害虫を引きつけやすくなる」ことがわかる。また，農薬は，農作物を病気や害虫から守るために使われる。よって，アが選べる。

問8　本文の最初に，「『有機』という言葉は，生態系，循環，持続可能性，生物多様性，共生などの多様なキーワードを含《ふく》む非常に幅広い概念」とあるので，これらのキーワードにふれながら書くとよい。「有機栽培」を選んだ場合，「生物多様性を実現する持続可能な農業でなくては，地球環境に少しずつ負担がかかっていき，人が生きていけない環境になって困るからである」などが考えられる。一方，「慣行栽培」を選んだ場合，「湿度《しつど》の高い日本で，無農薬で果樹栽培をするのは非常に難しいと聞いたことがある。生態系を考えることは大切だが，趣味《しゅみ》ではなく商品をつくるには，今の技術では農薬が必要ではないだろうか」などが考えられる。

四　**出典は山本幸久《やまもとゆきひさ》の『花屋さんが言うことには』による。**川原崎花店で働く紀久子《きくこ》は，花に縁《えん》のなさそうな坊主《ぼうず》頭の少年から，友だちにあげる花を相談される。

問1　**a**　「たかが知れている」の類義語には「取るに足りない」などがある。この「たか(高)」は“やることのできる精一杯の限界”の意味。　**b**　「途方にくれる」の類義語には「八方ふさがり」などがある。この「途方」は“方法・手段”を表す。

問2　**A**　「肩《かた》を落とす」で“肩から力がぬけるほどがっかりする”ことを表す。　**B**　「首を捻《ひね》る」で“理解できないことに出くわして，とまどったり，疑わしく思ったり，不満に思ったりする”という意味。　**C**　「踵《きびす》を返す」で“引き返す”ことを表す。「踵」はかかと。かかとを逆向きにすることから，Uターンするようすである。

問3　直後で李多《りた》は，「熱心に花を見ていた。でも花のむこうにだれかがいたわ」と言っている。さらに，後のほうで少年は，「友達が引っ越《こ》すんです」，「そいつに花をあげなくちゃならなくて」と，花を見ていた理由を語っている。よって，オがふさわしい。

問4　続く部分に「私になにをしろと」，「あの子に花を売ったら」，「いきなり声をかけるのはどうかと思い」とあるので，傍線部2は店に来た少年の応対をすることとわかる。

問5　1　直前に「お訊《き》きしたいことがあって」という千尋《ちひろ》の問いがあるので，紀久子が「なにかしら」と返答するのがふさわしい。　2　千尋が訊きたいことの導入部分なので，まずキのように説明するのが合う。　3～6　ア→カ→エ→クとつなげると，二人が2の「坊主頭」を「戸部《とべ》ボクシングジム」に結びつけることで宇田川《うだがわ》について確かめ合う流れになる。　7，8　6の「彼《かれ》はあなたの店でなんの花を買おうとしていましたか」という千尋の問いについて，その理由を紀久子がオのように聞き返し，千尋がイのようにあせると，直後の「聞き返されるのが意外だったらしい」に自然につながる。

問6　続く部分に「宇田川は莫迦《ばか》で空気が読めない」とあるので，「女心が分からない」とあるオが選べる。また，「莫迦同士お似合いなんだから，最後くらいは素直《すなお》になればいいのに」とあるので，「西の友達として，西と宇田川がうまくいくことを願っている」とあるエもよい。

問７　直前に「胡《こ》蝶《ちょう》蘭《らん》ではなかったにせよ」とあり，千尋は「花屋でいちばん高い花を渡《わた》せば文句あるまいと胡蝶蘭を買いかねません」という宇田川の「間《ま》抜《ぬ》け」な行動を予想していたので，「やたらにお金をかけて」とあるアが合う。

問８　前に「ここは千尋との約束どおり」とあり，その約束のもとになった千尋の「お願い」は「ごくふつうであたりまえの花を売ってもらえませんか」というものだったので，「ごくふつうであたりまえの花」がぬき出せる。

問９　宇田川は，店の花を「ぜんぶ一本ずつ」買えば，西がほしい花に「そのうちのどれかは当たっているかもしれない」と言っている。また，これを聞いた李多は，「そんな花束《はなたば》をもらっても，相手はよろこぶとは思えない」と注意している。よって，これらのいきさつをまとめているイがよい。

問10　最後の場面に，「三本」のヒマワリの花言葉は「愛の告白」だとある。これをふまえ，「『愛の告白』という花言葉を持つ三本のヒマワリを宇田川から西に手渡させることで，宇田川の好意が西に届き，二人がうまくいけばよいと考えている」のようにまとめる。

2023年度 栄東中学校

【算　数①】〈東大特待Ⅰ試験 算数1教科型〉（50分）〈満点：150点〉

〈編集部注：算数②は4教科型の算数と共通問題です。〉

注意　1．コンパス・分度器は使わずに答えてください。

2．円周率《りつ》は3.14とします。

3．比を答えるときには，もっとも簡単な整数の比で答えてください。

1　次の問いに答えなさい。

(1)　図1のように，矢印がかかれたコインと，同じ大きさの固定されたコインがあります。いま，矢印がかかれたコインを，固定されたコインのまわりに接しながらすべらないように回転させます。

回転させているコインが図2のアの位置に来たとき，矢印はどの方向を向いていますか。解答欄《らん》の図に矢印をかき込みなさい。

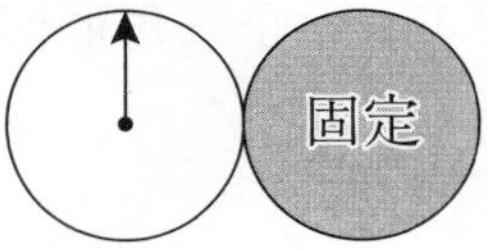

図1

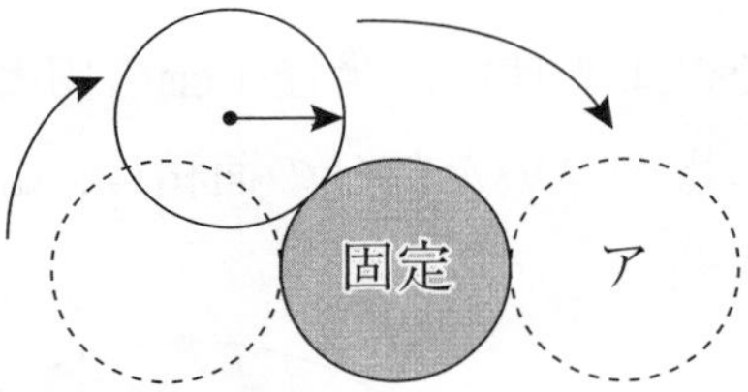

図2

(2)　図3のように，矢印がかかれたコインと，同じ大きさの固定された2枚のコインがあります。いま，矢印がかかれたコインを，固定された2枚のコインのまわりに接しながらすべらないように回転させます。

矢印がかかれたコインが元の位置にはじめてもどったときに，矢印はどの方向を向いていますか。解答欄の図に矢印をかき込みなさい。

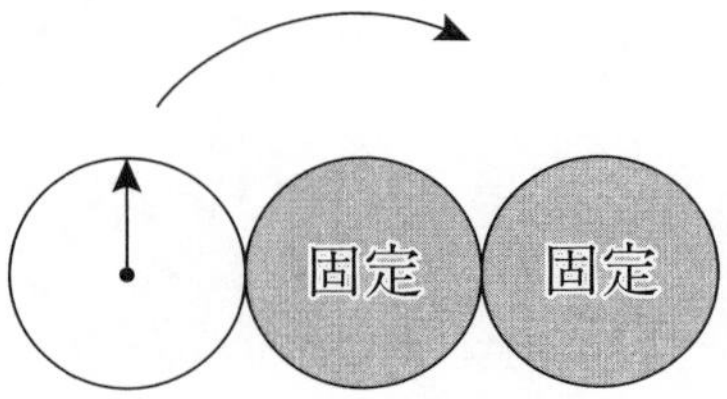

図3

2　次の問いに答えなさい。

(1)　図１の二等辺三角形を 12 個並べて，図２の図形をつくりました。図２の図形の面積は，１辺の長さが１cmの正三角形何個分ですか。

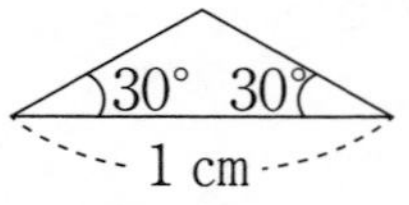

図１

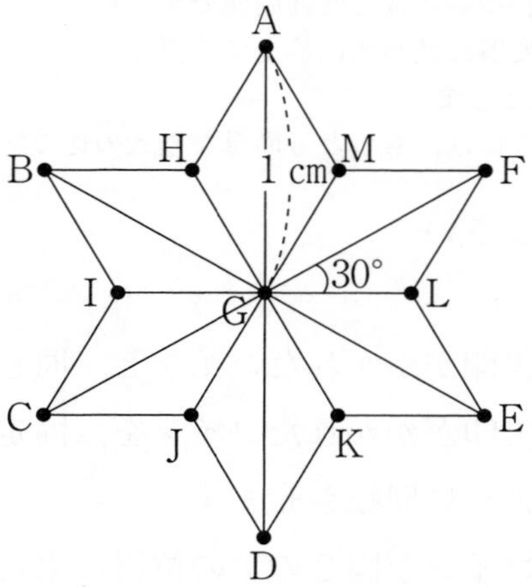

図２

(2)　図２の点をそのまま使い，半径１cmの円と直線を加えて図３の図形をつくりました。図３の影《かげ》のついた部分の面積は，１辺の長さが１cmの正三角形何個分ですか。

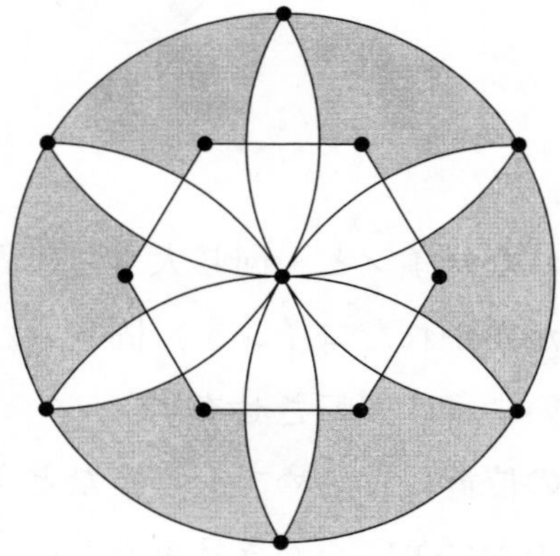

図３

3 次の会話を読んで問いに答えなさい。

栄くん「ねえ，東さん。平方数について大発見したよ！」

東さん「平方数って同じ整数を2つかけてできる1，4，9，16とかの数だよね」

栄くん「そう，5×5の25とか，6×6の36とか」

東さん「その平方数がどうしたの？」

栄くん「どんな平方数も3で割った余りは0か1になるんだよ」

東さん「え？　そうなの？」

栄くん「1×1から順に56×56まで試したから絶対にそうだよ！」

東さん「そんなにたくさん試したの？　でも，待って栄くん。まだこのあとに余りが2になる数が出てくるかもしれないよ。そう思ったから栄くんはそんなにたくさん試したんだよね？」

栄くん「うん，実はそうなんだ。なんでこうなるかはわからないんだよ」

東さん「わかった。いっしょに考えよう。とりあえず平方数を，正方形の形にコインを並べたときに使うコインの枚数ってことにするよ」

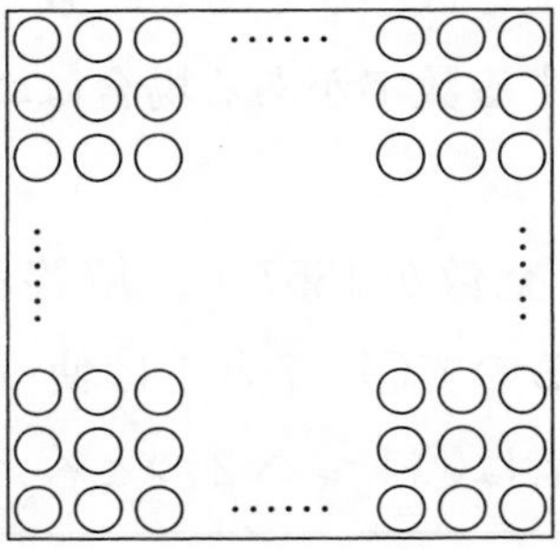

東さん「1辺に並べるコインの枚数が3の倍数だったらコイン全部の枚数も当然3の倍数だよね」

栄くん「うん。でも，1辺に並べるコインの枚数が3で割って1余るときと3で割って2余るときって難しいよね？」

東さん「それも図をかいてみたらわかるかな」

栄くん「あー！　東さん！」

東さん「え？　なに？」

栄くん　「部活が始まる時間になっちゃった！　終わってから教えてもらってもいい？」

東さん　「えー？　なにそれ？　さっき始めたばかりなのに。仕方ないなあ。じゃあ手紙に説明を書いて栄くんの机に置いておくよ」

栄くん　「ありがとう！」

東さんになったつもりで栄くんへの手紙を書きなさい。

4　１から９の中から異なる４つの数字を出題者が選んでつくった４桁《けた》の整数を解答者が当てるゲームがあります。解答者は４桁の整数を言い，それに対して出題者は下のルールでヒントを出し，解答者が何回目までで正解を当てるかを競います。

ルール

正解の４桁の整数と比べて，位と数字がともに一致《ち》している場合は○，位は異なるが，他の位に一致する数字がある場合は△と答える。

たとえば，出題者がつくった整数が 1357 で，解答者が 7154 と言った場合，５が十の位で一致しているので○，７と１は使っている位が異なるので△となり，この場合，出題者は○１つ△２つと答える。

このゲームを解答者が栄くん，出題者が東さんで始めました。次のページの会話を読んで問いに答えなさい。

東さん 「４桁の整数を決めたから言っていいよ」

栄くん 「じゃあ，1234」

東さん 「んー，その中の１つだけ使われてるけど位が違《ちが》うから，△１つ」

栄くん 「5678」

東さん 「1つは位も合ってて，１つは位が違うから，○１つ△１つ」

栄くん 「ということは ア はどこかの位に使われてるってことだ。
じゃあ，4569」

東さん 「○２つ△１つ」

栄くん 「9476」

東さん 「△３つ」

栄くん 「おー！ これで４桁の整数は イ 通りにしぼりこめた！」

東さん 「え？ もうそんなに少なくなったの？ なんで？」

栄くん 「じゃあ，説明するね！」

ア ， イ の空欄《らん》にあてはまる数を答えなさい。また，栄くんになったつもりで説明し，正解と考えられる４桁の整数をすべて答えなさい。

2023年度

栄東中学校

▶解説と解答

算数①　＜東大特待Ⅰ試験　算数１教科型＞（50分）＜満点：150点＞

解　答

1 (1)　右の図１　(2)　右の図２　2 (1)　４個分　(2)　４個分　3 （例）　解説を参照のこと。　4 **ア**…９，**イ**…２，**４桁の整数**…4968，4689／**説明**…（例）　解説を参照のこと。

図１

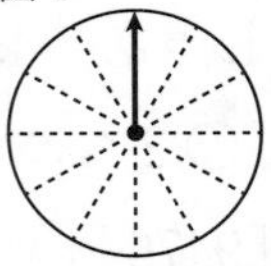

図２

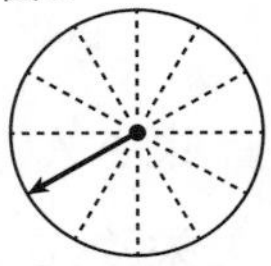

解　説

1 図形の移動

(1)　円を４等分し，矢印がかかれたコインに記号をつけて考える。下の図①のように，はじめに２つのコインが接している点を🅐とし，🅐から時計回りに🅐→🅑→🅒→🅓とする。元の位置からアの位置まで来るとき，矢印がかかれたコインと固定されたコインの太線部分どうしが接するから，アの位置に来たときに２つのコインが接する点(□にあてはまる点)は🅒である。よって，🅒から時計回りに🅒→🅓→🅐→🅑の順に記号をつけると，アの位置では下の図②のようになることがわかる。矢印は🅓の方向を向いているので，アの位置では下の図③のようになる。

図①

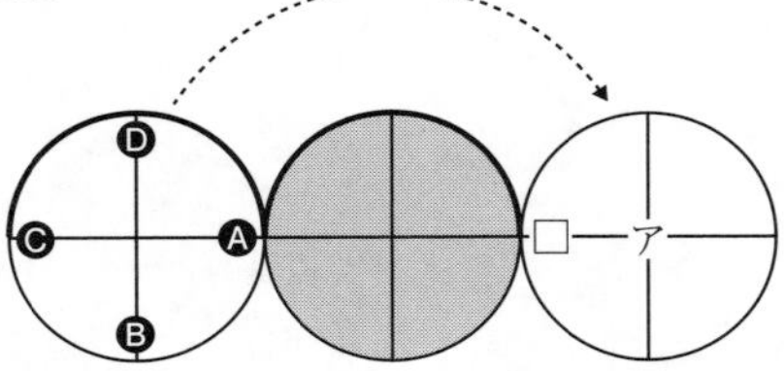

図④

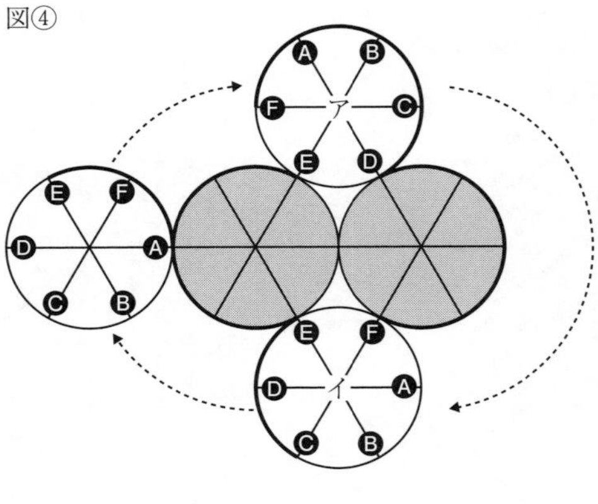

図⑤

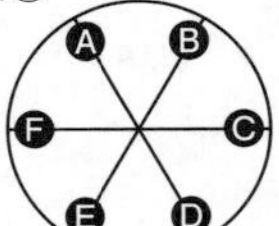

図②

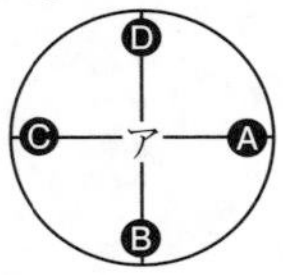

図③

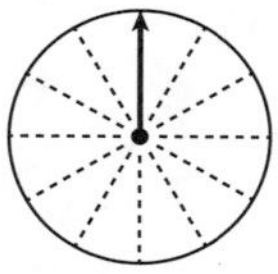

図⑥

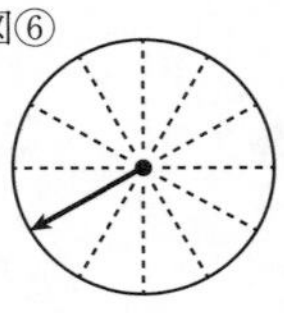

(2)　今度は円を６等分して，(1)と同様に考える。上の図④のように，元の位置からアの位置に来るまでに６等分したうちの２つ分が接し，アの位置からイの位置に来るまでに６等分したうちの４つ分が接する。さらに，イの位置から元の位置に来るまでに６等分したうちの２つ分が接するから，元の位置では上の図⑤のようになることがわかる。矢印は🅔と🅕の間の方向を向いているので，元の位置では上の図⑥のようになる。

2 平面図形―面積

(1)　下の図①のように，問題文中の図１の二等辺三角形を３個並べると，１辺の長さが１cmの正三角形になる。また，問題文中の図２の図形は，二等辺三角形を12個並べたものだから，図２の面積は1辺の長さが1cmの正三角形の面積の，12÷3＝4(個分)とわかる。

図①

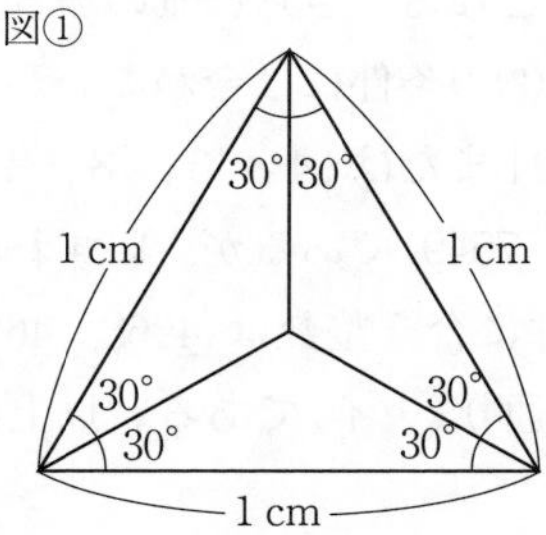

図②

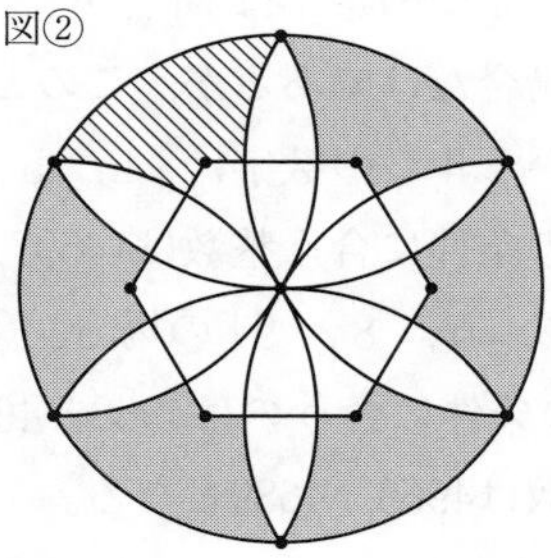

図③

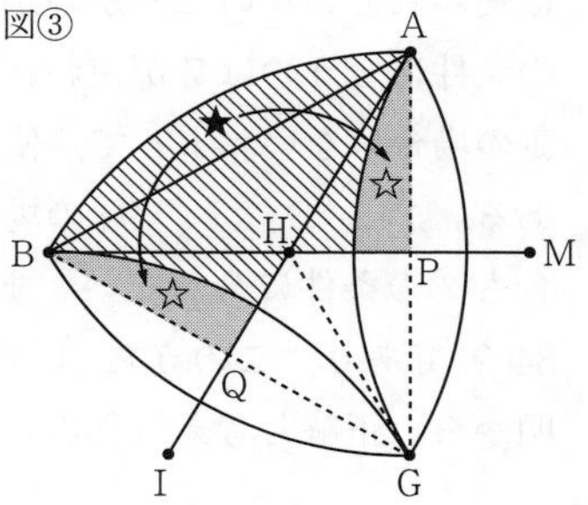

(2)　上の図②の斜線《しゃせん》部分6個分の面積を考えればよい。斜線部分を拡大すると上の図③のようになる。図③で，★印の部分は☆印の部分2つに分けて移動することができるので，斜線部分は，1辺の長さが1cmの正三角形GABから，四角形GPHQを取り除いたものになる。また，三角形GPHと三角形BQHは合同だから，四角形GPHQの面積は三角形HBGの面積と等しくなる。よって，斜線部分の面積は問題文中の図1の二等辺三角形の面積の，3－1＝2(個分)にあたるので，問題文中の図3の影《かげ》のついた部分の面積は，二等辺三角形の面積の，2×6＝12(個分)にあたることになる。したがって，(1)と同様に，1辺の長さが1cmの正三角形の面積の4個分になる。

3　整数の性質

次のような解答例が考えられる。1辺に並べるコインの枚数が3で割って1余る数の場合を右の図1，3で割って2余る数の場合を右の図2で表すことにするね。アとエは1辺の枚数が3の倍数の正方形で，イとオは横の枚数が3の倍数の長方形で，ウとカはたての枚数が3の倍数の長方形だから，これらのコインの枚数は3の倍数だよね。図1はア，イ，ウ以外にコインが1枚，図2はエ，オ，カ以外にコインが4枚あるから，どちらの場合もコインの枚数は3で割って1余る数になるよね。だから，平方数を3で割った余りは0か1になるんだよ。

図1

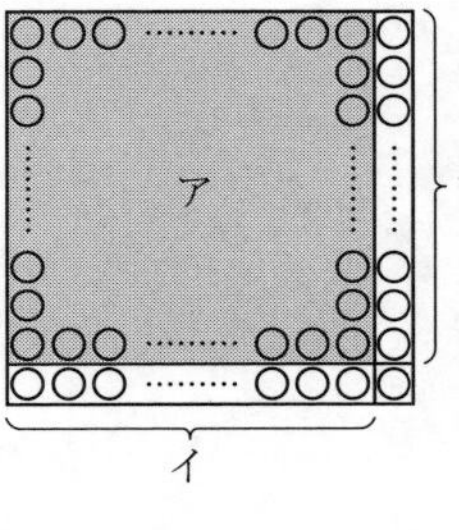

図2

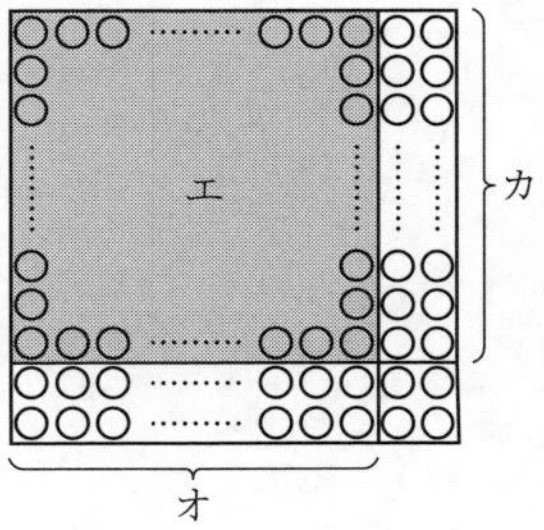

4　条件の整理

右の図1の①～④の順にヒントが示されている。はじめの①と②の段階で，1，2，3，4の中の1個と，5，6，7，8の中の2個が使われていることがわかる。すると，残りの1個は，＿＿の中にあらわれていない9であることがわかる。つまり，9(…ア)は必ず使われていることになる。次に，③に注目する。4，5，6，9のうち3個使われていて，そのうち9は必ず使われているから，4，5，6のうち，2個は使われていて，1個は使われていないことになる。そこで，右の図2の3つの場合に分けて考える。Ⅰの場合，④の条件に合うのは7が使われている場合だけであり，4つの数字は{4，5，

図1

①1 2 3 4…△
②5 6 7 8…○△
③4 5 6 9…○○△
④9 4 7 6…△△△

図2

Ⅰ4と5が使われていて6が使われていない
1　2　3　④　⑤　~~6~~　7　8　⑨
Ⅱ4と6が使われていて5が使われていない
1　2　3　④　~~5~~　⑥　7　8　⑨
Ⅲ5と6が使われていて4が使われていない
1　2　3　~~4~~　⑤　⑥　7　8　⑨

７，９｝と決まる。また，Ⅱの場合，①から１，２，３は使われていないことがわかり，④から７は使われていないことがわかるので，４つの数字は｛４，６，８，９｝となる。さらにⅢの場合，④の条件に合うのは７が使われている場合だけであるが，このとき①，②の条件には合わないから，Ⅲの場合はない。よって，使われている４つの数字は｛４，５，７，９｝または｛４，６，８，９｝である。｛４，５，７，９｝の場合，③の条件に合う整数は(4597，4759，7549)であるが，いずれの場合も②の条件に合わない。また，｛４，６，８，９｝の場合，③の条件に合う整数は(4968，4689，8469)であり，このうち①，②，④の条件に合うのは4968と4689の２通り(…イ)である。以上の説明から，正解と考えられる４桁《けた》の整数は4968，4689となる。

Dr.福井の
入試に勝つ！脳とからだのウルトラ科学

歩いて勉強した方がいい？

みんなは座って勉強しているよね。だけど，暗記するときには歩きながら覚えるといいんだ。なぜかというと，歩いているときのほうが座っているときに比べて，心臓が速く動いて（脈はくが上がって）脳への血のめぐりがよくなるし，歩いている感覚が背骨の中を通って脳をつつくので，頭が働きやすくなるからだ（ちなみに，運動による記憶力アップについては，京都大学の久保田名誉教授の研究が有名）。

具体的なやり方は，以下のとおり。まず，机の上にテキストを広げ，１ページぐらいをざっと読む。そして，部屋の中をゆっくり歩き回りながら，さっき読んだ内容を思い出す。重要な語句は，声に出して言ってみよう。その後，机にもどってテキストをもう一度読み直し，大切な部分を覚え忘れてないかをチェック。もし忘れている部分があったら，また部屋の中を歩き回りながら覚え直す。こうしてひと通り覚えることができたら，次のページへ進む。あとはそのくり返しだ。

さらに，この“歩き回り勉強法”にひとくふう加えてみよう。それは，なかなか覚えられないことがら（地名・人名・漢字など）をメモ用紙に書いてかべに貼っておくこと。ドンドン貼っていくと，やがて部屋中がメモでいっぱいになるハズ。これらはキミの弱点集というわけだが，これを歩き回りながら覚えていくようにしてみよう！　このくふうは，ふだんのときにも自然と目に入ってくるので，知らず知らずのうちに覚えることができてしまうという利点もある。

歴史の略年表や算数の公式などを大きな紙に書いて貼っておくのも有効だ。

Dr.福井（福《ふく》井《い》一成《かずしげ》）…医学博士。開成中・高から東大・文Ⅱに入学後，再受験して翌年東大・理Ⅲに合格。同大医学部卒。さまざまな勉強法や脳科学に関する著書多数。

Memo

2022年度　栄東中学校

〔電　話〕 048(666)9200(アドミッションセンター直通)
〔所在地〕 〒337-0054　埼玉県さいたま市見沼区砂町２―77
〔交　通〕 JR宇都宮線―「東大宮駅」より徒歩約８分

【算　数】 〈Ａ日程１月10日試験〉 (50分) 〈満点：100点〉

注意　１．コンパス・定規・分度器は使わずに答えてください。
　　　２．円周率《りつ》は3.14とします。
　　　３．比を答えるときには，もっとも簡単な整数の比で答えてください。

1　次の□にあてはまる数を答えなさい。

(1)　$(20.22+2.22)\div1.02-(1.6\times1.25-0.22)=\square$

(2)　$3\frac{4}{7}\times\frac{3}{5}-\left(2-14\div\square\right)=\frac{3}{7}$

(3)　５％の食塩水□ｇに，食塩を20ｇ加え，よくかき混ぜたのち，水を20ｇ蒸発させると，９％の食塩水になりました。

(4)　５で割ると４余り，11で割ると10余る整数のうち，1000に最も近いものは□です。

(5)　栄くんとお兄さんが持っている金額の比は２：３です。いま，お母さんが２人に600円ずつあげたところ，２人が持っている金額の比は８：11になりました。その後，２人で同じ金額ずつ出して，お父さんの誕生日プレゼントを買ったところ，残った金額の比は１：２になりました。栄くんの手元に残った金額は□円です。

(6)　１から10までの整数Aの約数のうち，A以外の約数の和を$[A]$とします。たとえば$A=8$とすると，$[8]=1+2+4=7$となります。ただし，$[1]=0$とします。このとき$[A]=A$となる整数Aは□です。

(7)　下の図１は１辺12cmの正方形の四隅《すみ》からそれぞれ１辺４cmの正方形を切り取った図形です。半径１cmの円がこの図形の内部の周にそって転がります。ちょうど１周するとき，この円の中心が通る部分の長さは□cmです。
　ただし，円周率は3.14とします。

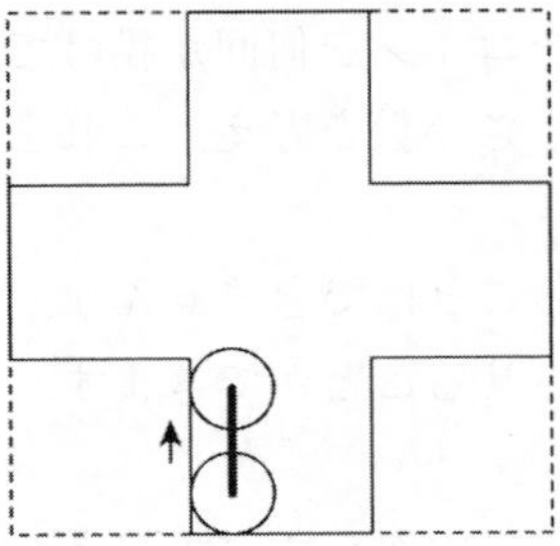
図１

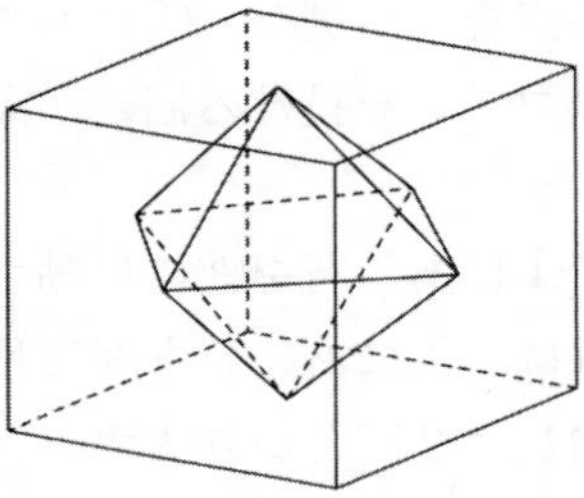
図２

(8)　立方体には正方形の面が６個あり，それぞれの面の対角線が交わる点を結ぶと，上の図２のような立体ができます。この立体の体積は，もとの立方体の体積の□倍です。

2 川下りの観光船が川の上流のＡ地点と下流のＢ地点を行き来します。Ａ地点とＢ地点は６km 離《はな》れています。川下りのときは，途中のＰ地点に着いたとき，写真撮影《さつえい》のために３分間だけこぐのを止めます。右の図は２そうの船の位置と時間の関係を表したグラフです。船をこぐ速さと川の流れの速さは一定であるとき，次の問いに答えなさい。

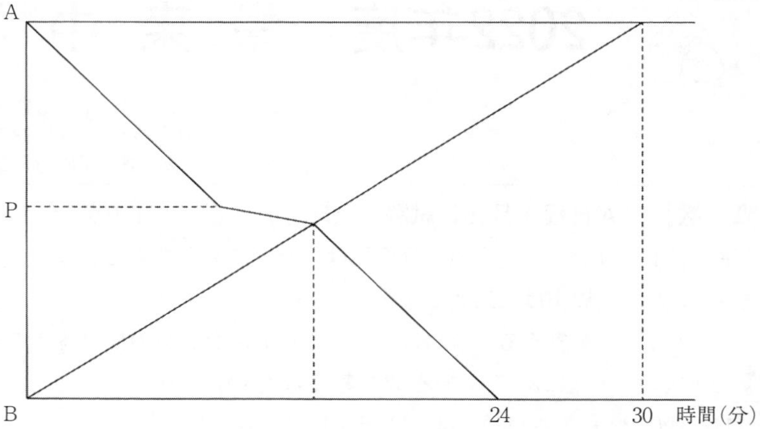

(1) 川下りのときに，船をこぐ時間は合わせて何分間ですか。

(2) 川の流れの速さは毎分何ｍですか。

(3) ２そうの船がすれ違うのは出発してから何分後ですか。

3 右の図のように，円周上に15個の点①，②，③，……⑮が反時計回りに順に並んでいます。

最初，①に石があります。コインを投げて表が出たら石を反時計回りに５個先の点に移動させ，裏が出たら石を時計回りに３個先の点に移動させる操作をくりかえします。

たとえば，石が⑬にあるとき，コインを投げて表が出たら石を③に移動させ，次に，裏が出たら③にある石を⑮に移動させます。このとき，次の問いに答えなさい。

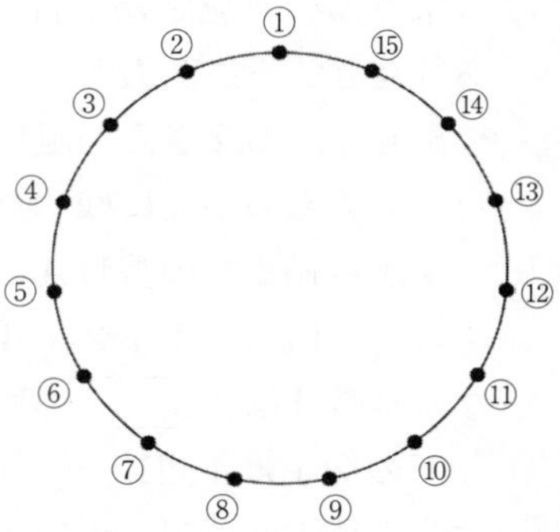

(1) コインを５回投げて，表が［　ア　］回，裏が［　イ　］回出れば，①にある石を②に移動させることができます。［ア］，［イ］に入る数をそれぞれ答えなさい。

次に，②，③，……，⑮のうちから点を一つ選び，①にある石をコインを何回か投げてその点に移動させます。そのために必要なコインを投げる回数が最も小さい数を考え，これを最小回数と呼びます。

たとえば，コインを１回だけ投げて①にある石を③に移動させることはできませんが，コインを２回投げて表と裏が１回ずつ出れば，①にある石を③に移動させることができます。つまり，③を選んだ場合には，この最小回数は２回となります。

(2) ③のほかに，この最小回数が２回となる点を②，④，⑤，……⑮の中からすべて答えなさい。

(3) ②，③，……，⑮のうち，この最小回数が最も大きいのは［　ウ　］であり，その最小回数は［　エ　］回です。［ウ］に入る点を②，③，……⑮の中から選び，［エ］に入る数を答えなさい。

4　次の図の三角形 ABC は１辺の長さが８cm の正三角形です。AD＝CE＝２cm で，FD＝FG のとき，下の問いに答えなさい。

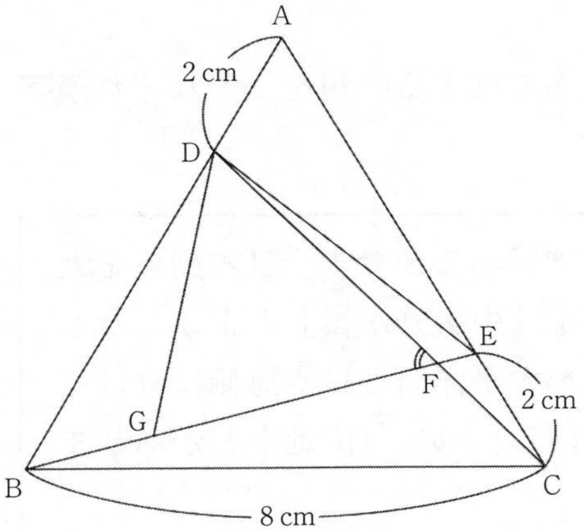

(1)　角 DFG の大きさを求めなさい。
(2)　三角形 DBE と三角形 CEB の面積の比を最も簡単な整数の比で表しなさい。
(3)　三角形 ABC と三角形 DGF の面積の比を最も簡単な整数の比で表しなさい。

5　１～６の目があるさいころを３回投げ，出た目を順にア，イ，ウとします。
次に，下の図１のように AB＝アcm，BE＝４cm，EC＝イcm，CD＝ウcm で，２つの辺 AB と DC が平行で，ともに辺 BC と垂直になるような台形 ABCD と辺 BC 上の点 E を作ります。また，A と E，D と E を結んで作られる角 AED の大きさを x とします。

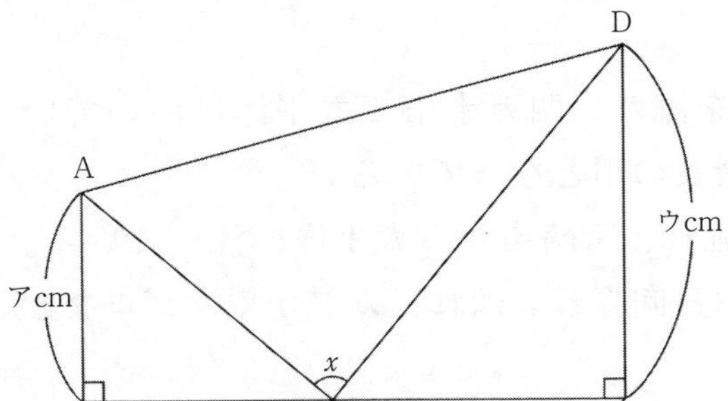

図１

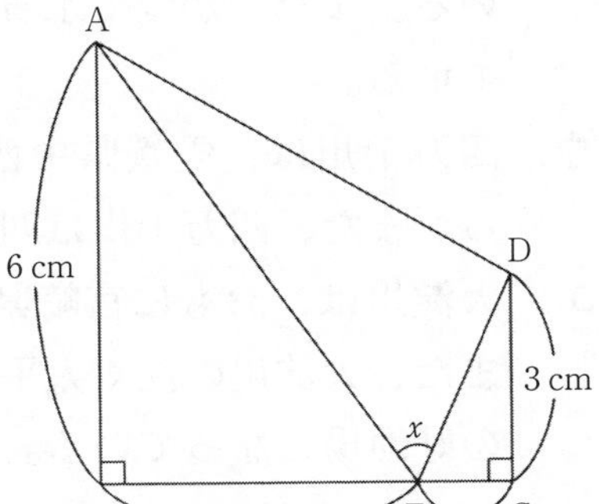

図２

たとえば，（ア，イ，ウ）＝（６，１，３）のときは上の図２のようになります。
このとき，次の問いに答えなさい。

(1)　（ア，イ，ウ）＝（１，５，６）のとき，三角形 AED の面積を答えなさい。
(2)　台形 ABCD の面積が$20cm^2$であるとき，（ア，イ，ウ）の値の組合せとして考えられるのは何通りか答えなさい。
(3)　x の大きさが90°となるとき，（ア，イ，ウ）の値の組合せとして考えられるのは何通りか答えなさい。

【社　会】〈A日程１月10日試験〉（理科と合わせて50分）〈満点：50点〉

1　次の各問いに答えなさい。

問１　次の文章中の空欄《くうらん》 **あ** ・ **い** にあてはまる語句を、それぞれ**漢字**で答えなさい。

> 分水嶺《ぶんすいれい》とは、雨水が異なる方向に流れる境界のことです。日本列島を太平洋側と日本海側に分ける分水嶺の連続線を「中央分水嶺」とよぶこともあります。分水嶺の例としては、東北地方を太平洋側と日本海側に分ける **あ** 山脈や、山陽地方と山陰地方を分ける **い** 山地などがあります。

問２　日本の河川の説明として正しいものを、次の**ア～エ**から１つ選び、記号で答えなさい。

ア． 最上川は、山形県中央部を北へ流れ、途中で西に流れを変えて山形市で日本海に注いでいる。また、日本三大急流の１つとなっている。

イ． 阿賀野川は、福島県から新潟県へ流れ、新潟市から日本海へ注いでいる。また、かつて水質汚濁《おだく》によって「イタイイタイ病」が発生している。

ウ． 四万十川は、愛媛県中西部を流れ、四万十市で太平洋に注いでいる。また、四万十川は四国最長の川となっている。

エ． 大淀川は、おもに宮崎県を流れ、宮崎市から太平洋へ注いでいる。また、大淀川の注ぐ太平洋は日向灘《なだ》とよばれ、カツオやマグロなどの好漁場となっている。

問３　日本のさまざまな地形名には、旧国名が用いられていることがあります。旧国名が用いられている地形名と、その地形がある現在の県の組み合わせとしてもっともふさわしいものを、次の**ア～エ**から１つ選び、記号で答えなさい。

ア． 越後平野－新潟県　　**イ．** 土佐湾－香川県

ウ． 大隅半島－秋田県　　**エ．** 豊後水道－長崎県

問４　栄太君は、日本の気候の特徴《とくちょう》を調べるため、さまざまな都道府県庁所在都市に住む人々から、その都市の暮らしについて話を聞くことにしました。次の**人物A～C**の話と、彼《かれ》らの住んでいる県の組み合わせとしてもっともふさわしいものを、あとの**ア～カ**から１つ選び、記号で答えなさい。

人物A　盆地《ぼんち》なので夏はとても暑いよ。ただ、日照時間も長いから山地の斜《しゃ》面《めん》を利用した果物の栽培《さいばい》がさかんだね。

人物B　私の住んでいるところは一年を通じて降水量が多い気がするよ。冬は雪が積もったりもするね。

人物C　夏から秋にかけてよく台風が来るから、対策はしっかりしていますね。私の家では温暖な気候を利用した野菜の促成《そくせい》栽培をおこなっていますよ。

ア．**A**－高知県　**B**－福井県　**C**－山梨県
イ．**A**－高知県　**B**－山梨県　**C**－福井県
ウ．**A**－福井県　**B**－高知県　**C**－山梨県
エ．**A**－福井県　**B**－山梨県　**C**－高知県
オ．**A**－山梨県　**B**－高知県　**C**－福井県
カ．**A**－山梨県　**B**－福井県　**C**－高知県

問５　次の表は、日本の野菜の収穫《しゅうかく》量上位４位までの道県を示したものです。表中の空欄 **あ** ・ **い** にあてはまる県の組み合わせとして正しいものを、あとの**ア～カ**から１つ選び、記号で答えなさい。

（2019年産）

	キャベツ	にんじん	ごぼう	だいこん
１位	群　馬	北海道	**い**	北海道
２位	愛　知	**あ**	茨　城	**あ**
３位	**あ**	徳　島	北海道	**い**
４位	茨　城	**い**	宮　崎	鹿児島

（矢野恒太記念会『データでみる県勢2021』より作成）

ア．あ－青森　**い**－熊本　　**イ．あ**－青森　**い**－千葉
ウ．あ－熊本　**い**－青森　　**エ．あ**－熊本　**い**－千葉
オ．あ－千葉　**い**－青森　　**カ．あ**－千葉　**い**－熊本

問６　次のグラフは、日本の都道府県ごとの製造品出荷額等割合を示しています。グラフの**あ～え**には、それぞれ「北海道」「東京都」「広島県」「長崎県」のいずれかがあてはまります。「東京都」「長崎県」にあてはまるものの組み合わせとして正しいものを、あとの**ア～カ**から１つ選び、記号で答えなさい。

（2018 年）

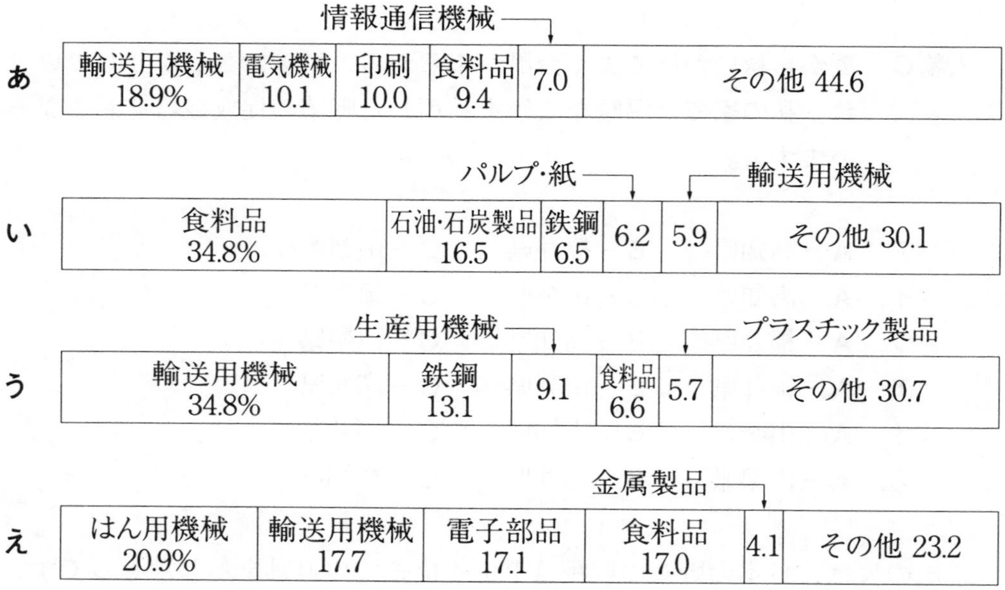

（矢野恒太記念会『データでみる県勢 2021』より作成）

ア． 東京都－**あ**　長崎県－**い**　　**イ．** 東京都－**あ**　長崎県－**う**
ウ． 東京都－**あ**　長崎県－**え**　　**エ．** 東京都－**う**　長崎県－**あ**
オ． 東京都－**う**　長崎県－**い**　　**カ．** 東京都－**う**　長崎県－**え**

問７　次の**あ～え**のグラフは、全国に占《し》める都道府県の地位（割合）を示しています。**あ～え**のグラフにはそれぞれ「工業出荷額（2018年）」「小売業販売《はんばい》額（2015年）」「人口（2019年10月１日）」「面積（2020年10月１日）」のいずれかがあてはまります。「工業出荷額」「人口」にあてはまるものの組み合わせとして正しいものを、あとの**ア～カ**から１つ選び、記号で答えなさい。

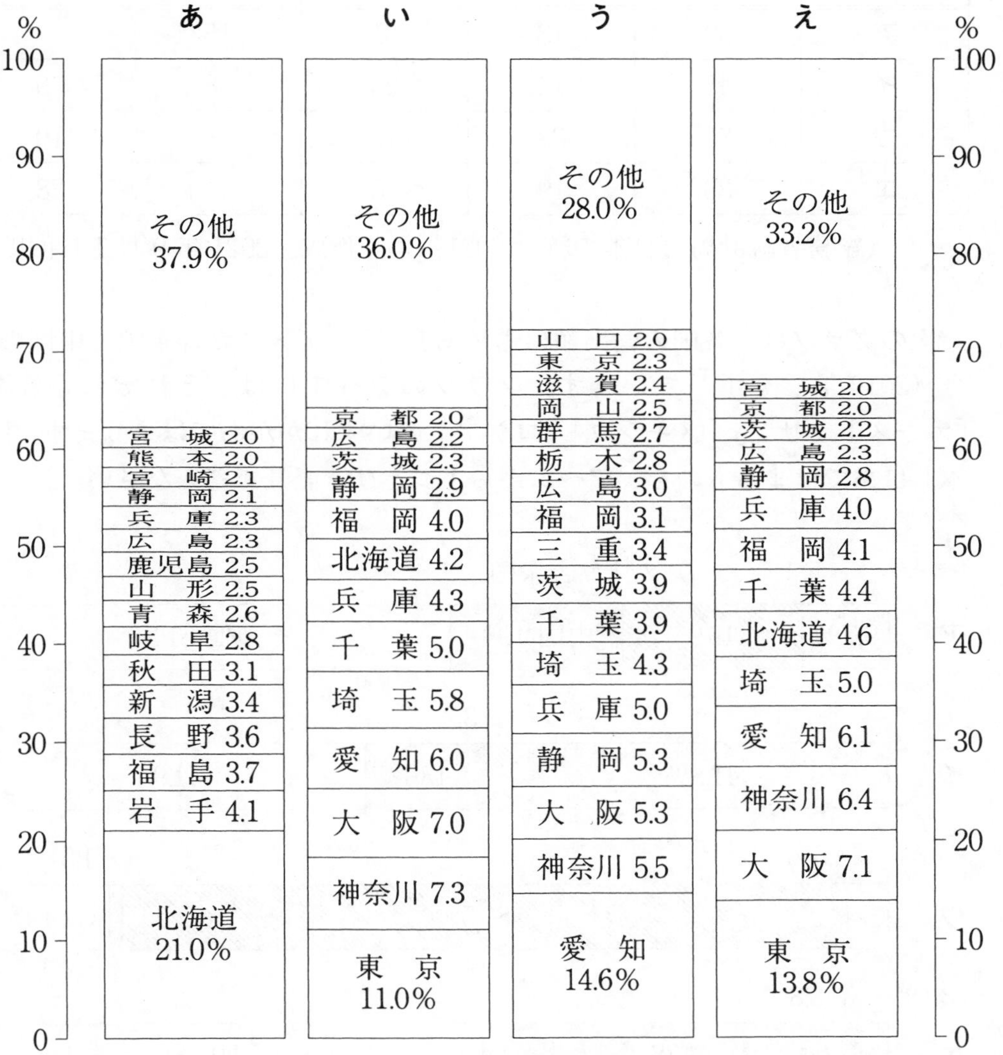

（矢野恒太記念会『日本国勢図会 2021/22』より作成）

ア．工業出荷額－**い**　人口－**あ**　　**イ**．工業出荷額－**い**　人口－**え**

ウ．工業出荷額－**う**　人口－**い**　　**エ**．工業出荷額－**う**　人口－**え**

オ．工業出荷額－**え**　人口－**あ**　　**カ**．工業出荷額－**え**　人口－**い**

問８　次の表は、県別の行政区画の数を示しています。表中の**ア～エ**にはそれぞれ「福島県」「神奈川県」「静岡県」「熊本県」のいずれかがあてはまります。「熊本県」にあてはまるものを、**ア～エ**から１つ選び、記号で答えなさい。

（2020 年７月１日現在）

	市町村数	市	町	村	区
ア	59	13	31	15	－
イ	45	14	23	8	5
ウ	35	23	12	－	10
エ	33	19	13	1	28

（総務省統計局『日本の統計 2021』より作成。2021 年９月１日閲覧《えつらん》。）

問９　次のグラフは、各国の輸出額に占めるＥＵ※・アメリカ合衆国・中国の割合（2019 年）を示しています。グラフの**ア～エ**には、それぞれ「日本」「オーストラリア」「メキシコ」「ロシア」のいずれかがあてはまります。「日本」にあてはまるものを、**ア～エ**から１つ選び、記号で答えなさい。

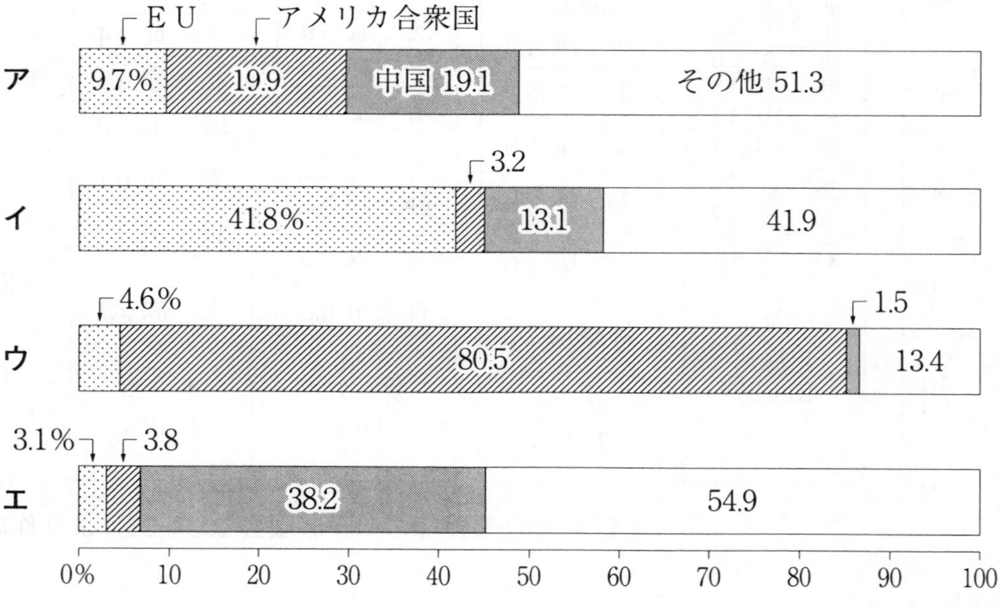

※ＥＵはイギリスを除く 27 か国。

（矢野恒太記念会『日本国勢図会 2021/22』より作成）

問10　次の表は、日本の新聞発行部数と広告面比率の移り変わりを示したものです。表から読み取れることや考えられることとしてもっともふさわしいものを、あとの**ア～エ**から１つ選び、記号で答えなさい。

	1990年	2000年	2010年	2019年
一般《いっぱん》紙（千部）	46 060	47 402	44 907	34 878
スポーツ紙（千部）	5 848	6 307	4 415	2 933
総数（千部）	51 908	53 709	49 322	37 811
一世帯あたり※1（部）	1.26	1.13	0.92	0.66
広告面比率※2（%）	44.0	40.1	33.5	31.0

※１　総数を世帯数で割ったもの。
※２　新聞の総段数に対する広告面段数の割合。
（矢野恒太記念会『日本国勢図会 2021/22』より作成）

ア．1990年から2019年にかけて、一般紙の発行部数は半分以下に減少している。

イ．2000年から2019年にかけて、広告面比率は下がっているが、一般紙・スポーツ紙ともに発行部数も減少しているため、新聞社の収益に影響《えいきょう》はない。

ウ．一般紙やスポーツ紙の発行部数の減少の要因の１つとして、インターネットの普及《ふきゅう》によって、新聞を購読《こうどく》する世帯が減少したことがあげられる。

エ．新聞社の取り組みとして、紙の新聞の発行部数を増やしていくために、新聞の電子化をとりやめていることがあげられる。

問11　次の文章を読み、あとの各問いに答えなさい。

かつて近江国（現在の滋賀県）に拠点《きょてん》を置き、他国へ行商していた「近江商人」の経営理念の１つに、「三方《さんぽう》よし」があります。「三方よし」とは、『売り手によし・買い手によし・世間によし』をあらわし、「売り手」と「買い手」を満足させるだけでなく、「世間」に貢献《こうけん》できてこそよい商売であるという考え方で、現在でも多くの企業《きぎょう》の経営理念として大切にされています。

（１）現在において、「三方よし」の「売り手」「買い手」「世間」のそれぞれにあてはまるものの組み合わせとしてもっともふさわしいものを、次の**ア～カ**から１つ選び、記号で答えなさい。

ア．売り手－企業　買い手－社会　世間－消費者
イ．売り手－企業　買い手－消費者　世間－社会
ウ．売り手－消費者　買い手－企業　世間－社会
エ．売り手－消費者　買い手－社会　世間－企業
オ．売り手－社会　買い手－企業　世間－消費者
カ．売り手－社会　買い手－消費者　世間－企業

（２）ここでいう「三方よし」の理念にもとづいた経営活動としてもっともふさわしいものを、次の**ア～エ**から１つ選び、記号で答えなさい。

ア．商品の価格を下げて売り上げを伸ばすため、従業員の給料を下げた。
イ．商品の販売数を増やすため、商品の品質よりも生産数を重視した。
ウ．生産にかかる費用をおさえるため、工場の汚水《おすい》処理や排気《はいき》ガス処理にかかる費用を減らした。
エ．環境へ配慮するため、製品の生産に地元の材料を積極的に活用した。

2 次の各問いに答えなさい。

問1　今年（2022年）から1300年前の722年は、口分田不足への対策として「百万町《ひゃくまんちょう》歩《ぶ》開墾《かいこん》計画」が出された年です。次の**A～D**は、日本の農業の歴史に関する文です。**A～D**を、年代の古い順にならべかえたとき、**2番目**と**4番目**にくるものの組み合わせとして正しいものを、あとの**ア～エ**から1つ選び、記号で答えなさい。

A．戸籍にもとづいて、6歳《さい》以上の男女に口分田をあたえると定められた。
B．新しく開墾した田は、永久に自分のものにしてよいと定められた。
C．農具が発達し、備中ぐわ や 千歯こき が使われるようになった。
D．稲をかりとった後に、麦を栽培する二毛作がはじまった。

ア．2番目－**A**　4番目－**C**　　**イ**．2番目－**A**　4番目－**D**
ウ．2番目－**B**　4番目－**C**　　**エ**．2番目－**B**　4番目－**D**

問2　今年から1200年前の822年は、最澄が亡《な》くなった年です。日本の仏教の歴史に関する文として正しいものを、次の**ア～エ**から1つ選び、記号で答えなさい。

ア．仏教の力で国を守るため、桓武天皇は国ごとに国分寺を建てた。
イ．空海が唐から真言宗を伝え、高野山に金剛峯（峰）寺を建てた。
ウ．栄西が宋から曹洞宗を伝え、鎌倉幕府の保護を受けた。
エ．日蓮宗の信者が守護を滅《ほろ》ぼして、100年近く加賀国（現在の石川県の一部）を支配した。

問3　今年から300年前の1722年に、大名に米を差し出させる代わりに参勤交代をゆるめる政策が実施《じっし》されました。この政策の名称《めいしょう》を答えなさい。

問４　今年から200年前の1822年は、現在の山形県にあった米沢藩《よねざわはん》の藩主をつとめた上杉鷹山《うえすぎようざん》（上杉治憲《はるのり》）が亡くなった年です。東北地方の歴史に関する文として正しいものを、次の**ア～エ**から１つ選び、記号で答えなさい。

ア．蝦夷の抵抗《ていこう》をおさえるため、阿倍仲麻呂が東北地方へ派遣《はけん》された。
イ．奥州藤原氏は平泉を中心に栄え、平等院鳳凰堂を建てた。
ウ．近松門左衛門は東北地方を旅して、紀行文『奥の細道』を著した。
エ．世界恐慌による不景気と冷害などのため、東北地方の農村の人々の生活は苦しくなった。

問５　今年から100年前の1922年は、現在の早稲田《わせだ》大学の前身である東京専門学校を創立した大隈重信が亡くなった年です。次の**A～D**は、日本の教育の歴史に関する文です。**A～D**を、年代の古い順にならべかえたとき、**２番目**と**４番目**にくるものの組み合わせとして正しいものを、あとの**ア～エ**から１つ選び、記号で答えなさい。

A．各藩が藩校を開いて、藩の武士らに儒学などを学ばせた。
B．宣教師たちが、安土などにキリスト教の学校をつくった。
C．教育の機会均等や男女平等を定めた、教育基本法が制定された。
D．すべての国民が学校教育を受けられるように、学制が制定された。

ア．２番目－**A**　４番目－**C**　　**イ**．２番目－**A**　４番目－**D**
ウ．２番目－**B**　４番目－**C**　　**エ**．２番目－**B**　４番目－**D**

問６　今年から100年前の1922年は、部落差別に苦しんできた人々が、差別からの解放を求めて全国的な組織を結成した年です。この組織の名称を、**漢字５字**で答えなさい。

問７　今年から100年前の1922年は、治安警察法が改正されて、女性の集会参加禁止が撤廃《てっぱい》された年です。日本の女性の歴史に関する文として正しいものを、次の**ア〜エ**から１つ選び、記号で答えなさい。

ア．かな文字を用いて、清少納言の『枕草子』や紫式部の『源氏物語』などが著された。
イ．尼将軍とよばれた北条政子は、応仁の乱の際に御家人たちへ団結を訴《うった》える演説をしたとされる。
ウ．日清戦争が始まると、与謝野晶子は「君死にたまふ《もう》ことなかれ」という詩を発表した。
エ．大正時代には、普通選挙法によって女性に参政権があたえられ、女性の国会議員が誕生した。

問８　立法に関する次の各問いに答えなさい。

（１）次の**Ａ・Ｂ**は、現在の国会に関する文です。**Ａ・Ｂ**の正誤の組み合わせとして正しいものを、あとの**ア〜エ**から１つ選び、記号で答えなさい。

Ａ．国会は唯一《ゆいいつ》の立法機関のため、法律案は国会議員しか提出できない。
Ｂ．国会の仕事として、条約の締結《ていけつ》や内閣総理大臣の指名などがある。

ア．**Ａ**－正　**Ｂ**－正　　**イ**．**Ａ**－正　**Ｂ**－誤
ウ．**Ａ**－誤　**Ｂ**－正　　**エ**．**Ａ**－誤　**Ｂ**－誤

（２） 今年から1400年前の622年は、憲法十七条の作成にかかわったとされる厩戸王が亡くなった年です。次の**A～D**は、日本の法令の歴史に関する文です。**A～D**を、年代の古い順にならべかえたとき、**２番目**と**４番目**にくるものの組み合わせとして正しいものを、あとの**ア～エ**から１つ選び、記号で答えなさい。

A．農民を農業に専念させるため、刀狩令が制定された。
B．大名を統制するため、武家諸法度が制定された。
C．国民を戦争に動員するため、国家総動員法が制定された。
D．社会主義運動などを取り締《し》まるため、治安維持法が制定された。

ア．２番目－**A**　４番目－**C**　　**イ**．２番目－**A**　４番目－**D**
ウ．２番目－**B**　４番目－**C**　　**エ**．２番目－**B**　４番目－**D**

問９　行政に関する次の各問いに答えなさい。

（１） 次の**A・B**は、現在の内閣に関する文です。**A・B**の正誤の組み合わせとして正しいものを、あとの**ア～エ**から１つ選び、記号で答えなさい。

A．内閣総理大臣は、国会議員の中から選ばれなければならない。
B．国務大臣の過半数は、国会議員の中から選ばれなければならない。

ア．**A**－正　**B**－正　　**イ**．**A**－正　**B**－誤
ウ．**A**－誤　**B**－正　　**エ**．**A**－誤　**B**－誤

（２）　次の**A～D**は、日本の行政の機関や役職の歴史に関する文です。**A～D**を、年代の古い順にならべかえたとき、**２番目**と**４番目**にくるものの組み合わせとして正しいものを、あとの**ア～エ**から１つ選び、記号で答えなさい。

A． 将軍をたすける役職として、管領がおかれた。
B． 将軍をたすける役職として、執権がおかれた。
C． 内閣は、国会に対して連帯して責任を負うとされた。
D． 内閣は、天皇の政治をたすける機関とされた。

ア． ２番目－**A**　４番目－**C**　　**イ．** ２番目－**A**　４番目－**D**
ウ． ２番目－**B**　４番目－**C**　　**エ．** ２番目－**B**　４番目－**D**

問10　司法に関する次の各問いに答えなさい。

（１）　次の日本国憲法の条文中の空欄（　**A**　）・（　**B**　）にあてはまる語句の組み合わせとして正しいものを、あとの**ア～エ**から１つ選び、記号で答えなさい。

日本国憲法第76条３項《こう》

すべて裁判官は、その（　**A**　）に従ひ《い》独立してその職権を行ひ《い》、この憲法及《およ》び（　**B**　）にのみ拘束《こうそく》される。

ア． **A**－良心　**B**－国会　　**イ．** **A**－良心　**B**－法律
ウ． **A**－法令　**B**－国会　　**エ．** **A**－法令　**B**－法律

（２）　日本の司法の歴史に関する文として正しいものを、次の**ア～エ**から１つ選び、記号で答えなさい。

ア． 律令のうち刑罰《けいばつ》については、律に定められていた。
イ． 裁判の基準などを示すため、北条義時によって御成敗式目が制定された。
ウ． 裁判の公正をはかるため、松平定信によって公事方御定書が制定された。
エ． 領事裁判権の撤廃は、岩倉具視が日露戦争後に実現した。

【理　科】〈Ａ日程１月10日試験〉（社会と合わせて50分）〈満点：50点〉

1　あとの問いに答えなさい。

のせたおもりの重さが表示される電子はかりを用意しました。重さが100 gのおもりＡを電子はかりにのせたところ、**図１**のように電子はかりの表示が「100 g」になりました。

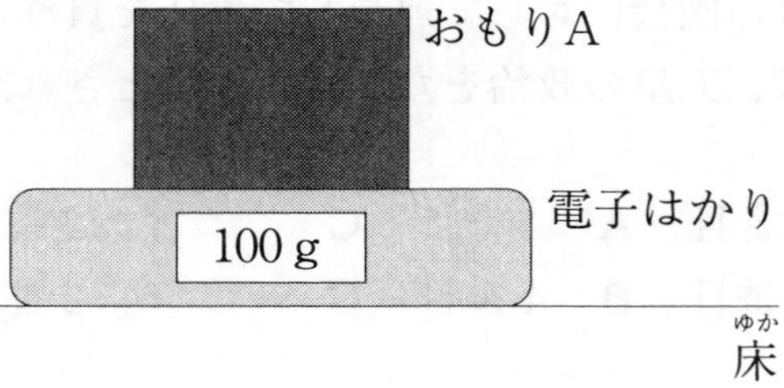

図１

図１のおもりＡに、重さの無視《むし》できるひもを取り付け、一定の力で真上に引いたところ、**図２**のように電子はかりの表示が「50 g」になりました。

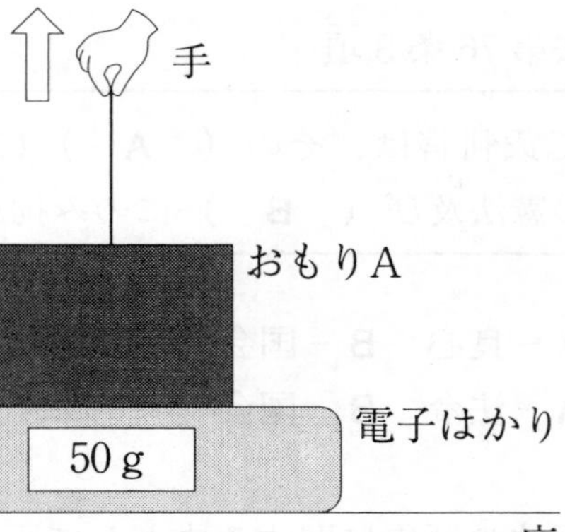

図２

問１　**図２**で手がひもを引く力の大きさは何gですか。次の**ア**～**オ**から１つ選び、記号で答えなさい。

ア　25 g　　**イ**　50 g　　**ウ**　75 g　　**エ**　100 g　　**オ**　125 g

電子はかり、おもりA、重さのわからないおもりB、重さの無視できるひも、なめらかに回る滑車《かっしゃ》を用意して、**図３**のような装置《そうち》を作りました。このとき、電子はかりの表示が「30 g」になりました。

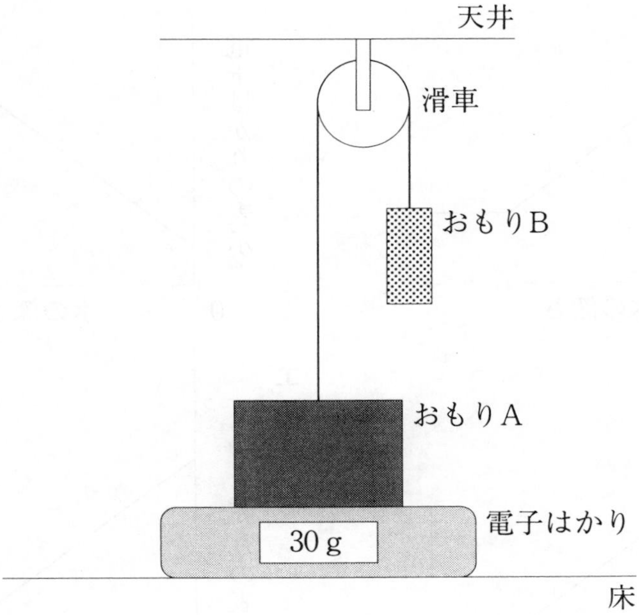

図３

問２　おもりBの重さは何gですか。次の**ア～オ**から１つ選び、記号で答えなさい。

ア　60 g　　**イ**　70 g　　**ウ**　80 g　　**エ**　90 g　　**オ**　100 g

図３のおもりBを取り外し、太さが一様な重さ 10 gの筒《つつ》状の容器X（以下、筒Xとします）を傾《かたむ》かないように取り付けました。筒Xの内側の底面積は $10\,\mathrm{cm}^2$ で深さは８cmです。この筒Xの中に水をゆっくり注《そそ》いでいくと、水がたまっていき、電子はかりの表示が変化していきました。ただし、水の重さは $1\,\mathrm{cm}^3$ あたり１gであるものとします。

問３　電子はかりの表示が「30 g」のとき、筒X中の水の深さは何cmですか。

問４　筒Ｘ中の水の深さと、電子はかりの表示の関係を表したグラフとして最も適切なものを、次の**ア〜エ**から１つ選び、記号で答えなさい。

ア

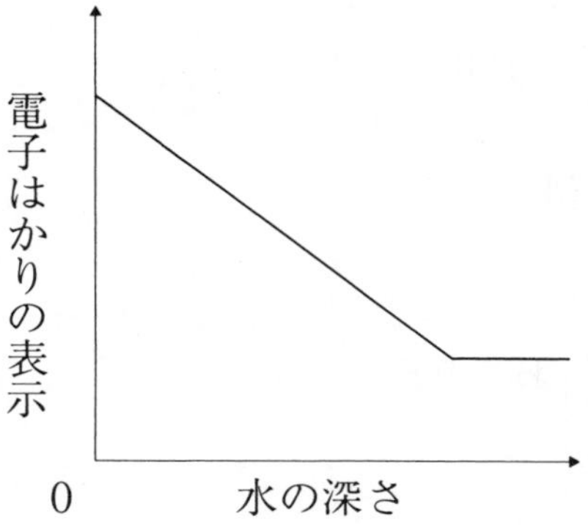

イ

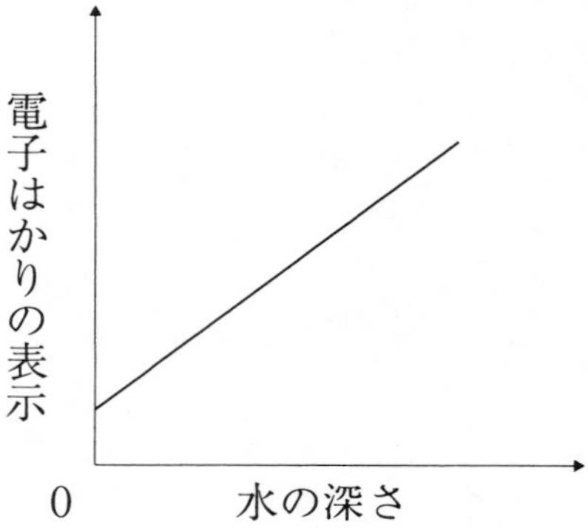

ウ

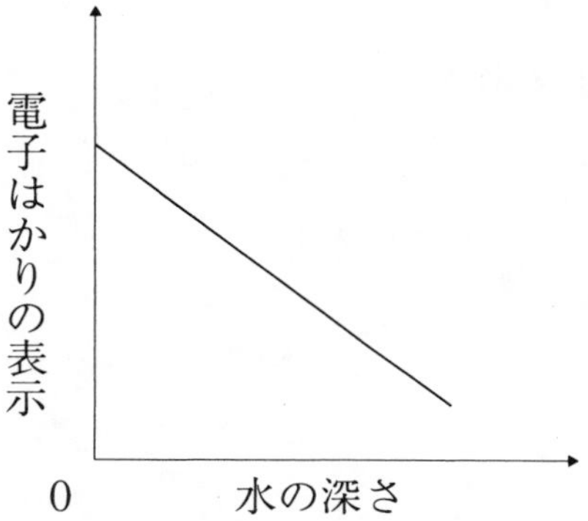

エ

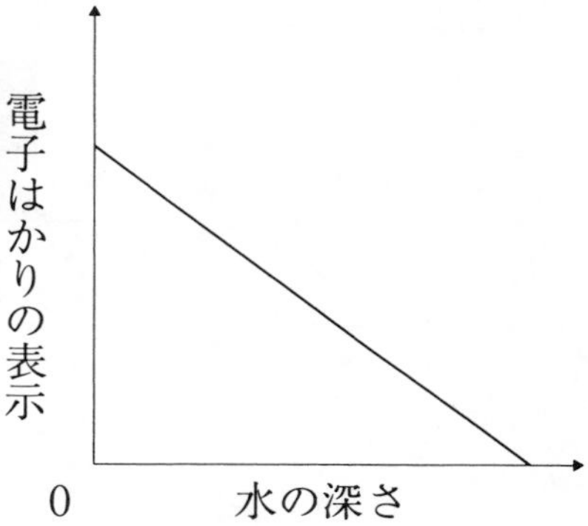

問５　次の文で**まちがっているもの**を、**ア〜エ**から**すべて**選び、記号で答えなさい。ただし、**ウ**と**エ**では筒Ｘの重さは10 gのままであるものとします。

ア　水の代わりにサラダ油を注いだ場合、問４のグラフの傾きは緩《ゆる》やかになる。

イ　水の代わりにこい食塩水を注いだ場合、問４のグラフの傾きは緩やかになる。

ウ　筒Ｘの底面積を大きくして水を注いだ場合、問４のグラフの傾きは急になる。

エ　筒Ｘの深さを深くして水を注いだ場合、問４のグラフの傾きは緩やかになる。

電子はかり、重さが50 gのおもりＣを２個、筒Ｘ、重さの無視できるひも、なめらかに回る滑車４個を用意して、**図４**のような装置を作りました。ただし、滑車の重さは考えなくてよいものとし、すべてのひもはたるまず、おもりＣはいずれも電子はかりから離《はな》れないものとします。

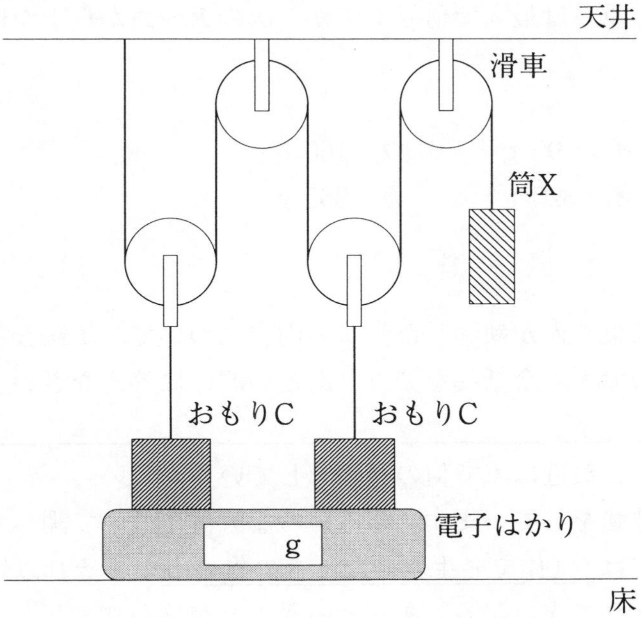

図４

図４の筒Ｘの中に水をゆっくり注いでいくと、筒Ｘから水があふれる前に、表示がちょうど「０ｇ」になりました。

問６　「水を注ぐ前の電子はかりの表示」と「電子はかりの表示がちょうど０ｇとなったときの筒Ｘ中の水の深さ」を、次の**ア〜オ**と**カ〜ス**からそれぞれ１つ選び、記号で答えなさい。

「水を注ぐ前の電子はかりの表示」

ア　60 g　　**イ**　70 g　　**ウ**　80 g　　**エ**　90 g　　**オ**　100 g

「電子はかりの表示がちょうど０ｇとなったときの筒Ｘ中の水の深さ」

カ　1.5 cm　　**キ**　2 cm　　**ク**　2.5 cm　　**ケ**　3 cm

コ　3.5 cm　　**サ**　4 cm　　**シ**　4.5 cm　　**ス**　5 cm

図４の筒Ｘに注いだ水をすべて捨て、おもりＣ２個を重さのわからないおもりＤ２個に取りかえました。筒Ｘにゆっくり水を注いでいくと、水があふれる前に、電子はかりの表示がちょうど「０ｇ」になりました。

問７　おもりＤ１個の重さは最大で何ｇですか。次の**ア～カ**から１つ選び、記号で答えなさい。

ア　80 g　　**イ**　90 g　　**ウ**　160 g
エ　180 g　　**オ**　320 g　　**カ**　360 g

2　次の会話文は栄東くんが勉強した気体の内容について、実験教室の先生と話をしたときのものです。会話文を読み、あとの問いに答えなさい。

先　　生：栄東くん、最近は家で何の勉強をしているんだい。
栄東くん：気体の勉強をしています。いろいろな気体について調べてみたらアンモニアは$_{a}$気体を発生させたときの集め方や、それ以外にも他の気体と比べて違《ちが》いが多くあるということが分かりました。
先　　生：他にはどんな気体について調べたんだい。
栄東くん：$_{b}$酸素と水素と二酸化炭素です。そういえば先生、$_{c}$この３種類の気体は同じ捕集《ほしゅう》方法で集められますよね。そして、$_{d}$反応後、ガラス管をすぐに抜《ぬ》き取る必要がありますが、それはなぜですか？
先　　生：ちょうど酸素発生用の実験器具を準備してあるから見てみよう。反応が始まったよ、いいかい栄東くん、試験管の反応している部分をちょっとだけさわってごらん。
栄東くん：あ、熱をもってる！反応して温かくなるんですか？
先　　生：その通り。この熱によって温められたことで…。
栄東くん：わかりました先生！（　**あ**　）ということですね。
先　　生：さすが栄東くん、正解だよ。さて、今日はこの辺で。
栄東くん：ありがとうございました先生。今度は$_{e}$気体どうしの反応や、$_{f}$気体が水に溶《と》ける量についても調べてきます。また教えてください。
先　　生：分かりました。楽しみにしていますね。

問１　下線部**a**について、アンモニアの捕集方法として最も適切なものを次の**ア～オ**から１つ選び、記号で答えなさい。

ア　上方置換《ちかん》　　**イ**　下方置換　　**ウ**　水上置換
エ　上方置換と水上置換のどちらでもよい。
オ　下方置換と水上置換のどちらでもよい。

問２　下線部**a**について、塩化アンモニウムと水酸化カルシウムをよく混ぜて加熱するとアンモニアが発生し、このとき水もできます。右の**図**はこの実験を行うために準備した器具の一部ですが、この中にまちがいが１つあります。何をどのように直せばよいですか。最も適切なものを次の**ア～カ**から１つ選び、記号で答えなさい。

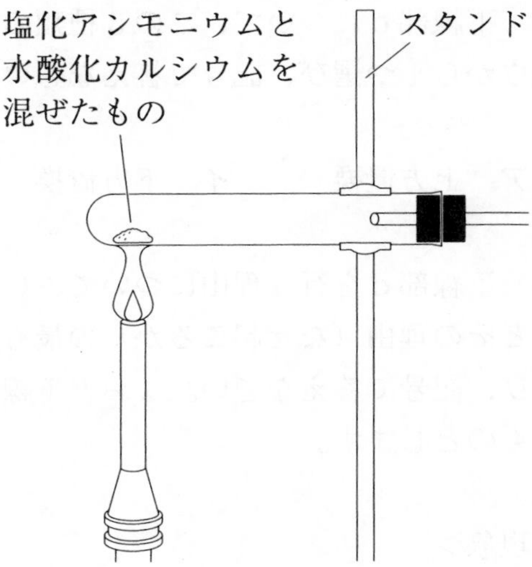

図

ア　試験管全体を低くする。
イ　試験管全体を高くする。
ウ　試験管の口を上に少し傾ける。
エ　試験管の口を下に少し傾ける。
オ　スタンドを右に動かし、試験管の底を熱する。
カ　スタンドを左に動かし、試験管の中心を熱する。

問３　下線部**b**について、この３種類の気体を発生させるために用いるものの組み合わせとして正しいものを次の**ア～ケ**から１つ選び、記号で答えなさい。

	酸素	水素	二酸化炭素
ア	塩酸と石灰石《せっかいせき》	塩酸と亜鉛《あえん》	過酸化水素と二酸化マンガン
イ	塩酸と石灰石	過酸化水素と二酸化マンガン	塩酸と亜鉛
ウ	塩酸と石灰石	塩酸と銅	過酸化水素と二酸化マンガン
エ	塩酸と亜鉛	塩酸と石灰石	過酸化水素と二酸化マンガン
オ	塩酸と亜鉛	過酸化水素と二酸化マンガン	塩酸と石灰石
カ	塩酸と亜鉛	塩酸と銅	過酸化水素と二酸化マンガン
キ	過酸化水素と二酸化マンガン	塩酸と亜鉛	塩酸と石灰石
ク	過酸化水素と二酸化マンガン	塩酸と石灰石	塩酸と亜鉛
ケ	過酸化水素と二酸化マンガン	塩酸と銅	塩酸と石灰石

問4　下線部**c**について、この３種類の気体すべてに共通する捕集方法を次の**ア～ウ**から１つ選び、記号で答えなさい。

ア　上方置換　　**イ**　下方置換　　**ウ**　水上置換

問5　下線部**d**を行う理由について、（　**あ**　）にあてはまる現象（何が起こるか）とその理由（なぜ起こるか）の最も適切な組み合わせを下の**ア～シ**から１つ選び、記号で答えなさい。なお、下線部**c**の捕集方法で実験器具を準備しているものとします。

＜現象＞

①　集めた気体をおし出して集気びんの外へにがしてしまうことがある

②　集めた気体が逆流することで、反応させた試験管がわれてしまうことがある

③　水が逆流してしまうことがある

＜その理由＞

④　試験管内の気体が膨張《ぼうちょう》するから。

⑤　試験管が膨張するから。

⑥　試験管内の気体が収縮するから。

⑦　試験管が収縮するから。

ア	①と④	**イ**	①と⑤	**ウ**	①と⑥	**エ**	①と⑦
オ	②と④	**カ**	②と⑤	**キ**	②と⑥	**ク**	②と⑦
ケ	③と④	**コ**	③と⑤	**サ**	③と⑥	**シ**	③と⑦

下線部**e**について、栄東くんは水素と酸素を反応させて水蒸気《すいじょうき》を発生させたときの体積の関係を調べたところ、**表**のようなデータⅠ～Ⅲを得ることができました。なお、水蒸気は状態変化をしないものとし、気体の体積はすべて同じ条件で測ったものとします。

表

		水素〔mL〕	酸素〔mL〕	水蒸気〔mL〕
Ⅰ	反応前	100	100	0
	反応後	0	50	100
Ⅱ	反応前	200	100	0
	反応後	0	0	200
Ⅲ	反応前	50	25	25
	反応後	0	0	75

問６　**表**を参考に、次の①と②の条件にあてはまるのはそれぞれ下のＡ～Ｄのどれですか。正しい組み合わせを下の**ア～タ**から１つ選び、記号で答えなさい。

①　反応によって最も多くの水蒸気を発生するもの。
②　反応後の気体の体積の合計が最も少ないもの。

	反応前の水素〔mL〕	反応前の酸素〔mL〕	反応前の水蒸気〔mL〕
A	100	200	50
B	200	70	0
C	150	150	150
D	50	200	0

	ア	**イ**	**ウ**	**エ**	**オ**	**カ**	**キ**	**ク**	**ケ**	**コ**	**サ**	**シ**	**ス**	**セ**	**ソ**	**タ**
①	A	A	A	A	B	B	B	B	C	C	C	C	D	D	D	D
②	A	B	C	D	A	B	C	D	A	B	C	D	A	B	C	D

問７　下線部 **f** について、水に溶かすことのできる気体の体積は、温度によって変わることがわかりました。水 500 mL に二酸化炭素を溶かせるだけ溶かした 50 ℃の炭酸水を 10 ℃まで冷やした場合、気体の溶ける量はどのように変化しますか。次の**ア～カ**から１つ選び、記号で答えなさい。なお、二酸化炭素は水１ L に対して 10 ℃で 1207 mL、50 ℃で 441 mL 溶けるものとします。

ア　383 mL の二酸化炭素をさらに溶かすことができるようになる。
イ　766 mL の二酸化炭素をさらに溶かすことができるようになる。
ウ　1532 mL の二酸化炭素をさらに溶かすことができるようになる。
エ　383 mL の二酸化炭素が溶けきれなくなり、気体として抜け出る。
オ　766 mL の二酸化炭素が溶けきれなくなり、気体として抜け出る。
カ　1532 mL の二酸化炭素が溶けきれなくなり、気体として抜け出る。

3

次の会話文を読み、あとの問いに答えなさい。

東くん　：おじさん、こんばんは！
おじさん：東くん、お祭りを楽しんでいるようだね。手に持っているのはキンギョかな？
東くん　：そうだよ。金魚すくいをしてきたんだ。
おじさん：この①キンギョはワキンだね。室町時代に中国から日本へやってきた品種だよ。ヒレや体のつくりは、学校の授業で習ったメダカとほとんど同じだからわかりやすいかな。
東くん　：さすがおじさん、詳《くわ》しいね！②数えきれないくらいたくさんのキンギョがいたよ！キンギョを飼うなら、この間おじさんと海で釣《つ》ったフグとはちがう水そうを用意しないとだめだよね。
おじさん：よくわかったね。③魚類には海に住む海水魚と川などに住む淡水《たんすい》魚がいるから、水を分ける必要があるね。ただ、ある不思議な液体を作ると④キンギョとフグを同じ水そうで育てることができるんだよ。
東くん　：そんなことができるの？！どうやって？
おじさん：それはね…。

問１　下線部①について、キンギョの体のつくりを模式《もしき》的に示したものとして正しいものを次の**ア～カ**から１つ選び、記号で答えなさい。

ア

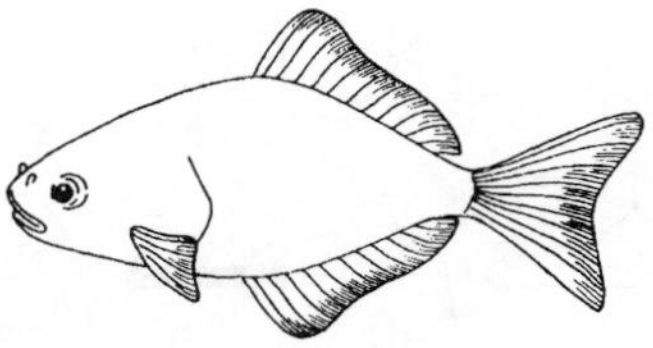

イ

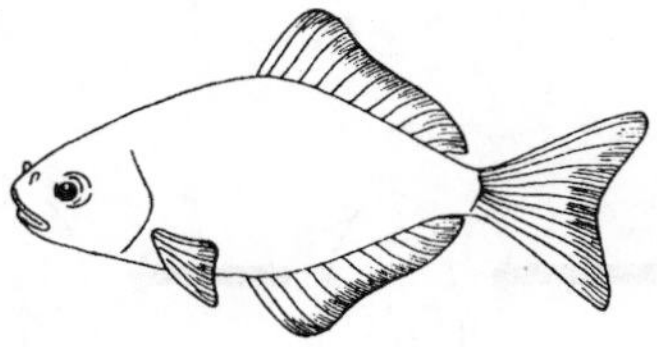

ウ

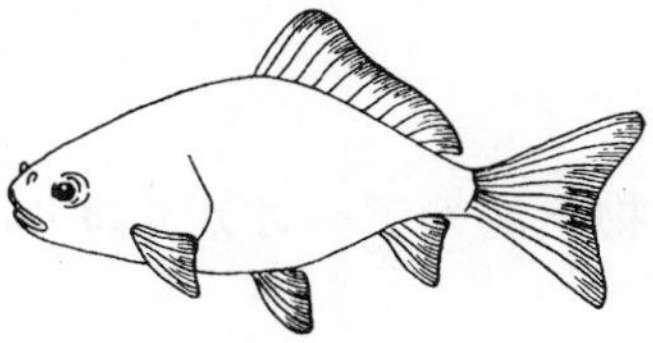

エ

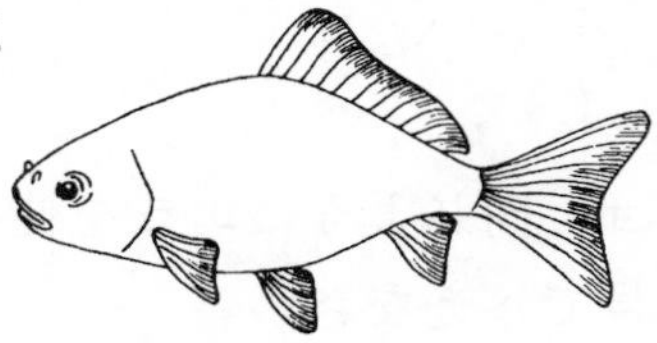

オ

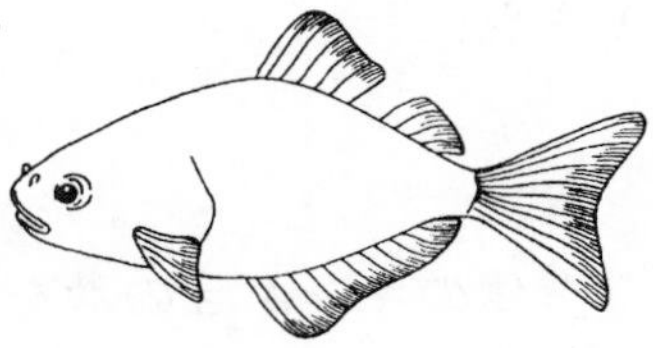

カ

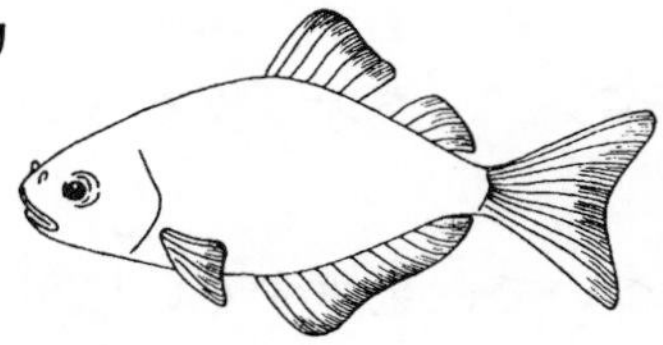

問２　下線部①について、キンギョの血液の流れを示しているものとして正しいものを次の**ア～ク**から１つ選び、記号で答えなさい。ただし、黒い矢印は酸素の多い血液、白い矢印は酸素の少ない血液の流れを示しています。

ア

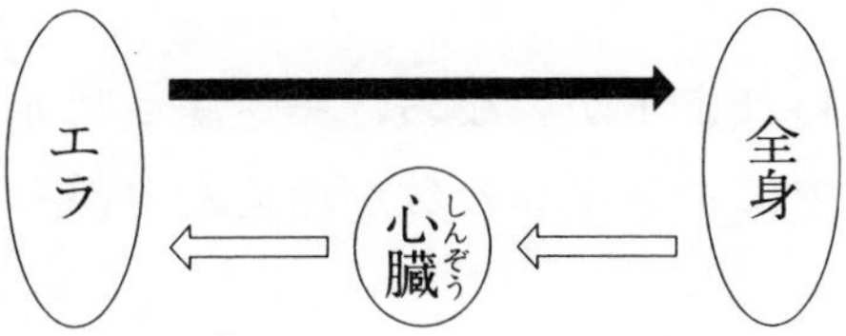

イ

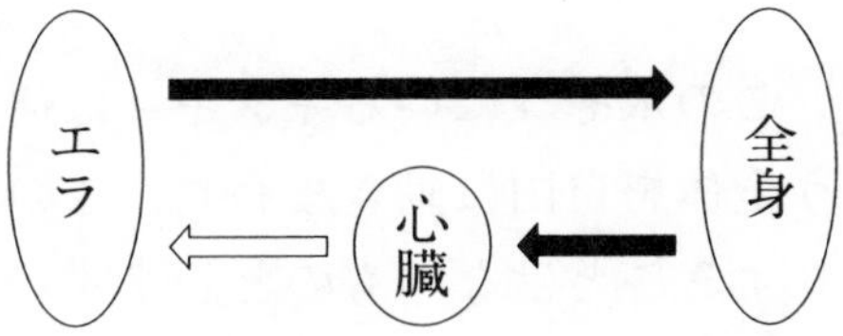

ウ

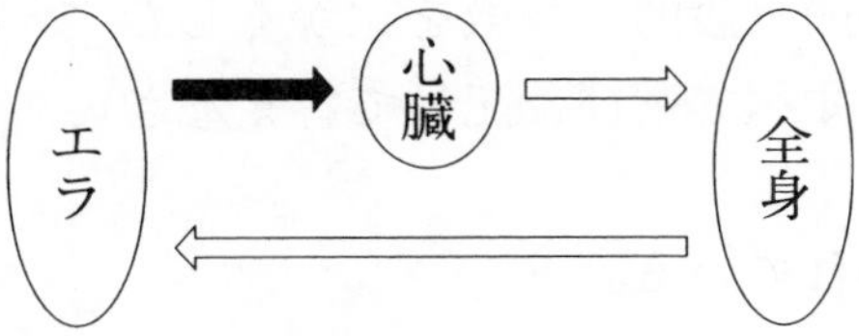

エ

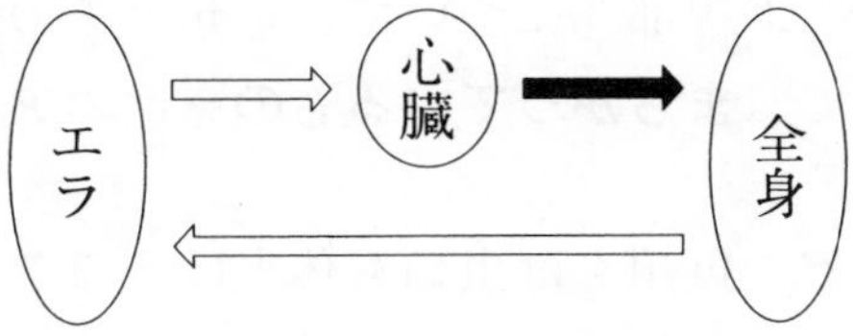

オ

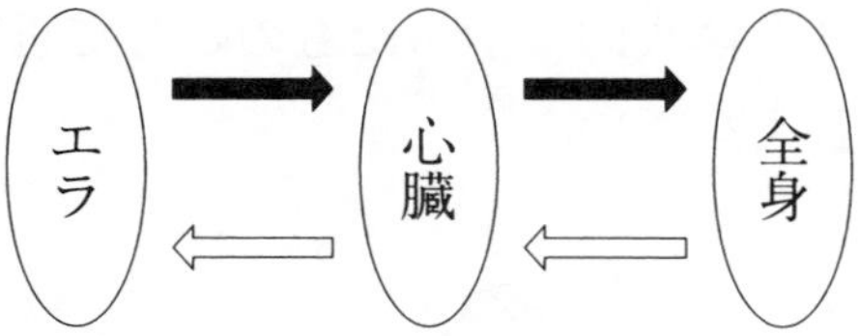

カ

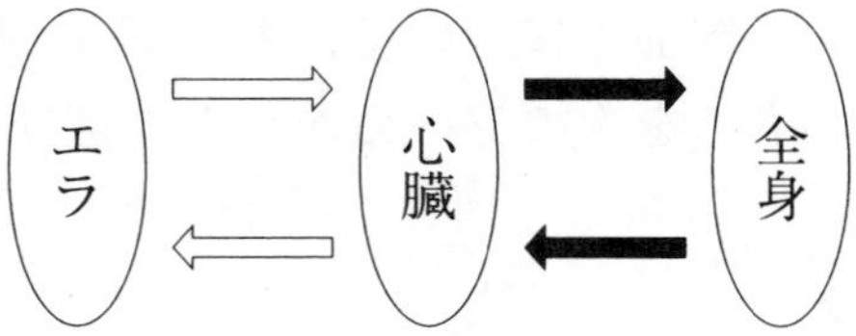

キ

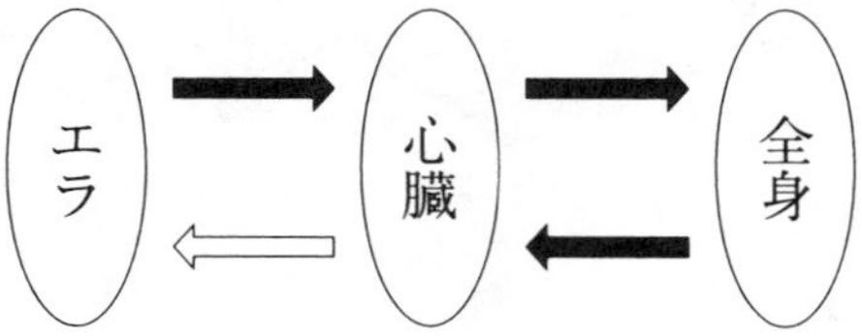

ク

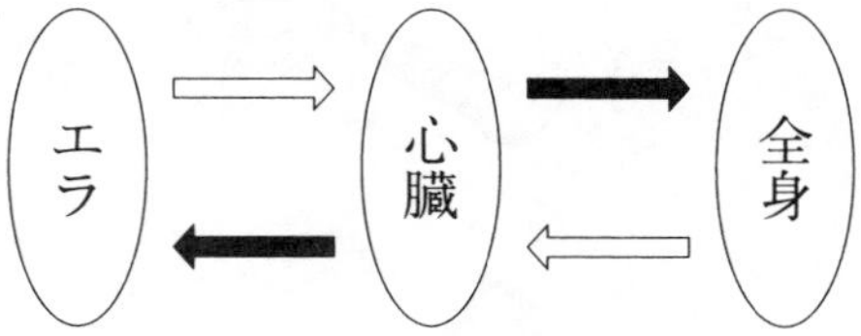

問３　キンギョと同じようにエラを使って呼吸《こきゅう》をする動物を次の**ア〜オ**から**すべて**選び、記号で答えなさい。

ア　カメ　　**イ**　エビ　　**ウ**　オタマジャクシ
エ　ペンギン　　**オ**　クジラ

下線部②について、金魚すくいに用いられている水そう全体のキンギョの数を調べるために、キンギョには一切影響《えいきょう》のない印をつけて、次のような調査を行いました。

まず、水そうのキンギョを57匹《ひき》つかまえ、印をつけて水そうにもどしました。１時間後、同じ水そうで42匹のキンギョをつかまえたところ、３匹に印がついていました。

問４　この水そうにいるキンギョは何匹と考えられますか。なお、キンギョは水そう全体を自由に動きまわり、この調査期間中にキンギョの数が増えたり減ったりすることはないものとします。

問５　下線部③について、魚類とその他の動物の一般《いっぱん》的な特徴《とくちょう》を比かくした文として、**まちがっているもの**を次の**ア〜オ**から**すべて**選び、記号で答えなさい。

ア　魚類もは虫類も体表はうろこでおおわれている。
イ　魚類はセキツイ動物、こん虫類は無セキツイ動物に分類される。
ウ　魚類はからのない卵《たまご》を水中に、両生類はからのない卵を陸上に産む。
エ　魚類は鳥類よりも多くの卵を産む。
オ　魚類も鳥類も変温動物である。

問6　下線部④について、フグとキンギョをさまざまな濃《こ》さの海水中で育て、どれくらい生き残るか（生残率）を調べました。その結果、フグでは**図1**、キンギョでは**図2**のようなグラフが得られました。この結果から考察できる内容として正しい文を下の**ア～オ**から**すべて**選び、記号で答えなさい。なお、50％海水は海水と淡《たん》水（川の水）を同じ量でまぜた液体とします。

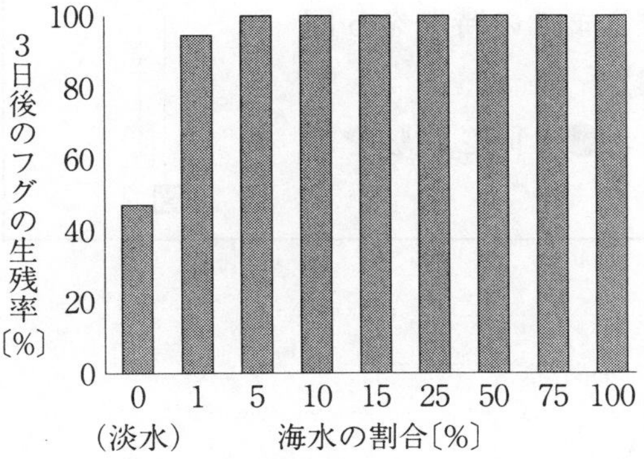

図1

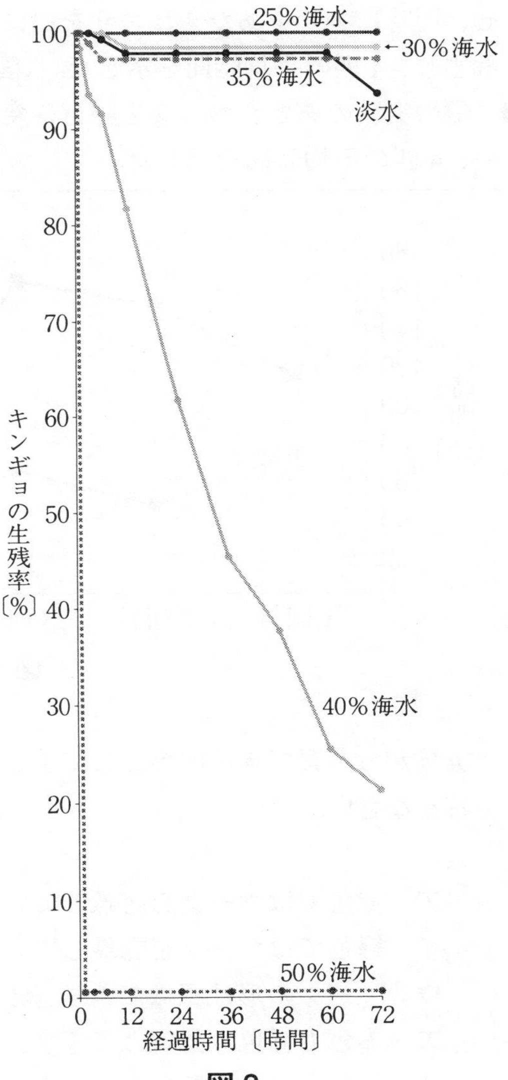

図2

ア　キンギョは淡水のみ、フグは海水のみの環境《かんきょう》で育てると3日後の生残率が最も高い。

イ　フグは淡水より海水の方が多い液体でないと生きていくことができない。

ウ　海水を200 L、淡水を300 Lまぜた液体での実験開始から3日後の生残率は、キンギョよりもフグのほうが高い。

エ　海水を125 L、淡水を375 Lまぜた液体では、実験開始から3日後、キンギョとフグが共にすべて生き残った。

オ　海水を250 L、淡水を250 Lまぜた液体での実験開始から3日後の生残率は、キンギョとフグで変わらない。

家でキンギョを育て始めた東くんはキンギョについて興味をもち、次の実験を行いました。

【実験】
4個の水そうにキンギョを1匹ずつ入れ、実験を行った。

❶　それぞれのキンギョに、赤色の**図3**のようなマークを見せ、同時にエサをあたえ、エサを口にするまでの時間を5回計測し、4匹の平均時間を示した。(**図4**)

❷　❶の実験のあと、マークを緑色に変え、❶と同じ実験を行い、4匹の平均時間を示した。

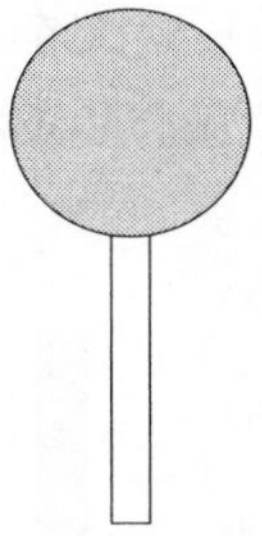

図3

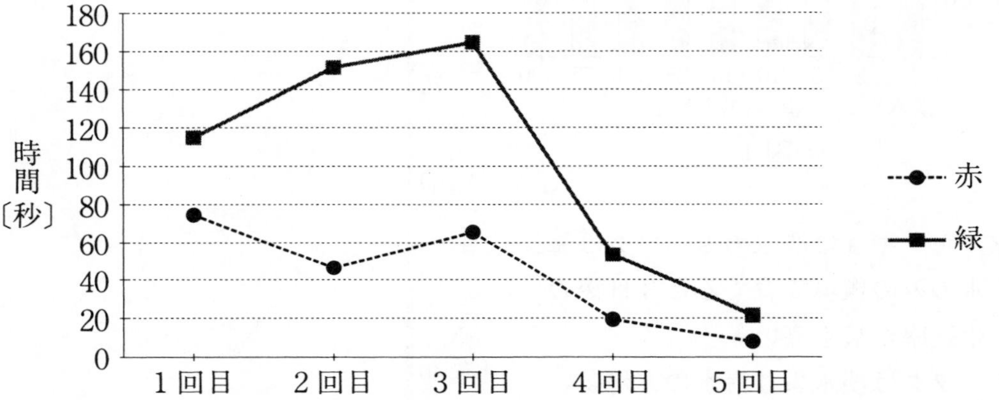

図4

問7　実験から考察できる内容として正しいものを次の**ア～カ**から1つ選び、記号で答えなさい。

ア　赤色ではマークを認識《にんしき》しているが、緑色ではマークを認識していない。
イ　緑色ではマークを認識しているが、赤色ではマークを認識していない。
ウ　マークの形は認識できず、赤色と緑色の違いだけを認識している。
エ　赤色も緑色も認識はできず、マークの形だけを認識している。
オ　赤色も緑色も認識しているが、同じ色に見えている。
カ　赤色と緑色を別の色として認識している。

4　豪《ごう》雨災害に関する次の文章を読み、あとの問いに答えなさい。

豪雨災害には台風によるものがあげられます。台風とは、日本の南方海上の熱帯地方で発生した熱帯低気圧のうち最大風速が毎秒（　**A**　）m以上のものをいいます。台風の形状は直径10 cm、厚さ0.1 cmのＤＶＤに例えるとイメージしやすく、実際の台風の高度は（　**B**　）kmくらいで、直径は（　**C**　）kmほどになります。特に風雨が強くなり災害のリスクが高くなるのは、台風が北に向かって進んでいる場合、風速に台風の移動速度が加算される台風の（　**D**　）側になります。

近年の豪雨災害では、台風だけでなく（　**E**　）帯の影響《えいきょう》も大きなものになっています。（**E**）帯は、さまざまな条件が重なりあうことで、幅《はば》20～50 km、長さ50～200 km程度の降水域《こうすいいき》が数時間にわたってほぼ同じ場所に停たいすることで大雨をもたらします。（**E**）帯による集中豪雨が引き起こす自然災害も増えています。

問１　次の（1）、（2）の問いに答えなさい。

（１）　空らん**A**にあてはまる数として、適当なものを次の**ア～オ**から１つ選び、記号で答えなさい。

ア　5.2　　**イ**　8.2　　**ウ**　15.2　　**エ**　17.2　　**オ**　30.2

（２）　被害を最小限にくい止めることを目的として、水害などの被《ひ》害が想定されるエリアや避難《ひなん》する場所などを表示した地図を作成しています。このような地図を何マップといいますか。**カタカナ**で答えなさい。

問２　次の（1）、（2）の問いに答えなさい。

（１）　空らん**B**、**C**にあてはまる数として、最も適切なものを次の**ア～オ**からそれぞれ１つ選び、記号で答えなさい。

ア　10　　**イ**　50　　**ウ**　1000　　**エ**　5000　　**オ**　100000

（２）　空らん**D**にあてはまるものとして、正しいものを次の**ア～エ**から１つ選び、記号で答えなさい。

ア　東　　**イ**　西　　**ウ**　南　　**エ**　北

問3　次の(1)、(2)の問いに答えなさい。

(1)　空らん**E**にあてはまるものを、**漢字**で答えなさい。

(2)　下線部の集中豪雨で引き起こされる自然災害として適するものを次の**ア～ク**から**2つ**選び、記号で答えなさい。

ア　土じょう中の水分量の増加による土砂崩れ。
イ　土じょう中の水分量の増加による火さい流。
ウ　雨量の急増による津《つ》波。
エ　雨量の急増による液状化。
オ　河川の流量の急増による高波。
カ　河川の流量の急増による家屋のしん水。
キ　雨水をはい水できないことによる高しお。
ク　雨水をはい水できないことによる断層。

次の**図**はある観測地点で、集中豪雨があった6月のある1日の1時間雨量(㎜)を示したものです。たとえば、グラフの5時は、4～5時の1時間に降った雨量を示します。

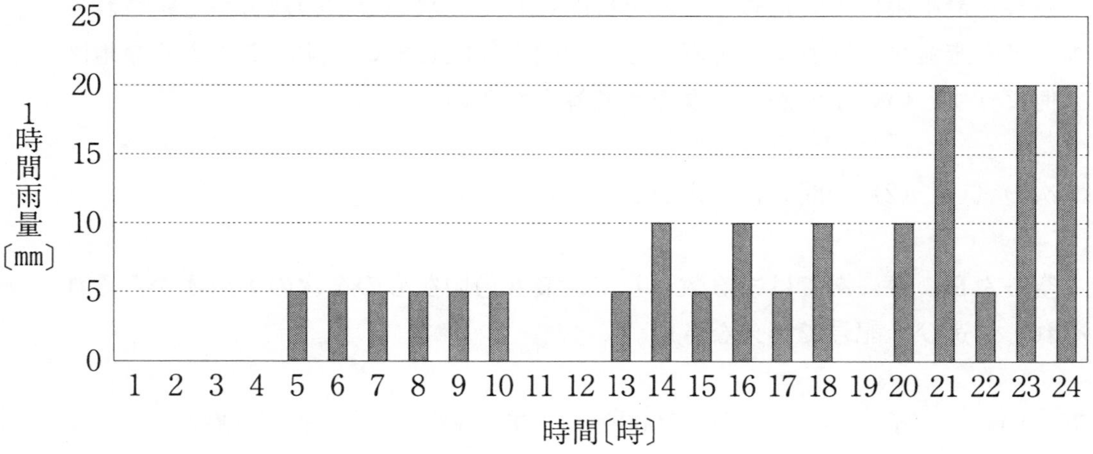

図

問４　次の（1)、(2）の問いに答えなさい。

（１）　この観測地点におけるこの日の13時～16時の３時間の雨量は合計何㎜ですか。正しいものを次の**ア～オ**から１つ選び、記号で答えなさい。

ア　20㎜　**イ**　25㎜　**ウ**　30㎜　**エ**　35㎜　**オ**　40㎜

（２）　この観測地点の６月の１か月の平均降水量は100㎜でした。この１日に降った雨量は、この地点における６月の１か月の平均降水量の約何倍ですか。正しいものを次の**ア～オ**から１つ選び、記号で答えなさい。

ア　0.5倍　**イ**　1倍　**ウ**　1.5倍　**エ**　2倍　**オ**　2.5倍

りやすく説明しなさい。

問六　――線部６「でも、武にとっては狐だった。それでいいのだと思う」とありますが、ここでの「武」を説明したものとして最も適切なものを次から選び、記号で答えなさい。

ア　ゴンとの出会いにより変わることができたと感じている武は、その縁をつないでくれた白い狐が、自分を助けるために再び姿を現してくれたのだと信じている。

イ　小さいころに白い狐を目にしたことがある武としては、その姿を見間違えることなどないはずで、自分の意見に耳を貸そうとしない拓也に愛想《あいそ》を尽《つ》かしている。

ウ　あの場に白い狐が現れたことは武にも信じがたいことだが、それを偶然とすませてしまうのは面白《おもしろ》くなく、やはりゴンを連れてきたのだと自分に言い聞かせている。

エ　白い狐と再会した感動の余韻《よいん》に浸《ひた》っていた武は、拓也にあれは猫だったと指摘《してき》されて気分を害したが、拓也との関係をこじらせたくなくて冷静に振《ふ》る舞《ま》っている。

オ　これまで自分の考えを押《お》しつけて相手を従わせてきた武は、白い狐の存在を通して人にはそれぞれ捉《とら》え方の違いがあると気づかされ、その大切さを確認《かくにん》している。

問七　――線部７「だけどこれからは、自分のことを自分で決められる。どんな自分になりたいのかも、いつか猫を飼うかどうかも、自分で選べるようになるだろう」とありますが、「武」がこのように思えるようになった背景にはどのようなことがあると考えられますか。その説明として適切なものを次から二つ選び、それぞれ記号で答えなさい。

ア　狐がゴンを武のもとへ連れてきてくれたことで、自分は白い狐に見守られていると信じ、つらいことも乗り越《こ》えられるという勇気を持てるようになったこと。

イ　父と向き合うことを通して、父との間にあったわだかまりも解け、自分の思いを伝えること、そして相手を知ろうとすることの大切さがわかるようになったこと。

ウ　自分を理解し認めてくれる友達の存在が心の支えとなり、これまで感じていたさみしさもなくなって、自分自身のことをまた信じられるようになったこと。

エ　今ある現実を受け入れることでしか前には進めないのだと悟《さと》り、慕っていた祖父の存在や昔の自分を追い求めることにむなしさを感じるようになったこと。

オ　ゴンを自ら手放すと決めたことを通して、自分の猫に対する思いの深さに気づくことができ、新しい猫や猫友との出会いに期待を持てるようになったこと。

問八　次の文が入るのに最もふさわしい場所を本文中の【ア】～【オ】から探し、記号で答えなさい。

> ああそうか、そうなんだ。だから、拓也が笑うと自分も笑っている。

まったことでひいおばあちゃんを怒《おこ》らせてしまい、そのことを思い返していたたまれない気持ちになっている。

ウ　お稲荷さんに猫がほしいと願うと猫が本当にやってくることは自分の経験上わかっているので、その言い伝えを真っ向から否定しようとする武に半ばあきれてしまっている。

エ　本当はお稲荷さんの存在を信じて感謝をしているはずなのに、まだ自分の前で強がって本心を語ろうとしてくれない武の態度に、少し心の距離《きょり》を感じて残念に感じている。

オ　自分が不用意に猫の話をしたことが原因で親友を悲しませてしまったのではないかと後悔しており、そのわだかまりがいまだに解消されていないことに気を重くしている。

問三　――線部３「空洞だった胸の奥」とありますが、これは「武」のどのような心境をたとえたものですか。その説明として最も適切なものを次から選び、記号で答えなさい。

ア　自分を利用するためにうわべだけで近づいてくる人たちしか周りにはいないことに気づかされ、周囲との関わりを自ら拒《こば》んで一人孤独の不安と向き合っていた心境。

イ　自分を本気で必要としてくれる人もなく、自分の存在意義を感じさせてくれるようなものも見いだせずにいて、ただ漫然《まんぜん》と過ぎる毎日にむなしさを感じていた心境。

ウ　自分が慕《した》っていたじいちゃんや前に飼っていた猫を失ってしまったことでやり場のない悲しみに打ちひしがれ、その喪失《そうしつ》感にずっとさいなまれて苦しんでいた心境。

エ　圧倒《あっとう》的な力で人を引きつける父のような存在に近づこうとしても、何の取《と》り柄《え》もない自分では結局は無理なのだと思って、投げやりになって怖《お》じ気《け》づいていた心境。

オ　議員の息子《むすこ》として求められる姿を自分なりに意識して周囲と関わってはいるが、自信があるふりをして強がることを続けている状況《じょうきょう》には息苦しさを感じていた心境。

問四　――線部４「武は、はにかむ拓也に微笑もうと努力する」とありますが、ここでの「武」を説明したものとして最も適切なものを次から選び、記号で答えなさい。

ア　自分のことを気遣《きづか》って武は怖くはないと言ってくれる拓也の配慮《はいりょ》にこたえたいと思い、ここで自分の態度をあらため、怖くない自分を演じてみようとしている。

イ　転校してきてまだ新しい環境《かんきょう》になじめず、心細い思いでいるはずの拓也に対して、まずは自分が友達になってあげようとする態度を示して励《はげ》まそうとしている。

ウ　拓也が一緒にゴンを探してくれていることが心強く思えてありがたいと感じられたが、思いが素直に表情に出てしまうのは照れくさくてごまかそうとしている。

エ　素の自分を理解した上で、武に心を開こうとしてくれている拓也の思いが嬉しくて、自分も同じように親しみを感じつつあることを拓也に伝えようとしている。

オ　しばらく心を許せる友達がそばにいなかったので、自分に信頼を寄せる態度をみせた拓也への接し方に困惑《こんわく》し、動揺《どうよう》を隠すために調子を合わせようとしている。

問五　――線部５「自分はゴンを守りたい」について、次の各問いに答えなさい。

(1)　それは具体的に武がどうすることを意味しているのですか。二十字以内で説明しなさい。

(2)　(1)で答えた内容が、「ゴンを守ること」になると考えられるようになったことは、武のどのような変化を表していますか。武のゴンへの考え方をふまえ、四十五字以上六十字以内でわかれ、祖父に背負われた武にはどうあがいても戻れない。祖父もあの猫ももういないし、ひねくれたところも急には直らない。7だけどこれからは、自分のことを自分で決められる。どんな自分になりたいのかも、いつか猫を飼うかどうかも、自分で選べるようになるだろう。

お稲荷さんの石段を、上がってくる人がいる。武と拓也は視線を向ける。長い髪《かみ》の女性が、こちらに気づくと駆け寄ってくる。

「マフィン！」

その声に、ゴンは反応する。あまえるような声でニャアと鳴く。キャリーバッグを覗き込んだ彼女《かのじょ》は、目尻《めじり》を下げて、しばしゴンに赤ちゃん言葉で話しかけていた。

「ねえ、キャリーから出してもいい？」

「あ、はい、リードありますから」

拓也が言うと、彼女は蓋《ふた》を開けてゴンを抱き上げた。おとなしくしているゴンは、彼女によくなついている。入院中の彼《かれ》に飼われ、彼女にもかわいがられていたのがわかるから、武にはもう、何も言うことはなかった。

「ねえ、いつでもマフィンに会いに来てよ。彼がもうすぐ退院するの。あなたたちのこと話したら、お礼を言いたいって」

【オ】

猫友が急に増えたのも、きっとお稲荷さんの差配なのだ。

（「猫を配る」谷　瑞恵『神さまのいうとおり』より）

＊1　杉原議員…武の父で、市議会議員。地元に権力を持ち、強引《ごういん》なところもあるので反対派の勢力と衝突《しょうとつ》することもある。

＊2　マフィンをさがしている女の人…「マフィン」はゴンの飼い主がつけていた名前。「マフィン」の飼い主は入院しており、その間飼い主の知り合いの女性が預かっていたが、逃げられてしまっていた。「マフィン」を探し回るうちに武と出会い、見つかったら教えてほしいと武に伝えていた。だが、その時武は「ゴンはおれの猫だ」と言い張ってゆずろうとしなかった。

問一　――線部1「矛盾した言葉」とありますが、どのようなところが「矛盾」といえるのですか。その説明として最も適切なものを次から選び、記号で答えなさい。

ア　ゴンがどれほど大切な存在であるか、その心の内を拓也がわかってくれていることが本当は嬉《うれ》しいのに、拓也に対して素直《すなお》になれずに反論するような態度を取っているところ。

イ　猫を飼いたいとお稲荷さんに願ってみたものの、いざ願いがかなって猫が手に入ってみると、本当は何を求めていたのか自分でも理解ができなくなってしまっているところ。

ウ　心のどこかで期待して猫がほしいとお稲荷さんにすがってみたくせに、ゴンがやって来たのはそれとは無関係とし、お稲荷さんの存在を素直に認めようとはしていないところ。

エ　最初はお稲荷さんの言い伝えなど軽く考えてなんとなく猫との縁《えん》を期待してみたが、ゴンがいなくなってみて初めて自分が本気で願っていたのだと気づかされているところ。

オ　猫がほしいと確かにお稲荷さんに願ってはみたが、ゴンが自分の所へやって来たのは偶然《ぐうぜん》でしかなくて、別にゴンがほしかったわけではないと暗に言ってしまっているところ。

問二　――線部2「拓也はため息をついた」とありますが、ここでの「拓也」の心情を説明したものとして最も適切なものを次から選び、記号で答えなさい。

ア　お稲荷さんの言い伝えの話題をきっかけとして以前仲良くしていた親友のことが思い出され、転校して以来心を許せる友人がいない現状にあらためてさみしさを感じている。

イ　自分が何の気なしに猫の話題に触《ふ》れて親友に迷惑《めいわく》をかけてし

武はゴンを連れ帰り、飼い主が見つかるまでの間だけ、きちんと世話をするからと父親を説得した。武の部屋から出さないことと、毎日部屋の掃除《そうじ》をきちんとすることが条件だった。家によく出入りしている父の後援者《こうえん》に、猫アレルギーの人がいるらしいのだ。

父が猫を捨てたのは、単なる猫嫌《ぎら》いでも、武に対する意地悪でもない。知ろうとしなければ、相手の考えも気持ちも、何も知らないまま拒絶《きょぜつ》することになる。そうなったら、いつまでもわかり合えないままだった。

『そういえば、親父《おやじ》は猫好きだったな』と、父は、反目し合っていた祖父のことを懐《なつ》かしむようにつぶやいた。

「白い狐って、初めて見たなあ」

稲荷神社で、武は狛狐《こま》を見上げる。拓也が不思議そうな顔をする。

「狐、見ただろ？　ゴンを見つけたとき」

「あのときの白いの？　猫だよ。たまにうちの庭を横切っていくよ」

「えっ、狐だったじゃないか」

「いや狐には見えないって」

武の見間違いか、思い込みだったのだろうか。6でも、武にとっては狐だった。それでいいのだと思う。

「じゃあ、おれにだけ本当の姿が見えたんだ」

「ひいおばあちゃんと気が合いそうだよ、杉原くん」

【ウ】

「ああ、おれは吉住のひいおばあちゃんが見た女、狐だったって信じるよ」

キャリーバッグの中で、ゴンが話に加わろうとするように鳴く。飼い主の女性から連絡があり、ふたりは稲荷神社で待っているところだった。

ゴンは武の猫ではなかったが、お稲荷さんは武の願いを聞いて、ゴンを選んで連れてきてくれたのだ。ゴンでなかったら、武は拓也と親しくなることも、父とちゃんと話をすることもなく、周囲に苛立ちをぶつけるばかりだっただろう。

だから武は、ゴンにとって一番いい場所を与《あた》えてやりたい。元の飼い主のところがそうなのだ。

「まあでも、杉原くんの言うことは正しいのかも。おれ、前の学校の友達に、電話してみたよ」

「猫を飼ってた友達か？」

「うん。杉原くんのおかげで、思い切って話せたんだ。そしたら、お稲荷さんが猫を配るって話をおれに聞いて、本当によかったって言ってた。猫を拾ったとき、汚《よご》れて痩せこけた子猫だったから、もしお稲荷さんのことを聞いてなかったら、飼わなかったかもしれない。でもそんなことはもう考えられないくらい、大好きな猫になったんだって」

うれしそうな拓也を見ていると、武もうれしくなる。こんな気持ちになれることを、しばらく忘れていた。誰かがうれしそうにしていると、むかつくばかりだったのに。

「こっちで友達できたって言ったら、今度いっしょに遊ぼうってさ」

「ふうん、友達できたんだ？」

「杉原くんだよ。違うの？」

【エ】

「トモダチってなんか、ガキくせえ」

「えー、じゃあなんていうの？」

少し考えて、武は言う。

「猫友」

「うーん、まあいいか」

幼いころを懐かしんでも、武は小さい武じゃない。飼い猫に心配さ包まれる。そのとき武は、あの白い狐を知っていると直感していた。

ずっと前、小さいころ、祖父の飼い猫のミケが毎日出かけていくのを見て、どこへ行くのかとひとりで後を追ったら、猫の集会に出くわした。こっそり、木の幹に隠れるようにして覗《のぞ》いていたあのとき、真っ白で大きな猫がいた。

あれは、きっと狐だったのだ。

あの日武は、なんだか見てはいけないものを見たような気がして、逃《に》げるように走って帰ろうとしたが、どこかで道を間違え、迷ってしまった。土手に座り込んでいたら、うたた寝《ね》したらしく、目が覚めたときには祖父に背負われていた。ミケはとっくに家に戻っていたが、あのとき祖父は奇妙な話をした。ミケが白い野良《のら》猫を連れてきて、餌《えさ》をやったところ、鳴きながら招くように歩き出したので、ついていったのだそうだ。そうしたら、田んぼの土手で居眠《いねむ》りしている武を見つけたという。

武は、祖父の背中で見ていた夢を思い出す。白いふわふわした獣《けもの》の背中に乗っていた。目が覚めて、祖父の背中だったのがしばらく納得《なっとく》できなかったのをおぼえている。

あのときの白い狐だ、そう思った。祖父は猫だと言ったけれど、きっと猫に化けるくらい簡単だ。だって白い狐は、人間の女にも化けられるのだから。

もしかしたら祖父の猫は、お稲荷さんにお願いして、武を守ってくれたのだろうか。本気でそんなことを考えている。そうしてまた現れた白い狐は、武に何を促《うなが》そうとしているのだろう。

【イ】

目の前にいる白い獣は、動けないまま身を隠している武たちをまっすぐに見据《みす》え、威圧《いあつ》している。やがて視線を外したかと思うと、悠々《ゆうゆう》と油揚げをくわえ、茂《しげ》みの奥へ入っていった。

いつの間にか、あたりはかなり暗くなってきている。姿は全く見えないけれど、まだそこにヤツがいるのではないかと、じっと目をこらしていると、何かが動く。ニャーと鳴く。

「……ゴン！　ゴンだろ？」

武の声に反応したか、ゴンが茂みからそろりと出てくる。持ってきていた猫のおやつを急いで差し出すと、すっかり警戒《けいかい》心を解いて駆《か》け寄《よ》ってきた。

「ゴン！　ごめんな……。寂しかっただろ？　腹減ってるよな？」

撫《な》でる武の手に顔を擦《す》りつけるゴンは、間違いなく武を信頼《しんらい》している。おやつを食べてしまうと、武のかたわらに座り、毛繕《けづくろ》いをはじめる。

「よかったな、ゴン」

拓也もゴンをそっと撫でると、目を細めて喜んでいる。そのとき武は、ひとつだけ理解していた。5 自分はゴンを守りたいのだ。

お稲荷さんに願ったからとか、昔の自分を取り戻したいとか、ゴンには関係がない。一度は拾ってゴンの運命に手を貸したのだから、そしてゴンが武を安心できる相手だと思っているのだから、自分にはゴンを不幸にしないという責任があるだけだ。

「なあ吉住、頼《たの》みがあるんだ」

＊

猫の飼い主をさがしています。この子に見覚えがある人は連絡《れんらく》下さい。

チラシの文面を変えて、また貼《は》り出した。＊2マフィンをさがしている女の人が、どこの誰だかわからないので、そうするしかなかったのだ。

最後まで飼ったんだから、その猫のことが本当に好きになったんだ」

気休めかもしれない。拓也の友達の本当の気持ちなんて、知りようがないのだから。それでも武は言いたかったし、拓也は、ほっとしたように顔を上げた。

「そうかな……。だったらいいんだけど。杉原くんは、どうして猫を飼いたいと思ったの？」

不思議と今は、自分のことを隠《かく》そうとは思わなかった。こいつになら言ってもいいかと、くだけた気持ちで口を開く。

「じいちゃんが生きてたころ、猫を飼ってたんだ。おれが生まれる前からいる猫だったから、兄貴《あにき》風吹《ふ》かしてるようなところがあって、蟬《せみ》やバッタの捕《と》り方を教えようとしたり、友達と取っ組み合ってると割《わ》り込んできたり。あのころは、悩みなんかなくて、おれは、卑屈《ひくつ》になることもなかった」

猫がいたからって、武の周囲が変わるわけじゃない。でも、怪我《けが》をしたゴンが現れて、助けなければと必死になったとき、3空洞《くうどう》だった胸の奥《おく》が、あたたかくふわふわしたもので満たされるようだった。まるくなったゴンを抱《だ》いたときの、おだやかで愛《いと》おしい感覚に、武自身も包まれた。大事にしなければならないものを得て、背筋が伸《の》びるとき、家族も友達も、ふだんの日々も好きでいられる、そんな自分に戻《もど》れそうな気がしたのだ。

「今は卑屈なのか？」

直球で訊《き》いてくる。

「威張《いば》っているくせに、てか？」

武がにらむと、拓也はかわすように笑う。でも、拓也は不思議と、武のことを怖《こわ》がらない。

「おれのこと、怖がるやつを見ると、もっと怖がらせてやりたくなる。今のおれはいやなやつだ」

情けない武を知ったら、弱みを見せたら、なめられる気がする。でもそれは、自分には何もないからだ。勉強にしろスポーツにしろ、人より優《すぐ》れたところが何もない。自分勝手で人に頼《たよ》られもしない、ただの嫌《きら》われ者だ。

だからって、人のことも認められない。

「べつに怖くないのにな」

拓也は本気で不思議そうに首をかしげた。

【ア】

「吉住《よしずみ》が変わってるんだ」

「たぶん、杉原くんが猫をさがしてたから、親近感が持てたっていうか」

なんで猫なんだろう。猫がいたら、何かが変わるみたいに信じているのはどうしてだろう。4武は、はにかむ拓也に微笑《ほほえ》もうと努力する。うまくいったかどうかわからないけれど、お互《たが》いの間に伝わるものはあったと思える。それからふたりで、じっと、風の音や周囲の気配に耳を澄《す》ませる。

しばらくして、拓也は急にこちらに身を乗り出した。

「杉原くん、あれ……」

声をひそめ、石垣《いしがき》のほうを凝視《ぎょうし》する。武も注意深く息を殺す。何かが油揚げのところにいる。でも、ゴンじゃない。

「白い、猫……？」

拓也が言う。違う、猫じゃない。あれは狐だ。真っ白だけれど、とがった耳やほっそりした鼻、太い尻尾《しっぽ》が目につく。初めて見る白い狐に、武は息を止めて見入った。

小さな身じろぎが、周囲の草をゆらしてしまったかもしれない。狐が耳をピクリと動かし、こちらを見た。なんてきれいなんだろう。生き物を超《こ》えた何かに見つめられたようで、奇妙《きみょう》な緊張《きんちょう》感と高揚《こうよう》感に

「杉原《すぎはら》くん、本当はゴンのこと、そう簡単にあきらめられないんだろう？」

飼えないならゴンがかわいそうだと意見したくせに、拓也はそんなことを言う。わりと生意気なのに、武は不思議と、拓也にはむかつかない。

「お稲荷《いなり》さんに願ったんだから、本気で飼いたかったんだよね」

「願ってみたからって、本当に猫が来るなんて思ってなかったし、だいたい、ゴンはたまたま庭に入ってきただけじゃないか。お稲荷さんがゴンに、うちへ行けって言ったのか？　そんなわけないだろ」

信じていないのに、そんな言い伝えがあることを知っていて、猫がほしいと願ってみた自分は、何を望んでいたのだろう。今も、1矛盾《むじゅん》した言葉ばかりが口をついて出る。

「本当に来るよ。願ったら、猫が来るんだ。おれ、それでひいおばあちゃんに叱《しか》られたことがあるもん」

2拓也はため息をついた。あまり思い出したくないことみたいだったが、思い切ったように語り出した。

「ここへ引っ越《こ》してくる前は、家族でこの家へ来るのはお正月くらいだったかな。親戚《しんせき》も集まって、いとこたちとテレビ見てたらかわいい子猫が映ってて、それでおれ、何気なく言ったんだ。友達のシンくんが猫をほしがってたなあって。そしたらひいおばあちゃんが、そんなこと言うと本当に猫が来るのに、シンくんが飼えなかったらどうするんだって」

「誰《だれ》かが猫をほしがってたって言っただけで、願ったことになるのか？　神社で願い事をするのとは違《ちが》うじゃないか」

「そうだけど、ひいおばあちゃんは、お稲荷さんに聞こえるからって言うんだ」

「で、本当に来たってのか？」

「うん、痩《や》せ細った子猫がシンくんの家に。それでその子を飼うことになって」

「飼ったのならいいじゃん」

「だけど、その子は持病があったらしくて、長生きできなかったんだ」

たとえ長生きしても、猫の寿命《じゅみょう》は短い。祖父が飼っていた猫を思い浮《う》かべ、胸が痛んだけれど、武は素《そ》っ気《け》なく言う。

「ふうん」

「おれずっと、シンくんに悪いことをしたような気がしてて。おれが余計なこと言わなきゃ、元気な猫をもらったり買ったりできたかもしれないじゃん。ちょうどおれが転校する前に、猫が死んじゃって、なんか、電話もできなくて。親友なのに、それっきりなんだ」

飄々《ひょうひょう》として、悩《なや》みのなさそうな拓也だけれど、転校してきてまだ二月《ふたつき》ほどだ。それなりにクラスに溶《と》け込《こ》んでいるようでいても、心細いのだろう。前の学校にいた親友にも、簡単に相談できない。だから、武なんかの猫さがしに首を突《つ》っ込んでいる。

その心細さは、武にもわかるような気がした。小学校のころ仲のよかった友達は、＊1杉原議員の子とつきあうなと言われて、離《はな》れていった。いや、父が原因だとは限らない。武自身、自分を持ち上げてくれて、わがままを言える相手を取り巻きにするようになったからだ。いつからか、自分が中心にいないと苛立《いらだ》つようになった。周囲の大人が、父を持ち上げ、武のこともちやほやするからだ。勘《かん》違いでも寂《さび》しいから、うわべだけのちやほやから抜《ぬ》け出せなくて、どんどん孤独《こどく》になっていく。

ほしかったのは猫なのか、それとも、寂しさを紛《まぎ》らせてくれる何かだったのか。

「そいつは、病気の猫を飼ったこと、きっと後悔《こうかい》なんかしてないって。

Z　逆に、長い昼（たとえば、一六時間）をさらに長くしていきながら

問五　――線部2「あてにできない気温の変化」とありますが、なぜ「あてにできない」のですか。最も適切なものを次から選び、記号で答えなさい。

ア　冬の寒さに対応する時間が充分《じゅうぶん》に確保できないから。
イ　気温は朝と夜は低く昼間は高いため一定しないから。
ウ　暑い夏と寒い冬の平均を感じ取るのは難しいから。
エ　毎年同じ時期に同じ気温になるとは限らないから。
オ　気温の変化には光周性が密接に関わっているから。

問六　――線部3「光周性は、夜の長さに反応する性質であり、草花のツボミの形成を支配しましたが、越冬芽の形成にもはたらいているのです」とありますが、これはどういうことですか。最も適切なものを次から選び、記号で答えなさい。

ア　植物は光周性という性質を利用して一日のうちの最も適切な時間に花を咲かせるが、越冬芽がつくられる場合もその植物にとって最も適切な時間に形成されるということ。
イ　植物は光周性で冬の寒さが二ヵ月後にやってくることを予知できるので、二ヵ月後の越冬芽が形成される最も寒いころであってもツボミを開花させることができるということ。
ウ　植物は夜の長さを感知して自分に適切な時期に花を咲かせるが、越冬芽がつくられる場合も同じように夜の長さを感じ取って適切な時期に越冬芽がつくられるということ。
エ　植物は光周性という性質によってツボミや葉、寒さにたえるための越冬芽の形成をすべて我々人間の目で確認できるようになる二ヵ月も前にすませているということ。
オ　植物は光周性によって夜の長さをもとにツボミだけでなく、越冬芽や葉や花など生命活動のすべてにおいてつくられる時期や量などを管理、調整しているということ。

問七　――線部4「アブシシン酸」はどんなはたらきをしますか。「はたらき。」に続くように三十字以内で答えなさい。

問八　次の文章は、問題文の直後に書かれているものです。[a]～[c]に最もよく当てはまる言葉を本文中から指定された字数でぬき出してそれぞれ答えなさい。

春にソメイヨシノの花が咲くという現象の裏には、秋に[a（三字）]で越冬芽をつくり、冬の[b（二字）]を感じることで、冬が通り過ぎたことを確認し、越冬芽が目覚めるというしくみが存在するのです。春の暖かさにだけ反応して花を咲かせるように見える現象には、冬の到来《とうらい》を[c（二字）]し、冬の通過を確認するしくみも、はたらいているのです。

これは、ソメイヨシノだけではなく、春に花咲く多くの花木類、ウメやコブシ、ハナミズキなどに共通の性質です。

四

次の文章は、谷瑞恵《たにみずえ》「猫《ねこ》を配る」の一節です。武《たけし》は自分の所に迷い猫としてやってきた猫を「ゴン」と名付けて保護していましたが、父に見つかり知らぬ間に捨てられてしまいます。武はゴンを探すうちに同級生の拓也《たくや》と出会い一緒《いっしょ》に猫探しを始めます。ある日、拓也のひいおばあちゃんから、家の裏庭にお供え物の油揚《あぶらあ》げを目当てに「狐《きつね》」がやってくるという話を聞いた二人は、それは狐顔が特徴《とくちょう》のゴンなのではないかと思い、現れるのを裏庭で待ちかまえることにしました。本文はその続きの部分です。これを読んで、あとの問いに答えなさい。字数指定のある問いは、句読点などの記号もすべて字数にふくみます。

すでに紹介したように、秋に越冬芽がつくられるときに、アブシシン酸が葉っぱから芽の中に送《おく》り込《こ》まれています。アブシシン酸は、休眠を促《うなが》し、花が咲くのを抑《おさ》える物質です。ですから、これが越冬芽の中に多くある限り、暖かくなったからといって、花が咲くことはないのです。

花が咲くためには、越冬芽が〝眠り〟の状態から目覚める必要があります。そのためには、越冬芽の中のアブシシン酸がなくならなければなりません。

この物質は、冬の寒さに出会うと、分解されて徐々《じょじょ》になくなります。ということは、花が咲くためには、まず寒さにさらされなければならないのです。冬の寒さの中で、アブシシン酸は分解され、越冬芽は、眠りから目覚めます。そのときは、まだ寒いので、越冬芽は、目覚めたまま、暖かくなるのを待ちます。

目覚めた越冬芽には、暖かくなってくると、「ジベレリン」という物質がつくられてきます。ジベレリンは、越冬芽が花を咲かせるのを促します。そのため、暖かくなると、花が咲きはじめるのです。

（田中《たなか》　修《おさむ》『植物のいのち』より）

問一　――線部１「間に合わないのです」とありますが、何が何をするのに「間に合わない」のですか。十五字以内で具体的に答えなさい。

問二　本文中の［Ａ］、［Ｂ］に当てはまる言葉として最も適切なものを次から選び、それぞれ記号で答えなさい。

ア　春分　イ　秋分　ウ　夏至《げし》　エ　冬至　オ　大寒

問三　本文中の［Ｃ］に当てはまる言葉として最も適切なものを次から選び、記号で答えなさい。

ア　春から夏　イ　夏から秋

ウ　秋から冬　エ　冬から春

問四　本文中の［Ｘ］～［Ｚ］に当てはまる内容の組み合わせとして最も適切なものを次から選び、記号で答えなさい。

ア　Ｘ　一日を二四時間と決めて
　　Ｙ　夏のような長い夜の長さ（たとえば、一六時間）をそのままにして
　　Ｚ　逆に、短い昼（たとえば、八時間）をそのままにして

イ　Ｘ　一日を二四時間と決めずに
　　Ｙ　夏のような短い夜の長さ（たとえば、八時間）をそのままにして
　　Ｚ　逆に、長い昼（たとえば、一六時間）をそのままにして

ウ　Ｘ　一日を二四時間と決めて
　　Ｙ　夏のような短い夜の長さ（たとえば、八時間）を長くしていきながら
　　Ｚ　逆に、短い昼（たとえば、八時間）を長くしていきながら

エ　Ｘ　一日を二四時間と決めずに
　　Ｙ　夏のような長い夜の長さ（たとえば、一六時間）を短くしていきながら
　　Ｚ　逆に、長い昼（たとえば、一六時間）を短くしていきながら

オ　Ｘ　一日を二四時間と決めて
　　Ｙ　夏のような長い夜の長さ（たとえば、一六時間）をさらに長くしていきながら
　　Ｚ　逆に、短い昼（たとえば、八時間）をさらに短くしていきながら

カ　Ｘ　一日を二四時間と決めずに
　　Ｙ　夏のような短い夜の長さ（たとえば、八時間）をさらに短くしていきながら

します。

一つは、春に花を咲かせる花木《かぼく》類です。その代表はソメイヨシノであり、ここでは、このサクラの春の開花のしくみを紹介します。もう一つの例として、春に花を咲かせる草花や野菜、ムギなどが、冬の寒さを感じて、春に花を咲かせる現象を紹介します。

ただ、二つの現象はともに、植物にとっては、季節の訪れの予知と季節の通過の確認の両方が伴《ともな》うものです。そのため、温度だけでなく、光周性も関与《かんよ》しています。季節の訪れの予知には、光周性が使われ、季節の通過の確認には、冬の寒さが使われていることを理解してください。

ソメイヨシノでは、春に葉っぱが出る前に、花が咲きます。そのためには、春に葉っぱが出るまでに、ツボミができていなければなりません。

ツボミは、開花する前の年の夏につくられるのです。でも、そのまま成長して秋に花が咲いたとしたら、すぐにやってくる冬の寒さのために、タネはできず、子孫を残すことができません。そこで、秋に、硬《かた》い「越冬芽《えっとうが》」がつくられ、その中にツボミは、包《つつ》み込《こ》まれて、冬の寒さをしのぎます。

越冬芽は、「冬芽」ともよばれ、寒さに耐えるためのものですから、寒くなる前につくられなければなりません。そのために、ソメイヨシノは光周性を使います。3光周性は、夜の長さに反応する性質であり、草花のツボミの形成を支配しましたが、越冬芽の形成にもはたらいているのです。光周性の復習になりますが、次のことを確認してください。

夜の長さがもっとも冬らしく長くなるのは、［Ｂ］の日で、一二月の下旬です。一方、寒さがもっともきびしいのは、二月ころです。夜の長さの変化は、寒さの訪れより、約二ヵ月先行しているので、夜の長さをはかれば、寒さの訪れを約二ヵ月先取りして知ることができるのです。

夜の長さを感じるのは、「葉っぱ」です。一方、越冬芽は「芽」につくられます。とすれば、葉っぱが長くなる夜を感じて「冬の訪れを予知した」という知らせは、「芽」に送られなければなりません。

そこで、夜の長さに応じて、葉っぱが、「4アブシシン酸」という物質をつくり、芽に送ります。芽にアブシシン酸の量が増えると、ツボミを包み込む越冬芽ができるのです。植物は、光周性によって、夜の長さの変化で季節の訪れを予知し、その先に備えていのちを守るという生き方を身につけているのです。

このようにして、冬には、ソメイヨシノをはじめ、多くの樹木の芽は、越冬芽となり、硬く身を閉ざしています。しかし、一方で、越冬芽は、春になると、いっせいに芽吹《めぶ》き、花を咲かせます。

この現象を見て、「なぜ、春になると、ソメイヨシノは花咲くのか」と問いかけてみます。すると、多くの人から、即座《そくざ》に、「春になって、暖かくなってきたから」という答えが返ってきます。

ソメイヨシノが花を咲かせるためには、暖かくならなければなりません。ですから、この答えは誤りではありません。しかし、ソメイヨシノは、暖かくなったからといって、花を咲かせるものではありません。

たとえば、秋にできた越冬芽をもつ枝を、冬のはじめに暖かい場所に移しても、花が咲きはじめることはありません。気温が低いという理由だけで、冬に花が咲かないのではないのです。

このように、暖かさに出会っても花を咲かせないソメイヨシノは、〝眠《ねむ》っている〟状態であり、「〝休眠《きゅうみん》〟している」と表現されます。越冬芽は、「休眠芽」ともいわれ、冬のはじめには〝眠り〟の状態にあります。

六月下旬《げじゅん》の[A]の日を過ぎてから、昼が短くなり、夜が長くなりはじめます。昼がもっとも短くなり、夜がもっとも長くなるのは、[B]の日で一二月の下旬です。それに対し、もっとも寒いのは二月です。

昼と夜の長さの変化は、気温の変化より、約二ヵ月先行しておこっているのです。ですから、冬の寒さに弱い植物は、[C]にかけて変化する昼と夜の長さをはかることによって、冬の寒さの訪れを、約二ヵ月前に知ることができるのです。

夏の暑さに弱い植物の場合も同様です。一二月下旬の[B]の日を過ぎると、昼が長く夜が短くなりはじめます。昼がもっとも長く、夜がもっとも短くなるのは、[A]の日です。この日は、六月の下旬です。それに対し、もっとも暑いのは八月です。ですから、夏の暑さに弱い植物は、昼と夜の長さをはかることによって、夏の暑さの訪れを、約二ヵ月前に知ることができるのです。

このように、昼と夜の長さに反応する性質は、「光周性《こうしゅうせい》」といわれます。しかし、一日は、二四時間と決まっていますから、昼と夜の長さはいっしょに変化します。昼が短くなれば、夜が長くなり、昼が長くなれば、夜は短くなります。そのため、「昼と夜の長さに反応する」といっても、昼の長さと夜の長さの、どちらに反応しているのかはわかりません。

そこで、どちらが大切なのかが調べられています。たとえば、秋に花を咲かせるキクを使った実験を紹介《しょうかい》します。キクは、昼が長く夜が短い初夏(たとえば、一六時間の昼と八時間の夜)には、ツボミをつくらず、花を咲かせません。秋になって、昼が短くなり夜が長くなると、ツボミがつくられ、花が咲きます。

秋になって、ツボミがつくられ、花が咲くのに、昼が短くなることが大切なのか、夜が長くなることが大切なのかを知るための実験では、[X]、昼と夜の長さを変化させます。[Y]、長い昼を短くしていきます。しかし、ツボミはつくられません。[Z]、短い夜を長くしていきます。すると、夜の長さが約一〇時間を過ぎると、ツボミがつくられ、花が咲きます。キクが秋に花を咲かせるのは、昼の長さが短くなってきたからではなく、夜の長さが長くなってきたからだということがわかります。

光周性においては、昼の長さより、夜の長さのほうが大切なのです。ですから、春に花を咲かせる植物では、短くなる夜に反応して、ツボミがつくられて、花が咲いているのです。秋に花を咲かせる植物では、長くなる夜の長さに反応して、ツボミがつくられて、花が咲いているのです。

植物たちは、気温ではなく、夜の長さによって季節に反応しているのです。夜の長さに反応して、ツボミをつくり、花を咲かせる利点には、年ごとに、夜の長さの変化が狂《くる》うことなく正確なことがあります。夜の長さの変化に対し、春や秋の気温は、年ごとに、変わりやすいものです。「今年の秋は、暖かい」と思っていたら、突然《とつぜん》、冬の寒さが訪れることがあります。こんなとき、もし植物たちが気温をあてに暮らしていたら、冬の寒さに耐《た》える準備ができないまま冬を迎えることになります。

植物たちは、いのちを守るために、2あてにできない気温の変化よりも、毎年狂わない夜の長さの変化を、季節の訪れの予知に利用しているのです。ただし、季節の通過を確認《かくにん》するのは、温度を感じることによってです。次項《じこう》で、紹介します。

植物たちは、季節が通過していくことは、自分のからだで季節の温度を感じることで確認します。特に、春に活動をはじめる植物たちにとっては、冬が過ぎていくことを確認することは大切です。そのため、冬の寒さを体感することで、冬の通過を確認します。二つの例を紹介

二〇二二年度 栄東中学校

【国　語】〈A日程一月一〇日試験〉（五〇分）〈満点：一〇〇点〉

一 次の各文の――部を漢字に直しなさい。

1 今回のソカクは総理大臣がすべて決める。
2 ショッキで新しい布をおり上げる。
3 友人がこまっていたのでスケダチした。
4 ユウジの際ほど適切な判断が大切になる。
5 富士山は日本のメイショウとして名高い。

二 次の（1）～（10）に当てはまる最も適切な言葉をあとの語群から選び、それぞれ記号で答えなさい。ただし、記号は一度ずつしか使いません。

・彼《かれ》のプライドを傷つけないように（１）に包んで注意した。
・選挙では政治家の派手な（２）に惑《まど》わされずに投票しよう。
・現状について専門家が重要な（３）をした。
・落とし物をしたら、（４）探すのではなく警察に行くべきだ。
・都会にはビルが（５）している。
・先生は教室を見回すと（６）話し始めた。
・複数の動力源をもつ自動車を（７）カーという。
・彼は一日の出来事を（８）両親に話した。
・彼は目を覚ましたかと思うと（９）部屋を飛び出した。
・母と姉は珍《めずら》しくおめかしをして（10）出かけていった。

【語群】
ア いそいそと　イ 提言
ウ つまびらかに　エ ハイブリッド
オ パフォーマンス　カ オブラート
キ やおら　ク やにわに
ケ やみくもに　コ 林立

三 次の文章を読んで、あとの問いに答えなさい。字数指定のある問いは、句読点などの記号もすべて字数にふくみます。

植物たちがタネをつくるには、花を咲《さ》かせねばなりません。花を咲かせるには、ツボミをつくり、それを成長させなければなりません。そのためには、ある程度の日数が必要です。花が咲いても、タネができるまでに、さらに、ある程度の日数がかかります。つまり、寒くなってから、あるいは、暑くなってから、あわててツボミがつくられ、花が咲いていては、1間に合わないのです。

多くの草花や雑草類では、花が咲いても、タネが結実するまでに一、二ヵ月が必要です。寒さに弱い植物たちのタネは、冬の寒さがくるまでにつくられなければなりません。また、夏の暑さに弱い植物たちは、夏暑くなるまでに、花を咲かせ、タネをつくらなければなりません。

植物たちは、季節による気温の変化がおこる前に、寒さや暑さの訪《おとず》れを予知しなければならないのです。そのために、季節とともに変わる昼と夜の長さの変化を利用するのです。植物たちは、昼と夜の長さをはかって、その長さに反応して、ツボミをつくり、花を咲かせます。

冬の寒さに弱い植物は、冬が近づき、昼が短く夜が長くなると、ツボミをつくるのです。「ほんとうに、昼と夜の長さを目安にして、寒さの訪れが前もってわかるのか」という疑問が浮《う》かびます。その答えは「イエス」です。

2022年度

栄東中学校 ▶解説と解答

算数 ＜Ａ日程１月10日試験＞（50分）＜満点：100点＞

解答

1 (1) 20.22　(2) 49　(3) 500ｇ　(4) 989　(5) 900円　(6) 6　(7) 38.28cm　(8) $\frac{1}{6}$倍　**2** (1) 21分間　(2) 毎分40m　(3) 14分後　**3** (1) **ア** 2回　**イ** 3回　(2) ⑩，⑪　(3) **ウ** ⑭　**エ** 6回　**4** (1) 60度　(2) 9：4　(3) 208：81　**5** (1) 14.5cm²　(2) 12通り　(3) 14通り

解説

1 四則計算，逆算，濃度《のうど》，整数の性質，倍数算，約束記号，図形の移動，長さ，体積

(1) $(20.22+2.22)\div1.02-(1.6\times1.25-0.22)=22.44\div1.02-(2-0.22)=22-1.78=20.22$

(2) $3\frac{4}{7}\times\frac{3}{5}=\frac{25}{7}\times\frac{3}{5}=\frac{15}{7}$より，$\frac{15}{7}-(2-14\div\square)=\frac{3}{7}$，$2-14\div\square=\frac{15}{7}-\frac{3}{7}=\frac{12}{7}$，$14\div\square=2-\frac{12}{7}=\frac{14}{7}-\frac{12}{7}=\frac{2}{7}$　よって，$\square=14\div\frac{2}{7}=14\times\frac{7}{2}=49$

(3) 加えた食塩の重さと蒸発させた水の重さがどちらも20ｇで同じだから，５％の食塩水□ｇのうちの水20ｇを食塩20ｇに変えたことで，濃度が９％になったと考えることができる。よって，食塩の重さについて右の図１のように表すことができ，20ｇが□ｇの，９－５＝４(％)にあたることがわかるから，□は，20÷0.04＝500(ｇ)と求められる。

図１

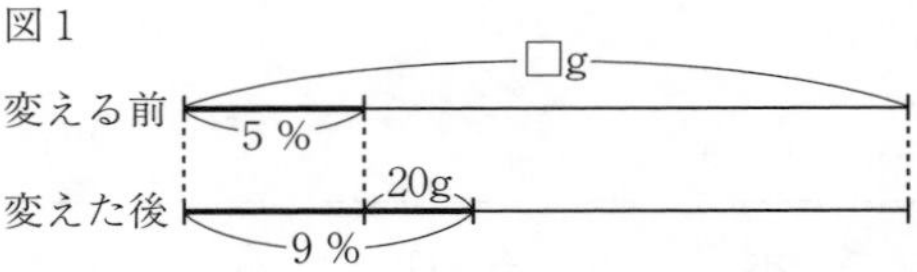

(4) ５で割ると４余る数は{4，9，14，…}であり，これらは５の倍数よりも，５－４＝１小さい数と考えることができる。同様に，11で割ると10余る数は{10，21，32，…}であり，これらは11の倍数よりも，11－10＝１小さい数と考えることができる。よって，両方に共通する数は，５と11の公倍数よりも１小さい数である。また，５と11の最小公倍数は，５×11＝55である。したがって，このような数は55の倍数よりも１小さい数なので，1000÷55＝18余り10より，1000に最も近い数は，55×18－１＝989と求められる。

(5) お母さんが２人に600円ずつあげる前とあげた後で，２人の所持金の差は変わらないから，比の差をそろえると，右の図２のようになる。図２で，そろえた比の，８－６＝２にあたる金額が600円だから，１にあたる金額は，600÷２＝300(円)となり，お母さんが600円ずつあげた後の所持金は，栄くんが，300×８＝2400(円)，お兄さんが，300×11＝3300(円)とわかる。よって，お父さんのプレゼントを買うときに２人が出した金額を△円とすると，上の図３のようになる。図３

図２

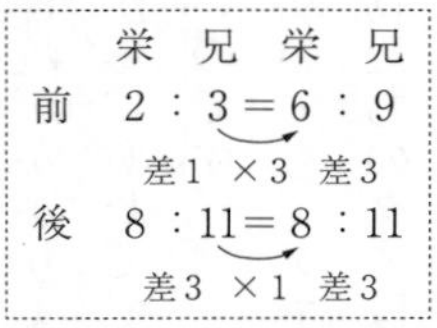

図３

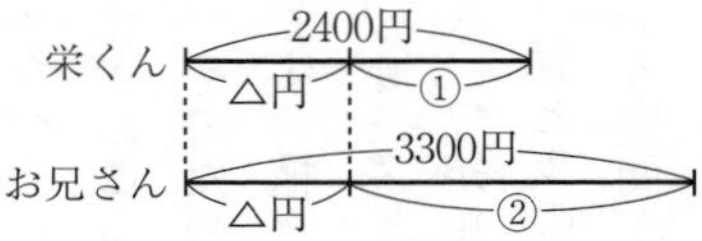

で，②−①＝①にあたる金額は，3300−2400＝900(円)であり，これが栄くんの手元に残った金額にあたる。

(6) 素数の約数は１とその数自身だから，Aが素数（２，３，５，７）の場合の[A]はいずれも１となり，条件に合わない。また，問題文中に，［１］＝０，［８］＝７とあるので，Aが１，８の場合も条件に合わない。よって，条件に合う可能性があるのはAが４，６，９，10のいずれかの場合であり，それぞれの場合の[A]を求めると，右の図４のようになる。したがって，条件に合うAは６とわかる。

図４

［４］＝１＋２＝３　［６］＝１＋２＋３＝６
［９］＝１＋３＝４　［10］＝１＋２＋５＝８

(7) 円の中心が通る部分は，右の図５の太線部分になる。図５で，アの長さは，４−１＝３(cm)であり，アは全部で，２×４＝８(か所)ある。また，イの長さは，１＋１＝２(cm)であり，イは全部で４か所ある。よって，直線部分の長さの合計は，３×８＋２×４＝32(cm)となる。さらに，半径１cmの四分円の弧《こ》が４か所あり，その長さの合計は，１×２×3.14×$\frac{1}{4}$×４＝２×3.14＝6.28(cm)である。したがって，円の中心が通る部分の長さは，32＋6.28＝38.28(cm)と求められる。

図５

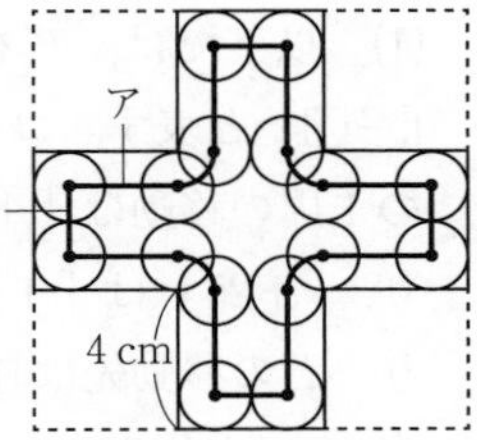

(8) 右の図６のように，立方体の１辺の長さを１とすると，立方体の体積は，１×１×１＝１となる。また，かげをつけた図形は，対角線の長さが１の正方形なので，その面積は，１×１×$\frac{1}{2}$＝$\frac{1}{2}$である。よって，太線の立体は，底面積が$\frac{1}{2}$，高さが$\frac{1}{2}$の四角すいを２個組み合わせたものだから，その体積は，$\frac{1}{2}$×$\frac{1}{2}$×$\frac{1}{3}$×２＝$\frac{1}{6}$とわかる。したがって，太線の立体の体積はもとの立方体の体積の，$\frac{1}{6}$÷１＝$\frac{1}{6}$(倍)である。

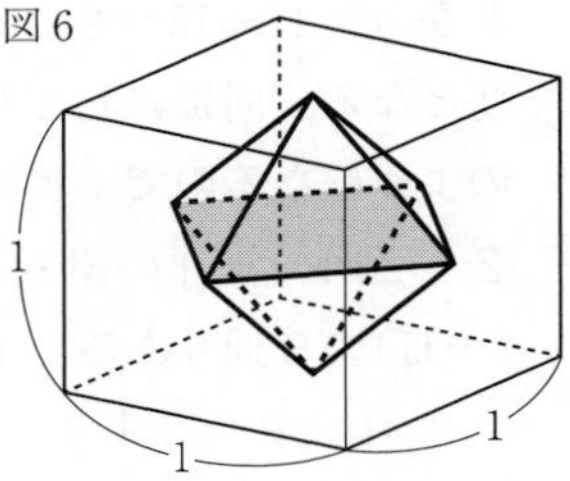

$\boxed{2}$ グラフ―流水算，速さと比

(1) 右の図１で，下りにかかる時間は全部で24分間であり，そのうち船をこがない時間が３分間あるから，船をこぐ時間は合わせて，24−３＝21(分間)である。

図１

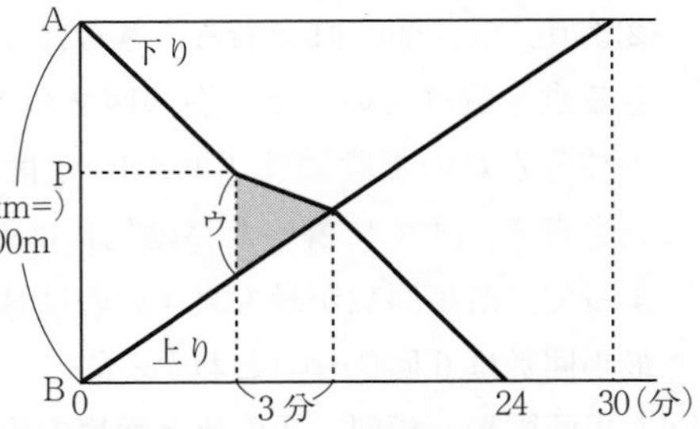

(2) 船の静水時の速さを毎分①m，流れの速さを毎分$\boxed{1}$mとすると，下るときの速さは毎分(①＋$\boxed{1}$)mとなる。よって，下るときについて，船をこいで下った距離《きょり》は，(①＋$\boxed{1}$)×21＝㉑＋$\boxed{21}$(m)，こがずに下った距離は，$\boxed{1}$×３＝$\boxed{3}$(m)なので，AB間の距離は，㉑＋$\boxed{21}$＋$\boxed{3}$＝㉑＋$\boxed{24}$(m)(…ア)と表すことができる。また，上るときの速さは毎分(①−$\boxed{1}$)mとなり，上るのにかかる時間は30分間だから，AB間の距離は，(①−$\boxed{1}$)×30＝㉚−$\boxed{30}$(m)(…イ)と表すこともできる。すると，アとイは等しいので，㉑＋$\boxed{24}$＝㉚−$\boxed{30}$より，右の図２のように表すことができる。したがって，㉚−㉑＝⑨と，$\boxed{24}$＋$\boxed{30}$＝$\boxed{54}$が等しいから，①＝$\boxed{54}$÷９＝$\boxed{6}$となり，上るときの速さは毎分，①−$\boxed{1}$＝$\boxed{6}$

図２

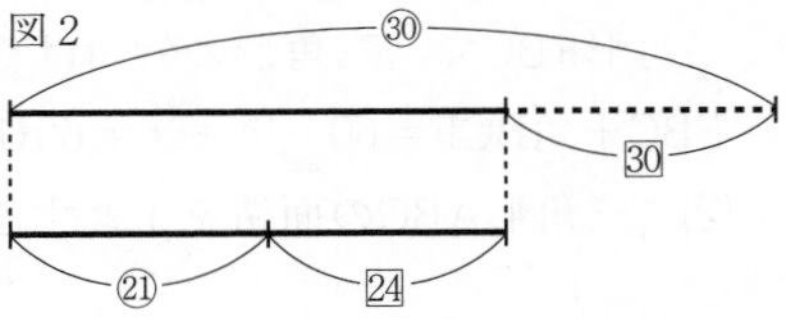

$-\boxed{1}=\boxed{5}$(m)となる。この速さが毎分，(６×1000)÷30＝200(m)なので，流れの速さ($\boxed{1}$)は毎分，200÷５＝40(m)と求められる。

(3) (2)より，船の静水時の速さは毎分，$40\times\frac{6}{1}=240$(m)，下るときの速さは毎分，240＋40＝280(m)となる。図１のかげをつけた部分で，２そうの船の速さの和は毎分，40＋200＝240(m)だから，ウの距離は，240×３＝720(m)と求められる。よって，下りの船がＰ地点に着くのは，２そうの船が進んだ距離の和が，6000－720＝5280(m)になるときなので，出発してから，5280÷(200＋280)＝11(分後)とわかる。したがって，２そうの船がすれ違《ちが》うのは，出発してから，11＋３＝14(分後)である。

3 条件の整理，調べ

(1) 以下では，石を反時計回り，時計回りに□個先の点に移動させる操作を，それぞれ「＋□」「－□」と表す。コインの表が５回出ると，５×５＝25より，「＋25」となる。ここで，反時計回りの１周の移動は「＋15」にあたるから，25－15＝10より，「＋25」は「＋10」と同じになり，１＋10＝11より，石の移動先は⑪となる。次に，コインの表が４回，裏が１回出ると，５×４－３×１＝17より，「＋17」となり，17－15＝２，１＋２＝３より，石の移動先は③となる。同様にして石の移動先を調べると右の図１のようになるので，アは２，イは３とわかる。

図１

コイン		操作	移動先
表	裏		
５回	０回	「＋25」(「＋10」と同じ)	⑪
４回	１回	「＋17」(「＋２」と同じ)	③
３回	２回	「＋９」	⑩
２回	３回	「＋１」	②
１回	４回	「－７」(「＋８」と同じ)	⑨
０回	５回	「－15」(「＋０」と同じ)	①

(2) ２回の操作の組み合わせは，「＋５」「＋５」(…Ⅰ)，「＋５」「－３」(…Ⅱ)，「－３」「－３」(…Ⅲ)の３通りある。Ⅰは，５＋５＝10，１＋10＝11より，石の移動先は⑪となる。Ⅱは，５－３＝２，１＋２＝３より，石の移動先は③となる。Ⅲは，３＋３＝６，15－６＝９，１＋９＝10より，石の移動先は⑩となる。よって，最小回数が２回となる点は，③のほかに⑩，⑪がある。

(3) １回目に移動できる点は，１＋５＝６，１＋15－３＝13より，⑥と⑬である。次に，２回目に移動できる点は，(2)より，③，⑩，⑪である。さらに，３回目以降に移動できる点も調べていくと，右の図２のようになる(それぞれの枝分かれの上段には「＋５」，下段には「－３」の移動先を書き，すでに書いた移動先には斜線《しゃせん》をつけてある)。よって，最小回数が最も大きいのは⑭(…ウ)であり，その最小回数は６回(…エ)とわかる。

図２

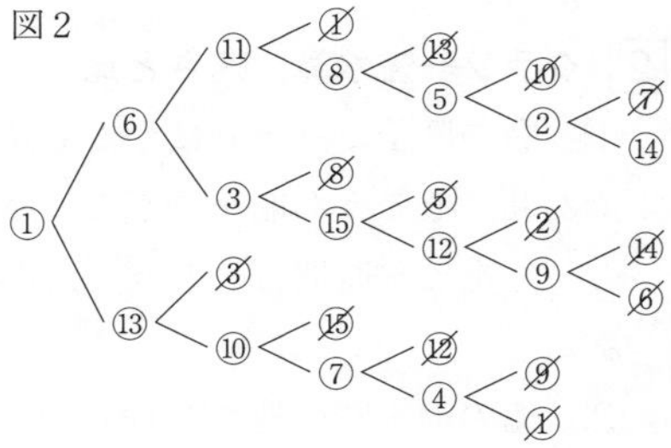

4 平面図形―相似，辺の比と面積の比

(1) 下の図１で，AD＝CE，AC＝CB，角CAD＝角BCEより，三角形ADCと三角形CEBは合同だから，●印をつけた２つの角の大きさは等しい。また，三角形ABCは正三角形なので，角ACBの大きさは60度である。よって，●印をつけた角の大きさは(60－ア)度と表すことができる。さらに，三角形FBCで，三角形の外角はそれととなり合わない２つの内角の和に等しいから，角DFG＝角FBC＋角BCF＝60－ア＋ア＝60(度)となる。

(2) 三角形ABCの面積を１とすると，三角形ABEの面積は，$1\times\frac{6}{8}=\frac{3}{4}$，三角形DBEの面積は，

$\frac{3}{4}\times\frac{6}{8}=\frac{9}{16}$となる。また，三角形CEBの面積は，$1\times\frac{2}{8}=\frac{1}{4}$となる。よって，三角形DBEと三角形CEBの面積の比は，$\frac{9}{16}:\frac{1}{4}=9:4$と求められる。

図１

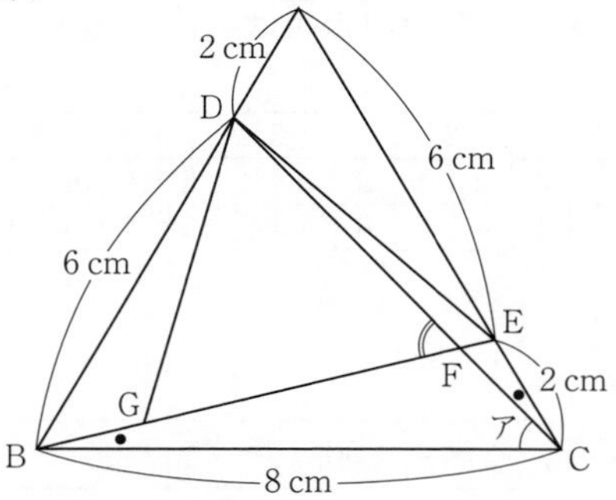

図２

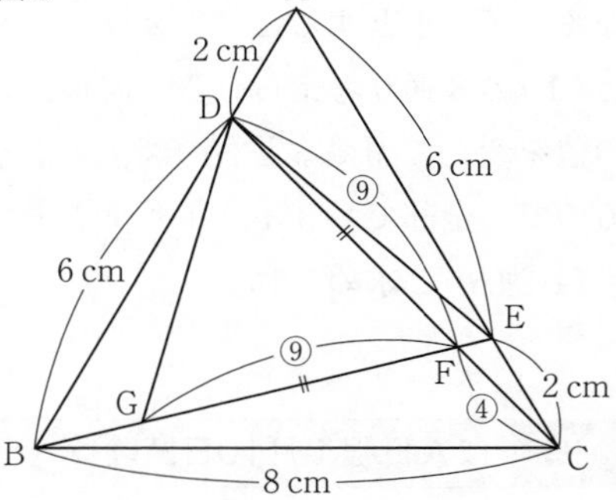

⑶　三角形DBEと三角形CEBの底辺をBEと考えると，これらの三角形の高さの比はFD：FCと等しくなるので，⑵より，FD：FC＝９：４とわかる。また，FD＝FGより，上の図２のように，FD＝FG＝⑨cm，FC＝④cmと表すことができる。さらに，三角形ADCと三角形CEBは合同だから，BEの長さはCDの長さと等しく，④＋⑨＝⑬(cm)とわかる。したがって，三角形DGFの面積は，三角形DBEの面積の$\frac{9}{13}$倍なので，$\frac{9}{16}\times\frac{9}{13}=\frac{81}{208}$となり，三角形ABCと三角形DGFの面積の比は，$1:\frac{81}{208}=208:81$と求められる。

5　平面図形―面積，相似，場合の数

⑴　(ア，イ，ウ)＝(１，５，６)のときには，右の図①のようになる。台形ABCDの面積は，(１＋６)×(４＋５)÷２＝31.5(cm²)，三角形ABEの面積は，４×１÷２＝２(cm²)，三角形DECの面積は，５×６÷２＝15(cm²)だから，三角形AEDの面積は，31.5－(２＋15)＝14.5(cm²)と求められる。

図①

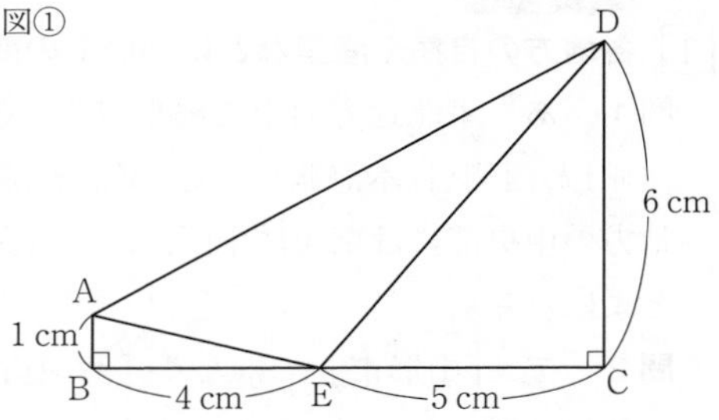

⑵　台形ABCDの面積が20cm²であるときには，(ア＋ウ)×(４＋イ)÷２＝20と表すことができるので，(ア＋ウ)×(４＋イ)＝20×２＝40となる。よって，考えられる(ア＋ウ)と(４＋イ)の組は，右の図②のようになる。ただし，(ア＋ウ)の値は，１＋１＝２以上，６＋６＝12以下，(４＋イ)の値は，４＋１＝５以上，４＋６＝10以下だから，条件に合うのはⅠ，Ⅱ，Ⅲの３つの場合である。Ⅰの場合，イ＝10－４＝６であり，(ア，ウ)の組は，(１，３)，(２，２)，(３，１)の３通りある。また，Ⅱの場合，イ＝８－４＝４であり，(ア，ウ)の組は，(１，４)，(２，３)，(３，２)，(４，１)の４通りある。同様に，Ⅲの場合，イ＝５－４＝１であり，(ア，ウ)の組は，(２，６)，(３，５)，(４，４)，(５，３)，(６，２)の５通りある。したがって，全部で，３＋４＋５＝12(通り)と求められる。

図②

ア＋ウ	1	2	4	5	8	10	20	40
４＋イ	40	20	10	8	5	4	2	1
			Ⅰ	Ⅱ	Ⅲ			

図③

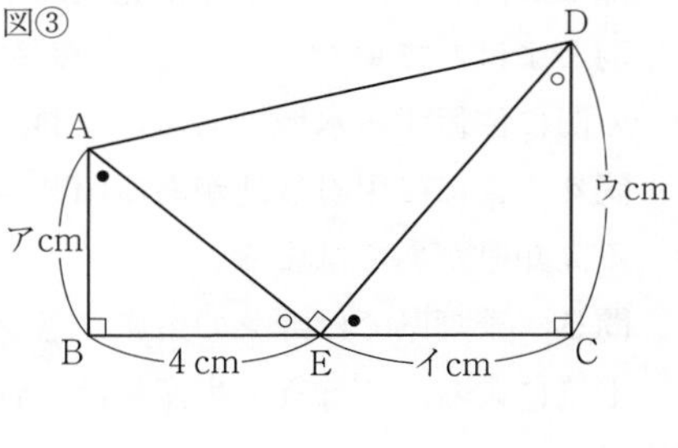

(3)　xの大きさが90度のとき，上の図③の同じ印をつけた角の大きさはそれぞれ等しくなるから，三角形ABEと三角形ECDは相似になる。よって，ア：イ＝4：ウと表すことができ，比例式の外《がい》項《こう》の積と内項の積は等しい(A：B＝C：Dのとき，A×D＝B×Cとなる)ので，ア×ウ＝イ×4となる。イ＝1とすると，ア×ウ＝1×4＝4となるから，(ア，ウ)の組は，(1，4)，(2，2)，(4，1)の3通り考えられる。同様にしてイの値を変えて調べると右の図④のようになるので，全部で，3＋2＋4＋1＋2＋2＝14(通り)と求められる。

図④

イ	1			2		3				4	5		6	
ア	1	2	4	2	4	2	3	4	6	4	4	5	4	6
ウ	4	2	1	4	2	6	4	3	2	4	5	4	6	4

社　会　＜A日程1月10日試験＞（理科と合わせて50分）＜満点：50点＞

解　答

1　**問1**　**あ**　奥羽(山脈)　**い**　中国(山地)　**問2**　エ　**問3**　ア　**問4**　カ　**問5**　オ　**問6**　ウ　**問7**　ウ　**問8**　イ　**問9**　ア　**問10**　ウ　**問11**　(1)　イ　(2)　エ　2　**問1**　ウ　**問2**　イ　**問3**　上米の制　**問4**　エ　**問5**　ア　**問6**　全国水平社　**問7**　ア　**問8**　(1)　エ　(2)　ウ　**問9**　(1)　ア　(2)　ア　**問10**　(1)　イ　(2)　ア

解　説

1　各地方の自然や産業などについての問題

問1　**あ**　東北地方の中央部を南北にのびる奥羽山脈は日本最長の山脈で，この山脈の東側(太平洋側)と西側(日本海側)では，気温や降水量など気候の特色が大きく異なっている。　**い**　中国地方の中央部には東西に中国山地が広がっており，この山地より北側は山陰地方，南側は山陽地方とよばれる。

問2　ア　「山形市」ではなく「酒田市」が正しい。なお，山形市は最上川の中流域に広がる山形盆地にある。　イ　「イタイイタイ病」ではなく「新潟水俣《みなまた》病(第二水俣病)」が正しい。なお，イタイイタイ病は富山県の神通《じんずう》川流域で発生した。　ウ　「愛媛県」ではなく「高知県」が正しい。　エ　大淀《おおよど》川の説明として正しい。

問3　ア　「越後」は新潟県の旧国名で，越後平野は新潟県北部から中部に広がっている。　イ　「土佐」は高知県の旧国名である。土佐湾は高知県南部の太平洋側にある湾で，東の室戸岬と西の足摺《あしずり》岬の間に広がっている。なお，香川県の旧国名は讃岐《さぬき》である。　ウ　「大隅《おおすみ》」は鹿児島県東部の旧国名で，大隅半島は鹿児島県東部で南に突《つ》き出している。なお，秋田県は山形県とともに出《で》羽《わ》とよばれていた。　エ　「豊後《ぶんご》」は大分県中部・南部の旧国名で，豊後水道は大分県と愛媛県の間に位置する水域である。なお，長崎県は肥前《ひぜん》の一部や壱岐《いき》，対馬《つしま》に分かれていた。

問4　Aには甲府盆地がある山梨県，Bには日本海側の気候に属する福井県，Cには高知平野がある高知県があてはまる。

問5　千葉県では野菜の生産がさかんで，キャベツ，にんじん，だいこんの生産量はいずれも全国上位に入る。ごぼうの生産量は，青森県が全国で最も多い。

問６　「あ」は，印刷が上位に入っていることから，東京都と判断できる。東京都は日本の政治・経済・文化の中心地で多くの情報が集まることから，印刷・印刷関連業の出荷額が全国第１位となっている。「い」は，食料品の割合が高く，パルプ・紙が上位にあることから，北海道とわかる。北海道は乳製品や砂糖，ビールなど，地元で生産される農畜産物を原料とした食料品の出荷額が多く，「紙のまち」として知られる苫小牧《とまこまい》市などではパルプ・紙の生産がさかんである。「う」は，輸送用機械と鉄鋼の割合が高いので，広島県と判断できる。広島県では広島市や府中町などで自動車工業，福山市などで鉄鋼業がさかんである。残る「え」に，長崎県があてはまる。なお，「はん用機械」とは旋盤《せんばん》などの一般用工作機械やボイラー，タービンなどの機械のことで，「はん用(汎用)」とは「広くいろいろな用途に用いられる」という意味である。

問７　「あ」は，北海道の割合が21.0％におよび，以下，岩手，福島，長野，新潟の各県が続くので，「面積」である。「う」は，自動車などの輸送用機械の生産がさかんな愛知県が，ほかの都道府県を引き離して第１位を占《し》めているので，「工業出荷額」と判断できる。「い」と「え」について，東京都の人口は約1400万人で，日本の人口約１億2500万人の約11％にあたる(2021年12月)ので，「い」が「人口」で，残った「え」が「小売業販売額」とわかる。

問８　行政区画としての「区」があるのは，政令指定都市だけ(東京都にある23の「特別区」を除く)である。また，政令指定都市は，福島県にはなく，神奈川県には３つ(横浜市，川崎市，相模原《さがみはら》市)，静岡県には２つ(静岡市，浜松市)，熊本県には１つ(熊本市)ある。よって，政令指定都市のないアは福島県となり，「区」の数が少ないイ，ウ，エの順に熊本県，静岡県，神奈川県と判断できる。なお，横浜市には18区，川崎市には７区，相模原市には３区，静岡市には３区，浜松市には７区ある。

問９　近年，日本の相手国別輸出額ではアメリカ合衆国と中国が第１位を争う状況が続いているから，アが日本と判断できる。なお，EU(ヨーロッパ連合)の割合が40％を超《こ》えているイは，EU諸国に隣接《りんせつ》しているロシア，アメリカ合衆国の割合が80％を超えているウは，アメリカに隣接しているメキシコ，中国の割合が高いエはオーストラリアである。

問10　ア　1990年に比べて2019年の一般紙の発行部数は減少したが，34878÷46060＝0.7…より，半分以下にはなっていない。　　イ　発行部数の減少は，新聞社の収益に大きな影響をあたえる。　ウ　新聞の発行部数が減少しているのは，インターネットの普及《ふきゅう》により，情報の入手先として新聞よりもインターネットを優先する人が増え，新聞を購読《こうどく》する世帯が減少したことが大きな要因と考えられる。　　エ　多くの新聞社が，紙の新聞の発行部数の減少を補うため，新聞の電子化に力を入れている。そのため，新聞の電子化を現時点でとりやめても，購読者がほかの新聞社の電子版に移動してしまうだけで，紙の新聞の発行部数は増えないと考えられる。

問11　(1)　現代において，「売り手」の中心となるのは企業で，「買い手」の中心となるのは消費者である。また，「世間」は現代の「社会」にあたると考えられる。　　(2)　ア　従業員は消費者でもあるので，その給料を下げれば消費者の不利益となる。　　イ　商品の品質を重視しなければ，消費者の利益がそこなわれる。　　ウ　工場の汚水処理や排気ガス処理にかかる費用を減らせば，環境汚染や環境破壊《はかい》が発生しやすくなるので，社会の不利益となる。　　エ　製品の生産に地元の材料を積極的に活用すれば，輸送費を削減《さくげん》でき，自動車の排出ガスなどが減って環境への負荷が下がる。さらに，地元の産業が活性化し，企業の信用も高められる。つまり，企業，消費者，社会のいずれにもよい効果がある。

2 各時代の歴史的なことがらについての問題

問１　Ａは律令制度が整えられた飛鳥時代，Ｂは墾田《こんでん》永年私財法が定められた奈良時代，Ｃは江戸時代の説明である。また，Ｄについて，米と麦の二毛作は平安時代末期に近畿地方で行われるようになり，鎌倉時代に西日本各地に，室町時代には東日本各地に広まった。よって，年代の古い順にＡ→Ｂ→Ｄ→Ｃとなる。

問２　ア　「桓武」ではなく「聖武」が正しい。　イ　平安時代初期，唐(中国)で学んだ空海は帰国後，高野山(和歌山県)に金剛峯《こんごうぶ》(峰)寺《じ》を建てて真言宗を広めた。　ウ　鎌倉時代，栄西と道元は，宋(中国)に渡って禅宗《ぜんしゅう》を学び，帰国後にそれぞれ臨済《りんざい》宗と曹洞《そうとう》宗を伝えた。　エ　「日蓮《にちれん》宗」ではなく「浄土《じょうど》真宗(一向宗)」が正しい。なお，このできごとは加賀の一向一揆《いっき》とよばれる。

問３　享保《きょうほう》の改革を進めた江戸幕府の第８代将軍徳川吉宗は，幕府の財政難を改善するため，大名に領地１万石につき100石の米を差し出させる代わりに，参勤交代での江戸滞在《たいざい》期間を１年から半年に縮めた。この政策を上米《あげまい》の制という。

問４　ア　「阿倍仲麻呂《あべのなかまろ》」ではなく「坂上田村麻呂」が正しい。平安時代初め，坂上田村麻呂は蝦夷《えみし》の抵抗をおさえるため桓武天皇から征夷《せいい》大将軍に任じられ，東北地方へ派遣された。なお，阿倍仲麻呂は遣唐使船で唐に渡った留学生で，役人として唐の宮廷に仕えたが，帰国する船が遭難《そうなん》したため再び唐にもどり，そこで一生を終えた。　イ　奥州藤原氏が平泉(岩手県)に建てたのは中尊寺金色《こんじき》堂で，平等院鳳凰《ほうおう》堂は藤原頼通《よりみち》が宇治(京都府)に建てた阿弥陀《あみだ》堂建築である。　ウ　「近松門左衛門《ちかまつもんざえもん》」ではなく「松尾芭蕉《ばしょう》」が正しい。なお，近松門左衛門は歌舞伎《かぶき》や人形浄瑠璃《じょうるり》の脚本家で，『曽根崎心中』などの作品を残した。　エ　1930年代の日本は，アメリカではじまった世界恐慌《きょうこう》の影響で，深刻な不景気となった。東北地方では冷害による被害が加わり，人々の生活はいっそう苦しくなった。

問５　Ａは江戸時代，Ｂは安土桃山時代，Ｃは昭和時代の第二次世界大戦後(1947年)，Ｄは明治時代初期(1872年)のできごとである。よって，年代の古い順にＢ→Ａ→Ｄ→Ｃとなる。

問６　江戸時代に幕府によって定められた身分制度のもとで，えた・ひにんなどとして特定の地域に住まわされ，差別されてきた人々は，明治時代初期に解放令が出されてからも，就職や結婚などさまざまな場面で差別を受けてきた。そうした部落差別に苦しめられてきた人々は，みずからの手で差別の解消に取り組むため，1922年に全国水平社を結成した。

問７　ア　平安時代半ばには，日本の生活や風土にあった国風文化が栄え，漢字をもとにつくられたかな文字(カタカナ，ひらがな)が広まって国文学が発達した。清少納言《せいしょうなごん》の随筆『枕草子《まくらのそうし》』や紫式部《むらさきしきぶ》の長編小説『源氏物語』は，その代表的なものである。　イ　「応仁の乱」(1467～77年)ではなく「承久《じょうきゅう》の乱」(1221年)が正しい。　ウ　「日清戦争」(1894～95年)ではなく「日露戦争」(1904～05年)が正しい。　エ　大正時代末期の1925年に普通選挙法が制定され，満25歳以上のすべての男子に選挙権が認められた。昭和時代の第二次世界大戦後(1945年12月)，GHQ(連合国軍最高司令官総司令部)の指示にもとづき衆議院議員選挙法が改正され，それまで満25歳以上の男子だけに認められていた選挙権が，満20歳以上のすべての男女に認められることとなった。これにより初めて女性の参政権(婦人参政権)が認められ，翌46年に行われた戦後最初の衆議院議員総選挙では女性議員も誕生した。

問８ (1) Ａ　法律案は内閣または国会議員が作成し，いずれかの議院に提出される。なお，国会議員が提出する法律案よりも内閣が提出する法律案のほうが数が多く，可決される割合も高い。こうした状況は立法権に対する行政権の優越《ゆうえつ》につながり，議会制民主主義の本来の目的に反するものであると批判されることも多い。　Ｂ　条約は内閣が締結《ていけつ》し，国会がこれを承認(批准《ひじゅん》)することで成立する。　(2) Ａの刀狩《かたながり》令は豊臣秀吉により安土桃山時代(1588年)に，Ｃの国家総動員法は昭和時代(1938年)に，Ｄの治安維持法は大正時代末期(1925年)に普通選挙法とともに制定された。また，Ｂの武家諸法度《しょはっと》は1615年に江戸幕府の第２代将軍徳川秀忠《ひでただ》の名で初めて発布され，以後，将軍の代がわりのさいにしばしば改定された。よって，年代の古い順にＡ→Ｂ→Ｄ→Ｃとなる。

問９ (1) Ａ　内閣総理大臣は国会が国会議員の中から指名し，天皇が任命する。　Ｂ　国務大臣は内閣総理大臣が任命し，その過半数は国会議員でなければならない。　(2) Ａの「管領《かんれい》」は室町幕府，Ｂの「執権《しっけん》」は鎌倉幕府の役職である。また，Ｃは日本国憲法の，Ｄは大日本帝国憲法のもとでのしくみなので，年代の古い順にＢ→Ａ→Ｄ→Ｃとなる。

問10 (1) 日本国憲法第76条３項は裁判官(司法権)の独立とよばれる原則に関する規定で，Ａには「良心」，Ｂには「法律」があてはまる。　(2) ア　律令のうちの律は現代の刑法に，令は現代の行政法や民法などにあたる。　イ　「義時《よしとき》」ではなく「泰時《やすとき》」が正しい。泰時は鎌倉幕府の第３代執権で，義時(第２代執権)の子である。　ウ　「松平定信」(江戸幕府の老中)ではなく「徳川吉宗」(第８代将軍)が正しい。　エ　領事裁判権の撤廃《てっぱい》は，外務大臣の陸奥宗光《むつむねみつ》が日清戦争の直前，イギリスとの間で成功した。

理　科　＜Ａ日程１月10日試験＞（社会と合わせて50分）＜満点：50点＞

解　答

[1] **問１**　イ　**問２**　イ　**問３**　6 cm　**問４**　ウ　**問５**　イ，エ　**問６**　**電子はかりの表示**…ア　**水の深さ**…カ　**問７**　エ　[2] **問１**　ア　**問２**　エ　**問３**　キ　**問４**　ウ　**問５**　サ　**問６**　コ　**問７**　ア　[3] **問１**　エ　**問２**　ア　**問３**　イ，ウ　**問４**　798匹　**問５**　ウ，オ　**問６**　ウ，エ　**問７**　カ　[4] **問１**　(1)　エ　(2)　ハザード(マップ)　**問２**　(1)　**Ｂ**　ア　**Ｃ**　ウ　(2)　ア　**問３**　(1)　線状降水(帯)　(2)　ア，カ　**問４**　(1)　イ　(2)　ウ

解　説

[1] 力のはたらきについての問題

問１　おもりＡの重さは100ｇで，電子はかりには50ｇの力がかかっているので，手がひもを引く力の大きさは，100－50＝50(ｇ)である。

問２　おもりＡは滑車《かっしゃ》を通しておもりＢに，100－30＝70(ｇ)の力で引き上げられているので，おもりＢの重さは70ｇとわかる。

問３　電子はかりの表示が30ｇのとき，筒《つつ》Ｘと水の重さの合計は，問２のおもりＢの重さと同じ70ｇになる。よって，筒Ｘ中の水の重さは，70－10＝60(ｇ)である。また，筒Ｘの内側の底面積は10cm^{2}である。したがって，筒Ｘ中の水の深さは，60÷10＝６(cm)と求められる。

問４　電子はかりの表示は，水の深さが０cmのときには，100－10＝90(ｇ)で，水がたまっていくにつれて一定の割合で減っていき，水の深さが８cmのときに，100－(10＋１×10×８)＝100－90＝10(ｇ)になる。よって，ウが選べる。

問５　ア　サラダ油は水より密度《みつど》(１cm^3あたりの重さ)が小さいので，水の代わりにサラダ油を注いだ場合の電子はかりの表示の減り方は，水を注いだ場合よりも小さくなる。したがって，問４のグラフの傾《かたむ》きは緩《ゆる》やかになる。　　イ　こい食塩水は水より密度が大きいので，水の代わりにこい食塩水を注いだ場合の電子はかりの表示の減り方は，水を注いだ場合よりも大きくなる。よって，問４のグラフの傾きは急になる。　　ウ　筒Ｘの底面積を大きくして水を注いだ場合，同じ深さのときの筒の中にたまる水の重さの増え方が大きくなるので，問４のグラフの傾きは急になる。
エ　筒Ｘの底面積を変えずに深さを深くして水を注いだ場合，中にたまる水の重さの増え方は変化しないので，問４のグラフの傾きも変化しない。

問６　水を注ぐ前は，筒Ｘにつながるひもには10ｇの力がかかっており，２つのおもりＣはどちらも，10×２＝20(ｇ)の力で引き上げられているので，水を注ぐ前の電子はかりの表示は，(50－20)×２＝60(ｇ)となる。また，電子はかりの表示がちょうど０ｇとなったときには，２つのおもりＣはどちらも50ｇの力で引き上げられており，筒Ｘにつながるひもには，50÷２＝25(ｇ)の力がかかっているので，このときの筒Ｘ中の水の重さは，25－10＝15(ｇ)，水の深さは，15÷１÷10＝1.5(cm)と求められる。

問７　水の深さが８cmのとき，筒Ｘにつながるひもには90ｇの力がかかるので，おもりＤ１個の重さは最大で，90×２＝180(ｇ)とわかる。

２　気体についての問題

問１　気体の集め方は，気体が水に溶《と》けるかどうか，空気より軽いか重いかによって決まる。アンモニアは，水にきわめてよく溶け，空気より軽いので，上方置換《ちかん》で集める。

問２　加熱している部分は高温になっており，試験管が膨張《ぼうちょう》しているので，反応によって発生した水がこの部分に流れると，急激に冷やされて収縮し，試験管がわれることがある。そのため，試験管の口を下に少し傾《かたむ》けて加熱しなければならない。

問３　塩酸に石灰石を加えると，石灰石に含《ふく》まれる炭酸カルシウムが塩酸に溶けて二酸化炭素が発生し，塩化カルシウム水溶液《すいようえき》ができる。塩酸に亜鉛《あえん》を加えると，亜鉛が溶けて水素が発生し，塩化亜鉛水溶液ができる。うすい過酸化水素水に二酸化マンガンを加えると，過酸化水素水に溶けている過酸化水素が分解して，酸素と水ができる。このとき，二酸化マンガンは過酸化水素が分解するのを助けるはたらきをするだけで，それ自身は変化しない(触媒《しょくばい》という)。なお，塩酸に銅を加えても，反応は起こらない。

問４　酸素と水素は水にほとんど溶けず，二酸化炭素は水に少し溶けるが，溶ける量が少ないので，水上置換で集めることができる。

問５　酸素を発生させる実験では，反応熱によって試験管内が温かくなる。そのため，酸素を水上置換で集める場合，反応後もガラス管を水そうに入れたままにしていると，反応後に試験管内の気体が冷えて収縮して試験管内の圧力が下がり，水が逆流してしまうことがある。

問６　表で，反応した水素・酸素と反応で生じた水蒸気の体積の比は，Ⅰは，100：(100－50)：100＝２：１：２，Ⅱは，200：100：200＝２：１：２，Ⅲは，50：25：(75－25)＝２：１：２とな

っているので，水素２mLと酸素１mLが過不足なく反応すると水蒸気が２mL発生することがわかる。したがって，Ａは水素100mLと酸素，$100\times\frac{1}{2}=50$(mL)が反応して水蒸気が100mL発生し，Ｂは酸素70mLと水素，$70\times\frac{2}{1}=140$(mL)が反応して水蒸気が140mL発生し，Ｃは水素150mLと酸素，$150\times\frac{1}{2}=75$(mL)が反応して水蒸気が150mL発生し，Ｄは水素50mLと酸素，$50\times\frac{1}{2}=25$(mL)が反応して水蒸気が50mL発生するので，反応によって最も多くの水蒸気が発生するものはＣとなる。次に，反応後の水素・酸素・水蒸気の体積の合計は，Ａは，$0+(200-50)+(50+100)=300$(mL)，Ｂは，$(200-140)+0+(0+140)=200$(mL)，Ｃは，$0+(150-75)+(150+150)=375$(mL)，Ｄは，$0+(200-25)+(0+50)=225$(mL)なので，反応後の気体の体積の合計が最も少ないものはＢとわかる。

問７　二酸化炭素は水１Ｌ(1000mL)に対して10℃で1207mL，50℃で441mL溶けると述べられているので，二酸化炭素は水500mLに対して10℃で，$1207\times\frac{500}{1000}=603.5$(mL)，50℃で，$441\times\frac{500}{1000}=220.5$(mL)溶ける。よって，水500mLに二酸化炭素を溶かせるだけ溶かした50度の炭酸水を10℃まで冷やした場合，$603.5-220.5=383$(mL)の二酸化炭素をさらに溶かすことができるようになる。

３　魚類についての問題

問１　キンギョやメダカは魚類で，魚類の体にはふつう，胸ビレと腹ビレがそれぞれ２枚(左右１対)ずつ，背ビレ，しりビレ，尾ビレがそれぞれ１枚ずつある。また，胸ビレはふつう，エラぶたのすぐ後ろにある。したがって，エが選べる。

問２　魚類の心臓は１心房《しんぼう》１心室で，エラ→全身→心房→心室→エラの順に血液が流れる。また，エラは魚類の呼吸器官で，水がエラを通るとき，エラの中を通っている血管を流れる血液に酸素が取り入れられ，血液に含まれていた二酸化炭素が水中に出される。よって，アが正しい。

問３　カメはは虫類，エビは甲殻《こうかく》類，オタマジャクシ(カエルの幼生)は両生類，ペンギンは鳥類，クジラはほ乳類に属する。ふつう，甲殻類や魚類，両生類の幼生はエラ，両生類の成体は肺と皮膚《ひふ》，は虫類や鳥類，ほ乳類は肺で呼吸をする。

問４　この調査では，(水そう全体のキンギョの数)：(印をつけたキンギョの数)＝(１時間後につかまえたキンギョの数)：(１時間後につかまえたキンギョのうちの印がついていたものの数)が成り立つと考えられるので，(水そう全体のキンギョの数)：57＝42：３より，水そう全体のキンギョの数は，$57\times42\div3=798$(匹《ひき》)と求められる。

問５　ア　魚類とは虫類の体表は，固いうろこでおおわれている。　イ　体内に背骨(脊椎《せきつい》)を中心とする骨格(内骨格)を持っている動物をセキツイ動物といい，そうでない動物を無セキツイ動物という。魚類，両生類，は虫類，鳥類，ほ乳類はセキツイ動物，こん虫類やクモ類，甲殻類などは無セキツイ動物に分類される。　ウ　魚類，両生類はどちらも，からのない卵を水中に産み，水中で受精を行う。　エ　魚類はふつう，卵を多く産み，子育てをしない。一方，鳥類はふつう，卵を少なく産み，子育てをする。　オ　まわりの温度の変化に応じて体温がほぼ同じように変化する動物を変温動物といい，まわりの温度によらず体温がほぼ一定である動物を恒温《こうおん》動物という。鳥類とほ乳類以外のセキツイ動物や無セキツイ動物は，すべて変温動物である。

問６　ア　図２より，キンギョの３日後(72時間後)の生残率が最も高いのは，25％海水の環境《かんきょう》で育てたときとわかる。また，図１で，フグは海水の割合が100％(海水のみ)のときだけでなく，海水の割合が５～75％のときも，３日後の生残率が100％になっている。　イ　図１で，フグは海水の割合が５～50％のときにも，３日後の生残率が100％になっている。したがって，フグは淡水《たんすい》より海水の方が多い液体でなくても，生きていくことができる。　ウ　海水を200Ｌ，淡水を300Ｌまぜた液体の海水の割合は，200÷(200＋300)×100＝40(％)である。40％海水での３日後の生残率は，フグは100％と推定され，キンギョは約22％となっている。　エ　海水を125Ｌ，淡水を375Ｌまぜた液体の海水の割合は，125÷(125＋375)×100＝25(％)である。25％海水での３日後の生残率は，フグもキンギョも100％となっている。　オ　海水を250Ｌ，淡水を250Ｌまぜた液体の海水の割合は，250÷(250＋250)×100＝50(％)である。50％海水での３日後の生残率は，フグは100％，キンギョは０％となっている。

問７　図４から，どちらの色でも，５回目にはエサを食べるまでの時間が短くなっていることから，マークを認識することができているといえる。また，マークの色が異なった場合に結果も異なっているので，色の違いも認識できていると考えられる。なお，別の形のマークでは実験をしていないため，マークの形を認識しているかはこの実験からはわからない。

４　豪雨《ごうう》災害についての問題

問１　⑴　台風とは，赤道付近の海上で発生した熱帯低気圧が発達し，中心付近の最大風速が毎秒17.2m以上になったものである。　⑵　国や地方公共団体が作成する，発生の可能性がある自然災害の被害《ひがい》予測や避難《ひなん》場所などを示した地図を，ハザードマップという。火山の噴火《ふんか》や洪水《こうずい》，土砂《どしゃ》崩《くず》れなどに備えたものが，各地でつくられている。

問２　⑴　超大型の台風では，台風の高度は約10km，直径は約1000kmに達することもある。

⑵　台風にふきこむ風の向きが反時計まわりなので，台風が北に向かって進んでいる場合，進行方向に向かって右側(東側)の地域では，中心に向かってふきこむ風の向きと台風の進む向きとが重なるために，特に風が強くなりやすい。

問３　⑴　局所的大雨をもたらす積乱雲は，雨を降らせる面積が小さく，比較《ひかく》的速く移動していくため，雨は１時間ほどでやむことが多い。しかし近年では，激しい雨を降らせる積乱雲が次々と発生し，それが帯状につながった線状降水帯ができて，激しい雨が長時間降り続くこともある。

⑵　集中豪雨が発生すると，崖《がけ》や急な斜面《しゃめん》などでは土じょう中の水分量が増加して，土砂崩れが引き起こされることがある。また，雨水が河川に流れこんで流量が急増し，河川が氾濫《はんらん》して家屋がしん水することがある。

問４　⑴　13時～14時の雨量は10mm，14時～15時の雨量は５mm，15時～16時の雨量は10mmなので，13時～16時の３時間の雨量は合計，10＋５＋10＝25(mm)と求められる。　⑵　この１日に降った雨量は，５×10＋10×４＋20×３＝150(mm)なので，この地点における６月の１か月の平均降水量の約，150÷100＝1.5(倍)である。

国　語　＜Ａ日程１月10日試験＞（50分）＜満点：100点＞

解　答

一　下記を参照のこと。　　二　**1**　カ　**2**　オ　**3**　イ　**4**　ケ　**5**　コ　**6**

キ　**7**　エ　**8**　ウ　**9**　ク　**10**　ア　三　**問１**　（例）植物がタネをつくること。**問２**　**A**　ウ　**B**　エ　**問３**　イ　**問４**　イ　**問５**　エ　**問６**　ウ　**問７**　（例）越冬芽をつくり，植物の休眠を促し，花が咲くのを抑える（はたらき。）　**問８**　**a**　光周性　**b**　寒さ　**c**　予知　四　**問１**　ウ　**問２**　オ　**問３**　イ　**問４**　エ　**問５**　⑴（例）ゴンを元の飼い主の所へ返してあげること。　⑵（例）これまで武は自分の心を満たすためにゴンを必要な存在としていたが，今はゴン自身の本当の幸せを第一に考えられるようになった。　**問６**　ア　**問７**　イ，ウ　**問８**　エ

●漢字の書き取り

一　1　組閣　2　織機　3　助太刀　4　有事　5　名勝

解　説

一　漢字の書き取り

1　新しい内閣を組織すること。　**2**　布を織る機械。　**3**　かたき討《う》ちや決闘《けっとう》などに加わり，手助けすること，またそれをする人。そこから，人に加勢すること，加勢する人の意味で使う。　**4**「有事の際」で，天災や突発的で大きな騒動《そうどう》などが起きたときを表す。　**5**　景色が特によいところ。

二　文脈に合う言葉の判別

1　プライドを傷つけない注意の仕方には，直接的な表現を避《さ》けて穏《おだ》やかに言う意味を表す「オブラートに包む」が合う。「オブラート」は，薬を包んで飲みやすくするのを目的にした，水溶性の可食フィルム。　**2**　人を惑《まど》わす派手な行いだから，人目を引くための行為《こうい》や演技を意味する「パフォーマンス」である。　**3**　現状に関して専門家がすることとしては，自分の考えや意見を公に出す「提言」が合う。　**4**　落とし物の探し方としてはふさわしくないさまを表す言葉が入るので，あてもなくするようすの「やみくもに」が選べる。　**5**　都会には高層ビルが多くあるので，木がたくさん並ぶ林のように，丈《たけ》の高いものがいくつも立っていることを表す「林立」がよい。　**6**　教室を見回した後に話し始めたのだから，ゆっくりと動作を始めるようすを表す「やおら」が入る。　**7**「複数の」とあるので，異種のものの合成物を意味する「ハイブリッド」が合う。　**8**　一日の出来事を話すのには，事細かにするようすの「つまびらかに」がよい。**9**「～かと思うと」は“～するとすぐに”という意味を表すので，ただちにするようすの「やにわに」が入る。　**10**　おめかしをして出かけるさまには，喜びや楽しさで動作がはずむようすの「いそいそと」がふさわしい。「おめかし」は，身なりを飾《かざ》ること。

三　出典は田中修《たなかおさむ》の『植物のいのち―からだを守り，子孫につなぐ驚《おどろ》きのしくみ』による。

植物がタネをつくるまでのしくみや，春の花が開花するまでのしくみに，どのような季節の要因がかかわっているのかを説明している。

問１　最初の段落では，植物たちがツボミをつくり，花を咲《さ》かせてタネをつくるのに日数がかかることが説明されている。また，傍線《ぼうせん》部１の直前に「あわててツボミがつくられ，花が咲いていては」とある。よって，「植物たちがタネをつくる」のに「間に合わない」のだとわかる。

問２　**A**　この日を過ぎると「昼が短くなり，夜が長くなりはじめ」るのだから，「夏至《げし》」である。夏至は，「六月下旬《げじゅん》」（６月21日ころ）の，北半球で昼が一年のうちで最も長くなる日である。

Ｂ　夏至とは逆に「夜がもっとも長くなる」のだから，「冬至《とうじ》」とわかる。冬至は，「一二月の下旬」（12月22日ころ）の，北半球で昼が一年のうちで最も短くなる日である。　なお，「春分」は３月21日ころ，「秋分」は９月23日ころで，どちらも昼と夜の長さがほぼ等しい日。「大寒」は１月20日ころで，北半球では一年のうちで最も寒くなる時期である。

問３　続く部分に「冬の寒さの訪れを，約二ヵ月前に知る」とあるので，植物は冬の訪れを秋の時点で知っていることになる。よって，「夏から秋」が入る。

問４　Ｘ～Ｚ　「昼が短くなることが大切なのか」を知るためには，夜の長さを一定にして昼の長さを変化させた実験を何種類か行い，ツボミがつくられるかどうかを調べる必要がある。逆に，「夜が長くなることが大切なのか」を知るためには，昼の長さを一定にして夜の長さを変化させた実験を何種類か行い，ツボミがつくられるかどうかを調べる必要がある。また，実験では，暗室の中にキクを置き，電気照明をつけた状態を昼，消した状態を夜として昼や夜の長さを変化させるので，昼と夜の長さの合計，つまり，一日の長さが二四時間にならないものも多い。よって，イがふさわしい。

問５　直前の段落に「春や秋の気温は，年ごとに，変わりやすい」とあるので，「年」によって気温が変わることにふれているエがよい。

問６　植物の「光周性」について，傍線部２の二つ前の段落で，「夜の長さに反応して，ツボミをつくり，花を咲かせる」ことが述べられている。また，傍線部３の後で，「長くなる夜」に反応して「越冬芽《えっとうが》」ができるしくみが説明されている。よって，ウが選べる。

問７　「アブシシン酸」のはたらきについては，傍線部４をふくむ段落と，六つ後の段落で説明されている。「芽にアブシシン酸の量が増えると，ツボミを包み込《こ》む越冬芽ができる」，「アブシシン酸は，休眠を促《うなが》し，花が咲くのを抑《おさ》える」と述べられているので，この二点を「越冬芽をつくったり植物の休眠を促して花が咲くのを抑えたりする」のようにまとめる。

問８　**ａ**　「越冬芽」は，「光周性」の性質を持つソメイヨシノの葉が，夜の長さに応じてアブシシン酸をつくり，それを芽に送ることでできる。　**ｂ**　越冬芽が「目覚める」には，ただ暖かくなればいいのではなく，冬の「寒さ」を通過する必要がある。　**ｃ**　ａとｂで見たように，ソメイヨシノの開花には，冬の到来《とうらい》を「予知」して越冬芽をつくり，冬の寒さを通過することが必要である。

四　**出典は谷瑞恵《たにみずえ》の『神さまのいうとおり』所収の「猫《ねこ》を配る」による。**保護した迷い猫のゴンを父親に捨てられた武《たけし》は，ゴンを幸せにするために行動することで成長していく。

問１　「矛盾《むじゅん》」は，つじつまが合わないこと。「お稲荷《いなり》さん」（稲荷神社）に「猫がほしい」と願った武は，「願ってみたからって，本当に猫が来るなんて思ってなかったし～お稲荷さんがゴンに，うちへ行けって言ったのか？　そんなわけないだろ」と「お稲荷さん」の力を否定するようなことを言っている。よって，ウが選べる。

問２　続く部分で拓也《たくや》は，「友達のシンくんが猫をほしがってたなあ」と口にしたところ，本当にシンくんの家に猫が来たが，その猫が長生きできず，「シンくんに悪いことをしたような気がして」いた。拓也は，そうした思いから「ため息をついた」のだから，オが合う。

問３　少し後にあるように，武は，自分のことを「勉強にしろスポーツにしろ，人より優《すぐ》れたところが何もない。自分勝手で人に頼られもしない，ただの嫌《きら》われ者だ」と思っている。この「自分には何もない」ことが「空洞《くうどう》」と表現されているので，イがふさわしい。

問４　「はにかむ」は，恥《は》ずかしそうな表情をすること。拓也は武に「猫をさがしてたから，親近感が持てた」と面と向かって言ったため，恥ずかしかったのだと考えられる。また，「おれのこと，怖《こわ》がるやつを見ると，もっと怖がらせてやりたくなる。今のおれはいやなやつだ」という武に対し，「『べつに怖くないのにな』拓也は本気で不思議そうに首をかしげた」とある。よって，武と拓也のおたがいに対する親近感を捉《とら》えているエがあてはまる。

問５　⑴　この後，「飼い主が見つかるまでの間だけ，きちんと世話をするから」と父親を説得した武は，「猫の飼い主をさがしています」というチラシを貼《は》り出している。これをふまえ，「飼い主をさがしてゴンを返してあげること」のようにまとめる。　⑵　問３で見たように，以前の武はゴンの世話をすることで心の空洞が満たされるのを感じていたが，ゴンを見つけた後の武は「自分にはゴンを不幸にしないという責任があるだけだ」と思って元の飼い主をさがしている。これをふまえ，「空っぽの心を満たすためにゴンを必要としていた自分中心の考え方から，自分のことよりゴンの幸せを第一に願えるように成長した」のようにまとめる。

問６　狐《きつね》は稲荷神社の使いとされる動物であり，武は「願いを聞いて，ゴンを選んで連れてきてくれた」お稲荷さんのおかげで，拓也と親しくなったり父とちゃんと話をしたりするなど，空洞だった心が変化している。ゴンを見つけたときに見たと思った「白い狐」も，自分を助けるために再び現れてくれたのだろうと武は感じているので，アが選べる。

問７　傍線部７には，「卑屈《ひくつ》」で「ひねくれ」ていた武の精神的な成長が描かれている。ゴンを保護し，父親に捨てられたゴンをさがし，ゴンの幸せのために元の飼い主をさがす中で，拓也という友人を得て胸の内を語り合ったこと，父親と正面から話し合ったことが武を成長させたのだから，イとウがよい。

問８　戻《もど》す文の「だから」は「拓也が笑うと自分も笑っている」理由を受けているので，エに入る。拓也から「友達」と言われ，拓也がうれしそうだと自分もうれしくなる理由がわかったのである。

2022年度　栄東中学校

〔電　話〕　048(666)9200（アドミッションセンター直通）
〔所在地〕　〒337－0054　埼玉県さいたま市見沼区砂町２－77
〔交　通〕　JR宇都宮線－「東大宮駅」より徒歩約８分

【算　数】〈Ａ日程１月11日試験〉（50分）〈満点：100点〉

注意　１．コンパス・分度器は使わずに答えてください。
　　　２．円周率は3.14とします。

１　次の□にあてはまる数を答えなさい。

(1)　$29\times5\frac{1}{4}\times\frac{2}{3}\div0.05-1\frac{1}{7}\times35\times2\frac{1}{5}\div11=\square$

(2)　$5\div\left(\frac{1}{4}\times\square\right)-1\frac{1}{3}\times3\frac{3}{4}=5$

(3)　水が入った容器があり，水と容器の全体の重さは540 gです。この容器から全体の重さが半分になるまで水を捨て，次に４％の食塩水を入れて，もとの重さにもどしました。このとき，容器の中をよくかき混ぜると，３％の食塩水になりました。容器だけの重さは□gです。

(4)　$\frac{2}{1\times2\times3}=\frac{1}{1\times2}-\frac{1}{2\times3}$，$\frac{3}{1\times2\times3\times4}=\frac{1}{1\times2\times3}-\frac{1}{2\times3\times4}$，…

であることを利用すると，

$$\frac{1}{1\times2}+\frac{2}{1\times2\times3}+\frac{3}{1\times2\times3\times4}+\frac{4}{1\times2\times3\times4\times5}+\frac{5}{1\times2\times3\times4\times5\times6}=\square$$

(5)　栄くんは，毎朝８時ちょうどに家を出て，歩いて学校へ通学しています。毎分60 mの速さで歩くと始業時刻の６分前，毎分72 mの速さで歩くと始業時刻の10分前に学校に着きます。このとき，始業時刻は８時□分です。

(6)　４つの異なる整数Ａ，Ｂ，Ｃ，Ｄについて，次の①～③のことがわかっています。

①　小さい方から順にＡ，Ｂ，Ｃ，Ｄです。

②　ＡとＢの和は26で，ＢとＣの和は30です。

③　Ｂ，Ｃ，Ｄの平均は，Ｃより小さいです。

このとき，整数Ｄは［　　　］です。

(7)　右の図で同じ記号の角の大きさが等しいとき，角 x の大きさは［　　　］度です。

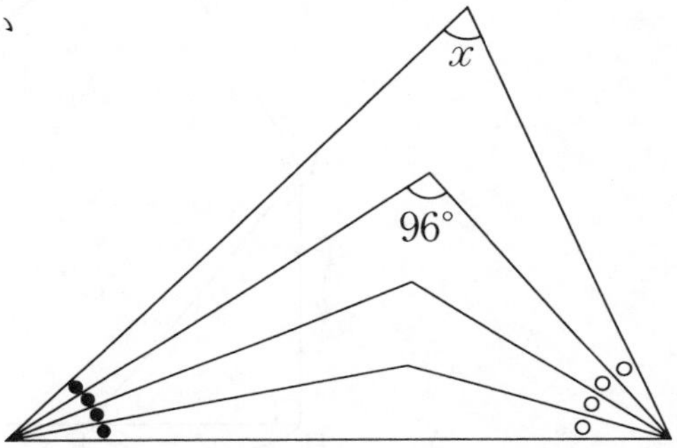

(8)　右の図は斜《しゃ》辺の長さが12 cmの直角二等辺三角形で，直線 ℓ は斜辺を４等分している点の１つを通り，斜辺に垂直です。この三角形を直線 ℓ の周りに１回転させてできる立体の体積は［　　　］cm^3 です。ただし，円周率は3.14とします。

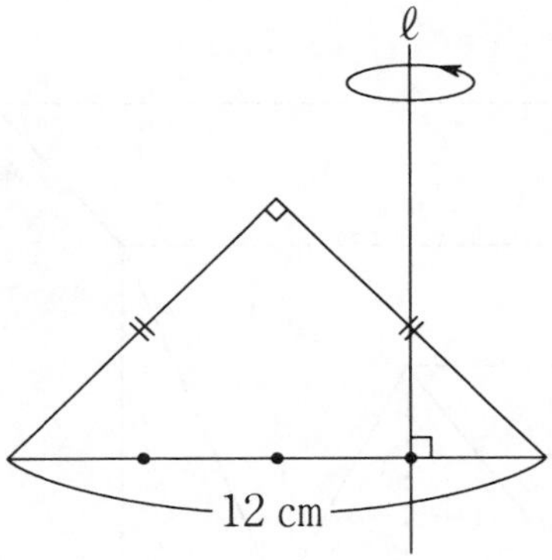

2 図１のような五角形ABCDEがあります。辺BC上にBF＝6㎝となるように点Fをとります。点Pは点Aを出発し，五角形ABCDEの辺上を毎秒1㎝の速さで，A→B→C→D→E→Aの順に移動します。また，図２は，点Pが点Aを出発してからの時間と三角形AFPの面積の関係を表したものです。このとき，次の問いに答えなさい。

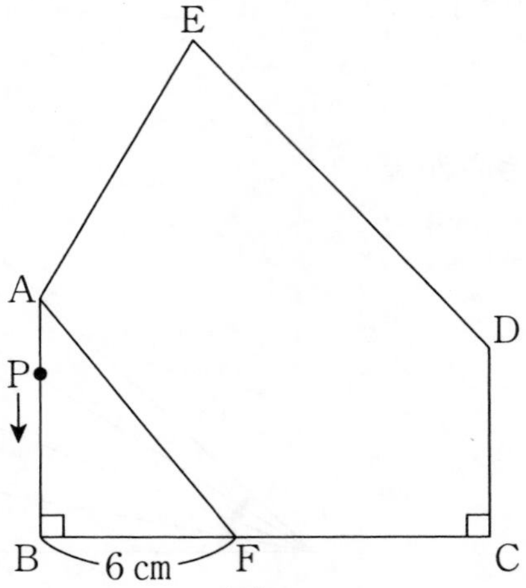

図１

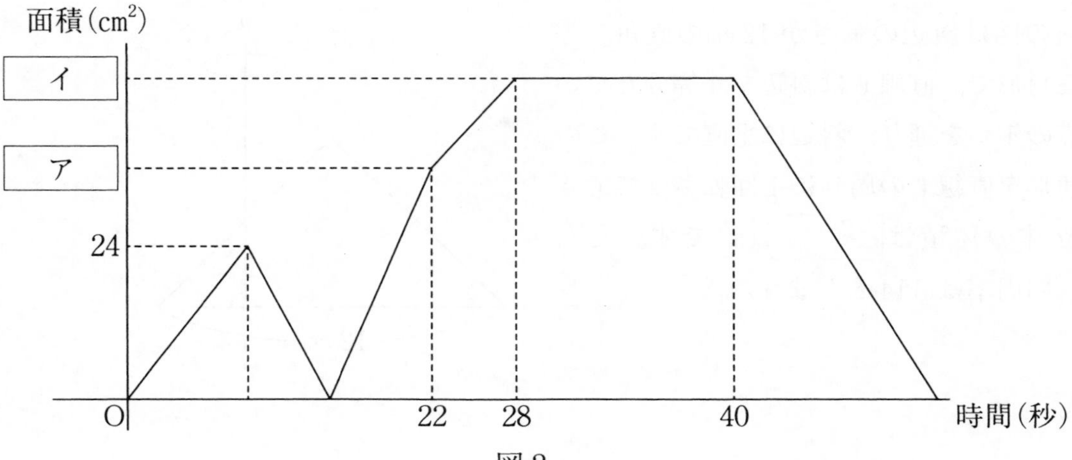

図２

(1) ［ア］にあてはまる数を求めなさい。

(2) ［イ］にあてはまる数を求めなさい。

(3) 五角形ABCDEの面積を求めなさい。

3 下の図のように，円周上に2022個の点があり，それぞれの点に１から2022までの数が時計回りで小さい順に書かれています。次の問いに答えなさい。

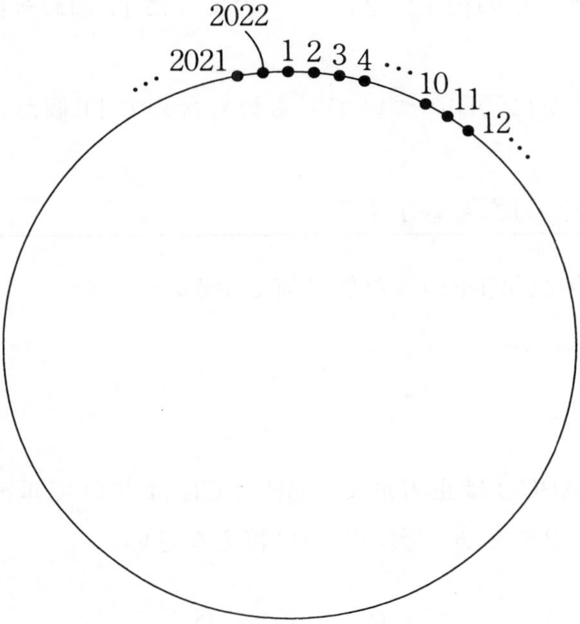

(1) 次の《ルール１》に従って数に×印をつけていきます。

> 《ルール１》
> まず１に×印をつけ，その後11，21，……のように10個おきに×印をつけていく。
> ２周目以降では，すでに×印のついている数も含めて10個おきに×印をつけていく。

このとき，１周目の最後は2021に×印をつけ，２周目の最初は９に×印をつけることになります。２回目に１に×印をつけることになるのは何周目の最初ですか。

(2) 《ルール１》に従って×印をつけていくとき，何周しても×印がつかない数があります。そのような数は全部で何個ありますか。

(3) 次の《ルール2》に従って数に○印をつけていきます。

《ルール2》 まず1に○印をつけ，その後12，23，……のように11個おきに○印をつけていく。 2周目以降では，すでに○印のついている数も含めて11個おきに○印をつけていく。 すべての数に○印をつけたら終了する。

このとき，一番最後に○印をつけた数は何ですか。

4 下の図で，四角形ABCDは正方形で，BFとCEは点Oで垂直に交わっています。AE：EB＝3：2のとき，次の問いに答えなさい。

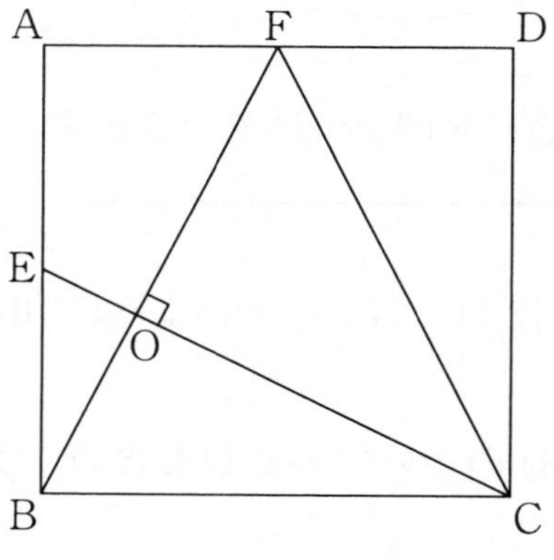

(1) 三角形OEBと三角形OBCの面積の比を最も簡単な整数の比で表しなさい。

(2) 辺BOと辺OFの長さの比を最も簡単な整数の比で表しなさい。

(3) 四角形AEOFの面積が60 cm^2 のとき，三角形OCFの面積を求めなさい。

5　栄くんは，１円玉と10円玉と100円玉をそれぞれ何枚か持っています。１円玉の合計金額と10円玉の合計金額の比は２：15，10円玉の合計金額と100円玉の合計金額の比は11：10です。次の問いに答えなさい。

(1)　１円玉と10円玉と100円玉の枚数の比を最も簡単な整数の比で表しなさい。

(2)　栄くんが持っている金額は，考えられる金額のうち，３番目に小さい金額です。栄くんが持っている金額を答えなさい。

(3)　東さんも(2)で求めた金額を作ろうと思いました。作り方は何通りありますか。ただし，使える硬貨は１円玉と10円玉と100円玉だけで，枚数の合計は100枚以下であるとします。また，使わない硬貨があってもかまいません。

【社　会】〈Ａ日程１月11日試験〉（理科と合わせて50分）〈満点：50点〉

1　次の各問いに答えなさい。

問１　日本の地形について、次の各問いに答えなさい。

（１）日本の地形に関する説明としてもっともふさわしいものを、次の**ア～エ**から１つ選び、記号で答えなさい。

ア．日本は、環太平洋造山帯に属しているため、火山の噴火や地震《じしん》が発生しやすい。

イ．日本の近海は暖流の親潮や寒流の黒潮などが流れているため、良い漁場となっている。

ウ．河川が山間部から平野や盆地《ぼんち》に流れ出たところには三角州がみられ、もも や ぶどう などの果樹園に利用されることが多い。

エ．本州の中央部にはフォッサマグナがみられ、この東西に貫くフォッサマグナを境に、本州の北と南では地形や岩石の特徴《とくちょう》が大きく異なる。

（２）次の文は、それぞれ日本のある地形を説明したものです。それぞれの地形名を解答欄《らん》にあうように**漢字**で答えなさい。

Ⅰ　本州の中央部に位置し、日本海側では最大の半島である。大部分は石川県に属する。

Ⅱ　熊本・大分・福岡・佐賀の４県を流れる全長約 143km の河川で、有明海にそそいでいる。

問２　　日本の気候について、次の**ア～エ**は、それぞれ「青森市」「広島市」「鳥取市」「鹿児島市」のいずれかの雨温図を示しています。「広島市」にあてはまるものを、**ア～エ**から１つ選び、記号で答えなさい。

ア

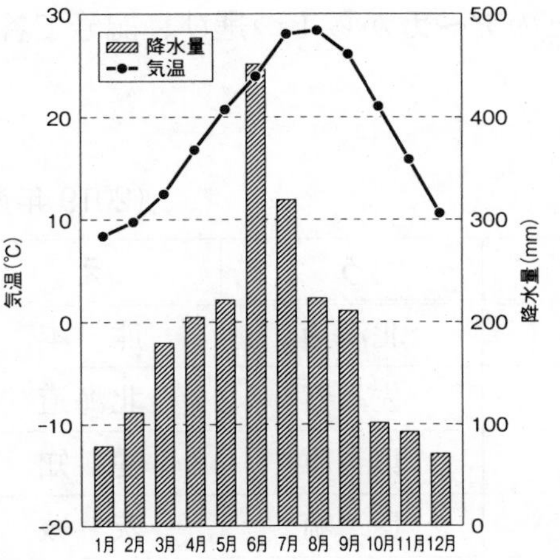

イ

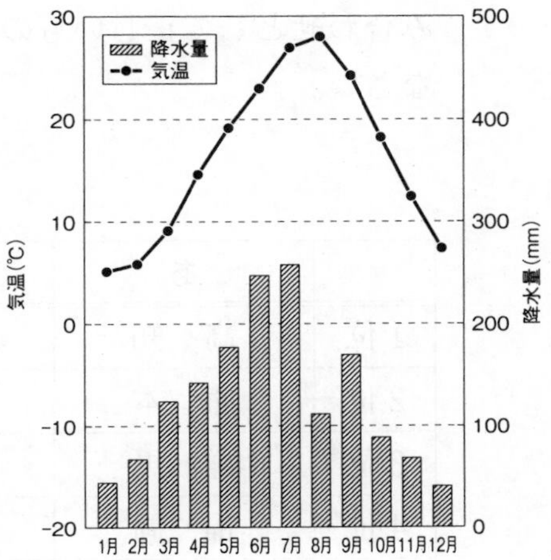

ウ

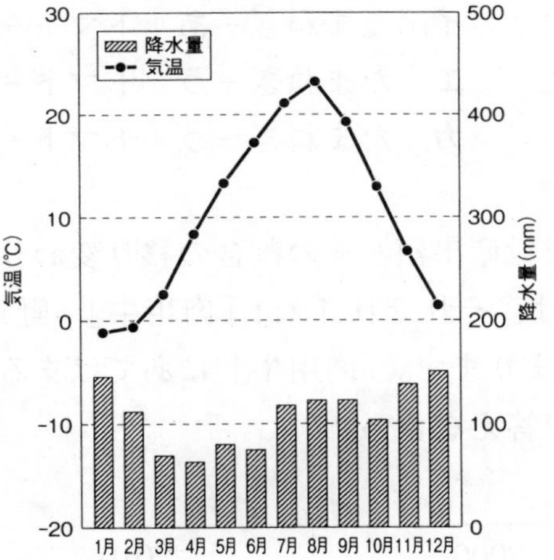

エ

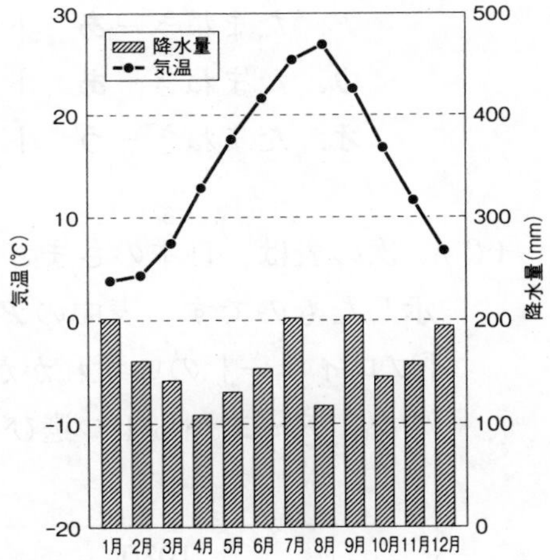

（国立天文台編『理科年表 2021』より作成）

問３　日本の農業について、次の各問いに答えなさい。

（１）次の表は、農作物の収穫《しゅうかく》量上位４位までの道県を示したものです。表中の**あ〜え**には、それぞれ「たまねぎ」「なす」「ねぎ」「トマト」のいずれかがあてはまります。「たまねぎ」「トマト」にあてはまるものの組み合わせとして正しいものを、あとの**ア〜カ**から１つ選び、記号で答えなさい。

（2019 年産）

	あ	**い**	**う**	**え**
１位	高　知	千　葉	北海道	熊　本
２位	熊　本	埼　玉	佐　賀	北海道
３位	群　馬	茨　城	兵　庫	愛　知
４位	福　岡	群　馬	長　崎	茨　城

（矢野恒太記念会『データでみる県勢 2021』より作成）

ア．たまねぎ－**あ**　トマト－**い**　　**イ**．たまねぎ－**あ**　トマト－**う**
ウ．たまねぎ－**あ**　トマト－**え**　　**エ**．たまねぎ－**う**　トマト－**あ**
オ．たまねぎ－**う**　トマト－**い**　　**カ**．たまねぎ－**う**　トマト－**え**

（２）次の表は、日本のさまざまな農業総産出額とその割合の移り変わりを示したものです。表中の**ア〜エ**には、それぞれ「米」「肉用牛」「野菜」「ブロイラー」のいずれかがあてはまります。「肉用牛」にあてはまるものを、**ア〜エ**から１つ選び、記号で答えなさい。

	1980		2000		2019	
	億円	割合（%）	億円	割合（%）	億円	割合（%）
ア	30 781	30.0	23 210	25.4	17 426	19.6
イ	19 037	18.6	21 139	23.2	21 515	24.2
ウ	3 705	3.6	4 564	5.0	7 880	8.9
エ	3 820	3.7	2 685	2.9	3 510	3.9

（矢野恒太記念会『日本国勢図会 2021/22』より作成）

問４　工業について、次の各問いに答えなさい。

（１）次の表は、日本の都市ごとの工業統計と卸売《おろしうり》業・小売業の統計を示したものです。表中の**ア～エ**には、それぞれ「新潟市」「川崎市」「東大阪市」「神戸市」のいずれかがあてはまります。「神戸市」にあてはまるものを、**ア～エ**から１つ選び、記号で答えなさい。

	工業統計		卸売業・小売業の統計	
	事業所数※1	製造品出荷額等（2018年）（億円）	事業所数※2	年間商品販売《はんばい》額（2015年）（億円）
ア	2 348	12 009	4 290	17 974
イ	1 443	34 398	12 808	56 483
ウ	987	11 754	7 985	32 319
エ	1 089	42 012	6 694	30 232

※１　工業統計の調査対象は従業員４人以上の事業所。
事業所数は 2019 年６月１日現在。

※２　卸売業・小売業の事業所数は 2016 年６月１日現在。

（矢野恒太記念会『データでみる県勢 2021』より作成）

（２） 次の表は、アジア各国の自動車生産台数の移り変わりを示しています。表中の**あ～え**には、それぞれ「日本」「韓国」「中国」「インド」のいずれかがあてはまります。「日本」「インド」にあてはまるものの組み合わせとして正しいものを、あとの**ア～カ**から１つ選び、記号で答えなさい。

（単位　千台）

	2000年	2010年	2019年	2020年	2020年の内訳	
					乗用車	トラック・バス
あ	2 069	18 265	25 751	25 225	19 994	5 231
い	10 141	9 629	9 685	8 068	6 960	1 108
う	3 115	4 272	3 951	3 507	3 212	295
え	801	3 557	4 524	3 394	2 851	543

※インドの2019年、2020年については、一部の欧州メーカーを除く。

（矢野恒太記念会『日本国勢図会 2021/22』より作成）

ア．日本－**あ**　インド－**い**　　**イ**．日本－**あ**　インド－**う**
ウ．日本－**あ**　インド－**え**　　**エ**．日本－**い**　インド－**あ**
オ．日本－**い**　インド－**う**　　**カ**．日本－**い**　インド－**え**

問５　日本の出版や情報通信について、次の各問いに答えなさい。

（１）次の表は、日本の販売ルート別出版物（紙で発行された書籍《しょせき》や雑誌等）販売額の移り変わりを示したものです。表中の**ア～エ**には、それぞれ「出版社直販《ちょくはん》」「書店」「インターネット」「コンビニ（コンビニエンスストア）」のいずれかがあてはまります。「コンビニ」にあてはまるものを、**ア～エ**から１つ選び、記号で答えなさい。

（会計年度）（単位　億円）

	1980	1990	2000	2010	2019
ア	9 699	15 719	16 433	14 668	8 575
イ	93	2 334	4 911	2 860	1 286
ウ	…	…	…	1 285	2 188
エ	…	…	…	2 383	1 965

（矢野恒太記念会『日本国勢図会 2021/22』より作成）

（２）次の表は、日本の主なメディアの平日１日あたりの年代別利用時間を示したものです。表中の**ア～エ**には、それぞれ「新聞」「インターネット」「テレビ（録画を除く）」「ラジオ」のいずれかがあてはまります。「新聞」にあてはまるものを、**ア～エ**から１つ選び、記号で答えなさい。

（2019 年度）（単位　分）

	10 代	20 代	30 代	40 代	50 代	60 代	全体
ア	69.0	101.8	124.2	145.9	201.4	260.3	161.2
イ	167.9	177.7	154.1	114.1	114.0	69.4	126.2
ウ	0.3	1.8	2.2	5.3	12.0	22.5	8.4
エ	4.1	3.4	5.0	9.5	18.3	27.2	12.4

※調査対象は 13 ～ 69 歳《さい》。

（矢野恒太記念会『日本国勢図会 2021/22』より作成）

（３）　次のグラフは、日本の情報通信機器を保有している世帯の割合の移り変わりを示しています。グラフ中の**あ～う**には、それぞれ「スマートフォン」「タブレット型端末《たんまつ》」「パソコン」のいずれかがあてはまります。**あ～う**にあてはまるものの組み合わせとして正しいものを、あとの**ア～カ**から１つ選び、記号で答えなさい。

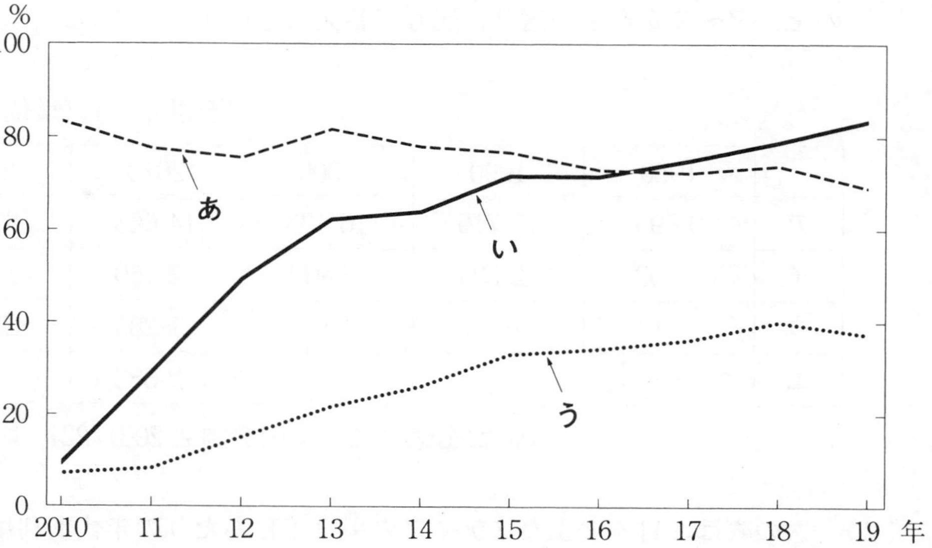

※各年末（2016年以降は９月末）現在。
（矢野恒太記念会『日本国勢図会 2021/22』より作成）

ア. **あ**－スマートフォン　**い**－タブレット型端末　**う**－パソコン

イ. **あ**－スマートフォン　**い**－パソコン　**う**－タブレット型端末

ウ. **あ**－タブレット型端末　**い**－スマートフォン　**う**－パソコン

エ. **あ**－タブレット型端末　**い**－パソコン　**う**－スマートフォン

オ. **あ**－パソコン　**い**－スマートフォン　**う**－タブレット型端末

カ. **あ**－パソコン　**い**－タブレット型端末　**う**－スマートフォン

問６　次の表は、日本の二酸化炭素（CO_2）排出《はいしゅつ》量とその割合の移り変わりを示したものです。表をみて、あとの各問いに答えなさい。

（会計年度）（単位　百万トン）

	1990	(%)	2005	(%)	2013	(%)	2019（速報）	(%)
工場など	503	43.3	467	36.1	463	35.2	386	34.9
自動車・船ぱくなど	207	17.8	244	18.9	224	17.0	207	18.7
会社・商店など	130	11.2	220	17.0	238	18.0	192	17.3
家庭	131	11.2	170	13.2	208	15.8	159	14.3
発電所・製油所	96	8.3	102	7.9	106	8.1	90	8.1
ゴミの焼却など	24	2.1	32	2.5	29	2.2	29	2.6
総排出量	**1 164**	100.0	**1 293**	100.0	**1 317**	100.0	**1 106**	100.0

※環境省調べ。総排出量はその他をふくむ。

（矢野恒太記念会『日本のすがた2021』より作成）

（１）　表から読み取れることとして正しいものを、次の**ア～エ**から１つ選び、記号で答えなさい。

ア. 「総排出量」は、1990年度以降減少しつづけている。

イ. 1990年度と2019年度を比べると、「総排出量」は大きな違《ちが》いはないが、「会社・商店など」や「家庭」の割合はそれぞれ減っている。

ウ. どの年度も、「自動車・船ぱくなど」「会社・商店など」「家庭」の排出量の合計は、「工場など」を上回る。

エ. どの年度も、「発電所・製油所」より「家庭」の方が排出量が大きい。

(2) 温室効果ガスに関する各国の状況《じょうきょう》や、削減《さくげん》の取り組みについての説明としてもっともふさわしいものを、次の**ア〜エ**から1つ選び、記号で答えなさい。

ア. 2019年現在、温室効果ガスの排出量がもっとも多いのはアメリカ合衆国であり、その後、中国、日本と続く。
イ. 気候変動枠組《わくぐみ》条約は、国連環境《かんきょう》開発会議（地球サミット）の際に採択された。
ウ. 2005年に発効した京都議定書では、温室効果ガスの排出削減の目標や方式などが定められたが、各国の具体的な目標は一切設定されなかった。
エ. 2016年に発効したパリ協定では、平均気温の上昇《じょうしょう》を産業革命前から3℃未満になるよう求めたものであり、排出量削減目標を国別に設定している。

2 次の各問いに答えなさい。

問1 次の**A〜D**は、旧石器時代から古墳時代の倭（日本）に関する文です。**A〜D**の文を、年代の古い順にならべかえたとき、**2番目**と**4番目**にくるものの組み合わせとして正しいものを、あとの**ア〜エ**から1つ選び、記号で答えなさい。

A. 米づくりが九州北部に伝わった。
B. 日本列島は大陸と陸続きであった。
C. 倭の五王とよばれるヤマト政権の大王たちが、中国に使いを送った。
D. 高句麗の好太王（広開土王）の軍と争ったが敗北した。

ア. 2番目－**A** 4番目－**C**　　**イ**. 2番目－**A** 4番目－**D**
ウ. 2番目－**B** 4番目－**C**　　**エ**. 2番目－**B** 4番目－**D**

問2 飛鳥時代の倭（日本）に関する文として正しいものを、次ページの**ア〜エ**から1つ選び、記号で答えなさい。

ア．中大兄皇子は都を大津に移し、天武天皇となった。
イ．小野妹子が、遣唐使として中国に渡《わた》った。
ウ．外国の影響《えいきょう》をまったく受けない独自の仏教文化が成立した。
エ．推古天皇の時代に、冠位十二階が定められた。

問３　遣唐使の停止を提案するなどして天皇に重く用いられたが、九州の大宰府にうつされ、亡《な》くなった後は「学問の神様」としてまつられた人物の氏名を**漢字**で答えなさい。

問４　次の**A～D**は、鎌倉時代に関する文です。**A～D**の文を、年代の古い順にならべかえたとき、**２番目**と**４番目**にくるものの組み合わせとして正しいものを、あとの**ア～エ**から１つ選び、記号で答えなさい。

A．承久の乱に敗れた後鳥羽上皇は、隠岐に流された。
B．源実朝が暗殺されたことにより、源氏の将軍は３代でとだえた。
C．高麗の兵を従えた元軍が、博多湾沿岸に上陸した。
D．幕府は、貧しい御家人の生活を救うために徳政令を出した。

ア．２番目－**A**　４番目－**C**　　**イ**．２番目－**A**　４番目－**D**
ウ．２番目－**B**　４番目－**C**　　**エ**．２番目－**B**　４番目－**D**

問５　桃山文化を代表する城郭《じょうかく》建築の一つとして知られ、その美しさから白鷺城《しらさぎじょう》ともよばれ、世界遺産にも登録されている城の名称《めいしょう》を、解答欄にあうように**漢字**で答えなさい。

問６　江戸時代におきた一揆を説明した文として正しいものを、次の**ア～エ**から１つ選び、記号で答えなさい。

ア．農民たちが中心となり、徴兵令に反対する一揆をおこした。
イ．近江国の馬借や農民たちが、徳政令を幕府に求める一揆をおこした。
ウ．禁止されていたキリスト教への弾圧《だんあつ》や重税に対して、キリスト教信者の農民らが一揆をおこした。
エ．加賀国の一向宗の信者が中心となって一揆をおこし、守護を滅《ほろ》ぼした。

問７　次の**Ａ～Ｄ**は、江戸時代に関する文です。**Ａ～Ｄ**の文を、年代の古い順にならべかえたとき、**２番目**と**４番目**にくるものの組み合わせとして正しいものを、あとの**ア～エ**から１つ選び、記号で答えなさい。

Ａ． 徳川綱吉は、犬などの動物を極端《きょくたん》に保護する生類憐みの令を出した。
Ｂ． 徳川吉宗は、目安箱をもうけて、庶民《しょみん》の意見を求めた。
Ｃ． 水野忠邦は、物価を引き下げるため、株仲間を解散させた。
Ｄ． 松平定信は、幕府の学問所において朱子学以外の儒学を禁止した。

ア． ２番目－**Ａ**　４番目－**Ｃ**　　**イ．** ２番目－**Ａ**　４番目－**Ｄ**
ウ． ２番目－**Ｂ**　４番目－**Ｃ**　　**エ．** ２番目－**Ｂ**　４番目－**Ｄ**

問８　明治時代に関する文として正しいものを、次の**ア～エ**から１つ選び、記号で答えなさい。

ア． 岩倉具視や大久保利通は、征韓論を主張した。
イ． 山口県で下関条約が結ばれ、日露戦争は終結した。
ウ． モリソン号事件をきっかけに、条約改正を求める国民の声が高まった。
エ． 小村寿太郎がアメリカとの条約改正に成功し、関税自主権が回復された。

問９　足尾銅山鉱毒事件を解決するために、明治天皇に直接訴《うった》えようとした現在の栃木県出身の人物の氏名を**漢字**で答えなさい。

問10　次の**Ａ～Ｄ**は、昭和時代に関する文です。**Ａ～Ｄ**の文を、年代の古い順にならべかえたとき、**２番目**と**４番目**にくるものの組み合わせとして正しいものを、あとの**ア～エ**から１つ選び、記号で答えなさい。

Ａ． 二・二六事件がおこり、陸軍の青年将校らが東京の中心部を占領《せんりょう》した。
Ｂ． 五・一五事件がおこり、首相の犬養毅が暗殺された。
Ｃ． 日本はドイツ・イタリアと三国同盟を結んだ。
Ｄ． 世界の平和を守る目的で、国際連合が設立された。

ア． ２番目－**Ａ**　４番目－**Ｃ**　　**イ．** ２番目－**Ａ**　４番目－**Ｄ**
ウ． ２番目－**Ｂ**　４番目－**Ｃ**　　**エ．** ２番目－**Ｂ**　４番目－**Ｄ**

問11　次の各問いに答えなさい。

（１）　日本国憲法について述べた文として正しいものを、次の**ア～エ**から１つ選び、記号で答えなさい。

ア．1946年11月３日に施行《しこう》された。
イ．天皇が定めた欽定憲法である。
ウ．発布当時の内閣総理大臣は、黒田清隆であった。
エ．憲法改正の発議には、各議院の総議員の３分の２以上の賛成が必要である。

（２）　次の日本国憲法の条文中の空欄（　**あ**　）～（　**え**　）にあてはまる語句の組み合わせとして正しいものを、あとの**ア～エ**から１つ選び、記号で答えなさい。ただし、同じ語句が２回入る場合があります。

日本国憲法第１条

（　**あ**　）は、日本国の象徴であり日本（　**い**　）統合の象徴であつ《っ》て、この地位は、主権の存する日本（　**い**　）の総意に基《もとづ》く。

日本国憲法第３条

（　**う**　）の国事に関するすべての行為《こうい》には、（　**え**　）の助言と承認を必要とし、（　**え**　）が、その責任を負ふ《う》。

ア．**あ**－天皇　**い**－内閣　**う**－国民　**え**－国会
イ．**あ**－天皇　**い**－国民　**う**－内閣　**え**－国会
ウ．**あ**－国民　**い**－天皇　**う**－天皇　**え**－内閣
エ．**あ**－天皇　**い**－国民　**う**－天皇　**え**－内閣

問12　衆議院が解散後、40日以内に総選挙がおこなわれます。その選挙の日から30日以内に召集《しょうしゅう》される国会として正しいものを、次の**ア～エ**から１つ選び、記号で答えなさい。

ア．臨時会（臨時国会）　**イ**．常会（通常国会）
ウ．緊急集会　**エ**．特別会（特別国会）

【理　科】 〈Ａ日程１月11日試験〉（社会と合わせて50分）〈満点：50点〉

1　あとの問いに答えなさい。

図１のように重さの無視できるばねＡを用意し、様々《さまざま》な重さのおもりをつるして、ばねＡの伸《の》びを調べました。**図２**はその結果をグラフにしたものです。

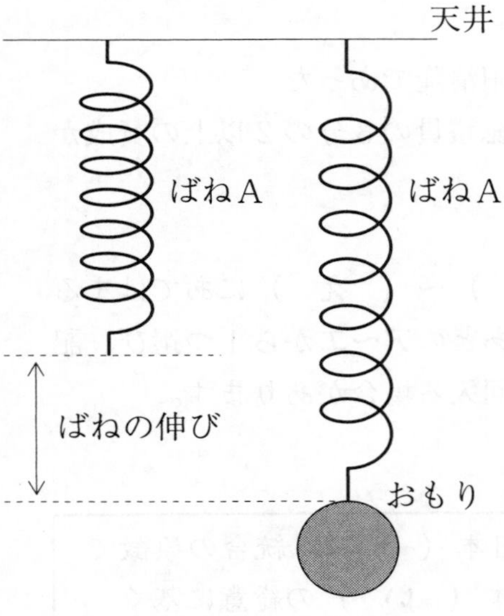

図１

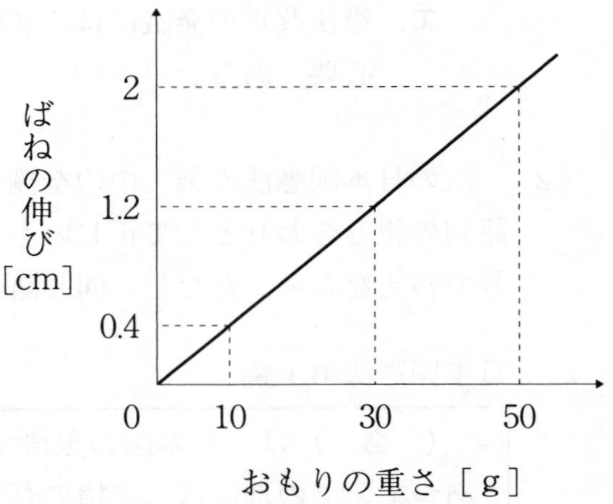

図２

問１　ばねＡに重さ75 ｇのおもりをつるしたとき、ばねの伸びは何cmですか。次の**ア〜エ**から１つ選び、記号で答えなさい。

ア　2.5 cm　　**イ**　3 cm　　**ウ**　3.5 cm　　**エ**　4 cm

重さ100 ｇのおもりをつるした場合と、重さ150 ｇのおもりをつるした場合を比べたところ、ばねＡの長さは1.1倍になりました。

問２　ばねＡの自然の長さは何cmですか。次の**ア〜エ**から１つ選び、記号で答えなさい。

ア　14 cm　　**イ**　16 cm　　**ウ**　18 cm　　**エ**　20 cm

図３のような、直径12 cmと8 cmの輪軸《りんじく》Xを用意しました。これを天井からつるして、ばねA、重さの無視できるばねB、重さのわからないおもりCとおもりDを用いて**図４**のような装置《そうち》を作りました。この装置は、ばねAが1.6 cm、ばねBが3 cm伸びた状態で静止しました。

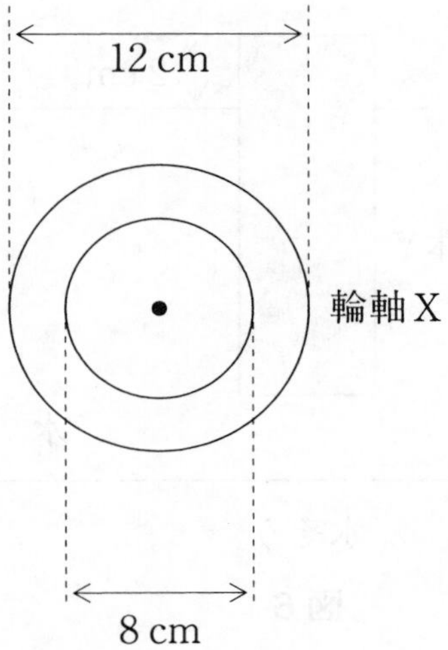

図３

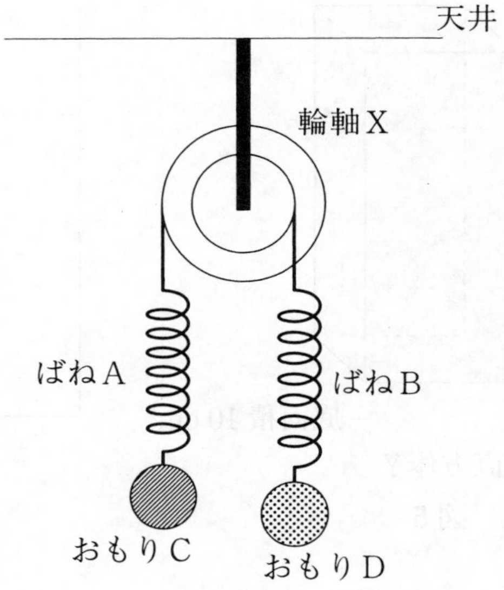

図４

問３　おもりDの重さは何gですか。次の**ア～エ**から１つ選び、記号で答えなさい。

ア　30 g　　**イ**　40 g　　**ウ**　50 g　　**エ**　60 g

問４　**図１**と同じように、ばねBに100 gのおもりをつるしたとき、ばねの伸びは何cmですか。次の**ア～エ**から１つ選び、記号で答えなさい。

ア　3 cm　　**イ**　4 cm　　**ウ**　5 cm　　**エ**　6 cm

図５のような、底面積が $10\,\mathrm{cm}^2$、高さ 10 cm、重さ 80 g の直方体Ｙを用意しました。大きな水そうに水をはり、直方体Ｙを静かに浮かべたところ、**図６**のように直方体Ｙの上部２cm が水面から出た状態で静止しました。ただし、物体にはたらく浮力《ふりょく》の大きさは、水中に沈《しず》んでいる部分の体積に比例するものとします。

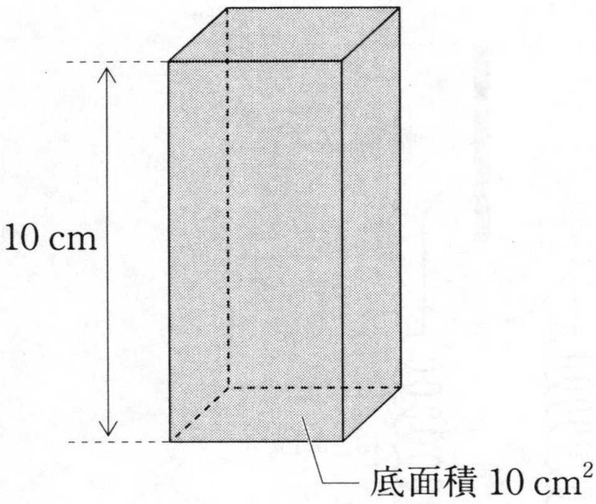

直方体Ｙ

図５

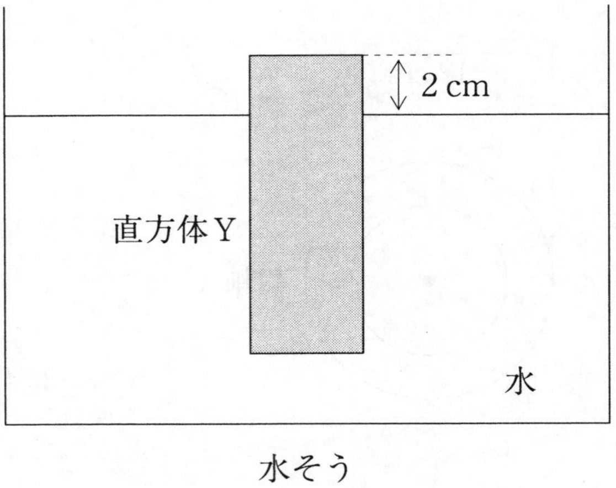

図６

問５　**図６**の状態から、直方体Ｙの上部４cm が水面から出るように引き上げました。このとき直方体Ｙにはたらく浮力の大きさは何 g ですか。次の**ア**～**エ**から１つ選び、記号で答えなさい。

ア　40 g　　**イ**　60 g　　**ウ**　80 g　　**エ**　100 g

ばねＡと重さ60 ｇのおもり、水を入れた大きな水そう、輪軸Ｘ、直方体Ｙを用いて**図７**のような装置を作りました。このとき、直方体Ｙの一部が水面から出た状態で静止しました。

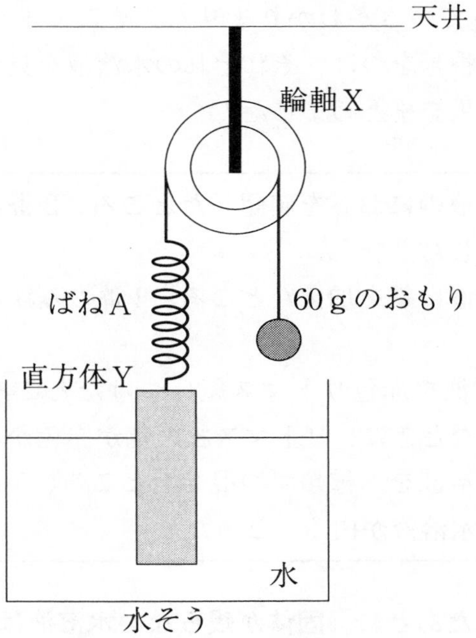

図７

問６　直方体Ｙの水面から出ている部分の長さは何cmですか。次の**ア～エ**から１つ選び、記号で答えなさい。

ア　2cm　　**イ**　4cm　　**ウ**　6cm　　**エ**　8cm

問７　次の文で**まちがっているもの**を**ア～エ**から１つ選び、記号で答えなさい。

ア　**図７**の状態では、ばねＡは1.6cm伸びている。
イ　おもりの重さを２倍にすると、直方体Ｙの全体が水から出た状態で装置は静止する。
ウ　**図７**のばねＡをばねＢにかえると、全体が静止するとき、直方体Ｙの水面から出ている部分の長さは短くなる。
エ　**図７**の輪軸Ｘの直径８cmの部分を直径６cmにかえると、全体が静止するとき、直方体Ｙの水面から出ている部分の長さは短くなる。

2 水溶液《すいようえき》について、あとの問いに答えなさい。

６つのビーカーには、砂糖《さとう》水、うすい塩酸、炭酸水、水酸化ナトリウム水溶液、アンモニア水、石灰《せっかい》水のうちいずれかの水溶液が入っています。しかし、どのビーカーにどの水溶液が入っているかわかりません。そこで水溶液が入っているビーカーに１番～６番までの番号をつけ、それぞれの水溶液を見分けるために実験を行い、以下にその実験と結果をまとめました。

実験１　すべての水溶液のにおいを確認したところ、２番と４番の水溶液から強いにおいを感じた。
実験２　すべての水溶液に鉄を加えたところ、２番のみ鉄が溶《と》け、気体が発生した。
実験３　すべての水溶液を赤色リトマス紙につけたところ、３番、４番、６番の水溶液をつけたときに、リトマス紙の色が赤色から青色に変わった。
実験４　それぞれの水溶液を二種類ずつ混ぜたところ、５番と６番の水溶液を混ぜたときのみ水溶液が白くにごった。

問１　水溶液を蒸発させたあとに、**固体が残らない**水溶液はいくつありますか。**0～6の数字**で答えなさい。

問２　実験２で発生した気体の特徴《とくちょう》について正しく述べているものを次の**ア～エ**から１つ選び、記号で答えなさい。

ア　水によく溶け、溶けた水溶液は酸性を示す。
イ　ほかのものを燃やすはたらきをもつ。
ウ　すべての気体の中で一番軽い。
エ　空気中に一番多くふくまれている。

問３　２番の水溶液に加えても気体が発生しない金属はどれですか。次の**ア～エ**から１つ選び、記号で答えなさい。

ア　マグネシウム　　**イ**　アルミニウム　　**ウ**　銅　　**エ**　亜鉛《あえん》

問４　１番の水溶液に緑色のＢＴＢ溶液を加えると何色になりますか。次の**ア〜カ**から１つ選び、記号で答えなさい。

ア　赤　　**イ**　青　　**ウ**　オレンジ
エ　黄　　**オ**　紫　　**カ**　緑色のまま

問５　石灰水は何番の水溶液ですか。**１〜６の数字**で答えなさい。

問６　全ての水溶液に電気が流れるかどうかを確認しました。すると、電気が流れなかった水溶液が１つだけありました。それは何番の水溶液ですか。**１〜６の数字**で答えなさい。

問７　実験４で食塩水を生じる組み合わせがあります。何番と何番の組み合わせですか。次の**ア〜ソ**から１つ選び、記号で答えなさい。

ア　１番と２番　　**イ**　１番と３番　　**ウ**　１番と４番
エ　１番と５番　　**オ**　１番と６番　　**カ**　２番と３番
キ　２番と４番　　**ク**　２番と５番　　**ケ**　２番と６番
コ　３番と４番　　**サ**　３番と５番　　**シ**　３番と６番
ス　４番と５番　　**セ**　４番と６番　　**ソ**　５番と６番

3　以下のＡ、Ｂについて、あとの問いに答えなさい。

Ａ　次の文章を読み、あとの問いに答えなさい。

自然の中では、様々な生物が影響《えいきょう》をおよぼしあって生活しています。例えば１つの湖に注目すると、そこには様々な種類の①植物プランクトンが存在《そんざい》し、それを動物プランクトンが食べ、さらにそれを小型の魚が食べ、さらにそれを大型の魚が食べるといった②食物連鎖《れんさ》が存在しています。

地球の環境《かんきょう》はある程度安定していますが、人間の活動によって大きく変化してしまうことがあります。酸性雨や、オゾン層《そう》の破壊《はかい》、森林伐採《ばっさい》、③赤潮《あかしお》などがよく問題として取り上げられています。また、こういった問題以外にも、人間の活動によって生物の多様性（様々な種類があること）が失われていることも問題になっています。地球上には、森林、草原、砂漠《さばく》、浅瀬《あさせ》、外洋、深海など様々な環境が存在しています。これらの様々な環境に適応した生物が生息する結果、生物に多様性が生まれています。しかし、④人間の活動によって環境の多様性が失われると、そこに生息する生物が消えていき、生物の多様性が失われてしまいます。例えば、様々な樹木が入り混じっていた森林を伐採したあとに、1種類の樹木だけを植林すると、その樹木を住処《すみか》としたり、その樹木の実を食べる動物しか生息できなくなり、生物の多様性が失われてしまうのです。

問1　下線部①について、光合成をするプランクトンを次の**ア〜カ**から**すべて**選び、記号で答えなさい。

ア　ゾウリムシ　　**イ**　ミドリムシ　　**ウ**　ツリガネムシ
エ　アメーバ　　**オ**　ウミホタル　　**カ**　アオミドロ

問2　植物プランクトンや動物プランクトンの多くは顕微鏡《けんびきょう》を用いないとその姿を区別することはできません。顕微鏡についての説明として**まちがっているもの**を次の**ア〜オ**から1つ選び、記号で答えなさい。

ア　日光が直接当たらない水平な台の上に置く。
イ　まず接眼レンズを取り付けてから、対物レンズを取り付ける。
ウ　横から見ながら調節ねじを回して対物レンズとステージを近づけ、その後、接眼レンズをのぞきながら調節ねじを回してピントを合わせる。
エ　顕微鏡で観察したいものが右上に見えた場合、プレパラートを左下に動かす。すると、観察したいものが左下に動いて視野《しや》の中央に移動できる。
オ　接眼レンズの倍率が10倍で、対物レンズの倍率が4倍のとき、顕微鏡の倍率は40倍になる。

問3　下線部②について、一般的《いっぱんてき》な生物の数の説明として正しいものを次の**ア〜カ**から**2つ**選び、記号で答えなさい。

ア　食べられる生物の方が、食べる生物より数が多い。
イ　食べられる生物よりも、食べる生物の方が数が多い。
ウ　何かの原因で動物プランクトンが減少すると、植物プランクトンや小型の魚が減少する。

エ　何かの原因で動物プランクトンが減少すると、植物プランクトンが減少し、同時に小型の魚が増加する。

オ　何かの原因で動物プランクトンが減少すると、植物プランクトンが増加し、同時に小型の魚が減少する。

カ　何かの原因で動物プランクトンが減少すると、植物プランクトンや小型の魚が増加する。

問４　下線部③について、赤潮とはどのようなことが原因でどのようなことが起こる現象ですか。次の一文の空所Ｐ、Ｑにあてはまる内容をそれぞれ下の**ア～コ**から１つ選び、記号で答えなさい。

赤潮とは、人間の活動によって、海に流れ込む（　Ｐ　）ことにより、（　Ｑ　）現象です。

ア　栄養分が増える　　**イ**　栄養分が減る
ウ　小魚などが増える　　**エ**　小魚などが減る
オ　水中の酸素が増える　　**カ**　水中の酸素が減る
キ　プランクトンが増える　　**ク**　プランクトンが減る
ケ　有害物質が増える　　**コ**　有害物質が減る

問５　下線部④について、人間の活動によって環境や生物の多様性が失われる例としてまちがっているものを次の**ア～エ**から１つ選び、記号で答えなさい。

ア　川の両側にコンクリートで壁《かべ》を作り、洪水《こうずい》を防止する。

イ　世界中に存在する生物を色々な地域《ちいき》に移動させ、ある地域に生息する生物の種類を増やす。

ウ　ある森林の植物を守るため、植物を食害しそうな動物が森林内に入れないようにする。

エ　山道や川へのゴミの不法投棄《とうき》をなくし、すでに捨てられたゴミを取り除く。

B　プランクトンの数の変化について、あとの問いに答えなさい。

ある湖で水面付近の栄養分、光、水温、植物プランクトンが1年間でどのように変化するか調べたところ、**図**のようになっていました。植物プランクトンの変化に注目すると、春と秋に大きく増えていることがわかります。

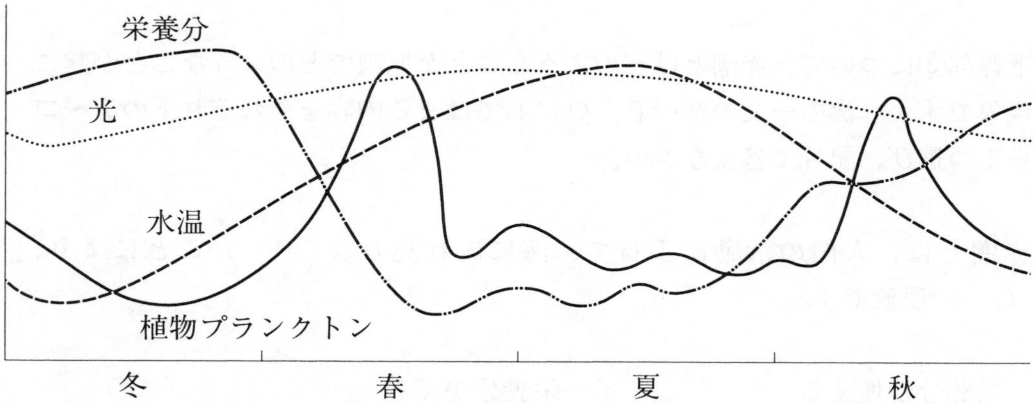

図

問6　春に植物プランクトンが増えている時期に起きていることとして、正しく説明しているものを次の**ア～エ**から1つ選び、記号で答えなさい。

ア　栄養分が減ったことで植物プランクトンが光合成で栄養分をつくる必要がでてきたため、植物プランクトンが増えてきた。

イ　栄養分が減ったことで動物プランクトンが減り、植物プランクトンが食べられなくなったため、植物プランクトンが増えてきた。

ウ　光や水温の条件がよくなってきたことで光合成がしやすくなり、植物プランクトンが増えたため、分解者のはたらきによってできる栄養分が消費されていった。

エ　光や水温の条件がよくなってきたことで光合成がしやすくなり、植物プランクトンが増え、遅れて動物プランクトンも増えたため、植物プランクトンが光合成でつくる栄養分が消費されていった。

問７　秋に植物プランクトンが増えている理由について説明した次の文章を読み、空所Ｗ～Ｚに入る内容の正しい組み合わせを下の**ア～ク**から１つ選び、記号で答えなさい。

夏は（　Ｗ　）の（　Ｘ　）ため、湖底の（　Ｙ　）が沈んだままになっている。しかし、秋になり（Ｗ）の（　Ｚ　）くると、水面と湖底の間で水の循環が起きやすくなり、（Ｙ）が水面付近に上がってくる。その結果として植物プランクトンが増える。

	Ｗ	Ｘ	Ｙ	Ｚ
ア	水面付近	光が強い	栄養分	光が弱くなって
イ	水面付近	光が強い	動物プランクトン	光が弱くなって
ウ	水面付近	水温が高い	栄養分	水温が低くなって
エ	水面付近	水温が高い	動物プランクトン	水温が低くなって
オ	湖底	光が強い	栄養分	光が弱くなって
カ	湖底	光が強い	動物プランクトン	光が弱くなって
キ	湖底	水温が高い	栄養分	水温が低くなって
ク	湖底	水温が高い	動物プランクトン	水温が低くなって

4　次の文章を読み、あとの問いに答えなさい。

空気１m^{3}あたりにふくむことのできる最大の水蒸気《すいじょうき》量を飽和《ほうわ》水蒸気量といいます。また、飽和水蒸気量に対して実際に空気がふくんでいる水蒸気の割合［%］を湿度《しつど》といいます。飽和水蒸気量をこえる量の水蒸気は、水滴《すいてき》になります。様々な気温における飽和水蒸気量を**表１**にまとめました。また湿度表の一部を**表２**にまとめました。

表１

気温[℃]	0	1	2	3	4	5	6	7	8	9
飽和水蒸気量[g]	4.8	5.2	5.6	6	6.4	6.8	7.3	7.7	8.3	8.8
気温[℃]	10	11	12	13	14	15	16	17	18	19
飽和水蒸気量[g]	9.4	10	10.7	11.7	12.1	12.8	13.6	14.5	15.4	16.3
気温[℃]	20	21	22	23	24	25	26	27	28	29
飽和水蒸気量[g]	17.3	18.3	19.4	20.6	21.8	23	24.4	25.8	27.2	28.8

表２

乾球の示度[℃]	乾球《かんきゅう》と湿球《しっきゅう》の示度の差［℃］								
	0	1	2	3	4	5	6	7	8
30	100	92	85	78	72	65	59	53	47
29	100	92	85	78	71	64	58	52	46
28	100	92	85	77	70	64	57	51	45
27	100	92	84	77	70	63	56	50	43
26	100	92	84	76	69	62	55	48	42
25	100	92	84	76	68	61	54	47	41
24	100	91	83	75	68	60	53	46	39
23	100	91	83	75	67	59	52	45	38
22	100	91	82	74	66	58	50	43	36
21	100	91	82	73	65	57	49	42	34
20	100	91	81	73	64	56	48	40	32
19	100	90	81	72	63	54	46	38	30
18	100	90	80	71	62	53	44	36	28

問1　室内の体積が222 m^3 の理科室で乾湿計を調べたところ、乾球温度計は28 ℃、湿球温度計は24 ℃を示していました。理科室全体ではあと何 g の水蒸気をふくむことができますか。答えが小数になる場合は**小数第一位を四捨五入して整数**で答えなさい。

以下は、サカエくんが水蒸気について調べているうちに雲の底面が同じ高さにそろっていることに興味をもち、雲のでき方について調べてまとめたレポートの一部です。

＜課題＞

・地表の空気の温度と湿度から、その空気が上昇《じょうしょう》したときの雲ができる高さを求めよう。

＜調査結果＞

・空気が上昇するとき、その温度は100 mにつき1℃下がる。

・空気の温度が露点《ろてん》に達した高さで、空気中の水蒸気の一部が水滴になり、雲ができる。

・ある3日間の気温と湿度の記録を**表3**にまとめた。

表3

	気温［℃］	湿度［%］
1日目	25	50
2日目	22	70
3日目	28	60

問2　次の（1）、（2）に答えなさい。

（1）　1日目から3日目の中で雲ができる高さが最も高いのは何日目ですか。

（2）　（1）の雲ができる高さは何mですか。次の**ア〜カ**から1つ選び、記号で答えなさい。

ア　400 m〜 700 m　　**イ**　800 m〜 1100 m

ウ　1200 m〜 1500 m　　**エ**　1600 m〜 1900 m

オ　2000 m〜 2300 m　　**カ**　2400 m以上

空気は、上昇すると温度が下がり、下降《かこう》すると温度が上がります。露点に達しなければ、温度は100 mにつき１℃変わります。しかし、露点に達して水蒸気が水に変わり、雲が発生しながら上昇するときは、水蒸気が水滴に変わるときに熱を放出するので、空気の温度は100 mにつき0.5 ℃下がります。例えば山に沿って空気が上昇するとき、まずは100 mにつき１℃下がり、雲が発生する高さからは100 mにつき0.5 ℃下がっていきます。しかし、山頂《さんちょう》を越《こ》えて下降するときは雲が発生せず、100 mにつき１℃の割合で温度が上がり、風下では高温で乾《かわ》いた風（フェーン）になります。

気温11 ℃、湿度73 %の空気が、**図**のように日本海側から進んできて、標高０ mのA地点で山にぶつかりました。そのまま山に沿《そ》って空気は上昇し、B地点で雲が発生し始め、雨を降《ふ》らせながら、標高1500 mの山頂のC地点に達しました。このとき、発生した雲は全て山頂までに雨になったものとします。その後、空気は山頂から太平洋側の標高０ mのD地点へ下降しました。

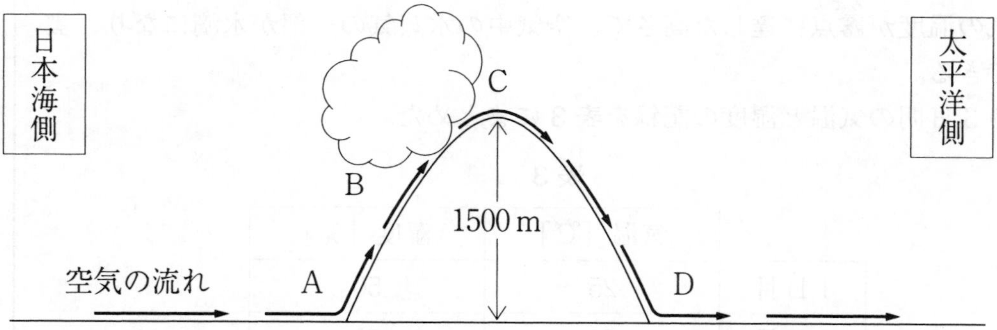

図

問３　D地点に達した空気の温度は何℃ですか。答えが小数になる場合は**小数第一位を四捨五入して整数**で答えなさい。

問4　以下の文章の①～③にあてはまる語句の適切な組み合わせを下の**ア～ク**から1つ選び、記号で答えなさい。

高度（　①　）km あたりに、オゾンが多量に存在するオゾン層がある。オゾン層は生物に有害な（　②　）を吸収《きゅうしゅう》する。しかし、（　③　）などによりオゾン層が破壊されると、オゾンの量が極端《きょくたん》に少ない部分（オゾンホール）ができる。すると、地表に届《とど》く（②）の量が増えるため、皮膚《ひふ》がんの増加などが心配されている。

	①	②	③
ア	20 ～ 30	赤外線	フロン
イ	20 ～ 30	赤外線	二酸化炭素
ウ	20 ～ 30	紫外線《しがいせん》	フロン
エ	20 ～ 30	紫外線	二酸化炭素
オ	200 ～ 300	赤外線	フロン
カ	200 ～ 300	赤外線	二酸化炭素
キ	200 ～ 300	紫外線	フロン
ク	200 ～ 300	紫外線	二酸化炭素

が、ハチがこう思った理由として最も適切なものを次から選び、記号で答えなさい。

ア　最後はツトムに会いたいと思っていたが、どちらも愛しい子供であるので、サトルでも良いと思ったから。

イ　死ぬ間際《まぎわ》に自分を必死に守ってくれる人がいることが幸せであり、それが誰であるかは気にしていなかったから。

ウ　自分がこれから死んでしまうのだということを自覚して、あらゆることがどうでもよくなってしまったから。

エ　ツトムもサトルもどちらも大切な子供であり、どちらが駆けつけてくれていたとしても嬉《うれ》しいことであったから。

オ　ツトムもサトルも等しく自分を大切にしてくれていたので、そこに優劣《ゆうれつ》をつけるのはよくないと思ったから。

問六　次の一文はサトルの心情を表したものです。この一文が入るのに最もふさわしい場所を本文中の A ～ E から選び、記号で答えなさい。

思わず笑みがこぼれた。

問七　――線部４「何だよ、それ」とありますが、この時のツトムの内面を説明したものとして最も適切なものを次から選び、記号で答えなさい。

ア　ハチの行動がサトルにも理解されていないと感じながら、事故にあった時の状況《じょうきょう》を説明していた。そこであらためて信号無視をした男についての怒《いか》りがこみ上げてきたが、サトルの予想外の言葉からツトムと同じ気持ちを持っていることが分かりうれしく思うと同時に笑いそうになることで一瞬張《は》り詰《つ》めていた緊張《きんちょう》がほぐれている。

イ　サトルは両親を交通事故で亡くし、今度はハチまでも同じことになってしまった。そこで事故の原因である男について話している時に怒りから殴《なぐ》ってやりたいと言ったツトムに対して思わず笑ってしまうような冗談《じょうだん》を言えるまでに元気になっていることを頼もしく思うと同時に不謹慎《ふきんしん》なのではないかという疑問も芽生えてきている。

ウ　ハチの行動には問題がないのに事故にあってしまったのは信号無視をした男が原因であるが、訴《うった》えることはできない。そこで暴力で解決しようとしたツトムをやんわりと止めるためにサトルが一緒に暴力を振るうと冗談めかして言ったことに気づき、恥《は》ずかしく思うと同時にそのような言い回しができることに対して感心している。

エ　サトルをハチのことを優しい猫だと理解している数少ない友人だと思うようになっていた。そこで、事故の状況を説明して自分の本心を打ち明けたところ、サトルが自分ではできもしないことをツトムにやらせようとしたことに驚き、自分がサトルを信じようとしてしまったことを悔しく思うと同時に非難の気持ちが生まれている。

オ　事故の後、気持ちを整理しなければならないと感じながら、ずっとハチのことが心に重くのしかかっていた。そこでサトルと会う時にはその気持ちを悟《さと》られないようにしているつもりであったが、ツトムの状況を察したサトルの冗談に久しぶりに心から笑い気持ちが軽くなると同時に自尊心から感謝の言葉を素直には言えずにいる。

問八　――線部５「ツトムくんがもらってくれないかな」とありますが、サトルがツトムにお守りを渡したのはなぜですか。五十字以上八十字以内で説明しなさい。

今さら遅《おそ》い。そんなことは分かっている。

でも、やっぱりハチにお守りを持たせてやりたかった。ハチはおっとりとした優しい猫だから、サトルがそうしたかった気持ちを分かってくれると思った。

5
「ツトムくんがもらってくれないかな」

ツトムが目をしばたたいた。

「もらってくれたらハチが喜ぶと思うから」

お父さんのときは間に合わなかった。ハチのときも間に合わなかった。

ツトムがもらってくれたら、やっと間に合ったと思える。

「分かった」

ツトムが尻ポケットにお守りを突《つ》っ込《こ》んだ。

「そろそろ行こうぜ。帰りの電車、逃《に》がしたらけっこう待つんだ」

［E］

「待って、もう一回」

最後にもう一度ハチのお墓に手を合わせる。

──頼《たの》んだよ、ハチ。

歩き出すと、どこからか猫の鳴き声が聞こえたような気がした。ツトムを窺うと、ハチかな、と呟いた。

そうだね、とサトルも答えた。

なだらかな山道を下りながらやみくもに楽しくなって、いつのまにか二人で声をあげて笑っていた。

（「ハチジカン」有川《ありかわ》ひろ『みとりねこ』より）

問一 ［ツトムとサトル］とありますが、ハチから見たこの時の二人の立場として適切なものを次から選び、それぞれ記号で答えなさい。

ア 兄弟　イ 親戚《しんせき》　ウ 飼い主
エ 元飼い主　オ 兄弟猫

問二 ──線部１「猫の時間と人の時間は進み方が違う。猫のほうがだいぶ早い」とありますが、これはどういうことですか。その説明として最も適切なものを次から選び、記号で答えなさい。

ア 猫のほうが気分が変わるのが早いということ。
イ 猫のほうが物事を忘れるのが早いということ。
ウ 猫のほうが一日を終えるのが早いということ。
エ 猫のほうが成熟を迎えるのが早いということ。
オ 猫のほうが季節を感じるのが早いということ。

問三 ──線部２「やっぱりツトムはよく分かっている」とありますが、この時のハチの心情を説明したものとして最も適切なものを選び、記号で答えなさい。

ア 家族のために毛虫を退治しようとしたことをツトムだけが理解してくれて満足する気持ち。
イ 毛虫に刺されたことを笑われて怒っているのをツトムだけが気づいてくれて感謝する気持ち。
ウ けがをしたことをからかう家族をツトムだけがうまく言いくるめてくれて感心する気持ち。
エ ツトムだけが毛虫を退治することよりも傷の手当てを優先してくれてたのもしく思う気持ち。
オ おやつが欲しいことをツトムだけが察してうまく家族に伝えてくれてうれしく思う気持ち。

問四 本文中の［　］に当てはまる言葉として最も適切な言葉を次から選び、記号で答えなさい。

ア 竹を割ったように　イ 後ろ髪《がみ》をひかれるように
ウ 網《あみ》の目をくぐるように　エ 火に油を注ぐように
オ 電流が走ったように

問五 ──線部３「でも、どちらでもいいのだと思った」とありますた。

「そのバカがいなかったら、きっと渡ってなかった。見つけ出してぶちのめしてやりたい」

「――見つかったら俺も呼んで」

　するとツトムが意外そうな顔をした。

「あんまり喧嘩《けんか》とか強そうに見えないけど」

「うん。だからツトムくんがぶちのめした後にぽかっとやる」

「4何だよ、それ」

　ツトムが吹《ふ》き出し、――慌《あわ》てたようにサトルから顔を背《そむ》けた。汗《あせ》を拭《ぬぐ》う振りをして目元を腕《うで》でぐいと拭った。

　里山の頂上に日当たりのいい原っぱが広がっていて、ツトムはその原っぱの隅《すみ》っこにサトルを連れていった。

一抱《ひとかか》えほどある御影石《みかげいし》のブロックがあちこち据《す》えられていて、中の一つは真新しい。

「親父の知り合いの石工に端材《はざい》をもらってくるんだ。霊園とか買ってやれねえし」

D

「充分《じゅうぶん》だよ。日当たり良くて気持ち良さそう」

　ハチのお墓の前に持って来たカリカリを撒《ま》き、ささみとチーズのおやつもパッケージを剝《む》いて供えた。多めに持って来たカリカリは歴代の猫たちにもお裾分《すそわ》けする。

「俺、両親も交通事故だったんだ」

　うん、とツトムは言葉少なに頷いた。事情は聞いて知っているらしい。

「修学旅行から帰ってきたら亡くなってた」

　うん、とツトムがまた頷く。

「そのときお父さんに買ってたおみやげ、交通安全のお守りだったんだ」

　とうとうツトムは頷くこともできなくなってしまったらしく、無言で俯《うつむ》いた。

「こういうやつ」

　サトルは鞄《かばん》の中からお守りを出した。招き猫のマスコットがついたキーホルダー型のお守りだ。

「ずっと持ってたのか」

「ううん。そのとき買ったのはお棺《かん》に入れて一緒に焼いてもらった。ここ来る前に、修学旅行先だった京都に寄って探してみたんだ。同じかどうか分からないけど、似てたから」

　どこにでもありそうなキーホルダーだ。どこにでもありそうな子供だましの、いかにも子供が選びそうな。こういうものは十年一日では変わらない。

「ハチに似てるな、この招き猫」

　お守りを受け取ったツトムが呟《つぶや》いた。ツトムならすぐ気づくだろうと思った。

　ハチをおっとりした優しい猫だと言うツトムなら。

「だから買ったんだ。――お父さんには間に合わなかったけど」

　――あのとき、いろんなことを考えた。

　全然間に合っていないお守りなんか買ってきた自分がバカみたいで腹が立った。

　こんなちゃちなオモチャみたいなお守りを買ったから、お父さんとお母さんは却って交通事故に遭《あ》ったのかもしれないと思った。

「でも、ハチの事故のこと聞いたとき……」

　喉《のど》にこみ上げるかたまりをゆっくりと押《お》しつぶしながら話す。

「あのとき、ハチにお守りを持たせてやればよかったのかもしれないって」

自覚した。

「すみません、せっかく会いにきてくれたのに……こんなことになっちゃって」

「いいえ。皆《みな》さんのせいじゃないですから」

サトルが会いに行くはずだった日を前に、ハチは交通事故で亡《な》くなったという。

ツトムに連れられて家に行くと、おじさんとおばさんがよく来たよく来たと出迎えてくれた。

「すまなかったな、こんなことになっちゃって」

ツトムとまったく同じことを言うので、却《かえ》って少し笑ってしまった。

「おじさん、ハチを幸せにするって約束したのに」

「おじさんちにもらってもらえて、幸せだったと思います」

リビングにはハチの写真が飾《かざ》ってあって、まるで人間のお仏壇《ぶつだん》のようにきちんとお供えがしてあった。そして歴代の猫の写真がいたるところに貼《は》ってある。

こんな家にもらわれて、亡くなる最後の最後までハチが幸せじゃなかったはずがない。

A

「ハチのお墓は……」

「ペット霊園《れいえん》なんて洒落《しゃれ》たもんは構えてやれねえからさ、田舎《いなか》の山に埋《う》めてやったんだ。明日、ツトムが案内するって言ってっから」

ツトムはこくりと頷《うなず》いた。

「電車で三十分くらいだから」

「ありがとう」

夜にはお姉さんとお兄さんが帰ってきて、お祝いみたいなご馳走《ちそう》が出た。

みんな寄ってたかってハチの話をしてくれた。

「ちょっと鈍くさいところがかわいくってね」

笑いながら話したお姉さんにツトムが噛《か》みついた。

「鈍くさいって言うなよ、ハチはおっとりした優しい猫だったんだ」

B

「そうなんです。おっとりした優しい猫だったんです」

するとツトムもにっと笑った。表現にシンパシーを感じたらしい。

その日はお風呂を借りて早く寝《ね》て、翌朝は朝ごはんを食べてからお墓参りに出かけた。

在来線にごとごと揺《ゆ》られ、ツトムの言ったとおり三十分ほどすると景色がすっかり山間だった。降りた駅前はいきなり畑だ。

農道をてくてく歩いてツトムが山のほうへ向かう。

「車だったらめんどくさくないんだけど、親父《おやじ》が仕事だから」

なだらかな里山を登りながら、自然と話はハチのことになった。学校の話も部活の話も聞いたので、共通の話題はそれくらいしか残っていない。

「ネズミが出たとき、驚《おどろ》いて尻餅《しりもち》ついちゃったんだよね」

C

「へえ……まあ、頷けるけど」

「おっとりしてたからね。だから、交通事故っていうのもハチらしいかなぁって。車にびっくりしちゃったんだろうな」

「違うよ」

ツトムが悔《くや》しそうに顔を歪《ゆが》めた。

「俺、撥ねられたところに行き会ったんだ。ちょうど部活の帰りで通りがかって。見てた女の人が教えてくれた。ハチ、信号無視して横断歩道渡った男について渡ったって。あいつ注意深くて頭も良かったから、きっと人間と一緒に渡ったら大丈夫だって思ってたんだ」

ツトムは泣き出しそうなのをこらえるようにひたすら前を睨《にら》んでい

る。

あんまり待ちすぎて、やがて待ちきれなくなってきた。

もしかすると、そこまで来ていて途中《とちゅう》で迷子になっているのかもしれない。そう思いついて、ハチは日差しが弱まる夕方に少し近所を見回るようになった。

庭先より遠くには行ったことがないので無理は禁物だ。最初は家に沿って一回りから始めて、それから少しずつ歩く範囲《はんい》を広げていった。

「ハチ、最近お散歩してるみたいなのよ」

晩ごはんのときおばさんがそう報告すると、ツトムが顔をしかめた。

「迷子になったりしないだろうな」

迷子にならないようによくよく気をつけて範囲を広げておりますよ、とハチは胸を張った。

「念のために首輪つけて迷子札つけようか」

お姉ちゃんが提案し、さっそく翌日買ってきた。

「嫌がるかな」

お姉ちゃんが恐《おそ》る恐るつけた首輪は、無理に暴れたら取れないこともなさそうだったが、取るほうが面倒《めんどう》くさそうだったのでそのままくっつけておいた。

「まあ、基本されるがままの猫だからな」

小さいお兄ちゃんがそう言って笑った。

外歩きにも少し慣れてきて、サトルもなかなか見つからないことから、今までよりも歩く範囲を広げてみようと思い立った。

今まで渡《わた》らなかった少し大きな道だ。でも、この道の向こうからはいつも人がたくさん渡ってくる。サトルが来るとしたらきっとこの道からに違いない。

ずっと観察していたので、人間が白いシマシマ部分を渡るタイミングで渡れば車が危なくないことも分かっていた。

実際、何度かそうやって安全に渡った。

その日も一緒《いっしょ》に渡る人を待っていると、若い男がぱっとシマシマに飛び出した。遅《おく》れてなるかと追いかけると、——けたたましいクラクションが鳴《な》り響《ひび》いた。

若い男はぎょっとしたように走り抜《ぬ》けた。ハチは竦《すく》んで固まった。

ドンッ、と凄《すさ》まじい衝撃《しょうげき》に撥《は》ね飛《と》ばされて——気がつくと血をたくさん吐《は》いていた。胸が痛くて痛くてたまらない。

キャー、猫が、と誰かが悲鳴を上げた。

「ハチ！」

叫《さけ》んで駆け寄ってきた人影がハチを抱《だ》き上げた。

顔が真っ黒で見えないのは目がかすんでいるからか、夕日の逆光か。

困った、サトルかツトムか分からない。

3でも、どちらでもいいのだと思った。サトルもツトムも、ハチにとっては変わらない。どちらも同じように愛しい子供だった。

＊

住所だけでも訪ねていけるつもりだったが、親類は新幹線の改札まで迎《むか》えを寄越してくれるという。その家の末っ子のツトムという子が来るらしい。

サトルが待ち合わせた改札を出ると、真っ黒に日焼けした——少年と呼ぶか青年と呼ぶか微妙《びみょう》な年頃の子が声をかけてきた。

「ミヤワキサトルさんですか？」

「はい」

「初めまして、ツトムです」

ツトムはサトルと同い年ということだった。ということは、自分も少年か青年か微妙な年頃に差しかかっているのだなと今さらのように毛虫もそろそろ時期を過ぎた頃だった。晩に電話がかかってきた。

電話に出たのはお風呂《ふろ》上がりのおじさんだ。

「おお、久しぶり！　元気にしてるかい。そうか、ノリコちゃんも元気か」

おじさんはパンツ一丁でご機嫌にお喋《しゃべ》りを続け、お姉ちゃんに嫌な顔をされたが意に介《かい》さない。

「おお、いいとも。おいでおいで、ハチも待ってるから」

電話を切ったおじさんに、おばさんが「誰《だれ》です？」と問いかけた。

「ほら、サトルくん。毎年、年賀状くれるだろ」

ハチはピンと耳を立てた。

□その名が掘《ほ》り起こされた。

――サトル。

「ああ、ノリコちゃんとこの……」

「そうそう」

「それ、ハチを元々飼ってた子だよね」

話に加わったのはツトムだ。

「俺と同い年だっけ？」

「おう。夏休みにアルバイトしてハチに会いに来るってよ」

「今、どこ住んでんの？　叔母《おば》さん、転勤多い人だったよね？」

「今は山梨だってよ」

「へえー、猫に会うためにわざわざバイト！　相当な猫ばかだなぁ」

サトル。サトル。サトル。サトル。

「年賀状に毎年ハチによろしくって書いてきてるもの。よっぽどかわいがってたのよ」

「それならもっと早く叔母さんに連れてきてもらえばよかったのに」

「ノリコちゃんも忙《いそが》しいからなぁ。それに引き取られた身じゃわがままも言えまいよ」

ハチ、元気でね！

しゃくり上げながらむりやり笑って、いっぱいに手を振《ふ》っていた。

「サトルくんが来たら仲良くしてやれよ、ツトム」

「まあ、フツーに。ハチかわいがってたんならいい奴《やつ》だろうし」

おっとりしていると最初に言ったのはツトムじゃなかった。

鈍《どん》くさいという言葉を優《やさ》しく言い換《か》える愛《いと》しい子供は一人じゃなかった。

ツトムとサトルが重なった瞬間《しゅんかん》まで鮮《あざ》やかに記憶《きおく》が巻き戻った。

きっとサトルもツトムのように健《すこ》やかに手足が伸《の》びているに違いない。

＊

サトルは夏休みに来るという話だった。

夏休みはいつ始まるのだろう。日がどんどん長くなって、影《かげ》がどんどん濃《こ》くなった。

ツトムの顔も一年中で一番真っ黒くなる季節だ。

こんなに毎日暑いんだから、もうそろそろ夏休みじゃないだろうか。

早く来たらいいのに。サトルとツトムが会ったらきっと仲良しにな

「ハチ、元気だったか？」

大きな声で話しかけ、いきなり抱《だ》っこしようとするのでちょっと尻《しり》込《ご》みしてしまった。

「何だ、俺《おれ》のこと忘れちゃったのか。夏休みにも帰ってきただろ」

「一週間しか帰ってこなかったじゃないの、猫のちっちゃい脳みそだと忘れちゃうわよ。それにそんな髭なんか生やして」

おばさんとのやり取りを窺《うかが》っていて、やっと大きいお兄ちゃんだと思い出した。

すみませんね、すぐに気がつけなくて。お詫《わ》びに膝《ひざ》にすりすりすると大きいお兄ちゃんは機嫌《きげん》を直してハチを抱っこしてくれた。もっともほっぺたをすり寄せられると髭がチクチクするのでさっさと逃《に》げ出《だ》してしまったが。

勉強漬けのままお正月を越し、ツトムは受験に合格した。庭に一本だけ生えている桜が咲《さ》くと、今までの詰《つ》め襟《えり》ではなくブレザーで新しい学校へ通うようになった。

さっそく野球部に入って、毎日泥《どろ》だらけになって帰ってくる。合格したのは野球の強い学校のようで、練習もなかなか厳しいらしい。

桜が散って葉桜になり、毛虫がぽたぽた落ち出した。おばさんとお姉ちゃんはこの季節になると「切っちゃおうか」と言い出す。毛虫がよっぽど嫌《いや》らしい。

「そんなこと言うなよ、シンボルツリーってやつじゃないか」

おじさんは毎年女性陣《じょせいじん》をそうやって宥《なだ》めてやり過ごす。

ツトムが肩《かた》に毛虫を乗せたまま家の中に入ってきて、おばさんとお姉ちゃんがぎゃあっと悲鳴を上げたこともあった。

ある日、どこから上《あ》がり込《こ》んだのか廊下《ろうか》を毛虫がのそのそ這《は》っていた。おばさんとお姉ちゃんが見つけたらまた大騒《おおさわ》ぎだ。退治しておいてやろうとハチは前足で毛虫をばんばん叩《たた》いた。

と、肉球に焼けるような痛みが走った。悲鳴を上げると真っ先に駆《か》けつけたのはツトムだった。

「ハチ、どした!?」

ツトムは見るなり事態を察したらしい。

「毛虫に刺《さ》されちゃったのか」

「やだ、毛虫って桜の!? あれ刺すの!?」

お姉ちゃんがギャーギャー騒ぎ、小さいお兄ちゃんが答えた。

「大半は刺さないけど、たまに刺すのも付くんだよ」

「やだ、退治して退治して！」

小さいお兄ちゃんが毛虫を退治している間に、ツトムはハチの肉球に消毒薬を塗《ぬ》ってくれた。

「虫さされの薬も塗っといたほうがいいかな」

おばさんにお伺《うかが》いを立てると、「やめといたほうがいいんじゃない？」とご託宣《たくせん》が出た。

「舐《な》めちゃうかもしれないから。腫《は》れたら明日病院に連れて行くわ」

毛虫を片付けた小さいお兄ちゃんが戻《もど》ってきて、ハチの頭をうりうりなでた。

「バカだなぁ、わざわざ刺すやつに手ぇ出して」

「自分よりのろいから勝てると思って調子に乗ったんじゃないの」

お姉ちゃんの心外なお言葉にハチがむくれると、ツトムが唇《くちびる》を尖《とが》らせた。

「そんなこと言うなよ。姉ちゃんたちが嫌がるから退治してやろうとしたんだよ、きっと」

2やっぱりツトムはよく分かっている。お姉ちゃんも反省したようで「ごめんね」と後でおやつをくれた。

肉球はちくちく痛んだが、病院に行くほどのことにはならずに済んだ。

抗酸化物質
- 花の色素
  - カロテン（カロテノイド）――黄色い花（キク・マリーゴールド・［ａ］など）
  - アントシアニン（［ｂ］）
    - 青い花（ツユクサ・キキョウ・リンドウ・ペチュニアなど）
    - 赤い花（バラ・アサガオ・シクラメン・サツキツツジなど）
  - ベタレイン――［ｃ］（オシロイバナ・ケイトウ・マツバボタンなど）
- ビタミンＣ――カキ・レモン・［ｄ］など
- ［ｅ］――アーモンド・ピーナッツ・カボチャなど

長し」とありますが、そのようなことが可能なのはなぜですか。その理由を示した最も適切な一文を探し、最初の五字を抜き出しなさい。

問五　――線部３「紫外線は、私たち人間にも植物たちにも、同じように有害なのです」とありますが、この理由を二十字以内で答えなさい。

問六　――線部４「抗酸化物質」とありますが、本文であげられている例を、右のようにまとめました。［ａ］～［ｅ］に当てはまる言葉を、本文中から抜き出して答えなさい。

問七　――線部５「果実がきれいな色をしていることは、植物たちには大切な意味をもっている」とありますが、それはどのようなことですか。それぞれ三十字以上四十字以内で二つ答えなさい。

問八　本文の内容と一致するものを次から**すべて**選び、記号で答えなさい。

ア　でき始めてしばらくの間、果実が目立たない緑色をしているのは、動物に食べられないようにするためである。

イ　人間は激しい呼吸やストレスなどによっても、生活習慣病や老化などの原因となり得る活性酸素が発生する。

ウ　花がきれいな色をしているのは、目立つ色によりチョウやハチを呼び寄せ、そのことでタネを守るためである。

エ　ブドウやナス、ブルーベリーなどの赤みや青みを帯びた果実の色は、ベタレインという色素によるものである。

オ　高山植物の花の色が濃くてきれいだと言われるのは、平地より競争の激しい逆境の中で生き残るためである。

四

次の文章を読んで、あとの問いに答えなさい。字数指定のある問いは、句読点などの記号もすべて字数にふくみます。

1猫《ねこ》の時間と人の時間は進み方が違《ちが》う。猫のほうがだいぶ早い。

――気づいたのはいつ頃《ころ》だっただろう？

ツトムはぐいぐい大きくなったが、大人になるのはまだ先らしい。大人になる前に高校受験という試練を乗《の》り越《こ》えなくてはならないらしく、秋から冬にかけては勉強漬《づ》けだった。

お正月には熊みたいな髭《ひげ》を生やした男の人がやってきた。

るものです。カキやパプリカ、カボチャの果肉の黄色い色は、カロテノイドによるものです。

　このように、果実がきれいな色をしている理由の一つは、動物に食べてもらうためです。タネができあがっていない間は食べられては困りますから、果実は、目立たないように、葉とよく似た緑色をしています。その後、タネが成熟してくると、果実はきれいな色になって、「もうおいしくなっていますよ」と、動物にアピールすることによって、食べてもらうのです。

　動物が果実を食べてくれると、その場にタネをまき散らし、タネごと食べてくれたら、どこかで糞《ふん》といっしょにまいてくれます。これは、植物たちが動きまわることなく新しい生育地を獲得《かくとく》する一つの方法です。だから、5果実がきれいな色をしていることは、植物たちには大切な意味をもっているのです。

　果実がきれいな色をしているもう一つの大切な理由は、花びらに含まれる色素の場合と同様に、果皮や果肉に含まれる多くの色素で、果実の中のタネを紫外線の害から最後まで守るためです。

　花や果実が抗酸化物質で色づいているのは、タネを紫外線から守っている姿なのです。ですから、花の色は強い太陽の光が当たれば当たるほど、紫外線の害を消すために、ますます濃《こ》くきれいな色になります。

　「高山植物の花の色は、濃い原色できれいだ」といわれます。高い山には、紫外線が多く当たるので、そうなっているのです。紫外線が多いという逆境の中で、植物たちの花はますます美しく魅力的《みりょくてき》になります。

　また、ナスやトマト、リンゴなどの果実は、強い太陽の光に当たると、ますます濃くきれいな色になります。植物たちは、有害な紫外線がガンガンと照りつけるという逆境に抗《あらが》って、多くの色素をつくり出すのです。

（田中《たなか》　修《おさむ》『植物のいのち』より）

問一　本文中の[A]～[D]に当てはまる言葉として最もふさわしいものを次から選び、それぞれ記号で答えなさい。ただし、記号は一度ずつしか使いません。

ア　たとえば　　イ　なぜなら　　ウ　ところが　　エ　つまり

問二　――線部1「なぜ、冬に、常緑樹の葉っぱは緑色のままでいられるのか」とありますが、この答えを筆者はどのように述べていますか。適切なものを次から**すべて**選び、記号で答えなさい。

ア　凍らずに一定の温度を保てるように、糖分を増やしたり減らしたりしている。

イ　枯れてしまわないように、苦かったりえぐかったりする成分も葉っぱに含んでいる。

ウ　見た目は緑のまま変わらなくても、内部では凝固点降下のための努力をしている。

エ　葉っぱの中の水分にビタミンなどを溶け込ませることで、凍りにくくしている。

オ　動物に食べられてしまわないように、動物にとって有害な物質も葉っぱに含んでいる。

問三　本文中の[X]に入る内容として最も適切なものを次から選び、記号で答えなさい。

ア　寒さに耐えるために、葉っぱの中に糖分を増やす

イ　葉っぱをきれいな緑に見せるために、栄養分を増やす

ウ　動物に葉っぱを食べられないように、苦味をもたせる

エ　葉っぱで作り出した旨味成分を、本体にたくわえる

オ　枯れないようにするために、葉っぱに水分をたくわえる

問四　――線部2「多くの植物たちが、日焼けもせずに、すくすく成

が当たると、〝活性酸素〟は発生するのです。私たちと植物たちは、「からだに発生する活性酸素の害を、どのように逃《のが》れるのか」という同じ悩《なや》みをもって生きているのです。

　植物たちは、この悩みを自分で解決しています。自然の中で、紫外線に当たりながら生きていくために、からだの中で発生する「活性酸素」を消去する術を身につけているのです。そのために、植物たちがつくり出す物質が「４抗酸化《こうさんか》物質」とよばれるものです。

　抗酸化物質の代表は、ビタミンＣとビタミンＥです。私たちはビタミンＣやビタミンＥを栄養として摂取《せっしゅ》する大切さを知っており、それらが植物たちのからだに含まれていることもよく認識《にんしき》しています。ですから、それらを含んだ野菜や果物を積極的に食べます。

　ビタミンＣは、カキやイチゴ、レモンなどの果物に多く含まれています。ビタミンＥは、アーモンド、ピーナッツ、カボチャなどの果実に多く含まれています。これら以外の多くの植物たちも、花や果実などに、ビタミンＣやビタミンＥを多かれ少なかれ含んでいます。

「植物は、活性酸素への対策のためだけに、これらの物質をつくっているのか」と問われると、「そのためだけです」というわけではありません。ビタミンＣやビタミンＥは、植物が円滑《えんかつ》に成長していくためのさまざまな役割を担《にな》って、からだの中ではたらいています。しかし、そのようなはたらきの中でも、活性酸素を消し去るというのは、植物たちが動きまわらずに紫外線からからだを守るために特に大切なことなのです。

　植物たちは、自分のいのちを守るためだけでなく、生まれてくる新しいいのち(子孫)を、紫外線から守らなければなりません。植物たちのいのちは、私たち人間に比べると、取るに足らない小さなものと思われがちです。しかし、植物たちも同じ生き物です。だから、私たちと同じしくみで生き、同じ悩みをもち、その悩みを克服《こくふく》するために日々頑張《がんば》っているのです。

　植物たちは、ビタミンＣやビタミンＥのほかにも、紫外線の害を打ち消す抗酸化物質をもっています。それが花や果実に含まれている色素です。花や果実の色素は、抗酸化物質なのです。

　その一つがアントシアニンです。これはポリフェノールと総称《そうしょう》される物質の一種なので、ポリフェノールという言葉で代用されることもあります。

　アントシアニンは、多くの植物の赤い花と青い花の色素です。バラ、アサガオ、シクラメン、サツキツツジなどの赤い花の色はこの色素によるものです。ツユクサ、キキョウ、リンドウ、ペチュニアなどの青い花の色も同じです。

　オシロイバナ、ケイトウ、マツバボタンなどの赤い花は、ベタレインという色素によりますが、この色素により赤い花を咲かせるのは、ごく限られた種類の植物です。この色素も抗酸化物質です。

　もう一つのよく知られている抗酸化物質が、カロテノイドという黄色の色素です。カロテノイドの代表的な物質が、カロテンです。キクやタンポポ、マリーゴールドなどの黄色い花の色は、この色素によるものです。

　このように、植物たちは、花の色の中にアントシアニンやベタレイン、カロテノイドという、きれいな色の抗酸化物質をもって、花を美しく装《よそお》っています。その理由の一つは、目立つ色でハチやチョウを呼び寄せるためです。

　もう一つの理由も、これに勝《まさ》るとも劣《おと》らないくらい大切なものです。それは、花びらにたくさんの抗酸化物質である色素を含んで、花の中でできるタネを紫外線の害から守ることです。

　抗酸化物質は、果実になっても、はたらいています。ブドウやナス、ブルーベリーの赤みや青みを帯びた果実の色は、アントシアニンによ

B、この答えは、常緑樹が寒さに耐《た》えるためにしている努力や、しくみに触《ふ》れていないからです。寒さに強い植物は、何の努力もなしに、また、何のしくみももたずに、寒さに強いわけではありません。

C、夏の緑の葉っぱは、冬のような低い温度にさらされると、寒さで凍《こお》って枯れてしまいます。ということは、一年中、同じ緑色のままであっても、葉っぱは、冬の寒さに向かって、冬に凍らない性質を身につける努力をしているのです。

　これらの葉っぱは、冬に向かって、葉っぱの中に凍らないための物質、たとえば、「糖分」を増やします。糖分は、甘《あま》みをもたらす成分で、「砂糖」の仲間と考えて差《さ》し支《つか》えありません。

　葉っぱが糖分を増やす意味は、ふつうの水と、砂糖水とで、どちらが凍りにくいかを比べれば、わかります。砂糖水のほうが、凍りにくいのです。そして、溶《と》けている砂糖の濃度《のうど》が高ければ高いほど、凍りにくくなります。

D、葉っぱの中の水分に糖が多く含《ふく》まれるほど、葉っぱの凍る温度が低くなるのです。これは、「凝固点《ぎょうこてん》降下」という現象です。「凝固点」というのは、凍る温度であり、「降下」は、低くなることです。ですから、「凝固点降下」は、凍る温度が低くなることです。

　実際には、冬に向かって、糖分だけでなく、ビタミンやアミノ酸などの物質も葉っぱの中の水分に多く溶《と》け込まれます。そのため、それらによる凝固点降下の効果により、ますます凍りにくくなります。

　冬の寒さを緑のままで過ごす植物たちは、こんな原理を知って実践《じっせん》しているのです。外から見れば何の変化もなく、「寒さに強いから、ずっと緑色をしている」と思われがちな常緑樹の葉っぱは、寒さに耐える工夫《くふう》を凝《こ》らして生きているのです。

　緑のままで冬の寒さを越《こ》す葉っぱがこのような工夫をしていることを知ると、「冬の緑の葉っぱを食べると、甘いのだろうか」との疑問が浮《う》かびます。でも、確かめないでください。植物たちは、動物に食べられてはたまらないので、糖分やビタミン、アミノ酸だけでなく、苦かったり、えぐかったり、有害な物質も葉っぱに含んでいます。ですから、食べると、嘔吐《おうと》したり、下痢《げり》をしたりする可能性が高いです。

「X」というしくみは、冬の寒さに耐える多くの植物に共通のものです。ですから、確かめるのなら、野菜で確認《かくにん》してください。たとえば、冬の寒さを通《とお》り越《こ》したダイコンやハクサイ、キャベツなどは、「甘い、旨《うま》い」といわれます。糖分やビタミン、アミノ酸などが増えて、甘みや旨みが増しているのです。

　植物たちは、太陽の強い日差しが降りそそぐ中で暮らしています。特に、春から夏には、植物たちは太陽の強い紫外線《しがいせん》にさらされます。そんな中で、植物たちは、いのちを守って生きています。2多くの植物たちが、日焼けもせずに、すくすく成長し、美しくきれいな花を咲《さ》かせ、実やタネをつくります。

　一方、私たちは、紫外線が有害であり、シミやシワ、白内障の原因になることを知っており、もっとひどい場合には、「皮膚《ひふ》ガンをひきおこす」のではと心配します。そのため、帽子《ぼうし》をかぶったり、日傘《ひがさ》をさしたり、サングラスをかけたりして、紫外線を避《さ》けます。

　3紫外線は、私たち人間にも植物たちにも、同じように有害なのです。紫外線は、からだに当たると、「活性酸素」という物質を発生させます。この物質は、私たち人間には、「老化を急速に進める」とか、「生活習慣病、老化、ガンの引き金になる」などといわれます。活性酸素とは、私たちのからだの老化を促《うなが》し、多くの病気の原因となる、きわめて有毒な物質なのです。

　私たち人間のからだには、紫外線が当たるからだけではなく、激しい呼吸やストレスでも活性酸素が発生します。植物たちにも、紫外線

二〇二二年度 栄東中学校

【国語】〈Ａ日程一月一一日試験〉（五〇分）〈満点：一〇〇点〉

一 次の各文の――部を漢字に直しなさい。

1 同業者の団体にカメイすることにした。
2 夏目漱石《なつめそうせき》はイギリスにユウガクしていた。
3 タイマイをはたいてあこがれの車を買う。
4 それはユウシ以来の大事件だった。
5 この温泉は周期的にふき出すカンケツ泉だ。

二 次の（1）～（10）に当てはまる最も適切な言葉をあとの語群から選び、それぞれ記号で答えなさい。ただし、記号は一度ずつしか使いません。

・カギを忘れたことに気付かなかったのは（ 1 ）だった。
・彼《かれ》は横綱《よこづな》を父に持つ角界の（ 2 ）だ。
・相手の厚意を何かあるのではと（ 3 ）するのはよくない。
・せっかくの申し出を（ 4 ）断るわけにもいかない。
・何度も肩透《かたす》かしをくらって（ 5 ）してしまった。
・リーダーに指名されて（ 6 ）でもない様子だった。
・この企業《きぎょう》は国内市場で40パーセントの（ 7 ）を確保している。
・彼は何を言われても（ 8 ）動じなかった。
・さすが（ 9 ）役者というだけあって彼の主演映画は大盛況《だいせいきょう》だ。
・お互《たが》いに責任をなすりつけ合うなど（ 10 ）だ。

【語群】
ア いっこうに　イ うかつ
ウ サラブレッド　エ シェア
オ 邪推《じゃすい》　カ 千両
キ 辟易《へきえき》　ク まんざら
ケ もってのほか　コ むげに

三 次の文章を読んであとの問いに答えなさい。字数指定のある問いは、句読点などの記号もすべて字数にふくみます。

秋になると、多くの樹木の葉っぱは枯《か》れ落ちます。［ A ］、冬の寒さの中で、緑に輝《かがや》き、生き続ける樹木があります。マツやモミ、ツバキやサザンカ、キンモクセイなどです。これらは「常緑樹」といわれます。

昔から、「どうして、冬の寒さの中で、これらの樹木は緑の葉っぱのままで過ごせるのか」と、不思議に思われてきました。昔の人々は、冬の寒さに出会っても枯れずに、緑のまま、いのちを守り続ける樹木を、「永遠のいのち」の象徴《しょうちょう》として、崇《あが》めてきました。

近年では、常緑樹は身近に多くあり、私たちは見慣れています。そのため、「冬の寒さの中で、どうして、緑の葉っぱのままで過ごせるのか」と、不思議に思われていそうにありません。そこで、あえて、「1なぜ、冬に、常緑樹の葉っぱは緑色のままでいられるのか」と質問してみると、多くの場合、即座《そくざ》に答えが返ってきます。

「なぜ、そのようなわかりきったことを、わざわざ質問するのか」というような怪訝《けげん》な表情とともに、「寒さに強いから」という簡潔な答えが返されるのです。たしかに、寒さに強いのは事実ですから、この答えは間違《まちが》いではありません。しかし、きわめて物足りない答えです。

2022年度

栄東中学校 ▶解答

※　編集上の都合により，Ａ日程１月11日試験の解説は省略させていただきました。

算数 ＜Ａ日程１月11日試験＞（50分）＜満点：100点＞

解答

[1] (1) 2022　(2) 2　(3) 180g　(4) $\frac{719}{720}$　(5) 8時30分　(6) 17　(7) 68度　(8) $706.5cm^3$　[2] (1) 32　(2) 50　(3) $158cm^2$　[3] (1) 6周目　(2) 1011個　(3) 2012　[4] (1) 4：25　(2) 10：19　(3) $114cm^2$　[5] (1) 44：33：3　(2) 2022円　(3) 39通り

社会 ＜Ａ日程１月11日試験＞（理科と合わせて50分）＜満点：50点＞

解答

[1] **問１** (1) ア　(2) Ⅰ 能登(半島)　Ⅱ 筑後(川)　**問２** イ　**問３** (1) カ　(2) ウ　**問４** (1) イ　(2) カ　**問５** (1) イ　(2) ウ　(3) オ　**問６** (1) エ　(2) イ　[2] **問１** ア　**問２** エ　**問３** 菅原道真　**問４** イ　**問５** 姫路(城)　**問６** ウ　**問７** ウ　**問８** エ　**問９** 田中正造　**問10** イ　**問11** (1) エ　(2) エ　**問12** エ

理科 ＜Ａ日程１月11日試験＞（社会と合わせて50分）＜満点：50点＞

解答

[1] **問１** イ　**問２** イ　**問３** エ　**問４** ウ　**問５** イ　**問６** ウ　**問７** ウ
[2] **問１** 3　**問２** ウ　**問３** ウ　**問４** カ　**問５** 6　**問６** 1　**問７** カ
[3] **問１** イ，カ　**問２** エ　**問３** ア，オ　**問４** Ｐ ア　Ｑ キ　**問５** エ　**問６** ウ　**問７** ウ　[4] **問１** 1812g　**問２** (1) 1日目　(2) ウ　**問３** 16℃　**問４** ウ

国　語　＜Ａ日程１月11日試験＞（50分）＜満点：100点＞

解　答

一　下記を参照のこと。　二　１　イ　２　ウ　３　オ　４　コ　５　キ　６　ク　７　エ　８　ア　９　カ　10　ケ　三　問１　Ａ　ウ　Ｂ　イ　Ｃ　ア　Ｄ　エ　問２　ウ，エ　問３　ア　問４　自然の中で　問５　（例）　紫外線は有毒な活性酸素を発生させるから。　問６　ａ　タンポポ　ｂ　ポリフェノール　ｃ　赤い花　ｄ　イチゴ　ｅ　ビタミンＥ　問７　（例）　動物に食べてもらい糞と一緒にタネがまかれることで，新しい生育地を獲得すること。／果皮や果肉に含まれる抗酸化物質で，果実の中のタネを紫外線から最後まで守ること。　問８　ア，イ　四　問１　ツトム…ウ　サトル…エ　問２　エ　問３　ア　問４　オ　問５　エ　問６　Ｂ　問７　ア　問８　（例）　自分と同じようにハチを大切に思うツトムに事故にあってほしくないと思い，事故にあう前にお守りを渡せなかったという後悔を，今度こそしたくないと考えたから。

●漢字の書き取り

一　１　加盟　２　遊学　３　大枚　４　有史　５　間欠

2022年度　栄東中学校

〔電　話〕　048(666)9200(アドミッションセンター直通)
〔所在地〕　〒337－0054　埼玉県さいたま市見沼区砂町2－77
〔交　通〕　JR宇都宮線―「東大宮駅」より徒歩約8分

【算　数】〈東大特待Ⅰ試験　4教科型〉(50分)〈満点：150点〉

注意　1．コンパス・分度器は使わずに答えてください。
　　　2．円周率は3.14とします。

1　次の□にあてはまる数を答えなさい。

(1)　ある店ではみかんを1個20円，りんごを1個80円，なしを1個90円で売っています。

この店で栄くんがみかんをりんごより3個多くなるように合計46個買ったところ，代金は2570円でした。栄くんが買ったりんごは□個です。

(2)　次のような規則で分数が並んでいます。

$$\frac{1}{1},\ \frac{1}{2},\ \frac{2}{2},\ \frac{1}{3},\ \frac{2}{3},\ \frac{3}{3},\ \frac{1}{4},\ \frac{2}{4},\ \frac{3}{4},\ \frac{4}{4},\ \frac{1}{5},\ \frac{2}{5},\ \frac{3}{5},\ \frac{4}{5},\ \frac{5}{5},\ \frac{1}{6},\ \cdots$$

73番目の分数は□です。

(3)　栄くんと東さんは学校を同時に出発して同じ道を通って駅に向かいました。栄くんは学校を出発した2分後に忘れ物をしたことに気付き，すぐに学校に向かって引き返したところ，30秒後に東さんとすれ違いました。栄くんは学校に到着《とうちゃく》した2分後に再び駅に向かって歩いて行ったところ，栄くんと東さんは同時に駅に到着しました。栄くんと東さんはつねに一定の速さで歩きました。東さんが学校を出発してから駅に到着するまでにかかった時間は□分です。

(4)　同じ高さまで水が入った2つの直方体の水そうがあります。2つの水そうの容積の比は9：32で，大きな水そうは小さな水そうの2倍の高さがあります。2つの水そうそれぞれに，さらに675 mLずつ水を入れると，小さな水そうは全体の77 %，大きな水そうは全体の28 %まで水が入りました。大きな水そうにはじめから入っていた水の量は□mLです。

(5)　2022のように2種類の数字でつくられる4けたの整数は，2022も含《ふく》めて□個あります。

(6)　下の図は，半径が1 cmの円3つがすべて点Aを通るようにかいた図です。太い線の長さは□cmです。ただし，円周率は3.14とします。

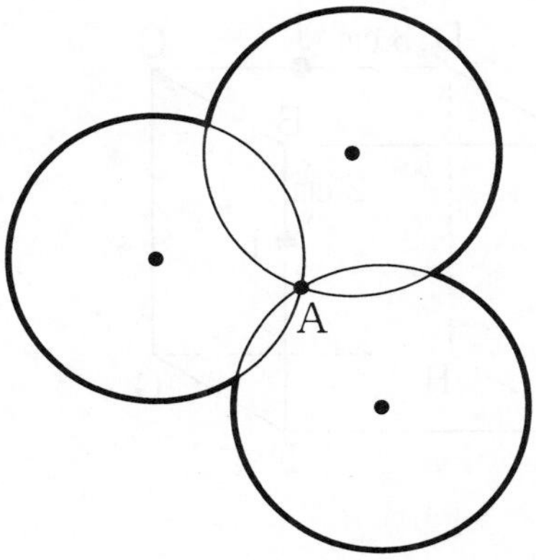

2　[N] は整数Nを4で割った余りを表します。たとえば，[10]＝2，[11]＝3，[12]＝0となります。また，AとBはどちらも2桁の整数とします。

(1)　[A]＝0となるAは ア 個，[A]＝1となるAは イ 個，[A]＝2となるAは ウ 個，[A]＝3となるAは エ 個あります。空欄《らん》にあてはまる数を答えなさい。

ここからの問題では，AとBは異なる整数とし，たとえばA＝10，B＝12である組とA＝12，B＝10である組は異なる組とします。

(2)　[A]＋[B]＝2となるAとBの組は何組ありますか。

(3)　[[A]＋[B]]＝2となるAとBの組は何組ありますか。

(4)　[[A]＋[B]]＝[A]＋[B]となるAとBの組は何組ありますか。
《解答欄の考え方を記す欄に考え方も書きなさい》

3　下の図は1辺の長さが6cmの立方体で，DJ＝3cm，BI＝2cmです。

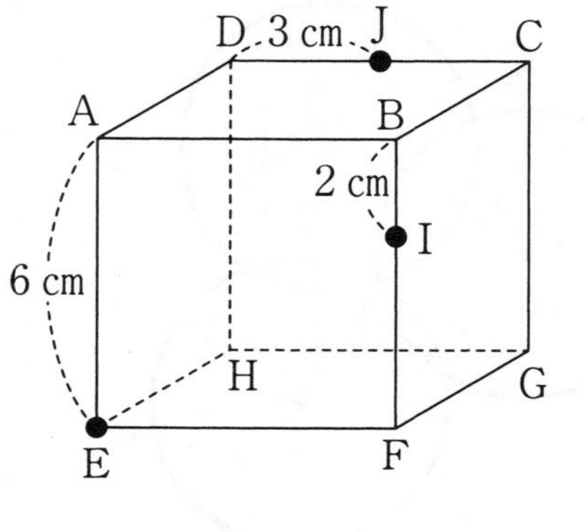

(1)　点E，J，Iを通る平面でこの立方体を切断するとき，切断面の線を解答用紙の立方体に書き込みなさい。ただし，裏側の線も書くこと。

(2)　点E，J，Iを通る平面でこの立方体を切断するとき，点Gを含む立体の体積を求めなさい。

(3)　(2)の点Gを含む立体をさらに点D，B，Fを通る平面で切断したとき，点Gを含む立体の体積を求めなさい。

4　栄くんは次の問題に取り組んでいます。

《問題》

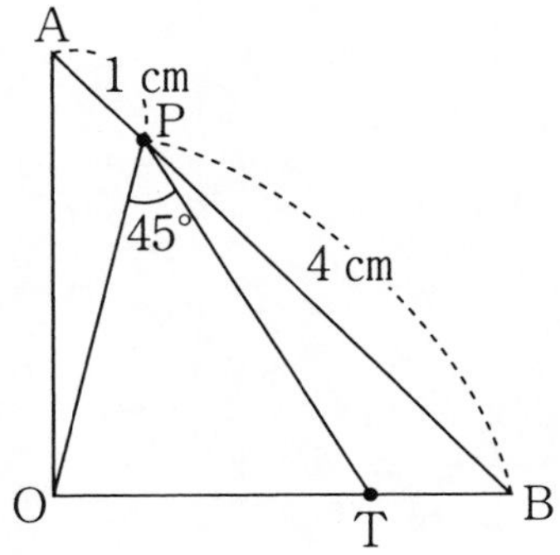

角AOB＝90°，辺AB＝5 cmの直角二等辺三角形OABの辺AB上にAP＝1 cm，PB＝4 cmとなる点Pをとり，辺OB上に角OPT＝45°となる点Tをとります。このときOTとTBの長さの比を求めなさい。

栄くんが悩《なや》んでいると，東さんが「三角形OABと合同な三角形をあと3つ用意して，敷《し》き詰《つ》めてみたらどうかな？」と言って，次の図をかいてくれました。

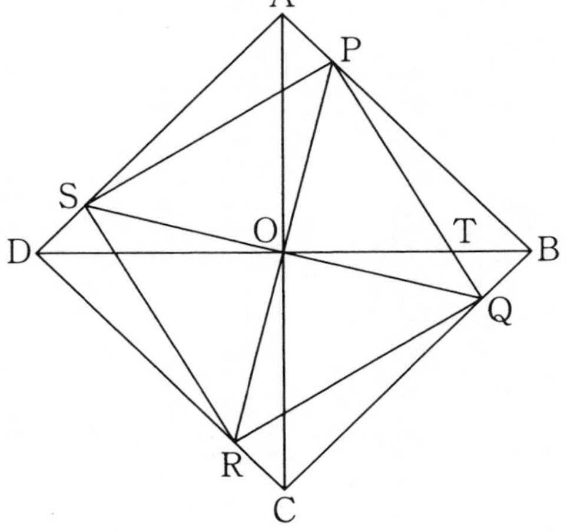

(1)　東さんがかいた図において，三角形OPQの面積を求めなさい。

(2)　栄くんが取り組んでいた問題に答えなさい。

(3)　角AOB＝120°，辺AB＝5㎝の二等辺三角形OABの辺AB上にAP＝1㎝，PB＝4㎝となる点Pをとり，辺OB上に角OPT＝30°となる点Tをとります。このときOTとTBの長さの比をもっとも簡単な整数の比で求めなさい。
《解答欄の考え方を記す欄に考え方も書きなさい》

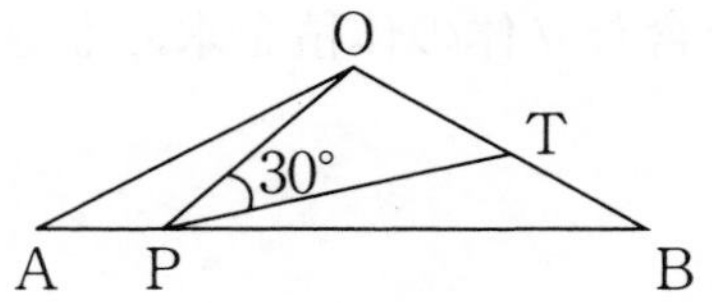

【社　会】〈東大特待Ⅰ試験　4教科型〉（40分）〈満点：75点〉

1　次の各問いに答えなさい。

問1　日本の国土や自然について、次の各問いに答えなさい。

（1）次の**Ⅰ**・**Ⅱ**の文が説明している半島や島の名称《めいしょう》を、解答欄《かいとうらん》にあうようにそれぞれ**漢字**で答えなさい。

Ⅰ　南北に愛知用水が流れ、伊勢湾に突《つ》き出た半島。
Ⅱ　さとうきび の栽培《さいばい》がさかんで、日本の最西端《さいせいたん》に位置する島。

（2）次の表は、日本の国土利用の移り変わりを示したものです。表中の**ア～エ**には、それぞれ「原野等※」「森林」「宅地」「農地」のいずれかがあてはまります。「農地」にあてはまるものを、表の**ア～エ**から1つ選び、記号で答えなさい。

（単位　万 ha）

	1970年	1990年	2010年	2018年
ア	2 523	2 524	2 507	2 503
イ	581	524	459	442
ウ	102	161	190	196
エ	88	37	36	35

※採草放牧地を含《ふく》む。

（矢野恒太記念会『日本国勢図会 2021/22』より作成）

（3）　次の表は、日本のある都市における、「降雪日数の平年値」「12月の降水量」「8月の平均気温」を示したものです。表中の**ア～エ**には、それぞれ「仙台市」「富山市」「長野市」「横浜市」のいずれかがあてはまります。「長野市」にあてはまるものを、表の**ア～エ**から1つ選び、記号で答えなさい。

	降雪日数の平年値 （日）	12月の降水量 （mm）	8月の平均気温 （℃）
ア	86.5	45.5	25.2
イ	71.7	247.0	26.6
ウ	66.5	36.6	24.2
エ	19.9	54.8	26.7

（国立天文台『理科年表2021』より作成）

（4）　次の表は、ある都道府県における、「埼玉県庁と道県庁間の距離《きょり》※1」「道県庁所在都市人口※2」「沿岸島しょ数」を示したものです。表中の**ア～エ**には、それぞれ「北海道」「秋田県」「香川県」「鹿児島県」のいずれかがあてはまります。「秋田県」「鹿児島県」にあてはまるものを、表の**ア～エ**からそれぞれ1つずつ選び、記号で答えなさい。

	埼玉県庁と 道県庁間の距離 （km）	道県庁所在都市人口 （万人）	沿岸島しょ数 （島）
ア	967.5	60.2	605
イ	813.4	195.9	508
ウ	538.0	42.7	112〔2〕※3
エ	430.5	30.7	47

※1…道県庁の位置は、2020年4月1日現在。

※2…人口は、2020年1月1日現在。

※3…〔　〕内は2つの都道府県にまたがる島しょ数を示している。

（国立天文台『理科年表2021』より作成）

問２　日本の産業について、次の各問いに答えなさい。

（１）次の表は、パッションフルーツ（2017年産）と ほうれんそう（2019年産）の生産量上位３位までの都道府県を示しています。また、あとの文章は パッションフルーツ と ほうれんそう の生産地域の特徴《とくちょう》をまとめたものです。表中の**A**・**B**にあてはまる都道府県の組み合わせとして正しいものを、あとの**ア～ケ**から１つ選び、記号で答えなさい。

	パッションフルーツ	ほうれんそう
１位	鹿児島	**B**
２位	沖　縄	群　馬
３位	**A**	千　葉

（矢野恒太記念会『データでみる県勢 2021』より作成）

○パッションフルーツ

ブラジル南部が原産で、現在では熱帯から亜熱帯《あねったい》地域で栽培されています。気温がマイナス４度以下になると木の幹に亀裂《きれつ》が生じて、枯《か》れてしまいます。

○ほうれんそう

イランが原産で、日本の多くの地域で栽培されています。葉物の野菜で、傷《いた》みやすいため、消費量が多い大都市周辺での栽培がさかんです。

ア． **A**－長崎　**B**－埼玉　　**イ．** **A**－長崎　**B**－福島
ウ． **A**－長崎　**B**－長野　　**エ．** **A**－愛媛　**B**－埼玉
オ． **A**－愛媛　**B**－福島　　**カ．** **A**－愛媛　**B**－長野
キ． **A**－東京　**B**－埼玉　　**ク．** **A**－東京　**B**－福島
ケ． **A**－東京　**B**－長野

（2）　次のグラフは、日本の地域別農業産出額の割合を示しています。**ア～エ**のグラフには、それぞれ「東北」「北陸」「四国」「九州※1」のいずれかがあてはまります。「東北」「四国」にあてはまるものを、**ア～エ**からそれぞれ1つずつ選び、記号で答えなさい。

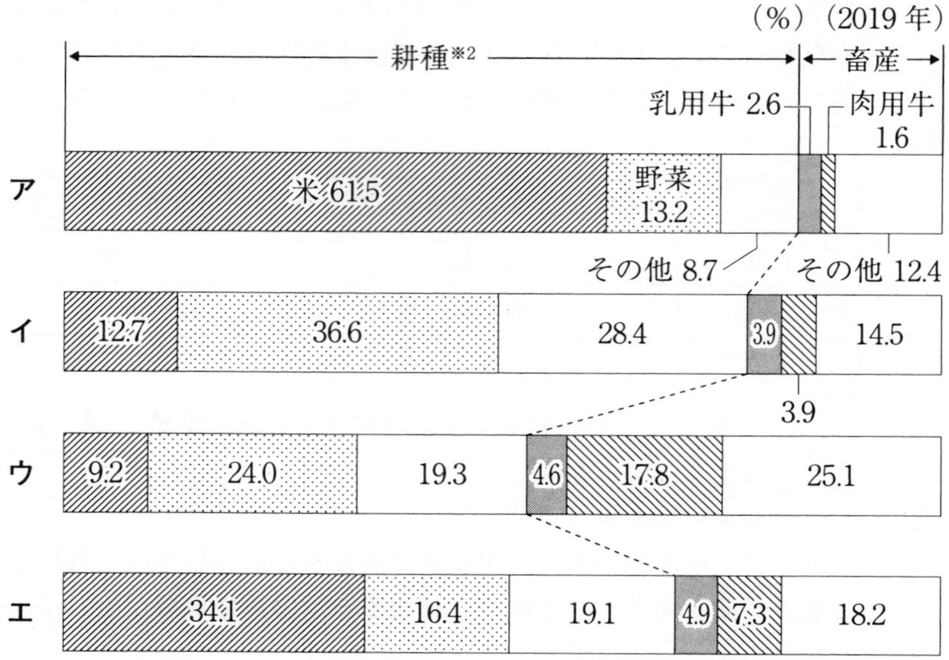

※1…沖縄県は含まない。　　※2…加工農産物も含む。

（矢野恒太記念会『日本国勢図会 2021/22』より作成）

（3）　次の表は、ある道県の海面・内水面の漁業漁獲《ぎょかく》量と養殖《ようしょく》業収獲量（2018年）を示したものです。表中の**ア～エ**には、それぞれ「北海道」「三重県」「広島県」「島根県」のいずれかがあてはまります。「島根県」にあてはまるものを、表の**ア～エ**から1つ選び、記号で答えなさい。

（単位　トン）

	海面		内水面	
	漁業漁獲量	養殖業収獲量	漁業漁獲量	養殖業収獲量
ア	876 625	118 509	10 101	159
イ	131 881	23 544	176	224
ウ	113 094	428	4 250	16
エ	15 660	107 678	17	69

（矢野恒太記念会『データでみる県勢 2021』より作成）

（4）　次の表は、2015年を100とした日本の産業別工業生産指数を示したものです。表中の**ア～エ**には、それぞれ「集積回路」「繊維《せんい》」「鉄鋼業」「輸送機械」のいずれかがあてはまります。「鉄鋼業」にあてはまるものを、表の**ア～エ**から１つ選び、記号で答えなさい。

	1980年	1990年	2000年	2010年	2015年	2018年
ア	451.9	405.0	232.9	103.2	100.0	95.0
イ	109.0	120.4	107.9	106.2	100.0	102.0
ウ	70.6	93.9	86.6	98.2	100.0	105.6
エ	…	39.5	68.2	98.9	100.0	121.9

（矢野恒太記念会『数字でみる日本の100年（改訂第７版）』より作成）

（5）　日本の伝統的工芸品とその主要産地の組み合わせとしてもっともふさわしいものを、次の**ア～エ**から１つ選び、記号で答えなさい。

ア． 熊野筆－和歌山県　　**イ．** 鳴子漆器－徳島県
ウ． 備前焼－岡山県　　**エ．** 高岡銅器－栃木県

問３　日本の都市や人口について、次の各問いに答えなさい。

（1）　次の表は、ある府県の「林野率※1（2015年２月１日現在）」「１人あたり府県民所得（2016年度）」「韓国からの延《の》べ宿泊《しゅくはく》者数※2（2019年）」を示したものです。表中の**ア～エ**には、それぞれ「宮城県」「京都府」「愛媛県」「大分県」のいずれかがあてはまります。「京都府」「愛媛県」にあてはまるものを、表の**ア～エ**からそれぞれ１つずつ選び、記号で答えなさい。

	林野率（%）	１人あたり府県民所得（千円）	韓国からの延べ宿泊者数（千人泊）
ア	74.3	2 926	347.9
イ	71.6	2 605	410.8
ウ	70.5	2 656	34.8
エ	56.4	2 926	13.9

※１…総土地面積に占《し》める林野面積の割合。
※２…従業者10人以上の宿泊施設が対象。
（矢野恒太記念会『データでみる県勢2021』より作成）

（2）　次の表は、ある県の「昼夜間人口比率※1（2015年10月1日現在）」「合計特殊《とくしゅ》出生率（2019年）」「人口増減率※2（2018年～2019年）」を示したものです。表中の**ア～エ**には、それぞれ「千葉県」「奈良県」「広島県」「沖縄県」のいずれかがあてはまります。「千葉県」にあてはまるものを、表の**ア～エ**から1つ選び、記号で答えなさい。

	昼夜間人口比率	合計特殊出生率	人口増減率（%）
ア	100.2	1.49	－0.46
イ	100.0	1.82	0.39
ウ	90.0	1.31	－0.66
エ	89.7	1.28	0.08

※1…常住（夜間）人口100人あたりの昼間人口。
※2…各年10月1日現在。
（矢野恒太記念会『データでみる県勢2021』より作成）

（3）「ＮＩＭＢＹ（ニンビー）」という言葉があります。ＮＩＭＢＹとは「Not In My Back Yard（ノット・イン・マイ・バック・ヤード）」の略語で「自分の家の近くには存在してほしくない」という意味です。例えば、ごみ処理場のように私たちが生活するうえで欠かせないが、その建設についてさまざまな理由により行政と近隣《きんりん》住民との合意形成が難しい施設《しせつ》などがこれにあてはまります。

このような施設についての議論のなかで、ＮＩＭＢＹ施設を特定の地域に固定しようという意見がある一方、施設を一定期間おきに移転するべきだとする意見があります。

「特定の地域に固定する」場合か「数年おきに場所を移転する」場合のどちらか1つを選び、考えられる良い点・悪い点を、解答欄にあうようにそれぞれ答えなさい。

問４　次の地形図は、国土地理院発行の２万５千分の１の地形図「弘前」の一部を示しています。地形図をみて、あとの各問いに答えなさい。

※作問の都合上、実際の地形図よりも拡大しています。

（１）　栄太君は、夏休みに前のページの地形図を持って弘前市内のいくつかの施設を巡《めぐ》り、そのことを日記に書きました。しかし、あとで日記を読み直すと、あやまりがあることに気づきました。前のページの地形図をみて、**あやまっているもの**を、下線部**ア～エ**から１つ選び、記号で答えなさい。

８月××日

今日は、青森県の老人ホームで生活しているおばあちゃんに会いに行きました。お昼過ぎには弘前駅に到着《とうちゃく》しました。駅の西口を出発してすぐの交番の前の道をまっすぐ北西の方向へ進み、土淵川を渡《わた》った最初の交差点を左に曲がり、２つ目の十字路を右に曲がりました。そのまま、まっすぐ進み **ア** 消防署がある交差点で右に曲がる と市役所につきました。夏休みの宿題である自由研究の内容を「弘前市の歴史」にしたので、市役所で統計資料を見せてもらい、**イ** 市役所のむかいにある図書館 では昔の地図を見せてもらいました。図書館を出発して、先ほどの消防署の交差点を右に曲がり、１つ目の十字路を左に曲がりました。道なりに南の方向に歩いていると郵便局を通り過ぎ、**ウ** 途中《とちゅう》でお寺がたくさん並んでいる通りを横切りました。学校に突き当たったところを左に曲がって東に向かい、**エ** 弘前大学を通り過ぎたところの十字路を左に曲がり、郵便局のある道を南に進む と老人ホームに到着しました。おばあちゃんはとても元気そうで安心しました。

（２）　栄太君は、弘前市の前のページの地形図をみて、弘前市のことを考察しました。弘前市の特徴や地形図から考察できる内容としてもっともふさわしいものを、次の**ア～エ**から１つ選び、記号で答えなさい。

ア．地形図中の北西部には川が流れているため、大雨が降った時は高潮の被害《ひがい》が想定される。

イ．地形図中の南西部には果樹園の地図記号が見られることから、青森県で生産がさかんな びわ の栽培をしていると考えられる。

ウ．弘前公園に弘前城跡があるため、この地域はかつて城下町として発展したと考えられる。

エ．地形図中には鉄道はＪＲ線しか通っていないため、この地域は自動車の所有率が高く、交通手段として主に自動車が利用されていると想定される。

2　次の各問いに答えなさい。

問1　弥生時代から飛鳥時代に関する文として正しいものを、次の**ア～エ**から1つ選び、記号で答えなさい。

ア. 敵の侵入《しんにゅう》を防ぐためにつくられた環濠集落の代表例として、佐賀県の吉野ヶ里遺跡があげられる。
イ. 古墳の周りや頂上には、さまざまな形をした土偶が置かれた。
ウ. 家柄《いえがら》で位が決まる冠位十二階が定められ、豪族《ごうぞく》の上下関係が明確になった。
エ. 中大兄皇子らは、壬申の乱で蘇我氏を倒《たお》し、政治の改革を始めた。

問2　奈良時代に関する文として正しいものを、次の**ア～エ**から1つ選び、記号で答えなさい。

ア. 死後に極楽浄土へ行けるという教えを広めるため、国分寺が建てられた。
イ. 朝廷が仏教を保護したため、東大寺や四天王寺が建てられた。
ウ. 遣唐使船の航路は、新羅との関係が悪化すると南路から北路に変わった。
エ. 各国で『風土記』がつくられ、産物や地名、伝説などが記録された。

問3　平安時代に関する文として正しいものを、次の**ア～エ**から1つ選び、記号で答えなさい。

ア. 桓武天皇は仏教の力で国を治めるため、寺院の勢力が強い平安京に都をうつした。
イ. 藤原頼通は自分の娘を天皇の后《きさき》にして、生まれた子を天皇にした。
ウ. 不輸の権・不入の権を獲得する荘園が増え、国の収入は減っていった。
エ. 平氏一族は朝廷の役職にはつかず、勢力を強めていった。

問4　平安時代から鎌倉時代におこった次の**ア〜オ**のできごとを、年代の古い順にならべかえ、**2番目**と**4番目**にくるものを、それぞれ記号で答えなさい。

ア． 保元の乱がおこった。
イ． 平将門の乱がおこった。
ウ． 弘安の役がおこった。
エ． 六波羅探題が置かれた。
オ． 御成敗式目が定められた。

問5　室町時代に関する文として正しいものを、次の**ア〜エ**から1つ選び、記号で答えなさい。

ア． 明銭は質が悪かったため、日本では流通しなかった。
イ． 沖縄では3つの小国が統一され、那覇を都とする琉球王国が成立した。
ウ． 朝鮮とは朝貢《ちょうこう》形式ではなく対等に貿易がおこなわれ、日本は木綿などを輸入した。
エ． 明とは朝貢形式で貿易がおこなわれたため、日本の利益は少なかった。

問6　室町時代におこった次の**ア〜オ**のできごとを、年代の古い順にならべかえ、**2番目**と**4番目**にくるものを、それぞれ記号で答えなさい。

ア． 南北朝が合一された。
イ． 加賀の一向一揆がおこった。
ウ． 正長の土一揆がおこった。
エ． 応仁の乱がおこった。
オ． 足利尊氏が征夷大将軍になった。

問7　江戸幕府は、キリシタンでないことを証明させるため、すべての人々に対していずれかの寺院の信者になることを強制しました。この制度の名称を、解答欄にあうように**漢字**で答えなさい。

問8　江戸時代におこった次の**ア〜オ**のできごとを、年代の古い順にならべかえ、**2番目**と**4番目**にくるものを、それぞれ記号で答えなさい。

ア． 日本人の海外渡航が禁止された。
イ． 天明の大ききんがおこった。
ウ． 公事方御定書が定められた。
エ． オランダの商館が長崎の出島に移された。
オ． 大塩の乱がおこった。

問9　明治時代におこった次の**ア〜オ**のできごとを、年代の古い順にならべかえ、**2番目**と**4番目**にくるものを、それぞれ記号で答えなさい。

ア． 西南戦争がおこった。
イ． 大日本帝国憲法が発布された。
ウ． 日露戦争がおこった。
エ． 廃藩置県がおこなわれた。
オ． 秩父事件がおこった。

問10　明治時代に関する文として正しいものを、次の**ア〜エ**から1つ選び、記号で答えなさい。

ア． 千島列島をロシア領、樺太を日本領とする条約をロシアと結んだ。
イ． 富岡製糸場は、フランスの技術や機械を取り入れてつくられた。
ウ． 三国干渉の結果、日本は無条件で遼東半島を清に返還《へんかん》した。
エ． 徴兵令によって、満18歳以上の男子は兵役の義務を負うことになった。

問11　大正時代におこった次の**ア〜オ**のできごとを、年代の古い順にならべかえ、**2番目**と**4番目**にくるものを、それぞれ記号で答えなさい。

ア． 関東大震災がおこった。
イ． 治安維持法が定められた。
ウ． シベリア出兵が始まった。
エ． 第一次世界大戦が始まった。
オ． ベルサイユ条約が結ばれた。

問12　昭和時代におこった次の**ア～オ**のできごとを、年代の古い順にならべかえ、**2番目**と**4番目**にくるものを、それぞれ記号で答えなさい。

ア．日ソ中立条約が結ばれた。
イ．太平洋戦争が始まった。
ウ．満州事変がおこった。
エ．日中戦争が始まった。
オ．日本が国際連盟を脱退《だったい》した。

問13　昭和時代に関する文として正しいものを、次の**ア～エ**から1つ選び、記号で答えなさい。

ア．日中平和友好条約が結ばれ、中華人民共和国との国交が開かれた。
イ．朝鮮戦争が始まると、ＧＨＱは日本政府に自衛隊の設置を命じた。
ウ．労働基準法が定められ、労働組合をつくる権利が保障された。
エ．日ソ共同宣言が出された後、日本の国際連合への加盟が実現した。

問14　1955年から1973年にかけての高度経済成長とよばれる経済の急激な発展によって、国民の生活は豊かになりました。しかしその一方で、多くの問題も発生しました。高度経済成長によって国内で発生した問題を、**環境面**と**人口面**に着目してそれぞれ説明しなさい。

3　次の各問いに答えなさい。

問1　日本の国会に関する説明として正しいものを、次の**ア～エ**から1つ選び、記号で答えなさい。

ア．衆議院のみが国政調査権をもっている。
イ．衆議院のみが弾劾《だんがい》裁判所を設置できる。
ウ．衆議院と参議院の両院ともに内閣不信任決議権をもっている。
エ．衆議院と参議院の両院ともに予算の議決権をもっている。

問２　日本国憲法に規定されている基本的人権に関する説明として正しいものを、次の**ア～エ**から１つ選び、記号で答えなさい。

ア．裁判を受ける権利は、請求《せいきゅう》権の１つである。
イ．団体交渉《こうしょう》権は、労働組合が国と話し合うことができる権利である。
ウ．身体の自由が保障されていることにより、いかなる場合でも令状がなければ逮捕《たいほ》されない。
エ．信教の自由が保障されていることにより、国などの公の機関や国民はどのような宗教的活動をおこなってもよいことになっている。

問３　日本の内閣に関する説明として正しいものを、次の**ア～エ**から１つ選び、記号で答えなさい。

ア．国務大臣は、内閣総理大臣が指名し、天皇が任命する。
イ．内閣は、法律の範囲内で条例を制定できる。
ウ．内閣が、最高裁判所長官を任命する。
エ．衆議院議員総選挙の後、初めて国会が召集《しょうしゅう》されたときは、内閣は総辞職しなければならない。

問４　紛争《ふんそう》や戦争に関する説明として正しいものを、次の**ア～エ**から１つ選び、記号で答えなさい。

ア．クウェートに侵攻《しんこう》したイラクに対して、アメリカを中心とした国連軍が攻撃した。
イ．イスラム教信仰《しんこう》者が多数を占めるインドと、ヒンドゥー教信仰者が多数を占めるパキスタンの間で、領土をめぐって争いがおこった。
ウ．ベトナム戦争では、アメリカは南ベトナムを支援し、北ベトナムを攻撃した。
エ．ユーゴスラビアでは、民族対立による争いが繰《く》り返されたが、分裂《ぶんれつ》せずに現在も国を維持《いじ》している。

問５　銀行や経済に関する説明として正しいものを、次の**ア～エ**から１つ選び、記号で答えなさい。

ア．日本銀行は、一般《いっぱん》の銀行の他に大企業《きぎょう》とも取引を行う。
イ．日本銀行は、紙幣《しへい》や硬貨《こうか》を発行している。
ウ．一般的に、商品の量が一定だった場合、通貨量が増えると物価は上がり、貨幣《かへい》の価値も上がる。
エ．一般的に、不景気の時には、政府は景気対策として、減税を行い、公共投資を増やそうとする。

問６　次の文章の空欄 X には同じ国名があてはまります。その国の位置として正しいものを、あとの【地図】の**ア～エ**から１つ選び、記号で答えなさい。

　X ラウンドとは、1986年に X で交渉《こうしょう》開始が宣言され、1994年に合意されたＧＡＴＴの貿易交渉です。 X ラウンドでは、ＷＴＯの創設、知的財産権分野におけるルールの導入などが合意されました。

【地図】

問７　国際機関や貿易に関する説明として正しいものを、次の**ア～エ**から１つ選び、記号で答えなさい。

ア．世界貿易機関（ＷＴＯ）は、保護貿易をすすめている。
イ．日本は、セーフガードを発動したことがある。
ウ．経済協力開発機構（ＯＥＣＤ）は、南北問題の解決を目的に設立された国際連合の機関である。
エ．日本は、他国と自由貿易協定を結んだことがない。

問８　地方自治に関して、次の日本国憲法の条文中の空欄にあてはまる語句を、**漢字**で答えなさい。

日本国憲法　第95条

一《ひとつ》の地方公共団体のみに適用される（　　　）は、法律の定めるところにより、その地方公共団体の住民の投票においてその過半数の同意を得なければ、国会は、これを制定することができない。

【理　科】〈東大特待Ⅰ試験　4教科型〉（40分）〈満点：75点〉

1　あとの問いに答えなさい。

図1のように、支柱に固定された一様な棒《ぼう》に、重さ 120 g のおもりAと、300mL の水が入るコップをそれぞれ糸でつり下げました。この棒は、支点を中心になめらかに回転することができます。おもりAは支柱から 25cm、コップは支柱から 15cm の位置につり下げられています。はじめ、コップに水は入っていません。棒とコップと糸の重さは無視《むし》できるものとし、水の重さは 1mL あたり 1 g であるとします。

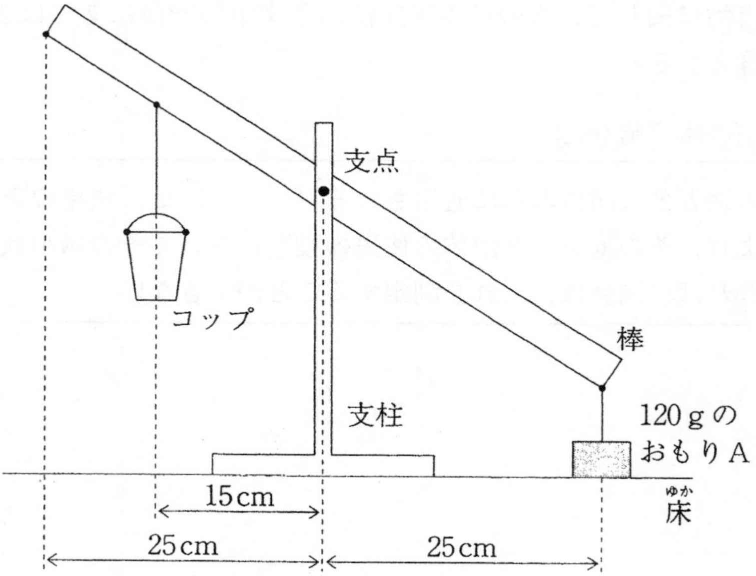

図1

はじめ、おもりAは床にふれており、つり下げている糸はたるんでいませんでした。コップに毎秒 10 mL ずつ水を注いだところ、やがて棒はコップ側に回転して、おもりAが床から離《はな》れました。

問1　水を注ぎはじめてからおもりAが床から離れるまでにかかった時間は何秒ですか。

コップを空にし、つり下げる位置を動かしました。コップに毎秒 10 mL ずつ水を注いだところ、おもりAが床から離れるまでにかかる時間は 15 秒でした。

問2　このときコップは支柱から何 cm の位置につり下げていましたか。

コップを空にしてから**図1**の位置に戻《もど》し、棒の左端《ひだりはし》におもりBをつり下げました。コップに毎秒10 mLずつ水を注いだところ、おもりAが床から離れるまでにかかった時間は10秒でした。

問3　おもりBの重さは何gですか。

図2のように、両端《はし》がななめに切られた重さの無視できる筒《つつ》を、その切り口が床に平行になるように支柱に固定しました。筒の左側の切り口をP、右側の切り口をQとします。この筒は、支点を中心になめらかに回転することができます。また、内部には床から高さ20 cmの位置に、切り口に平行になるように重さの無視できるうすい仕切り板が取り付けてあります。PとQの中心はそれぞれ支柱から30 cm、仕切り板の中心は支柱から10 cmの位置にあるとします。Qが床にふれた状態で回転しないように手で支えながら水を注ぐと、筒に1500 mLの水が入るようになっています。よって仕切り板からPまでの高さは40 cmなので、水深2 cmあたり75 mLの水が入ります。Qが床にふれた状態で、筒に水が入っているとき、水の重さがはたらく位置は、仕切り板と筒と水面でつくられる平行四辺形の中心になることが分かっています。

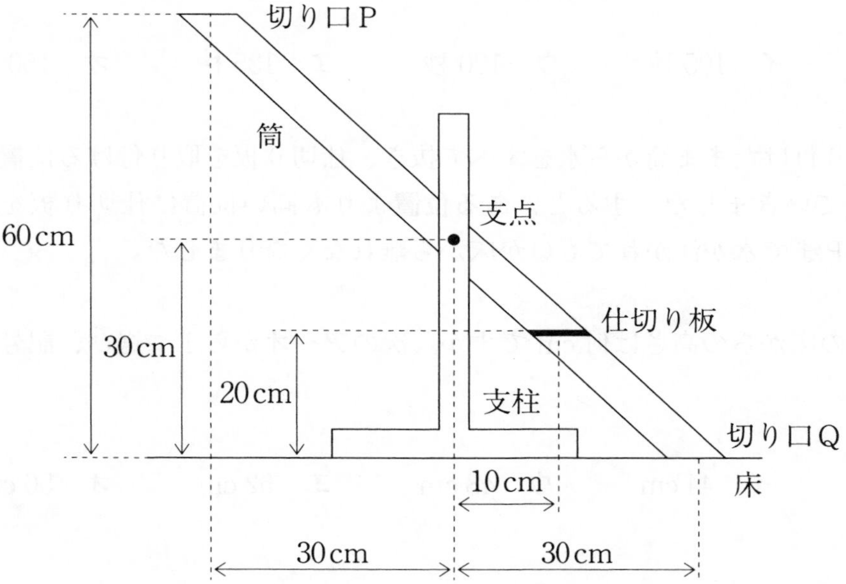

図2

この筒に毎秒10 mLずつ水を注いでいくと、やがてQが床から離れました。

問4　水を注ぎはじめてからQが床からはなれるまでにかかった時間は何秒ですか。また、このときの床から水面までの高さは何cmですか。

次に、大きさの無視できるおもりCをQに取り付け、Pまで水が注がれてもQが床から離れないようにしました。おもりCの重さはQの中心と床がふれている位置にはたらくものとします。

問5　このとき、取り付けるおもりCの重さは最低でも何g必要ですか。

筒から水をすべて抜いたあと、おもりCを取り外し、Qが再び床にふれるように、重さ360 gのおもりDをQに取り付けました。この筒に毎秒10 mLずつ水を注いでいくと、やがてQが床から離れました。おもりDの大きさは無視でき、その重さはQの中心と床がふれている位置にはたらくものとします。

問6　水を注ぎはじめてから、Qが床から離れるまでにかかる時間は何秒ですか。次の**ア～オ**から1つ選び、記号で答えなさい。

ア　90秒　　**イ**　105秒　　**ウ**　120秒　　**エ**　135秒　　**オ**　150秒

おもりDを取り付けたまま筒から水をすべて抜き、仕切り板を取り付ける位置を**図2**より高くしていきました。すると、**ある位置**よりも高い位置に仕切り板を取り付けたとき、Pまで水が注がれてもQが床から離れなくなりました。

問7　**ある位置**の床からの高さは何cmですか。次の**ア～オ**から1つ選び、記号で答えなさい。

ア　40 cm　　**イ**　44 cm　　**ウ**　48 cm　　**エ**　52 cm　　**オ**　56 cm

2　次郎《じろう》くんは水溶液《すいようえき》について実験を行いました。あとの問いに答えなさい。

【実験１】　あるこさの塩酸（以下、（A）とする）40 gを用意し、これにマグネシウムの粉末0.12 gを加えて発生する気体の体積を調べた。

【実験２】　2.25 gの水酸化ナトリウムを溶《と》かして作った水酸化ナトリウム水溶液（以下、（B）とする）180 gを準備した。（A）40 gの入ったビーカー８つを用意し、それぞれに（B）を５g、10 g、15 g、20 g、25 g、30 g、35 g、40 g加えた。そして、マグネシウム粉末0.12 gを８つのビーカーに加えて発生した気体の体積を調べ、その一部を**表１**にまとめた。なお、気体の体積は同じ条件で測定したものとする。

表１

加えた（B）の重さ（g）	5	15	25	35
発生した気体の体積（mL）	94.5	59.5	24.5	0

問１　（B）のこさは何％ですか。最も近いものを次の**ア～オ**から１つ選び、記号で答えなさい。

ア　1.23 ％　　**イ**　1.25 ％　　**ウ**　4.5 ％
エ　22.2 ％　　**オ**　80 ％

問２　【実験１】で発生した気体の体積は何 mL ですか。次の**ア～カ**から１つ選び、記号で答えなさい。

ア　102 mL　　**イ**　112 mL　　**ウ**　119.5 mL
エ　122 mL　　**オ**　129.5 mL　　**カ**　139.5 mL

問３　（A）40 gに緑色のＢＴＢ溶液を入れると液体は黄色になりました。ここで、この液体を再び緑色にするには（B）を何g加えたらよいですか。

【実験3】　硝酸《しょうさん》カリウム、水酸化ナトリウム、硫酸銅《りゅうさんどう》、塩化ナトリウムをそれぞれ水100 gに最大何g溶かすことができるかを、水の温度を変えながら調べ**表2**にまとめた。

表2

	20（℃）	40（℃）	60（℃）	80（℃）
硝酸カリウム（g）	31.6	61.3	106	167
水酸化ナトリウム（g）	109	129	223	—
硫酸銅（g）	20.2	28.7	39.9	56
塩化ナトリウム（g）	35.8	36.3	37.1	38

問4　20℃の水250 gに硝酸カリウムを溶かせるだけ溶かし、60℃まで温めました。硝酸カリウムはさらに何g溶かすことができますか。最も近いものを次の**ア～カ**から1つ選び、記号で答えなさい。なお、水は蒸発《じょうはつ》しないものとします。

ア　29.8 g　　**イ**　74.4 g　　**ウ**　90.3 g
エ　135.4 g　　**オ**　186 g　　**カ**　338.5 g

問5　60℃の水150 gに水酸化ナトリウムを溶かせるだけ溶かし、20℃まで冷やしました。溶けきれなくなって出てくる固体は何gですか。最も近いものを次の**ア～カ**から1つ選び、記号で答えなさい。なお、水は蒸発しないものとします。

ア　52.9 g　　**イ**　76 g　　**ウ**　94 g
エ　114 g　　**オ**　141 g　　**カ**　171 g

問６　硫酸銅を溶かせるだけ溶かした40℃の硫酸銅水溶液300 gをつくり、80℃まで温めました。硫酸銅はさらに何g溶かすことができますか。最も近いものを次の**ア～カ**から１つ選び、記号で答えなさい。なお、水は蒸発しないものとします。

ア　9.1 g　　**イ**　27.3 g　　**ウ**　52.5 g
エ　63.6 g　　**オ**　68.8 g　　**カ**　81.9 g

問７　次郎くんは固体の硝酸カリウム100 gと塩化ナトリウム100 gをあやまって混ぜてしまいました。硝酸カリウムと塩化ナトリウムが混ざりあった粉末200 g（W）から次の①～④の操作《そうさ》で硝酸カリウムが最も多く取り出せる方法（X）と、塩化ナトリウムが最も多く取り出せる方法（Y）の正しい組み合わせを下の**ア～シ**から１つ選び、記号で答えなさい。なお、２種類以上のものを同じ水に溶かしても、溶かすことのできるものの限度量は変わらないものとします。

①　Wを80℃の水100 gに入れてよくかき混ぜ、溶け残りをろ過する。
②　Wを60℃の水100 gに入れてよくかき混ぜ、溶け残りをろ過する。
③　Wを80℃の水300 gに入れてよくかき混ぜ、20℃まで冷やしたあとろ過する。
④　Wを80℃の水300 gに入れてよくかき混ぜ、40℃まで冷やしたあとろ過する。

	ア	イ	ウ	エ	オ	カ	キ	ク	ケ	コ	サ	シ
（X）	①	①	①	②	②	②	③	③	③	④	④	④
（Y）	②	③	④	①	③	④	①	②	④	①	②	③

3　血液の循環《じゅんかん》に関する次の文を読み、あとの問いに答えなさい。

陸上に生息するセキツイ動物では、①呼吸《こきゅう》によって肺《はい》で取り込《こ》まれた酸素が、②血液の流れにのって栄養分とともに全身へ届《とど》けられます。③心臓《しんぞう》は血液を全身に送り出すためにポンプのような動きをしています。この心臓の動きを拍動《はくどう》といいます。

心臓が拍動するときの心室の活動は、次のＡ～Ｄの４つのステージに分かれています。ただし、これらは拍動の順番通りに示されていません。

A　血液を送り出すと、心室の筋肉《きんにく》がゆるみ始め、心室内の圧力（心臓が内部の血液を押《お》す力）が低下してくる。 B　心室の筋肉のはたらきにより心室内の圧力が上昇《じょうしょう》するが、心室から動脈への出口である弁は閉《と》じたままであり、動脈に血液が流れないため心室内の容積は変化しない。 C　心房《しんぼう》にたまっていた血液が心室内へ流れこみ、心室内の容積が増加する。 D　心室の筋肉がさらにちぢむと出口の弁が開いて、血液が動脈に送り出される。

右の**図**はあるホニュウ類における心臓の拍動に伴《ともな》う左心室内の容積と圧力の関係を示したものです。ただし、グラフは１周することで、１回の拍動が完了《かんりょう》します。

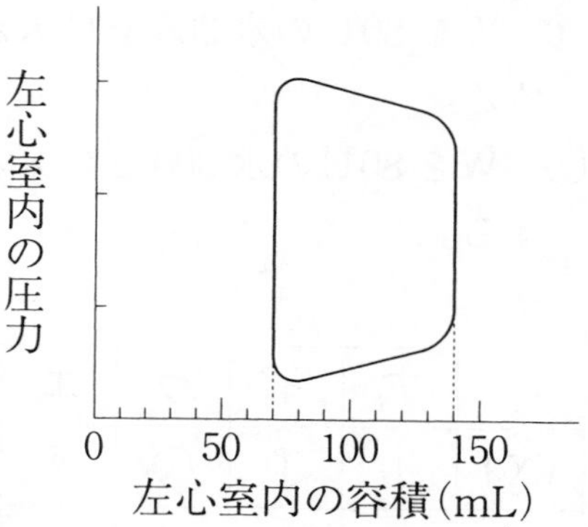

図

問１　次の（１）と（２）に答えなさい。

下線部①について、１回の呼吸で肺に出入りする空気の量を換気《かんき》量といいます。ある人では、換気量は400 mL で、１分間の呼吸回数は16回でした。

（１）　１分間の総換気量は何 mL ですか。

（2）　1分間に肺胞《はいほう》から毛細血管に取り込まれる酸素の量と、毛細血管から肺胞に排出《はいしゅつ》される二酸化炭素の量は、それぞれ何 mL ですか。ただし、計算を行う際は次の**表**でまとめた、肺を出入りする気体の体積の割合《わりあい》（%）を使いなさい。

表

	肺に吸い込まれた空気	肺から吐き出された呼気
酸素の割合（%）	21.04	16.54
二酸化炭素の割合（%）	0.03	4.03

問2　下線部②について、血液の成分の役割として正しい組み合わせはどれですか。次の**ア～カ**から1つ選び、記号で答えなさい。

	白血球	血小板	血しょう
ア	不要物や栄養分を運ぶ	血液を固まらせて出血をとめる	病原きんを殺す
イ	酸素を運ぶ	病原きんを殺す	血液を固まらせて出血をとめる
ウ	不要物や栄養分を運ぶ	酸素を運ぶ	病原きんを殺す
エ	病原きんを殺す	血液を固まらせて出血をとめる	不要物や栄養分を運ぶ
オ	血液を固まらせて出血をとめる	不要物や栄養分を運ぶ	酸素を運ぶ
カ	病原きんを殺す	酸素を運ぶ	血液を固まらせて出血をとめる

問3　下線部③について、ヒトと同じように4つの部屋からなる心臓をもつ動物を次の**ア～オ**から**2つ**選び、記号で答えなさい。

ア　ニワトリ　　**イ**　マグロ　　**ウ**　カメ
エ　カエル　　**オ**　クジラ

問4　血液循環において、心臓の左心室と右心室をしきる壁《かべ》に穴《あな》が開いた場合に起きると考えられる血液の循環として、最も適当なものを次の**ア～エ**から1つ選び、記号で答えなさい。

ア　大静脈から右心房にもどってきた血液の一部が、再び全身へ送り出される。
イ　肺静脈を流れる血液が、肺動脈を流れる血液よりも酸素が少なくなる。
ウ　大動脈から右心房にもどってきた血液の一部が、左心房へ入る。
エ　肺静脈から左心房にもどってきた血液の一部が、右心房へ入る。

問5　27ページの**図**において、1回の拍動が1秒のとき、1分間に左心室から送り出される血液量は何mLになりますか。最も適当なものを次の**ア～カ**から1つ選び、記号で答えなさい。

ア　70 mL　　**イ**　140 mL　　**ウ**　1800 mL
エ　4200 mL　　**オ**　6000 mL　　**カ**　8400 mL

問6　27ページのステージA～Dと**図**の対応を最も適切に表しているものを次の**ア～ク**から1つ選び、記号で答えなさい。ただし、**図**は1周することで1回の拍動が完了しますが、時計回りか反時計回りか明らかにされていないことに注意して答えなさい。

ア

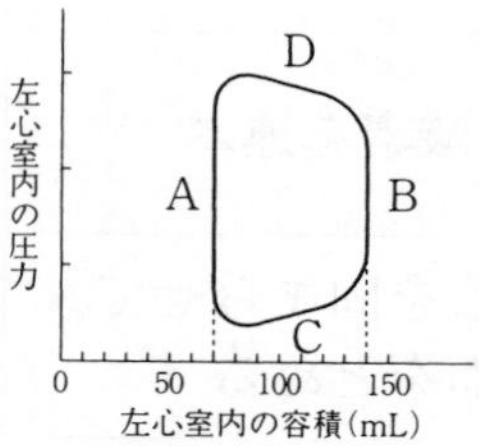

イ

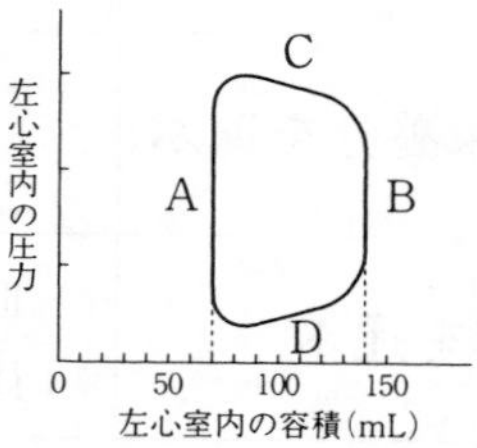

ウ

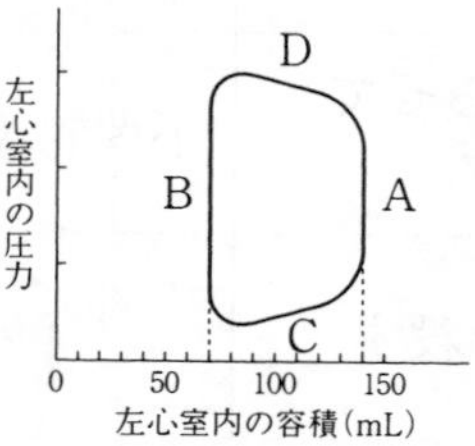

エ

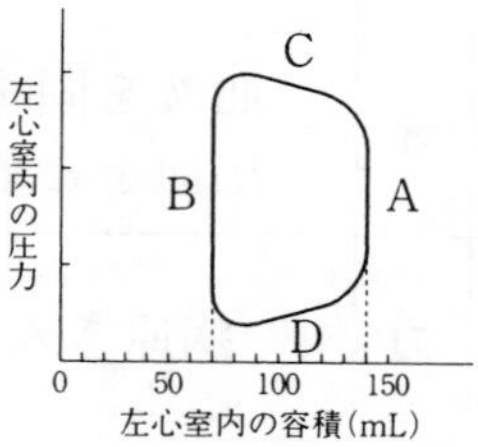

オ

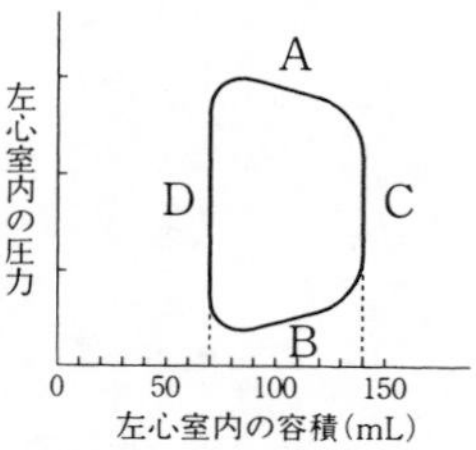

カ

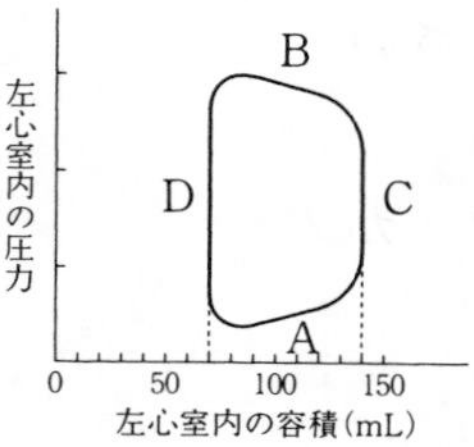

キ

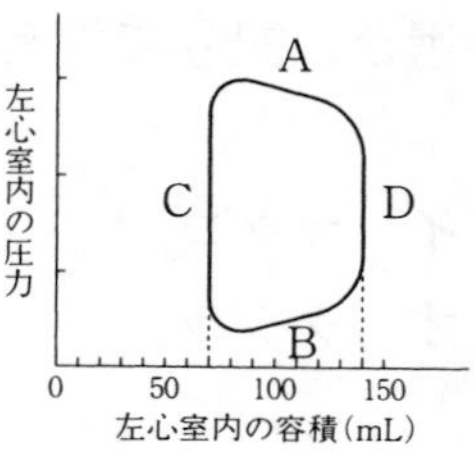

ク

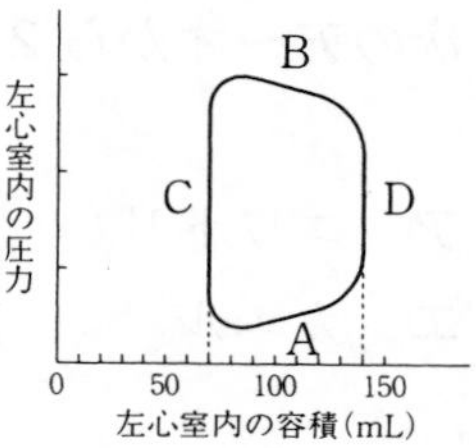

4　あとの問いに答えなさい。

自分が住んでいる場所で過去にどのようなことが起こったのかは地層《ちそう》の様子を調べることで知ることができます。例えば、秩父《ちちぶ》山地や関東平野の地層・化石などを調べることで、埼玉の生い立ちを知ることができます。

古生代の浅く暖《あたた》かい海ではウミユリやフズリナ、（　①　）などが生息していました。秩父山地にはチャートや石灰岩《せっかいがん》など硬《かた》い岩石でできた層が見られます。チャートはホウサン虫などの死がいからできています。石灰岩は（　②　）などの死がいからできており、石灰岩の中にはウミユリやフズリナの化石も多く発見されます。

中生代の海の中には（　③　）やベレムナイトが泳ぎ、海底には三角貝などが生息していました。陸上では被子《ひし》植物が茂《しげ》るようになり、恐竜《きょうりゅう》も歩いていました。埼玉でも恐竜の化石が発見されています。

新生代になると海には巨大《きょだい》なサメ（カルカロドン・メガロドン）などが泳ぎ、海岸近くにはパレオパラドキシアという生物も生息していました。秩父盆地《ぼんち》の泥岩《でいがん》や砂岩《さがん》からは多くの海の生物の化石が発見されています。カルカロドン・メガロドンの化石は深谷《ふかや》市から、パレオパラドキシアの化石は秩父市や小鹿野《おがの》町で発見されています。

これらのことから、埼玉も昔は海の底でしたが、隆起《りゅうき》と沈降を数回くり返し、現在の秩父山地が形成され、埼玉が陸地になったことがわかります。

問１　文中（①）～（③）に入る生物の正しい組み合わせを次の**ア～カ**から１つ選び、記号で答えなさい。

	①	②	③
ア	ビカリア	サンゴ	三葉虫
イ	三葉虫	ビカリア	アンモナイト
ウ	アンモナイト	三葉虫	ビカリア
エ	三葉虫	サンゴ	アンモナイト
オ	アンモナイト	ビカリア	三葉虫
カ	ビカリア	アンモナイト	サンゴ

ある場所に**図１**に示されるような地層が観察されました。

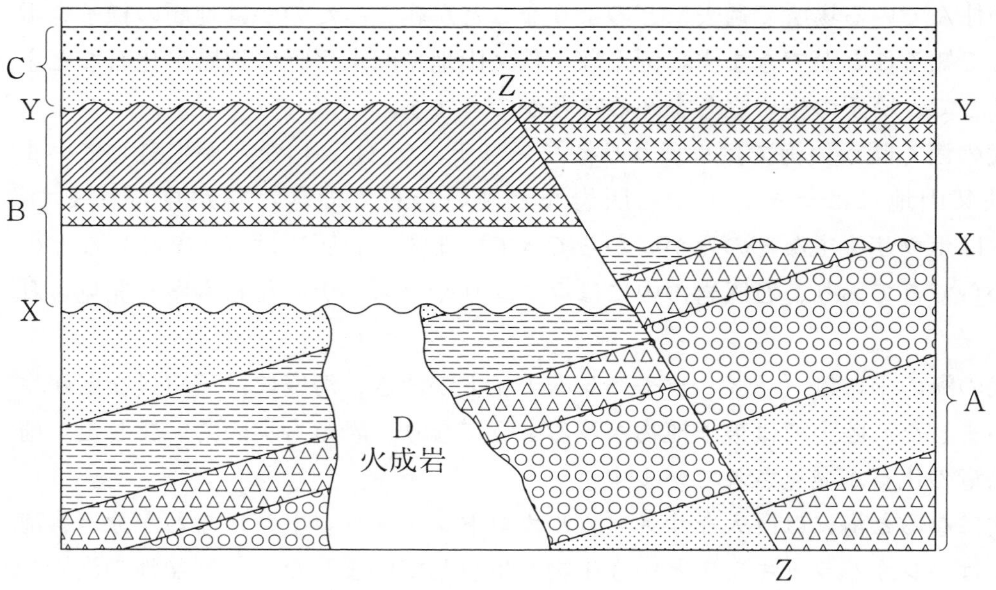

図１

問２　**図１**の地層の重なりについて、次の（１）、（２）に答えなさい。

（１）　次の**ア〜キ**の出来事を年代が古い順に並《なら》べたとき、３番目と６番目は何ですか。それぞれ選び、記号で答えなさい。

ア　Ａの層が堆積《たいせき》した。
イ　Ｙの面が地表となり、長い時間が経過した。
ウ　Ｂの層が堆積した。
エ　マグマが入りこみＤの火成岩になった。
オ　Ｚの断層ができた。
カ　Ｘの面が地表となり、長い時間が経過した。
キ　Ｃの層が堆積した。

（2）　Zの断層について正しいものはどれですか。次の**ア～エ**から1つ選び、記号で答えなさい。

ア　両側から押《お》されるような力がはたらいてできた、正断層である。
イ　両側から押されるような力がはたらいてできた、逆断層である。
ウ　両側から引かれるような力がはたらいてできた、正断層である。
エ　両側から引かれるような力がはたらいてできた、逆断層である。

ある土地の地層がどのようになっているかを**図2**のE～Iの5地点でボーリング調査を行い、**図3**のような柱状図を作成しました。ただし、E、F、H、Iの各点はG点からそれぞれ水平方向に100 m離《はな》れた地点です。また、この土地の地層は、上下の逆転や断層、しゅう曲はありません。

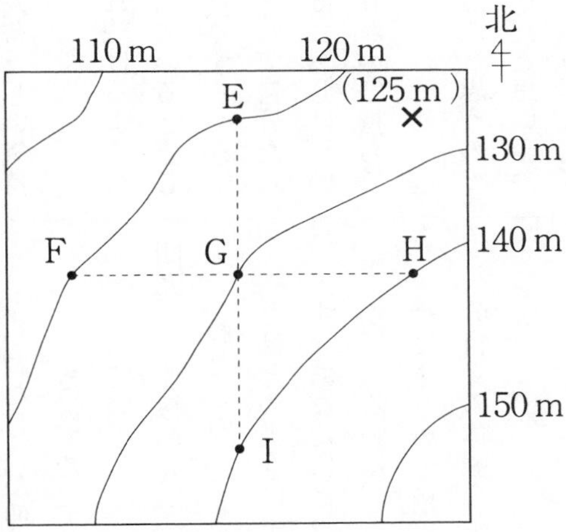

図2

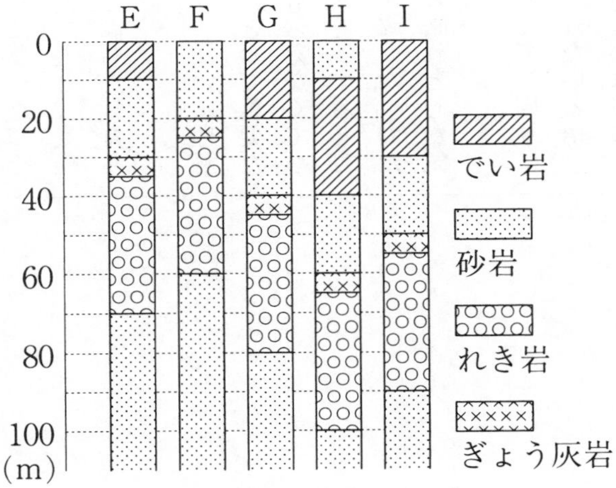

図3

問3　この土地の地層は、東西方面、または南北方面のどちらか一方向に傾《かたむ》いていることがわかっています。この土地を説明した次の文の空らん（①）に入る方位と、（②）に入る数値を答えなさい。

この土地の地層は、（　①　）の方向に行くにしたがって下がっており、傾きは100 m行くにしたがって、（　②　）m低くなる。

問4　**図2**中の**×**の地点（Eから東へ水平方向に100 m離れた標高125 mの地点）では、地表から何m掘《ほ》るとぎょう灰岩の層が出てくると考えられますか。

まれることなく、大人の厳しさを知ってしまった苦々しい気持ちでいる。

イ　「わたし」は女友達のわがままに振りまわされ続けるよりも、一人でも自由にふるまえる方が自分の性分に合っていると感じた。そのため、花音たちのグループとはもう仲良くするべきではないと思い、二人をつき放すことができた。そして自分たちに歯向かった「わたし」に驚き、堂々とした態度におじけづいた二人を見て、優越《ゆうえつ》感にひたり笑いをこらえきれない気持ちでいる。

ウ　「わたし」は他人と違うところがあっても欠点だと思うのではなく、自分の個性として受け入れる態度が大切だと思い至った。そのため、花音たちと意見が合わなくてもよいのだと気づき、二人にはっきりと言いたいことを言えるようになった。それにより気弱だった「わたし」の成長を実感した二人と、気軽に軽口をたたきあえるようになり、喜びと安堵《あんど》に満ちた気持ちでいる。

エ　「わたし」はうわべだけの友情にこだわるより、互いに理解しあえる友達との関係を大切にすることが自分にとって重要だと自覚した。そのため、花音たちに気に入ってもらえなくても構わないと感じ、二人と自然に接することができた。すると自信がわきあがり、想定していたのと違う反応を返した「わたし」に、肩透《す》かしを食わされた二人を見て、晴れ晴れとした気持ちでいる。

オ　「わたし」は自分らしく生きることだけが正しくて、周りに合わせてばかりではいつまでも本当の友達を得られないと悟った。そのため、花音たちとは二度と一緒に行動しないようにしようと決め、気軽に会話を受け流すことができた。そうして「わたし」が仲良しグループから離れようとしていることに気づき慌てる二人を見て、おかしがりながらも情けなく思う気持ちでいる。

問九　══線部A「いちかオリジナルの『ソ』の軸」、══線部B「わたしの『ソ』は、ここ」とありますが、この物語では「ソ」とはどのように生きていくかという行動の軸として描《えが》かれています。あなたにとってこれまでの行動の軸としてきたことは何ですか。あるいは、これからの行動の軸としたいことは何ですか。一行にまとめて紹介《しょうかい》しなさい。また、そう思う具体的な理由を自分自身の体験を踏まえて解答欄《らん》に収まるように紹介しなさい。

問五　——線部3「ト音記号」とありますが、ト音記号として最も適切なものを次から選び、記号で答えなさい。

ア

イ

ウ

エ

オ

問六　——線部4「新しい素敵なヒント」とありますが、「サクちゃん」が伝えようとしたこととして最も適切なものを次から選び、記号で答えなさい。

ア　けんかしてもあきらめることなく友達と仲直りするべきだということ。
イ　名曲はいつの時代も変わることなく演奏することができるということ。
ウ　周りに流されることのない自分らしさを持つことが大事だということ。
エ　周りと波風をたてることのない協調性を持つことが必要だということ。
オ　すべてのものは無常なのでつらい気持ちもやがてなくなるということ。

問七　——線部5「ふたりは化石フェアの台とわたしを交互に見て、なにやら嬉しそうに笑った」とありますが、このときの二人の様子について説明したものとして、最も適切なものを次から選び、記号で答えなさい。

ア　自分たちに関係を隠していた「わたし」と乃木くんのことを疑っている二人は、転校する乃木くんに「わたし」がプレゼントを用意しようとしているところを見て、仲直りしていないという嘘《うそ》をあばけると考え喜んでいる。
イ　大人びている「わたし」と乃木くんのことをうらやましく思っている二人は、「わたし」が転校する乃木くんへのプレゼントに化石を選んでいると知って、「わたし」の常識知らずな一面を言いふらそうと思い喜んでいる。
ウ　自分たちに気後れしている「わたし」を下に見ている二人は、「わたし」が転校する乃木くんに渡すプレゼントを化石にしようとしているところを見つけ、また「わたし」をからかってやる話題が増えたと感じ喜んでいる。
エ　大切な友達である「わたし」が乃木くんを優先するのを苦々しく思っている二人は、「わたし」が二人の誘いを断ったのは転校する乃木くんへプレゼントを買うためだと悟《さと》り、「わたし」を責めるきっかけを得て喜んでいる。
オ　自分たちに劣る「わたし」が人気者の乃木くんと仲良くするのが気に入らない二人は、転校する乃木くんに「わたし」が化石をプレゼントする気だと察し、乃木くんの好みも知らないことをばかにできると思い喜んでいる。

問八　——線部6「わたしはちょっと笑って、『うらやましがるなよ』という言葉を口の中でころがした」とありますが、このときの「わたし」の内面を説明したものとして最も適切なものを次から選び、記号で答えなさい。

ア　「わたし」は周りの目を気にしてしまうのがつらく感じるのは学生の間だけで、社会に出ると当たり前になっていくので気にせずともいいと割り切った。そのため、花音たちに何を思われてもどうでもいいと考え、投げやりな状態になった。そこで二人に乃木くんへのプレゼントをばかにされても、反抗《はんこう》心が生て、「うらやましがるなよぉ」という言葉を口の中でころがした。

（「ト音記号の巻」青山美智子『鎌倉うずまき案内所』より）

＊1　ポストイット…ふせん。
＊2　ポメッピ…花音のお気に入りの、ポメラニアンのキャラクター。
＊3　サクちゃん…いちかの叔父《おじ》。横浜の中学校で理科の先生をしている。
＊4　外巻さん…いちかが修学旅行の時に迷い込んだ「鎌倉うずまき案内所」で出会った、ダジャレ好きなおじいさん。
＊5　黒祖ロイド…乃木くんの好きなSF作家。

問一　本文中の a ～ d に当てはまる言葉として最も適切なものを次から選び、それぞれ記号で答えなさい。ただし、記号は一度ずつしか使いません。

ア　しゅん　　イ　きょとん　　ウ　しくしく
エ　てきぱき　　オ　ぱちくり

問二　――線部1「わたしがこの仲良しグループにいるための引換券」とありますが、「乃木くん」や「花音と瑠美」と「わたし」の関係を説明したものとして最も適切なものを次から選び、記号で答えなさい。

ア　花音と瑠美が男子と気軽に話すことを密《ひそ》かにねたんでいる「わたし」は、たまたま話しかけてきただけの乃木くんが告白をするはずもないのに騒《さわ》ぎ立ててきた二人を恨《うら》めしく思い、乃木くんに八つ当たりをした後も怒《いか》りが冷めず投げやりな態度をとってしまっている。

イ　花音と瑠美がからかってくることを気恥ずかしく思っている「わたし」は、乃木くんのことが好きではあるものの素直《すなお》な態度をとることができず、冷たくあしらってしまったことを悔《く》やんでいたため、その気持ちを察して何も言わずにいてくれる二人に感謝している。

ウ　花音と瑠美のように自信が持てないことを引け目に感じている「わたし」は、乃木くんと一緒に遊びたい気持ちを持つ一方で自分をパン屋に誘ってくれた二人との約束を破ることもできず、両者の間で板挟《いたばさ》みになってしまいどっちつかずな態度をとってしまっている。

エ　花音と瑠美に信頼してもらえているか気がかりに思っている「わたし」は、二人とパン屋に行きたいというのにしつこく話しかけてくる乃木くんをうっとうしく思いながらも、男子の誘いを決然と断ったことで二人に友情を認めてもらえたに違いないと確信している。

オ　花音と瑠美に仲間外れにされてしまわないか恐《おそ》れている「わたし」は、乃木くんとこれからも友達でいたいと考えているものの、男子と仲良くするところを見られて二人の反感をかうことを避《さ》けようとし、二人に気に入ってもらえるような態度をとってしまっている。

問三　――線部2「わたしはぎゅっと奥歯をかみしめて涙をこらえた」とありますが、このときの「わたし」の心情を五十字以上六十字以内で説明しなさい。

問四　本文中の X に当てはまる最も適切な言葉を、文章全体をよく読み自分で考えて漢字二字で答えなさい。

わからなかった。お金もそんなに、持ってないし。

本にしようと思いついて、わたしはモールの中の書店に向かった。＊5黒祖《くろそ》ロイドの本は全部持ってるだろうから、図鑑《ずかん》とか、写真集とか。

店に着くと、文房具コーナーの隣《となり》に「化石フェア」というポスターがあって、わたしは目を見開いた。この書店では時々、こんなふうに本や文房具じゃないものを一時的に置いているのだ。わたしはドキドキしながら台の上に置かれた化石を見た。化石って、いったいいくらで買えるんだろう。

マッチ箱ぐらいの小さなプラスチックケースに入って、それらは行《ぎょう》儀《ぎ》よく並んでいる。恐竜《きょうりゅう》の歯、三葉虫《さんようちゅう》、マンモスの骨。

そして、あった。アンモナイト。

薄《うす》茶色いのや、グレーがかったのや、白っぽいのや。どれも五百円玉ぐらいのサイズだけど、ひとつとして同じものはなかった。

わたしはよーく吟味《ぎんみ》して、殻《から》の模様が一番ぎゅっとつまっていて大理石みたいな色合いのアンモナイトを選んだ。

箱の隅《すみ》に「白亜紀《はくあき》」と書かれた小さなシールがついている。一億四千万年前のそのアンモナイトは、わたしのお小遣《こづか》いでもなんとかなる値段だった。千百円。消費税五パーセントを合わせて、千百五十五円。

それに手を伸ばそうとしたら、後ろから「いちか？」と声をかけられた。花音と瑠美だった。5ふたりは化石フェアの台とわたしを交互に見て、なにやら嬉しそうに笑った。

「えっ、マジで？　化石？」

「うわ、信じられない」

一瞬《いっしゅん》、足がすくむ。

でも、おとといサクちゃんが書いてくれたト音記号の書き込みを思い出したら、体がふっと楽になった。

わたしは黙《だま》って、乃木くんに選んだ美しいアンモナイトの箱を手に取った。

花音たちに背中を向け、レジに向かう。彼女たちがどんな顔をしているのか、何を言ってるのか、べつにわからなくていいって初めて思った。

レジで店員さんに「プレゼントなんですけど、包装してもらえますか？」と訊いた。店員さんはにこっと笑って「承知しました」と言ってくれた。

書店の名前が入った包装紙でラッピングされた小箱を受け取るところまで、花音たちは見ていたらしい。わたしが店を出るとふたりで待ち構えていて「まさか乃木にプレゼントするんじゃない？」と花音が言った。瑠美に話しかけてるってスタイルで、その実、わたしに聞こえるように言っているのがわかる。

「男子に化石あげるとか、笑うわー」

瑠美がわざとらしくおなかを抱《かか》えた。

わたしは「また明日ねぇ」と笑顔でかわしてエスカレーターに向かった。

おびえながらウソをつく必要も、何が悪いんだとムキになる必要もない。

わたしは化石が好きで、乃木くんも同じで、そんな話で盛り上がったふたりの楽しい時間を覚えていてほしいから、彼にプレゼントしたい。誰に笑われてもばかにされても、へっちゃらな軸。Bわたしの「ソ」は、ここ。しっかり足を着ける。

エスカレーターが下っていく。視界の隅で、花音と瑠美が［　d　］と立ち尽くしているのが見える。6わたしはちょっと笑っここのさぁ……と言いかけて、サクちゃんは空のトレイを持って横切ったウェイトレスさんに「すみません、ボールペンありますか」と声をかけた。ウェイトレスさんはエプロンのポケットからペンを取り出し、サクちゃんに渡して庭に出ていく。

サクちゃんは楽譜のコピーをテーブルに置き、ト音記号にペンを入れた。

「このうずまきの中心のとこ。十字架《じゅうじか》みたいにクロスしてるだろ。ここが、ソですよってことなの」

「そうなの⁉」

わたしが声を上げると、サクちゃんは意味ありげに「ソー」と言って笑った。＊4外巻《そとまき》さん並のダジャレらしい。思わず吹き出すと、サクちゃんはにっこり笑った。

「もともとは、この記号はアルファベットのＧだったんだ。それが長い時間をかけて、この形に変わっていった」

「……アンモナイトみたい」

わたしはつぶやいた。長い時間をかけて、うずまきになっていくなんて。

アンモナイト？　とサクちゃんは目を［ｃ］させたけど、特に気には留めずに先を続けた。

「今はドレミファソラシドだけど、うんと昔はラで始まってたんだな。ラシドレミファソがＡＢＣＤＥＦＧに当てられて、日本の音符《おんぷ》の読み方では、いろはにほへと。ということで、ソはＧ、日本語では、と、にあたる。だからト音記号のトって、ソのことなんだよ」

サクちゃんは余白にアルファベットとカタカナ、ひらがなを並べて表にしながら言った。

「すべてのことは変わりゆくんだ。無常っていうこと。このト音記号だって、千年後にはこの形じゃないかもしれない。始まりはドじゃないかもしれないし、線だって五本じゃなくなるかもしれない。でも時がたつにつれ状況《じょうきょう》がどんどん変わっても、ソの位置がここだって、軸《じく》がはっきりしていれば狂《くる》わないだろ。名曲はずっと美しく奏《かな》でられる」

そう言いながら、サクちゃんは『いつくしみ深き』のタイトルを指でなぞった。

「五線譜からはみだすのが怖《こわ》い気持ちはすごくわかるよ。学校と家が全世界の学生のうちは、仕方ないことだと思う。でもね、ばかにされないように笑われないようにって、そっちを軸にして動くと、仲間外れにはならないとしてもホントの仲間は見つけにくいかもしれない。だから、誰に笑われたってへっちゃらって思えるような、Ａいちかオリジナルの『ソ』の軸を持つといい。そしたらこれから先、どんなに状況が変わっても自分を見失ったりしないし、本当に大切な仲間を得られるよ」

サクちゃんはボールペンをテーブルに置く。

うずまきの中心の、わたしのソ。

わたしはサクちゃんの書き込みが入ったト音記号をじっと見た。

空いたグラスをトレイに載《の》せて、ウェイトレスさんが戻《もど》ってくる。サクちゃんはわざわざ立ち上がって、ウェイトレスさんにお礼を言いながらボールペンを返した。

横浜のおばあちゃんの家で一泊《いっぱく》したあと、日曜日の夕方、静岡に戻った。

振替休日の月曜日、わたしはショッピングモールに出かけた。

明日は乃木くんと会える最後の日だ。ちゃんと謝って、ありがとうも言って、何かプレゼントを渡したい。

男の子にプレゼントなんてしたことないから、何を選べばいいのか素晴《すば》らしい回答。今、サクちゃんに好きな人はいないってことだ。

わたしは姪っ子の顔で言う。

「そのときは、わたしまた讃美歌を歌うのかな」

わたしはポシェットから紙を出した。さっき教会で配られた楽譜《がくふ》のコピー。讃美歌312番『いつくしみ深き』。

初めて歌った曲だ。オルガン伴奏《ばんそう》に合わせて、聖歌隊が歌うのをまねるようにしてなんとか口ずさんだ。

楽譜をもらったとき、疑問に思った。「友なるイエス」っていう歌詞があったからだ。

「サクちゃん、この『友なるイエス』ってどういうこと？　イエス様のことを友達なんて」

サクちゃんはなんでも答えてくれる。知っていることはていねいに教えてくれるし、知らないことは一緒《いっしょ》に考えてくれる。サクちゃんの学校の生徒たち、いいなあって本気で思う。

「だって、イエスは人間だから」

「えっ、そうなの？」

驚《おどろ》いているわたしに、サクちゃんは優《やさ》しいたれ目を向ける。

「うん、イエスを神様だと思ってる人もいるけど、彼は神の使いであって、人間なんだ。ヨハネの章だったかな、イエスがみんなに言ったんだよ。あなたたちは、私のしもべではなく友だって」

そうなんだ。救世主は、友達だったんだ……。

「じゃあ、隠《かく》れキリシタンは友達を踏んだのね」

なんだかそれって、神様を踏むよりもつらいことのような気がした。

［ b ］としていると、サクちゃんはわたしの頭にぽんぽんと手をのせた。

「どうした、いちか姫は何かお悩《なや》みか？」

「……姫じゃないの。わたし、侍女《じじょ》なの」

サクちゃんは頭から手をおろし、そっと肩《かた》に触《ふ》れてくれた。こらえきれなくなって、わたしは涙《なみだ》声になる。

「みんなから外れないようにって必死で合わせてるうち、やっとわかり合えたはずのたったひとりの友達に、ひどいことしちゃった……」

わたしはぼろぼろと泣いた。サクちゃんは、そうかそうか、と優しく肩を抱《だ》いてくれた。テラス席の端《はし》っこはちょっとした死角になっていて、庭にいるみんなは俊介さんのお友達が弾《ひ》くバイオリンの音に聴《き》き入っている。

「そういうの、わかるよ。中学や高校のうちは、どうしてもみんなが同じほうを向いていないと先に進まないような空気ができちゃうんだ。この五線譜みたいにね、ぴっちり決められた枠《わく》の中にいなきゃいけなくて、自分がどこにいればいいのか見失ったりする。教師やってる僕《ぼく》から見ててもしんどいときあるよ。学校っていう大きな集団じゃなくて、もっと小さなところでひとりひとりと向き合えたらいいのになって思うこともある」

ちょっと意外だった。サクちゃんは楽しく中学校の先生をやっていると思っていた。いつか転職なんて、そんなこともあるんだろうか。

「人と違っているのは劣《おと》っているってことじゃないんだ。それぞれがそれぞれでいいって、もっと［ X ］性が認められる社会にしていかなきゃいけないって思うし、時間をかけて少しずつそういう時代になるって僕は信じてるよ」

サクちゃんは楽譜を見ながら言った。そして3ト音記号を指さす。

「ね、ト音記号の意味、知ってる？」

「えっ……」

サクちゃんの口からト音記号という言葉が出てきて、わたしの胸は高鳴った。なんだか、4新しい素敵なヒントを運んできてくれるような予感がしたのだ。

ったと思った。

花音と瑠美にくっついて、わたしは商店街で食べたくもないパンを三個も買った。レジでもらったクーポン券を花音に渡《わた》す。それは、1わたしがこの仲良しグループにいるための引換《ひきかえ》券だった。

それから三週間して、ホームルームで泉《いずみ》先生が言った。

「突然《とつぜん》な話ですが、乃木くんが二学期いっぱいで転校します」

わたしはハッと顔を上げた。教室がざわつく。

今日は金曜日で、月曜日が祝日の振替《ふりかえ》休日だから週末を入れて三連休になる。冬休みは水曜日からだ。二学期いっぱいって、実質、今日を含《ふく》めて二日しかない。

乃木くんはクラス全員から注目を浴びて、きまり悪そうにうつむいていた。先生が［ a ］と説明する。

「お父さんが急に転勤になって、東京に引っ越《こ》すことになりました。三年生のこんな時期だけど、逆に今なら東京の高校を受験することも支障なくできるからね。乃木くんの希望で、ぎりぎりまでみんなには言わないってことで今日発表となりました。はい、乃木くん、みんなにひとこと！」

乃木くんは恥《は》ずかしそうに立ち上がり「残り二日、よろしくお願いします」とだけ言って座った。

そんだけかよー、と湯川《ゆかわ》くんが言ってみんなが笑う。

そうだった。乃木くんって、みんなの前でペラペラしゃべる人じゃなかった。わたしに見せてくれたイキイキとした表情や、饒舌《じょうぜつ》な語り口は、彼が心を大きく開いてくれていた何よりの証《あかし》だった。

乃木くんがわたしに話があるって、このことだったんだ……。

2わたしはぎゅっと奥歯をかみしめて涙をこらえた。ここで泣いたりしたら、花音たちに何を言われるかわからない。なんとも思わないふりをして、髪《かみ》の毛の先をいじったり爪《つめ》を見たりして、わたしは時間が過ぎるのを待った。

その週末、土曜日に親戚《しんせき》の結婚《けっこん》式があって、わたしはお父さんとお母さんと三人で横浜に行った。

お母さんや＊3サクちゃんの従弟《いとこ》である俊介《しゅんすけ》さんが今回の主役で、わたしにとっては「いとこおじ」になるらしい。

わたしは乃木くんのことで落ち込《こ》んでいたけど、サクちゃんに会えるのはやっぱり嬉《うれ》しかった。シャーベットグリーンのワンピースを着ているわたしに、サクちゃんは「お姫様《ひめさま》みたいだな」と言ってくれた。

式は教会で行われた。俊介さんのタキシード姿はかっこよかったし、花嫁《はなよめ》さんもかわいらしくて、見ているだけで幸せな気持ちになった。牧師さんに導かれて新郎《しんろう》新婦は神様に愛を誓《ちか》い、参列者のわたしたちは讃美歌《さんびか》を歌った。

ひととおりの儀式《ぎしき》を終えたあとは、コテージみたいな会場に場所を移した。一応、室内にテーブル席があったけど、テラスの窓が全部開け放たれて庭に出られるようになっている。移動自由なガーデンパーティー形式の、素敵《すてき》な披露宴《ひろうえん》だった。

わたしはサクちゃんとふたり、テラス席に座ってケーキを食べていた。「なついている姪《めい》っ子《こ》」のポジションを存分に活かし、彼を独《ひと》り占《じ》めすることに成功したのだ。こんな知能犯のわたしもいる。「おとなしい顔してやるなぁ」って花音の言うことも、あながち間違《まちが》いじゃないかもしれない。

「サクちゃんも、結婚したいって思う？」

そう訊《き》いたら、サクちゃんはウーンとうなった。

「ただ結婚したいかって言われたら、わかんないな。いつか好きな人ができて、その人と結婚したいなと思ったらするよ、きっと」

エ　「問うこと」は「思考」を哲学的なものにするために重要ではあるが、むやみに「問い」を重ねたからといって必ずしも「思考」が決まった方向に定まり、哲学的に深まっていくということはないので、何をいつ誰に問うかという「問い」の質が大切なのである。

オ　人の意見を聞くような「問い」は、思考力を育てるためには必要であるが、「思考」を深め、哲学的な広がりをもたせるには新たな視点や意外な展開が必要なので、明確な答えを求めるような「問い」を重ねて、土台となる確かな知識を身につけることが重要である。

四

次の文章は、青山美智子《あおやまみちこ》『鎌倉《かまくら》うずまき案内所』の一節です。中学三年生の「わたし」と「乃木《のぎ》くん」は修学旅行で同じグループになったことをきっかけに仲良くなり、火曜日と金曜日の早朝に誰《だれ》もいない理科室で話をするようになりますが、ある日同じクラスの「花音《かのん》」と「瑠美《るみ》」に二人の関係をひやかされた「わたし」は、「乃木くん」がいる前で彼《かれ》の悪口を言ってしまいます。本文はその続きの部分です。これを読んで、あとの問いに答えなさい。字数指定のある問いは、句読点などの記号も全て字数にふくみます。

次の日、わたしは借りていた本を紙袋《かみぶくろ》に入れ、補習が始まるぎりぎりの誰も教室にいない時間を見計らって乃木くんの机の中に返却《へんきゃく》した。表紙に「ありがとうございました」と書いた＊1ポストイットだけつけてある。

わたしはもう、乃木くんの友達でいる資格もない。そう思った。救世主だったイエス・キリストの踏《ふ》み絵を踏みまくった信者の気分だった。

本は読まなかったし、乃木くんとつながるものを持っていてはいけない気がした。

それからわたしは、火曜日と金曜日の理科室には行かなくなった。

もともと、約束していたわけじゃないのだ。

そうしてわたしは、なるべく乃木くんと目を合わせないようにして過ごした。

十二月に入ってすぐの放課後、教室を出ようとしたら乃木くんがわたしを呼び止めた。

「あのさ、ちょっといいかな」

ドア口で花音と瑠美がわたしを見ている。このあと三人で商店街のパン屋へ行く約束をしていた。パンをひとつ買うとクーポン券がついてきて、十枚集めれば＊2ポメッピのお皿がもらえるらしい。花音はそれが欲《ほ》しいと言って、わたしも誘《さそ》ってきたのだ。

「俺、園森《そのもり》さんに話があって」

「……急いでるから」

乃木くんは三秒ぐらい沈黙《ちんもく》したあと、「じゃ、いつならいい？」と弱々しく言った。

その声がなんだか泣きそうで、わたしのほうこそもっともっと泣きそうで、今すぐふたりで理科室に行きたかった。

「いちかに告《こく》るんじゃん？」

瑠美が花音に言う。わざとわたしたちに聞こえるように。

わたしは乃木くんから目をそらしながら叫《さけ》んだ。

「もう、話しかけてこないで！」

怒《おこ》った口調になったのは、乃木くんにじゃなくて自分自身に腹が立ったからだ。

乃木くんの顔を見ることができなかった。本当にこれで終わっちゃていることということ。

エ　不満や不安が大きすぎて自分の力では手に負えなくなっているということ。

オ　そもそもその問いに関して自分自身は疑問を感じているということ。

問四　――線部３「問いはより深くなり、哲学的になる」とありますが、何をどのようにすることで哲学的になるのですか。三十字以上四十字以内で説明しなさい。

問五　――線部４「答えが出るかどうかは問題ではない」とありますが、それはなぜですか。最も適切なものを次から選び、記号で答えなさい。

ア　授業を受ける意味があるかないかは答えがあるわけではなく、問いを積み重ねることが大事だから。

イ　納得のいく答えが出ると怒りや苦しみが増幅《ぞうふく》しかねないので、答えが出ない方がいい場合もあるから。

ウ　自分のもっている疑問を相手が受け止めてくれるだけで、恐れや怒りなどの感情が薄まるから。

エ　疑問に対して納得のいく答えが出なくても、授業を受けないということを認めてもらうことが重要だから。

オ　正しい答えを導き出すことよりもとにかく恐れず問うことで、不満や不安に打ち勝つことができるから。

問六　本文中の［Ⅰ］～［Ⅴ］には、「閉じた」または「開いた」が入ります。「閉じた」が入る箇所《かしょ》にはＡ、「開いた」が入る箇所にはＢと、それぞれ記号で答えなさい。

問七　――線部５「かならずしもそうではない」とありますが、それはなぜですか。三十字以上四十字以内で説明しなさい。

問八　――線部６「知識だけ学んで問うことがなければ、思考はどこにも行かず、育つこともない。知識もなしに問うばかりでは、思考は方向を見失う」とありますが、この内容と同じような意味の文を次から一つ選び、記号で答えなさい。

ア　学ぶに暇《いとま》あらずという者は暇《いとま》ありといえども、また学ぶあたわず。

イ　学びて思わざれば則《すなわ》ちくらし。思いて学ばざれば則《すなわ》ちあやうし。

ウ　吾、十有五にして学に志す。三十にして立つ。四十にして惑わず。

エ　学びて時にこれを習う。またよろこばしからずや。

オ　少年老いやすく学成り難《がた》し。一寸の光陰《こういん》軽んずべからず。

問九　本文の要旨《ようし》として最も適切なものを次から選び、記号で答えなさい。

ア　「問い」には答えがはっきりしているものと、そうでないものとがあるが、「思考」を哲学的なものにするためには「問い」を重ねることが重要なので、対話を続けていくときには、とにかく答えに説明を要する「問い」をたくさん展開していくことがいいのである。

イ　「問い」が漠然としていると「思考」も漠然としたものになってしまうが、具体的に問うことによって「思考」はより具体的なものになっていくので、明確な答えが出るような「問い」を重ねていくことで得る確かな知識が、「思考」をより深めていくのである。

ウ　知識がなくても対話は哲学的になりうるが、確かな知識をもとにして考えると対話が定まった方向で深まり問いを積み重ねることができるので、哲学的な思考には簡潔に答えられる問いと簡単には答えられず対話が発展していく問いが必要である。

れば、対話じたいは哲学的になりうる。しかし死刑について、より深く考えられるとは限らない。

歴史上、どのような死刑があったか、どのような罪に対して死刑が科されたか、現在死刑はどの国に残っていてどの国で廃止《はいし》されているか、死刑はどのようにして廃止されたのか、凶悪《きょうあく》犯罪に対して死刑の代わりにどのような刑罰をもって臨んでいるのか、現在日本で死刑はどのように行われているのか、死刑囚はどのような生活をしているのか等々、調べれば明確な答えが得られる問いはたくさんある。

どんな問題であれ、調べれば分かることは明らかにしたうえで問い、考えなければ、対話は糸の切れた凧《たこ》のように宙を漂《ただよ》い、あらぬ方向へ行ってしまう。それはそれで、新たな視点が見つかったり、意外な展開があって予想もしないことを考えることができたりして、対話としては面白いし、哲学的な広がりも深まりもあるだろう。それもまた思考の自由さなのかもしれない。

だが、制御《せいぎょ》がきかないのは、自由さとは違う。確かな知識によって土台と軸《じく》が与えられれば、対話は焦点《しょうてん》が定まった仕方で深めることができる。

6知識だけ学んで問うことがなければ、思考はどこにも行かず、育つこともない。知識もなしに問うばかりでは、思考は方向を見失う。知識はそこから問うてこそ意味があり、問いは知識によってさらに発展する。だから哲学的に考えるためには、答えのある問いとない問い、閉じた問いと開いた問いの両方が必要なのである。

（梶谷真司《かじたにしんじ》『考えるとはどういうことか』より）

＊呪詛…うらみに思う相手に災《わざわ》いが起こるよう神仏に祈《いの》り願うこと。

問一　本文中の［A］～［D］に当てはまる言葉として最も適切なものを次から選び、それぞれ記号で答えなさい。ただし、記号は一度ずつしか使いません。

ア　また　　イ　たとえば　　ウ　さて
エ　だから　　オ　すると

問二　――線部1「考えが前進する」とありますが、それはどうなることですか。最も適切なものを次から選び、記号で答えなさい。

ア　「何かいいことないかなぁ」と考えたあとに「みんなにとって？」「誰にとって？」と問う対象を他人に限定することで、複数の答えを得られるようになる。

イ　「何かいいことないかなぁ」と考えるかわりに「誰にとって楽しいこと？」「自分？」と自分のために抽象的な問いを重ねることで、自発的に考えられるようになる。

ウ　「何かいいことないかなぁ」と考えるだけでなく「いいことって？」「誰のために？」という具体的な問いを重ねることで、別の角度から考えられるようになる。

エ　「何かいいことないかなぁ」と考えてから「つまんないこと？」「楽しいこと？」と反対の意味の問いを重ねることで、問いの答えが漠然としたものにならないようになる。

オ　「何かいいことないかなぁ」と考えてすぐに「自分にとって？」「みんなにとって？」と必要以上に問いを重ねることで、前向きに考えられるようになる。

問三　――線部2「実際には問いではない」とありますが、それはどういうことですか。最も適切なものを次から選び、記号で答えなさい。

ア　解消されることのない自分の中の思いが問うことをあきらめさせるということ。

イ　問いのような形だが自分の中では答えを求めているわけではないということ。

ウ　自分の中ではその問いが負の思いのせいで考えられなくなっ

それどころか、問うことは恐ろしいことでもある。もし答えがなかったら、答えられなかったら、どうするのか？　あるいは、自分の無力さ、愚《おろ》かさに直面するかもしれない。ならば、ただ文句を言って、誰かを責めていたほうがいい。そのほうがずっと楽だ。

だが、4答えが出るかどうかは問題ではない。生徒からすれば、授業を受ける意味があるかどうか、先生が納得のいく答えを示してくれなくてもいい。それがまっとうな問いであることを認めてくれればいいのだ。

つまり、疑問を共有することじたいに、すでに大きな意味がある。自分が疑問に思うことを、問うに値《あたい》しないかのように扱われたり、問うことじたいが間違っているとかケシカランと思われたりするのは、誰にとってもつらいことである。自分の疑問がきちんと受け止められること、問うていいのだと認められることが、重要なのである。

そして答えが出なくても、その問いから考えていくことで、恐れや怒りや苦しみ、不満や不安から身を引き離《はな》すことができる。そうすれば、その人自身、少しでも自由になれる。

大事なのは、問うことを恐れないことである。最初からいい問いを作る必要はない。とにかくいろいろ問う。そこから問いを積み重ねていく。

ただ、一人ではなかなか思いつかないし、何より退屈だ。だから、他の人と対話をする。自分だけでは思いつかないような問いを他の人が思いつく。他の人が問えば、自分も問う勇気が出る。そこに対話の意義がある。

問いには、はっきりした答えのある問いと、そうではない問いがある。「富士山の高さは何メートルか」という問いには、一言で明快に答えられるが、「富士山はなぜ神々《こうごう》しいのか？」にはいろんな答え方ができるし、簡単には答えられない。

実際に明確な答えが出せるかどうかは、あまり問題ではない。たとえば、「この部屋に酸素分子はいくつあるか？」という問いは、大まかな数であれば、化学式を用いて計算できるが、正確には分からない。かといって、数が決まっていないわけではない。

また中間的な問いもある。「日本人は何人いるか？」という問いは、日本国籍《こくせき》をもつ人の数を問題にしているのであれば、はっきり答えられるが、日本国籍をもつ外国人、外国籍をもつ日本人、世界のさまざまな国にいる日系の人を数に入れようとすれば、どのように答えるのか難しい問題である。

少し意味合いは違うが、「閉じた問い(closed question)」と「開いた問い(open question)」という区別もある。閉じた問いは、簡潔に答えられて、それ以上の説明を要しないもの、開いた問いは答えに説明を要するものである。

イエス・ノーで答えられるのは、かならずしも［　Ⅰ　］問いが多いだろうが、人の意見を聞くような問いは、かならずしもそうではない。「死刑《しけい》制度に反対ですか？」や「今の生活に満足していますか？」は、人によっても違い、簡単には答えられないので、［　Ⅱ　］問いである。

また、人によって、場合によって答えが違うからといって、［　Ⅲ　］問いになるわけではない。「あなたの名前は何ですか？」や「今何時ですか？」は、一言で答えられるので、［　Ⅳ　］問いである。「夏休みはどのように過ごしたいですか？」というのは、中間的なものだろう。

一般には、思考力を育てたり、哲学的な対話をしたりするためには、明確な答えのない問い、［　Ⅴ　］問いを考えるのがいいとされる。だが、5かならずしもそうではない。たとえば、「死刑についてどう思うか？」という問いに対して、何の予備知識もなしに、ただたんに命の価値、罪と罰《ばつ》の関係、復讐《ふくしゅう》、救済などについて自由に話してい埒《らち》が明かない〝問い〟としてその人に付きまとう。そのせいできちんと考えることが妨《さまた》げられている。

この状態から抜《ぬ》け出す選択肢《せんたくし》は二つある。問うのをやめるか、問いを立て直すか、である。

問いではない問い、考えることのできない問いを考えられる問いに変えられないなら、もう問わないほうがマシだ。何でもかんでも問えばいいというものではない。

問う能力は、人によって違う。手に負えない問いというのは、誰にでもある。問わない、問いを忘れる、あきらめるということも重要だ。とはいえ、それとて簡単ではない。だから「どうしてそんなことを問うのか？」「その問いを問うことに意味はあるのか？」と問う。これで問いから抜け出せるかもしれない。

問うことをどうしてもやめられない、やめたくない、やめるべきでない場合は、もう一つの選択肢になる――問いを立て直すにはどうすればいいのか。

たとえば、「なぜ授業を受けなければならないのか？」（大人だったら「仕事」と言い換《か》えればいい）というのを取り上げよう。これは、学校へ行って生徒たちから自由に問いを出してもらうと、よく出てくる問いである。本当に疑問に思って出てきた問いかもしれないが、その背後にはしばしば「意味がないんじゃないか」「つまんない」「退屈《たいくつ》だ」「できれば受けたくない」という不満や拒絶がある。

普通《ふつう》の答えは（とくに教師からの）、「受験に必要だから」となるが、当然これで終わりにはならない。続いて生徒からは、「塾《じゅく》で習えば、学校の授業は必要ないのか」という問いが出てくる。あるいは、「自分が受ける大学ではこの科目（理系なら歴史、文系なら理科とか）は必要ないから受けなくていいか」となる。

教師としては、ここで手詰《づ》まりだろう。あるいは、「とにかく勉強しておけば、いつか何かの役に立つかもしれない」と、原理的には否定不可能なことを言うかもしれない。それなら「たとえば、どんな時？」と聞ける。さらに続けることはできるが、いずれにせよ、先生にとっては分の悪い問答だ。

だがここでは、教師をやり込《こ》めることが目的なのではない。教師がちゃんと答えられるかどうかも重要ではない。そうではなく、教師も含《ふく》めていっしょに考えられるような問いになるかどうか、そこから哲学的な問いにしていくにはどうすればいいか、である。

ここでも、自分自身をその問いに結びつけてみるといい――「なぜ自分はその授業に意味がないと思うのか？」「なぜその授業を受けたくないのか？」――そんな問いに対してはどう答えるだろうか。「そもそもやってることが分からないし、受験で不要だから分かる必要もないし、結局自分の人生には関係ない」

そこからさらに次のように問うことができる――「受験では不要でも分かるとためになる、人生には関係があるようなことは何か？」「それは不要だと思う科目（歴史や理科）について言えば、どのようなことか？」「それは学校で学べないか？　学べないとすればなぜか？」「そもそも学校で学ぶべきことは何か？」「ある科目で学ぶ意義があるのはどんなことか？　その意義とはどのようなものか？」といった具合に。

こうすれば、3問いはより深くなり、哲学的になる。堂々巡りをしたり、ただ人を怒《おこ》ったり憎《にく》んだりするのではなく、一歩でも二歩でも考えを進めていける。

こんなこと面倒くさくてやってられるか！と思うかもしれない。そんなことをやったって、どうにもならない。どうせ授業は受けなきゃなんないじゃないか！――その通り。こんなこと、生徒であっても教師であっても、一人では考える気にもなれないだろう。

いをつなげていくかによって、思考の進み方が変わる。

漠然《ばくぜん》としたことしか考えられないのは、問いが漠然としているからだ。抽象《ちゅうしょう》的なことばかり考えるのは、問いが抽象的だからだ。明確に問うことができれば、明確に考えることができ、具体的に問えば、具体的に考えられる。考えが同じところばかりグルグル回っていて、先に進めないのは、問いに展開がないからだ。

「何かいいことないかなぁ」と考えているだけでは、いろんなよさそうなこと、楽しそうなことが頭に浮《う》かんでは消え、「あーあ、つまんないなぁ」とグチるだけになる。その代わりに次のように問いをつないでみる。

「いいことってどういう意味だろう？　楽しいこと？　ためになること？　誰《だれ》にとっていいこと？　誰にとって楽しいこと？　自分にとって？　みんなにとって？　みんなって誰？　自分はどんな時に楽しいと感じる？　最近楽しかったのっていつ？　自分のためになることって何？　自分に必要なもの？　何のために、いつ必要なもの？……」

こうして問いを重ねていくと、1考えが前進する。［B］、「いいこと」が具体的に見つかるかもしれないし、やらなければいけないことがはっきりして「いいことないかな」などと考えている場合ではないと思うかもしれない。いずれにせよ、先に進める。

「何であの人はこんな面倒《めんどう》なことばかり頼《たの》んでくるんだろう？」と思っているだけでは、鬱陶《うっとう》しい、非常識だ、ワガママだ、いい加減にしろ！等々と、心の中で相手をののしるだけだろう。そうではなく、こんなふうに問うてみる。

「あの人が頼んでくることって本当に必要？　なんで私はそれを面倒だと思うの？　あの人の言うことっていちいち聞かなきゃダメ？　あの人との付き合いって私にとってどれくらい大事？　断ったらどういう問題が起きるの？……」という具合に。

ひょっとすると〝あの人〟自身が何か別の問題を抱えているのかもしれない。［C］私が過剰《かじょう》に反応して、必要以上に言うことを聞こうとしているのかもしれない。それは私が気弱で断れないだけかもしれないし、他人に〝いい顔〟をしたいだけかもしれない。結局は断っても大したことがないのであれば、問題はどうやって断るか、だけなのかもしれない。それも、もっともらしい言い訳などせず、一言「忙《いそが》しいから無理」と言えばすんだりする。

こうして問いを重ねることで、考えることは広がり、別の角度からものを見られるようになる。哲学的かどうかはともかく、問いは思考を動かし、方向づける。［D］、考えるためには問わなければならない。重要なのは、何をどのように問うかである。

（中略）

世の中には、問いのように見えて、2実際には問いではないものがたくさんある。不満や不安、怒《いか》りや恐《おそ》れや苦しみと共に発せられる問いは、多くの場合、問いではなく、拒絶《きょぜつ》、否定、非難、侮蔑《ぶべつ》、＊呪詛《じゅそ》である。

「なんでこんなことしなきゃならないんだ？」は「やりたくない！」という拒絶であり、「なんでこんなのがいいんだ？」は「いいわけないだろ！」という否定、「何を言ってるの？」は「バカなこと言うな！」という非難である。「なんでこんなこともできないんだ？」は「無能な奴だ！」という侮蔑、「なんであんな奴がのうのうと生きてるんだ？」は「バチが当たればいいのに！」という呪詛である。

こうした問いは、実際にはそれが問いではないということだけではなく、「イヤだ」とか「ダメだ」とか「クソ」とか「アホ」とか、すでに答えが出ている。それなのに、解消されることのない不満と共に

二〇二二年度　栄東中学校

【国　語】〈東大特待Ⅰ試験　四教科型〉（五〇分）〈満点：一五〇点〉

一　次の（1）～（5）に当てはまる最も適切な言葉をあとの語群から選び、それぞれ漢字に直して答えなさい。ただし、語群の言葉は一度ずつしか使いません。

・物事の（1）を判断する。
・この映画の（2）収入は、歴史的な記録を作った。
・彼の（3）がない行動に嫌気《いやけ》がさした。
・（4）寝坊《ねぼう》をしないとちかう。
・彼は（5）の天才だ。

【語群】
セッソウ　ケイチョウ　コウギョウ
コンリンザイ　フセイシュツ

二　次の（1）～（10）に当てはまる最も適切な言葉をあとの語群から選び、それぞれ記号で答えなさい。ただし、記号は一度ずつしか使いません。

・人生の大きな（1）に立つ。
・心の（2）にふれる素晴《すば》らしい演奏。
・会社についての悪い噂《うわさ》が（3）していた。
・本題に入る前に、計画の（4）を説明した。
・オリンピック招致《しょうち》活動に協力するのに（5）でない。
・彼は現場で苦労を重ねてきた（6）の職人だ。
・ハイキングにでかけるには（7）の上天気だ。
・日本人は昔から自然に（8）の念を抱《いだ》いている。
・社会的な不平等をなくすため（9）について学ぶ。
・自分の意見が（10）だからといって正しいとは限らない。

【語群】
ア　流布《るふ》　イ　岐路《きろ》
ウ　琴線《きんせん》　エ　畏敬《いけい》
オ　あらまし　カ　たたき上げ
キ　やぶさか　ク　おあつらえ向き
ケ　ジェンダー　コ　マジョリティー

三　次の文章を読んであとの問いに答えなさい。字数指定のある問いは、句読点などの記号もすべて字数にふくみます。なお、設問の都合上、一部の記号を省略しています。

「問い、考え、語り、聞くこと」としての哲学《てつがく》において、もっとも重要なのは「問うこと」である。「問い」こそが、思考を哲学的にする。

A　「今日は何しようかな、疲《つか》れてるしなぁ、今週中にあれ片づけなきゃいけないのに、……そういえば、昼ご飯、何食べよう？」――こういうのは、「考える」ということとは違《ちが》う。頭の中で何となく思いが巡《めぐ》っているだけである。「考える」というのは、もっと自発的で主体的な活動を指す。それは「問い」があってはじめて動き出す。問い、答え、さらに問い、答える――この繰《く》り返し、積み重ねが思考である。それを複数の人で行えば、対話となる。

問いによって考えるようになるということは、何をどのように問うかによって考えることが変わってくるということを意味する。つまり、問いの質によって思考の質が決まるのである。そして、どのような問

2022年度
栄 東 中 学 校　▶解説と解答

算　数　＜東大特待Ⅰ試験　4教科型＞（50分）＜満点：150点＞

解　答

1 (1) 17個　(2) $\frac{7}{12}$　(3) 15分　(4) 725mL　(5) 567個　(6) 12.56cm　2 (1) ア 22個　イ 22個　ウ 23個　エ 23個　(2) 1474組　(3) 1980組　(4) 4928組　3 (1) 解説の図1を参照のこと。　(2) 141cm^3　(3) 93cm^3　4 (1) 4.25cm^2　(2) 17：8　(3) 13：12

解　説

1 つるかめ算，数列，速さと比，水の深さと体積，割合と比，場合の数，長さ

(1) みかんの個数を3個減らすと，個数の合計は，46－3＝43(個)，代金の合計は，2570－20×3＝2510(円)になる。また，みかんとりんごの個数は同じになるので，みかん1個とりんご1個の平均の値段のもの(…ア)を考えると，その1個あたりの値段は，(20＋80)÷2＝50(円)となる。よって，右の図1のようにまとめることができ，もし，なしを43個買ったとすると，代金の合計は，90×43＝3870(円)となり，実際よりも，3870－2510＝1360(円)高くなるから，なしを1個減らし，アを1個増やすと，代金の合計は，90－50＝40(円)安くなる。したがって，アの個数の合計は，1360÷40＝34(個)とわかるので，りんごの個数は，34÷2＝17(個)と求められる。

図1

ア（1個50円）｝合わせて
なし（1個90円）｝43個で2510円

(2) 右の図2のように組に分けると，□組に並ぶ分数の分母は□となり，分子には1から□までの整数が順に並ぶ。また，1から10までの整数の和は55なので，1＋2＋…＋10＋11＝55＋11＝66より，1組から11組までに並んでいる分数の個数の合計は66個とわかる。よって，73番目の分数は，11＋1＝12(組)の，73－66＝7(番目)なので，$\frac{7}{12}$となる。

図2

1組　2組　3組　4組
$\left|\frac{1}{1}\right|\frac{1}{2},\frac{2}{2}\left|\frac{1}{3},\frac{2}{3},\frac{3}{3}\right|\frac{1}{4},\frac{2}{4},\frac{3}{4},\frac{4}{4}\right|\cdots$

(3) 栄くんは，出発してから2分後に引き返し，2分＋30秒＝2分30秒後＝2.5分後に東さんとすれ違《ちが》い，2＋2＝4(分後)に学校に着き，4＋2＝6(分後)に再び学校を出発している。また，東さんは，つねに一定の速さで歩き，栄くんと同時に駅に到着《とうちゃく》している。よって，2人の進行のようすをグラフに表すと，右の図3のようになる。図3で，栄くんと東さんがアの距《きょ》離《り》を進むのにかかる時間の比は，(4－2.5)：2.5＝3：5だから，イとウの時間の比も3：5である。この差が6分なので，比の1にあたる時間は，6÷(5－3)＝3(分)となり，東さんが学校を出発してから駅に到着するまでにかかった時間(…ウ)は，3×5＝15(分)とわかる。

図3

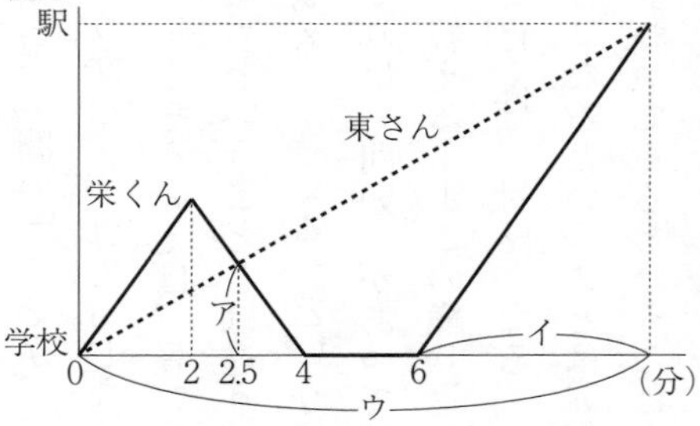

(4)　小と大の水そうを比べると，容積の比が9：32，高さの比が1：2なので，底面積の比は，$\frac{9}{1}:\frac{32}{2}=9:16$とわかる。よって，675mLずつ水を入れたときに上がる水面の高さの比は，$\frac{1}{9}:\frac{1}{16}=16:9$となる。また，小と大の水そうの高さをそれぞれ$\boxed{1}$，$\boxed{2}$とすると，675mLずつ水を入れたときの水面の高さは，小は，$\boxed{1}\times0.77=\boxed{0.77}$，大は，$\boxed{2}\times0.28=\boxed{0.56}$となる。したがって，右の図4のように表すことができ，⑯－⑨＝⑦にあたる水面の高さは，$\boxed{0.77}-\boxed{0.56}=\boxed{0.21}$となるから，⑨にあたる水面の高さは，$\boxed{0.21}\div7\times9=\boxed{0.27}$となり，はじめから入っていた水面の高さは，$\boxed{0.56}-\boxed{0.27}=\boxed{0.29}$と求められる。以上より，大の水そうにはじめから入っていた水の量と675mLの比は，0.29：0.27＝29：27なので，大の水そうにはじめから入っていた水の量は，$675\times\frac{29}{27}=725$(mL)である。

図4

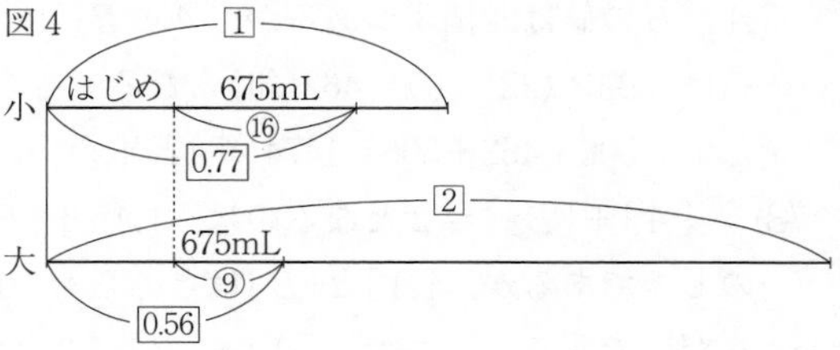

(5)　2種類の数字の組み合わせは，右の図5の㋐～㋔のように5つ考えられる(AとBは0以外の異なる数字を表す)。㋐の場合，Aは9通り，Bは残りの8通りあり，AとBの並び方は{AAAB，AABA，ABAA，BAAA}の4通りあるので，9×8×4＝288(個)となる。㋑の場合，Aは9通り，Bは残りの8通りあり，AとBの並び方は{AABB，ABAB，ABBA}の3通りあるから，9×8×3＝216(個)となる。㋒の場合，Aは9通りあり，Aと0の並び方は{AAA0，AA0A，A0AA}の3通りあるので，9×3＝27(個)となる。㋓の場合，Aは9通りあり，Aと0の並び方は{AA00，A0A0，A00A}の3通りあるから，9×3＝27(個)となる。㋔の場合，Aは9通りあり，Aと0の並び方はA000の1通りだけなので，9×1＝9(個)である。よって，全部で，288＋216＋27＋27＋9＝567(個)と求められる。

図5

㋐　{A，A，A，B}
㋑　{A，A，B，B}
㋒　{A，A，A，0}
㋓　{A，A，0，0}
㋔　{A，0，0，0}

(6)　右の図6で，点線部分はすべて円の半径であり，長さが等しいから，四角形ABCD，四角形ADEF，四角形AFGBはすべてひし形である。よって，角BCDと角DAB，角DEFと角FAD，角FGBと角BAFの大きさはそれぞれ等しいので，斜線《しゃせん》をつけた3つの角の大きさの和は，点Aのまわりの角の大きさと等しく360度になる。さらに，六角形BCDEFGの内角の和は，180×(6－2)＝720(度)である。したがって，かげをつけた3つの角の大きさの和は，720－360＝360(度)とわかるから，太線部分の中心角の和は，360×3－360＝720(度)となる。以上より，太線部分の長さは，$1\times2\times3.14\times\frac{720}{360}=4\times3.14=12.56$(cm)と求められる。

図6

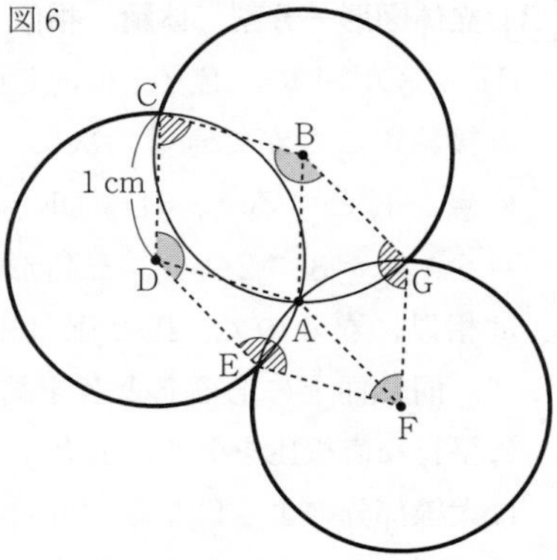

2　約束記号，整数の性質，場合の数

(1)　2桁《けた》の整数を4で割ったときの商と余りの関係をまとめると，右の図1のようになる。よって，[A]＝0，[A]＝1となるAの個数はどちらも，24－3＋1＝22(個)(…ア，イ)であり，[A]＝2，[A]＝3となるAの個数はどちらも，22＋1＝23(個)(…ウ，エ)とわかる。

図1

商	2	3	4	…	24
余り0		12	16	…	96
余り1		13	17	…	97
余り2	10	14	18	…	98
余り3	11	15	19	…	99

(2)　右の図2の3つの場合に分けて求める。(1)より，$[A]=0$となるAの値は22個，$[B]=2$となるBの値は23個あるので，㋐の場合は，22×23＝506(組)である。また，㋑の場合，$[A]=1$，$[B]=1$となるA，Bの値は22個ずつあるが，AとBは異なる整数だから，AとBの組は，22×(22－1)＝462(組)となる。さらに，㋒の場合は㋐の場合と同様に506組ある。よって，全部で，506＋462＋506＝1474(組)と求められる。

図2

㋐　$[A]=0$，$[B]=2$
㋑　$[A]=1$，$[B]=1$
㋒　$[A]=2$，$[B]=0$

(3)　$[[A]+[B]]=2$となるのは，$[A]+[B]$の値が4で割ると2余る数，つまり，2，6，10，…のときであるが，$[A]$と$[B]$はどちらも{0，1，2，3}のいずれかだから，あてはまるのは2と6だけである。ここで，$[A]+[B]=2$となるのは，(2)より1474組である。また，$[A]+[B]=6$となるのは，$[A]=3$，$[B]=3$の場合だけであり，AとBは異なる整数だから，23×(23－1)＝506(組)ある。よって，全部で，1474＋506＝1980(組)と求められる。

(4)　A，Bは2桁の異なる整数だから，Aとして考えられる数を，99－10＋1＝90(個)とすると，Bとして考えられる数は，90－1＝89(個)あり，AとBの組は全部で，90×89＝8010(組)ある。また，$[A]$と$[B]$の組は全部で，4×4＝16(組)あるが，そのうち，$[[A]+[B]]$の値と$[A]+[B]$の値が一致《いっち》しないのは，$[A]+[B]$の値が4以上になる場合であり，右の図3の6つの場合がある(たとえば㋓の場合，$[A]+[B]=1+3=4$であるが，$[[A]+[B]]=[4]=0$となり，$[[A]+[B]]$の値と$[A]+[B]$の値は一致しない)。㋓，㋖の場合は，22×23＝506(組)，㋔，㋘の場合は，23×(23－1)＝506(組)，㋕，㋗の場合は，23×23＝529(組)あるので，一致しない組の数は，(506＋506＋529)×2＝3082(組)と求められる。よって，全体からこれらを除くと，一致する組の数は，8010－3082＝4928(組)とわかる。

図3

㋓　$[A]=1$，$[B]=3$
㋔　$[A]=2$，$[B]=2$
㋕　$[A]=2$，$[B]=3$
㋖　$[A]=3$，$[B]=1$
㋗　$[A]=3$，$[B]=2$
㋘　$[A]=3$，$[B]=3$

3　立体図形―分割，体積，相似

(1)　右の図1で，EとIは同じ面上にあるから，直接結ぶことができる。次に，Dから2cm真下の点をKとすると，JD：DK＝3：2，EF：FI＝6：4＝3：2より，三角形KJDと三角形IEFは相似になるので，IEとJKは平行になる。そして，同じ面上にあるEとKを結び，Iを通りEKに平行な直線ILを引き，LとJを結ぶと，切断面は太線部分のようになる。

図1

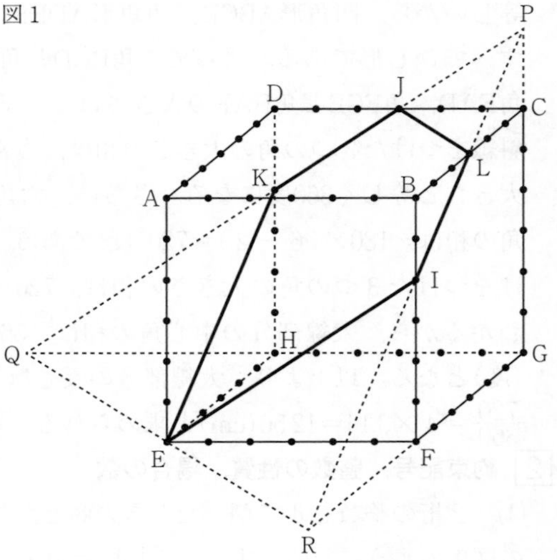

(2)　図1のように，立方体の辺と切断面の辺をそれぞれ延長すると，点Gを含《ふく》む立体は，三角すいP－GQRから，3つの三角すいP－CJL，K－HQE，I－FERを取り除いた形の立体になる。ここで，三角形PJCと三角形KJDは合同だから，PC＝KD＝2cmであり，4つの三角すいの高さはそれぞれ，2＋6＝8(cm)，2cm，4cm，4cmとわかる。また，4つの三角すいは相似なので，相似比は，8：2：4：4＝4：1：2：2とわかり，

体積の比は，（4×4×4）：（1×1×1）：（2×2×2）：（2×2×2）＝64：1：8：8と求められる。よって，点Gを含む立体の体積は，三角すいP－CJLの体積の，（64－1－8－8）÷1＝47(倍)になる。さらに，三角すいP－CJLの体積は，（3×3÷2）×2÷3＝3(cm^3)である。したがって，点Gを含む立体の体積は，3×47＝141(cm^3)である。

図2

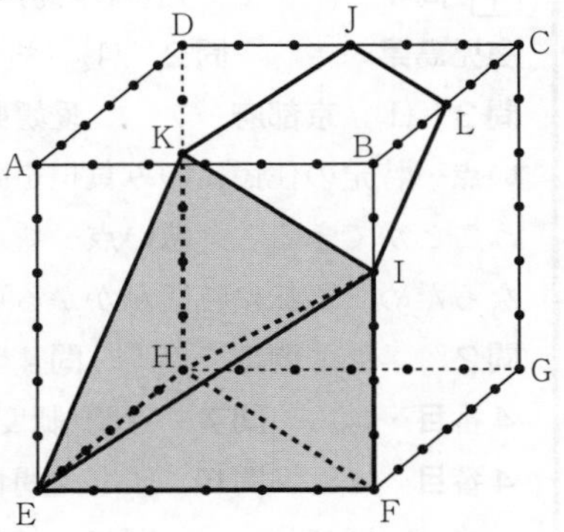

⑶　⑵で求めた体積から，右の図2のかげをつけた四角すいE－KHFIの体積をひいて求める。四角すいE－KHFIは，三角すいI－HEFと三角すいI－KEHに分けることができ，三角すいI－HEFの体積は，（6×6÷2）×4÷3＝24(cm^3)，三角すいI－KEHの体積は，（6×4÷2）×6÷3＝24(cm^3)なので，四角すいE－KHFIの体積は，24＋24＝48(cm^3)と求められる。よって，点Gを含む立体の体積は，141－48＝93(cm^3)である。

4　平面図形―面積

図1

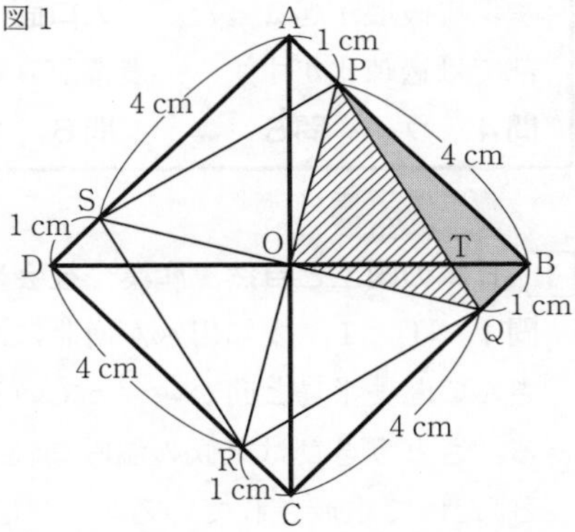

⑴　右の図1で，正方形ABCDの面積から三角形PBQの面積4個分を取り除くと，正方形PQRSの面積を求めることができる。さらに，それを4で割ると，三角形OPQの面積を求めることができる。ABの長さは，1＋4＝5(cm)なので，正方形ABCDの面積は，5×5＝25(cm^2)である。また，三角形PBQの面積は，4×1÷2＝2(cm^2)である。よって，正方形PQRSの面積は，25－2×4＝17(cm^2)だから，三角形OPQの面積は，17÷4＝4.25(cm^2)と求められる。

⑵　図1で，斜線をつけた三角形OPQとかげをつけた三角形PBQはPQが共通だから，面積の比はOTとTBの長さの比と等しくなる。⑴より，三角形OPQの面積は4.25cm^2，三角形PBQの面積は2cm^2なので，OT：TB＝4.25：2＝17：8と求められる。

図2

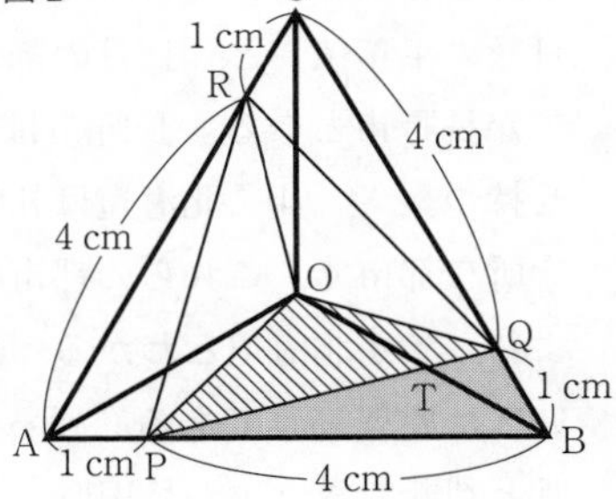

⑶　三角形OABと合同な三角形を3つ敷《し》き詰《つ》めると，右の図2のような正三角形ABCができる。図2で，OTとTBの長さの比は，⑵と同様に考えると，斜線をつけた三角形OPQとかげをつけた三角形PBQの面積の比と等しくなる。ここで，正三角形ABCの面積を1とすると，三角形PBQの面積は，$1\times\frac{4}{5}\times\frac{1}{5}=\frac{4}{25}$となるから，正三角形PQRの面積は，$1-\frac{4}{25}\times3=\frac{13}{25}$となり，三角形OPQの面積は，$\frac{13}{25}\div3=\frac{13}{75}$とわかる。よって，OT：TB＝$\frac{13}{75}:\frac{4}{25}$＝13：12と求められる。

社　会　＜東大特待Ⅰ試験　4教科型＞（40分）＜満点：75点＞

解　答

1 **問1** (1) Ⅰ　知多(半島)　Ⅱ　与那国(島)　(2) イ　(3) ア　(4) **秋田県**…エ　**鹿児島県**…ア　**問2** (1) キ　(2) **東北**…エ　**四国**…イ　(3) ウ　(4) イ　(5) ウ　**問3** (1) **京都府**…ア　**愛媛県**…ウ　(2) エ　(3) (例) 数年おきに場所を移転する／**良い点**…特定の住民にのみ負担を強いるのではなく，施設を利用する住民に平等に負担をしてもらうことができる。／**悪い点**…新たな移転先を決定するさいに，そのつど周辺住民の同意が必要となるため，移転に時間がかかる可能性がある。　**問4** (1) エ　(2) ウ　**2** **問1** ア　**問2** エ　**問3** ウ　**問4** **2番目**…ア　**4番目**…オ　**問5** ウ　**問6** **2番目**…ア　**4番目**…エ　**問7** 寺請(制度)　**問8** **2番目**…エ　**4番目**…イ　**問9** **2番目**…ア　**4番目**…イ　**問10** イ　**問11** **2番目**…ウ　**4番目**…ア　**問12** **2番目**…オ　**4番目**…ア　**問13** エ　**問14** (例) **環境面**…工場の近くでは，水質や大気の汚染がすすみ，公害や環境破壊が起こった。／**人口面**…都市部では過密化がすすみ，騒音などの問題が発生し，農村部では過疎化がすすみ，農業が衰退していった。　**3** **問1** エ　**問2** ア　**問3** エ　**問4** ウ　**問5** エ　**問6** エ　**問7** イ　**問8** 特別法

解　説

1 **日本の国土と自然，産業，社会や地形図の読み取りを中心とした問題**

問1 (1) Ⅰ　愛知用水が南北に流れ，伊勢湾に突《つ》き出た半島は愛知県の知多半島で，三河湾をはさんで渥美《あつみ》半島と向かい合っている。　Ⅱ　日本の最西端に位置するのは与那国《よなぐに》島(沖縄県)である。さとうきびは気候の温暖な地域で栽培される作物で，日本では南西諸島(沖縄県や鹿児島県など)だけで生産されている。　(2) 日本の国土面積(約38万km^2)の約7割は森林なので，どの年でも約2500万ha(25万km^2)となっているアは森林とわかる。また，年々増加しているウは宅地である。年々減少しているイとエのうち，面積の大きいイが農地で，面積の小さいエが原野等である。(3) 「降雪日数の平年値」が最も少ないエは太平洋側の気候に属する横浜市(神奈川県)，「12月の降水量」が最も多いイは日本海側の気候に属する富山市と判断できる。残ったアとウのうち，「降雪日数の平年値」と「12月の降水量」がより少ないウが太平洋側の気候に属する仙台市(宮城県)で，アが長野市となる。長野市は中央高地(内陸性)の気候に属するが，日本海側の気候の特徴《とくちょう》もあわせ持つ。　(4) 北海道は札幌市，秋田県は秋田市，香川県は高松市，鹿児島県は鹿児島市が道県庁所在都市で，これらの都市のうちでは札幌市だけが政令指定都市なので，「道県庁所在都市人口」より，イが北海道とわかる。次に，「埼玉県庁と道県庁間の距離」が大きく，「沿岸島しょ数」が多いアは鹿児島県である。残ったウとエのうち，「沿岸島しょ数」の多いウが瀬戸内海に面した香川県と判断でき，エが秋田県となる。

問2 (1) 本文中の解説にもあるように，パッションフルーツは熱帯から亜《あ》熱帯の地域で栽培されるくだもので，日本では南西諸島のある鹿児島県と沖縄県がおもな生産地となっている。第3位のAは東京都で，生産地は小笠原《おがさわら》諸島である。ほうれんそうは近郊農業がさかんな関東地方で多く生産されており，近年は埼玉県が第1位であることが多い。　(2) 東北地方の日本海側の地域や北

陸地方は，冬は積雪により耕地を使えないため，夏の米づくりを中心とした水田単作地帯が多い。したがって，米の割合が60％を超《こ》えているアは「北陸」，ついで米の割合が高いエが「東北」と判断できる。残ったイとウのうち，畜産の割合が高いウが「九州」で，イが「四国」となる。　⑶海面の「漁業漁獲《ぎょかく》量」と「養殖《ようしょく》業収獲量」で最も数値が高いアは，漁業生産量が全国第１位の北海道である。次に，海面の「漁業漁獲量」はそれほど多くないが，「養殖業収獲量」が多いエは，かきの生産量が全国第１位の広島県と判断できる。残ったイとウのうち，海面の「養殖業収獲量」がより多いイは，志摩《しま》半島のリアス海岸で養殖業が行われている三重県で，もう一方のウが島根県である。島根県で内水面の「漁業漁獲量」が比較《ひかく》的多いのは，宍道《しんじ》湖で漁業が行われているためと考えられる。宍道湖は，全国有数のしじみの産地として知られている。　⑷　大きく減少したアは「繊維《せんい》」で，これは1980年代以降に工場が東南アジアや中国などに進出した影響が大きい。また，大きく伸びたエは「集積回路」である。残ったイとウのうち，1990年以降，減少傾向《けいこう》にあったイが「鉄鋼業」で，これは中国の工業化がすすんだことが影響している。ウには，自動車などの「輸送機械」があてはまる。　⑸「備前《びぜん》」は岡山県南東部の旧国名で，備前焼は岡山県で生産される伝統的工芸品の陶磁器《とうじき》である。なお，熊野筆は広島県熊野町，鳴子漆器《なるこしっき》は宮城県大崎市鳴子，高岡銅器は富山県高岡市の伝統的工芸品。

問３　⑴「韓国からの延べ宿泊者数」が多いアとイは，国際的な観光都市がある京都府と，韓国から距離が近く，別府などの観光地もある大分県のいずれかと考えられる。このうち，「１人あたり府県民所得」が多いアが京都府で，イが大分県になる。残ったウとエのうち，「林野率」の高いウが平地が少ない愛媛県で，エが仙台平野が広がる宮城県と判断できる。　⑵「合計特殊出《とくしゅしゅっ》生率《しょうりつ》」が高いイは沖縄県である。「昼夜間人口比率」が低いウとエは東京や大阪などの大都市圏《けん》に通勤・通学する人が多い地域と考えられるので，ここでは奈良県と千葉県があてはまる。そのうち，「人口増減率」がマイナスとなっているウが，山間部に過疎《かそ》地域が多い奈良県で，プラスとなっているエが千葉県と判断できる。残るアが広島県である。なお，合計特殊出生率は，１人の女性が生涯《しょうがい》に生む子どもの数の平均。　⑶「特定の地域に固定する」場合は，施設の建て直しのさいに合意形成であまり苦労しないですむという長所があるが，近隣《きんりん》以外の住民が施設の重要性を意識しにくくなるという短所がある。一方，「数年おきに場所を移転する」場合は，住民の負担が平等になるという長所があるが，移転のたびに住民との合意形成に時間がかかったり，移転先がなかなか決まらなかったりするという短所がある。

問４　⑴　エは「左」ではなく「右」が正しい。　⑵　ア「高潮」ではなく「氾濫《はんらん》」や「洪水《こうずい》」などが正しい。高潮は台風や強い低気圧が接近した場合に海面が上昇する現象で，海に面している地域に被害をもたらす。　イ　青森県で生産がさかんなのは寒冷な気候を好むりんごなどで，びわの生産量が多いのは長崎県などの温暖な地域である。　ウ「弘前《ひろさき》城跡」のほか，「鷹匠《たかじょう》町」「代官町」といった地名などにも，城下町の名残が見て取れる。　エ　地形図中に見られる「弘《こう》南《なん》鉄道大鰐《おおわに》線」は，私鉄の路線である。

2　各時代の歴史的なことがらについての問題

問１　ア　吉野ヶ里遺跡（佐賀県）は弥生時代の環濠《かんごう》集落跡なので，正しい。　イ「土偶《どぐう》」ではなく「埴輪《はにわ》」が正しい。土偶は縄文時代の人々がまじないなどに用いたと考えられる土人形で，古墳の周りや頂上付近に置かれた埴輪は素焼きの土製品である。　ウ「冠位《かんい》十二階」ではなく

「氏姓制度」が正しい。なお，聖徳太子は603年に冠位十二階の制を定め，それまでの氏姓制度のように家柄《いえがら》にとらわれることなく，能力や功績のある者を役人に取り立てることができるようにした。　エ　壬申《じんしん》の乱(672年)は，天智天皇(中大兄皇子《なかのおおえのおうじ》)の死後に起こった，天皇の子の大友皇子と天皇の弟の大海人《おおあまの》皇子による皇位継承《けいしょう》をめぐる戦いで，大友皇子をほろぼした大海人皇子はのちに天武天皇となった。中大兄皇子らが蘇我《そが》氏を倒したできごとは乙巳《いっし》の変とよばれ，その後に行われた政治の改革と合わせて大化の改新とよばれることが多い。

問２　ア　聖武天皇が地方の国ごとに国分寺・国分尼《に》寺を建てさせるとともに，都の平城京(奈良県)に総国分寺として東大寺を建て，大仏をつくらせたのは，聖武天皇が仏教を厚く信仰《しんこう》し，仏教の力で国を安らかに治めようと願ったためである。阿弥陀《あみだ》仏にすがれば死後に極楽浄土《じょうど》に行くことができるという教えは浄土信仰とよばれ，平安時代中期以降に広まった。　イ　四天王寺(大阪市)は飛鳥時代に聖徳太子がつくったと伝えられる寺院である。　ウ　遣唐使船の航路は，新《しら》羅《ぎ》との関係が悪化したため，８世紀になると，朝鮮半島の沿岸沿いをすすむ北路から，東シナ海を横断する南路に変更《へんこう》された。そのため航海の危険性が高まり，難破する船も多くなった。　エ　奈良時代，朝廷の命により，地方の国ごとに地名の由来や伝承，産物などを記した『風土記《ふどき》』がまとめられた。

問３　ア　律令政治の立て直しをはかった桓武《かんむ》天皇は，仏教勢力の強い奈良から離れるねらいもあり，784年に長岡京(京都府)へ，さらに794年には平安京(京都府)へと都をうつした。　イ　藤原頼通《よりみち》は娘たちを天皇に嫁《とつ》がせたが，男子が生まれなかったことから，藤原氏と血縁関係が薄《うす》い後三条天皇が即位《そくい》することとなった。後三条天皇は荘園整理令をたびたび出すなど藤原摂関《せっかん》家の勢力をおさえるための政策をすすめた。後三条天皇の子が，院政を始めた白河天皇である。　ウ　荘園領主にも税は課されたが，平安時代中期になると，有力な貴族や寺社に荘園を寄進するなどして，税を納めなくてもよい不輸の権や，役人の立ち入りを拒否《きょひ》できる不入の権を手に入れる領主が増えたことから，国の収入は減っていった。　エ　平治の乱に勝利して政治の実権を握《にぎ》った平氏は，清盛が武士として初めて太政《だいじょう》大臣となるなど，一族で朝廷の重要な役職を独占した。

問４　アは1156年，イは935年，ウは1281年，エは1221年に起きた承久《じょうきゅう》の乱の直後，オは1232年のできごとなので，年代の古い順にイ→ア→エ→オ→ウとなる。

問５　ア　鎌倉時代には宋(中国)との貿易で流入した宋銭が，室町時代には明(中国)との貿易で流入した明銭が，国内で広く使われた。これは，平安時代後半以降，朝廷が通貨を発行しなくなったことと，中国の貨幣《かへい》のほうが質がよかったことによるものである。　イ　「那覇《なは》」ではなく「首里」が正しい。那覇は首里の貿易港として発展した町で，明治政府により沖縄県が設置されたさいに県庁所在地とされた。さらに，1954年には首里市が那覇市に編入された。　ウ　室町時代，明との貿易(日明貿易)は，国王が明の朝廷へ朝貢《ちょうこう》(貢《みつ》ぎ物を差し出して臣下の礼をとること)し，その返礼として品物を受け取るという朝貢貿易の形式で行われた。一方，朝鮮との間では，対馬《つしま》(長崎県)の領主である宗《そう》氏が管理する形で対等な貿易が行われ，日本からは銅や硫黄《いおう》などが輸出され，朝鮮からはおもに木綿が輸入された。　エ　朝貢貿易においては，使節の往復の費用や滞在《たいざい》費などを明が負担し，大量の返礼品を受け取ることもできたため，日本側の利益は大きかった。

問６　アは1392年，イは1488年，ウは1428年，エは1467年，オは1338年のできごとなので，年代の古い順にオ→ア→ウ→エ→イとなる。

問7　江戸幕府は民衆に対し，いずれかの寺院の檀家《だんか》(門徒)となることを義務づけ，キリシタン(キリスト教信者)でないことを証明させた。こうしたしくみは寺請《てらうけ》制度とよばれる。

問8　アは1635年，イは1782～87年，エは1641年，オは1837年のできごとで，ウの公事方御定書《くじかたおさだめがき》が完成したのは1742年のことである。よって，年代の古い順にア→エ→ウ→イ→オとなる。

問9　アは1877年，イは1889年，ウは1904年，エは1871年，オは1884年のできごとなので，年代の古い順にエ→ア→オ→イ→ウとなる。

問10　ア　明治政府が1875年にロシアと結んだ樺太《からふと》・千島交換《こうかん》条約により，樺太がロシア領，千島列島全部が日本領とされた。　イ　富岡製糸場(群馬県)は明治政府が殖産興業《しょくさんこうぎょう》の一環《いっかん》として全国に建設した官営模範《もはん》工場の1つで，フランス製機械の導入とフランス人技師の指導により，製糸業の近代的熟練工が育成された。　ウ　下関条約によって日本は清(中国)から遼東《リャオトン》半島を譲《ゆず》り受けたが，ロシアなどによる三国干渉《かんしょう》を受け，遼東半島を返還するかわりに賠償《ばいしょう》金を引き上げさせた。　エ　1873年に徴兵令が発布され，満20歳以上の男子に兵役の義務が課された。

問11　アは1923年，イは1925年，ウは1918年，エは1914年，オは1919年のできごとなので，年代の古い順にエ→ウ→オ→ア→イとなる。

問12　アは1941年4月，イは1941年12月，ウは1931年，エは1937年，オは1933年のできごとなので，年代の古い順にウ→オ→エ→ア→イとなる。

問13　ア　1972年，日中共同声明が調印され，日本と中華人民共和国の国交が正常化した。日中平和友好条約は，1978年に結ばれた。　イ　1950年に朝鮮戦争が始まると，GHQ(連合国軍最高司令官総司令部)の指示にもとづき警察予備隊が創設された。警察予備隊は1952年に保安隊，1954年に自衛隊に改編され，現在にいたっている。　ウ　労働組合をつくる権利を保障したのは，1945年に制定された労働組合法である。1947年に制定された労働基準法は，労働条件の最低基準などを定めている。　エ　1956年，日ソ共同宣言でソ連(ソビエト連邦)と国交を回復したことにより，それまで日本の加盟を拒否し続けていたソ連が日本の支持に回った。これにより，同年，日本の国際連合(国連)への加盟が実現した。

問14　高度経済成長の期間中に発生した問題としては，環境の悪化と公害の発生，農村部から都市部への人口の移動がすすんだことによる過密化と過疎化の進行などがあげられる。

3　日本の政治と国際社会についての問題

問1　ア，イ　国政調査権と弾劾《だんがい》裁判所の設置に関しては，衆議院と参議院は同等の権利を持っている。　ウ　内閣不信任は，衆議院だけが決議できる。　エ　予算の議決権は両院が持っている。ただし，衆議院が可決した予算案を参議院が否決し，両院協議会を開いても意見が一致しない場合や，参議院が規定の期間内に議決しなかった場合には，衆議院の議決が国会の議決とされる。

問2　ア　請求《せいきゅう》権は基本的人権を守るための権利で，裁判を受ける権利や国家賠償請求権などがふくまれる。　イ　団体交渉権とは，労働者の代表が会社側と賃金や労働条件などについて交渉できる権利である。　ウ　刑事事件の被疑者(起訴《きそ》されると被告人となる)を警察官が逮捕《たいほ》する場合，裁判官が発行した逮捕令状が必要となるが，現行犯の場合はその令状なしに逮捕することができる。　エ　国や公の機関は，いかなる宗教活動を行うことも認められていない。

問3　ア　国務大臣は内閣総理大臣が任命する。　イ　内閣が法律を補うために定めるのは政令で，条例は地方議会が法律の範囲内で定めるきまりである。　ウ　最高裁判所長官は，内閣が指名し，天皇が任命する。　エ　衆議院議員総選挙のあとに召集《しょうしゅう》される国会では，その冒頭で内閣が総辞職し，内閣総理大臣の指名選挙が行われたのち，新たな内閣が組織される。

問４　ア　1991年，前年にクウェートに侵攻《しんこう》したイラクに対して，国連安全保障理事会の武力制裁決議にもとづき，アメリカ軍を中心とした多国籍軍がイラクを攻撃し，イラク軍をクウェートから撤退《てったい》させた。これを湾岸戦争という。　イ　インドでは国民の大多数がヒンドゥー教を，パキスタンでは国民の大多数がイスラム教を信仰している。　ウ　第二次世界大戦後，冷戦の影響で南北に分断されたベトナムは，社会主義国である北ベトナムと資本主義国である南ベトナムに分かれて独立したが，1960年代に南ベトナムで起きていた内戦にアメリカが介入《かいにゅう》したことから，ベトナム戦争が拡大した。アメリカが支援する南ベトナム政府軍と北ベトナムが支援するベトナム解放民族戦線の間で激しい戦いが続いたほか，アメリカによる北ベトナムへの空爆も行われたが，1973年に結ばれたパリ和平協定によってアメリカ軍が撤退し，1975年に南ベトナムの首都サイゴンが陥落《かんらく》したのち，北ベトナムが南北を統一してベトナム社会主義共和国が成立した。　エ　かつてバルカン半島にあったユーゴスラビアは，６つの共和国で構成される連邦国家だったが，経済の行きづまりや各共和国内で起きていた独立運動などが原因で1991年から2001年まで内戦(ユーゴスラビア紛争)が続き，その後，連邦は解体された。

問５　ア　日本銀行は，一般企業とは取引を行わない。　イ　日本銀行は紙幣(日本銀行券)を発行する唯一《ゆいいつ》の発券銀行であるが，硬貨《こうか》を発行するのは財務省である。　ウ　一般的に，通貨量が増えると物価が上がる。このとき，同じ金額で買える商品の量が減るので，貨幣の価値は下がるといえる。　エ　不景気を打開するためには，市場に出回る通貨の量を増やす必要がある。そのために政府は，減税を行ったり，公共事業への投資を増やしたりする。

問６　GATT《ガット》(関税と貿易に関する一般協定)は自由貿易を推進するための多国間協定で，加盟国の間で関税の引き下げなどさまざまな話し合いが行われた。1986年にエのウルグアイで始められた交渉はウルグアイ・ラウンドとよばれて1994年に最終協定案が調印され，翌95年，GATTは発展的に解消してWTO(世界貿易機関)となった。なお，アはペルー，イはチリ，ウはブラジル。

問７　ア　WTOは，自由貿易を推進するための機関である。　イ　セーフガードとは，WTOの協定でも認められている「緊急《きんきゅう》輸入制限措置《そち》」のことで，特定の農産物などの輸入が急増し，自国内の産業に重大な損害が生じるおそれがある場合に発動される。日本では，2001年に中国から輸入が急増したねぎ，生しいたけ，畳表《たたみおもて》の３品について，200日間の暫定《ざんてい》措置として発令されたことがある。　ウ　先進国と発展途上国との経済格差の問題である南北問題の解決を目的として設立された国連の機関は，UNCTAD《アンクタッド》(国連貿易開発会議)である。OECD(経済協力開発機構)は先進国によって構成される国際機関で，広く国際経済について協議することを目的としている。

エ　FTA(自由貿易協定)は特定の２国間，あるいは地域間で結ばれる貿易協定で，関税などの障《しょう》壁《へき》を取り除いて貿易の拡大をすすめるために結ばれる。日本はこれまでに，インドネシア，マレーシア，タイ，メキシコなどとの間でFTAを結んでいる。

問８　特定の地方公共団体だけに適用される法律を特別法という。特別法を制定するためには，対象となる自治体で住民投票を行い，過半数の賛成を得なければならない。こうした住民投票を経て成立した特別法の例としては，1949年に制定された「広島平和記念都市建設法」や1950年に制定された「京都国際文化観光都市建設法」などがある。

理科　＜東大特待Ⅰ試験　4教科型＞（40分）＜満点：75点＞

解答

1 **問1**　20秒　**問2**　20cm　**問3**　60ｇ　**問4**　**時間**…75秒　**高さ**…40cm　**問5**　500ｇ　**問6**　エ　**問7**　ウ　**2** **問1**　イ　**問2**　イ　**問3**　32ｇ　**問4**　オ　**問5**　カ　**問6**　エ　**問7**　ク　**3** **問1**　⑴　6400mL　⑵　**酸素**…288mL　**二酸化炭素**…256mL　**問2**　エ　**問3**　ア，オ　**問4**　ア　**問5**　エ　**問6**　ア　**4** **問1**　エ　**問2**　⑴　**3番目**…カ　**6番目**…イ　⑵　イ　**問3**　①　東　②　10　**問4**　45m

解説

1　棒のつりあいについての問題

問1　棒のつりあいは，棒を回転させようとするはたらき(以下，モーメントという)で考えられる。モーメントは，(加わる力の大きさ)×(回転の中心からの距離《きょり》)で求められ，左回りと右回りのモーメントが等しいときに棒はつりあって水平になる。おもりＡが床《ゆか》から離《はな》れたときのコップの重さを□ｇとすると，□×15＝120×25が成り立ち，□＝3000÷15＝200(ｇ)となる。また，コップには毎秒，1×10＝10(ｇ)ずつ水が入る。したがって，水を注ぎはじめてからおもりＡが床から離れるまでにかかった時間は，200÷10＝20(秒)と求められる。

問2　コップを支柱から□cmの位置につり下げているとすると，10×15×□＝120×25が成り立ち，□＝3000÷150＝20(cm)となる。

問3　おもりＢの重さを□ｇとすると，□×25＋10×10×15＝120×25が成り立ち，□＝(3000－1500)÷25＝60(ｇ)とわかる。

問4　水の重さがはたらく位置，つまり，水の重心(重さが集中していると考えることができる点)が支点と重なったときから，Ｑが床から離れる。また，重心は，仕切り板と筒《つつ》と水面でつくられる平行四辺形の中心になると述べられている。よって，Ｑが床から離れるのは，水面と仕切り板の中心に支点がきたとき，つまり，水面が仕切り板から，(30－20)×2＝20(cm)上がり，水が，$75\times\frac{20}{2}$＝750(mL)入ったときなので，水を注ぎはじめてからＱが床から離れるまでにかかった時間は，750÷10＝75(秒)と求められる。また，このときの床から水面までの高さは，20＋20＝40(cm)である。

問5　Ｐまで水が注がれたとき，水の重心は支点から左に，30－(30＋10)÷2＝10(cm)の位置になる。したがって，Ｑが床から離れはじめるときのおもりＣの重さを□ｇとすると，1×1500×10＝□×30が成り立ち，□＝15000÷30＝500(ｇ)となる。

問6　水を注ぎはじめてから135秒のとき，筒には水が，10×135＝1350(mL)，つまり，1350ｇ入っている。また，このとき，仕切り板から水面までの高さは，$2\times\frac{1350}{75}$＝36(cm)になり，仕切り板の中心から水面の中心までの距離も36cmになる。よって，水の重心は支点から左に，36÷2－10＝8(cm)の位置とわかる。すると，1350×8＝360×30となり，右回りのモーメントと左回りのモーメントが等しくなるので，水を135秒注ぐとＱが床から離れはじめる。

問7　仕切り板を床から48cmの高さに取り付けて水をＰまで注いだとき，水は，$75\times\frac{60-48}{2}$＝450

(mL)，つまり，450ｇ入っている。このとき，仕切り板の中心は支点から，48－30＝18(cm)の距離にあり，水の重心は，支点から左に，30－(30－18)÷２＝24(cm)の位置にある。すると，450×24＝360×30となり，右回りのモーメントと左回りのモーメントが等しくなる。仕切り板の高さをこの高さより高くすると，筒に入る水の量が少なくなるため，左回りのモーメントが小さくなり，Ｐまで水を注いでもＱが床から離れなくなる。

2　水溶液《すいようえき》についての問題

問１　水溶液のこさ(％)は，(溶《と》けているものの重さ)÷(水溶液全体の重さ)×100で求められる。したがって，(B)のこさは，2.25÷180×100＝1.25(％)となる。

問２　塩酸と水酸化ナトリウム水溶液が完全に中和すると，食塩水(塩化ナトリウム水溶液)ができる。また，マグネシウムは，塩酸に溶けて水素を発生するが，水酸化ナトリウム水溶液や食塩水とは反応しない。表１で，加えた(B)の重さが25ｇまでは，(B)の重さが，15－５＝10(ｇ)増えると，発生した気体の体積が，94.5－59.5＝35(mL)減るので，加えた(B)の重さが０ｇのとき，つまり，実験１で発生した気体の体積は，$94.5+35\times\frac{5}{10}=112$(mL)と求められる。

問３　BTB溶液は，酸性で黄色，中性で緑色，アルカリ性で青色を示す。40ｇの(A)は，$10\times\frac{112}{35}=32$(ｇ)の(B)と過不足なく中和するので，液体を再び緑色にするには(B)を32ｇ加えればよい。

問４　表２より，20℃の水100ｇに硝酸《しょうさん》カリウムを溶かせるだけ溶かし，60℃まで温めると，硝酸カリウムをさらに，106－31.6＝74.4(ｇ)溶かすことができる。よって，水の重さを250ｇにして同様の操作を行うと，$74.4\times\frac{250}{100}=186$(ｇ)溶かすことができる。

問５　表２より，60℃の水100ｇに水酸化ナトリウムを溶かせるだけ溶かし，20℃まで冷やすと，溶けきれなくなって出てくる固体は，223－109＝114(ｇ)となる。したがって，水の重さを150ｇにして同様の操作を行ったときに出てくる固体は，$114\times\frac{150}{100}=171$(ｇ)とわかる。

問６　表２より，40℃の水100ｇに硫酸《りゅうさん》銅を溶かせるだけ溶かすと，硫酸銅水溶液が，100＋28.7＝128.7(ｇ)でき，この水溶液を80℃まで温めると，硫酸銅をさらに，56－28.7＝27.3(ｇ)溶かすことができる。よって，硫酸銅を溶かせるだけ溶かした40℃の硫酸銅水溶液300ｇをつくって80℃まで温めると，$27.3\times\frac{300}{128.7}=63.63\cdots$より，硫酸銅をさらに約63.6ｇ溶かすことができる。

問７　①では，硝酸カリウムはすべて液体中に溶けたままになり，塩化ナトリウムの固体を，100－38＝62(ｇ)取り出すことができる。②では，硝酸カリウムはすべて液体中に溶けたままになり，塩化ナトリウムの固体を，100－37.1＝62.9(ｇ)取り出すことができる。③では，硝酸カリウムの固体を，100－31.6×３＝5.2(ｇ)取り出すことができ，塩化ナトリウムは，$35.8\times\frac{300}{100}=107.4$(ｇ)より，すべて液体中に溶けたままになる。④では，硝酸カリウムは，$61.3\times\frac{300}{100}=183.9$(ｇ)より，すべて液体中に溶けたままになり，塩化ナトリウムも，$36.3\times\frac{300}{100}=108.9$(ｇ)より，すべて液体中に溶けたままになる。したがって，クが選べる。

3　血液の循環《じゅんかん》についての問題

問１　(1)　換気《かんき》量が400mL，１分間の呼吸回数が16回なので，１分間の総換気量は，400×16＝6400(mL)と求められる。　(2)　１分間に肺胞《はいほう》から毛細血管に取り込《こ》まれる酸素の量は，$6400\times\frac{21.04-16.54}{100}=288$(mL)，毛細血管から細胞に排出《はいしゅつ》される二酸化炭素の量は，$6400\times\frac{4.03-0.03}{100}=256$(mL)である。

問2　ヒトの血液は固体成分と液体成分からできており，固体成分には赤血球，白血球，血小板が，液体成分には血しょうがある。赤血球は，両面の中央がくぼんだ円板の形をしていて，ヘモグロビンという赤い色素を含《ふく》んでおり，酸素を運ぶはたらきをしている。白血球は，体内に病原きんが侵《しん》入《にゅう》したときに，病原きんを包み込んで殺すはたらきをしている。血小板には，けがなどで出血したときに，血液を固まらせて出血をとめるはたらきがある。血しょうは，少し黄色がかった透明《とうめい》な液体で，小腸で吸収した栄養分や，からだの各部で出た二酸化炭素などの不要物を運んでいる。

問3　セキツイ動物の心臓のつくりは，魚類(マグロなど)が１心房《しんぼう》１心室，両生類(カエルなど)が２心房１心室，ハ虫類(カメなど)が不完全な２心房２心室，鳥類(ニワトリなど)とホ乳類(ヒトやクジラなど)が２心房２心室となっている。

問4　心臓の左心室と右心室をしきる壁《かべ》に穴が開いた場合に近い状態として，心室が不完全にしきられているハ虫類の心臓があげられる。ハ虫類の心臓では，右心室と左心室の血液の一部が混ざり，肺や全身に送り出される。また，心房と心室の間には弁があるため，心室から心房への血液の逆流は起こらないと考えられる。これらのことから，ここではアを選ぶ。

問5　図では，１回(１秒)の拍動《はくどう》で左心室から，140－70＝70(mL)の血液が送り出されるので，１分間(60秒間)に左心室から送り出される血液量は，70×60＝4200(mL)となる。

問6　心室の活動についてのＡ～Ｄの説明文のうち，Ａは血液を送り出した後，Ｂは血液を送り出す直前，Ｃは血液を受け入れるとき，Ｄは血液を送り出すときの様子を述べているので，拍動の順番はＣ→Ｂ→Ｄ→Ａ→Ｃ→…となる。また，Ｃでは心室の容積が増加し，心室に血液が流れ込むことで心室内の圧力も増加する。これをグラフに表すと，グラフの下の部分を反時計回りに回ったときになる。よって，グラフの下の部分から反時計回りにＣ→Ｂ→Ｄ→Ａ→Ｃ→…となるものを選べばよいので，アが選べる。

4　地層についての問題

問1　①，③　古生代には三葉虫など，中生代にはアンモナイトなど，新生代にはビカリアなどが繁栄《はんえい》した。　②　石灰岩は，石灰質のからだをもつサンゴやウミユリ，フズリナなどの生物の死がいに含まれる石灰質(主成分が炭酸カルシウムのもの)や，海水中の石灰分が固まってできた堆積《たいせき》岩である。

問2　⑴　ア～キの出来事は，ア→エ→カ→ウ→オ→イ→キの順に起こっている。なお，２つ以上の地層が連続的に堆積している状態を整合といい，地層どうしの境目はまっすぐになる。一方，地層が隆起《りゅうき》して地上に出て風化や侵食を受け，再び沈降《ちんこう》して海底などになった上に新しい地層が堆積すると，その境目はでこぼこになる。このような地層の重なり方を不整合という。　⑵　地層の両側から大きな力がはたらいてその力にたえ切れなくなると，地層が断ち切られてずれることがある。このような地層のずれを断層という。断層では，断層面の上側にある層を上盤《うわばん》，下側にある層を下盤《したばん》という。水平に引かれるような力が地層にはたらくと，上盤がずり下がる向きに地層がずれる。このような断層を特に正断層という。逆に，水平に押《お》されるような力が地層にはたらくと，図１のＺのように，上盤がずり上がる向きに地層がずれる。このような断層は特に逆断層とよばれる。

問3　ぎょう灰岩と砂岩の境界の標高は，Ｅ点では，120－30＝90(m)，Ｆ点では，120－20＝100(m)，Ｇ点では，130－40＝90(m)，Ｈ点では，140－60＝80(m)，Ｉ点では，140－50＝90(m)と

なっている。よって，この土地の地層は東の方向に行くにしたがって下がっており，傾《かたむ》きは100m行くにしたがって，100－90＝10(m)低くなっている。

問4　図2中の×の地点での，ぎょう灰岩と砂岩の境界の標高は，H点と等しく80mである。よって，地表から，125－80＝45(m)掘《ほ》ると，ぎょう灰岩の層が出てくると考えられる。

国　語　＜東大特待Ⅰ試験　4教科型＞（50分）＜満点：150点＞

解　答

一　下記を参照のこと。　二　1 イ　2 ウ　3 ア　4 オ　5 キ　6 カ　7 ク　8 エ　9 ケ　10 コ　三　問1 A イ　B オ　C ア　D エ　問2 ウ　問3 イ　問4 （例）問いの内容を自分自身と結びつけ，さらに視野を広げた問いにしていくこと。　問5 ウ　問6 Ⅰ A　Ⅱ B　Ⅲ B　Ⅳ A　Ⅴ B　問7 （例）開いた問いでも，確かな知識による土台がないと焦点が定まらず対話が深まらないから。　問8 イ　問9 ウ　四　問1 a エ　b ア　c オ　d イ　問2 オ　問3 （例）転校のことを教えてくれようとした乃木くんに冷たくしたのを後悔しつつも，花音たちの目を気にする自分を情けなく思う気持ち。　問4 多様　問5 ウ　問6 ウ　問7 ウ　問8 エ　問9 行動の軸…（例）大好きなアニメを見ること。／私は人見知りですが，アニメの知識には自信があり，アニメの話題を通じてならば，いろいろな人と友達になれるからです。

●漢字の書き取り

一　1 軽重　2 興行　3 節操　4 金輪際　5 不世出

解　説

一　漢字の書き取り

1　ものごとの価値や優先《ゆうせん》順位などの大小。　2　各種の芸能やスポーツを催し，料金を取って見せること。また，その準備一切をふくむ事業。　3　正しいと信ずる主義や意見をかたく守って変えないこと。　4　後に打ち消しの語をともなって，“どうしても～ない”，“断じて～ない”などの強い気持ちを表す表現。　5　めったに世にあらわれないほどすぐれているようす。

二　文脈に合う言葉の判別

1　別れ道，将来が決まるような重大な場面を表す「岐路《きろ》」が入る。「岐路に立つ」で，“将来を左右するような選択《せんたく》の場に直面する”という意味。　2　琴《こと》など弦《げん》楽器の糸，心の奥《おく》のものごとに共鳴する感情を意味する「琴線《きんせん》」が合う。「琴線にふれる」は，“心の奥深いところで感動したり共鳴したりする”という意味。　3　「噂《うわさ》」とあるので，世間に広まることを表す「流布《るふ》」がよい。　4　「本題に入る前」なので，“だいたいのすじ”という意味の「あらまし」がふさわしい。　5　「～(の)にやぶさかではない」は，“喜んで～する”という意味。「やぶさか」は，もの惜しみするようす，思い切りの悪いようす。　6　「苦労を重ねてきた」とあるので，苦労して一人前になることを表す「たたき上げ」が合う。　7　「上天気」(晴れたいい天気)とあるので，希望や注文にぴったり合っているようすを表す「おあつらえ向き」が入る。“注文してつくらせる”という意味の「あつらえる」からきた表現である。　**8**　崇高《すうこう》な存在や偉大《いだい》な相手に圧倒《あっとう》されておそれ敬うことを表す「畏敬《いけい》」がよい。「畏敬の念を抱《いだ》く」は，“心からおそれ敬う”という意味。　**9**「社会的な不平等」とあるので，社会的・文化的につくられる男女差をさす「ジェンダー」がふさわしい。　**10**　多数派をさす「マジョリティー」が合う。対義語は，少数派をさす「マイノリティー」である。

三　**出典は梶谷真司《かじたにしんじ》の『考えるとはどういうことか　0歳《さい》から100歳までの哲学《てつがく》入門』による。**「考える」ことの発動には問うことが重要だと述べ，どんな問いがあり，どう問えば思考力，対話力を育てられるかを説明している。

問1　**A**　直後の「今日は何しようかな～昼ご飯，何食べよう？」は，続く部分の「頭の中で何となく思いが巡《めぐ》っているだけ」の例なので，具体的な例をあげるときに用いる「たとえば」が入る。

B「考えが前進する」と「先に進める」というつながりなので，前のことがらに続いて後のことがらが起こることを表す「すると」が合う。　**C**　人から「面倒《めんどう》なこと」を頼《たの》まれたときの多様な問い方が前後で並べられているので，ことがらを並べ立てるときに用いる「また」がよい。

D「問いは思考を動かし，方向づける」ので「考えるためには問わなければならない」というつながりなので，続く部分の理由が前にあることを示す「だから」が入る。

問2　前に「『何かいいことないかなぁ』と考えているだけでは～グチるだけになる」，「具体的に問えば，具体的に考えられる」とあり，後に「別の角度からものを見られるようになる」とあるので，「『何かいいことないかなぁ』と考える」だけでなく，「具体的な問いを重ねる」，「別の角度から考えられるようになる」とあるウが選べる。

問3　続く部分にあるように，こうした問いのように見えているものは，「多くの場合，問いではなく，拒絶，否定，非難，侮蔑《ぶべつ》，呪詛《じゅそ》」なのであるから，イがふさわしい。

問4「問い」が「哲学的になる」ことについては，三つ前の段落の「哲学的な問いにしていくにはどうすればいいか」に続く部分で，「自分自身をその問いに結びつけてみる」ことと，「問い」が連鎖《れんさ》してたてられていくことが説明されている。これをふまえ，「自分自身と問いを結びつけ，現実的に考えることで問いを広げていくこと」，「具体的に自分自身のこととして考え，次々に新しい問いをたてていくことで問題の本質にせまること」のようにまとめる。

問5　生徒からすれば，自分のたてた問いが「まっとうな問いであることを認めてくれればいい」のである。つまり，ここで問題なのは「自分の疑問がきちんと受け止められること，問うていいのだと認められること」なのだから，ウが選べる。

問6　直前で，「閉じた問いは，簡潔に答えられて，それ以上の説明を要しないもの，開いた問いは答えに説明を要するものである」と説明されていることに注意する。　**Ⅰ**「イエス・ノーで答えられる」ので，「閉じた」問いである。　**Ⅱ**「人によっても違《ちが》い，簡単には答えられない」ので，「開いた」問いである。　**Ⅲ**，**Ⅳ**「人によって，場合によって答えが違う」ものでも「一言で答えられる」ものは，「閉じた」問いであり，「開いた」問いになるわけではない。　**Ⅴ**「明確な答えのない問い」は，「開いた」問いである。

問7　続く部分で筆者は，「死刑」についての問い（開いた問い）を例にあげ，「何の予備知識もなしに」，ただ「自由に話して」いれば，「対話じたいは哲学的になりうる」が，「死刑について，より深く考えられるとは限らない」と言っている。逆に，「確かな知識によって土台と軸《じく》が与《あた》えられれば，対話は焦点《しょうてん》が定まった仕方で深めることができる」のである。これをふまえ，「開いた問いでも，土台に確かな知識がないと，焦点の定まった深い思考にならないから」のようにまとめる。

問8　イは，“教えを受けるだけでみずから考えなければ真の理解にいたれないし，みずから考えるばかりで学ぼうとしなければ独断におちいる危険がある”という意味なので，ふさわしい。なお，アは“学ぶ時間がないと言う者は，意欲がないのであり，時間があっても学ばない”という意味。ウは“自分は十五歳のとき学問で身を立てようと決め，三十歳で独自の立場を確立し，四十歳で迷わなくなった”という内容。エは“学んだことを折にふれ復習して理解を深めるのは，なんと喜ばしいことだろう”という内容。オは“若い時期はまたたく間に過ぎるが，学問はなかなか達成できない。少しの時間も無駄《むだ》に費やしてはならない”という意味。

問9　知識のない対話は，「新たな視点が見つかったり，意外な展開があって予想もしないことを考えることができたりして」，対話が「哲学的な広がりも深まりもある」ものになる可能性もあり，自由と言えばそうかもしれないが，「確かな知識」による対話は，「焦点が定まった仕方で深めることができる」のである。つまり，哲学的に考えるには「答えのある問いとない問い，閉じた問いと開いた問いの両方が必要」といえるので，ウがふさわしい。なお，アは「閉じた問い」を欠いており，イは「開いた問い」を欠いているので，ふさわしくない。エは土台と軸となる「確かな知識」の働きをおさえていないので，あてはまらない。オは「確かな知識」を「明確な答えを求めるような『問い』を重ね」て「身につける」ものとしているので不適当。

四　**出典は青山美智子《あおやまみちこ》の『鎌倉うずまき案内所』所収の「ト音記号の巻」による。**花音《かのん》と瑠美《るみ》から仲間外れにされるのを恐《おそ》れたいちか(わたし)が，大事な友達の乃木《のぎ》くんを遠ざけてしまう場面である。

問1　**a**　先生の説明の仕方には，言葉や態度などが素早くはっきりしたようすの「てきぱき」がよい。　**b**　いちかは隠《かく》れキリシタンの「つらい」気持ちを思っているので，しょげて元気のないようすの「しゅん(と)」が合う。　**c**　サクちゃんはいちかの唐突《とうとつ》なつぶやきに「アンモナイト？」と不思議がっているので，おどろいて大きくまばたくようすの「ぱちくり」がふさわしい。　**d**　意地の悪いことを言ってもいちかが「また明日ねぇ」と「笑顔でかわし」たため，花音と瑠美はあてが外れて「立ち尽《つ》くしている」のである。この状況《じょうきょう》には，意外なことにあっけにとられているようすの「きょとん」があてはまる。

問2　いちかは，乃木くんと「今すぐふたりで理科室に行きたかった」のに，花音と瑠美との約束をはたすため，「食べたくもないパンを三個も」買って，もらったクーポン券を花音に渡《わた》している。よって，「乃木くんとこれからも友達でいたい」，「二人に気に入ってもらえるような態度をとってしまっている」とあるオが選べる。

問3　三週間前に乃木くんがいちかをよび止めたのは，「二学期いっぱいで転校」することを伝えるためだったのに，花音と瑠美から仲間外れにされることを恐れたいちかは，乃木くんに「もう，話しかけてこないで！」とひどい態度をとった。このようないきさつが傍線《ぼうせん》部2には結びついているので，「転校する乃木くんにひどい態度をとってしまったことを後悔《こうかい》しつつも，その気持ちを花音と瑠美に気づかれたくないと思う心情」のようにまとめる。

問4　「それぞれがそれぞれでいい」のだから，「多様性」とするのがふさわしい。

問5　「ト音記号」はウで，五線譜《ふ》の下から二本目の線がソ(ト音)にあたることを示す。サクちゃんの「このうずまきの中心のとこ。十字架《じゅうじか》みたいにクロスしてるだろ」という発言も参考になる。

問6　この後サクちゃんは，「状況がどんどん変わっても，ソの位置がここだって，軸がはっきりしていれば狂《くる》わない」，「誰に笑われたってへっちゃらって思えるような，いちかオリジナルの『ソ』の軸を持つといい」と言っているので，「軸」にあたる「自分らしさ」にふれているウがよい。

問7　直後にあるように，二人は「えっ，マジで？　化石？」「うわ，信じられない」と「わたし」をさげすむように言っている。よって，ウが合う。　　ア「ちゃんと謝《あやま》って」とあるように，いちかは乃木くんとまだ仲直りしていないので，「仲直りしていないという嘘《うそ》をあばける」は合わない。　　イ，オ「わたしは化石が好きで，乃木くんも同じ」なのだから，いちかが乃木くんへのプレゼントに化石を選ぶことは，「常識知らず」や「乃木くんの好みも知らない」とは言えない。また，「乃木くんって，みんなの前でペラペラしゃべる人じゃなかった」のだから，「人気者の乃木くん」はふさわしくない。　　エ　花音と瑠美はいちかを「大切な友達」とは思っておらず，また，「『わたし』が二人の誘《さそ》いを断った」ようすも描《えが》かれていない。

問8　サクちゃんと話をしたいちかは，花音と瑠美から「仲間外れ」にされても，乃木くんという「本当に大切な仲間」を失いたくないと思うようになっている。そう覚悟《かくご》をきめたことで，乃木くんに「プレゼントしたい」という自分の気持ちを大事にし，自然に花音と瑠美の意地悪をかわすことができたのである。そして，いちかの態度に「きょとんと立ち尽くしている」花音と瑠美を見て「笑って」いるのだから，エがあてはまる。　　ア　いちかに「投げやり」なようすや「苦々しい」ようすはない。　　イ，オ　花音と瑠美は，「きょとんと立ち尽くしている」が，「おじけづいた」り「慌《あわ》て」たりはしていない。　　ウ　いちかは花音と瑠美に「言いたいことを言」っていない。また，この二人と「軽口をたたきあ」ってもいない。

問9「誰に笑われてもばかにされても，へっちゃらな軸」とあることを参考に，行動の軸とその理由をまとめる。

2022年度　栄東中学校

〔電　話〕　048(666)9200(アドミッションセンター直通)
〔所在地〕　〒337－0054　埼玉県さいたま市見沼区砂町２－77
〔交　通〕　JR宇都宮線―「東大宮駅」より徒歩約８分

【算　数②】〈東大特待Ⅰ試験 算数１教科型〉（40分）〈満点：150点〉

〈編集部注：算数①は４教科型の算数と共通問題です。〉

注意　１．コンパス・分度器は使わずに答えてください。
　　　２．円周率は3.14とします。

1　栄くん「えっ！　これって……すごい！」

栄くんがノートに次のように数を書き並べています。

2022，4044，6066，8088，10110，12132，14154，16176，18198，20220

東さん「どうしたの栄くん？」

栄くん「見て見て！　2022の倍数って，どれも２回以上出てくる数字があるよ。すごい発見じゃない？」

東さん「本当だ，よく気付いたね。すごい！」

栄くん「このままずっと同じ法則が続くかな？」

東さん「どうだろう。[ア]の位と[イ]の位は少なくともずっと同じ数字が出てきているね」

栄くん「ああ……，じゃあ2022×[ウ]で[ア]の位と[イ]の位がずれるから，そこまでかなあ」

東さん「え？　2022×[ウ]でずれるってどうしてわかったの？」

栄くん「え？　[A]からでしょ」

東さん「それにすぐ気付くなんて本当にすごいよ。確認してみよう。2022×[ウ]＝[エ]だから確かに同じ数字は出てこないね。栄くんすっごーい！」

栄くん「こんなの楽勝だよ」

[ア]，[イ]，[ウ]，[エ]に入る数と[A]に入る説明を答えなさい。

2　栄くんと東さんが，魔法陣（縦，横，斜《なな》めの数の合計がすべて同じになるように，マスを数で埋《う》めていく遊び）で遊んでいます。

	1列目	2列目	3列目
1段目	4	9	2
2段目	3	5	7
3段目	8	1	6

三方陣

	1列目	2列目	3列目	4列目	5列目
1段目	11	18	25	2	9
2段目	10	12	19	21	3
3段目	4	6	13	20	22
4段目	23	5	7	14	16
5段目	17	24	1	8	15

五方陣

東さん　「よし，これで２つともクリアだね！」

栄くん　「そういえばこれって，１つも数が入っていない状態から全部自分でつくれるのかな？」

東さん　「えー，穴埋め問題でしか解いたことないから分からない」

栄くん　「じゃあ１つつくってみようよ。どうせなら大きい方がいいや。七方陣をつくろう！」

東さん　「この三方陣と五方陣を参考にしようか」

栄くん　「まず，１段目の１列目から右下に向かって斜めに進むと１ずつ増えているね」

東さん　「うんうん。それと三方陣も五方陣も真ん中に入るのは［　　A　　］の数だね」

栄くん　「ということは，七方陣では１段目の１列目から右下に向かって進むと，７段目の７列目までは，［ア］，［イ］，［ウ］，［エ］，［オ］，［カ］，［キ］でいいよね」

東さん　「五方陣を見ると他にも同じように右下に向かって増えているところが多いけど，途切《とぎ》れちゃうんだよねぇ」

栄くん　「うーん……。五方陣では，［あ］の倍数はだいたい，左上が１少なくて，上が１多いかな。だから［キ］の上は［ク］だね」

東さん 「でも三方陣でそうなってるのは [い] だけだよ」

栄くん 「それって [う] の倍数じゃん」

東さん 「そっか，“三”方陣だから！ だけど，残りの２つの [う] の倍数は左上がないなあ」

栄くん 「あーっ！ 気付いちゃった！」

東さん 「なになに？」

栄くん 「これはね，同じ魔法陣が並んでいると考えればいいんだよ」

東さん 「ちょっと待って……。あ！ これで [ク] から右下に進めるね。今日の栄くん，本当にすごい！」

栄くん 「でしょ」

東さん 「それで，七方陣なら [え] の倍数になったら， [B] に進めばいいと」

栄くん 「 [ア] より前は同じルールで戻《もど》ればいいね」

東さん 「49の次が１って考える手もあるかな」

栄くん 「ああなるほど，さすが。それなら同じルールで進めるね」

東さん 「これで，完成！」

栄くん＆東さん 「いぇーい！」

(1) [A] に入るふさわしい説明と， [B] に入る方向を答えなさい。

(2) [あ] から [え] にあてはまる数を答えなさい。

(3) [ア] から [ク] にあてはまる数を解答用紙の七方陣に書き入れ，七方陣を完成させなさい。

3　栄くんと東さんと中さんが遊んでいます。[ア]，[イ]，[ウ]は１以上の整数で，[ア]＜[イ]＜[ウ]とします。

[ア]，[イ]，[ウ]の３枚のカードをよく切って配り，カードに書いている数だけチョコがもらえます。これを複数回おこなった最後の回の会話は次の通りでした。

東さん「やった！　[ウ]だ！」
[A]「あー，[ア]だった……」

合計で栄くんは20個，東さんは10個，中さんは９個のチョコをもらいました。[ア]，[イ]，[ウ]にあてはまる数を答え，[A]は誰かを答えなさい。
《解答欄《らん》の考え方を記す欄に考え方も書きなさい》

4　下の図のように，１辺の長さが３cmの正五角形の内側に，各頂点を中心とする半径３cmの弧《こ》を５つかきました。影《かげ》のついた部分の面積は[　　　]cm^2です。ただし，円周率は3.14とし，１辺の長さが１cmの正三角形の面積は0.43 cm^2とします。《解答欄の考え方を記す欄に考え方も書きなさい》

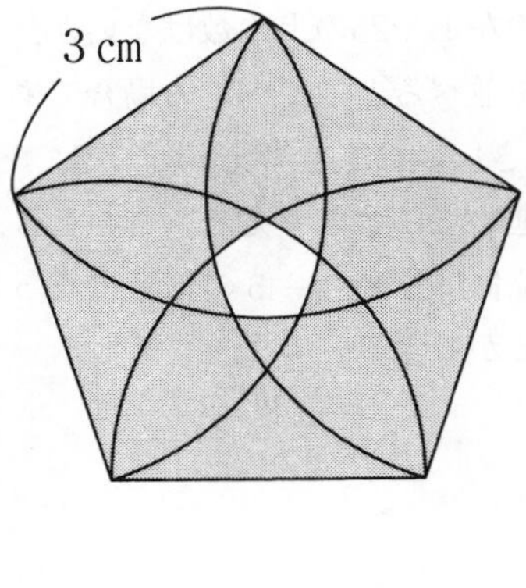

2022年度

栄東中学校　▶解説と解答

算数②　＜東大特待Ⅰ試験　算数１教科型＞（40分）＜満点：150点＞

解答

1 ア，イ　千，一　ウ　46　エ　93012　A　（例）　22×45は1000より小さいけれど，22×46ではじめて1000をこえる　2 (1)　A　（例）　使っている全部の数の真ん中　B　上　(2)　あ　5　い　6　う　3　え　7　(3)　解説の図２を参照のこと。
3 ア　1　イ　4　ウ　8　A　中さん　4 14.64cm^2

解説

1 計算のくふう

2022を2000と22に分けて考えると，2022をN倍した数は，2000をN倍した数と22をN倍した数の和になる。たとえば，2022を７倍した数は下の図１のように表すことができる。ここで，千の位の数字は２を７倍した数の一の位の数字と一致《いっち》し，一の位の数字は22を７倍した数の一の位の数字と一致する。このように考えると，千の位と一の位の数字は同じになることがわかる。ところが，22をN倍した数が1000以上になると，百の位から千の位にくり上がりがあるため，千の位と一の位の数字は一致しなくなる。つまり，1000÷22＝45余り10より，N＝45の場合は下の図２のようになるが，N＝46の場合は下の図３のようになり，千の位と一の位の数字が一致しなくなる。よって，アとイには千と一，ウには46，エには93012が入る。また，Aに入る説明は，「22×45は1000より小さいけれど，22×46ではじめて1000をこえる」などが考えられる。

図１

	1 4	0 0 0	←2000×７
＋		1 5 4	←22×７
	1 4	1 5 4	

図２

	9 0	0 0 0	←2000×45
＋		9 9 0	←22×45
	9 0	9 9 0	

図３

	9 2	0 0 0	←2000×46
＋	1	0 1 2	←22×46
	9 3	0 1 2	

2 条件の整理

(1)　三方陣《じん》で真ん中に入る数は５であり，五方陣で真ん中に入る数は13である。このように，真ん中に入る数は，使っている全部の数の真ん中（…A）の数である。また，五方陣で，５の倍数である５，10，15，20，25に注目すると，左上が１小さい数であり，上が１大きい数になっている。このとき，10の左上や25の上の数はないが，右の図１のように周りに同じ魔《ま》方陣を並べると，すべての場合であてはまることがわかる（25よりも１大きい数は１と考える）。次に，１から順番に右下に向かって１ずつ進めることを考える。このとき，魔方陣からはみ出した場合は正しい位置に移動し，５の倍数になったら上（…B）に進むことによって，１から25までを順番に入れることができる。

図１

	17	24	1	8	⑮	
9	11	18	㉕	2	9	11
3	⑩	12	19	21	3	⑩
22	4	6	13	⑳	22	4
16	23	⑤	7	14	16	23
⑮	17	24	1	8	⑮	17
	11	18	㉕	2	9	

⑵　⑴より，あ…５，い…６，う…３，え…７とわかる。

⑶　１から，７×７＝49までの真ん中の数は，（１＋49）÷２＝25だから，エには25が入る。すると，ア～キには22～28が入り，28は７の倍数なので，クには29が入ることがわかる。その後は図１と同様に考えると，七方陣の場合は右の図２のようになる（数を丸で囲む必要はない）。

図２

22	31	40	㊾	2	11	20	
㉑	23	32	41	43	3	12	㉑
13	15	24	33	㊷	44	4	13
5	⑭	16	25	34	36	45	5
46	6	8	17	26	㉟	37	46
38	47	⑦	9	18	27	29	38
30	39	48	1	10	19	㉘	30
	31	40	㊾	2	11	20	

3　条件の整理

３人がもらった個数の合計は，20＋10＋９＝39（個）だから，ア＋イ＋ウの値は39の約数であり，｛１，３，13，39｝のいずれかとなる。ただし，「複数回おこなった」という条件があるので，39ではない。また，ア，イ，ウは異なる整数だから，和は最も小さくても，１＋２＋３＝６である。よって，ア＋イ＋ウ＝13であり，カードを配った回数は，39÷13＝３（回）とわかる。次に，ア＋イ＋ウ＝13，ア＜イ＜ウとなる組み合わせは，下の図１の８通りある。このうち，３つの和を20にすることができるのは，（ア，イ，ウ）＝（１，４，８）だけだから，栄くんがもらったのは，（８個，８個，４個）と決まる。さらに，東さんの３回目は８個なので，下の図２のようになることがわかる。したがって，アには１，イには４，ウには８，Ａには中さんが入る。

図１

ア	1	1	1	1	2	2	2	3
イ	2	3	4	5	3	4	5	4
ウ	10	9	8	7	8	7	6	6

図２

回数	１回目	２回目	３回目	合計
栄くん	８個	８個	４個	20個
東さん	１個	１個	８個	10個
中さん	４個	４個	１個	９個
合計	13個	13個	13個	39個

4　平面図形―面積

右の図で，斜線《しゃせん》部分の面積を５倍すればよい。斜線部分の面積は，おうぎ形BDAの面積から★印の部分の面積をひいて求めることができ，さらに，★印の部分の面積は，おうぎ形CDBの面積から三角形DBCの面積をひいて求めることができる。はじめに，N角形の内角の和は，180×（N－２）（度）だから，五角形の内角の和は，180×（５－２）＝540（度）となり，角ABCの大きさは，540÷５＝108（度）とわかる。また，DBとDCの長さは３cmなので，三角形DBCは正三角形であり，角ABDの大きさは，108－60＝48（度）となる。よって，おうぎ形BDAの面積は，$3 \times 3 \times 3.14 \times \frac{48}{360} = 1.2 \times 3.14 = 3.768$（cm²）と求められる。次に，おうぎ形CDBの面積は，$3 \times 3 \times 3.14 \times \frac{60}{360} = 1.5 \times 3.14 = 4.71$（cm²）である。また，正三角形DBCの面積は，１辺の長さが１cmの正三角形の面積の，３×３＝９（倍）だから，0.43×９＝3.87（cm²）となる。したがって，★印の部分の面積は，4.71－3.87＝0.84（cm²）なので，斜線部分の面積は，3.768－0.84＝2.928（cm²）となり，影《かげ》のついた部分の面積は，2.928×５＝14.64（cm²）と求められる。

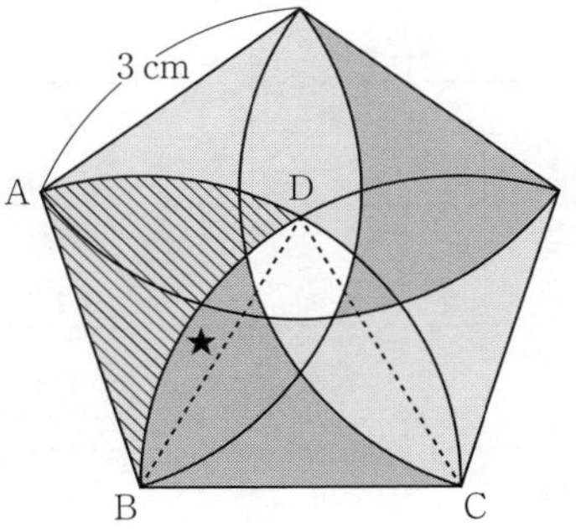

Memo

当社発行物の無断使用は固くお断りいたします。御使用の前はまずご相談ください。

当社発行物には500点余の首都圏中・高過去問をはじめ、６点の学校案内、そのほかいくつかの情報誌などがございます。その多くが年度版で、限られたスタッフが来るべき受験シーズン前に余裕を持って受験生へ届けられるよう、日夜作業にあたり出版を重ねております。

その中で、最近、多くの印刷物やネット上において当社発行物からの無断使用が見受けられ、一部で係争化しているところもございます。事例といたしましては、当社の新刊発行を待ち、それを流用して毎年ネット上に新改訂として掲載していたＡ社、当社過去問から三百箇所をはぎ合わせ「自社制作につき無断転載禁止」とし、集客材としてホームページに掲載していたＢ社、当社版誌面を無断スキャンし、記述式解答は一部殆ど丸取りして動画を制作していた家庭教師グループＣ社、当社発行物の表紙を差し替え、内容を複製し配布していた塾のＤ社などほか数社がございます。

当社発行物の全部もしくは一部を無断使用することは固くお断りいたします。

当社コンテンツの中にはリーズナブルな設定でご提供している事例もたくさんございますので、ご利用されたい方はまずは、お気軽にご相談くださいますようお願いします。同時に、当社発行物を無断で使用している媒体などにつきましての情報もお寄せいただければ幸いです（呈薄謝）。

株式会社 声の教育社

2025年度用
中学スーパー過去問

■編集人 声の教育社・編集部
■発行所 株式会社 声の教育社
〒162-0814 東京都新宿区新小川町8-15
☎03-5261-5061(代) FAX03-5261-5062
https://www.koenokyoikusha.co.jp

※本書の内容についての一切の責任は当社にあります。内容・解説・解答・その他は当社ホームページよりお問い合わせ下さい。

よくある解答用紙のご質問

01

実物のサイズにできない

拡大率にしたがってコピーすると，「解答欄」が実物大になります。配点などを含むため，用紙は実物よりも大きくなることがあります。

02

A3用紙に収まらない

拡大率164％以上の解答用紙は実物のサイズ（「出題傾向＆対策」をご覧ください）が大きいために，Ａ３に収まらない場合があります。

03

拡大率が書かれていない

複数ページにわたる解答用紙は，いずれかのページに拡大率を記載しています。どこにも表記がない場合は，正確な拡大率が不明です。

04

１ページに２つある

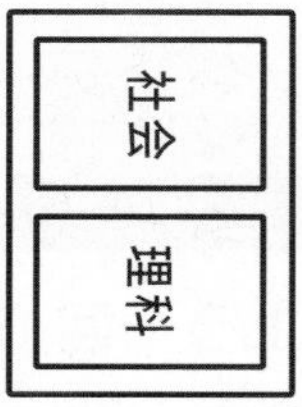

１ページに２つ解答用紙が掲載されている場合は，正確な拡大率が不明です。ほかの試験回の同じ教科をご参考になさってください。

栄東中学校Ａ・東大Ⅰ

【別冊】入試問題解答用紙編

禁無断転載

解答用紙は本体からていねいに抜きとり、別冊としてご使用ください。

※　実際の解答欄の大きさで練習するには、指定の倍率で拡大コピーしてください。なお、ページの上下に小社作成の見出しや配点を記載しているため、コピー後の用紙サイズが実物の解答用紙と異なる場合があります。

●入試結果表

— は非公表

年　度	回	項　目	国　語	算　数	社　会	理　科	合　計	合格者
2024	Ａ日程 １月10日	配点(満点)	100	100	50	50	300	最高点282
		合格者平均点	—	—	—	—	—	最低点
		受験者平均点	57.6	58.9	37.7	34.4	188.6	東　大201
		キミの得点						難関大181
	Ａ日程 １月11日	配点(満点)	100	100	50	50	300	最高点277
		合格者平均点	—	—	—	—	—	最低点
		受験者平均点	68.6	46.7	32.8	33.5	181.6	東　大201
		キミの得点						難関大181
	東大 特待Ⅰ （４科）	配点(満点)	150	150	75	75	450	最高点
		合格者平均点	—	—	—	—	—	403
		受験者平均点	87.1	88.0	47.1	51.1	273.3	最低点
		キミの得点						274
	回	項　目	算数①	算数②			合　計	合格者
	東大 特待Ⅰ (算数)	配点(満点)	150	150			300	最高点
		合格者平均点	—	—			—	290
		受験者平均点	77.1	85.9			163.0	最低点
		キミの得点						207
年　度	回	項　目	国　語	算　数	社　会	理　科	合　計	合格者
2023	Ａ日程 １月10日	配点(満点)	100	100	50	50	300	最高点284
		合格者平均点	—	—	—	—	—	最低点
		受験者平均点	61.6	70.6	39.2	33.2	204.6	東　大217
		キミの得点						難関大193
	Ａ日程 １月11日	配点(満点)	100	100	50	50	300	最高点283
		合格者平均点	—	—	—	—	—	最低点
		受験者平均点	54.6	69.2	36.8	33.9	194.5	東　大217
		キミの得点						難関大193
	東大 特待Ⅰ （４科）	配点(満点)	150	150	75	75	450	最高点
		合格者平均点	—	—	—	—	—	402
		受験者平均点	89.1	79.8	47.6	43.9	260.4	最低点
		キミの得点						265
	回	項　目	算数①	算数②			合　計	合格者
	東大 特待Ⅰ (算数)	配点(満点)	150	150			300	最高点
		合格者平均点	—	—			—	274
		受験者平均点	79.8	78.7			158.5	最低点
		キミの得点						210
年　度	回	項　目	国　語	算　数	社　会	理　科	合　計	合格者
2022	Ａ日程 １月10日	配点(満点)	100	100	50	50	300	最高点280
		合格者平均点	—	—	—	—	—	最低点
		受験者平均点	64.7	65.3	35.8	33.7	199.5	東　大212
		キミの得点						難関大187

〔参考〕2022年のＡ日程（１月11日）試験の受験者平均点は188.8、合格者最低点は212(東大)／187(難関大)です。
2022年の東大特待Ⅰ（４科）試験の受験者平均点は276.9、合格者最低点は281です。
2022年の東大特待Ⅰ（算数）試験の受験者平均点は158.9、合格者最低点は201です。

※表中のデータは学校公表のものです。ただし、合計は各教科の平均点を合計したものなので、目安としてご覧ください。

声の教育社

２０２４年度　　栄東中学校　Ａ日程１月１０日

算数解答用紙

番号		氏名		評点	／100

1	(1)	
	(2)	
	(3)	
	(4)	g
	(5)	体
	(6)	度
	(7)	cm^2
	(8)	cm^3
2	(1)	栄くん　：　中さん ：
	(2)	m
	(3)	分　　秒後

3	(1)	ア
	(2)	個
	(3)	通り
4	(1)	cm^2
	(2)	cm^2
	(3)	cm^2
5	(1)	
	(2)	個
	(3)	

（注）この解答用紙は実物大です。

〔算　数〕100点(推定配点)

1～5　各５点×20

２０２４年度　栄東中学校　Ａ日程１月１０日

社会解答用紙

番号		氏名		評点	／50

1	問1	あ		い			
		う		え			
	問2	(1)		(2)			
	問3		問4		問5		
	問6		問7				
	問8	(1)		(2)			
	問9	高度経済成長期に（　　　）					

2	問1		問2	2番目	4番目		
	問3		問4				
	問5	2番目	4番目	問6			
	問7		問8	2番目	4番目		
	問9						
	問10						
	問11	(1)		(2)		(3)	

（注）この解答用紙は実物大です。

〔社　会〕50点（推定配点）

1　問1　各1点×4　問2～問9　各2点×10　2　各2点×13＜問2，問5，問8は完答＞

２０２４年度　栄東中学校　Ａ日程１月１０日

理科解答用紙

番号		氏名		評点	／50

1	問1		問2		問3	
	問4		問5		問6	
	問7					

2	問1		問2		問3	
	問4		問5			
	問6		問7			

3	問1		問2		問3	
	問4		問5		問6	
	問7					

4	問1		問2		問3	
	問4	cm				

（注）この解答用紙は実物大です。

〔理　科〕50点（推定配点）

1～4　各２点×25＜2の問５，問７は完答＞

２０２４年度　栄東中学校　A日程一月一〇日

国語解答用紙

番号		氏名		評点	/100

一

1		2		3	
4		5			

二

1		2		3		4		5	
6		7		8		9		10	

三

問一　問二

問三　a　b　問四

問五（40字）

問六（15字）

問七　問八

四

問一　問二　問三　問四　A　B　C

問五（30字）

問六

問七　相変異したバッタは（60字）

問八

（注）この解答用紙は実物を縮小してあります。B5→B4（141%）に拡大コピーすると、ほぼ実物大の解答欄になります。

〔国　語〕100点（推定配点）

一，二　各１点×15　三　問１～問４　各４点×５　問５　８点　問６～問８　各４点×３　四　問１～問３　各４点×３　問４　各３点×３　問５　６点　問６　４点　問７　10点　問８　４点

２０２４年度　栄東中学校　Ａ日程１月１１日

算数解答用紙

番号		氏名	

評点	／100

1	(1)	
	(2)	
	(3)	
	(4)	%
	(5)	m
	(6)	度
	(7)	cm^2
	(8)	m^2
2	(1)	cm
	(2)	
	(3)	

3	(1)	
	(2)	
	(3)	
4	(1)	cm
	(2)	DI　:　IC :
	(3)	三角形ABC　:　三角形EHG :
5	(1)	行　　列目
	(2)	行目
	(3)	列目

(注) この解答用紙は実物大です。

〔算　数〕100点(推定配点)

1～5　各５点×20

２０２４年度　栄東中学校　Ａ日程１月１１日

社会解答用紙

番号		氏名		評点	／50

1	問1	(1)	台地	(2)	湾	
		(3)	県	(4)	灘	
		(5)		(6)		
	問2		問3		問4	
	問5		問6			
	問7	(1)		(2)		
		(3)				

2	問1		問2			
	問3	2番目	4番目	問4		
	問5	2番目	4番目	問6		
	問7	2番目	4番目	問8		
	問9	大名が、(　　　)に返した。				
	問10		問11		問12	
	問13					

(注) この解答用紙は実物大です。

〔社　会〕50点(推定配点)

1　問1　(1)～(4)　各1点×4　(5), (6)　各2点×2　問2～問7　各2点×8　2　各2点×13＜問3, 問5, 問7は完答＞

２０２４年度　栄東中学校　Ａ日程１月１１日

理科解答用紙

番号		氏名	

評点	／50

1	問1		問2		問3		問4	
	問5		問6		問7			

2	問1		問2		問3		問4	
	問5		問6		問7			

3	問1		問2		問3		問4	
	問5				問6		問7	

4	問1	(1)	(2)	問2	
	問3		問4	(1)	(2)

（注）この解答用紙は実物大です。

〔理　科〕50点(推定配点)

1～3　各２点×21＜3の問５は完答＞　4　各１点×８

2024年度 栄東中学校 A日程1月1日

国語解答用紙

番号		氏名		評点	/100

一

1		2		3	
4		5			

二

1		2		3		4		5	
6		7		8		9		10	

三

問一		問二		問三		問四	
問五		問六					
問七	25 35						
問八							

四

問一	A		B		C	
問二	①		②			
問三		問四				
問五	20 30					
問六	40 50					
問七		問八		問九		

(注) この解答用紙は実物を縮小してあります。B5→B4(141%)に拡大コピーすると、ほぼ実物大の解答欄になります。

〔国 語〕100点(推定配点)

一, 二 各1点×15 三 問1～問6 各4点×6 問7 6点 問8 4点 四 問1 各3点×3 問2～問4 各4点×4 問5 6点 問6 8点 問7～問9 各4点×3

2024年度　栄東中学校　東大特待Ⅰ　4教科型

算数解答用紙　No. 1

番号	
氏名	
評点	/150

1

(1)	A　：　B
(2)	個
(3)	cm^2
(4)	分
(5)	分　秒
(6)	倍

2

(1)

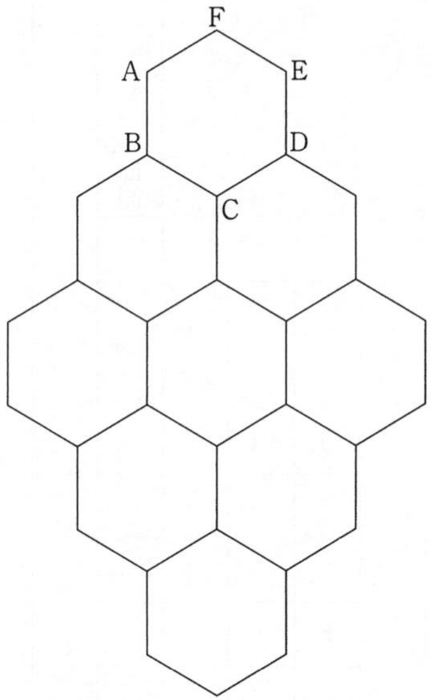

(2) BG　：　GC

2024年度 栄東中学校 東大特待Ⅰ 4教科型

算数解答用紙 No. 2

（注）この解答用紙は実物を縮小してあります。B5→B4（141%）に拡大コピーすると、ほぼ実物大の解答欄になります。

4	(1)	ア
		イ
	(2)	ウ
		エ
	(3)	

3	(1)	DS : SE
	(2)	AT : TM
	(3)	《考え方を記す欄》
		倍

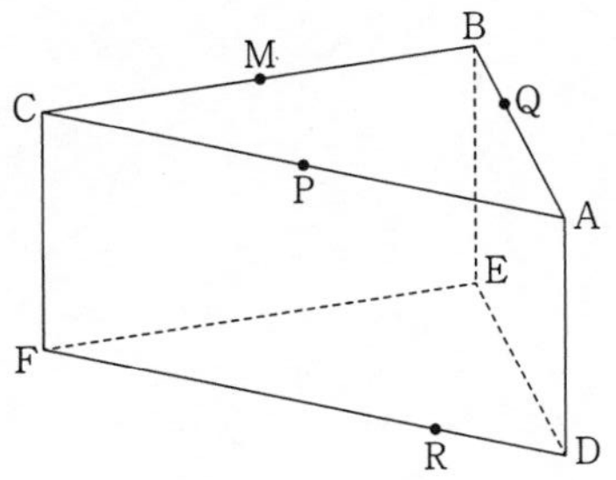

〔算　数〕150点(推定配点)

1　各8点×6　2　(1)　15点　(2)　10点　3　(1), (2)　各5点×2　(3)　考え方…15点, 答え…10点　4　(1), (2)　各8点×4　(3)　10点

2024年度　栄東中学校　東大特待Ⅰ　4教科型

社会解答用紙

番号		氏名		評点	/75

1

- 問1 (1) Ⅰ　湾　Ⅱ　川 (2)
- 問2 (1) 米　畜産 (2) 静岡県　愛媛県 (3) (4) Ⅰ　Ⅱ
- 問3 (1) 静岡県　熊本県 (2) 山梨県　福岡県 (3) 埼玉県　長野県 (4) Ⅰ　Ⅱ
- 問4 (1) (2) (3) 西洋なし　もも (4)

2

- 問1 2番目　4番目
- 問2
- 問3 (1) (2)
- 問4
- 問5
- 問6 2番目　4番目
- 問7 a　b
- 問8
- 問9
- 問10
- 問11 古い順で4番目　東から順で3番目
- 問12 (1) 2番目　4番目 (2) 県
- 問13

3

- 問1　問2　問3
- 問4　問5　問6
- 問7

（注）この解答用紙は実物を縮小してあります。182％拡大コピーをすると、ほぼ実物大の解答欄になります。

〔社　会〕75点(推定配点)

1　問1　(1)　各1点×2　(2)　2点　問2　(1)，(2)　各1点×4　(3)　2点　(4)　各1点×2　問3　(1)～(3)　各1点×6　(4)　各2点×2　問4　(1)，(2)　各2点×2　(3)　各1点×2　(4)　2点＜完答＞　2　問1，問2　各2点×2＜問1は完答＞　問3　(1)　2点　(2)　3点　問4～問6　各2点×3＜問6は完答＞　問7　各1点×2　問8～問10　各2点×3　問11　各1点×2　問12，問13　各2点×3＜問12の(1)は完答＞　3　各2点×7＜問5は完答＞

２０２４年度　栄東中学校　東大特待Ⅰ　４教科型

理科解答用紙

番号		氏名		評点	／75

1	問1	引く力　kg	体重計A　kg	問2	kg
	問3	kg	問4	引く力　kg	体重計A　kg
	問5	図４　kg	図５　kg	問6	kg
	問7	kg			

2	問1		問2		問3	
	問4		問5	③	ミョウバン　g	
	問6	%	問7			

3	問1		問2		問3	
	問4	g	問5		問6	
	問7					

4	問1		問2		問3	
	問4	(1)	(2)			

（注）この解答用紙は実物大です。

〔理　科〕75点（推定配点）

1　問１～問４　各２点×６　問５～問７　各３点×４　2　問１～問３　各２点×３　問４～問７　各３点×５　3　問１～問３　各２点×３　問４～問７　各３点×４＜問７は完答＞　4　問１～問３　各２点×３　問４　各３点×２

2024年度　栄東中学校　東大特待Ⅰ　四教科型

国語解答用紙

番号		氏名		評点	/150

一								
1		2		3		4		
5		6		7		8		

二										
1		2		3		4		5		
6		7		8		9		10		

三

問一　問二　問三　A　B　C

問四　問五　問六

問七（30字）

問八（50字）

問九　自分が選ぶ方を○でかこむ　伝統的　近代的

四

問一　a　b

問二（15字）

問三　問四

問五（40字）

問六

問七　自分と同じように成瀬も（45字）

問八　問九　→　→　→　→　→　問十

（注）この解答用紙は実物を縮小してあります。B5→A3（163%）に拡大コピーすると、ほぼ実物大の解答欄になります。

〔国　語〕150点（推定配点）

一，二　各2点×18　三　問1～問6　各4点×8　問7　6点　問8　8点　問9　10点　四　問1～問3　各4点×4　問4　6点<完答>　問5　8点　問6　4点　問7　10点　問8　4点　問9　6点<完答>　問10　4点

２０２４年度　栄東中学校　東大特待Ⅰ　算数１教科型

算数①解答用紙　No. 1

番号		氏名		評点	/150

1	cm^2

2	(1)	番目
	(2)	ア
		イ　　番目
		ウ

3	(1)	A	ア　　倍
		理由	
	(2)	B	イ　　倍
	(3)		

2024年度　栄東中学校　東大特待Ｉ　算数１教科型

算数①解答用紙　No. 2

（注）この解答用紙は実物を縮小してあります。B５→B４（141%）に拡大コピーすると、ほぼ実物大の解答欄になります。

4		
(1)	ア	
(2)		
(3)	$n=5$なら	通り
	$n=6$なら	通り
	$n=7$なら	通り
	$n=8$なら	通り

〔算数①〕150点(推定配点)

1, 2　各８点×５　3　(1)　A・ア…10点<完答>，理由…20点　(2)　10点<完答>　(3)　20点

4　(1)，(2)　各９点×２　(3)　各８点×４

２０２３年度　栄東中学校　Ａ日程１月１０日

算数解答用紙

番号		氏名		評点	／100

1	(1)	
	(2)	
	(3)	小学校の方が　　点だけ高い
	(4)	m
	(5)	円
	(6)	g
	(7)	cm^2
	(8)	cm^3
2	(1)	cm^3
	(2)	ア
	(3)	イ

3	(1)	cm^2
	(2)	DI：IF ：
	(3)	cm^2
4	(1)	通り
	(2)	通り
	(3)	通り
5	(1)	個
	(2)	個
	(3)	個

（注）この解答用紙は実物大です。

〔算　数〕100点（推定配点）

1～5　各５点×20

２０２３年度　栄東中学校　Ａ日程１月１０日

社会解答用紙

番号		氏名		評点	／50

1	問1	(1)	(県)
		(2)	(つ)
		(3)	市
		(4)	岬
	問2		
	問3		
	問4		
	問5		
	問6		
	問7		
	問8		
	問9		
	問10	(1)	
		(2)	

2	問1	
	問2	
	問3	
	問4	
	問5	
	問6	
	問7	
	問8	
	問9	
	問10	
	問11	
	問12	
	問13	

（注）この解答用紙は実物大です。

〔社　会〕50点(推定配点)

1　問1　各1点×4　問2～問10　各2点×10　2　各2点×13

２０２３年度　栄東中学校　Ａ日程１月１０日

理科解答用紙

番号		氏名	

評点	／50

1

問1		問2		問3	
問4		問5		問6	
問7					

2

問1		問2		問3	
問4		問5		問6	
問7					

3

問1			問2		問3	
問4	(あ)	(い)	問5			
問6		問7				

4

問1	(1)	(2)	問2	
問3		問4	倍	

（注）この解答用紙は実物大です。

〔理　科〕50点(推定配点)

1, 2　各２点×14　3　問１～問３　各２点×3＜問１は完答＞　問４，問５　各１点×4　問６，問７　各２点×2　4　問１　各１点×2　問２～問４　各２点×3

二〇二三年度　栄東中学校　A日程一月一〇日

国語解答用紙

番号		氏名		評点	/100

一

1		2	う	3	
4		5			

二

1		2		3		4		5	
6		7		8		9		10	

三

問一		問二		問三		問四	
問五							
問六							
問七							
問八	あなたは						

四

問一		問二		問三	
問四					
問五		問六			
問七	かつての祖母の言葉は　30　40				
問八	40　60				
問九					

（注）この解答用紙は実物を縮小してあります。B5→B4（141%）に拡大コピーすると、ほぼ実物大の解答欄になります。

〔国　語〕100点(推定配点)

一，二　各1点×15　三　問1～問5　各4点×5　問6　各3点×3　問7　4点　問8　6点　四　問1～問6　各4点×6　問7　8点　問8　10点　問9　4点

２０２３年度　栄東中学校　Ａ日程１月１１日

算数解答用紙

番号		氏名		評点	／100

1	(1)	
	(2)	
	(3)	点以上
	(4)	m
	(5)	円
	(6)	g
	(7)	cm^2
	(8)	cm^3
2	(1)	毎分　m
	(2)	ア
	(3)	分間

3	(1)	FL：LO ：
	(2)	三角形 LOK：三角形 FOE ：
	(3)	正六角形 ABCDEF：平行四辺形 GHIJ ：
4	(1)	枚
	(2)	通り
	(3)	
5	(1)	
	(2)	
	(3)	

〔算　数〕100点（推定配点）

1～5　各５点×20

（注）この解答用紙は実物大です。

２０２３年度　栄東中学校　Ａ日程１月１１日

社会解答用紙

番号		氏名		評点	／50

1

問1	あ		海流
	い		半島
	う		造山帯
	え		湖
問2			
問3			
問4			
問5			
問6			
問7			
問8	(1)		
	(2)		
問9	(1)		
	(2)		

2

問1	
問2	
問3	
問4	
問5	
問6	
問7	
問8	
問9	
問10	
問11	
問12	
問13	

（注）この解答用紙は実物大です。

〔社　会〕50点(推定配点)

1　問１　各１点×４　問２～問９　各２点×10　2　各２点×13

２０２３年度　栄東中学校　Ａ日程１月１１日

理科解答用紙

番号		氏名	

評点	／50

1	問1		問2		問3		問4	
	問5		問6		問7			

2	問1		問2		問3			
	問4		問5		問6		問7	

3	問1		問2		問3		問4	
	問5		問6		問7			

4	問1		問2		問3		問4	

（注）この解答用紙は実物大です。

〔理　科〕50点(推定配点)

1, 2　各２点×14＜2の問３は完答＞　3　問１～問６　各２点×６　問７　各１点×２　4　各２点×４

二〇二三年度　栄東中学校　A日程一月一日

国語解答用紙

番号　　氏名　　評点　／100

一
1　2　3　る
4　5

二
1　2　3　4　5
6　7　8　9　10

三
問一
問二　①　②　③　④
⑤　⑥
問三　問四　問五
問六　問七
問八
問九

四
問一　問二　問三　問四
問五　12　20
問六　問七
問八　35　50
問九　50　70

（注）この解答用紙は実物を縮小してあります。B5→B4（141%）に拡大コピーすると、ほぼ実物大の解答欄になります。

〔国　語〕100点(推定配点)

一，二　各1点×15　三　問1　3点　問2　6点＜完答＞　問3～問5　各4点×3　問6，問7　各3点×4　問8　6点　問9　3点　四　問1～問4　各3点×4　問5　6点　問6　3点　問7　4点　問8　8点　問9　10点

2023年度 栄東中学校 東大特待Ⅰ 4教科型

算数解答用紙 No. 1

番号	
氏名	
評点	/150

1		
	(1)	分　　秒
	(2)	FH : HE
	(3)	分　　秒
	(4)	分後
	(5)	g
	(6)	個

2		
	(1)	《考え方を記す欄》 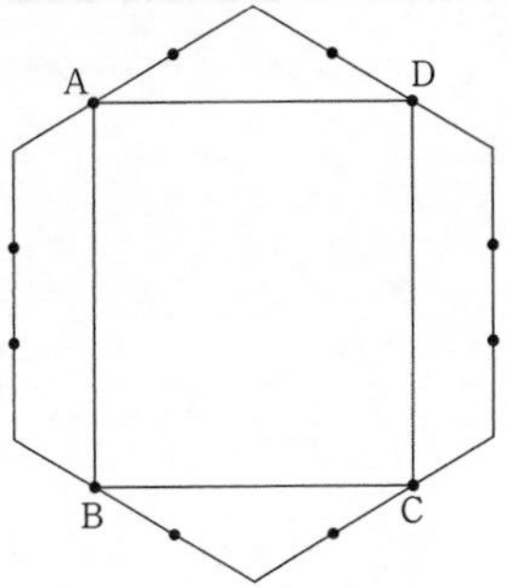 cm²
	(2)	cm²
	(3)	cm²
	(4)	cm²

2023年度　栄東中学校　東大特待Ⅰ　4教科型

算数解答用紙　No. 2

4

(1)

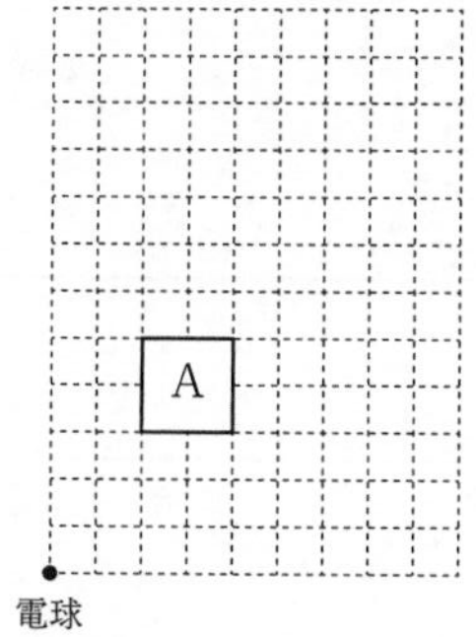

______ m^2

(2) ______ m

(3)

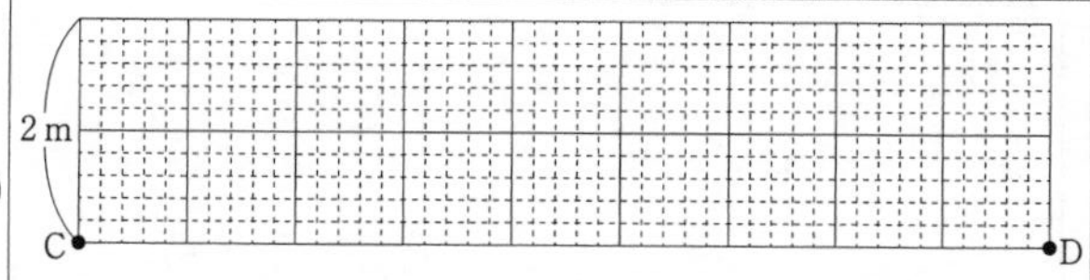

______ m^2

（注）この解答用紙は実物を縮小してあります。Ｂ５→Ａ３（163%）に拡大コピーすると、ほぼ実物大の解答欄になります。

3

(1)

(2)

(3)

《考え方を記す欄》

______

〔算　数〕150点（推定配点）

1　各８点×６　2　(1)　15点　(2)～(4)　各８点×３　3　(1)，(2)　各10点×２　(3)　15点　4
(1)　図…５点，面積…５点　(2)　８点　(3)　図…５点，面積…５点

２０２３年度　栄東中学校　東大特待Ⅰ　４教科型

社会解答用紙

番号		氏名		評点	/75

(注) この解答用紙は実物を縮小してあります。172%拡大コピーをすると、ほぼ実物大の解答欄になります。

1

問1	(1)	Ⅰ　　湾　Ⅱ　　諸島
	(2)	松本市　　鳥取市
	(3)	東北地方　　中国地方
問2	(1)	みかん　　スダチ
	(2)	
	(3)	
	(4)	
	(5)	青森県　　大分県
	(6)	北海道　　長野県
問3	(1)	群馬県　　奈良県
	(2)	
	(3)	Ⅰ Ⅱ
問4	(1)	
	(2)	

2

問1	2番目　　4番目
問2	
問3	人事面 財政面
問4	
問5	
問6	
問7	2番目　　4番目
問8	
問9	
問10	
問11	2番目　　4番目
問12	2番目　　4番目
問13	町　　段　　歩
問14	

3

問1	
問2	
問3	
問4	
問5	
問6	
問7	
問8	

〔社　会〕75点(推定配点)

1　問１　各１点×6　問２　(1)　各１点×2　(2)～(4)　各２点×3　(5)，(6)　各１点×4　問３　(1)，(2)　各１点×3　(3)　各２点×2　問４　各２点×2　2，3　各２点×23<2の問１，問７，問11，問12は完答>

２０２３年度　栄東中学校　東大特待Ⅰ　４教科型

理科解答用紙

番号		氏名		評点	／75

1	問1	cm	問2	cm	問3	cm
	問4	g	問5			
	問6	あ　g		い　cm		
	問7	う	え　cm		お　cm	

2	問1		問2	%	問3	
	問4		問5		問6	g
	問7	%				

3	問1		問2		問3	
	問4		問5			
	問6			問7		

4	問1	(1)	(2)
	問2	(1)　km	(2)　秒速　km
	問3	(1)　10時59分　秒	(2)　km
	問4	秒後	

（注）この解答用紙は実物大です。

〔理　科〕75点（推定配点）

1　各２点×10　2　問１～問４　各２点×４　問５～問７　各３点×３　3　問１～問５　各２点×６＜問３は完答＞　問６，問７　各３点×３　4　問１，問２　各２点×４　問３，問４　各３点×３

二〇二三年度　栄東中学校　東大特待Ⅰ　四教科型

国語解答用紙

番号		氏名		評点	/150

一

1		2		3		4	
5		6		7		8	

二

1		2		3		4		5	
6		7		8		9		10	

三

問一 （15字）

問二　　問三　A　B　　問四

問五 （　　）という問題。　問六　　問七

問八　自分が選ぶ方を○でかこむ　有機栽培　慣行栽培

四

問一　a　b

問二　A　B　C　　問三

問四 （15字）

問五　→　→　→　→　→　→　→　　問六　　問七

問八　　問九

問十 （70字）

（注）この解答用紙は実物を縮小してあります。B５→A３（163%）に拡大コピーすると、ほぼ実物大の解答欄になります。

〔国　語〕150点（推定配点）

一，二　各２点×18　三　問１　６点　問２～問４　各４点×３＜問３は完答＞　問５　８点　問６，問７　各４点×２　問８　10点　四　問１～問３　各４点×６　問４，問５　各６点×２＜問５は完答＞　問６，問７　各４点×３　問８　６点　問９　４点　問10　12点

２０２３年度　栄東中学校　東大特待Ⅰ　算数１教科型

算数①解答用紙　No. 1

番号

氏名

評点　　／150

3

栄くんへ

東より

1

(1)

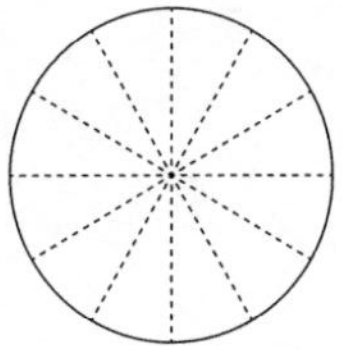

(2)

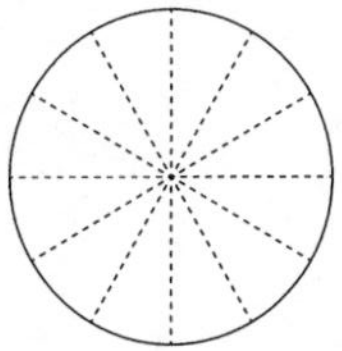

2

(1)　　個分

(2)　　個分

算数①解答用紙　No.２

（注）この解答用紙は実物を縮小してあります。Ｂ５→Ａ３（163%）に拡大コピーすると、ほぼ実物大の解答欄になります。

4

ア

イ

〔算数①〕150点(推定配点)

1, 2　各15点×4　3　30点　4　ア，イ　各15点×2　4桁の整数　30点＜完答＞

２０２２年度　栄東中学校　Ａ日程１月１０日

算数解答用紙

番号		氏名		評点	／100

大問	小問	解答
1	(1)	
	(2)	
	(3)	g
	(4)	
	(5)	円
	(6)	
	(7)	cm
	(8)	倍
2	(1)	分間
	(2)	毎分　m
	(3)	分後
3	(1)	ア　回　イ　回
	(2)	
	(3)	ウ　エ　回
4	(1)	度
	(2)	三角形DBE：三角形CEB ：
	(3)	三角形 ABC：三角形DGF ：
5	(1)	cm^2
	(2)	通り
	(3)	通り

（注）この解答用紙は実物大です。

〔算　数〕100点(推定配点)

1～5　各５点×20＜3は各々完答＞

２０２２年度　栄東中学校　A日程１月１０日

社会解答用紙

番号		氏名	

評点	/50

1

問1	あ　　（山脈）	い　　（山地）
問2		
問3		
問4		
問5		
問6		
問7		
問8		
問9		
問10		
問11	(1)	
	(2)	

2

問1		
問2		
問3		
問4		
問5		
問6		
問7		
問8	(1)	
	(2)	
問9	(1)	
	(2)	
問10	(1)	
	(2)	

（注）この解答用紙は実物を縮小してあります。Ｂ５→Ｂ４（141％）に拡大コピーすると、ほぼ実物大の解答欄になります。

〔社　会〕50点(推定配点)

1, 2　各２点×25<1の問１は完答>

２０２２年度　栄東中学校　Ａ日程１月１０日

理科解答用紙

番号		氏名		評点	／50

1	問1		問2		問3	cm	問4	
	問5		問6	電子はかりの表示	水の深さ		問7	

2	問1		問2		問3		問4	
	問5		問6		問7			

3	問1		問2		問3		問4	匹
	問5		問6		問7			

4	問1	(1)	(2) マップ	問2	(1) B	C	(2)
	問3	(1) 帯	(2)		問4	(1)	(2)

（注）この解答用紙は実物大です。

〔理　科〕50点（推定配点）

1～3　各２点×21＜1の問５，問６，3の問３，問５，問６は完答＞　4　各１点×8＜問２の(1)，問３の(2)は完答＞

二〇二二年度　栄東中学校　A日程一月一〇日

国語解答用紙

番号　氏名　評点　／100

一　1　2　3　4　5

二　1　2　3　4　5　6　7　8　9　10

三
問一
問二　A　B
問三
問四
問五
問六
問七　はたらき。
問八　a　b　c

四
問一　問二
問三　問四
問五　(1)　(2)　45　60
問六
問七
問八

(注) この解答用紙は実物を縮小してあります。B５→A３(163%)に拡大コピーすると、ほぼ実物大の解答欄になります。

〔国　語〕100点(推定配点)

一, 二　各１点×15　三　問１～問６　各４点×７　問７　６点　問８　各３点×３　四　問１～問４　各４点×４　問５　(1)　４点　(2)　10点　問６～問８　各４点×３<問７は完答>

2022年度　栄東中学校　A日程1月11日

算数解答用紙

番号		氏名		評点	／100

1	(1)	
	(2)	
	(3)	g
	(4)	
	(5)	8時　分
	(6)	
	(7)	度
	(8)	cm^3
2	(1)	
	(2)	
	(3)	cm^2
3	(1)	周目
	(2)	個
	(3)	
4	(1)	三角形OEB：三角形OBC ：
	(2)	辺BO：辺OF ：
	(3)	cm^2
5	(1)	1円玉　：　10円玉　：　100円玉 ：　：
	(2)	円
	(3)	通り

（注）この解答用紙は実物大です。

〔算　数〕100点(推定配点)

1～5　各5点×20

２０２２年度　栄東中学校　A日程１月１１日

社会解答用紙

番号		氏名		評点	／50

(注) この解答用紙は実物を縮小してあります。B５→B４(141%)に拡大コピーすると、ほぼ実物大の解答欄になります。

1

問1	(1)	半島
	(2)	I　　II　川
問2		
問3	(1)	
	(2)	
問4	(1)	
	(2)	
問5	(1)	
	(2)	
	(3)	
問6	(1)	
	(2)	

2

問1		
問2		
問3		
問4		
問5		城
問6		
問7		
問8		
問9		
問10		
問11	(1)	
	(2)	
問12		

〔社　会〕50点(推定配点)

1　問１　(1)　２点　(2)　各１点×２　問２～問６　各２点×10　2　各２点×13

２０２２年度　栄東中学校　Ａ日程１月１１日

理科解答用紙

番号		氏名		評点	／50

1	問1		問2		問3		問4	
	問5		問6		問7			

2	問1		問2		問3		問4	
	問5		問6		問7			

3	問1		問2		問3			
	問4	P	Q	問5		問6		問7

4	問1	g	問2	(1) 日目	(2)
	問3	℃	問4		

（注）この解答用紙は実物大です。

〔理　科〕50点(推定配点)

1，2　各２点×14　3　問１，問２　各１点×２＜問１は完答＞　問３～問７　各２点×５＜問３，問４は完答＞　4　各２点×５

二〇二二年度 栄東中学校 A日程一月一日

国語解答用紙

番号 氏名 評点 /100

一

1		2		3	
4		5			

二

1		2		3		4		5	
6		7		8		9		10	

三

問一 A B C D

問二 問三

問四

問五

問六 a b c d e

問七 一つ 30 40 二つ 30 40

問八

四

問一 ツトム サトル 問二 問三

問四 問五 問六 問七

問八 50 80

（注）この解答用紙は実物を縮小してあります。B5→A3（163%）に拡大コピーすると、ほぼ実物大の解答欄になります。

〔国　語〕100点（推定配点）

一，二 各1点×15 三 問1 各2点×4 問2～問5 各4点×4＜問2は完答＞ 問6 各2点×5 問7 各5点×2 問8 4点＜完答＞ 四 問1～問7 各4点×7＜問1は完答＞ 問8 9点

2022年度　栄東中学校　東大特待Ⅰ　4教科型

算数解答用紙　No.1

番号		氏名		評点	/150

1

(1)	個
(2)	
(3)	分
(4)	mL
(5)	個
(6)	cm

2

(1)	ア	個	イ	個	ウ	個	エ	個
(2)	組							
(3)	組							
(4)	《考え方を記す欄》　組							

2022年度 栄東中学校 東大特待Ⅰ 4教科型

算数解答用紙 No.2

4

(1) cm²

(2) OT：TB＝ ：

(3) 《考え方を記す欄》

OT：TB＝ ：

（注）この解答用紙は実物を縮小してあります。Ｂ５→Ａ３（163%）に拡大コピーすると、ほぼ実物大の解答欄になります。

3

(1) 図の•は，各辺を６等分する点です。

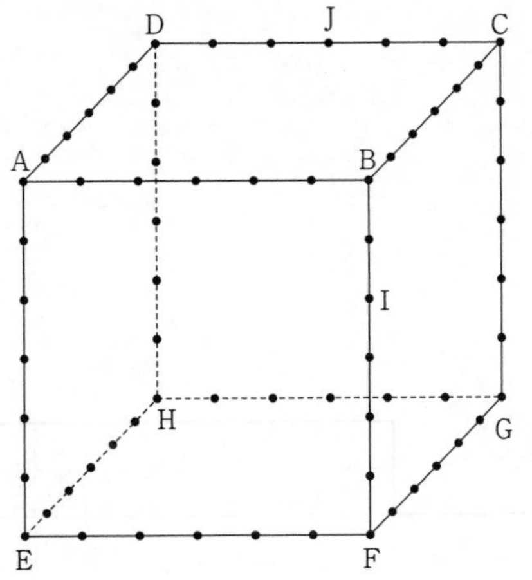

(2) cm³

(3) cm³

〔算　数〕150点(推定配点)

1 各８点×６ 2 (1) 各４点×４ (2)，(3) 各８点×２ (4) 10点 3，4 各10点×６

２０２２年度　栄東中学校　東大特待Ｉ　４教科型

社会解答用紙

番号		氏名		評点	/75

1

問1	(1)	Ⅰ　半島　Ⅱ　島
	(2)	
	(3)	
	(4)	秋田県　／　鹿児島県
問2	(1)	
	(2)	東北　／　四国
	(3)	
	(4)	
	(5)	
問3	(1)	京都府　／　愛媛県
	(2)	
	(3)	（特定の地域に固定する・数年おきに場所を移転する）※選んだ方を○で囲みなさい。 良い点 悪い点
問4	(1)	
	(2)	

2

問1	
問2	
問3	
問4	2番目　／　4番目
問5	
問6	2番目　／　4番目
問7	制度
問8	2番目　／　4番目
問9	2番目　／　4番目
問10	
問11	2番目　／　4番目
問12	2番目　／　4番目
問13	
問14	(環境面) (人口面)

3

問1	
問2	
問3	
問4	
問5	
問6	
問7	
問8	

（注）この解答用紙は実物を縮小してあります。185％拡大コピーをすると、ほぼ実物大の解答欄になります。

〔社　会〕75点(推定配点)

1　問1，問2　各2点×9＜問1の(1)，(4)，問2の(2)は完答＞　問3　(1)，(2)　各2点×2＜(1)は完答＞　(3)　3点　問4　各2点×2　2，3　各2点×23＜2の問4，問6，問8，問9，問11，問12は完答＞

２０２２年度　栄東中学校　東大特待Ⅰ　４教科型

理科解答用紙

番号		氏名		評点	／75

1

問1	秒	問2	cm	問3	g
問4	時間　秒	高さ	cm	問5	g
問6		問7			

2

問1		問2		問3	g		
問4		問5		問6		問7	

3

問1	(1)　mL	(2) 酸素　mL	二酸化炭素　mL		
問2		問3			問4
問5		問6			

4

問1		問2	(1) 3番目	6番目	(2)
問3	①	②	問4	m	

(注) この解答用紙は実物大です。

〔理　科〕75点(推定配点)

1～3　各3点×21＜1の問4，3の問1の(2)，問3は完答＞　4　各2点×6＜問2の(1)は完答＞

二〇二二年度　栄東中学校　東大特待Ⅰ　四教科型

国語解答用紙

番号　　氏名　　評点　／150

一　1　2　3　4　5

二　1　2　3　4　5　6　7　8　9　10

三
問一　A　B　C　D
問二　問三
問四（30、40）
問五　問六　Ⅰ　Ⅱ　Ⅲ　Ⅳ　Ⅴ
問七（30、40）
問八　問九

四
問一　a　b　c　d　問二
問三（50、60）
問四　問五　問六　問七　問八
問九　【行動の軸】

（注）この解答用紙は実物を縮小してあります。B5→A3（163%）に拡大コピーすると、ほぼ実物大の解答欄になります。

〔国　語〕150点(推定配点)

一, 二　各2点×15　三　問1　各4点×4　問2, 問3　各5点×2　問4　7点　問5　5点　問6　各1点×5　問7　7点　問8, 問9　各5点×2　四　問1　各3点×4　問2　5点　問3　8点　問4～問8　各5点×5　問9　10点

2022年度 栄東中学校 東大特待Ⅰ 算数1教科型

算数②解答用紙 No.1

番号		氏名		評点	/150

1	ア	
	イ	
	ウ	
	エ	
	A	

2	(1)	A			
		B			
	(2)	あ		い	
		う		え	
	(3)				

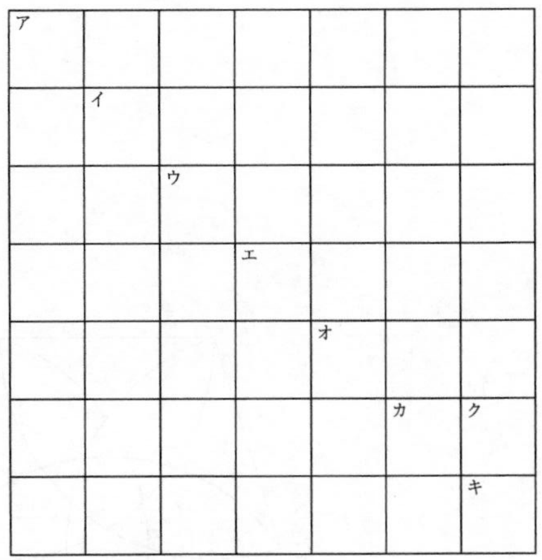

2022年度　栄東中学校　東大特待Ⅰ　算数1教科型

算数②解答用紙　No. 2

4

《考え方を記す欄》

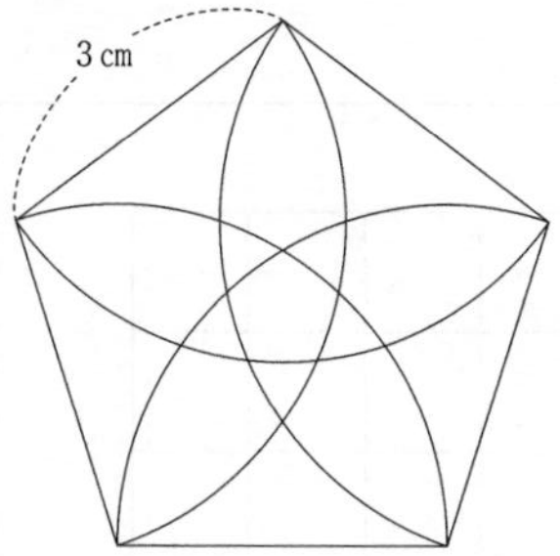

cm²

（注）この解答用紙は実物を縮小してあります。172%拡大コピーをすると、ほぼ実物大の解答欄になります。

3

《考え方を記す欄》

ア　　イ　　ウ

Aは　　さん

〔算数②〕150点（推定配点）

1 各9点×5　2 (1)，(2)　各6点×6　(3)　9点　3 ア～ウ…15点<完答>，Aは誰か…15点　4 30点

Memo

Memo